U0926828

总 主 编 简 介

朱崇实，1982年2月毕业于厦门大学经济系，获经济学学士学位；1990年5月毕业于南斯拉夫贝尔格莱德大学国际经济系，获经济学博士学位。现为厦门大学校长、厦门大学法学院教授、经济法学专业博士生导师，兼任中国法学会经济法研究会副会长。主要著作9部（含合著），发表论文40余篇。主持或参与国家级、部省级科研课题10项，科研成果先后获“孙冶方经济科学奖”、“国家首届人文社科优秀成果奖”和“福建省社会科学优秀成果奖”等。

执行总主编简介

朱福惠，湖南娄底人，1961年7月生。武汉大学法学博士，现为厦门大学法学院教授，宪法与行政法专业硕士生、博士生导师，兼任厦门大学法学院副院长、中国法学会宪法学研究会常务理事、中国比较法学会理事。主要学术成果有：《宪法与制度创新》(法律出版社2000年版)，《宪法至上——法治之本》(法律出版社2000年版)，《宪法学专论》(与刘连泰、周刚志合著，科学出版社2007年版)，《宪法学原理》(主编，中信出版社2005年版)。

主 编 简 介

陈立，福建厦门人，1954 年 10 月生。1982 年 7 月毕业于北京大学，1986 年 7 月毕业于中国政法大学研究生院。曾在厦门市中级人民法院工作 2 年，兼职律师 23 年，厦门大学法学院任教 25 年。现为厦门大学法学院教授，兼任中国比较法学会理事、第 5 届中国刑法学会理事、厦门市中级人民法院专家咨询委员会委员、厦门市人民检察院专家咨询委员会委员、厦门联合信实律师事务所律师、厦门仲裁委员会仲裁员、厦门市人民检察院监督员。出版专著 3 部，主编教材 10 部，参编各类法学书籍 6 部，发表学术论文 40 余篇。

本书配有课件，请需要的教师与我社联系。电话：0592-2181253

高等学校**法学精品**教材系列

朱崇实 总主编

刑法分论

（第二版）

Criminal Law

陈　立 / 主　编

李兰英　史振郭 / 副主编

撰稿人（按章节顺序）

郑金火　黄奇中　史振郭　阎二鹏

李兰英　陈　立　周东平　林　瑀

吴情树　吴贵森

厦门大学出版社

XIAMEN UNIVERSITY PRESS

GAODENG FAXUEYUANXIAO JINGPIN JIAOCAI XILIE

高等学校法学精品教材系列编委会

厦门大学出版社

总 序

中国的改革开放要求建立一个法治社会。与这样的一个宏伟目标相适应，自1979年以来中国的法学教育蓬勃发展，截至2006年，全国已经成立了法律院校600多所，在读大学生数十万人（尚不包括大中专及夜大、成人教育的学生人数）。应该承认，我国法学教育在迅速发展的同时也存在教育质量参差不齐、不能完全适应社会发展需要等方面的问题。因而，积极推进教学方式改革，促进法学课程体系的完善，努力培养"宽口径、厚基础"的复合型法律人才，已经成为法学教育界的共识。为达成此种目的，法学教育中的课程建设及其相关的教材编写，在当前法学教育大调整的格局中显得尤其重要。基于上述考虑，我们特组织福建省各高等法律院校的主要学术骨干编写了这套教材，各部教材的主编均是福建省高等学校法学院的主要学科带头人。例如，《国际经济法》主编廖益新教授、《民法总论》主编蒋月教授、《环境法》主编陈泉生教授、《宪法学》主编朱福惠教授、《刑法总论》主编陈晓明教授和《法理学》主编宋方青教授等，都是在本学科领域颇有建树，得到同行认可并深受学生喜爱的优秀教师。其他参与教材编写的也都是教学第一线的中青年骨干教师，具有良好的法学教育背景，许多人兼通中西法学。由于众多优秀教师参与编写，使这套教材的质量有了可靠的保障。

厦门大学法学院在编写这套教材中发挥了积极的作用。厦门大学是国内最早开设法科的高校之一，从事法学教育已经有八十多年的历史。改革开放以来，法学院在1986年即获得博士学位授予权，2006年获得法学博士授权一级学科，现设有国际法、经济法、民商法、宪法与行政法、诉讼法、法理学和刑法学七个博士点，拥有法学博士后流动站。国际法是国家重点学科，民商法、经济法、宪法与行政法是福建省重点学科。在学科建设取得重大成就的同时，法学院适应我国法制发展的需要，为国家和社会培养了大批优秀的法律人才，成为我国重要的法学研究和人才培养的基地。为了推动我国法学教育事业的发展，厦门大学法学院联合福建省各主要高校的法学院系编写了这套教材，其目的在于整合福建省高校法学教学资源，加强各高校法学教师的联系，总结教学经验，为福建省乃至全国的法学教育作出更多有益的贡献。

这套教材具有如下几个特色：

第一，依据法学本科教育的特点和规律，吸收我国法学理论界近年来最新的、较为成熟的研究成果。我们认为，本科教学以培养初级法律人才为直接的教育目标，因而必须注重基本概念、基本原理与基本制度的讲解与传授，而不能一味求新求奇，更不能以个别专家的学术观点取代理论界已经形成的共识。我国处于社会转型时期，改革开放事业日新月异的发展，国家的法律制度的变革十分迅速，法学理论的发展更有“一日千里”之势。为了确保本科教育的培养质量，我们在教材内容的甄选方面，努力做到既注重基本知识、理论共识，又注意吸纳理论界近年来最新的、较为成熟的研究成果。

第二，依据法律人的思维范式编撰教学内容，寓“德育”于法律知识教育之中。如前所述，法学教育的总目标在于培养社会主义法治国家的“治国之才”。新时代的法律人才不仅应当具备扎实的法学知识理论功底，而且还应当具有牢固的法律信仰和优秀的道德品质。法律人所具有的这种独特的信仰和道德，与其独特的知识背景和思维范式联系在一起，共同构成法律人所特有的人文精神。如欲培养法律人的道德品质，空洞的道德说教无济于事。唯有依据法律人独特的思维范式、将公平正义的法律理念融汇在教学内容中，学生才能在学习的过程中逐渐自觉地确立法律信仰，法律道德的培养才能初具成效。基于这种认识，我们依据法律人的思维范式编撰教学内容，力图寓“德育”于法律知识教育之中。

第三，依据当代中国社会对于法律人才的要求，努力建构完善的课程体系与教学内容体系。要培养合格的法律人才，建构完善的法学课程体系至关重要。我们根据本科教学的要求，首先组织编写十四门核心课程的教材，对法学上的基本概念和基本原理作了较为清晰的阐释。除此之外，还组织编写了房地产法、证券法、公证与律师制度和知识产权法等与市场经济发展密切相关的法学教材。希望我们这一套教材能够为本科法学教材体系的发展作出微薄的贡献。

由于我们的水平有限，缺点和错误在所难免，敬请读者批评指正。

2007年8月1日

前　言

《刑法分论》是高等学校法学精品教材系列之一。数年来，我省从事刑法教学与科研的各位老师为本书的写作，献计献策，集思广益，并进行大量的调查研究。在编委会总体构思的基础上，我们根据我国刑法分则和全国人大常委会陆续通过的七个刑法修正案和最新的立法与司法解释编写本书。我们力争把最新的研究成果奉献出来，使本书的内容充实、饱满、完整。

本书的特点：一是强调应用性。刑法分论属于应用性较强的门类，因此，我们十分注重其应用性。本书坚持理论联系实际的原则，注重对有关刑法分则新的立法、司法解释以及权威性判例进行阐释，注重对刑法分则在实践中的重点、难点、疑点问题进行剖析，使本书具有鲜明的应用性而不至于空谈理论。二是注意吸纳新的研究成果。近几年陆续通过的七个刑法修正案，大都是针对刑法分则进行的修正，刑法学的研究者们密切关注各修正案在司法实践中的运作状况，及时针对司法中出现的新情况、新问题进行分析与研究，发表了大量有针对性、有建设性的理论著述，这些重要的研究成果无疑对刑法分论研究的进一步深化具有重要的参考价值。本书十分注重吸收进入 21 世纪以来刑法分论的最新研究成果，从而极大丰富本书的内容，使本书具有明显的前瞻性。三是重点问题重点研究。作为教科书对该学科的基本内容理应都有所涉及，但作为研究性教材，则不必面面俱到、平均用墨，而应主辅结合，突出重点。本书在这方面作了一些努力。本书侧重对刑法分则中的重点犯罪进行研究，尤其是对刑事司法实践中常见的、多发性犯罪的构成与认定问题进行相当深入、细致的阐述，以期读者通过对重点犯罪类型的深度理解而举一反三，对本书仅作概述的其他犯罪类型也能触类旁通。这样既能开启学思又能节省篇幅。

《刑法分论》此次再版，主要是参照全国人大常委会通过的《刑法修正案（六）》和《刑法修正案（七）》以及近 3 年来的刑事司法解释，对新增的罪名进行补充阐述，对修订的罪名进行修改阐述。此次修改的深度和广度都比较大。尤其是对第二章的危害公共安全罪、第三章的破坏社会主义市场经济秩序罪、第五章的侵犯财产罪、第六章的妨害社会管理秩序罪和第九章的渎职罪，作了比较全面的修订和扩充，使本书对这五章内容的论述抵达理论与实践的最前沿。

此外，此次再版对原书中的一些提法也进行了修订，同时勘正了若干疑讹之处，使本书的观点更趋鲜明，更加完善。

当然，我们的编写难免会有疏漏，甚至错误，诚望专家和读者批评指正。

本书的撰稿人及撰写章次(以撰写章次为序)：

郑金火：厦门大学法学院讲师，资深律师。撰写导言、第六章。

黄奇中：法学博士，华侨大学法学院副教授。撰写第一章。

史振郭：福建师范大学法学院教授，本书副主编。撰写第二章。

阎二鹏：法学博士，华侨大学法学院讲师。撰写第三章。

李兰英：法学博士，厦门大学法学院教授，本书副主编。撰写第四章。

陈　立：厦门大学法学院教授，资深律师，本书主编。撰写第五章。

周东平：史学博士，厦门大学法学院教授。撰写第七章。

林　瑀：福建师范大学法学院讲师。撰写第八章。

吴情树：法学博士，华侨大学法学院讲师。撰写第九章。

吴贵森：集美大学法学院副教授，资深律师。撰写第十章。

陈　立

2010年6月22日

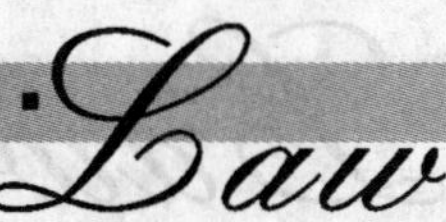

目 录

导言:刑法分论概说

第一节 刑法分论的研究对象与意义

一、刑法分论与刑法总论的关系

刑法典体系由总则和分则两大部分组成。刑法典总则对犯罪、刑事责任和刑罚作出一般规定;刑法典分则对各类、各种犯罪的罪刑作出具体规定。

与刑法典总则和刑法典分则相适应,刑法学体系由刑法总论与刑法分论(又称刑法各论)两大部分构成。我们在前面学习、研讨的是刑法总论的内容,这里要学习和研究的内容则是刑法分论的内容。

学习和研究刑法分论,首先应当弄清刑法总则与刑法分则的关系。总体上说,刑法总则与刑法分则是一般与具体、共性与个性的关系。一方面,刑法总则规定的是犯罪与刑罚一般性、普遍性的原理、原则,是刑法的共性,而且是从刑法分则规定的具体内容中抽象和概括出来的,因而它对刑法分则具有指导作用,而且刑法总则的规定都无例外地适用于刑法分则中。另一方面,刑法分则的规定,则是把刑法总则规定的一般原理、原则具体化,它在对犯罪进行分类的基础上,具体地规定各种犯罪的罪状、罪名和应当判处的刑罚种类和量刑幅度,体现的是刑法及刑法所规定的犯罪与刑罚的个性。因此,刑法分则是刑法总则的具体化、个性化和进一步深化,准确地掌握刑法分则,才能具体地解决罪与非罪、此罪与彼罪的界限,以及具体地解决犯罪人的刑事责任问题。

那么,刑法各论与刑法总论之间是一种什么样的关系呢?概言之,是一种相互作用的关系。

刑法各论对刑法总论的作用表现在:

(1)贯彻与体现刑法总论的作用。刑法总论所阐述的是犯罪、刑事责任和刑罚的一般原理、原则,这些抽象的原理、原则只有通过刑法各论对具体的罪刑的论述,才能得到实际的贯彻和体现,从而便于人们理解和把握。例如,刑法总论所阐述的犯罪构成的一般要件，能够使人们从总体上了解犯罪的构成需要具备哪些要件，为司法实践认定犯罪提供一般的判断标准。但是，总论所讲的犯罪构成的一般理论如果不在各论所阐述的具体罪的犯罪构成中加以贯彻、体现，其作用就得不到充分的发挥。刑法各论关于具体犯罪构成的理论，正是对刑法总论关于犯罪构成一般理论的体现，两者相结合，充分发挥出定罪作用。

(2)促进刑法总论实践效应的作用。刑法总论关于犯罪、刑事责任和刑罚的一般原理、原则，无疑对定罪量刑具有重要的作用，但是，如果仅有一般原理、原则显然是不够的，刑法各论将刑法总论的原理、原则结合各类各种犯罪加以具体化，就使得刑法总论的原理、原则在司法实践中充分发挥作用。所以，刑法各论具有促进刑法总论实践效应的作用。

(3)丰富和发展刑法总论的作用。总体而言，刑法总论阐述的是刑法规范抽象的原理、原则，由于其抽象性，往往给人以空洞和枯燥的感觉，刑法各论对具体犯罪方方面面问题的详尽论述，使得一般原理、原则生动、形象，有血有肉，丰富实在。同时，刑法各论对具体犯罪有关问题的探讨，也往往会发现刑法总论原理、原则的不足，从而有助于刑法总论的发展与完善。

反观回来，刑法总论对刑法各论的作用具体表现在：

(1)概括刑法各论的作用。形形色色的具体犯罪虽然各具特殊性，但特殊性中蕴涵着共性，刑法各论只研究具体犯罪的特殊性，而较少涉及其共性。如果仅就具体犯罪而论具体犯罪，就难以从宏观上把握具体犯罪的实质。刑法总论可以对刑法各论阐述的各种各样的具体犯罪问题进行科学的抽象和概括，提炼出有关的原理、原则和共性知识，从而使我们对具体犯罪问题获得更高层面上的认识。

(2)指导刑法各论的作用。刑法总论关于犯罪、刑事责任和刑罚的一般原理、原则，抽象于刑法各论关于具体犯罪的理论，反过来，它又具有指导刑法各论的作用。例如，刑法总论关于故意犯罪过程中的犯罪形态的理论，对于刑法各论正确地确定各种具体的故意犯罪的犯罪既遂、未遂、预备和中止，都具有重要的指导作用。认识到刑法总论对刑法各论的指导作用，对于正确地解决具体犯罪的有关问题具有重要的意义。

(3)制约刑法各论的作用。刑法总论论证的有关原理、原则，在刑法各论中得到切实的遵循，不得违反。例如，刑法总论犯罪构成的原理认为，任何犯罪的构成都是主观要件和客观要件的有机统一。刑法各论在研究任何具体犯罪的构成时，都必须遵守主客观相统一的原理，不得阐述出主观要件与客观要件相违的犯罪构成。

二、刑法分论的研究对象

刑法分论，又称刑法各论，也称罪刑分论或罪刑各论，其研究对象主要是我国

《刑法》分则规定的内容。具体包括：(1)犯罪分类的依据；(2)每一类犯罪的概念、基本特征；(3)各种具体犯罪的概念、构成要件及其刑事责任。不过，刑法各论的研究对象侧重点是刑法分则规定的各种具体犯罪及其刑事责任的法律规范。

刑法分则的法律规范可分为四类：刑法典分则、单行刑法和立法解释、附属刑法以及刑法司法解释。

1. 刑法典分则。指的是《中华人民共和国刑法》的第二编"分则"，它专门、系统地规定了各种具体犯罪及其刑事责任。1997年修订的《刑法》，其分则规定了10大类犯罪，共有413个罪名。

2. 单行刑法和立法解释。主要指《刑法》生效前全国人大常委会通过的仍然部分有效的单行刑事法规(即《刑法》附则第452条第2款规定的有关法规)，以及《刑法》生效后全国人大常委会对《刑法》分则条文所作的修改、补充规定或者立法解释。目前，《刑法》生效后的修改、补充规定主要包括7个刑法修正案和3个决定：《中华人民共和国刑法修正案》(1999年12月25日)、《刑法修正案(二)》(2001年8月31日)、《刑法修正案(三)》(2001年12月29日)、《刑法修正案(四)》(2002年12月28日)、《刑法修正案(五)》(2005年2月28日)、《刑法修正案(六)》(2006年6月29日)、《刑法修正案(七)》(2009年2月28日)、全国人大常委会《关于惩治骗购外汇、逃汇和非法买卖外汇犯罪的决定》(1998年12月29日)、全国人大常委会《关于取缔邪教组织、防范和惩治邪教活动的决定》(1999年10月30日)、全国人大常委会《关于维护互联网安全的决定》(2000年12月28日)。这些"刑法修正案"和"决定"，对刑法有关条文进行修改、补充，增设了许多新的罪名，而且对一些犯罪的法定刑进行调整。立法解释主要有：全国人大常委会《关于〈中华人民共和国刑法〉第九十三条第二款的解释》(2000年4月29日)、全国人大常委会《关于〈中华人民共和国刑法〉第三百八十四条第一款的解释》(2002年4月28日)、全国人大常委会《关于〈中华人民共和国刑法〉第二百九十四条第一款的解释》(2002年4月28日)、全国人大常委会《关于〈中华人民共和国刑法〉第三百一十三条的解释》(2002年9月29日)、全国人大常委会《关于〈中华人民共和国刑法〉第九章渎职罪主体适用问题的解释》(2002年12月28日)等9件。需要说明的是，单行刑法一般只是规定具体犯罪及其刑事责任，较少有总则性规定。可以认为，单行刑法与刑法典分则基本上处于平行并列地位，即均应以刑法典总则为指导和补充。刑法典总则第101条规定："本法总则适用于其他有刑罚规定的法律，但是其他法律有特别规定的除外。"可见，单行刑法原则上要以刑法典总则为指导和补充。但是，单行刑法是特别法，刑法典属普通法，根据特别法优于普通法的原则，行为同时触犯单行刑法与刑法典分则时，或者单行刑法有总则性的特别规定时，应适用单行刑法。

3. 附属刑法。指的是国家立法机关制定的非刑事法规中的刑法规范。附属刑法也都是关于具体犯罪及其刑事责任的规定，具体适用也应以刑法典总则为指导和补充。附属刑法也属于特别刑法，当它修改、补充了刑法典分则时，同样适用特别法优于普通法的原则。

4. 刑法司法解释。主要是指最高人民法院、最高人民检察院对刑法分则条文所作的司法解释。1997 年修订的刑法颁行后，最高人民法院和最高人民检察院对具体应用刑法的一些问题先后作出过许多司法解释，其中涉及刑法分则的主要有：最高人民法院《关于执行〈中华人民共和国刑法〉确定罪名的规定》(1997 年 12 月 6 日)，最高人民法院《关于审理贪污、职务侵占案件如何认定共同犯罪几个问题的解释》(2000 年 7 月 8 日)，最高人民法院《关于审理走私刑事案件具体应用法律若干问题的解释》(2000 年 10 月 8 日)，最高人民法院《关于审理交通肇事刑事案件具体应用法律若干问题的解释》(2000 年 11 月 21 日)，最高人民法院《关于审理抢劫案件具体应用法律若干问题的解释》(2000 年 11 月 28 日)，最高人民法院《关于审理破坏森林资源刑事案件具体应用法律若干问题的解释》(2000 年 12 月 11 日)，最高人民法院、最高人民检察院《关于办理生产、销售伪劣商品刑事案件具体应用法律若干问题的解释》(2001 年 4 月 10 日)，最高人民法院、最高人民检察院《关于办理利用互联网、移动通讯终端、声讯台制作、复制、出版、贩卖、传播淫秽电子信息刑事案件具体应用法律若干问题的解释》(2004 年 9 月 6 日)，最高人民法院《关于审理抢劫、抢夺刑事案件适用法律若干问题的意见》(2005 年 6 月 8 日)，最高人民检察院《关于渎职侵权犯罪案件立案标准的规定》(2006 年 7 月 26 日)，最高人民法院、最高人民检察院《关于办理受贿刑事案件适用法律若干问题的意见》(2007 年 7 月 8 日)，最高人民法院、最高人民检察院《关于办理商业贿赂刑事案件适用法律若干问题的意见》(2008 年 11 月 20 日)，等等。这些司法解释对于统一司法机关的认识，正确地执行和适用刑法规范，提高审判工作和检察工作质量，起着重要的指导作用。

刑法各论研究的内容主要是对现行刑法分则条文的注释和学理解释，其次它还研究刑事立法和司法实践中提出的各种理论与实践问题。但是，需要说明的是，刑法各论因为研究的侧重点是各种具体犯罪及其刑事责任，因而刑法各论重在司法过程的适用，即重在司法实践。这是刑法各论的吸引力和生命力之所在。

总而言之，刑法各论在刑法总论所阐述的一般原理、原则的指导下，通过对各类、各种具体犯罪及其刑事责任的研究，正确地划清罪与非罪、此罪与彼罪的界限，准确地认定各种犯罪的刑事责任；同时，从理论上总结出定罪与量刑的具体问题，用以指导司法实践。

三、刑法分论的研究意义

处理每一个刑事案件，都要解决好正确定罪和适当量刑这两个基本问题。而刑法各论的意义就在于，为解决这些问题提供理论武器。具体说有以下几点：

1. 学习和研究刑法各论,可以掌握每一种犯罪的构成要件,从而掌握区分罪与非罪界限的具体标准

司法实践中,首先要注意分清罪与非罪,防止混淆这个原则界限。区分罪与非罪界限的标准,在刑法总则中有一些原则的规定。例如,刑法第13条规定,情节显著轻微危害不大的,不认为是犯罪。第16条规定,行为在客观上虽然造成了损害结果,但是不是出于故意或者过失,而是由于不能抗拒或者不能预见的原因引起的,不认为是犯罪,等等,正确理解和掌握这些规定,对于分清上述界限,无疑是很重要的。但是,区分上述界限的更具体的标准,则是规定在刑法分则的许多条文之中。例如,根据刑法第257条的规定,用暴力方法干涉他人婚姻自由的,构成犯罪;不用暴力方法就不构成此罪。根据刑法第235条的规定,过失致人重伤的,构成犯罪;过失致人轻伤的,就不构成犯罪。如此等等,不一而足。

由此可见,只有通过学习和研究刑法各论,才能掌握每一种具体犯罪的主客观要件,从而掌握区分罪与非罪界限一系列具体标准,做到正确定罪。

2. 学习和研究刑法各论,可以掌握区分此罪与彼罪的具体标准,分清罪与罪之间的界限

刑法分则规定400多种犯罪,每种犯罪都有自己的构成要件,各种犯罪之间的区别,就在于它们的这一方面或那一方面的构成要件不同。从分则的规定上看,有的是侵犯的客体不同,如放火罪与故意毁坏财物罪;有的是犯罪对象不同,如生产、销售假药罪与制造、贩卖毒品罪;有的是犯罪方法不同,如盗窃罪与诈骗罪;有的是主观要件不同,如故意杀人罪与过失致人死亡罪,如此等等。由此可见,不通过学习和研究刑法各论,不掌握每种犯罪的构成要件,就不可能依法分清各种犯罪之间的界限,就会造成定罪错误。

学习和研究刑法各论的重要性还在于,刑法分则条文中,有些是简单罪状和空白罪状,未明确规定各种要件,例如,刑法第264条、第266条、第267条第1款规定了盗窃罪、诈骗罪、抢夺罪,却未对它们的构成要件加以描述。要把握这些构成要件,就要通过刑法各论的学习和研究来加以解决。

3. 学习和研究刑法各论,才能做到按罪量刑,罚当其罪

犯罪是判刑的基础。刑法分则对不同的犯罪规定不同的刑罚。因此,只有正确定罪,才能够依法判处与该犯罪相适应的刑罚。例如,刑法第263条规定,抢劫罪的最低刑是3年有期徒刑,最高刑是死刑;而第267条规定,抢夺罪的最低刑是管制,最高刑是无期徒刑。如果不是通过刑法各论分清抢劫罪与抢夺罪的界限,就有可能在办案中发生定罪错误,从而造成量刑失当,甚至可能造成错杀。此外,我国刑法分则大多数条文都是根据犯罪的情节和危害程度,规定有两个或三个量刑幅度。也只有通过研究刑法分则的各条的规定,领会立法的精神,才依法判处与被告人罪行轻重相适应的刑罚。

4. 学习和研究刑法各论,有助于加深对刑法总论中一般原则、原理的理解

前已指出，总论与各论是一般与具体、普遍性与特殊性的关系。学习犯罪和刑罚的一般原则、原理，如果不与具体犯罪相结合，只能了解一些抽象的概念，而不能了解每个概念更具体、丰富和生动的内容，因而也就不可能更深刻地把握这些概念，并且运用这些概念去解决具体问题。例如，在刑法总论中研究了犯罪未遂的一般特点，结合罪刑各论中对各种犯罪（盗窃、抢劫、强奸等等）的未遂形态的研究，就可以掌握犯罪未遂在不同犯罪中的具体特点，从而使得对犯罪未遂这一概念的认识大大地丰富起来。

第二节 刑法分则的体系

一、刑法分则体系的概念

刑法分则体系，是指刑法分则对犯罪的分类及排列次序。

刑法分则是规定具体犯罪及其刑事责任的，而具体犯罪的种类相当多，这就需要以一定标准将具体犯罪分为若干类（类罪），再以一定标准对类罪进行合理排列，同时对各类罪中的具体犯罪进行排列，从而形成分则体系。由此可见，分则体系实际上是犯罪分类问题。

犯罪分类是罪刑法定主义的要求。罪刑法定主义要求以成文刑法明确规定犯罪的构成要件与刑事责任，也即犯罪与刑罚均须由刑法作出明文规定，“法无明文规定不为罪，法无明文规定不受罚”；只有对社会生活中发生的各种犯罪进行合理分类，进而规定各种犯罪的构成要件，才能实现罪刑法定主义的要求。如果不对犯罪进行分类，就意味着没有具体犯罪的构成要件与刑事责任，意味着刑法规定“凡犯罪者处予……”就够了，这便违反了罪刑法定主义。

类罪划分及其在刑法分则中的排列顺序，体现了刑法的价值取向。西方国家刑法与刑法理论一般以犯罪侵犯公益（法益）为标准采取二分法或三分法。二分法即将犯罪分为侵犯公法益的犯罪与侵犯私法益的犯罪；三分法即将犯罪分为侵犯国家法益的犯罪、侵犯社会法益的犯罪与侵犯个人法益的犯罪。第二次世界大战前，西方国家刑法与刑法理论一般将侵犯国家法益的犯罪放在首位，侵犯个人法益的犯罪放在最后。例如，法国 1810 年刑法典就是这样分类的。但第二次世界大战后，一般将侵犯个人法益的犯罪放在首位，将侵犯国家法益的犯罪放在最后。例如，瑞士刑法典分则中，第一个罪名就是杀人罪。这就反映了刑法的价值取向。

当今世界各国刑法典对于刑法分则所规定的具体犯罪的分类，做法不尽相同。有的国家分类比较简单，如俄罗斯联邦刑法典分则，将犯罪分为 12 类。有的国家分类繁复，如德意志联邦共和国刑法典分则将犯罪分为 29 类；日本现行刑法将犯

罪分为40类;韩国刑法典分则将犯罪分为42类。

对客观事物进行分类,是科学地认识事物所经常采用的基本方法。对犯罪进行分类,是为了更好地认识各类犯罪的特殊的本质,为正确处理犯罪案件创造条件。

二、我国刑法分则体系的特点

我国刑法典分则将具体犯罪分为10类,每一章规定一类犯罪,其排列顺序依次为:(1)危害国家安全罪;(2)危害公共安全罪;(3)破坏社会主义市场经济秩序罪;(4)侵犯公民人身权利、民主权利罪;(5)侵犯财产罪;(6)妨害社会管理秩序罪;(7)危害国防利益罪;(8)贪污贿赂罪;(9)渎职罪;(10)军人违反职责罪。

刑法分则体系就是根据上述分类建立起来的,其特点如下:

(一)原则上依据犯罪的同类客体对犯罪进行分类

不同的犯罪所侵犯的合法权益不同,因而其社会危害性不同;根据犯罪的同类客体对犯罪进行分类,有利于把握各类犯罪的性质、特征与社会危害程度,有利于贯彻区别对待的政策,有利于司法机关正确定罪量刑。

犯罪的同类客体,是指某一类犯罪所共同侵犯的我国某一方面的社会主义社会关系。我国刑法典分则所规定的10类犯罪,正是根据同类客体划分的结果。例如,放火罪、决水罪、爆炸罪、破坏交通工具罪、破坏交通设施罪等46种具体犯罪,共同侵犯的客体是社会的公共安全,因而将它们归为危害公共安全罪。故意杀人罪,过失致人死亡罪,故意伤害罪,过失致人重伤罪,强奸罪,非法拘禁罪,拐卖妇女、儿童罪等41种具体犯罪,共同侵犯的是公民人身权利、民主权利这一方面的社会关系,因而将它们归为侵犯公民的人身权利、民主权利罪。抢劫罪、盗窃罪、诈骗罪、抢夺罪等12种具体犯罪,共同侵犯的是公私财产所有权这方面的社会关系,因而将它们归为侵犯财产罪,等等。

我国刑法典分则根据同类客体对犯罪进行分类,是正确的犯罪分类法,为构建科学的刑法分则体系奠定了良好的基础。

(二)以犯罪的危害程度为标准对各类犯罪进行排列

有了正确的犯罪分类法,并不意味着必然建立起科学的刑法分则体系。只有在对犯罪进行正确分类的基础上,恰当地排列各类以及各种犯罪的次序,才能建立起科学的刑法分则体系。我国刑法典分则根据犯罪的危害程度对各类、各种犯罪进行排列,使之与正确的犯罪分类法相结合,从而真正地构筑成科学的分则体系。

类罪的排列是以社会危害程度的大小进行排列的。刑法典分则共包括10类犯罪,这10类犯罪就是根据各类犯罪的社会危害性的大小,由重到轻依次排列的。

危害国家安全罪侵犯的是国家安全，而国家安全是我国的根本利益，是最重要的社会关系，因此，这类犯罪的社会危害性最为严重，所以，将其排在各章之首。危害公共安全罪侵犯的是社会的公共安全，其社会危害程度仅次于危害国家安全罪，因此，这类犯罪紧随危害国家安全罪之后。刑法典分则第三章至第十章的排列，其原理与上相同。当然，类罪的先后排列顺序所表明的社会危害程度的大小，是从总体上而言的，并不意味着排在前面的类罪中的每一种具体犯罪的社会危害性都大于排在后面的类罪中的所有具体罪的社会危害性。如危害公共安全罪的过失犯罪，就显然轻于侵犯人身权利、民主权利罪中的故意杀人、强奸、绑架等犯罪。

（三）各种具体犯罪也大体上是根据社会危害程度的大小进行排列的

刑法典分则中的每一类犯罪都包括数目不等的具体犯罪，各类犯罪中的具体犯罪的排列也不是随心所欲的，而是基本上按照各自社会危害性的大小，由重到轻依次编排的。例如，在危害公共安全这一类犯罪中，放火、爆炸、投放危险物质等犯罪，均属于故意以危险方法危害公共安全的犯罪，其社会危害性最为严重，因此，将它们排在该类犯罪的前面。而工程重大安全事故罪、教育设施重大安全事故罪、消防责任事故罪等犯罪，属于过失危害公共安全的犯罪，社会危害性相对较轻，因而将它们排在该类犯罪的后面。

当然，刑法分则中各类犯罪中每一种具体犯罪，并非绝对按照社会危害性的大小由重到轻进行排列的，有的犯罪的排列，照顾到犯罪性质和相互间的逻辑联系。例如，故意杀人罪排在侵犯公民人身权利、民主权利罪之首，紧接其后的是过失致人死亡罪，而社会危害性显然大于过失致人死亡罪的强奸罪、绑架罪等却排在后面，这种排列是因为故意杀人罪和过失致人死亡罪都是侵犯公民生命权利的犯罪，因此将它们排在一起，这样既照顾到犯罪的性质，也符合逻辑。

三、犯罪分类排列的意义

刑法典分则按照一定的标准对犯罪进行分类排列，无论是从刑法立法和司法实践上讲，还是从刑法理论研究上讲，都具有重要的意义。

首先，从刑法立法上讲，对犯罪进行合理的分类排列，既有助于建立科学的刑法分则体系，也表明了立法者对各方面的社会关系和各种具体社会关系进行刑事保护的价值取向，体现了刑法打击犯罪的重点所在。

其次，从刑事司法上讲，对犯罪进行合理的分类排列，有利于司法审判人员较为准确地认识各类犯罪的一般特征和各种犯罪的具体构成，区分类罪之间及具体犯罪之间的界限；同时能正确地把握各类及各种犯罪的危害程度，从而对犯罪适用正确的刑罚。

最后，从刑法理论研究上讲，对犯罪进行合理的分类，有利于从理论上阐释和

探讨各类各种犯罪的立法意图、构成特征和社会危害程度,从而正确地解决各类各种犯罪的定罪量刑问题,同时也有利于对类罪和个罪的深入研究,为司法实践正确地定罪量刑提供理论上的指导。

第三节　刑法分则条文的构成

刑法典分则条文的基本表现形式是规定具体犯罪的条文,而具体犯罪条文一般由罪状和法定刑两部分组成,罪状又与罪名密切相关。对罪状、罪名以及法定刑的研究,是刑法各论的重要内容。

一、罪状

罪状,是指刑法典分则罪刑式条文对具体犯罪的基本构成特征的描述。

刑法理论上通常将罪状分为简单罪状、叙明罪状、引证罪状和空白罪状四种,也有其他的分类法。我们认为,对罪状可以根据两个不同的标准进行分类:根据罪刑式条文对罪状的描述方式不同,可以将罪状分为叙明罪状、简单罪状、引证罪状和空白罪状四种;根据罪刑式条文对罪状描述方式的多寡,可以将罪状分为单一罪状和混合罪状两种。

(一)罪状的一般分类:叙明、简单、引证和空白罪状

1. 叙明罪状

叙明罪状,就是罪刑式条文(罪状)中对具体犯罪的基本构成特征作了详细的描述。例如,《刑法》第 296 条规定:"举行集会、游行、示威,未依照法律规定申请或者申请未获许可,或者未按照主管机关许可的起止时间、地点、路线进行,又拒不服从解散命令,严重破坏社会秩序的,对集会、游行、示威的负责人和直接责任人员,处五年以下有期徒刑、拘役、管制或者剥夺政治权利。"本条对非法集会、游行、示威罪的主体、主观方面和客观方面的构成作了详细的描述,其罪状为叙明罪状。

需要说明的是,大多数叙明罪状只是着重对犯罪客观方面的特征进行描述,以便于明确区分罪与非罪、此罪与彼罪的界限。例如,刑法第 202 条规定"以暴力、威胁方法拒不缴纳税款的",就是从行为特征来叙明抗税罪的构成。刑法分则的大多数叙明罪状条文都是如此。

再者,所谓叙明罪状,仅指其对具体犯罪构成的部分主要特征作出较为具体的描述,并不是说这种罪状对有关犯罪构成的要件都作出了明确、具体的说明。刑法中不少罪状中规定有"数额较大"、"情节严重"、"造成严重后果"、"其他方法"等,但

其含义、内容指什么数额、情节、后果和方法，都是不明确的。在罪状中还有许多概念和用语，由于其内涵、外延欠明确，人们往往产生不同理解及争议，有时甚至争执不下，这就需要通过立法解释和司法解释，也需要刑法理论研究，作出有效力的解释性规定或者理论阐明，使之明确化，统一人们的认识。如果属于立法技术的缺陷，则要通过修订刑法的方式，使罪状的表述最大限度地明确和完善起来。

2. 简单罪状

简单罪状，就是罪刑式条文只简单地描述具体犯罪的基本构成特征而没有超出罪名的概括。也有论著认为，简单罪状是对犯罪构成的特征没有描述，只是概括性地指明罪名。

简单罪状的具体情况有：(1)有的罪状只简单地描述具体犯罪的主观方面和客观方面的特征。例如，《刑法》第 232 条规定："故意杀人的，处死刑、无期徒刑或者十年以上有期徒刑；情节较轻的，处三年以上十年以下有期徒刑。"这里就只描述了故意杀人罪的主观方面和客观方面特征，因而该罪状是简单罪状。(2)有的只简单地描述具体犯罪的客观方面特征。例如，《刑法》第 295 条规定："传授犯罪方法的，处五年以下有期徒刑、拘役或者管制；情节严重的，处五年以上有期徒刑；情节特别严重的，处无期徒刑或者死刑。"这里就只简单地描述了传授犯罪方法罪的客观方面特征，因而也是简单罪状。

使用简单罪状，一般是因为立法者认为这些犯罪的必要法律特征较少，又易于被人们理解和把握，如故意杀人罪、故意伤害罪、放火罪、爆炸罪、盗窃罪等，故无须在法律上作具体的描述。简单罪状在刑法典分则罪刑式条文中所占不多，基本上都是一些人们熟知的犯罪。

简单罪状最大的优点是简练，可以避免刑法条文庞杂、烦琐。但是，不适当地采用简单罪状，造成简而不明，则不利于依法正确适用刑法，影响罪刑法定原则的实现。因为法律规定的明确性，是立法的重要原则，也是法治的必然要求。因此，简单罪状不可不用，但不宜多用。

3. 引证罪状

引证罪状，指的是刑法条文中引用同一法律中的其他条款来说明和确定某一犯罪构成的特征。例如，刑法第 124 条第 1 款规定了破坏广播电视设施、公用电信设施罪的罪状和法定刑，其第 2 款规定："过失犯前款罪的，处三年以上七年以下有期徒；情节较轻的，处三年以下有期徒刑或者拘役。"该款就是引用第 1 款规定的罪状，来说明和确定过失破坏广播电视设施、公用电信设施罪的罪状。刑法第 115 条第 2 款、第 119 条第 2 款等关于"犯前款罪"的规定，都是引证罪状。

刑法分则条文采用引证罪状的方式，是为了避免条款间文字上的重复，保持条文的简明性。

4. 空白罪状

空白罪状，又称参见罪状，是指刑法分则条文没有直接地具体规定某一犯罪构

成的特征,而是仅仅指明确定该罪构成需要参照的法律、法规的规定。

空白罪状又可分为“完全空白罪状”和“不完全空白罪状”。具体来说:(1)完全空白罪状,是指刑法分则条文对具体的犯罪构成行为要件本身未作任何的表述,而只是指出应当参照的法规或制度。例如,刑法第331条(传染病菌种、毒种扩散罪)规定的“违反国务院卫生行政部门的有关规定”,就是一种完全空白罪状。(2)不完全空白罪状,是指刑法分则条文对具体的犯罪构成行为要件作出一定抽象程度的类型化,但是还必须借助刑法条文以外的法规或制度予以明确。例如,刑法第344条规定:“违反森林法的规定,非法采伐、毁坏珍贵树木的,处三年以下有期徒刑、拘役或者管制,并处罚金;情节严重的,处三年以上七年以下有期徒刑,并处罚金。”这里仅指明在确定非法采伐、毁坏珍贵树木罪的构成特征时必须参照森林法的规定,没有直接地具体描述该罪的特征,因而是空白罪状。再如,刑法第151条到第153条的罪状中的“走私”,也是不完全空白罪状,认定犯罪时需要参照《海关法》等法规。

我国刑法上的空白罪状,基本上都在条文上指明了该罪行对有关经济、行政管理法规的违反,换言之,空白罪状规定的犯罪,都是以行为违反有关经济、行政管理法规为前提。前述所举的例子都是如此。因此,适用空白罪状进行定罪,必须与有关经济、行政管理法规相结合,这是空白罪状的突出特点。

一般认为,采用空白罪状这种方式,是因为有关法律、法规的规定往往内容较多,一一写在条文中会使条文繁杂、冗长。空白罪状的优点在于,它既有基本罪状的一般功能,同时又由于罪状的空白性结构而具有稳定性、包容性和超前性等特点,故而往往会受到立法者的青睐。然而,也正是空白罪状的这个特点,也让人们对其在罪刑法定原则下存在的合理性即是否违背罪刑法定原则,产生了怀疑。一定情况下,空白罪状与罪刑法定原则的冲突是不可避免的,因而这种罪状方式应当慎用、少用。

(二)罪状的特殊分类:单一罪状和混合罪状

1. 单一罪状

单一罪状,即某一罪刑式条文仅采用一种方式对某一犯罪的基本构成特征进行描述。即仅采用简单、叙明、引证、空白四种方式中的一种。分则条文中的绝大多数罪状,属于简单罪状。

2. 混合罪状

混合罪状,就是某一罪刑式条文同时采用两种方式对某一犯罪的基本构成特征进行描述。例如,《刑法》第340条规定:“违反保护水产资源法规,在禁渔区、禁渔期或者使用禁用的工具、方法捕捞水产品,情节严重的,处……”,本条前一分句指出了确定非法捕捞水产品罪的构成需要参照的法规,属于空白罪状方式;后一分句详细地描述了非法捕捞水产品罪的犯罪地点、时间、工具、方法、对象以及情节方面的特征，属于叙明罪状方式。本条由于使用了两种方式来描述非法捕捞水产品罪的罪状，因而是混合罪状。采用混合罪状方式，是由某些犯罪的特殊性决定的。刑法分则条文中的混合罪状为数不多。

二、罪名

罪名，有广义和狭义之分。广义的罪名包括类罪名、类罪中的节罪名和具体罪名。狭义的罪名仅指具体罪名。由于本节论述的是具体犯罪条文的构成，因此，这里所讲的是狭义上的罪名。

(一)罪名的概念和功能

罪名，是指高度概括具体犯罪本质特征，对具体犯罪的称谓。罪名虽是具体犯罪的称谓，但其功能是多方面的。从理论上阐明罪名的功能，能使我们认识到罪名的重要性，从而重视罪名的确定和使用。

1. 概括功能。犯罪现象纷繁复杂，千姿百态。罪名将形形色色的犯罪进行概括，使人们能够了解刑法上规定了哪些犯罪。罪名的概括功能还表现在对刑法分则的罪刑式条文所描述的具体犯罪的构成特征概括成一个简单的名称，以便于人们记忆。

2. 区分功能。由于罪名是对具体犯罪本质的高度概括，因而不同的罪名所反映的犯罪行为的性质和特征不同，这就使得罪名具有区分功能。也就是说，通过罪名所传递的信息，人们可以大致地区分罪与非罪、此罪与彼罪的界限。

3. 评价功能。罪名不仅揭示犯罪的内容，同时还代表了一种评价，即国家对危害社会行为所给予的政治上和法律上的否定评价，以及对触犯某种罪名的主体的谴责。

4. 威慑功能。罪名的评价功能，引申出罪名的威慑功能。因为罪名体现了国家对犯罪的否定评价和对行为人的谴责，它就告诉人们，任何触犯罪名的行为都要受到否定的评价，只有行为不触犯罪名，才可以避免国家的否定评价。这实际上给人们提供了一个行为标准，因而起到了威慑和预防犯罪的作用。

(二)罪名的分类

根据不同的标准，可以将罪名划分为以下一些种类：

1. 立法罪名、司法罪名和学理罪名

这是以罪名的效力为依据划分出的罪名种类。

立法罪名，是指立法机关在刑法分则条文中明确规定的罪名。如贪污罪、受贿罪、挪用公款罪、行贿罪等都是由刑法分则有关条文明确规定的罪名。立法罪名具有普遍的法律效力，司法实践不能对有关犯罪使用与立法罪名不同的罪名。

司法罪名,是指最高司法机关通过司法解释所确定的罪名。最高人民法院于1997年12月9日发布的《关于执行〈中华人民共和国刑法〉确定罪名的规定》,最高人民法院、最高人民检察院2002年3月15日颁布的《关于执行〈中华人民共和国刑法〉确定罪名的补充规定》,最高人民法院、最高人民检察院2003年8月21日颁布的《关于执行〈中华人民共和国刑法〉确定罪名的补充规定(二)》,最高人民法院、最高人民检察院2007年10月25日颁布的《关于执行〈中华人民共和国刑法〉确定罪名的补充规定(三)》,最高人民法院、最高人民检察院2009年10月14日颁布的《关于执行〈中华人民共和国刑法〉确定罪名的补充规定(四)》,都对刑法所规定的各种罪名进行解释。司法罪名对司法机关办理刑事案件具有法律约束力,对于统一认定罪名起着很好的作用。

学理罪名,是指理论上根据刑法分则的有关规定对具体犯罪所概括出的罪名。学理罪名没有法律效力,但对司法实践确定罪名具有指导和参考作用。

2. 单一罪名和选择罪名

这是以罪名所包含的犯罪构成内容的单复为依据划分出的罪名种类。

单一罪名,是指所包含的犯罪构成的具体内容单一的罪名。如故意杀人罪、故意伤害罪等等。

选择罪名,是指刑法条文所包含的犯罪构成的具体内容复杂,可以概括使用,也可以分解使用的罪名。如刑法第127条规定的"盗窃、抢夺枪支、弹药、爆炸物罪",刑法第171条规定的"出售、购买、运输假币罪",刑法第347条规定的"走私、贩卖、运输、制造毒品罪",等等。

3. 确定罪名和不确定罪名

这是以罪名是否确定不变为依据划分出的罪名种类。

确定罪名,是指在任何情况下都不能改变的罪名。如盗窃罪、诈骗罪、抢劫罪等,无论具体案件情况如何,都必须使用该罪名。

不确定罪名,是指可以根据具体案情使用不同名称的罪名。如刑法第114条、第115条"以危险方法危害公共安全罪"和"过失以危险方法危害公共安全罪",在司法实践中就可以具体的"其他危险方法"来确定不同的罪名。

(三)罪名的确定

除了立法罪名外,其他罪名都有一个如何确定的问题。正确确定罪名,必须遵循以下原则:

1. 合法性原则

合法性原则,是指确定罪名时必须严格根据刑法分则规定具体犯罪的条文所描述的罪状进行,既不得超出罪状的内容,也不得片面地反映罪状的内容。例如,刑法第111条所描述的罪状是:"为境外的机构、组织、人员窃取、刺探、收买、非法提供国家秘密或者情报的。"有人将此种犯罪称为"向境外非法提供国家秘密罪"。

这一罪名既遗漏了作为犯罪手段的窃取、刺探和收买，也遗漏了作为行为对象之一的情报，因而背离了合法性原则的要求，是一个不正确的罪名。而将该种犯罪称为“为境外窃取、刺探、收买、非法提供国家秘密、情报罪”，紧扣刑法的规定，是一个恪守合法性原则的罪名。

2. 概括性原则

所谓概括性，是指罪名必须是对具体犯罪罪状的高度概括，罪名的表述应力求简明，避免冗长烦琐。例如，刑法第145条规定的犯罪的罪状是：“生产不符合保障人体健康的国家标准、行业标准的医疗器械、医用卫生材料或者销售明知是不符合保障人体健康的国家标准、行业标准的医疗器械、医用卫生材料，对人体健康造成严重危害的。”有的人将这一犯罪称为“生产、销售不符合保障人体健康的国家标准、行业标准的医疗器械、医用卫生材料罪”，这一罪名就显得冗长烦琐，缺乏概括性。将其称为“生产、销售不符合标准的医用器材罪”，既准确地反映了行为的性质，也高度地概括了对象的范围，符合概括性原则，是一个恰当的罪名。

3. 科学性原则

所谓科学性，是指罪名必须反映具体犯罪的性质与本质特征，反映出此罪与彼罪的区别。这就需要我们认真分析具体犯罪的构成要件，找出其本质特征，科学概括其罪名。例如，刑法第194条至第196条以及第198条分别规定了进行票据诈骗活动、金融凭证诈骗活动、信用证诈骗活动、信用卡诈骗活动与保险诈骗活动的犯罪，将其分别概括为：票据诈骗罪、金融凭证诈骗罪、信用证诈骗罪、信用卡诈骗罪与保险诈骗罪，既反映出这些犯罪的基本特征，也有利于它们之间及其与刑法第266条的诈骗罪的区别。应注意的是，除法律有特别规定的以外，犯罪的情节只影响量刑，故不能根据情节确定罪名。比如不能使用“报复杀人罪”、“抢劫致死罪”、“强奸未遂罪”之类的罪名。①

不过，罪名的科学确定并非易事，实践中人们常会产生不同的理解与争议，有时即使是最高司法机关也会看法不一。例如，刑法第236条第2款规定：“奸淫不满14周岁的幼女的，以强奸论，从重处罚”，无论是刑法理论上还是司法实践中都一直存在着“奸淫幼女”是不是一个独立罪名的争论，而按照最高人民法院的司法解释，该条款确定罪名为“奸淫幼女罪”，但2002年3月15日最高人民法院、最高人民检察院通过的司法解释(《关于执行〈中华人民共和国刑法〉确定罪名的补充规定》)又明确取消“奸淫幼女罪”，将它合并到“强奸罪”中，这就说明对刑法条文的理解存在差异。再如，对于刑法第163条的规定，最高人民法院司法解释称其为“公司、企业人员受贿罪”，但人们习惯上往往将其称为“商业受贿罪”，后来的《刑法修

① 大陆法系国家刑法理论与审判实践的观点和做法是：对任何一个罪状都概括出一个罪名，因此存在“抢劫致死罪”、“伤害致死罪”、“杀人预备罪”等罪名。我国刑法理论与审判实践没有采取这种做法，即不认为加重、减轻罪状中包含独立罪名。

正案(六)》(2006年6月29日)第7条又对该条文进行修改,扩大了该罪的主体范围,最高人民法院、最高人民检察院《关于执行〈中华人民共和国刑法〉确定罪名的补充规定(三)》将该条规定的罪名确定为"非国家工作人员受贿罪",[①]这就反映出人们对罪名认识上的差别或者不同历史时期罪名的变化。

三、法定刑

(一)法定刑的概念

所谓法定刑,是指刑法分则及其他刑事法律中的分则性规范对各种具体犯罪所规定的刑种与刑度(刑罚的幅度)。

刑法总则规定了管制、拘役、有期徒刑、无期徒刑、死刑五种主刑和罚金、剥夺政治权利、没收财产、驱逐出境四种附加刑。刑法分则及其他刑事法律的分则性规范中的法定刑,是依照刑法总则的规定,根据具体犯罪的社会危害性而确定的刑种与刑度。

法定刑首先反映出国家对犯罪行为的否定评价和对犯罪人的谴责态度。犯罪是刑法所禁止的行为,刑法是通过法定的刑种与刑度来禁止犯罪行为的。法定刑还反映出国家对犯罪的社会危害程度的评介。因为具体犯罪法定刑的确定,是以通常情况下该犯罪的社会危害性可能达到的最高程度和最低程度为依据的。如果国家认为某种犯罪的社会危害程度较大,就会规定较重的法定刑;反之,如果国家认为某种犯罪的社会危害程度较小,就会规定较轻的法定刑。如果形势发生变化,某种犯罪的社会危害性也随之产生变化,原来的法定刑显得过重或者过轻,国家就会修改法定刑,使重新确定的法定刑与该罪的社会危害性相适应。因此,国家对具体犯罪规定的法定刑,实际上是从刑事立法上实践"罪刑相适应的原则"。刑事立法上的罪刑相适应,是刑事司法上的罪刑相适应的前提。这一方面表明,如果法定刑与犯罪不相适应,刑事司法上就不可能做到罪刑相适应。另一方面表明,法定刑是人民法院量刑的法律依据。即在通常情况下,人民法院只能在法定刑的范围内选择与犯罪相适应的刑种与刑度。在法律有减轻的特别规定时,人民法院的量刑可

---

① 《刑法修正案(六)》第7条规定:将刑法第163条修改为:"公司、企业或者其他单位的工作人员利用职务上的便利,索取他人财物或者非法收受他人财物,为他人谋取利益,数额较大的,处五年以下有期徒刑或者拘役;数额巨大的,处五年以上有期徒刑,可以并处没收财产。""公司、企业或者其他单位的工作人员在经济往来中,利用职务上的便利,违反国家规定,收受各种名义的回扣、手续费,归个人所有的,依照前款的规定处罚。"由此可见,《刑法修正案(六)》对刑法第163条的规定进行了修改,将其犯罪主体从原来的"公司、企业的工作人员"进一步扩大到"其他单位的工作人员",包括非国有公司、企业、事业单位或者其他组织的工作人员。相应的,该条的罪名就由原来的"公司、企业人员受贿罪"实际上修改为"非国家工作人员受贿罪"。

以低于法定刑，但这种减轻仍应以法定刑为依据，而不是离开法定刑进行任意减轻。

（二）法定刑的种类

根据立法实践与刑法理论，以法定刑的刑种、刑度是否确定以及确定的程度为标准，可以将法定刑分为：绝对确定的法定刑、绝对不确定的法定刑、相对确定的法定刑与浮动法定刑。

1. 绝对确定的法定刑

绝对确定的法定刑，是指在条文中只规定单一的刑种与固定的刑度。例如，1951 年颁布的《惩治反革命条例》第 5 条规定："持械聚众叛乱的主谋者、指挥者及其他罪恶重大者处死刑。"这就是绝对确定的法定刑。由于这种法定刑缺乏灵活性，司法机关没有自由裁量的余地，难以针对案件的具体情况判处轻重适当的刑罚，不利于贯彻区别对待的政策，故我国 1979 年颁布的刑法典没有规定这种法定刑。此后的单行刑法也大多没有采取这种法定刑。但是，有的单行刑法少量地规定了绝对确定的法定刑。修订后的现行刑法也规定了少量的绝对确定的法定刑，包括：(1)第 121 条规定，以暴力、胁迫或者其他方法劫持航空器，致人重伤、死亡或者使航空器遭受严重破坏的，处死刑；(2)第 239 条规定，以勒索财物为目的绑架他人的，或者绑架他人作为人质的，致使被绑架人死亡或者杀害被绑架人的，处死刑；(3)第 240 条规定，拐卖妇女、儿童，情节特别严重的，处死刑。类似的规定还有一些。应当认为，像这种只有"处死刑"一种刑罚的规定，显然就是绝对确定的法定刑。但它只是针对某种犯罪的"情节特别严重"的情况而言，而不是对该种犯罪的所有情况而言。在这个意义上说，它有别于一般意义上的绝对确定的法定刑。

2. 绝对不确定的法定刑

绝对不确定的法定刑，是指在条文中不规定刑种与刑度，只笼统规定对某种犯罪应予惩处。如对具体犯罪只规定"依法制裁"、"依法严惩"、"依法追究刑事责任"等，至于如何具体处刑，完全由审判机关决定。这种法定刑没有统一的量刑幅度，实际上没有提供处刑标准，不符合罪刑法定原则的要求，也不利于贯彻罪刑相适应的原则，还不利于法制的统一。所以，我国现行刑法没有规定这种法定刑。

值得提出的是，旧刑法第 138 条对诬告陷害罪也没有规定刑种与刑度，而是规定"参照所诬陷的罪行的性质、情节、后果和量刑标准给予刑事处分"。从形式上看，这似乎是绝对不确定的法定刑，但实际上并非如此。因为该条规定了参照所诬陷的罪行的量刑标准予以处罚，即参照所诬陷的犯罪的法定刑给予处罚，而所诬陷的罪行是有相对确定的法定刑的，因此，该条实际上规定的是一种援引法定刑，[①]

① 援引法定刑是指刑法条文对某些犯罪规定援引其他条款的法定刑处罚。它不是根据刑种、刑度是否确定的标准而形成的概念，而是根据规定方式形成的概念。不少学者认为援引法定刑是相对确定法定刑的一种，其实不然。

而被援引的法定刑是相对确定的法定刑。

另外,我国行政法律、经济法律中的刑事责任条款大多只规定"依法追究刑事责任",但这并非绝对不确定的法定刑。因为刑法典对上述条款中所规定的犯罪已经规定了罪状与相对确定的法定刑,上述条款只是重申刑法典的规定,而不是一种法定刑。

3. 相对确定的法定刑

相对确定的法定刑,是指在条文中规定一定的刑种与刑度,并明确规定最高刑与最低刑。

这种法定刑的特点是立法上有确定的刑种与刑度,司法上有具体裁量的余地。由此,这种法定刑适应我国的实际情况,有利于法制的协调统一;适应同犯罪作斗争的需要,有利于贯彻区别对待的政策;适应具体犯罪的不同情况,有利于实践罪刑相适应的原则;适应犯罪的社会危害程度的变化,有利于刑法的相对稳定。

由于我国刑法分则大多数规定的是相对确定的法定刑,有必要对这种法定刑再作具体分类。

(1)规定最高限度的法定刑。即刑法分则规范只规定刑罚的最高限度,刑罚的最低限度根据刑法总则的规定确定。例如,《刑法》第 433 条第 1 款前段规定:"战时造谣惑众,动摇军心的,处三年以下有期徒刑。"该款只规定了有期徒刑这一刑种,最高刑期为 3 年。依据刑法总则第 45 条的规定,有期徒刑的最低期限为 6 个月。因此,人民法院应在 6 个月以上 3 年以下的幅度内裁量刑罚。依照刑法第 99 条的规定,法条所称的"以上"、"以下"、"以内",包括本数。

(2)规定最低限度的法定刑。即刑法分则规范只规定刑罚的最低限度,刑罚的最高限度根据总则规定确定。例如,《刑法》第 295 条规定:"传授犯罪方法……情节严重的,处五年以上有期徒刑。"这里也只规定了有期徒刑这一刑种,最低刑期为 5 年。依据刑法总则第 45 条的规定,有期徒刑的最高刑期为 15 年。所以,人民法院应在 5 年以上 15 年以下的幅度内裁定刑期。

(3)规定最高限度与最低限度的法定刑。即分则规范同时规定了刑罚的最高刑期与最低刑期,无须再根据刑法总则的规定确定最高刑期与最低刑期。例如,《刑法》第 118 条规定:"破坏电力、燃气或者其他易燃易爆设备,危害公共安全,尚未造成严重后果的,处三年以上十年以下有期徒刑。"显然,人民法院应在此幅度内决定刑期。规定最高、最低限度的法定刑,这种情况在刑法分则条文中占多数。

以上三种相对确定的法定刑主要是就刑种为有期徒刑而言,因为死刑与无期徒刑没有刑度问题,拘役、管制以及剥夺政治权利的期限幅度较小,无须在分则条文中详细规定,直接根据刑法总则规定的期限进行裁量即可。

(4)规定两种以上主刑或者规定两种以上主刑并规定附加刑的法定刑。由于规定了两种以上的主刑,人民法院不仅有刑期的选择权限,而且有刑种的选择权限。在其规定的两种以上的主刑中,对有期徒刑又可分为前述三种情况:规定最高限度的法定刑，规定最低限度的法定刑，规定最高限度与最低限度的法定刑。例如，《刑法》第 304 条规定："邮政工作人员严重不负责任，故意延误投递邮件，致使公共财产、国家和人民利益遭受重大损失的，处三年以下有期徒刑或者拘役。"该条规定了两种主刑，对其中的有期徒刑又规定了最高限度。人民法院在量刑时酌情选择其中一种主刑；选定一种主刑后，又根据有关规定确定具体刑期。再如，《刑法》第 275 条前段规定："故意毁坏公私财物，数额较大或者有其他严重情节的，处三年以下有期徒刑、拘役或者罚金。"该条规定了两种主刑和一种附加刑，人民法院在量刑时可以在这三种刑罚中选择其一。由于这种法定刑有可供选择的几种刑罚，故法理上称之为"选择法定刑"。

应当注意的是，许多分则规范虽然规定的刑种相同，但排列顺序有异，如有的规定"处 10 年以上有期徒刑、无期徒刑或者死刑"，有的规定"处死刑、无期徒刑或者 10 年以上有期徒刑"。我们认为，二者是有区别的，前者意味着人民法院在量刑时应首先考虑 10 年以上有期徒刑，再次考虑无期徒刑与死刑；后者意味着人民法院在量刑时应首先考虑死刑，再依次考虑无期徒刑与 10 年以上有期徒刑。当然，这里的"考虑"还应以案情为依据。

4. 浮动法定刑

浮动法定刑，也称浮动刑与机动刑，是指法定刑的具体期限或具体数量并非确定，而是根据一定的标准升降不居，处于一种相对不确定的游移状态。例如，《刑法》第 227 条规定："伪造或者倒卖伪造的车票、船票、邮票或者其他有价票证，数额较大的，处二年以下有期徒刑、拘役或者管制，并处或者单处票证价额一倍以上五倍以下罚金；数额巨大的，处二年以上七年以下有期徒刑，并处票证价额一倍以上五倍以下罚金。"（伪造、倒卖伪造的有价票证罪）按照这一规定，对伪造或者倒卖伪造的有价票证的，并处或单处票证价额 1 倍以上 5 倍以下罚金，就是一种浮动刑。

浮动法定刑具有以下特点：第一，只见之于罚金刑，这显然是因为罚金刑的数额可以根据刑法规定的某种事实标准予以确定的缘故。第二，只适用于经济犯罪、财产犯罪，对其他犯罪难以甚至不可能规定浮动法定刑。第三，刑罚（罚金）的具体幅度（数量）要根据案件的一定事实确定。这是浮动法定刑与相对确定法定刑的重要区别。在刑法规定相对确定的法定刑时，不管案件发生与否，人们可以事先得知刑罚的具体幅度；而刑法规定浮动法定刑时，只有查清了刑法规定的特定事实，才能得知刑罚的具体幅度。所以，浮动法定刑不同于相对确定的法定刑。

将罚金刑规定为浮动刑，具有以下优点：(1)有利于体现罪刑相适应的原则。决定罚金数额时，应以犯罪情节为根据，而犯罪数额是经济犯罪、财产犯罪的一个重大情节。根据犯罪数额确定罚金的幅度，在此幅度内再考虑其他情节，就能做到罪刑相适应。(2)有利于考虑犯罪人的经济状况来裁量刑罚。罚金刑的缺陷之一在于其效果因贫富之差而完全不同，这就决定了确定罚金数额时，必须考虑犯罪人的经济状况以实现罚金刑的实质公平性。浮动的罚金刑则有利于人民法院考虑犯

罪人的经济状况从而决定所要裁量的具体刑罚。(3)有利于刑法的稳定。刑法的相对稳定性要求法条能够适应社会形势变化后的各种情况。各国立法者都对罚金数额的规定感到棘手,即使好不容易规定了相对确定的罚金数额,但出现通货膨胀后,原来规定的罚金数额必然显得过低,不得不修改刑法。浮动的罚金刑不存在上述问题,因而有利于刑法的稳定。

(三)法定刑与宣告刑、执行刑的区别

宣告刑是人民法院对具体犯罪判决宣告的应当执行的刑罚。

法定刑不同于宣告刑,体现为:(1)法定刑是立法机关在制定刑法时确定的,宣告刑是司法机关在处理具体案件时确定的;(2)法定刑有可供选择的刑种与刑度,宣告刑只能是特定的刑种与刑度。但是,宣告刑必须以法定刑为依据,即使从轻、从重、减轻处罚时,也要以法定刑为依据。可见,法定刑是立法上的规定,宣告刑是执法中的适用。

执行刑是犯罪分子实际执行的刑罚。① 由于宣告刑所宣告的是犯罪分子应当执行的刑罚,故宣告刑是执行刑的根据,在通常情况下,二者是相等的。但在特殊情况下,执行刑要低于宣告刑。例如,在执行过程中,由于犯罪分子具有悔改或立功情节而依法减刑时,执行刑便少于宣告刑。

执行刑与法定刑有着明显区别:法定刑是刑法规定的刑种与刑度,执行刑是犯罪分子实际执行的刑罚。因此,执行刑可能低于法定刑。例如,某罪的法定刑为 3 年以上 10 年以下有期徒刑,人民法院判处犯罪分子 4 年有期徒刑(这便是"宣告刑")。由于犯罪分子在服刑过程中有悔改或立功表现,依法减刑 2 年,这样执行刑便是 2 年,比法定最低刑要低。

---

① 有人认为,执行刑是人民法院在判决中所确定的应予执行的刑种和刑期(参见何秉松主编:《刑法教科书》,中国法制出版社 1995 年版,第 531 页)。这种观点实质上将执行刑与宣告刑等同起来了,实属不妥。

第一章 危害国家安全罪

【引 例】

被告人邵某，1956年出生于上海市，1989年加入美国国籍，长期侨居中国。2001年回美国期间被间谍机关收买，并接受该间谍组织的派遣任务，潜入我国进行军事情报刺探、收集工作。2001年5月，被告人邵某欲前往我某空军培训基地刺探情报，被我安全机关抓获。检察机关以间谍罪和为境外刺探情报罪对被告人邵某提起公诉，邵某提出自己进行间谍活动没有成功、属于犯罪未遂的辩护意见。法院应如何裁判呢？

第一节 危害国家安全罪概述

一、危害国家安全罪的概念及构成要件

危害国家安全罪是指故意危害中华人民共和国的主权、领土完整与安全，颠覆国家政权、推翻社会主义制度的行为。危害国家安全罪是在旧刑法"反革命罪"的基础上修改而成的新的类罪，其构成要件如下：

(1)本章罪侵犯的客体是国家的安全。所谓国家安全，是指我国主权、领土完整与安全以及人民民主专政的政权和社会主义制度。国家安全是一国最高之利益，在我国更是全国人民根本利益之所在，危害国家安全的犯罪直接危及国家的存立，因此，我国刑法将危害国家安全罪列在各章犯罪之首。

(2)犯罪的客观方面表现为行为人实施了危害国家安全的行为。所谓危害国家安全的行为，具体表现为刑法第102条至第112条规定的有关危害中华人民共和国主权、领土完整与安全、分裂国家、颠覆国家政权及社会主义制度的犯罪行为。本章犯罪均属行为犯，即不要求发生国家安全被实际侵害的结果便可成立本章罪。一般犯罪中的预备行为，在本章罪当中则可能以实行行为处罚，如分裂国家罪中的组织、策划行为。

(3)犯罪主体多数为一般主体，少数为特殊主体。如背叛国家罪的主体只能是中

国公民，叛逃罪的主体只能是国家机关工作人员或掌握国家秘密的国家工作人员。

(4)犯罪的主观方面是故意，过失不构成本章罪。这里需要探讨的问题是：危害国家安全罪能否由间接故意构成？刑法理论上主要有三种观点：第一种观点认为：这类罪的主观方面是故意，且绝大多数是直接故意。少数犯罪可以是间接故意，如为境外窃取、刺探、收买、非法提供国家秘密、情报罪。① 这是通说的观点，以承认某些故意犯罪只能由一种故意形式构成为前提。第二种观点认为：危害国家安全罪的主观要件为故意，既可以由直接故意构成，也可以由间接故意构成。② 这种观点显然是受大陆法系刑法理论影响，认为可以由直接故意构成的犯罪，原则上也不排除间接故意可以构成该罪。第三种观点认为：所有的危害国家安全罪都只能由直接故意构成，间接故意不能构成危害国家安全罪。这种观点的一个重要理由是本章罪均属行为犯，行为犯不以危害结果的发生为成立要件，相反，间接故意犯罪是结果犯，以危害结果的发生为成立要件，因此，行为犯只能由直接故意构成。本书基本赞成通说的观点。理由是：第一，某种故意犯罪只能由特定的故意种类构成是客观存在的事实，如强奸罪、抢劫罪等原则上只能由直接故意构成。③ 第二，行为犯不以危害结果的发生为构成要件，并不能由此得出行为犯只能由直接故意构成的结论。

二、危害国家安全罪的刑事责任

鉴于其严重的社会危害性，刑法对危害国家安全的犯罪都规定了严厉的刑罚，具体表现在以下三个方面：第一，刑法第 113 条规定，除煽动分裂国家罪、颠覆国家政权罪、煽动颠覆国家政权罪、资助危害国家安全罪、叛逃罪不得判死刑外，其他危害国家安全的犯罪最高法定刑都规定了死刑。第二，根据刑法总则第 56 条的规定，犯本章之罪，应当附加剥夺政治权利。第三，根据刑法分则第 113 条第 2 款规定，犯本章之罪，可以并处没收财产。

三、危害国家安全罪的种类

根据行为特征的不同，本章罪可分为以下三类：

(1)危害国家政权、国家统一的犯罪，包括刑法分则第 102 条至第 107 条规定

---

① 参见高铭暄、马克昌主编：《刑法学》，北京大学出版社、高等教育出版社 2007 年版，第 364～365 页。

② 参见张明揩著：《刑法学》(第三版)，法律出版社 2007 年版，第 507 页。

③ 当然，行为人对强奸、抢劫的手段行为(如暴力)造成的危害结果可以持间接故意的心理态度。

的有关犯罪，即背叛国家罪、分裂国家罪、煽动分裂国家罪、武装叛乱、暴乱罪、颠覆国家政权罪、煽动颠覆国家政权罪、资助危害国家安全犯罪活动罪。

(2)叛变、叛逃的犯罪，包括刑法分则第108条的投敌叛变罪和第109条规定的叛逃罪。

(3)间谍、资敌的犯罪，包括刑法分则第110条至第112条规定的间谍罪，为境外窃取、刺探、收买、非法提供国家秘密、情报罪和资敌罪。

第二节 危害国家政权、国家统一的犯罪

一、背叛国家罪

背叛国家罪，是指勾结外国或境外机构、组织、个人，危害国家主权、领土完整和安全的行为。本罪的客观方面表现为勾结外国或者境外机构、组织、个人，危害国家主权、领土完整和安全的行为。“勾结外国”是指勾结外国政府、外国政党或外国政治集团，而“勾结境外机构、组织”则是指勾结港、澳、台地区及国外的一般的非国家性的机构和组织，包括这些机构和组织在我国境内的分支机构、组织。① 行为方式既包括与外国政府等勾结共同密谋策划或同谋以危害国家安全的行为，也包括与外国政府等勾结直接实施危害国家安全的行为。本罪的主体只能是已满16周岁、具有辨认控制能力的中国公民，且一般是那些窃据党和国家要职或具有一定社会影响力的人。本罪的主观方面只能是直接故意，即明知自己背叛国家的行为会发生危害国家安全的结果而积极追求的心理态度。

根据刑法第102条的规定，犯本罪的，处无期徒刑或者10年以上有期徒刑。根据刑法第113条的规定，犯本罪，对国家和人民危害特别严重的、情节特别恶劣的，可以判处死刑；犯本章罪的，可以并处没收财产。刑法第56条规定，犯本章罪的，应当附加剥夺政治权利。

二、分裂国家罪

分裂国家罪，是指组织、策划、实施分裂国家、破坏国家统一的行为。

① 有论者将境外的机构和组织限定为港、澳、台地区的机构和组织，显然不当缩小了“境外”的含义。参见周光权著：《刑法分则讲义》，清华大学出版社2003年版，第591页；于志刚主编：《危害国家安全罪》，中国人民公安大学出版社1999年版，第72页。

本罪的客体是国家主权、领土的完整与统一。本罪的客观方面表现为组织、策划、实施分裂国家的行为，即就另立政府、搞地方割据或制造民族分裂，抗拒中央政府的领导的事项进行组织、密谋策划或具体实施的行为。本罪的主体为一般主体，但多是窃据党政军高位或民族分裂者。本罪的主观方面只能是直接故意。

研究本罪时需注意：如果行为人勾结外国分裂国家，原则上应以背叛国家罪论处，因为根据刑法第 106 条的规定：与境外机构、组织、个人相勾结分裂国家的以本罪从重处罚，当中并未规定勾结外国分裂国家的情形。

根据刑法第 103 条第 1 款、第 113 条和第 56 条的规定，犯本罪的，对首要分子或者罪行重大的，处无期徒刑或者 10 年以上有期徒刑；对积极参加的，处 3 年以上 10 年以下有期徒刑；对其他参加的，处 3 年以下有期徒刑、拘役、管制或者剥夺政治权利；对国家和人民危害特别严重、情节特别恶劣的，可以判处死刑。犯本罪，可以并处没收财产；应当附加剥夺政治权利。此外，根据刑法第 106 条的规定，与境外机构、组织、人员相勾结犯本罪的，从重处罚。

三、煽动分裂国家罪

煽动分裂国家罪，是指煽动分裂国家、破坏国家统一的行为。

本罪的客体也是国家的主权、领土的完整和统一。本罪的客观方面表现为煽动他人进行分裂国家、破坏国家统一的行为。煽动，是一种类似教唆而较教唆更为缓和的行为，煽动的对象是不特定或者多数人。[①] 被煽动者可以是无犯罪决意者，也可以是已有犯罪意图者。煽动的方式没有特别限定，可以是口头、书面或其他方式。明知出版物中载有煽动分裂国家、破坏国家统一的内容，而予以出版、印刷、复制、发行、传播的，成立本罪。[②] 本罪的主体为一般主体。本罪的主观方面为故意。在直接故意的情况下，只要实施了煽动行为，不问被煽动者是否实际实施了分裂国家的犯罪行为都成立本罪。在间接故意的情况下，则需要被煽动者接受煽动并实施了分裂国家、破坏国家统一的行为才构成本罪。[③]

根据刑法第 103 条第 2 款、第 113 条、第 56 条和第 106 条的规定，犯本罪的，处 5 年以下有期徒刑、拘役、管制或者剥夺政治权利；首要分子或者罪行重大的，处

① 有观点认为煽动的对象也可以是特定的个别人，参见高铭暄、马克昌主编：《刑法学》，北京大学出版社、高等教育出版社 2007 年版，第 367 页。但是，煽动特定的个别人分裂国家而对方并未接受煽动且未实施分裂国家行为的并不可罚；煽动行为使特定的个别人实施了分裂国家行为的则可以分裂国家罪的共犯论处（教唆犯或帮助犯）。

② 参见最高人民法院 1998 年 12 月 11 日《关于审理非法出版物刑事案件具体应用法律若干问题的解释》。

③ 参见高铭暄、马克昌主编：《刑法学》，北京大学出版社、高等教育出版社 2005 年版，第 366 页。

5年以上有期徒刑。犯本罪,可以并处没收财产;根据刑法第56条的规定,除单处剥夺政治权利之外,犯本罪应当附加剥夺政治权利。与境外机构、组织、人员相勾结犯本罪的,从重处罚。

四、武装叛乱、暴乱罪

武装叛乱、暴乱罪,是指组织、策划、实施武装叛乱或者武装暴乱的行为。

本罪的客体是国家的政权和社会主义制度。本罪的客观方面表现为组织、策划、实施武装叛乱或武装暴乱的行为。武装叛乱,是指使用武器装备进行反叛国家和政府的活动。武装暴乱,是指使用武器装备制造暴力引起动乱。此处之"使用武器装备"不限于直接使用,也包括为使用而携带之行为。武装叛乱与武装暴乱的主要区别表现在:叛乱以投靠境外敌对势力为目的,而暴乱则无此目的。此外,刑法第104条第2款规定,策动、勾引、胁迫、收买国家机关工作人员、人民警察、民兵进行武装叛乱、暴乱的,也构成本罪。本罪的主体为一般主体。本罪的主观方面为故意。

在认定本罪时需注意,在武装叛乱、暴乱的过程中如果是为了实现危害国家安全的目的而实施了杀伤、抢夺等行为的,属于观念的竞合,原则上应从一重罪论处。①

根据刑法第104条、第113条、第56条和第106条的规定,犯本罪的,对首要分子或者罪行重大的,处无期徒刑或者10年以上有期徒刑;对积极参加的,处3年以上10年以下有期徒刑;对其他参加的,处3年以下有期徒刑、拘役、管制或者剥夺政治权利;策动、胁迫、勾引、收买国家机关工作人员、武装部队人员、人民警察、民兵进行武装叛乱或者武装暴乱的,从重处罚。犯本罪对国家和人民危害特别严重、情节特别恶劣的,可以判处死刑。犯本罪,可以并处没收财产;应当附加剥夺政治权利。与境外机构、组织、人员勾结犯本罪的,从重处罚。

五、颠覆国家政权罪

颠覆国家政权罪,是指组织、策划、实施颠覆国家政权、推翻社会主义制度的行为。本罪的客体也是国家政权和社会主义制度。本罪的客观方面表现为组织、策划、实施三类颠覆国家政权、推翻社会主义制度的行为。本罪为行为犯,只要实施了上述三种行为之一就构成本罪,而无须国家政权被颠覆、社会主义制度被推翻的

---

① 如果在武装叛乱、暴乱中实施了故意杀人行为的,根据通说的观点,一般认为应以武装叛乱、暴乱罪论处,但根据法定刑,无疑是故意杀人罪的法定刑要重。通说的观点显然是受传统国家利益高于个人利益的法律思想影响所致,本书对此持保留态度。

结果发生。这里的国家政权，不限于中央政权，也包括地方政权。组织和利用邪教组织，组织、策划、实施颠覆国家政权、推翻社会主义制度活动的，成立本罪。本罪的主体为一般主体。本罪的主观方面是直接故意，且有颠覆国家政权和推翻社会主义制度的目的。

根据刑法第 105 条第 1 款的规定，犯本罪的，对首要分子或者罪行重大的，处无期徒刑或者 10 年以上有期徒刑；对积极参加的，处 3 年以上 10 年以下有期徒刑；对其他参加的，处 3 年以下有期徒刑、拘役、管制或者剥夺政治权利。量刑时，需考虑刑法第 106 条、第 113 条和第 56 条的规定。

六、煽动颠覆国家政权罪

煽动颠覆国家政权罪，是指以造谣、诽谤或者其他方式煽动颠覆国家政权、推翻社会主义制度的行为。

本罪的客体是国家政权和社会主义制度。本罪的客观方面表现为以造谣、诽谤或者其他方式煽动颠覆国家政权、推翻社会主义制度的行为。煽动的含义与煽动分裂国家罪中的“煽动”相同。本罪的主体为一般主体。本罪的主观方面为故意。

根据刑法第 105 条、第 106 条、第 113 条和第 56 条的规定，犯本罪的，处 5 年以下有期徒刑、拘役、管制或者剥夺政治权利；首要分子或者罪行重大的，处 5 年以上有期徒刑；与境外机构、组织、个人勾结犯本罪的，从重处罚。犯本罪的，可以并处没收财产；应当附加剥夺政治权利。

七、资助危害国家安全犯罪活动罪

资助危害国家安全犯罪活动罪，是指境内外机构、组织或者个人资助境内组织或者个人实施背叛国家罪，分裂国家罪，煽动分裂国家罪，武装叛乱、暴乱罪，颠覆国家政权罪，煽动颠覆国家政权罪的行为。

本罪的客体是国家安全。本罪的客观方面表现为资助境内组织或者个人实施前述六种犯罪的行为。所谓资助，是指提供场所、经费、物资等物质性的支持和帮助，如仅提供精神、道义等支持，不是本罪的资助，不构成本罪。资助的时间没有限制，可以是在有关人员实施上述六种犯罪行为之前、之中或之后。[①] 行为

① 有观点认为资助只能在上述六种犯罪行为实施之前或之中，而不包括之后。参见赵秉志著：《刑法分则问题专论》，法律出版社 2004 年版，第 41 页。但是，将实施上述六种犯罪行为之后的资助行为排除在本罪之外并不合适，因为虽然这种行为可以窝藏罪论处，但其同样具有危害国家安全的性质，而且，资助危害国家安全犯罪活动罪的法定刑高于窝藏罪，以资助危害国家安全犯罪活动罪论处更有利于预防、打击这类资助行为。

人超出资助的范围，直接参与组织、策划、实施前述六种犯罪行为的，应按有关具体犯罪的共犯论处。本罪的主体为境内外机构、组织或者个人。本罪的主观方面为故意，要求行为人认识到资助的对象是实施上述六种犯罪行为的境内组织或者个人。

根据刑法第 107 条、第 113 条和第 56 条的规定，犯本罪的，对直接责任人员，处 5 年以下有期徒刑、拘役、管制或者剥夺政治权利；情节严重的，处 5 年以上有期徒刑。犯本罪的，可以并处没收财产；应当附加剥夺政治权利。

第三节　叛变、叛逃的犯罪

一、投敌叛变罪

投敌叛变罪，是指中国公民投奔敌人营垒或者被捕、被俘后投降敌人进行危害国家安全活动的行为。本罪的客体是国家安全。本罪的客观方面由投敌和叛变两个环节构成。投敌的方式有两种：一是主动投奔敌方营垒，二是被敌人捕俘之后屈膝投降。叛变即为敌人效劳，进行危害国家安全的活动。由此可见，行为人单纯投奔敌方或投降的行为难以认定为本罪。[①] 本罪的主体是特殊主体，即中国公民，但外国人和无国籍人可以成为本罪的共犯。本罪的主观方面是故意，且具有危害国家安全的目的。

根据刑法第 108 条、第 113 条和第 56 条的规定，犯本罪的，处 3 年以上 10 年以下有期徒刑；情节严重或者带领武装部队人员、人民警察、民兵投敌叛变的，处 10 年以上有期徒刑或者无期徒刑；对国家和人民危害特别严重、情节特别恶劣的，可以判处死刑。犯本罪的，可以并处没收财产；应当附加剥夺政治权利。

二、叛逃罪

叛逃罪，是指国家机关工作人员或者掌握国家秘密的国家工作人员在履行公务期间，擅离岗位，叛逃境外或在境外叛逃，危害国家安全的行为。

---

① 参见张明楷著：《刑法学》（第三版），法律出版社 2007 年版，第 511 页。有观点认为这种情形应数罪并罚，但又主张如果投敌后没有实施危害国家安全的行为就不构成本罪，似乎有自相矛盾之嫌。参见高铭暄、马克昌主编：《刑法学》，北京大学出版社、高等教育出版社 2007 年版，第 371 页。本书认为，由于本罪规定的法定刑幅度很大，以一罪论处完全可以做到罪责刑相适应。

本罪的客体是国家安全。本罪的客观方面表现为在履行公务期间，擅离岗位，叛逃境外或者在境外叛逃，危害国家安全的行为。具体包括：(1)叛逃行为须发生在履行公务期间。所谓履行公务期间，必须结合“擅离岗位”来理解，是指行为人履行一般职权期间或者执行特定工作任务期间；(2)叛逃的方式有两种：一是擅离岗位叛逃境外，二是擅离岗位在境外叛逃；(3)叛逃行为须危害国家安全。因此，行为人单纯地逃往国外或在国外不回国而不危害国家安全的行为不构成本罪。叛逃行为是否危害国家安全，应根据行为人投奔境外的组织、机构的性质，叛逃的目的与动机及叛逃的方式等综合进行判断。本罪的主体为特殊主体，即只能是国家机关工作人员或掌握国家秘密的国家工作人员。本罪的主观方面为故意。

叛逃罪与投敌叛变罪有相似之处，两者的主要区别在于：(1)犯罪主体不同：叛逃罪的主体只能是国家机关工作人员和掌握国家秘密的国家工作人员；投敌叛变罪的主体是一般中国公民。(2)客观行为不同：叛逃罪要求是在履行公务期间，擅离岗位，叛逃境外或者在境外叛逃；投敌叛变罪是投奔敌人营垒、投降敌人并进行危害国家安全的活动。

根据刑法第 109 条、第 113 条和第 56 条的规定，犯本罪的，处 5 年以下有期徒刑、拘役、管制或者剥夺政治权利；掌握国家秘密的国家工作人员犯本罪的，从重处罚。犯本罪的，可以并处没收财产；应当附加剥夺政治权利。

第四节　间谍、资敌的犯罪

一、间谍罪

(一)概念和构成要件

间谍罪，是指参加间谍组织，接受外国间谍组织及其代理人的任务，或者为敌人指示轰击目标，危害国家安全的行为。其构成要件如下：

本罪的客体是国家安全。本罪的客观方面表现为三种危害国家安全的行为：一是参加间谍组织充当间谍；二是接受间谍组织及其代理人的任务，在我国进行间谍活动；三是为敌人指示轰击目标。实施上述三种行为之一的就构成本罪，三种行为都实施也不并罚。本罪的主体为一般主体。本罪的主观方面为故意，即明知是间谍组织而参加，明知是外国间谍组织或其代理人派遣的任务而接受，明知是敌人而为其指示轰击目标。但无论实施何种行为，都明知自己的行为会发生危害国家安全的结果，并且希望或放任该结果发生。

（二）本罪的认定

在认定本罪时，应注意一罪与数罪的界限。当行为人参加间谍组织后又从事刺探、收买国家秘密、情报等间谍活动，或者在接受间谍组织的派遣任务后进一步实施完成派遣任务的行为又构成其他犯罪的，或者为敌人指示轰击目标而造成重大人身伤亡或财产损失的，都只能按一罪论处，而不必数罪并罚（引例中邵某的行为就属于第二种情形，因而法院对其只应定间谍罪）。对于前两种情形，有以下两点理由：其一，这两种情形属于牵连犯或者吸收犯的情形，因为参加间谍组织的目的就是进行间谍活动，而接受了派遣任务后必然要去完成，前行为与后行为间存在牵连关系或者吸收关系；其二，间谍罪规定了很高的法定刑，最高可以判处死刑，因此，以一罪论处完全可以做到罪刑相适应。第三种情形本来就只有为敌人指示轰击目标这一行为，轰击之后造成人身死亡或重大财产损失的结果与指示轰击目标的行为间只存在间接因果关系，因而只对量刑有意义。

（三）刑事责任

根据刑法第 110 条、第 113 条和第 56 条的规定，犯本罪的，处 10 年以上有期徒刑或者无期徒刑；情节较轻的，处 3 年以上 10 年以下有期徒刑；对国家和人民危害特别严重、情节特别恶劣的，可以判处死刑。犯本罪的，可以并处没收财产；应当并处剥夺政治权利。

二、窃取、刺探、收买、非法提供国家秘密、情报罪

窃取、刺探、收买、非法提供国家秘密、情报罪，是指为境外的机构、组织、个人窃取、刺探、收买、非法提供国家秘密、情报的行为。

本罪的客体是国家安全。本罪的客观方面表现为为境外的机构、组织或者个人窃取、刺探、收买、非法提供国家秘密、情报的行为。对此，应注意以下几点：首先，境外的机构、组织或者个人是否与我为敌没有限制；其次，本罪为选择性罪名，只要实施了窃取、刺探、收买、非法提供国家秘密、情报行为之一的就成立本罪；再次，行为的对象是国家秘密或情报。所谓国家秘密，是指关系国家安全和利益，依法确定的在一定时间内只限一定范围内的人员知悉的事项，包括绝密、机密、秘密三个密级。所谓情报，是指国家秘密以外的，一切有关国家的政治、经济、军事、外交、科技等可供境外机构、组织、人员利用以至危害我国国家安全的，应当保守的资料、情况和消息。本罪的主体为一般主体。本罪的主观方面为故意。

根据刑法第 111 条、第 113 条和第 56 条的规定，犯本罪的，处 5 年以上 10 年以下有期徒刑；情节特别严重的，处 10 年以上有期徒刑或者无期徒刑；情节较轻的，处 5 年以下有期徒刑、拘役、管制或者剥夺政治权利；对国家和人民危害特别严

重、情节特别恶劣的，可以判处死刑。犯本罪的，可以并处没收财产；应当附加剥夺政治权利。

三、资敌罪

资敌罪，是指战时供给敌人武器装备、军用物资资助敌人的行为。本罪的客体是国家安全。本罪的客观方面表现为战时供给敌人武器装备、军用物资资助的行为。首先，资助时间只限于战时（其含义参照刑法第451条）；其次，资助的对象“敌人”不是指个别的敌对分子，而是指敌对营垒或武装力量；最后，资助的方式只限于提供武器装备、军用物资。本罪的主体为一般主体。本罪的主观方面为故意。

根据刑法第112条、第113条和第56条的规定，犯本罪的，处10年以上有期徒刑或者无期徒刑；情节较轻的，处3年以上10年以下有期徒刑；对国家和人民危害特别严重、情节特别恶劣的，可以判处死刑。犯本罪的，可以并处没收财产；应当附加剥夺政治权利。

司法考试真题链接

1. 某国家机关工作人员甲借到M国探亲的机会滞留不归。一年后甲受雇N国的一个专门收集有关中国军事情报的间谍组织，随后受该组织的指派遣回中国。找到其在某军区参谋部工作的战友乙。以一万美元的价格从乙手中购买了3份军事机密材料。对甲的行为应如何处理？（2002年司法考试真题）

A. 以叛逃罪论处　　B. 以叛逃罪和间谍罪论处

C. 以间谍罪论处　　D. 以非法获取军事秘密罪论处

第二章　危害公共安全罪

第一节　危害公共安全罪概述

一、危害公共安全罪的概念和特征

危害公共安全罪，是指故意或者过失地实施危害不特定多数人的生命、健康和重大公私财产安全及公共生产、生活安全的行为。

危害公共安全罪具有以下特征：

1. 客体是社会的公共安全。所谓“公共安全”，是指不特定的多数人的生命、健康和重大公私财产安全及公共生产、生活秩序的安全。其本质特征表现为不特定性，即这类犯罪危害的不是特定个人的生命安全和财产安全，对于其侵害的对象和可能造成的危害后果，往往在事前无法确定也无法预料和控制。如果行为人的犯罪行为所侵害的不是不特定的多数人的生命、健康或重大公私财产的安全，而只是特定的个人的人身权或者特定的公私财产，则不构成危害公共安全罪，根据其所侵害的客体，以侵犯人身权利罪或者侵犯财产罪论处。这里的“特定个人”包括特定的一个人和特定的多个人。

2. 客观方面表现为实施了危害公共安全的行为。危害公共安全的行为既可以表现为作为，也可以表现为不作为。具体行为方式多种多样。有的犯罪方法特别危险，如放火、爆炸、投放危险物质、决水等；有的犯罪危害的对象直接关系着公共安全，如汽车、火车、飞机、船只等交通工具和交通、电力、通信、煤气等公共设施，一旦遭到破坏，就可能给公共安全造成巨大的损害；有的行为本身会引起公众的恐慌心理，对正常的社会秩序造成极大危害，如恐怖活动中的绑架、爆炸、投毒等。由于危害公共安全行为的严重的社会危害性，危害公共安全罪的危险行为既包括已经造成实际损害结果的行为，也包括虽未造成严重后果，却足以危害不特定的多数人的生命、健康和重大公私财产安全及公共生活安全的行为。因此，这类行为只要行为人的犯罪行为足以造成危害公共安全的危险，就构成犯罪，但是过失实施危害公共安全的行为，必须造成严重危害后果，才能构成犯罪。在既遂形态上，本章犯

罪结果犯、行为犯、危险犯、举动犯都存在，非常典型。

3. 犯罪主体既有一般主体，又有特殊主体。大多数犯罪都是由一般主体构成，如放火罪、破坏交通设施罪等；少数犯罪是特殊主体，如丢失枪支不报罪、重大飞行事故罪等。另外，本类犯罪中，个别犯罪可以由单位构成，如非法制造、买卖、运输、储存危险物质罪；有的犯罪只能由单位构成，如违规制造、销售枪支罪。根据刑法规定，犯放火、爆炸、投放危险物质罪，已满 14 周岁不满 16 周岁的人，应当负刑事责任。

4. 主观方面既有故意又有过失。以危险方法危害公共安全的犯罪和破坏公共设施、设备危害公共安全罪同时包括故意、过失两种心理态度，恐怖犯罪都是故意犯罪，危险物品犯罪一般是故意犯罪，个别是过失犯罪，重大责任事故类犯罪全部都是过失犯罪。

二、危害公共安全罪的种类

根据《刑法》分则第二章和《刑法修正案(三)》、《刑法修正案(六)》的规定，结合最高人民法院、最高人民检察院《关于执行〈中华人民共和国刑法〉确定罪名的补充规定(三)》的规定，危害公共安全罪共 48 个罪名，具体划分为五大类：

1. 以危险方法危害公共安全的犯罪。包括放火罪、决水罪、爆炸罪、投放危险物质罪、以其他危险方法危害公共安全罪；失火罪、过失决水罪、过失爆炸罪、过失投放危险物质罪、过失以其他危险方法危害公共安全罪。

2. 破坏公共设施、设备危害公共安全罪。包括破坏交通工具罪，破坏交通设施罪，破坏电力设备罪，破坏易燃易爆设备罪，破坏广播电视设施、公用电信设施罪；过失损坏交通工具罪，过失损坏交通设施罪，过失损坏电力设备罪，过失损坏易燃易爆设备罪，过失损坏破坏广播电视设施、公用电信设施罪。

3. 实施恐怖活动危害公共安全罪。包括组织、领导、参加恐怖组织罪，资助恐怖活动罪，劫持航空器罪，劫持船只、汽车罪，暴力危及飞行安全罪，投放虚假的危险物质罪，编造恐怖信息或者故意传播编造的恐怖信息罪。①

4. 违反枪支、弹药、爆炸物及危险物质管理危害公共安全罪。包括非法制造、买卖、运输、邮寄、储存枪支、弹药、爆炸物罪，非法制造、买卖、运输、储存危险物质罪，违规制造、销售枪支罪，盗窃、抢夺枪支、弹药、爆炸物、危险物质罪，抢劫枪支、弹药、爆炸物、危险物质罪，非法出租、出借枪支罪，丢失枪支不报罪，非法携带枪支弹药、管制刀具、危险物品危及公共安全罪。

---

① 投放虚假的危险物质罪，编造恐怖信息，或者故意传播编造的恐怖信息罪，是《刑法修正案(三)》确立的新罪名，按照《刑法修正案(三)》的规定，属于妨害社会管理秩序罪一章中的犯罪。编者认为这两罪属于恐怖犯罪，应当放在本章论述，以保证恐怖犯罪理论体系的完整性。

5. 重大责任事故犯罪。包括交通肇事罪，重大责任事故罪，强令违章冒险作业罪，重大飞行事故罪，铁路运营安全事故罪，重大劳动安全事故罪，大型群众性活动重大安全事故罪，危险物品肇事罪，工程重大安全事故罪，教育设施重大安全事故罪，消防责任事故罪，不报、谎报安全事故罪。①

第二节　以危险方法危害公共安全罪

【引例】

2006 年 9 月 16 日 19 时许，被告人黎某某大量饮酒后，驾驶车牌为粤 A1J374 的面包车由南向北行驶至广东省佛山市南海区盐步碧华村新路治安亭附近路段时，从后面将骑自行车的被害人李某某及其搭乘的儿子陈某某撞倒，致陈某某轻伤。撞人后，黎某某继续开车前行，撞坏治安亭前的铁闸及旁边的柱子，又掉头由北往南向穗盐路方向快速行驶，车轮被卡在路边花地上。被害人梁某某(系黎某某的好友)及其他村民上前救助伤者并劝阻黎某某，黎某某加大油门驾车冲出花地，碾过李某某后撞倒梁某某，致李某某、梁某某死亡。黎某某驾车驶出路面外被治安队员及民警抓获。经检验，黎某某案发时血液中检出乙醇成分，含量为 369.9 毫克/100 毫升。

一、放火罪②

(一) 犯罪基本理论

放火罪，是指故意放火焚烧公私财物，危害公共安全的行为。又称为纵火罪。

本罪的特征如下：

1. 侵犯的客体是公共安全，即不特定多数人的生命安全或者重大公私财产的安全。通常是纵火焚烧公私财物，危害到不特定多数人的生命安全，犯罪对象是公私财物。

2. 客观方面表现为放火焚烧公私财物、足以危害公共安全的行为。所谓“放

---

① 大型群众性活动重大安全事故罪和不报、谎报安全事故罪是《刑法修正案(六)》确立的新罪名。

② 根据 2001 年 12 月 29 日《刑法修正案(三)》修改，删除了“破坏工厂、矿场、油田、港口、河流、水源、仓库、住宅、森林、农场、谷场、牧场、重要管道、公共建筑物、或者其他公私财产”的规定，即删除了具体对象。

火”，就是以各种方法引起被点燃物燃烧，放火行为既可以用作为方式实施，也可以用不作为方式实施。但以不作为方式实施放火罪的，行为人必须是负有防止火灾发生义务的人。因放火行为的社会危害性很大，所以只要实施了放火行为，存在造成人身安全、财产重大损失的危险，即使尚未发生实际的危害结果，都构成放火罪。如果“致人重伤、死亡或者使公私财产遭受重大损失的”，属于放火罪的结果加重犯。

3. 本罪是一般主体，根据刑法第17条第2款的规定，已满14周岁不满16周岁的人犯放火罪的，应当负刑事责任。

4. 主观方面是故意，包括直接故意和间接故意。只要行为人明知自己的行为会引起公私财物的燃烧，造成火灾危及公共安全，并且希望或者放任这种结果的发生，即为放火的故意。犯罪动机多种多样，但不影响犯罪的成立。

（二）司法适用与实务

1. 放火罪的既遂与未遂的界限。放火罪是危险犯，即只要实施了放火行为，点燃了目的物，并且该放火行为使公共安全处于危险状态，即使没有造成实际的危害结果，也构成放火罪既遂。如果已经着手实施放火行为，而尚未实行完毕，即点火未得逞，如在点火时被捉获或者遇意外情况没有引燃目的物等，则为放火罪未遂。

2. 放火罪与失火罪的界限。失火罪是指因过失引起火灾危害公共安全，造成严重后果的行为。放火罪与失火罪的区别主要表现在：(1)行为人主观上的心理态度不同。行为人明知自己的行为会引起火灾可能危及公共安全，并希望或者放任火灾发生，是放火罪；行为人应当预见却没有预见自己的行为会发生火灾，危及公共安全，或者已经预见而轻信能够避免，以致发生火灾的，是失火罪。这里应当注意，如果由于过失而引起火灾的危险能够及时消除，却故意不采取相应的补救措施而任其燃烧，行为人在主观上已由过失转化为故意，即失火行为转化为放火行为，应定放火罪。(2)对危害后果要求不同。放火行为只要发生足以造成严重危害公共安全的后果的危险，即使没有造成实际危害后果，也构成放火罪；而失火行为必须实际造成了严重的危害公共安全的后果，才能构成失火罪。

3. 放火罪与以放火的方法实施的其他危害公共安全罪的界限。放火是具有相当破坏性的危险方法，经常被犯罪人作为破坏性犯罪的手段，如以放火为手段破坏交通工具、易燃易爆设备、机场、码头、影剧院等，此时必须划清放火罪与其他有关危害公共安全罪的界限。破坏交通工具、交通设施、电力、燃气、易燃易爆设备等犯罪行为，因犯罪对象所具有的特殊性，刑法在分则第二章规定了相应的具体犯罪。可见，这里的界限混淆是由于法条竞合而产生的，根据特别规定优于普通规定的原则，对以放火手段破坏上述特殊对象的犯罪，应分别以破坏交通工具罪、破坏易燃易爆设备罪等论处，而不能定为放火罪。

4. 放火罪与以放火方法实施的故意杀人罪及故意毁坏财物罪的界限。在司法实践中,放火方法还可以作为故意杀人及故意毁坏财物的犯罪手段。区分的关键在于:(1)侵犯的客体不同。放火罪侵犯的是不特定多数人的生命安全和重大公私财产安全,即公共安全;而故意杀人罪侵犯的是他人的生命权,故意毁坏财物罪侵犯的是公私财产权利。(2)犯罪对象不同。放火罪的犯罪对象是不特定多数人和重大公私财产;而故意杀人罪的犯罪对象是特定的他人,故意毁坏财物罪的犯罪对象是特定的公私财物。(3)对危害结果的要求不同。放火罪只要造成足以危害公共安全的危险,不需发生实际的危害后果,就构成犯罪既遂;而故意杀人罪与故意毁坏财物罪必须发生了他人死亡的结果或者毁坏公私财物数额较大或者情节严重的,才成立犯罪既遂。应当注意,如果放火行为行为人主观意图是针对特定的对象,但该行为在结果上引起火灾危及公共安全,则构成放火罪。

5. 放火案件中一罪与数罪的界限。大致有以下几种情形:(1)放火行为既造成人员伤亡也造成重大财产损失的,因前述诸结果,都是放火罪加重结果犯的成立要件,故只成立放火罪一罪。(2)在司法实践中,放火往往被用以在实施犯罪后毁灭罪迹,如果犯罪人毁灭罪迹的放火行为足以危害公共安全,该放火行为成立放火罪,对犯罪人应当以其所实施的犯罪与放火罪实行数罪并罚。

(三)放火罪的处罚

根据刑法第 114 条、第 115 条的规定,犯本罪,尚未造成严重后果的,处 3 年以上 10 年以下有期徒刑;致人重伤、死亡或者使公私财产遭受重大损失的,处 10 年以上有期徒刑、无期徒刑或者死刑。

二、爆炸罪

(一)犯罪基本理论

爆炸罪,是指故意引起爆炸物爆炸,危害公共安全的行为。

本罪的特征如下:

1. 客体是公共安全,即不特定多数人的生命、健康和重大公私财产安全。

2. 客观方面表现为行为人有以爆炸的方法危害公共安全的行为。爆炸的方法多种多样,可以用各种爆炸物品进行爆炸,可以利用各种爆炸装置进行爆炸,也可以利用各种技术手段导致爆炸发生。爆炸罪的行为方式可以是作为,也可以是不作为。但不论采用什么方法,选择什么场合,只要制造爆炸足以危害公共安全的,即构成本罪既遂。

3. 本罪是一般主体,根据刑法第 17 条第 2 款的规定,已满 14 周岁不满 16 周岁的人犯爆炸罪,应当负刑事责任。

4. 主观方面出于故意,包括直接故意和间接故意。

(二) 司法适用与实务

1. 爆炸罪与以爆炸方法实施的其他危害公共安全罪的界限。两者由于法条竞合而发生界限混淆的问题,行为人以爆炸的方法,针对特殊的对象而实施了危害公共安全的犯罪,而且刑法又有相应的规定,则不能以爆炸罪论处,而应以刑法所规定的具体罪名论处。

2. 爆炸罪与以爆炸方法实施的故意杀人罪和故意毁坏财物罪的界限。主要区别在于:(1)侵犯的客体不同。爆炸罪侵犯的客体是公共安全,是不特定多数人的生命、健康和重大公私财产安全;而故意杀人罪侵犯的客体是他人的生命权利,故意毁坏财物罪侵犯的客体是公私财产所有权。(2)在客观方面表现不同。爆炸罪是危险犯,行为人只要实施了爆炸行为,并足以危害公共安全,就构成犯罪既遂。而故意杀人罪和故意毁坏财物罪都是结果犯,只有发生了他人死亡或者公私财产毁坏的结果,才能成立犯罪既遂。(3)行为对象不同。爆炸罪针对的是不特定的对象,而故意杀人罪和故意毁坏财物罪则必须是针对特定的人或者特定的公私财物。

3. 爆炸罪与危险物品肇事罪的界限。两者的区别表现在:(1)在主观方面不同。爆炸罪是故意的,而危险物品肇事罪则是出于过失。(2)在客观方面表现不同。爆炸罪是危险犯,行为人的爆炸行为只要足以危害公共安全,就构成爆炸罪既遂,而危险物品肇事罪是结果犯,行为人的行为必须造成严重的危害公共安全的后果,才构成犯罪。

(三)爆炸罪的处罚

根据刑法第 114 条、第 115 条的规定,犯本罪,尚未造成严重后果的,处 3 年以上 10 年以下有期徒刑;致人重伤、死亡或者使公私财产遭受重大损失的,处 10 年以上有期徒刑、无期徒刑或者死刑。

三、投放危险物质罪[①]

(一) 犯罪基本理论

投放危险物质罪,是指故意投放危险物质危害公共安全的行为。

---

① 本罪在 1997 年刑法中称为“投毒罪”,2001 年《刑法修正案(三)》对其作了修改。将“投毒”修改为“投放毒害性、放射性、传染病病原体等物质”。依据 2002 年 3 月 15 日最高人民法院、最高人民检察院《关于执行〈中华人民共和国刑法〉确定罪名的补充规定》,确定为“投放危险物质罪”。

本罪特征如下：

1. 侵犯的客体是公共安全。

2. 客观方面表现为行为人实施了投放危险物质危害公共安全的行为。根据《刑法修正案(三)》的规定，"投放危险物质"是指向公共饮用、食用的水源、食品或者牲畜、禽类的饮水池、饲料等投放毒害性、放射性、传染病病原体等物质能够严重危害人体健康、生命安全或者造成重大财产损失的行为。投放场所是本罪的重要特征之一。"危险物质"，是指具有毒害性、放射性、传染病病原体等物质。所谓毒物，是指含有毒质的有机物或者无机物，如砒霜、敌敌畏、氰化钾、西梅脱、1059剧毒农药等。鸦片、大麻、吗啡等虽然也是毒物，但不包括在投毒罪的毒物之中。

3. 本罪是一般主体，根据刑法第17条的规定，已满14周岁不满16周岁的人犯本罪的，应当负刑事责任。

4. 主观方面表现为故意，既可以出于直接故意，也可以出于间接故意。

(二) 司法适用与实务

1. 本罪与以投放危险物质的方法实施的故意杀人罪的界限。两者区分的关键是看行为人实施的投放危险物质行为是否危及公共安全。如果行为人只针对特定的个人投放危险物质，如将危险物质投放于被害人的饮料、食品中，不危及公共安全的，就构成故意杀人罪；如果行为人的投放行为虽然针对特定的个人，但足以危及公共安全的，如行为人为杀害被害人而将危险物质投放于被害人取饮用水的公用水井中，就构成投放危险物质罪。

2. 本罪与重大环境污染事故罪的界限。两者虽然在危害后果方面相似，但是却有着本质的区别：(1)侵害的客体不同。投放危险物质罪侵害的是公共安全，重大环境污染罪侵害的是社会管理秩序。(2)在客观方面表现不同。投放危险物质罪表现为行为人将危险物质投放于饮用、食用等特定物品中，而且该投放行为只要足以危害公共安全，就构成犯罪既遂；重大环境污染事故罪则表现为违反国家规定，向土地、水体、大气排放、倾倒或处置有毒物质等危险废物的行为，而且该行为必须造成重大环境污染事故，致使公私财产遭受重大损失或者人身伤亡的严重后果，才能构成犯罪。(3)犯罪主体不同。投放危险物质罪只能以自然人为主体，而重大环境污染事故罪单位和自然人均可构成。(4)在主观方面的罪过形式不同。投放危险物质罪只能出于故意，而重大环境污染事故罪则只能出于过失。

(三)投放危险物质罪的处罚

根据刑法第114条、第115条的规定，犯本罪，尚未造成严重后果的，处3年以上10年以下有期徒刑；致人重伤、死亡或者使公私财产遭受重大损失的，处10年以上有期徒刑、无期徒刑或者死刑。

四、故意以其他危险方法危害公共安全罪

(一)犯罪基本理论

故意以其他危险方法危害公共安全罪，是指故意使用放火、决水、爆炸、投放危险物质以外的，危险性与其相当的其他危险方法，足以危害公共安全的行为。

故意以其他危险方法危害公共安全罪具有以下特征：

1. 客体必须是公共安全，即不特定多数人的生命、健康权，公私财产的重大损失或者公共生活、生产秩序的安全。

2. 客观方面表现为行为人使用放火、决水、爆炸、投放危险物质以外的，危险性与上述方法相当的其他危险方法，足以危害公共安全的行为。包括散布病菌、非法架设电网、破坏井下通风设备、驾车撞人、向人群开枪扫射等危险方法。对于“其他危险方法”的理解和认定，应当把握两点：(1)必须是除放火、决水、爆炸、投放危险物质以外的危险方法；(2)必须具有与放火、决水、爆炸、投放危险物质相同或者相当的危险方法。如，本节的引例中被告人黎某某在交通肇事撞伤骑自行车的被害人李某某后，不停车继续开车撞坏交通设施，之后不听劝阻，又驾车冲撞拦阻的好友梁某某等人，造成多人死伤的严重后果，该行为与放火、决水、爆炸、投毒等危险方法危害公共安全的行为比较，危险性相当，可以认定为构成本罪。

本罪是危险犯既遂，只要行为人使用的危险方法足以危害公共安全，犯罪就已经成立；如果造成实际的危害结果，属于结果加重犯。

3. 本罪的犯罪主体根据其方法的危险性与放火、爆炸、投放危险物质的危险性相当的事实，根据刑法第 17 条第 2 款的规定，应当是年满 14 周岁以上的自然人。

4. 本罪在主观方面必须是故意，包括直接故意和间接故意。动机多种多样，但不影响本罪的成立。如本节的引例中被告人黎某某事后被检测出血液中含有高浓度的酒精成分，属于醉酒驾驶，这种状态下其辨别和控制能力明显减弱，其心理态度可以认定为间接故意。

(二)司法适用与实务

1. 认定本罪首先应当确定行为人的主观心理态度。本罪要求行为人的主观心理态度必须是故意。如果行为人的主观心理态度为过失，则构成过失以危险方法危害公共安全罪或者其他过失犯罪；如果行为人的主观心理态度既无故意，也无过失，应当属于意外事件。如，本节的引例中被告人黎某某驾车从后面撞倒李某某、撞伤李某某的儿子陈某某时，其行为属于交通肇事，主观上属于过失心理态度。此后被告人黎某某没有停车，继续驾车撞坏交通设施、冲撞拦阻的好友梁某某等

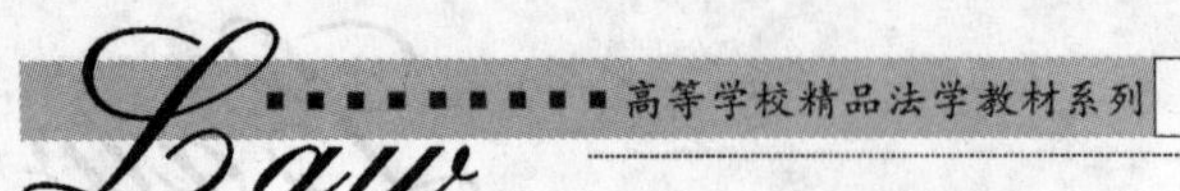

人,该连续的后续行为充分表明被告人黎某某的主观心理态度是故意。因此,全案来看可以认定被告人黎某某的主观心理态度属于故意,无疑构成故意以危险方法危害公共安全罪。

2. 确定具体罪名时,应根据行为人实际采用的具体的危险方法来确定。例如,定"非法架设电网危害公共安全罪"、"破坏井下通风设备危害公共安全罪"等,这样能够更好地反映出犯罪人的行为特征。如本节的引例中被告人黎某某其行为构成的具体罪名是"驾车撞人危害公共安全罪"。

3. 根据2003年5月最高人民法院、最高人民检察院《关于办理妨害预防、控制突发传染病疫情等灾害的刑事案件具体运用法律若干问题的解释》的规定,故意传播突发性传染病病原体,危害公共安全的,按照以危险方法危害公共安全罪定罪处罚。

(三)处罚

根据刑法第114条、第115条的规定,犯本罪,尚未造成严重后果的,处3年以上10年以下有期徒刑;致人重伤、死亡或者使公私财产遭受重大损失的,处10年以上有期徒刑、无期徒刑或者死刑。

五、决水罪

决水罪是指故意以破坏水利设施等方法制造水患,危害公共安全的行为。所谓"水利设施",包括直接涉及人民群众生活以及生产活动的水利设施以及直接关系到人民群众生命财产安全的水利设施;所谓"决水",是指以各种方式、方法,破坏水利设施的基本功能,危害公共安全。"破坏",可以是作为,也可以是不作为,如不关闭防水闸、不开启泄洪水闸等。主观方面是故意,决水动机如何,不影响定罪。

根据刑法第114条、第115条的规定,犯本罪,尚未造成严重后果的,处3年以上10年以下有期徒刑;致人重伤、死亡或者使公私财产遭受重大损失的,处10年以上有期徒刑、无期徒刑或者死刑。

六、失火罪

失火罪,是指由于过失引起火灾,危害公共安全,造成严重后果的行为。本罪侵害的客体必须是公共安全。客观方面表现为行为人的行为引起火灾发生,并且已经造成致人重伤、死亡或者公私财产重大损失的严重后果。本罪是一般主体,主观方面是过失,可以是疏忽大意的过失,或者过于自信的过失。

认定失火罪,首先应注意与非罪的界限,主要从以下三个方面考虑:行为人有无违反防火的"注意义务"、造成的危害结果是否达到"重大损失"的程度、行为人主

观上有无犯罪的过失。完全是由于自然原因引起火灾，应属于意外事件。

根据刑法第115条的规定，犯本罪的，处3年以上7年以下有期徒刑；情节较轻的，处3年以下有期徒刑或者拘役。

七、过失决水罪

过失决水罪，是指过失造成水利设施等损坏，引起水灾危害公共安全，造成严重后果的行为。客观方面表现为过失引起水灾，造成致人重伤、死亡或者公私财产重大损失的严重后果的行为。主观方面是过失。在司法实践中也存在对实施的行为违反注意义务是"明知故犯"的情形。

根据刑法第115条的规定，犯本罪的，处3年以上7年以下有期徒刑；情节较轻的，处3年以下有期徒刑或者拘役。

八、过失爆炸罪

过失爆炸罪，是指过失地引起爆炸，危害公共安全，造成严重后果的行为。如果只引起爆炸，没有造成严重危害公共安全的后果或者造成的后果不严重，则不构成本罪。主观方面必须是过失，在司法实践中也存在对实施的行为违反注意义务是"明知故犯"的情形。

根据刑法第115条的规定，犯本罪的，处3年以上7年以下有期徒刑；情节较轻的，处3年以下有期徒刑或者拘役。

九、过失投放危险物质罪①

过失投放危险物质罪，是指过失地投放危险物质，危害公共安全，造成严重后果的行为。本罪侵害的客体是公共安全。客观方面表现为投放对象是具有毒害性、放射性、传染病病原体等物质，造成致人重伤、死亡或者公私财产重大损失的严重后果。

根据刑法第115条的规定，犯本罪的，处3年以上7年以下有期徒刑；情节较轻的，处3年以下有期徒刑或者拘役。

---

① 本罪在1997年刑法中称为"过失投毒罪"，2001年12月29日《刑法修正案（三）》对其作了修改。将"投毒"修改为"投放毒害性、放射性、传染病病原体等物质"。依据2002年3月15日最高人民法院、最高人民检察院《关于执行〈中华人民共和国刑法〉确定罪名的补充规定》，确定为"过失投放危险物质罪"。

十、过失以其他危险方法危害公共安全罪

过失以其他危险方法危害公共安全罪，是指行为人过失地以决水、爆炸、投毒以外的，危险性与其相当的其他危险方法，危害公共安全，造成严重后果的行为。

本罪的主体是一般主体。在主观方面表现为过失。根据最高人民法院、最高人民检察院2003年5月《关于办理妨害预防、控制突发传染病疫情等灾害的刑事案件具体运用法律若干问题的解释》，患有突发性传染病或者疑似突发性传染病而拒绝接受疫检、强制隔离或者治疗，过失造成传染病传播，情节严重，危害公共安全的，按照过失以危险方法危害公共安全罪定罪处罚。

根据刑法第115条的规定，犯本罪的，处3年以上7年以下有期徒刑；情节较轻的，处3年以下有期徒刑或者拘役。

第三节 破坏交通工具、公共设施、设备罪

【引 例】

被告人杨某从事旅客运输业，因同行业竞争同夏某产生矛盾，被告人杨某伺机报复夏某。2006年11月23日，被告人杨某驾驶客运汽车行驶至宾太公路南岗上，故意倒车撞击停在坡下的夏某所有的客车，导致夏某的客车溜坡，司机及时制动，使车辆幸免倾覆，被撞车辆多名乘客受伤，车辆损坏所造成的损失折合人民币4000元。

一、破坏交通工具罪

（一）犯罪基本理论

破坏交通工具罪，是指故意破坏火车、汽车、电车、船只、航空器，足以使火车、汽车、电车、船只、航空器发生倾覆、毁坏危险，危害公共安全的行为。

本罪的特征如下：

1. 客体是公共交通运输安全。交通运输安全是公共安全的重要组成部分，一旦遭到侵害，不仅会破坏正常的运输秩序，而且可能造成多人的人身伤亡和重大公私财产的损失。本罪侵害的对象只能是“正在使用中”的火车、汽车、电车、船只、航空器，包括正在使用过程中及使用过程中暂时停止的上述交通工具。如交通工具

行驶、航行途中,临时停车、停机,到站休整、过夜等。在引例中,被告人杨某驾驶客运汽车故意倒车撞击停在坡下的夏某所有的客车,夏某的客车虽然停在坡下,也属于"正在使用中"的交通工具。

2. 客观方面表现为对火车、汽车、电车、船只、航空器进行破坏,足以造成上述交通工具发生倾覆或者毁坏危险的行为。这里的"倾覆",是指火车出轨、颠覆,汽车、电车倾倒、翻车,船只翻沉,航空器坠毁等情况;这里的"毁坏",是指上述交通工具由于人为的破坏而不能正常行驶,危及交通工具自身及其运载的人员、物品的安全的情况。只要行为人实施的破坏行为足以使上述交通工具发生倾覆、毁坏危险,就构成破坏交通工具罪既遂,而不要求有倾覆、毁坏的实际危害结果发生。倾覆和毁坏的"危险",指倾覆和毁坏的结果实际上并没有发生,但行为时确存在发生倾覆和毁坏的危险。如引例中被告人杨某因同行业竞争同夏某产生矛盾,故意倒车撞击停在坡下的夏某所有的客车,导致夏某的客车溜坡,多亏司机及时制动,使车辆幸免倾覆,就可以确认为存在"足以造成交通工具倾覆的危险"。

判断是否足以发生倾覆、毁坏危险应注意两点:一是交通工具必须是正在使用过程中的,包括正在行驶、飞行期间,也包括在使用过程中的停机待用期间。如果破坏的是尚未交付使用或者正在待售、待修、保管、修理过程中的交通工具,就不构成本罪。二是破坏的应是交通工具关键部位或重要装置,即可能影响交通工具的性能及安全的部位。如果破坏的是坐椅、车窗等不影响安全行驶的辅助设备,不能危害公共安全的,则不构成本罪。构成其他犯罪的,依照其他犯罪处理。

3. 本罪的主体是一般主体,即年满16周岁的具有刑事责任能力的自然人。

4. 主观方面是故意,包括直接故意和间接故意。犯罪动机多种多样,但不影响本罪的成立。

(二)司法适用与实务

1. 罪与非罪的界限。本罪侵犯的对象是刑法明确规定的火车、汽车、电车、船只、航空器这五种特定的交通工具。因为这些交通工具不仅要耗费大量资金生产或者购置,而且它们具有机动性强、速度快、人力难以控制的特点,更重要的是这几种交通工具担负着大量的客运和货运任务,一旦遭到破坏会造成大量人员的伤亡和重大财产损失,对公共安全有着极大的危害。而自行车、三轮车、手推车等,虽然也是交通工具,遭到破坏时也可能造成人员伤亡和财产损失,但是社会危害性要小得多,不会危及公共安全,所以破坏马车、自行车等简单交通工具,不构成本罪。如果造成严重后果构成有关犯罪的,如故意毁坏财物罪的依法处理。

2. 本罪与故意毁坏财物罪的界限。当侵犯的对象都是交通工具时,二者的主要区别在于:(1)侵害的客体和对象不同。破坏交通工具罪侵害的客体是公共交通运输安全,侵害对象是"正在使用中"的交通工具,并且会危及公共安全。而故意毁坏财物罪侵犯的客体是公私财产所有权,对象是特定的财产,且不危害公共安全;

如引例中，被告人杨某的行为侵犯的对象虽然是特定的，即夏某所有的客车，但同时又侵犯不特定多数人的生命、健康的安全，即多名乘客的生命、健康的安全，因此，被告人杨某的行为应构成破坏交通工具罪，不构成故意毁坏公私财物罪。(2)行为指向的对象不同。破坏交通工具罪破坏的对象必须是正在使用中的法定的五种特定交通工具，而故意毁坏财物罪则无此限制。如果破坏和毁坏的都是交通工具时，要看行为人故意破坏或毁坏的是否属于交通工具的关键部位，其行为是否足以危害公共安全，如果只是对交通工具的车窗、坐椅、卧具等辅助设备进行破坏，不会危及交通运输安全的，则应以故意毁坏财物罪论处，如果危及公共安全，应定破坏交通工具罪。

3. 本罪与故意以其他危险方法危害公共安全罪的区别。破坏交通工具罪是以交通工具作为特定破坏对象的危害公共安全的犯罪。而故意以危险方法危害公共安全的犯罪，侵害的对象是正在使用的火车、汽车、航空器等交通工具以外的其他公私财物和不特定多数人的人身和财产安全。为了保证交通运输安全，我国刑法将正在使用的交通工具作为特殊保护对象加以规定，行为人无论采用何种手段破坏交通工具，只要足以使之发生倾覆、毁坏危险，因而危害交通运输安全，均以破坏交通工具罪论处。可见，两罪有可能竞合，若法条竞合时，按照特别法优于一般法的原则，应认定为破坏交通工具罪。如引例中，被告人杨某驾驶客运汽车故意倒车撞击停在坡下的夏某所有的客车，导致夏某的客车溜坡，幸好司机及时制动，使车辆幸免倾覆。表面看其犯罪方法确实很危险，足以造成客车倾覆，危及车内乘客，但因为侵害的对象是正在使用的交通工具，并危及车上不特定多数乘客的人身安全，因而应认定破坏交通工具罪。

(三)破坏交通工具罪的处罚

根据刑法第116条和第119条第1款的规定，犯本罪，尚未造成严重后果的，处3年以上10年以下有期徒刑；造成严重后果的，处10年以上有期徒刑、无期徒刑或者死刑。

二、破坏交通设施罪

破坏交通设施罪，是指故意破坏轨道、桥梁、隧道、公路、机场、航道、灯塔、标志或者进行其他破坏活动，足以使火车、汽车、电车、船只、航空器发生倾覆、毁坏危险，危害公共安全的行为。

本罪侵害的客体是交通运输安全，侵害的对象是轨道、桥梁、隧道、公路、机场、航道、灯塔、标志，或者其他与行船、行车及飞行安全有直接关系的交通设施。“交通设施”，必须是正在使用中的交通设施，包括交付使用而处于待用状态的交通设施。

客观方面表现为破坏上述交通设施的活动，具体方法多种多样，只要足以造成

交通工具发生倾覆、毁坏危险，就构成本罪的既遂。判断是否"足以造成交通工具发生倾覆、毁坏危险"，主要是两个方面：一是看交通设施是否正在使用期间，只有破坏正在使用期间的交通设施，才会发生危害公共安全的结果；二是看破坏的部位和使用的破坏方法。只有破坏的是重要部位或者使用严重的破坏方法，才会足以造成交通工具发生倾覆、毁坏的危险。

本罪是一般主体，主观方面是故意。

根据刑法第 117 条和第 119 条的规定，犯本罪，尚未造成严重后果的，处 3 年以上 10 年以下有期徒刑；造成严重后果的，处 10 年以上有期徒刑、无期徒刑或者死刑。

三、破坏电力设备罪

破坏电力设备罪，是指故意破坏电力设备，危害公共安全的行为。

本罪侵犯的客体是公共安全，对象是正在使用中的电力设备，即用来发电和供电的公用设备，如发电厂、供电站、高压输电线路等。根据 2007 年 8 月 15 日公布的《最高人民法院关于审理破坏电力设备刑事案件具体应用法律若干问题的解释》，"电力设备"，是指处于运行、应急等使用中的电力设备；已经通电使用，只是由于枯水季节或电力不足等原因暂停使用的电力设备；已经交付使用但尚未通电的电力设备。不包括尚未安装完毕，或者已经安装完毕但尚未交付使用的电力设备。本罪在客观方面表现为破坏正在使用中的电力设备，危害公共安全的行为。破坏的方式可以是作为，也可以是不作为。如果以放火、爆炸的方法破坏正在使用中的电力设备，应当以本罪论处。本罪的主观方面必须是故意，即必须明知破坏的是正在使用中的电力设备，且行为足以发生危害公共安全的严重后果，而且希望或者放任这种结果的发生。动机如何，不影响本罪的成立。

《解释》规定，盗窃电力设备，危害公共安全，但不构成盗窃罪的，以破坏电力设备罪定罪处罚；同时构成盗窃罪和破坏电力设备罪的，依照刑法处罚较重的规定定罪处罚。盗窃电力设备，没有危及公共安全，但应当追究刑事责任的，可以根据案件的不同情况，按照盗窃罪等犯罪处理。

根据刑法第 118 条和第 119 条的规定，犯本罪，尚未造成严重后果的，处 3 年以上 10 年以下有期徒刑；造成严重后果的，处 10 年以上有期徒刑、无期徒刑或者死刑。根据上述《解释》，"造成严重后果"，是指具有下列情形之一：(1)造成 1 人以上死亡、3 人以上重伤或者 10 人以上轻伤的；(2)造成 1 万以上用户电力供应中断 6 小时以上，致使生产、生活受到严重影响的；(3)造成直接经济损失 100 万元以上的；(4)造成其他危害公共安全严重后果的。

根据《解释》，直接经济损失的计算范围，包括电量损失金额，被毁损设备材料的购置、更换、修复费用，以及因停电给用户造成的直接经济损失等。

四、破坏易燃易爆设备罪

破坏易燃易爆设备罪，是指故意破坏燃气等易燃易爆设备，危害公共安全的行为。

本罪侵犯的客体是公共安全。侵犯的对象是正在使用中的燃气设备或者其他易燃易爆设备。“燃气设备”，是指生产、贮存、输送各种燃气的设备，如煤气罐、天然气管道等。“其他易燃易爆设备”，是指燃气设备以外的生产，贮存，输送易燃易爆物品的设备，如汽车加油站，火药运输设备，烟花爆竹厂等。客观方面表现为破坏燃气等易燃易爆设备，危害公共安全的行为。本罪的主观方面必须是故意，可以是直接故意，也可以只间接故意，即必须明知破坏的是正在使用中的燃气等易燃易爆设备，且破坏行为足以发生危害公共安全的严重后果，而且希望或者放任这种结果的发生。动机如何，不影响本罪的成立。

根据最高人民法院 2007 年 1 月 15 日发布的《关于办理盗窃油气、破坏油气设备等刑事案件具体应用法律若干问题的解释》的规定，在实施盗窃油气等行为过程中，采用切割、打孔、撬砸、拆卸、开关等手段破坏正在使用的油气设备的，属于破坏燃气或者其他易燃易爆设备的行为；危害公共安全，尚未造成严重后果的，依照刑法第 118 条破坏易燃易爆设备罪定罪处罚。

盗窃油气或者正在使用的油气设备，构成犯罪，但未危害公共安全的，依照刑法第 264 条的规定，以盗窃罪定罪处罚。盗窃油气，数额巨大但尚未运离现场的，以盗窃未遂定罪处罚。盗窃油气同时构成盗窃罪和破坏易燃易爆设备罪的，依照刑法处罚较重的规定定罪处罚。

根据刑法第 118 条和第 119 条的规定，犯本罪，尚未造成严重后果的，处 3 年以上 10 年以下有期徒刑；造成严重后果的，处 10 年以上有期徒刑、无期徒刑或者死刑。

五、破坏广播电视设施、公用电信设施罪

(一)犯罪基本理论

破坏广播电视设施、公用电信设施罪，是指故意破坏广播电视设施、公用电信设施，危害公共安全的行为。

本罪侵犯的客体是传播、通讯方面的公共安全，对象是正在使用中的广播电视设施、公用电信设施。“广播电视设施”，主要是指发射无线电广播信号的发射台、站、光缆，发送、传播新闻等视听信息的电视发射台、转播台等；“公用电信设施”，主要是指用于社会公用事业的通信设施、设备和其他公用的通信设施、设备，如无线电发报设施、设备，电话交换台、站、无线电通讯网络等。

本罪在客观方面表现为破坏广播电视设施、公用电信设施的行为，包括作为和

不作为，但必须是足以危害广播电视设施、公用电信设施安全的破坏行为，才能构成本罪。根据最高人民法院 2005 年 1 月 11 日《关于审批破坏公用电信设施刑事案件具体应用法律若干问题的解释》的规定，“破坏行为”，是指采用截断通信线路、损毁通信设备，或者删除、修改、增加电信网计算机信息系统中存储、处理或者传输的数据和应用程序等手段，故意破坏正在使用的广播电视设施、公用电信设施的行为。“尚未危害公用电信设施安全的破坏行为”，或者“故意毁坏尚未投入使用的公用电信设施”，造成财物损失，构成犯罪的，依照刑法规定的故意毁坏财物罪定罪处罚。盗窃公用电信设施价值数额不大，但是构成危害公共安全罪的，依照本罪的规定定罪处罚；盗窃公用电信设施同时构成盗窃罪和本罪的，依照处罚较重的规定定罪处罚。

本罪的主体是具有刑事责任能力年满 16 周岁的自然人。

本罪在主观方面表现为故意，包括直接故意和间接故意。

（二）司法适用与实务与处罚

根据刑法第 124 条的规定，犯本罪的，处 3 年以上 7 年以下有期徒刑；造成严重后果的，处 7 年以上有期徒刑。

1. 根据上述司法解释的规定，具有下列行为之一的，应当依照本罪追究刑事责任：(1)造成火警、匪警、医疗急救、交通事故报警、救灾、抢险、防汛等通信中断或者严重障碍，并因此贻误救助、救治、救灾、抢险等，致使人员死亡 1 人、重伤 3 人以上，或者造成财产损失 30 万元以上的；(2)造成 2000 以上不满 1 万用户通信中断 1 小时以上，或者 1 万以上用户通信中断不满 1 小时的；(3)在一个本地网范围内，网间通讯全阻、关口局至某一局向全部中断或网间某一业务全部中断不满 2 小时，或者直接影响范围不满 5 万(用户×小时)的；(4)造成网间通信严重障碍，1 日内累计 2 小时以上不满 12 小时的；(5)其他危害公共安全的情形。

2. 根据上述司法解释的规定，具有下列行为之一的，属于本罪规定的“严重后果”：(1)造成火警、匪警、医疗急救、交通事故报警、救灾、抢险、防汛等通信中断或者严重障碍，并因此贻误救助、救治、救灾、抢险等，致使人员死亡 2 人、重伤 6 人以上，或者造成财产损失 60 万元以上的；(2)造成 1 万以上用户通信中断 1 小时以上的；(3)在一个本地网范围内，网间通讯全阻、关口局至某一局向全部中断或网间某一业务全部中断 2 小时以上，或者直接影响范围 5 万(用户×小时)以上的；(4)造成网间通信严重障碍，1 日内累计 12 小时以上的；(5)造成其他严重后果的。

六、过失损坏交通工具罪

过失损坏交通工具罪，是指过失毁坏火车、汽车、电车、船只、航空器，危害公共安全，造成严重后果的行为。本罪要求已经造成严重后果。“已经造成严重后果”，是指已经实际造成交通工具的倾覆、毁坏的重大公私财产的损失或者人员伤亡的后果。虽然有损坏交通工具的行为，但是未造成严重后果的，不构成本罪。本罪主观方面必须是过失。

根据刑法第119条的规定，犯本罪的，处3年以上7年以下有期徒刑；情节较轻的，处3年以下有期徒刑或者拘役。

七、过失损坏交通设施罪

过失损坏交通设施罪，是指过失毁坏轨道、桥梁、隧道、公路、机场、航道、灯塔、标志等交通设施，危害公共交通运输安全，造成严重后果的行为。本罪要求已经造成严重后果。"已经造成严重后果"，是指已经实际造成交通工具的倾覆、毁坏的重大公私财产的损失或者人员伤亡的后果。虽然有破坏行为，但是未造成严重后果的，不构成本罪。本罪主观方面是过失。

根据刑法第119条的规定，犯本罪的，处3年以上7年以下有期徒刑；情节较轻的，处3年以下有期徒刑或者拘役。

八、过失损坏电力设施罪

过失损坏电力设施罪，是指过失毁坏电力设备，危害公共安全，造成严重后果的行为。本罪侵犯的客体是公共安全。客观方面表现为损害正在使用中的电力设施，已经造成严重后果，危害公共安全的行为。主观方面是过失。这里的过失是针对造成的严重后果而言。至于行为人违反注意义务，从实践中看，有的行为人违反注意义务是"明知故犯"的心理态度。

根据刑法第119条的规定，犯本罪的，处3年以上7年以下有期徒刑；情节较轻的，处3年以下有期徒刑或者拘役。根据2007年8月15日公布的《最高人民法院关于审理破坏电力设备刑事案件具体应用法律若干问题的解释》，具有下列情形之一的，处3年以上7年以下有期徒刑：(1)造成1人以上死亡、3人以上重伤或者10人以上轻伤的；(2)造成1万以上用户电力供应中断6小时以上，致使生产、生活受到严重影响的；(3)造成直接经济损失100万元以上的；(4)造成其他危害公共安全严重后果的。

九、过失损坏易燃易爆设备罪

过失损坏易燃易爆设备罪，是指过失毁坏燃气或者其他易燃易爆设备，危害公共安全，造成严重后果的行为。本罪侵犯的客体是公共安全。客观方面表现为损害正在使用中的易燃易爆设备，已经造成严重后果，危害公共安全的行为。主观方面是过失。这里的过失是针对造成的严重后果而言。至于行为人违反注意义务，

从实践中看，有的行为人违反注意义务是"明知故犯"的心理态度。

根据刑法第119条第2款的规定，犯本罪的，处3年以上7年以下有期徒刑；情节较轻的，处3年以下有期徒刑或者拘役。

十、过失损坏广播电视设施、公用电信设施罪

过失损坏广播电视设施、公用电信设施罪，是指过失毁坏广播电视设施、公用电信设施，危害公共安全，造成严重后果的行为。本罪在客观方面表现为损坏广播电视设施、公用电信设施，已经造成实际的严重后果，危害公共安全的行为。主体是一般主体，主观方面是过失。

根据刑法第124条的规定，犯本罪的，处3年以上7年以下有期徒刑；情节较轻的，处3年以下有期徒刑或者拘役。

第四节　恐怖活动犯罪

【引　例】

2008年5月31日下午3时许，被告人陈某某通过互联网登录广西防震减灾网（系广西壮族自治区地震局创办），发现该网站的网页设计存在明显的程序设计漏洞，遂利用相关软件工具获取了该网站的控制权，并通过该权限将网页原横幅广告图片"四川汶川强烈地震悼念四川汶川大地震遇难同胞"篡改为"广西近期将发生9级以上重大地震，请市民尽早做好准备"，同时将该网站首页左侧的"为您服务"栏目中的滚动信息内容全部篡改为"专家预测广西有可能在近期将发生9级以上重大地震灾情"。为防止网站管理员恢复网站内容，陈某某又使用相关软件工具在网页内植入木马程序，创建了新的用户名及密码并删除了网站管理员的用户名，使网站管理员无法通过原用户名登录。随后，陈某某将被篡改的广西防震减灾网页的截屏图片上传至天涯、网易等知名网站论坛，吸引广大互联网用户的查阅，造成社会公众的严重恐慌。事件发生后，广西地震局为稳定民众情绪，在广西多家主流媒体刊登启事辟谣。

一、组织、领导、参加恐怖组织罪

（一）犯罪基本理论

组织、领导、参加恐怖组织罪，是指组织、领导、参加恐怖活动组织的行为。

本罪的特征如下：

1. 侵犯的客体是公共安全。所谓“恐怖活动组织”，就是指因对政府或社会不满而寻求报复，为共同实施杀人、爆炸、绑架等恐怖性暴力犯罪而组成的犯罪组织。组织、领导、参加恐怖活动组织的行为，直接威胁着不特定多人的生命、健康及财产安全，严重影响社会治安。本罪属国际犯罪。

2. 客观方面表现为组织、领导、参加恐怖活动组织的行为。这里的“组织”，是指鼓动、发起、倡导、召集和组建等活动；这里的“领导”是指在恐怖组织的组建和所实施的犯罪中起主导和决定作用，进行指挥、布置等活动；这里的“参加”，是指明知是恐怖组织而加入的行为。参加包括积极参加和一般参加，“积极参加”是指积极加入恐怖组织，积极参与恐怖活动，并起主要作用。“一般参加”，是指加入恐怖组织，但在恐怖活动中起次要作用。“参加”的成立不以履行一定的手续、仪式为必要条件。“参加”行为构成犯罪属于举动犯既遂，“组织、领导”行为构成犯罪属于行为犯既遂。行为人只要实施组织、领导、参加三种行为之一，即可构成本罪，而同时实施了两种以上行为的，也只构成本罪一罪。

3. 本罪的主体是具有刑事责任能力年满 16 周岁的自然人。

4. 主观方面是故意，即明知是恐怖活动组织，仍然进行组织、领导、参加的活动。如果不知道是恐怖组织而参加的，不构成本罪；但是，参加后知道是恐怖组织而不退出的，仍然可以本罪论处。本罪的动机多种多样但不影响犯罪的成立。

（二）司法适用与实务

认定本罪，应注意区分恐怖活动组织与一般犯罪集团的界限。本罪以恐怖活动组织为核心，所谓“恐怖活动组织”，是指由三人以上为共同实施杀人、爆炸、绑架等恐怖性暴力犯罪而组成的犯罪组织。由于杀人、爆炸、绑架等都是性质严重、社会危害性大的犯罪，那么，以这些恐怖性暴力犯罪活动为主要内容的恐怖活动组织便具有极大的社会危害性。所以，我国刑法规定，只要组织、领导或参加恐怖活动组织，即构成犯罪，而不要求行为人实施了恐怖性犯罪活动，如果行为人犯组织、领导、参加恐怖组织罪，并实施了杀人、爆炸、绑架等犯罪，则进行数罪并罚。而“犯罪集团”，是指三人以上为共同实施犯罪而组成的较为固定的犯罪组织。这里所实施的犯罪是非恐怖性的一般犯罪。根据刑法规定，组织、领导、参加犯罪集团并不构成独立的犯罪，只是从重处罚的情节，确定犯罪性质只能根据犯罪集团实施的具体的犯罪行为来确定。

（三）处罚

根据《刑法》第 120 条、《刑法修正案（三）》第 3 条的规定，犯本罪，组织、领导恐怖活动组织的，处 10 年以上有期徒刑或者无期徒刑；积极参加的，处 3 年以上 10 年以下有期徒刑；其他参加的，处 3 年以下有期徒刑、拘役、管制或者剥夺政治权

利;犯本罪并实施杀人、爆炸、绑架等犯罪的,依照数罪并罚的规定处罚。①

二、劫持航空器罪

(一)犯罪基本理论

劫持航空器罪,是指以暴力、胁迫或者其他方法劫持航空器的行为。

本罪的特征如下:

1. 侵犯的客体是航空安全,即旅客和机组人员的人身、财产安全及航空器的安全。本罪侵犯的对象是航空器,而且是正在使用中的航空器。所谓"航空器",是指各种运送旅客和运输物资的空中运输工具,主要是指飞机。本罪属国际犯罪。所谓"正在使用中",根据《蒙特利尔公约》第 2 条第 2 款的规定,是指"航空器从地面人员或机组人员为某一次飞行而进行航空器飞行前准备时起,到任何降落后 24 小时止"。航空器在被迫降落时,在主管当局接管该航空器及机上人员与财产责任以前,应视为"使用中的航空器"。有的学者认为,本罪的犯罪对象应是"正在飞行中"的航空器,根据汉语词语的逻辑思维,"飞行中的" 航空器必然是"使用中的",但是"使用中的"未必是"飞行中的" ,因此,以"使用中的"航空器为本罪的犯罪对象,更符合《公约》规定的精神。② 劫持非使用中的航空器不会危及航空运输安全的,不能构成本罪。

2. 客观方面表现为以暴力、胁迫或者其他方法劫持航空器的行为。所谓"暴力",是指杀伤、殴打、捆绑、禁闭等强制手段;所谓"胁迫",是指行为人以毁坏航空器,杀害人质等暴力为内容相要挟,迫使机组人员服从其指挥的手段;所谓"其他方法",是指暴力、胁迫方法以外的,使机组人员不敢抗拒、不能抗拒或不知抗拒从而劫持航空器的任何方法,比如用麻醉药物使机组人员不知抗拒,或者航空器的驾驶人员利用驾驶航空器的便利条件劫持航空器等。这里的"劫持",是指行为人按照自己的意志,强行控制航空器的行为,包括控制航空器的航向、航程、降落地点等。

3. 本罪的主体是具有刑事责任能力年满 16 周岁的自然人。

4. 主观方面是直接故意,犯罪目的是按照自己的意志强行控制航空器。至于出于何种动机,则不影响本罪的成立。

(二)司法适用与实务

1. 劫持航空器罪的既遂与未遂的界限。本罪是行为犯,无论行为人采取何种手段,只要实施了劫持航空器的行为,即使没有达到劫持航空器的目的,也构成本

---

① 2001 年 12 月 29 日《刑法修正案(三)》增加并专门规定了组织者、领导者的法定刑。

② 参见高铭暄、马克昌主编:《刑法学》,北京大学出版社 2005 年版,第 389 页。

罪的既遂。但是，如果行为人在刚刚着手实施劫持行为时，由于其意志以外的原因而使劫持行为没能继续实施的，则属于本罪的未遂。

2. 劫持航空器罪的一罪与数罪的界限。在劫持航空器的犯罪过程中，如果行为人为了达到劫持航空器的目的而使用暴力手段，杀害或者伤害他人、毁坏财物的，应按照处理牵连犯的处罚原则，择一重罪处罚，应以劫持航空器罪论处。如果行为人已经劫持了航空器，但为了达到其他犯罪目的而实施杀人伤害或者毁坏财物等行为的，则应以劫持航空器罪与故意杀人罪、故意伤害罪或者故意毁坏财物罪实行数罪并罚。

3. 劫持航空器罪与以航空器为对象的破坏交通工具罪的界限。二者的主要区别体现在：(1)犯罪目的不同。劫持航空器罪有明确的犯罪目的，即强行控制航空器的航向、航程；而破坏交通工具罪无此犯罪目的，行为人侵犯航空器是为了毁坏航空器或者损害航空器上的财物等。(2)犯罪的行为表现不同。劫持航空器是使用暴力、胁迫或其他方法将航空器置于自己的控制之下，而破坏交通工具罪是采用一定的手段对航空器本身加以毁坏。(3)危害结果不同。劫持航空器罪的直接后果是将航空器置于行为人的控制之下，而破坏交通工具罪则是造成足以使航空器发生倾覆、毁坏的危险。

(三)处罚

根据刑法第 121 条的规定，犯本罪的，处 10 年以上有期徒刑或者无期徒刑；致人重伤、死亡或者使航空器遭受严重破坏的，处死刑。该种法定刑的规定，被学术界认为是我国刑法规定的唯一的绝对确定法定刑的范例。

三、资助恐怖活动罪

(一)犯罪基本理论

资助恐怖活动罪，是指明知是恐怖活动组织或实施恐怖活动的个人而予以金钱或物质资助的行为。本罪属于国际犯罪。

1. 本罪侵犯的客体是公共安全，本罪的行为对象是恐怖活动组织或实施恐怖活动的个人。

2. 客观方面表现为对恐怖活动组织或实施恐怖活动的个人予以金钱或物质资助的行为。根据 2010 年 5 月 7 日最高人民检察院、公安部《关于公安机关管辖的刑事案件立案追诉标准的规定(二)》，这里的“资助”，是指为恐怖活动组织或者实施恐怖活动的个人筹集、提供经费、物资或者提供场所以及其他物质便利的行为。“实施恐怖活动的个人”，包括预谋实施、准备实施和实际实施恐怖活动的个人。非物质性的资助，如道义上的支持、精神上的鼓励不构成本罪。如果为恐怖组

织"洗钱"相资助的,依据《刑法修正案(三)》的规定,可以洗钱罪论处。

3. 本罪的主体包括单位和个人,"国家或者政府组织"不能成为本罪的主体。

4. 本罪在主观方面必须出于故意,即行为人明知是"恐怖活动组织"或者个人实施恐怖活动,仍然向其提供资助。如果不知是"恐怖活动组织"或者实施恐怖活动的个人,向其提供资助的行为不构成犯罪。

(二)司法适用与实务

认定本罪时,应注意划清本罪与组织、领导、参加恐怖组织罪的界限。两者区别的关键在于客观方面的表现不同:组织、领导、参加恐怖组织罪表现为组织、领导、参加恐怖组织的行为,行为人通过其行为使自己成为恐怖组织的组织者、领导者或者成员;资助恐怖活动罪则表现为资助恐怖活动组织或者实施恐怖活动的个人的行为,但行为人并不因为其资助行为而成为恐怖活动组织的成员。

根据《刑法修正案(三)》第 4 条(即刑法第 120 条之一)的规定,犯本罪的,处 5 年以下有期徒刑、拘役、管制或者剥夺政治权利,并处罚金;情节严重的,处 5 年以上有期徒刑,并处罚金或者没收财产。单位犯本罪的,对单位判处罚金,并对其直接负责的主管人员和其他直接责任人员,依照上述规定处罚。

四、劫持船只、汽车罪

劫持船只、汽车罪,是指以暴力、胁迫或者其他方法劫持船只、汽车的行为。本罪侵犯的客体是公共安全,对象只限于船只和汽车。本罪在客观方面表现为以暴力、胁迫或者其他方法劫持船只、汽车的行为,即将船只、汽车置于行为人的控制之下,控制船只、汽车的行程和行驶方向等。本罪是行为犯,行为人只要实施了劫持船只、汽车的行为,就构成本罪既遂。本罪的主体是一般主体,主观方面是直接故意,并以控制船只、汽车的行程和行驶方向为目的。如果是以非法占有船只、汽车为目的,则不构成本罪,可能构成抢劫罪。

根据刑法第 122 条的规定,犯本罪的,处 5 年以上 10 年以下有期徒刑;造成严重后果的,处 10 年以上有期徒刑或者无期徒刑。

五、暴力危及飞行安全罪

暴力危及飞行安全罪,是指对飞行中的航空器上的人员使用暴力,危及飞行安全的行为。本罪侵犯的客体是航空器的飞行安全。本罪在客观方面表现为对飞行中的航空器上的人员使用暴力,危及飞行安全的行为。本罪是危险犯,行为人所使用的暴力行为,只要危及飞行安全,就构成本罪既遂。但是如果行为人所使用的暴力行为不足以危及飞行安全,则不构成本罪。本罪的犯罪地点必须是飞行中的航空器上。本罪的主体是一般主体，主观方面是故意，包括直接故意和间接故意。

根据刑法第123条的规定，犯本罪尚未造成严重后果的，处5年以下有期徒刑或者拘役；造成严重后果的，处5年以上有期徒刑。

六、投放虚假的危险物质罪①

投放虚假的危险物质罪，是指故意投放虚假的危险物质，危害公共安全，情节严重的行为。本罪是《刑法修正案(三)》增加的新罪名。

本罪侵害的客体是公共生产、生活秩序的安全。客观方面表现为投放虚假的爆炸性、毒害性、放射性、传染病病原体等危险物质，制造公众恐慌，情节严重的行为。主观方面是故意，即明知是虚假的爆炸性、毒害性、放射性、传染病病原体等危险物质而投放，一般具有意图造成公众恐慌心理的犯罪目的。犯罪动机不影响犯罪的成立。主体是一般主体，即年满16周岁具有刑事责任能力的自然人。

根据《刑法修正案(三)》第8条(即刑法第291条之一)的规定，犯本罪的，处5年以下有期徒刑、拘役或者管制；造成严重后果的，处5年以上有期徒刑。

七、编造、故意传播虚假恐怖信息罪②

编造、故意传播虚假恐怖信息罪，是指故意编造爆炸威胁、生化威胁、放射威胁等恐怖信息，或者明知是编造的爆炸威胁、生化威胁、放射威胁等虚假恐怖信息而故意传播，严重扰乱社会秩序的行为。引例中，被告人陈某某在网易论坛上发布的虚假地震信息的帖子，截至6月5日，网民点击量为13242次。造成广西民众在“5·12”汶川地震后，人心恐慌，其行为严重扰乱社会公共秩序，构成编造、故意传播虚假恐怖信息罪。

本罪侵害的客体是公共生产、生活秩序的安全。客观方面有两种行为方式：一是行为人编造爆炸威胁、生化威胁、放射威胁等虚假恐怖信息严重扰乱社会秩序；二是行为人明知是编造的爆炸威胁、生化威胁、放射威胁等虚假恐怖信息而故意传播，严重扰乱社会秩序。行为人实施其中行为之一，犯罪就成立，如果两种行为都实施，也按照一罪处理，不实行数罪并罚。引例中，被告人陈某某在互联网上既编造虚假的地震信息，又在互联网上进行散布，实施了本罪的两种行为，也按照本罪一罪处罚，不进行数罪并罚。

① 2001年12月29日《刑法修正案(三)》新增罪名。
② 2001年12月29日《刑法修正案(三)》新增罪名。

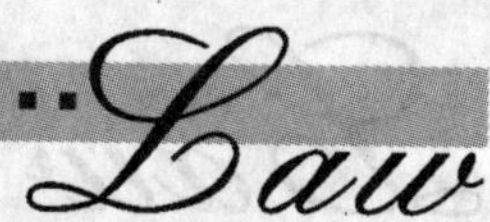

本罪的主体是年满16周岁具有刑事责任能力的自然人。主观方面是故意，其中故意传播虚假的恐怖信息，行为人必须是明知，不知道是虚假的恐怖信息而传播的，不能构成本罪。

根据《刑法修正案(三)》第8条(即刑法第291条之一)的规定，犯本罪的，处5年以下有期徒刑、拘役或者管制；造成严重后果的，处5年以上有期徒刑。

根据最高人民法院、最高人民检察院2003年5月《关于办理妨害预防、控制突发传染病疫情等灾害的刑事案件具体运用法律若干问题的解释》第10条的规定，编造或者明知是编造的与突发传染病疫情等灾害有关的信息而传播的，以本罪定罪处罚。根据最高人民法院向全国各省法院颁布的《关于依法做好抗震救灾期间审判工作切实维护灾区社会稳定的通知》的规定，传播不利于稳定的虚假地震信息应列入恐怖信息的范畴。

第五节　违反危险物品及危险物质管理危害公共安全罪

【引　例】

2005年7月24日晚上，杨某在喝老乡喜酒时，因言语不和与方某发生争执并打架，后被旁人劝开。为此，杨某怀恨在心，产生用爆炸物炸死方某的报复念头。8月中旬，杨某购买了分别含有氯酸钾和雄黄成分的两包用来做爆炸物的粉末(约2千克重)及数米导火索，数枚8号纸壳火雷管等危险物品回到家里。随后杨某着手开始制造爆炸物。8月16日晚上，杨某制造出了一枚爆炸物，并在村外自己的暂住房附近进行了一次试验，爆炸物当即爆炸。次日下午，杨某又在自己的暂住房内制造爆炸物，当在做第二枚爆炸物时发生了爆炸。杨某的双手、腿部及腹部等部位被炸伤，后被送到医院抢救。公安民警接到报警后赶到现场进行勘察。期间，杨某放置在自己暂住房内已做好的第一枚爆炸物发生了爆炸，致使现场勘察的2名民警被炸成轻伤，3名民警被炸成轻微伤。

一、非法制造、买卖、运输、邮寄、储存枪支、弹药、爆炸物罪

(一)犯罪基本理论

非法制造、买卖、运输、邮寄、储存枪支、弹药、爆炸物罪，是指违反国家管理枪支、弹药、爆炸物的法律法规，制造、买卖、运输、邮寄、储存枪支、弹药、爆炸物的行

为。本罪为十分典型的选择性罪名。

本罪的特征如下：

1. 客体是公共安全和国家对枪支、弹药、爆炸物的管理制度，对象是枪支、弹药、爆炸物。这里的“枪支”，是指以火药或者压缩气体等为动力，利用管状器具发射金属弹丸或者其他物质，足以致人伤亡或者丧失知觉的各种枪支。包括军用的手枪、步枪、冲锋枪、机枪，射击运动用的各种枪支及各种民用猎枪等；“弹药”，是指上述枪支所使用的弹药；“爆炸物”，是指具有爆破性、杀伤力、破坏力的物品，如手榴弹、炸药、雷管、爆破剂、导火索、非电导爆系统等。

2. 客观方面表现为非法制造、买卖、运输、邮寄、储存枪支、弹药、爆炸物的行为。所谓“非法制造”，是指违反国家有关法律法规，未经国家有关部门批准，私自制造；如引例中，杨某违反枪支管理法的规定，购买了分别含有氯酸钾和雄黄成分的两包用来做爆炸物的粉末（约 2 千克重）及数米导火索，数枚 8 号纸壳火雷管等危险物品，私自制成两枚爆炸物的行为，就属于非法制造行为。所谓“非法买卖”，是指违反国家有关法律法规，未经国家有关部门批准，以金钱或者实物作价，私自购买或者销售；所谓“非法运输”，是指违反国家有关法律法规，未经国家有关部门批准，非法转送；所谓“非法邮寄”，是指违反国家邮政部门的规定，通过邮政系统寄送；所谓“非法储存”，是指明知是他人非法制造、买卖、运输、邮寄的枪支、弹药，而为其存放的行为，或者非法存放爆炸物的行为。行为人只要实施了非法制造、买卖、运输、邮寄、储存枪支、弹药、爆炸物行为之一，即可构成本罪，犯罪性质依据具体对象确定，如引例中杨某非法制造的是爆炸物，因此构成非法制造爆炸物罪。如果行为人同时实施了其中两种以上的行为，也只构成本罪一罪。

3. 本罪的主体是一般主体，单位也可以成为本罪主体。

4. 主观方面必须出于故意，即行为人明知是枪支、弹药、爆炸物而故意非法制造、买卖、运输、邮寄、储存。如果受他人蒙蔽而不知是枪支、弹药或者爆炸物而实施上述行为的，则不能构成本罪。

（二）司法适用与实务

1. 根据最高人民法院 2009 年 11 月 9 日《关于审理非法制造、买卖、运输、邮寄、储存枪支、弹药、爆炸物等刑事案件具体应用法律若干问题的解释（修正）》第 1 条的规定，具有下列情形之一的，构成本罪：(1)非法制造、买卖、运输、邮寄、储存军用枪支一支以上的；(2)非法制造、买卖、运输、邮寄、储存以火药为动力发射枪弹的非军用枪支一支以上或者以压缩气体等为动力的其他非军用枪支 2 支以上的；(3)非法制造、买卖、运输、邮寄、储存军用子弹 10 发以上、气枪铅弹 500 发以上或者其他非军用子弹 100 发以上的；(4)非法制造、买卖、运输、邮寄、储存手榴弹 1 枚以上的；(5)非法制造、买卖、运输、邮寄、储存爆炸装置的；(6)非法制造、买卖、运输、

邮寄、储存炸药、发射药、黑火药1千克以上或者烟火药3千克以上、雷管30枚以上或者导火索、导爆索30米以上的；(7)具有生产爆炸物品资格的单位不按照规定的品种制造，或者具有销售、使用爆炸物品资格的单位超过限额买卖炸药、发射药、黑火药10千克以上或者烟火药30千克以上、雷管300枚以上或者导火索、导爆索300米以上的；(8)多次非法制造、买卖、运输、邮寄、储存弹药、爆炸物的；(9)虽未达到上述最低数量标准，但具有造成严重后果等其他恶劣情节的。另外，根据上述司法解释的规定，介绍买卖枪支、弹药、爆炸物的，以共同犯罪论处。

2. 认定本罪应注意与违规制造、销售枪支罪的界限。违规制造、销售枪支罪，是指依法被指定、确定的枪支制造企业、销售企业，违反枪支管理规定，以非法销售为目的，违规制造枪支或者违规销售枪支的行为。本罪与违规制造、销售枪支罪的区别体现在：(1)在主观上故意的内容不同。本罪在主观上是明知是枪支、弹药、爆炸物而仍然非法制造、买卖、运输、邮寄、储存，而违规制造、销售枪支罪在主观上必须以非法销售为目的。(2)在客观上的表现不同。本罪表现为非法制造、买卖、运输、邮寄、储存枪支、弹药、爆炸物的行为，而违规制造、销售枪支罪则表现为违反枪支管理规定，以非法销售为目的，超过限额或者不按照规定的品种制造、配售枪支、制造无号、重号、假号的枪支，或者非法销售枪支或者在境内销售为出口制造的枪支的行为。(3)犯罪对象不同，本罪的犯罪对象是枪支、弹药或爆炸物；而违规制造、销售枪支罪的犯罪对象只是枪支。(4)犯罪主体不同，自然人和单位都可以成为本罪的主体；但违规制造、销售枪支罪只能由单位构成。

(三)处罚

根据刑法第125条的规定，犯本罪的，处3年以上10年以下有期徒刑；情节严重的，处10年以上有期徒刑、无期徒刑或者死刑。单位犯本罪的，对单位判处罚金，并对其直接负责的主管人员和其他直接责任人员，依照上述规定处罚。

根据最高人民法院2009年11月9日《关于审理非法制造、买卖、运输、邮寄、储存枪支、弹药、爆炸物等刑事案件具体应用法律若干问题的解释(修正)》，具有下列情形之一的，属于"情节严重"：(1)非法制造、买卖、运输、邮寄、储存枪支、弹药、爆炸物的数量达到本解释第1条第(1)、(2)、(3)、(6)、(7)项规定的最低数量标准5倍以上的(参见前罪)；(2)非法制造、买卖、运输、邮寄、储存手榴弹3枚以上的；(3)非法制造、买卖、运输、邮寄、储存爆炸装置，危害严重的；(4)达到本解释第1条规定的最低数量标准，并具有造成严重后果等其他恶劣情节的。

二、盗窃、抢夺枪支、弹药、爆炸物、危险物质罪①

(一) 犯罪基本理论

盗窃、抢夺枪支、弹药、爆炸物、危险物质罪，是指以非法占有为目的，秘密窃取或者公然夺取枪支、弹药、爆炸物、危险物质的行为。

本罪的特征如下：

1. 侵犯的客体是公共安全。

2. 客观方面表现为秘密窃取或者公然夺取枪支、弹药、爆炸物、危险物质的行为。

3. 本罪的主体是年满 16 周岁具有刑事责任能力的自然人。

4. 主观方面必须出于故意，而且是直接故意，即明知是枪支、弹药、爆炸物、危险物质而进行盗窃或者抢夺，并且行为人具有非法占有枪支、弹药、爆炸物、危险物质的目的。如果行为人在实施盗窃或者抢夺行为时，确实不知是枪支、弹药、爆炸物、危险物质，则不构成本罪，而应以盗窃罪或者抢夺罪论处。

(二)司法适用与实务

认定本罪时，应注意抢夺枪支、弹药、爆炸物、危险物质罪与抢劫枪支、弹药、爆炸物、危险物质的界限。二者的区别表现在客观方面的行为方式上：抢夺枪支、弹药、爆炸物、危险物质罪表现为以趁人不备，公然夺取的行为；抢劫枪支、弹药、爆炸物、危险物质罪表现为当场使用暴力，胁迫或者其他方法，强行劫取的行为。

根据《刑法修正案(三)》第 6 条、刑法第 127 条第 1 款的规定，犯本罪的，处 3 年以上 10 年以下有期徒刑；情节严重的，或者盗窃、抢夺国家机关、军警人员、民兵的枪支、弹药、爆炸物的，处 10 年以上有期徒刑、无期徒刑或者死刑。这里的“情节严重”，是指盗窃、抢夺枪支、弹药、爆炸物、危险物质数量大，手段恶劣或者造成严重后果的等情况。

根据前述司法解释，下列情形构成犯罪：(1)盗窃、抢夺以火药为动力的发射枪弹非军用枪支 1 支以上或者以压缩气体等为动力的其他非军用枪支 2 支以上的；(2)盗窃、抢夺军用子弹 10 发以上、气枪铅弹 500 发以上或者其他非军用子弹 100 发以上的；(3)盗窃、抢夺爆炸装置的；(4)盗窃、抢夺炸药、发射药、黑火药 1 千克以上或者烟火药 3 千克以上、雷管 30 枚以上或者导火索、导爆索 30 米以上的；(5)虽未达到上述最低数量标准，但具有造成严重后果等其他恶劣情节的。

---

① 根据 2001 年 12 月 29 日《刑法修正案(三)》修改，原犯罪对象增加了“毒害性、放射性、传染病病原体等物质”。

三、非法持有、私藏枪支、弹药罪

(一)犯罪基本理论

非法持有、私藏枪支、弹药罪，是指违反枪支、弹药管理规定，非法持有、私藏枪支、弹药的行为。

本罪的特征如下：

1. 侵犯的客体是公共安全和国家对枪支、弹药的管理制度。对象是枪支、弹药，包括各种军用枪支、射击运动用枪和民用枪支及其弹药。

2. 客观方面表现为违反枪支管理规定，非法持有、私藏枪支、弹药的行为。"违反枪支管理规定"，是指违反《中华人民共和国枪支管理法》及国家有关主管部门对枪支、弹药等方面所作的规定。该法对哪些部门、哪些单位、哪些人员可以配备、使用枪支等都有明确的规定。根据前述司法解释，所谓"非法持有"，是指不符合配备、配置枪支弹药条件的人员，违法擅自持有枪支、弹药的行为。所谓"私藏"，是指根据国家关于枪支、弹药管理的规定，依法具有配备、配置枪支弹药的人员，在配备、配置枪支弹药的条件消除后，违反法律规定私自藏匿枪支、弹药且拒不交出的行为。本罪是行为犯，只要行为人实施上述两行为之一的，即可以构成本罪。

3. 本罪的主体是年满16周岁具有刑事责任能力的自然人。

4. 主观方面表现为直接故意，故意内容是行为人明知自己无配枪、用枪资格，而故意违反国家有关规定非法持有、私藏枪支、弹药。至于犯罪动机如何，不影响本罪的成立。

(二)司法适用与实务

根据刑法第128条第1款的规定，犯本罪的，处3年以下有期徒刑、拘役或者管制；情节严重的，处3年以上7年以下有期徒刑。这里"情节严重"，是指非法持有、私藏枪支、弹药数量比较大等情况。

1. 根据前述司法解释的规定，非法持有、私藏枪支、弹药，具有下列情形之一的，构成本罪：非法持有、私藏军用枪支1支以上；非法持有、私藏以火药为动力发射枪弹的非军用枪支1支以上、以压缩气体等为动力的非军用枪支2支以上；非法持有、私藏军用子弹20发以上、气枪子弹1000发以上，或者其他非军用子弹200发以上；非法持有、私藏手榴弹1枚以上；非法持有、私藏的弹药造成人员伤亡、财产损失的。

2. 认定本罪，应区别本罪与非法制造、买卖、运输、邮寄、储存枪支、弹药罪的界限。在非法制造、买卖、运输、邮寄、储存枪支、弹药的过程，必然发生非法持有和私藏的行为状态，这时，确定行为性质的关键在于，行为人非法持有、私藏枪支、弹药的行

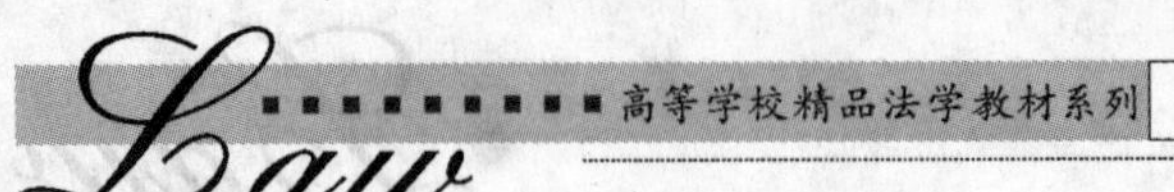

为,是否为了非法制造、买卖、运输、邮寄、储存枪支、弹药。如果非法持有、私藏枪支、弹药是为了非法制造、买卖、运输、邮寄、储存枪支、弹药,那么应按照牵连犯的处罚原则,择一重罪,以非法制造、买卖、运输、邮寄储存枪支、弹药罪论处。否则以本罪论处。

四、非法制造、买卖、运输、储存危险物质罪[①]

非法制造、买卖、运输、储存危险物质罪,是指违反国家关于危险物质管理法规,非法制造、买卖、运输、储存毒害性、放射性、传染病病原体等物质,危害公共安全的行为。

本罪侵害的客体是公共安全,对象是毒害性、放射性、传染病病原体等物质。客观方面表现为非法制造、买卖、运输、储存毒害性、放射性、传染病病原体等物质,危害公共安全的行为。行为方式是"非法制造、买卖、运输、储存"。本罪是选择性罪名。本罪可以由单位构成,也可以由个人构成。但是本罪的主体只能是依照国家规定不具备制造、买卖、运输、储存毒害性、放射性、传染病病原体等物质资格的单位和自然人。本罪在主观方面只能是故意。

根据《刑法修正案(三)》第 5 条、刑法第 125 条第 2 款的规定,犯本罪的,处 3 年以上 10 年以下有期徒刑;情节严重的,处 10 年以上有期徒刑、无期徒刑或者死刑。单位犯本罪的,对单位判处罚金,并对其直接负责的主管人员和其他直接责任人员,依照上述规定处罚。

五、违规制造、销售枪支罪

违规制造、销售枪支罪,是指依法被指定、确定的枪支制造企业、销售企业,违反枪支管理规定,以非法销售为目的违规制造枪支,或者违规销售枪支的行为。本罪侵犯的客体是公共安全。客观方面表现为违反枪支管理规定,非法制造、销售枪支的行为。刑法将构成本罪的行为明确规定为三种:(1)以非法销售为目的,超过限额或者不按照规定的品种制造、销售枪支;(2) 以非法销售为目的,制造无号、重号、假号的枪支;(3)非法销售枪支或者在境内销售为出口制造的枪支。三种行为,只要实施其中之一即构成本罪。本罪的主体只能是单位,而且必须是依法被指定、确定的枪支制造、销售企业。本罪在主观方面表现为直接故意,并必须具有非法销售的目的即以非法出售获得非法利润为目的。

根据刑法第 126 条的规定,犯本罪的,对单位判处罚金,并对其直接负责的主管人员和其他直接责任人员,处 5 年以下有期徒刑;情节严重的,处 5 年以上 10 年

① 本罪原名是非法买卖、运输核材料罪,根据《刑法修正案(三)》犯罪对象修改为"危险物质"。

以下有期徒刑；情节特别严重的，处 10 年以上有期徒刑或者无期徒刑。

根据前述司法解释，具有下列情形之一的，本罪成立：违规制造枪支 5 支以上；违规销售枪支 2 支以上；虽然未达到上述最低数量标准，但具有造成严重后果等其他恶劣情节的。本罪在处罚时适用双罚制原则。

六、抢劫枪支、弹药、爆炸物、危险物质罪

抢劫枪支、弹药、爆炸物、危险物质罪，是指以暴力胁迫或者其他方法强行劫取枪支、弹药、爆炸物或抢劫毒害性、放射性、传染病病原体等物质的行为。本罪侵犯的客体是公共安全。客观方面表现为以暴力、胁迫或者其他方法，强行劫取枪支、弹药、爆炸物、危险物质的行为。本罪的主体是年满 16 周岁具有刑事责任能力的自然人。主观方面必须出于故意，而且是直接故意，即明知是枪支、弹药、爆炸物、危险物质而进行抢劫，并且行为人具有非法占有枪支、弹药、爆炸物、危险物质的目的。

根据《刑法修正案(三)》第 6 条、刑法第 127 条第 2 款的规定，犯本罪的，处 10 年以上有期徒刑、无期徒刑或者死刑。

七、非法出租、出借枪支罪

非法出租、出借枪支罪，是指依法配备公务用枪或者依法配置枪支的人员或者单位，违反枪支管理规定，非法出租、出借枪支的行为。

本罪侵犯的客体是公共安全，犯罪的对象是枪支。本罪在客观方面表现为违反枪支管理规定，非法出租、出借枪支的行为。本罪的主体是依法配备公务用枪的人员和单位或者依法配置枪支的人员和单位。

依法配备公务用枪的人员，违反法律规定，将公务用枪用作借债抵押物，以本罪论处。根据刑法规定，构成本罪包括两种情形：(1)依法配备公务用枪的人员或者单位，只要有非法出租、出借枪支的行为，不论是否造成严重后果，都构成犯罪；(2)依法配置枪支的人员或者单位，非法出租、出借枪支，必须造成严重后果，才构成犯罪。

根据刑法第 128 条的规定，犯本罪的，处 3 年以下有期徒刑、拘役或者管制；情节严重的，处 3 年以上 7 年以下有期徒刑；单位犯本罪的，对单位判处罚金，并对其直接负责的主管人员和其他直接责任人员，依照上述规定处罚。

八、丢失枪支不报告罪

丢失枪支不报告罪，是指依法配备公务用枪的人员，丢失枪支不及时报告，造成严重后果的行为。

本罪侵犯的客体是公共安全。本罪在客观方面表现为丢失枪支不及时报告，并且造成严重后果的行为。这里的"丢失枪支"，包括遗失、被抢、被盗等情况。并非丢失枪支，就会构成本罪，必须是丢失枪支后不及时报告，造成严重后果的，才构成本罪。本罪在主观方面是过失，这里的过失是行为人对所发生的严重后果的心理态度，但是对于丢失枪支不报告的行为一般是故意的。犯罪主体是依法配备公务用枪的人员。依照刑法规定，依法配置枪支的人员丢失枪支不及时报告，不构成本罪。

根据刑法第 129 条的规定，犯本罪的，处 3 年以下有期徒刑或者拘役。

九、非法携带枪支、弹药、管制刀具、危险物品危及公共安全罪

非法携带枪支、弹药、管制刀具、危险物品危及公共安全罪，是指非法携带枪支、弹药、管制刀具或者爆炸性、易燃性、放射性、毒害性、腐蚀性物品，进入公共场所或者公共交通工具，危及公共安全，情节严重的行为。

本罪侵害的客体是公共安全，对象是枪支、弹药、管制刀具或者爆炸性、易燃性、放射性、毒害性、腐蚀性物品。客观方面表现为非法携带枪支、弹药、管制刀具或者爆炸性、易燃性、放射性、毒害性、腐蚀性物品，进入公共场所或者公共交通工具，危及公共安全，情节严重的行为。所谓"公共场所"，是指供人活动、休闲、休息的场所；所谓"公共交通工具"，是指机动交通运输工具，包括汽车、火车、电车、船只、飞机等。本罪是危险犯，只要携带危险物品，危及公共安全，情节严重的就构成本罪既遂。主观方面必须是故意，即明知是枪支、弹药、管制刀具或者爆炸性、易燃性、放射性、毒害性、腐蚀性物品而携带进入公共场所或者公共交通工具。犯罪主体是一般主体。

本罪需要情节严重才能构成犯罪。所谓"情节严重"，依据前述司法解释的规定，是指携带枪支或者手榴弹的；携带爆炸装置的；携带炸药、发射药、黑火药 500 克以上或者烟火药 1000 克以上、雷管 20 枚以上或者导火索、导爆索 20 米以上的；携带的弹药、爆炸物在公共场所或者公共交通工具上发生爆炸或者燃烧，尚未造成严重后果的；具有其他严重情节的。

根据刑法第 130 条的规定，犯本罪的，处 3 年以下有期徒刑、拘役或者管制。

第六节　重大责任事故罪

【引例一】

某日深夜 10 时许，被告人孙某驾驶汽车，沿一座拱桥下坡时，由于拱桥桥面的自然拱起遮挡视线，加之天黑，孙某未发现醉倒在拱桥另一侧下坡桥面的

被害人刘某，将刘某碾压于车下。事后，孙某下车查看，发现有一人躺在汽车下，想将被害人从车下拉出，但没有拉动，被告人就用千斤顶将车顶起，将被害人从车底拉出来丢弃在路边，驾车逃离现场。被害人刘某后来被他人送到医院，经抢救无效于当日死亡。经法医鉴定，刘某是由于内脏损伤，创伤性失血性休克死亡。交警大队对事故现场进行勘察，认定死者刘某趴在桥下坡约 5 米（桥全长 14 米）处偏右位置。经开车试验，该位置在汽车上桥时是不能发现的，在汽车从桥顶下坡时，如果是夜里也较难发现，即使发现也来不及采取措施。

【引例二】

2002 年 4 月 2 日，某市佛光水泥厂生料车间检修机器设备。当日 12 时 40 分正值立磨一班工人周某某、葛某某在立磨机内加油，被告人马某某察觉立磨机内温度较高，欲启动风机降温。被告人马某某进入监控操作室后，严重违反监控操作室设备的操作规定，误将立磨机启动开关打开，致使立磨机运转。被告人马某某见状立即拉下电闸，冲出监控室与车间工人一道从立磨机内救出周某某、葛某某。周某某因伤势过重当场死亡，葛某某经市人民医院抢救无效于同日 19 时 50 分死亡。

一、交通肇事罪

（一）犯罪基本理论

交通肇事罪，是指违反交通运输管理法规，发生重大交通事故，致人重伤、死亡，或者致使公私财产遭受重大损失的行为。

本罪的特征如下：

1. 侵犯的客体是交通运输安全。交通运输安全是公共安全的重要组成部分。但本罪的范围只限于道路交通和水上（海上）交通运输安全。危害航空运输安全、铁路运输安全的，构成刑法规定的特定犯罪。

2. 客观方面表现为违反交通运输管理法规，发生重大事故，致人重伤、死亡或者致使公私财产遭受重大损失的行为。本罪在客观方面具有以下特征：

（1）必须实施了违反交通运输管理法规的行为，即本罪的成立以行为人违反交通管理运输法规为前提。这里的“交通运输管理法规”，是指国家有关交通运输管理的法律、法规以及国家有关部门制定的各种规定，包括《道路安全管理法》、《高速公路交通管理办法》、《城市交通管理规则》以及其他有关海运、船运等方面的法律、法规及规定。（2）必须发生在交通运输过程中，这是本罪发生地点的要求。如果与交通运输无关、不是实行交通管制的道路不构成本罪。发生在里弄小巷、停车场所、居民小区、汽修场所等地方，按照过失致人死亡罪或者过失重伤罪论处。发生在厂矿企业的，可依照重大责任事故罪论处。(3)行为人违反交通运输管理法规的行为必须造成了重大事故，即致人重伤、死亡或者使公私财产遭受重大损失，才能构成本罪。交通事故一般可以分为一般交通事故、重大交通事故和特别重大交通事故。如果只是一般的交通事故，属于交通违法行为，不构成交通肇事罪。(4)行为人应当对发生的重大交通事故负主要责任或者全部责任。交通事故发生后，首先要确定责任，交通事故的责任一般可以分为：全部责任、主要责任、同等责任、次要责任和无责任五种情况。一般来说，对发生的重大交通事故负主要责任或者全部责任的行为人，才能以交通肇事罪论处。在造成特大交通事故的情况下，负同等责任的行为人也要负刑事责任。

3. 本罪的主体包括从事交通运输活动的人员和非交通运输人员。在司法实践中，主要是从事交通运输的人员，即机动车辆的驾驶人员。非交通运输人员必须是因故涉入交通运输管制线路的人员。根据最高人民法院 2000 年 11 月《关于审理交通肇事刑事案件具体运用法律若干问题的解释》，单位主管人员、机动车辆所有人、机动车辆承包人指使、强令他人违章驾驶造成重大交通事故，可以以交通肇事罪定罪处刑；交通肇事后，单位主管人员、机动车辆所有人、机动车辆承包人或者乘车人指使肇事人逃逸，致使被害人得不到救助而死亡的，以交通肇事罪的共犯论处。

4. 主观方面是出于过失，即行为人对自己的行为的严重危害后果应当预见，由于疏忽大意没有预见，或者虽然预见但轻信能够避免。应当注意，这里的过失是行为人对其行为所造成的严重后果的心理态度，而对其所实施的违反交通运输管理法规行为本身，则可能是明知故犯。

（二）司法适用与实务

1. 交通肇事罪与意外事件的界限。在交通事故中多有意外事件发生，交通肇事罪与交通事故中的意外事件的区别主要是看行为人在主观上有没有过失。如果行为人主观上有过失，就可以构成本罪；如果交通事故是由于行为人不能预见、不能抗拒的原因所引起的，行为人在主观上就不存在罪过，因而属于意外事件，不认为是犯罪。其次，看行为人有没有违反交通运输管理法规，如果行为人没有违反交通运输管理法规，即使造成了重大事故，也不属于交通肇事的行为，更不构成本罪。在引例一中，死者刘某趴在桥下坡约 5 米(桥全长 14 米)处偏右位置，交警大队经开车试验，该位置在汽车上桥时是不能发现的，而在汽车从桥顶下坡，如果是夜里，就较难发现，即使发现也肯定来不及采取措施。孙某当时驾车下坡，时间是晚上 10 时许，由此可以认定被告人孙某难以预见到桥下趴了一个人，缺乏构成交通肇事罪的主观条件，并且对该起事故的发生不具有预见义务，所以孙某将刘某碾压于车下的行为属于意外事件，孙某不构成交通肇事罪。

2. 交通肇事罪与非罪的界限。交通肇事罪与非罪的区别的关键就是危害结果和肇事者应当承担的事故责任。首先，交通肇事发生“重大事故”，根据有关司法解释，造成死亡 1 人或者重伤 3 人以上的；造成公私财产直接损失的数额，起点在 3 万到 6 万元之间的，才构成本罪。如果造成的危害后果不严重，则应以一般交通事故由公安交通管理部门处理。其次，并不是所有的重大交通事故的肇事者都构成犯罪，根据有关司法解释，只有对重大交通事故负全部责任或者主要责任的肇事者，才可能构成本罪，依法追究刑事责任；而对负同等责任和次要责任的肇事者，则不能以本罪论处，而应追究其行政责任和民事责任。

3. 交通肇事罪与过失致人死亡罪、过失致人重伤罪的界限。交通肇事罪往往发生致人伤亡的结果，与过失致人死亡罪、过失致人重伤罪结果相同，在主观上都是出于过失。主要区别在于侵害的客体和发生的场合不同。本罪侵害的客体是交通运输安全，而过失致人死亡罪、过失致人重伤罪侵害的客体是他人的生命权利或者健康权利。本罪导致人员伤亡是在交通运输过程中，而过失致人死亡罪、过失致人重伤罪则是发生在日常生活中的，即非实行交通管制的区域。

4. 交通肇事罪与以危险方法危害公共安全罪、故意杀人罪、故意伤害罪的界限。区别的关键是：本罪只能由过失构成，行为人并不希望也不放任伤亡结果的发生。如果行为人驾驶交通工具横冲直撞，造成或可能造成多人重伤、死亡或者使公私财产遭受重大损失的，则应按以危险方法危害公共安全罪定罪处罚。如果行为人利用交通工具杀伤特定的人，侵害他人的生命、健康，而不足以危害公共安全的，应以故意杀人罪或故意伤害罪定罪处刑。如果行为人在驾驶车辆时发生交通事故致人重伤，不论行为人对事故有无责任，有无过错，对伤者弃之不顾，致使伤者得不到及时抢救而死亡的，主观上具有放任心态，应按照故意杀人罪（间接）定罪处罚。在引例一中，孙某在发生交通事故时主观上没有过错，不构成交通肇事罪，但事后，孙某下车查看，发现被害人躺在汽车下，就用千斤顶将车顶起，将刘某从车底拉出来丢弃在路边，驾车逃离现场。被害人刘某后来被他人送到医院，经抢救无效于当日死亡。孙某遗弃伤者的行为应当认定为不履行先行行为引起的救助义务，原因在于孙某的无过错行为导致刑法保护的法益处于危险状态时，其负有采取有效措施排除危险或防止结果发生的特定义务，所以孙某构成不作为间接故意杀人罪。需要指出的是，该案不能适用交通肇事后逃逸致人死亡之规定，理由是孙某的行为不构成交通肇事，属交通事故中的意外事件，交通肇事罪法条中“逃逸”，是以交通肇事为前提的，本案不能套用法条及相关司法解释进行处理。

5. 根据 2000 年 11 月 10 日最高人民法院的司法解释，交通肇事致一人以上重伤，负事故全部或者主要责任，并具有下列情形之一的，以交通肇事罪定罪处罚：

(1)酒后、吸食毒品后驾驶机动车辆的，无驾驶资格驾驶机动车辆的；(2)明知是安全装置不全或者安全机件失灵的机动车辆而驾驶的；(3)明知是无牌证或者已报废的机动车辆而驾驶的；(4)严惩超载驾驶的；(5)为逃避法律追究逃离事故现场的。

（三）交通肇事罪的处罚

根据刑法第133条的规定，犯本罪的，处3年以下有期徒刑或者拘役；肇事后逃逸或者有其他特别恶劣情节的，处3年以上7年以下有期徒刑；因逃逸致人死亡的，处7年以上有期徒刑。

所谓"交通肇事后逃逸"，根据上述司法解释，是指行为人在发生交通事故后，为了逃避法律追究而逃跑的行为；"因逃逸致人死亡"，是指行为人在交通肇事后为逃避法律追究而逃跑，致使被害人因得不到救助而死亡的情形。所谓"其他特别恶劣情节"，是指交通肇事后，具有下列情形之一的：(1)死亡2人以上或者重伤5人以上，负事故全部责任或者主要责任的；(2)死亡6人以上负同等责任的；(3)造成公共财产或者他人财产损失，负事故全部责任或者主要责任，无力赔偿数额在60万元以上的。

二、重大责任事故罪

（一）犯罪基本理论

重大责任事故罪，是指在生产、作业中违反有关安全管理的规定，因而发生重大伤亡事故或者造成其他严重后果的行为。

本罪的特征如下：

1. 侵犯的客体是公共安全。即不特定多数人的生命、健康和重大公私财产安全。

2. 客观方面表现为在生产、作业中违反有关安全管理的规定，因而发生重大伤亡事故或者造成其他严重后果的行为。

具体包括三个要素：(1)行为人的犯罪行为表现为违反有关安全管理的规定，"违反安全管理"，是指企业、事业单位职工不服从本单位领导出于安全生产考虑对工作的安排或者不服从本单位管理人员的管理。"安全管理规定"，是指与安全生产有关的规章制度，包括国家主管部门制定的劳动安全法规和规章以及本行业、本单位为保障生产作业安全而制定的一切劳动纪律、操作规程等。(2)上述行为必须发生在生产作业过程中。(3)上述行为必须造成了重大伤亡事故或者其他严重后果。这里的"重大伤亡事故"，是指死亡1人以上或者重伤3人以上的事故。"其他严重后果"，是指除了重大伤亡事故以外的其他重大事故，如直接经济损失在5万元以上，或者直接经济损失不足5万元，但情节严重，使生产、工作遭受了重大损害的。应当注意，只要行为人"违反有关安全管理的规定"的行为导致发生了"重大伤亡事故"或者"造成其他严重后果"之一的，就构成本罪。

3. 本罪的主体是企业、事业单位中从事生产、作业的人员，企业、事业单位中从事非生产性工作的党政工作人员由于官僚主义或者玩忽职守造成重大损失的，不构成本罪，以玩忽职守罪论处。

4. 主观方面表现为过失。这种过失是行为人对其行为所造成的重大事故后果的心理态度，至于行为人在生产、作业中违反有关安全管理的规定，则可能是明知故犯。

在引例二中，被告人马某某基于职责，察觉水泥厂生料车间立磨机内温度较高，打算启动风机降温，不料却误将立磨机启动开关打开，致使立磨机运转，导致当值工人周某某、葛某某被立磨机搅轧，造成两人死亡的重大事故。被告人马某某的行为严重违反监控操作室设备的操作规定，发生在生产、作业过程中，主观上属于疏忽大意的过失，结果导致重大事故，完全符合重大责任事故罪的构成要件，构成重大责任事故罪。

(二)司法适用与实务

1. 重大责任事故罪与一般责任事故的界限。两者的根本区别在于是否造成了重大伤亡事故或者其他严重后果。如果造成了重大伤亡事故，即死亡 1 人以上或者重伤 3 人以上；或者造成了其他严重后果，即造成直接经济损失 5 万元以上，或者使生产、工作遭受重大损失的，则构成本罪。如果没有造成重大伤亡事故或者其他严重后果，则不构成本罪，属于一般责任事故。

2. 重大责任事故罪与自然事故、技术事故、科学研究失败的界限。自然事故，是指由于不能预见和不能抗拒的自然因素所引起的事故；技术事故，是指由于技术水平、技术条件或设备条件的限制而发生的不可避免的事故；科学研究的失败，是指在科学研究的进行中发生的各种事故。本罪与这三种情况都是可能造成严重后果的事故，区别的关键在于：(1)主观上是否存在过失。如果行为人在主观上具有过失，则可能成立本罪，否则就可能是自然事故、技术事故或者科研失败。(2)行为人是否有违反有关安全管理规定的具体行为，如果有则成立本罪；否则就是自然事故、技术事故或者科研失败。

3. 重大责任事故罪与重大安全事故罪的界限。重大安全事故罪，是指企业、事业单位的劳动安全设施或者安全生产条件不符合国家规定，因而发生重大伤亡事故或者造成其他严重后果的行为。两者的主要区别在于犯罪发生的前提不同：本罪的发生是由于生产、作业中违反有关安全管理的规定而发生的；重大安全事故罪是由于企业、事业单位的安全生产设施或者安全生产条件不符合国家规定而发生的。

4. 重大责任事故罪与失火罪、过失爆炸罪、过失决水罪及过失投放危险物质罪的界限。本罪与后四种犯罪都是过失犯罪，都造成了重大伤亡或者重大财产损失等严重后果。但是，它们仍存在本质的区别：(1)本罪是特殊主体，后四种犯罪是一般主体;(2)本罪发生在生产作业过程中,而后四种犯罪则无此要求。

(三)重大责任事故罪的处罚

根据刑法第134条第1款的规定,在生产、作业中违反有关安全管理的规定,因而发生重大伤亡事故或者造成其他严重后果的,处3年以下有期徒刑或者拘役;情节特别恶劣的,处3年以上7年以下有期徒刑。

三、强令违章冒险作业罪①

(一)犯罪基本理论

强令违章冒险作业罪,是指强令他人违章冒险作业,因而发生重大伤亡事故或者造成其他严重后果的行为。

本罪的特征如下:

1. 侵犯的客体是公共安全。即不特定多数人的生命、健康和重大公私财产安全。

2. 客观方面表现为在生产、作业中,强令他人违章冒险作业,因而发生重大伤亡事故或者造成其他严重后果的行为。

具体包括三个要素:(1)行为人的犯罪行为表现为强令他人违章冒险作业。"强令他人违章冒险作业",是指本单位的领导和负责生产作业的管理人员,明知可能出现危险,发生安全事故,却怀侥幸可能避免的心理,违反规章制度,强行命令他人违章作业。(2)上述行为必须发生在生产、作业过程中。(3)上述行为必须造成了重大伤亡事故或者其他严重后果。这里的"重大伤亡事故",是指死亡1人以上或者重伤3人以上的事故。"其他严重后果",是指除了重大伤亡事故以外的其他重大事故,如直接经济损失在5万元以上,或者直接经济损失不足5万元,但情节严重,使生产、工作遭受了重大损害的。应当注意,只要行为人"强令他人违章冒险作业"的行为导致发生了"重大伤亡事故"或者"造成其他严重后果"之一的,就构成本罪。

3. 本罪的主体是企业、事业单位中从事生产、作业的指挥者。企业、事业单位中从事非生产性工作的党政工作人员由于官僚主义或者玩忽职守造成重大损失的,不构成本罪,以玩忽职守罪论处。

4. 主观方面表现为过失。这种过失是行为人对其行为所造成的重大事故后果的心理态度,至于行为人在生产、作业中强令他人违章冒险作业,则可能是明知

---

① 本罪是2006年6月29日《中华人民共和国刑法修正案(六)》对重大责任事故罪修改后增加的新罪名。

故犯。

(二)司法适用与处罚

1. 强令违章冒险作业罪与一般责任事故的界限。二者的根本区别在于是否造成了重大伤亡事故或者其他严重后果。如果造成了重大伤亡事故,即死亡 1 人以上或者重伤 3 人以上;或者造成了其他严重后果,即造成直接经济损失 5 万元以上,或者使生产、工作遭受重大损失的,则构成本罪。如果没有造成重大伤亡事故或者其他严重后果,则不构成本罪,属于一般责任事故。

2. 处罚。根据刑法第 134 条第 2 款的规定,强令他人违章冒险作业,因而发生重大伤亡事故或者造成其他严重后果的,处 5 年以下有期徒刑或者拘役;情节特别恶劣的,处 5 年以上有期徒刑。本罪的处罚较重大责任事故罪明显要重一些。

四、重大飞行事故罪

重大飞行事故罪,是指航空人员违反航空法律、法规及规章制度,致使发生重大飞行事故,造成严重后果的行为。本罪侵害的客体是航空运输安全。客观方面表现为违反航空法律、法规及规章制度,致使发生重大飞行事故,造成严重后果的行为。所谓"重大飞行事故",是指在航空飞行过程中发生的航空器严重损坏或者造成人员伤亡的事件;所谓"严重后果",是指造成航空器上的人员重伤、死亡或者航空器的毁损、承运货物的严重损坏。本罪的主体是航空人员,包括空勤人员和地勤人员。主观方面只能是过失,但对于违反航空法律、法规及规章制度的行为则可能是明知故犯。

根据刑法第 131 条的规定,犯本罪的,处 3 年以下有期徒刑或者拘役;造成飞机坠毁或者人员死亡的,处 3 年以上 7 年以下有期徒刑。

五、铁路运营安全事故罪

铁路运营安全事故罪,是指铁路职工违反规章制度,致使发生铁路运营安全事故,造成严重后果的行为。本罪客体是铁路运营秩序安全。客观方面表现为行为人违反规章制度,致使发生铁路运营安全事故,造成严重后果的行为。所谓"铁路运营安全事故",是指在铁路运输过程中发生的火车出轨、倾覆、撞车、爆炸等造成人员伤亡、机车毁坏以及致使公司财产遭受重大损失的重大事件。本罪的主体是铁路职工,包括从事铁路运营业务、与铁路运营安全有直接关系的铁路职工。主观方面只能是过失,但对于违反规章制度的行为则可能是明知故犯。

根据刑法第 132 条的规定,犯本罪的,处 3 年以下有期徒刑或者拘役;造成特别严重后果的,处 3 年以上 7 年以下有期徒刑。

六、重大劳动安全事故罪

根据《刑法修正案(六)》的规定,重大劳动安全事故罪,是指安全生产设施或者安全生产条件不符合国家规定,因而发生重大伤亡事故或者造成其他严重后果的行为。

本罪侵害的客体是劳动安全管理秩序。客观方面表现为安全生产设施或者安全生产条件不符合国家规定,因而发生重大伤亡事故或者造成其他严重后果的行为。本罪的主体是特殊主体,即负责劳动安全的直接主管人员和其他直接责任人员。本罪在主观方面只能是过失。

根据刑法第 135 条及《刑法修正案(六)》的规定,犯本罪的,对直接负责的主管人员和其他直接责任人员处 3 年以下有期徒刑或者拘役;情节特别恶劣的,处 3 年以上 7 年以下有期徒刑。

七、大型群众性活动重大安全事故罪①

根据《刑法修正案(六)》第 3 条(刑法第 135 条之一)的规定,大型群众性活动重大安全事故罪,是指行为人举办大型群众性活动违反安全管理规定,因而发生重大伤亡事故或者造成其他严重后果的行为。

本罪侵害的客体是大型群众性活动涉及的公众安全秩序。客观方面表现为举办大型群众性活动违反安全管理规定,因而发生重大伤亡事故或者造成其他严重后果的行为。大型群众性活动,是指规模大,在一定区域内乃至全国范围内具有广泛参与性的群体性活动,包括体育盛会、经济文化交流活动、产品展览会、演唱会及政治性集会等。本罪的主体是特殊主体,即举办大型群众性活动的直接主管人员和其他直接责任人员。本罪在主观方面只能是过失,但违反安全管理规定则可能是明知故犯。

根据《刑法修正案(六)》第 3 条的规定,犯本罪的,对直接负责的主管人员和其他直接责任人员处 3 年以下有期徒刑或者拘役;情节特别恶劣的,处 3 年以上 7 年以下有期徒刑。

八、危险物品肇事罪

危险物品肇事罪,是指违反爆炸性、易燃性、毒害性、腐蚀性物品的管理规定,在生产、储存、运输、使用中发生重大事故,造成了严重后果的行为。本罪的客体是

① 本罪是 2006 年 6 月 29 日《中华人民共和国刑法修正案(六)》增加的新罪名。

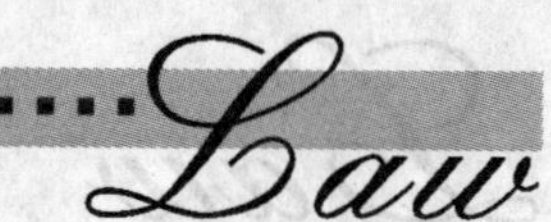

公共安全。客观方面表现为行为人违反爆炸性、易燃性、毒害性、腐蚀性物品的管理规定，在生产、储存、运输、使用中发生重大事故，造成了严重后果的行为。本罪的主体是从事生产、储存、运输、使用、保管危险物品的职工，主观方面是过失。

根据刑法第136条的规定，犯本罪的，处3年以下有期徒刑或者拘役；后果特别严重的，处3年以上7年以下有期徒刑。

九、工程重大安全事故罪

工程重大安全事故罪，是指建设单位、设计单位、施工单位、工程监理单位违反国家规定，降低工程质量标准，造成重大安全事故的行为。本罪的犯罪主体只能是单位犯罪，即建设单位、设计单位、施工单位和工程监理单位。刑法对本罪规定了单罚制处罚原则，处罚主体只能是上述单位中对事故负有直接责任的人员。本罪在客观方面表现为违反国家规定，降低工程质量标准，造成重大安全事故的行为。所谓“降低工程质量标准”，包括提供、使用不合格的建筑材料、偷工减料、不按照工程质量标准设计或施工、不按照工程监理标准进行监理等。可以是作为，也可以是不作为。本罪在主观方面表现为过失，这是行为人对所发生的危害结果的心理态度。但是对于违反国家规定，降低质量标准则可能是明知故犯。

根据刑法第137条的规定，犯本罪的，对直接责任人员，处5年以下有期徒刑或者拘役，并处罚金；后果特别严重的，处5年以上10年以下有期徒刑，并处罚金。

十、教育设施重大安全事故罪

教育设施重大安全事故罪，是指明知校舍或者教育教学设施有危险，而不采取措施或者不及时报告，致使发生重大伤亡事故的行为。

本罪的客体是教学秩序的安全。客观方面表现为行为人明知校舍或者教育教学设施有危险，而不采取措施或者不及时报告，致使发生重大伤亡事故的行为。本罪的主体是对校舍或者教育教学设施安全负有直接责任的人员，主观方面是过失。

根据刑法第138条的规定，犯本罪的，对直接责任人员，处3年以下有期徒刑或者拘役；后果特别严重的，处3年以上7年以下有期徒刑。

十一、消防责任事故罪

消防责任事故罪，是指违反消防管理法规，经消防监督机构通知采取改正措施而拒绝执行，造成严重后果的行为。

本罪侵害的客体是公共安全。客观方面表现为违反消防管理法规，经消防监督机构通知采取改正措施而拒绝执行，造成严重后果的行为。“经消防监督机构通知采取改正措施,而拒绝执行”,是本罪成立的必要要件。本罪的主体是一般主体,主观方面是过失。但是对于消防监管机构就火灾隐患进行整改的通知拒绝执行的行为,则可能是明知故犯。

根据刑法第139条的规定,犯本罪的,对直接责任人员,处3年以下有期徒刑或者拘役;后果特别严重的,处3年以上7年以下有期徒刑。

十二、不报、谎报安全事故罪[①]

根据《刑法修正案(六)》第4条(刑法第139条之一)的规定,不报、谎报安全事故罪,是指在安全事故发生后,负有报告职责的人员不报或者谎报事故情况,贻误事故抢救,情节严重的行为。

本罪侵害的客体是国家对紧急突发性安全事故处置的管理秩序。本罪在客观方面表现为安全事故发生后,负有报告职责的人员不报或者谎报事故情况,贻误事故抢救,情节严重的行为。本罪的主体是特殊主体,即安全事故发生后,负有报告职责的人员。本罪在主观方面是故意,即明知发生了安全事故,有意不报告或者谎报事故情况。需要注意的是,本罪的成立还需要具备“贻误事故抢救,情节严重”。否则犯罪不成立。

根据《刑法修正案(六)》第4条的规定,犯本罪的,处3年以下有期徒刑或者拘役;情节特别严重的,处3年以上7年以下有期徒刑。

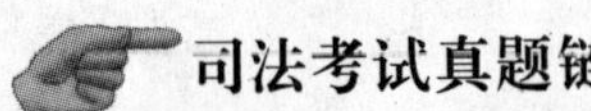

司法考试真题链接

一、单项选择题

1. 根据刑法规定与相关司法解释,下列哪一选项符合交通肇事罪中的“因逃逸致人死亡”?(2007年司法考试真题)

   A. 交通肇事后因害怕被现场群众殴打,逃往公安机关自首,被害人因得不到救助而死亡

   B. 交通肇事致使被害人当场死亡,但肇事者误以为被害人没有死亡,为逃避法律责任而逃逸

   C. 交通肇事致人重伤后误以为被害人已经死亡,为逃避法律责任而逃逸,导致被害人得不到及时救助而死亡

   D. 交通肇事后,将被害人转移至隐蔽处,导致其得不到救助而死亡

2. 甲到本村乙家买柴油时,因屋内光线昏暗,甲欲点燃打火机看油量。乙担

① 本罪是2006年6月29日《中华人民共和国刑法修正案(六)》增加的新罪名。

心引起火灾,上前阻止。但甲坚持说柴油见火不会燃烧,仍然点燃了打火机,结果引起油桶燃烧,造成火灾,导致甲、乙及一旁观看的丙被火烧伤,乙、丙经抢救无效死亡。后经检测,乙储存的柴油闪点不符合标准。甲的行为构成何罪?(2008 年司法考试真题)

A. 危险物品肇事罪

B. 失火罪

C. 放火罪

D. 重大责任事故罪

二、多项选择题

1. 下列哪些情形构成以危险方法危害公共安全罪?(2007 年司法考试真题)

A. 投放虚假的爆炸性、毒害性、放射性、传染病病原体等物质,严重扰乱社会秩序的

B. 故意破坏正在使用的矿井下的通风设备的

C. 违反国家规定,向土地大量排放危险废物,造成重大环境污染事故,导致多人死亡的

D. 故意传播突发性传染病病原体,危害公共安全的

2. 甲曾向乙借款 9000 元,后不想归还借款,便预谋毒死乙。甲将注射了“毒鼠强”的白条鸡挂在乙家门上,乙怀疑白条鸡有毒未食用。随后,甲又乘去乙家串门之机,将“毒鼠强”投放到乙家米袋内。后乙和其妻子、女儿喝过米汤中毒,乙死亡,其他人经抢救脱险。关于甲的行为,下列哪些选项是错误的?(2008 年司法考试真题)

A. 构成投放危险物质罪

B. 构成投放危险物质罪与抢劫罪的想象竞合犯

C. 构成投放危险物质罪与故意杀人罪的想象竞合犯

D. 构成抢劫罪与故意杀人罪的吸收犯

第三章 破坏社会主义市场经济秩序罪

第一节 破坏社会主义市场经济秩序罪概述

一、破坏社会主义市场经济秩序罪的概念和构成特征

破坏社会主义市场经济秩序罪是指违反国家市场经济管理法规，破坏社会主义市场经济秩序，严重危害市场经济的行为。

本类犯罪的构成要件如下：

1. 本类罪侵犯的客体是社会主义市场经济秩序。市场经济秩序是指由市场经济活动所必须遵循的经济准则与行为规范所调整的模式、结构及有序状态。国家为了发展市场经济，就必须通过国家机关，运用法律手段对市场经济活动加强管理，维护正常的市场经济秩序，禁止任何单位和个人破坏正常的市场经济秩序。破坏社会主义市场经济秩序罪，就是破坏我国正常的社会主义市场经济秩序，因此必须通过刑法加以调整。

2. 本类罪在客观方面表现为违反国家市场经济管理法规，破坏社会主义市场经济秩序，严重危害国民经济的行为。为了保护我国的社会主义市场经济，我国已有并陆续出台了一系列的经济、行政法规来协调、管理经济活动。这些法规涉及经济活动的许多领域，涉及许多经济部门，如生产、分配、交换的各个领域；从部门来说，则涉及海关、工商、金融、知识产权、财政税收、市场管理等各部门。破坏社会主义市场经济秩序的犯罪就是违反了上述国家经济管理法规，侵害社会主义的经济关系，使社会主义市场经济遭受严重损害的行为。因此，本章规定的犯罪行为，大部分以违反国家相应的市场经济法规为前提，从这一点来看，本章中的大部分犯罪为法定犯。但是，只有对其中情节严重，致使社会主义市场经济遭受严重损害的行为，才能追究其刑事责任。如果属于一般违反有关的市场经济管理法律、法规的行为，则不构成犯罪，而由有关行政管理部门予以行政处罚，因此，本章的许多犯罪以

情节严重、数额较大为构成要件。

3. 本类罪的主体多数为一般主体,可由任何达到刑事责任年龄、具有刑事责任能力的自然人构成。但有的犯罪是由有特定身份的人构成,例如偷税罪,抗税罪,逃避追缴欠税罪,公司、企业人员受贿罪等,则由有特殊身份的人构成。在本章犯罪中,根据法律规定绝大多数犯罪可由单位构成,刑法分则大部分的单位犯罪集中在本章中。

4. 本类罪的主观方面一般是故意犯罪,有些犯罪还要求特定的犯罪目的,如金融诈骗罪,要求出于非法占有的目的。但个别罪是由过失构成,例如刑法第 167 条规定的签订、履行合同失职被骗罪及刑法第 229 条第 3 款规定的中介组织人员出具证明文件重大失实罪等。

二、破坏社会主义市场经济秩序罪的分类

依照现行法律规定,根据行为性质和特点,刑法把破坏社会主义市场经济秩序罪概括分为八类:

1. 生产、销售伪劣商品罪。这是违反国家产品质量管理法规的犯罪。包括生产、销售伪劣产品罪,生产、销售假药罪,生产、销售劣药罪,生产、销售不符合卫生标准的食品罪,生产、销售有毒、有害食品罪,生产、销售不符合标准的医用器材罪,生产、销售不符合安全标准的产品罪,生产、销售伪劣农药、兽药、化肥、种子罪,生产、销售不符合卫生标准的化妆品罪。

2. 走私罪。这是违反海关管理的犯罪。包括走私武器、弹药罪,走私核材料罪,走私假币罪,走私文物罪,走私贵重金属罪,走私珍贵动物、珍贵动物制品罪,走私国家禁止进出口的货物、物品罪,走私淫秽物品罪,走私普通货物、物品罪,走私固体废物罪。

3. 妨害对公司、企业的管理秩序罪。这是违反公司、企业管理法规的犯罪。包括虚报注册资本罪,虚假出资、抽逃出资罪,欺诈发行股票、债券罪,信息披露违规罪,妨害清算罪,隐匿、故意销毁会计凭证、会计账簿、财务会计报告罪,虚假破产罪,非国家工作人员受贿罪,对非国家工作人员行贿罪,非法经营同类营业罪,为亲友非法牟利罪,签订、履行合同失职被骗罪,国有公司、企业、事业单位人员失职罪,国有公司、企业、事业单位人员滥用职权罪,徇私舞弊低价折股、出售国有资产罪,背信损害上市公司利益罪。

4. 破坏金融管理秩序罪。这是违反金融管理法规的犯罪。包括伪造货币罪,出售、购买、运输假币罪,金融工作人员购买假币、以假币换取货币罪,持有、使用假币罪,变造货币罪,擅自设立金融机构罪,伪造、变造、转让金融机构经营许可证罪,高利转贷罪,骗取贷款、金融信用票证罪,非法吸收公众存款罪,伪造、变造金融票证罪,妨害信用卡管理罪,窃取、收买或者非法提供他人信用卡信息资料罪,伪造、

变造国家有价证券罪，伪造、变造股票、公司、企业债券罪，擅自发行股票、公司、企业债券罪，内幕交易、泄露内幕信息罪，利用未公开信息交易罪，编造并传播证券交易虚假信息罪，诱骗投资者买卖证券、期货合约罪，操纵证券、期货市场罪，背信运用受托资产罪，违规运用资金罪，违法发放贷款罪，吸收客户资金不入账罪，非法出具金融票证罪，对违法票据承兑、付款、保证罪，逃汇罪，骗购外汇罪，洗钱罪。

5. 金融诈骗罪。这是违反金融、票据、保险管理法规的犯罪。包括集资诈骗罪，贷款诈骗罪，票据诈骗罪，金融凭证诈骗罪，信用证诈骗罪，信用卡诈骗罪，有价证券诈骗罪，保险诈骗罪。

6. 危害税收征管罪。这是违反税收管理法规的犯罪。包括逃税罪，抗税罪，逃避追缴欠税罪，骗取出口退税罪，虚开增值税专用发票、用于骗取出口退税、抵扣税款发票罪，伪造、出售伪造的增值税专用发票罪，非法出售增值税专用发票罪，非法购买增值税专用发票、购买伪造的增值税专用发票罪，非法制造、出售非法制造的用于骗取出口退税抵扣税款发票罪，非法制造、出售非法制造的发票罪，非法出售用于骗取出口退税、抵扣税款发票罪，非法出售发票罪。

7. 侵犯知识产权罪。这是违反商标、著作权管理法规的犯罪。包括假冒注册商标罪，销售假冒注册商标的商品罪，非法制造、销售非法制造的注册商标标识罪，假冒专利罪，侵犯著作权罪，销售侵权复制品罪，侵犯商业秘密罪。

8. 扰乱市场秩序罪。这是违反工商行政、广告、土地和进出口商品检验管理法规的犯罪。包括损害商业信誉、商品声誉罪，虚假广告罪，串通投标罪，合同诈骗罪，非法经营罪，组织、领导传销活动罪，强迫交易罪，伪造、倒卖伪造的有价票证罪，倒卖车票、船票罪，非法转让、倒卖土地使用权罪，中介组织人员提供虚假证明文件罪，中介组织人员出具证明文件重大失实罪，逃避商检罪。

第二节 生产、销售伪劣商品罪

【引　例】

2008年年底，被告人杨某在长沙市伍家岭立交桥一流动小贩处花200元高价购得一小包(重约5克)“瘦肉精”。2009年2月底至3月底，被告人杨某将购买的瘦肉精掺入饲料中，用于饲养即将出栏的六头生猪。2009年4月1日上午7时许，被告人杨某将该六头生猪出售给替罗某收购生猪的杨某某。同日9时许，杨某某在运送该六头生猪交付罗某途中(罗某计划将该六头生猪销往外省)，被进行例行检查的畜牧局兽药饲料监督管理站工作人员拦住。该局工作人员认为该六头生猪可能含有“瘦肉精”成分，并对该六头生猪采取了证据保全措施。次日，经湖南省畜禽水产品质量检查中心检测，该批生猪的

"瘦肉精"含量为 1027 ng/ml。

一、生产、销售伪劣产品罪

(一)生产、销售伪劣产品罪的概念与犯罪构成

生产、销售伪劣产品罪，是指生产者、销售者在产品中掺杂、掺假，以假充真，以次充好或者以不合格产品冒充合格产品，销售金额达 5 万元以上的行为。

本罪的构成要件是：

1. 本罪的客体是国家对产品质量的管理制度和消费者的合法权益。这种犯罪不仅破坏了国家对产品质量的监督管理，而且其犯罪后果还严重损害了用户和消费者的合法权益，直接危及用户和消费者的人身安全和财产关系。本罪的对象是伪劣产品，根据《产品质量法》的规定，这里所谓的"产品"是指经过加工、制作，用于销售的产品(不包括建筑工程)。伪劣产品，指以假充真的产品和在产品中掺杂、掺假、以次充好或以不合格产品冒充合格的产品。

2. 罪的客观方面表现为四种情况：在产品中掺杂、掺假，以假充真，以次充好，以不合格产品冒充合格产品。根据最高人民法院、最高人民检察院 2001 年 4 月 9 日《关于办理生产、销售伪劣商品刑事案件具体应用法律若干问题的解释》的规定，掺杂、掺假，即指在产品中掺入杂质或者异物，致使产品质量不符合国家法律、法规或者产品明示质量标准规定的质量要求，降低、失去应有使用性能的行为；以假充真，即指以不具有某种使用性能的产品冒充具有该种使用性能的产品的行为；以次充好，即指以低等级、低档次产品冒充高等级、高档次产品，或者以残次、废旧零配件组合、拼装后冒充正品或者新产品的行为。所谓"不合格产品"，是指不符合《中华人民共和国产品质量法》第 26 条第 2 款规定的质量要求的产品。如将没有达到国家标准、行业标准的产品冒充达到国家标准、行业标准的产品，将超过使用期限的产品冒充没有超过使用期限的产品等。以上四种行为类型实际上很难绝对区分，存在一定程度的交叉关系。司法实践也没有必要硬性将某种行为归为哪一类，只要行为符合上述四种类型所描述的情况之一，便可以认定。对上述行为难以确定的，应当委托法律、行政法规规定的产品质量检验机构进行鉴定。

本罪的客观方面还要求必须是销售金额在 5 万元以上。所谓"销售金额"是指生产者、销售者出售伪劣产品后所得和应得的全部违法收入。多次实施生产、销售伪劣产品的行为，未经处理的，伪劣产品的销售金额累计计算。值得注意的是，在上述司法解释中规定，伪劣产品尚未销售，货值金额达到刑法第 140 条规定的销售金额 3 倍以上的，以生产、销售伪劣产品罪(未遂)定罪处罚。对此规定，有学者明

确表示反对。[①] 本书也认为，既然刑法明文规定，成立本罪要求非法销售金额5万元以上，那就说明，如果销售金额不足5万元的行为不值得刑罚科处，这是构成要件的要求。如此分析，本罪虽然名为“非法生产、销售伪劣产品罪”，但仅仅生产伪劣产品的行为并不构成本罪，只有在销售之后达到5万元时才能构成本罪。

3. 本罪的主体是一般主体，包括任何生产、销售伪劣产品的单位和个人。至于生产者、销售者是否取得了有关产品的生产许可证或营业执照，不影响本罪的构成。因为如果认为只有合格的生产者、销售者才能成为本罪的主体，就会放纵犯罪，而且造成不合理的现象。因此，本罪主体实际上是一般主体，即凡是达到刑事责任年龄、具有辨认控制能力的自然人，都能成为本罪主体，单位也能成为本罪主体。另外，根据上述司法解释的规定，知道或者应当知道他人实施生产、销售伪劣产品罪，而为其提供贷款、资金、账号、发票、证明、许可证件，或者提供生产、经营场所或者运输、仓储、保管邮寄等便利条件，或者提供制假生产技术的，以生产、销售伪劣商品罪的共犯论处。但是，“应当知道”而不知道的，并不具备故意的认识因素，而只能是过失，根据刑法总则的规定，共同犯罪以“故意”为前提，主观罪过为“过失”者并不成立共同犯罪，因此，构成本罪的共犯应当以“明知”为前提，而不应包括“应当知道”。

4. 本罪的主观方面是故意。过失不构成本罪。例如销售单位或个人不知道自己购进的是伪劣产品而销售的，主观上为过失，不构成本罪。本罪主观上是否要求具有“非法牟利的目的”，在学者之间还存在争议。本书认为，本罪客观方面要求非法销售金额较大，与此相对应的主观要素应是“以非法牟利为目的”，因为与销售行为对应的主观目的只能是“牟利”，因此，本罪构成要件中虽然没有明定“以非法销售为目的”，但通过对本罪客观要件的分析来看，主观上要求具有“非法牟利的目的”，本罪属于目的犯。

(二)生产、销售伪劣产品罪的认定

1. 罪与非罪的界限

关于本罪的认定，需要注意刑法第140条规定构成生产、销售伪劣产品罪，必须是销售金额达到5万元以上，因此，不满5万元的则不构成本罪，而属于一般违法行为，可以由工商行政部门适当给予行政处罚。

2. 一罪与数罪

在司法实践中，行为人在实施非法生产、销售伪劣产品的行为时，往往同时构成侵犯知识产权、非法经营等其他犯罪，如行为人为了顺利销售伪劣产品，往往假冒名牌产品的注册商标；而销售假冒注册商标的商品，也往往是将自己生产的质量差的产品冒充他人质量好的产品。这时应当按照处罚较重的规定定罪处罚。

---

① 参见张明楷著:《刑法学》(第二版)，法律出版社2003年版，第580页。

3. 本罪与本节规定的生产、销售特定种类的伪劣产品罪的界限。刑法第141条至第148条规定了生产、销售假药、劣药、不符合卫生标准的食品等罪。生产、销售伪劣产品罪与这些犯罪的区别在于:(1)犯罪对象不同。前者的犯罪对象是伪劣产品,刑法未作特别的限定;后者的犯罪对象是刑法规定的特别种类的伪劣产品,例如假药、劣药等。(2)犯罪构成要件的设置不同。前者以"销售金额5万元以上"为构成犯罪的要件,后者以"足以严重危害人体健康"或"对人体健康造成严重危害"等为构成犯罪的要件。生产、销售伪劣产品罪与之后的生产、销售特定伪劣产品罪的法条之间属于一般法条与特别法条的关系,因此,生产、销售特别种类的伪劣产品的犯罪,当然也触犯生产、销售伪劣产品罪,这在刑法理论上称为法条竞合。在这种场合,通常应根据特别法条即生产、销售特别种类的伪劣产品的犯罪的法条论处,但《刑法》第149条第2款规定:"依照处罚较重的规定定罪处罚",即根据重法优于轻法的原则处理这类问题。如果生产、销售刑法第141条至第148条所列产品,不构成各该条规定的犯罪,但是销售金额在5万元以上的,依照第140条关于生产、销售伪劣产品罪的规定定罪处罚。

(三)生产、销售伪劣产品罪的刑事责任

根据刑法第140条和第150条的规定,犯本罪的,处2年以下有期徒刑或者拘役,并处或者单处销售金额50%以上2倍以下罚金;销售金额在50万元以上不满200万元的,处7年以上有期徒刑,并处销售金额50%以上2倍以下罚金;销售金额在200万元以上的,处15年有期徒刑或者无期徒刑,并处销售金额50%以上2倍以下罚金或者没收财产。单位犯本罪的,对单位判处罚金,并对其直接负责的主管人员和其他直接责任人员,依照上述规定处罚。

二、生产、销售假药罪

(一)生产销售假药罪的概念与犯罪构成

生产、销售假药罪,是指违反药品管理法规,生产、销售假药,足以严重危害人体健康的行为。

本罪的构成要件是:

1. 本罪的客体是国家的药品管理制度和他人的健康和生命权利。本罪对象限于假药。依照《中华人民共和国药品管理法》第33条的规定,所谓假药是指两种情况。一是有下列情形之一的为假药:(1)药品所含成分的名称与国家药品标准或者省、自治区、直辖市药品标准规定不符合的;(2)以非药品冒充药品或者以他种药品冒充此种药品的。二是有下列情形之一的,按假药处理的药品:(1)国务院卫生行政部门规定禁止使用的;(2)未取得批准文号生产的;(3)变质不能药用的;(4)被

污染不能药用的。

2. 本罪客观方面表现为生产、销售假药，足以严重危害人体健康的行为。根据上述《解释》第3条，经省级以上药品监督部门设置或者确定的药品检验机构鉴定，生产、销售的假药具有下列情形之一的，应认定为“足以严重危害人体健康”：①含有超标准的有毒有害物质的；②不含所标明的有效成分，可能贻误诊治的；③所标明的适应证或者功能主治超出规定范围，可能造成贻误诊治的；④缺乏所标明的急救必需的有效成分的。本罪属于刑法理论中的危险犯，构成本罪不以实际造成危害人体健康的结果为要件，行为人只要生产、销售了足以严重危害人体健康的假药就构成本罪。问题是，仅生产了假药而没有销售的行为，是否足以危害人体健康，有学者认为，“虽已制作完毕，仍存入于车间、仓库，还未投放市场的，都不可能对人体健康构成实际威胁，因此不构成本罪”。① 还有学者认为，“足以严重危害人体健康是针对药效而言，仅生产了足以严重危害人体健康的假药的，便成立本罪”。② 本书倾向于前一种观点，因为本罪是具体危险犯，足以严重危害人体健康不只是就药效而言，否则，“足以危害人体健康”完全成为多余的规定，因为《药品管理法》所规定的假药都足以严重危害人体健康。

3. 本罪的主体是一般主体，单位和个人均可构成本罪的主体。

4. 主观方面是故意，过失不构成本罪。

(二)生产、销售假药罪的刑事责任

根据刑法第141条和第150条的规定，犯本罪的，处3年以下有期徒刑或者拘役，并处或者单处销售金额50%以上2倍以下罚金；对人体健康造成严重危害的，处3年以上10年以下有期徒刑，并处销售金额50%以上2倍以下罚金；致人死亡或者对人体健康造成特别严重危害的，处10年以上有期徒刑、无期徒刑或者死刑，并处销售金额50%以上2倍以下罚金或者没收财产。所谓“对人体健康造成严重危害的”，指“生产、销售的假药被使用后，造成轻伤、重伤或者其他严重后果的”。所谓“对人体健康造成特别严重危害的”，指“生产、销售的假药被使用后，致人严重残疾、3人以上重伤、10人以上轻伤或者造成其他特别严重后果的”。单位犯本罪的，对单位犯罪除判处罚金外，并对其直接负责的主管人员和其他直接责任人员，按照上述规定处罚。

三、生产、销售劣药罪

生产、销售劣药罪，是指违反国家药品管理法规定，生产、销售劣药，对人体健

① 参见马克昌主编：《经济犯罪新论》，武汉大学出版社1998年版，第74页。

② 参见王作富主编：《刑法分则实务研究》(上)，中国方正出版社2001年版，第241页。

康造成严重危害的行为。本罪犯罪对象仅限于劣药。所谓劣药,根据《药品管理法》第 34 条规定是指有下列情形之一的药品:①药品成分的含量与国家药品标准或者省、自治区、直辖市药品标准规定不符合的;②超过有效期的;③其他不符合药品标准规定的。本罪与作为危险犯的生产、销售假药罪不同,行为人除实施生产、销售劣药的行为之一,还必须对人体健康造成严重危害,才能成立本罪,因此,本罪为实害犯。所谓对"人体健康造成严重危害",一般是指因服用劣药造成人身轻伤、重伤,以及因服用劣药,延误治疗致使病情加重或难以治愈等严重后果。

根据刑法第 142 条和第 150 条的规定,犯本罪的,处 3 年以上 10 年以下有期徒刑,并处销售金额 50%以上 2 倍以下罚金;后果特别严重的,处 10 年以上有期徒刑或者无期徒刑,并处销售金额 50%以上 2 倍以下罚金或者没收财产。单位犯本罪的,并对其直接负责的主管人员和其他直接责任人员,按照上述规定处罚。

四、生产、销售不符合卫生标准的食品罪

生产销售不符合卫生标准的食品罪,是指违反国家食品卫生管理规定,明知是不符合卫生标准的食品而生产、销售,足以造成严重食物中毒事故或者严重食源性疾患的行为。所谓"足以造成严重食物中毒事故或者其他严重食源性疾患",是指经省级以上卫生行政部门确定的机构鉴定,食品中含有可能导致严重食物中毒事故或者其他严重食源性疾患的超标准的有害细菌或者其他污染物的。本罪是危险犯,行为人生产、销售不符合卫生标准的食品,只要足以造成上述事故或疾患,即构成本罪。

根据刑法第 143 条和第 150 条的规定,犯本罪的,处 3 年以下有期徒刑或者拘役,并处或单处销售金额 50%以上 2 倍以下罚金;对人体健康造成严重危害的,处 3 年以上 7 年以下有期徒刑,并处销售金额 50%以上 2 倍以下罚金;后果特别严重的,处 7 年以上有期徒刑或者无期徒刑,并处销售金额 50%以上 2 倍以下罚金或者没收财产。单位犯本罪的,对单位判处罚金,并对其直接负责的主管人员和其他直接责任人员,按照上述规定处罚。

五、生产、销售有毒、有害食品罪

生产、销售有毒、有害食品罪,是指违反食品卫生管理法规,在生产、销售的食品中掺入有毒、有害的非食品原料,或者销售明知掺有有毒、有害的非食品原料的食品的行为。本罪的客观方面,表现为违反国家食品卫生管理法规,生产、销售有毒、有害的食品的行为。具体包括三种行为:(1)在生产的食品中掺入有毒、有害的非食品原料;(2)在销售的食品中掺入有毒、有害的非食品原料;(3)明知是掺有有毒、有害的非食品原料的食品而销售。所谓"有毒、有害的非食品原料",是指既无

任何营养价值，根本不能食用，又对人体具有生理病毒，食后会引起不良反应，损害机体健康的非食品原料，如工业酒精、工业染料、色素、化学合成剂等等。例如，引例中的杨某在猪肉中添加瘦肉精即属于明知其属于有毒、有害的非食品原料，但仍然添加，因此，属于生产、销售有毒有害食品的行为。本罪的主体是一般主体。任何生产、销售有毒有害食品的个人和单位，都可构成犯罪。本罪的主观方面只能是故意，即明知是有毒、有害的非食品原料，而掺入自己生产、销售的食品中，或者明知是掺有有毒、有害的非食品原料的食品而销售，明知自己的行为会发生破坏市场经济秩序、造成食物中毒或者其他食源性疾患的危害结果，并且希望或者放任这种结果发生。

根据刑法第 144 条和第 150 条的规定，犯本罪的，处 5 年以下有期徒刑或者拘役，并处或者单处销售金额 50%以上 2 倍以下罚金；造成严重食物中毒事故或者其他严重食源性疾患，对人体健康造成严重危害的，处 5 年以上 10 年以下有期徒刑，并处销售金额 50%以上 2 倍以下罚金；致人死亡或者对人体健康造成特别严重危害的，依照生产、销售假药罪的法定刑处 10 年以上有期徒刑、无期徒刑或者死刑，并处销售金额 50%以上 2 倍以下罚金或者没收财产。单位犯本罪的，对单位判处罚金，并对其直接负责的主管人员和其他直接责任人员，按照上述规定处罚。

六、生产、销售不符合标准的医用器材罪

生产、销售不符合标准的医用器材罪，是指生产不符合保障人体健康的国家标准、行业标准的医疗器械、医用卫生材料，或者销售明知是不符合保障人体健康的国家标准、行业标准的医疗器械、医用卫生材料，足以危害人体健康的行为。所谓医疗器械，是指用于诊断、治疗、预防疾病或者代替人体器官的仪器、器具、植入物等物品；所谓医用卫生材料，是指与防病、治病有关的辅助材料。本罪是危险犯，实施本罪行为，足以严重危害人体健康的，即构成本罪。

根据刑法第 145 条和第 150 条的规定，犯本罪的，处 5 年以下有期徒刑，并处销售金额 50%以上 2 倍以下罚金；后果特别严重的，处 5 年以上 10 年以下有期徒刑，并处销售金额 50%以上 2 倍以下罚金；其中情节特别恶劣的，处 10 年以上有期徒刑或者无期徒刑，并处销售金额 50%以上 2 倍以下罚金或者没收财产。根据相关司法解释，造成轻伤、重伤或者其他严重后果的，应认定为对人体健康造成严重危害；造成感染病毒性肝炎等难以治愈的疾病、1 人以上重伤、3 人以上轻伤或者其他严重后果的，应认定为后果特别严重；致人死亡、严重残疾、感染艾滋病、3 人以上重伤、10 人以上轻伤或者造成其他特别严重后果的，应认定为情节特别恶劣。单位犯本罪的，对单位判处罚金，并对直接负责的主管人员和其他直接责任人员，按照上述规定处罚。

七、生产、销售不符合安全标准的产品罪

生产、销售不符合安全标准的产品罪，是指违反国家产品质量法规，生产不符合保障人身、财产安全的国家标准、行业标准的电器、压力容器、易燃易爆产品或者不符合保障人身、财产安全的国家标准、行业标准的产品，或者销售明知是以上不符合保障人身、财产安全的国家标准、行业标准的产品，造成严重后果的行为。本罪犯罪对象是不符合保障人身、财产安全标准的电器、压力容器、易燃易爆等产品。本罪是结果犯，只有造成严重后果即造成了他人伤害、死亡或者重大财产损失等后果的，才成立本罪。本罪的主体是一般主体，任何个人和单位均能构成本罪。本罪的主观方面是故意。

根据刑法第 146 条和第 150 条的规定，犯本罪的，处 5 年以下有期徒刑，并处销售金额 50%以上 2 倍以下罚金；后果特别严重的，处 5 年以上有期徒刑，并处销售金额 50%以上 2 倍以下罚金。此外，依照刑法第 150 条的规定，单位犯本罪的，对单位处罚金，并对直接负责的主管人员和其他直接责任人员，按照上述规定处罚。

八、生产、销售伪劣农药、兽药、化肥、种子罪

生产、销售伪劣农药、兽药、化肥、种子罪，是指违反产品质量管理法规，生产假农药、假兽药、假化肥，销售明知是假的或者失去使用效用的农药、兽药、化肥、种子，或者生产者、销售者以不合格的农药、兽药、化肥、种子，冒充合格的农药、兽药、化肥、种子，使生产遭受较大损失的行为。

根据刑法第 147 条和第 150 条的规定，犯本罪的，处 3 年以下有期徒刑或者拘役，并处或者单处销售金额 50%以上 2 倍以下罚金；使生产遭受重大损失的，处 3 年以上 7 年以下有期徒刑，并处销售金额 50%以上 2 倍以下罚金；使生产遭受特别重大损失的，处 7 年以上有期徒刑或者无期徒刑，并处销售金额 50%以上 2 倍以下罚金或者没收财产。根据前述司法解释，“使生产遭受较大损失”一般以 2 万元为起点；“重大损失”一般以 10 万元为起点；“特别重大损失”一般以 50 万元为起点。单位犯本罪的，对单位判处罚金，并对其直接负责的主管人员和其他直接责任人员，区别不同情况，依照上述规定处罚。

九、生产、销售不符合卫生标准的化妆品罪

生产、销售不符合卫生标准的化妆品罪，是指违反质量管理法规，生产不符合卫生标准的化妆品，或者销售明知是不符合卫生标准的化妆品，造成严重后果的行

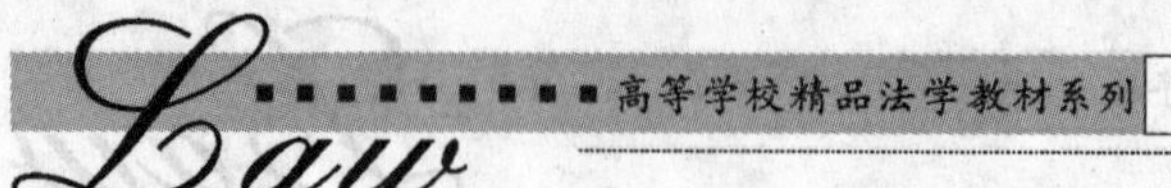

为。所谓化妆品，根据《化妆品卫生监督条例》第 2 条的规定，是指以涂擦、喷洒或者类似方法，散布于人体表面任何部位(皮肤、毛发、指甲、口唇等)，以达到清洗、消除不良气味，护肤、美容和修饰目的的日用化学工业品。所谓不符合卫生标准，是指违反了《化妆品卫生监督条例》和《化妆品卫生标准》等法规规定的化妆品卫生标准。所谓造成严重后果，一般是指对人身造成严重伤害，例如造成烧伤、毁容、残疾等严重后果。

根据刑法第 148 条的规定，犯本罪的，处 3 年以下有期徒刑或者拘役，并处或者单处销售金额 50%以上 2 倍以下罚金。单位犯本罪的，对单位判处罚金，并对其直接负责的主管人员和其他直接责任人员，依照上述规定处罚。

第三节　走私罪

【引　例】

30 岁的翁某是台湾人，大学毕业后在上海一家台湾电子公司担任业务部副理。去年 11 月 27 日，翁某从台湾返回大陆时，行李箱中携带 93 张从台北购买的淫秽影碟。乘船从厦门和平码头入境，通关时没向海关申报。行李箱过 X 光机检查时，这些影碟被查获。海关人员还从翁某携带的笔记本计算机中，查获淫秽视频文件 780 个、淫秽图片 66 张；从移动硬盘中查获淫秽视频文件 3948 个。翁某随后被公安机关逮捕。

一、走私武器、弹药罪

(一)走私武器、弹药罪的概念与犯罪构成

走私武器、弹药罪，是指违反海关法规，非法运输、携带、邮寄武器、弹药进出国(边)境，逃避海关监管的行为。

本罪的构成要件是：

1. 本罪客体是国家对外贸易管制中关于武器、弹药禁止进出口的监管制度。所谓对外贸易管制，指国家根据社会主义建设的需要，对进出口货物及其他物品的种类、数量实行控制和监督的制度。本罪的对象为武器、弹药。所谓“武器”，是指具有较大杀伤力的各种枪炮和化学武器、细菌武器等；所谓“弹药”是指用于各种武器的子弹、炮弹、炸药以及各种具有杀伤力的爆炸物等。武器、弹药的种类，参照《中华人民共和国海关进口税则》及《中华人民共和国禁止进出境物品表》的有关规定确定。管制刀具、仿真枪不是本罪的对象，走私这些物品构成犯罪的，可以按照

刑法第 153 条走私普通货物、物品罪定罪处罚。

2. 本罪客观方面表现为违反海关法规、逃避海关监管，非法携带、运输、邮寄武器、弹药进出国(边)境行为。所谓违反海关法规，是指违反国家对外贸易管制的各种规定，如禁止进出口的货物、物品，行为人将之进口或者出口；所谓逃避海关监管，就是采取不正当的方式、方法，逃避海关的监督、管理和检查。

3. 本罪主体是一般主体。自然人和单位均可以构成本罪。

4. 本罪主观方面只能是故意，即明知是国家禁止进出口的武器、弹药，但故意走私。过失不成立本罪。

(二)走私武器、弹药罪的刑事责任

根据刑法第 151 条的规定，犯本罪的，处 7 年以上有期徒刑，并处罚金或者没收财产；情节较轻的，处 3 年以上 7 年以下有期徒刑，并处罚金；情节特别严重的，处无期徒刑或者死刑，并处没收财产。单位犯本罪的，对单位判处罚金，并对其直接负责的主管人员和直接责任人员，依照上述规定处罚。根据相关司法解释①，具有下列情形之一的，属于走私武器、弹药罪"情节较轻"：(1)走私军用子弹 10 发以上不满 50 发的；(2)走私非军用枪支 2 支以上不满 5 支或者非军用子弹 100 发以上不满 500 发的；(3)走私武器、弹药虽未达到上述数量标准，但具有走私的武器、弹药被用于实施其他犯罪等恶劣情节的。走私武器、弹药具有下列情节之一的，处 7 年以上有期徒刑，并处罚金或者没收财产：(1)走私军用枪支 1 支或者军用子弹 50 发以上不满 100 发的；(2)走私非军用枪支 5 支以上不满 10 支或者非军用子弹 500 发以上不满 1000 发的；(3)走私武器、弹药达到上述数量标准，并具有其他恶劣情节的。具有下列情节之一的，属于"情节特别严重"：(1)走私军用枪支 2 支以上或者军用子弹 100 发以上的；(2)走私非军用枪支 10 支以上或者非军用子弹 1000 发以上的；(3)犯罪集团的首要分子或者使用特种车，走私武器、弹药达到情节严重的数量标准的；(4)走私武器、弹药达到情节严重的数量标准，并具有其他恶劣情节的。

二、走私核材料罪

走私核材料罪，是指违反海关法规，非法运输、携带、邮寄核材料进出国(边)境，逃避海关监管的行为。本罪的对象为核材料，行为方式与走私武器、弹药罪的表现形式相同。

根据刑法第 151 条的规定，犯本罪的，处 7 年以上有期徒刑，并处罚金或者没

① 最高人民法院《关于审理走私刑事案件具体应用法律若干问题的解释》(2000 年 9 月 20 日)。

收财产；情节较轻的，处3年以上7年以下有期徒刑，并处罚金；情节特别严重的，处无期徒刑或者死刑，并处没收财产。单位犯本罪的，对单位判处罚金，并对其直接负责的主管人员和直接责任人员，依照上述规定处罚。

三、走私假币罪

走私假币罪，是指违反海关法规，非法运输、携带、邮寄伪造的货币进出国(边)境，逃避海关监管的行为。所谓“伪造的货币”，包括伪造的人民币和伪造的外国货币或境外货币。本罪行为方式与前述犯罪相同。行为人主观上必须明知是伪造的货币而走私。

根据刑法第151条的规定，犯本罪的，处7年以上有期徒刑，并处罚金或者没收财产；情节较轻的，处3年以上7年以下有期徒刑，并处罚金；情节特别严重的，处无期徒刑或者死刑，并处没收财产。单位犯本罪的，对单位判处罚金，并对其直接负责的主管人员和直接责任人员，依照上述规定处罚。根据前述司法解释，走私伪造的货币，总面额2000元以上不足2万元或者币量200张(枚)以上不足2000张(枚)，属于走私假币罪“情节较轻”。走私伪造的货币，具有下列情节之一的，处7年以上有期徒刑，并处罚金或者没收财产：(1)走私伪造的货币，总面额2万元以上不足20万元或者币量2000张(枚)以上不足2万张(枚)的；(2)走私伪造的货币并流入市场，面额达到本条第3款第1项规定的数量标准的；(3)走私伪造的货币达到本条第3款规定的数量标准，并具有是犯罪集团的首要分子或者使用特种车进行走私等严重情节的。货币面额以人民币计。走私伪造的境外货币的，其面额以案发时国家外汇管理机关公布的外汇牌价折合人民币计算。

四、走私文物罪

走私文物罪，是指违反海关法规，非法运输、携带、邮寄国家禁止出口的文物出国(边)境，逃避海关监管的行为。本罪的行为方式仅限于将文物从境内走私至境外，如果将文物从境外走私至境内的，只能成立走私普通货物、物品罪。

根据刑法第151条的规定，犯本罪的，处5年以上有期徒刑，并处罚金；情节较轻的，处5年以下有期徒刑，并处罚金；情节特别严重的，处无期徒刑或者死刑，并处没收财产。单位犯本罪，对单位判处罚金，并对其直接负责的主管人员和直接责任人员，依照上述规定处罚。根据前述司法解释第3条的规定，走私国家禁止出口的三级文物2件以下的，属于走私文物罪“情节较轻”。走私文物，具有下列情节之一的，处5年以上有期徒刑，并处罚金：(1)走私国家禁止出口的二级文物2件以下或者三级文物3件以上8件以下的；(2)走私国家禁止出口的文物达到“情节较轻”的量刑幅度的数量标准，并具有造成该文物严重毁损或者无法追回等恶劣情节的。

情节特别严重，是指具有下列情节之一：(1)走私国家禁止出口的一级文物1件以上或者二级文物3件以上或者3级文物9件以上的；(2)走私国家禁止出口的文物达到本条第一个量刑幅度的数量标准，并造成该文物严重毁损或者无法追回的；(3)走私国家禁止出口的文物达到本条第2款规定的数量标准，并具有是犯罪集团的首要分子或者使用特种车进行走私等严重情节的。

五、走私贵重金属罪

走私贵重金属罪，是指违反海关法规，非法运输、携带、邮寄贵重金属出国(边)境，逃避海关监管的行为。本罪的对象是贵重金属，包括金、银以及与金银同等贵重的铱、锇、铂、铑、钯、钌等稀有的国家禁止出口的金属。本罪的行为方式，也只限于出口，不包括进口。

根据刑法第151条和第157条的规定，犯本罪的，处5年以上有期徒刑，并处罚金；情节较轻的，处5年以下有期徒刑，并处罚金；情节特别严重的，处无期徒刑或者死刑，并处没收财产。单位犯本罪的，对单位判处罚金，并对其直接负责的主管人员和直接责任人员，依照上述规定处罚。

六、走私珍贵动物、珍贵动物制品罪

走私珍贵动物、珍贵动物制品罪，是指违反海关法规，非法运输、携带、邮寄珍贵动物及其制品进出国(边)境，逃避海关监管的行为。珍贵动物，是指国务院1988年12月10日公布施行的《国家重点保护野生动物名录》中的国家一、二级保护野生动物和列入《濒危野生动植物种国际贸易公约》附录一、附录二中的野生动物以及驯养繁殖的上述物种。

根据刑法第151条和第157条的规定，犯本罪的，处5年以上有期徒刑，并处罚金；情节较轻的，处5年以下有期徒刑，并处罚金；情节特别严重的，处无期徒刑或者死刑，并处没收财产。单位犯本罪的，对单位判处罚金，并对其直接负责的主管人员和直接责任人员，依照上述规定处罚。

七、走私国家禁止进出口的货物、物品罪

走私国家禁止进出口的货物、物品罪，是指违反海关法规，走私珍稀植物及其制品或者国家禁止进出口的其他货物、物品进出国(边)境，逃避海关监管的行为。珍稀植物是指1984年国务院公布的《珍贵濒危保护植物名录》中规定的三级以上的珍稀植物。《刑法修正案(七)》第1条对刑法第151条第3款作出修正，将原条文保护的对象由"国家禁止进出口的珍稀植物及其制品"扩大到"珍稀植物及其制

品或者国家禁止进出口的其他货物、物品”。“国家禁止进出口的其他货物、物品”还需司法机关作出相应的解释。

根据刑法第151条和第157条的规定,犯本罪的,处5年以上有期徒刑,并处罚金;情节较轻的,处5年以下有期徒刑,并处罚金;情节特别严重的,处无期徒刑或者死刑,并处没收财产。单位犯本罪的,对单位判处罚金,并对其直接负责的主管人员和直接责任人员,依照上述规定处罚。

八、走私淫秽物品罪

走私淫秽物品罪,是指以牟利或者传播为目的,违反海关法规,非法运输、携带、邮寄淫秽物品进出国(边)境,逃避海关监管的行为。所谓“淫秽物品”,依据刑法第367条的规定,是指具体描绘性行为或者露骨宣扬色情的诲淫性的书刊、影片、录像带、录音带、图片及其他淫秽物品。“其他淫秽物品”,是指除淫秽的影片、录像带、录音带、图片、书刊以外的,通过文字、声音、形象等形式表现淫秽内容的影碟、音碟、电子出版物等物品。有关人体生理、医学知识的科学著作不是淫秽物品;包含色情内容的有艺术价值的文学、艺术作品不视为淫秽物品。走私非淫秽的影片、影碟、录像带、录音带、图片、书刊、电子出版物等物品的,按走私普通货物、物品罪定罪处罚。本罪主观上要求行为人具有牟利或者传播的目的,行为人是否具有这种目的,主要通过走私淫秽物品的数量、次数等进行判断。引例中,从翁某走私淫秽物品的数量可以推定行为人购买淫秽物品并非“自用”,而是为牟利或者传播,因而从境外走私至境内,应构成走私淫秽物品罪。

根据刑法第152条和第157条的规定,犯本罪的,处3年以上10年以下有期徒刑,并处罚金;情节严重的,处10年以上有期徒刑或者无期徒刑,并处罚金或者没收财产;情节较轻的,处3年以下有期徒刑、拘役或者管制,并处罚金。单位犯本罪的,对单位判处罚金,并对其直接负责的主管人员和其他直接责任人员,依照上述规定处罚。

九、走私废物罪

走私废物罪,是指逃避海关监管将境外固体废物、液态废物和气态废物运输进境,情节严重的行为。本罪客观方面仅限于将废物运输进境的行为,据此,将废物运输出境的,不构成本罪。此外,根据《刑法》第339条的规定,以原料利用为名,进口不能用作原料的固体废物、液态废物、气态废物的,按照本罪定罪处罚。

根据刑法第152条和第157条的规定,犯本罪的,处5年以下有期徒刑,并处或者单处罚金;情节特别严重的,处5年以上有期徒刑,并处罚金。单位犯本罪的,

对单位判处罚金,并对其直接负责的主管人员和其他直接责任人员,依照上述规定处罚。

十、走私普通货物、物品罪

(一)走私普通货物、物品罪的概念与犯罪构成

走私普通货物、物品罪,是指违反海关法规,逃避海关监管,非法运输、携带、邮寄普通货物、物品进出国(边)境,偷逃应缴税额较大的行为。

本罪的构成要件是:

1. 本罪客体是国家对外贸易管制中关于普通货物、物品进出口的监管制度和征收关税制度。本罪的对象为普通货物、物品。"普通货物、物品"是指除武器、弹药、核材料、伪造的货币、文物、贵重金属、珍贵动物及其制品、珍稀植物及其制品、淫秽物品、毒品以外的货物、物品。

2. 本罪客观方面表现为,违反海关法规,逃避海关监管,非法运输、携带、邮寄普通货物、物品进出国(边)境,偷逃应缴税额较大的行为。"偷逃应缴税额较大",指走私货物、物品偷逃应缴税额在5万元以上。根据刑法第154条的规定,下列两种走私行为,未补缴税额在5万元以上的,也应以走私普通货物、物品罪定罪处罚。即指《刑法》第154条规定的两种行为:"(一)未经海关许可并且未补缴应缴税额,擅自将批准进口的来料加工、来料装配、补偿贸易的原材料、零件、制成品、设备等保税货物,在境内销售牟利的;(二)未经海关许可并且未补缴应缴税额,擅自将特定减税、免税进口的货物、物品在境内销售牟利的。"所谓"保税货物",根据《海关法》第57条第4款的规定,"是指经海关批准未办理纳税手续进境,在境内储存、加工、装配后复运出境的货物"。所谓"特定减税、免税货物、物品",根据《海关法》第40条的规定,是指"经济特区等特定地区进出口的货物,中外合资经营企业、中外合作经营企业、外资企业等特定企业进出口的货物,有特定用途的进出口货物,用于公益事业的捐赠物资"。上述货物、物品由于未办理纳税手续或减征、免征关税,只能加工、装配生产后复运出境,或只能用于特定企业、特定用途;如果擅自在国内销售牟利,偷逃应缴税额在5万元以上的,应依本罪定罪处罚。

3. 本罪主体是一般主体,自然人和单位均可以成为本罪主体。

4. 本罪的主观方面是故意,过失不成立本罪。

(二)走私普通货物、物品罪的刑事责任

根据刑法第153条的规定,犯本罪,偷逃应缴税额在50万元以上的,处10年以上有期徒刑或者无期徒刑,并处偷逃应缴税额1倍以上5倍以下罚金或者没收财产;情节特别严重的,处无期徒刑或者死刑,并处没收财产。偷逃应缴税额在15

万元以上不满50万元的，处3年以上10年以下有期徒刑，并处偷逃应缴纳税额1倍以上5倍以下罚金；情节特别严重的，处10年以上有期徒刑或者无期徒刑，并处偷逃应缴税额1倍以上5倍以下罚金或者没收财产。偷逃应缴税额在5万元以上不满15万元的，处3年以下有期徒刑或者拘役，并处偷逃应缴税额1倍以上5倍以下罚金。单位犯本罪的，对单位判处罚金，并对其直接负责的主管人员和其他直接责任人员，处3年以下有期徒刑或者拘役；情节严重的，处3年以上10年以下有期徒刑；情节特别严重的，处10年以上有期徒刑。对多次走私未经处理的，按累计走私货物、物品的偷逃应缴税额处罚。

十一、关于走私罪的几个问题

（一）间接走私行为分析

间接走私，又称准走私，指刑法第155条第1项和第2项规定的两种行为，即直接向走私人非法收购国家禁止进口物品的，或者直接向走私人非法收购走私进口的其他货物、物品，数额较大的；在内海①、领海运输、收购、贩卖国家禁止进出口物品的，或者运输、收购、贩卖国家限制进出口货物、物品，数额较大，没有合法证明的。间接走私不是独立罪名，需要结合走私的对象具体确定具体构成何种走私罪。

第一类的间接走私行为以直接向走私人非法收购为范围。也就是说，行为人明知对方是走私犯，并且直接向其收购走私货。即通常所说的“第二手交易”，否则，不是直接从走私分子收购走私货物、物品的，不能论以走私罪。直接向走私人非法收购走私进口的其他货物物品（除国家禁止进口的物品外），必须数额较大，才构成犯罪，“数额较大”，指偷逃应缴税额在5万元以上。

第二类间接走私行为，就地域而论，都必须发生在我国内海、领海，不发生在这个特定地域的，不能适用本项规定追究行为人的罪责。对于限制进出口的货物、物品，只有数额较大，又没有合法证的，才以走私罪论处，而对于国家禁止进出口的货物、物品则没有数额限制。

（二）武装走私行为的性质

《刑法》第157条第1款规定：“武装掩护走私的，依照第一百五十一条第一款、第四款的规定从重处罚。”所谓“武装掩护走私”，是指携带武器进行走私，保护、运送、掩护走私行为与走私物品的行为。既可以是走私分子自己持有武器掩护走私，也包括雇佣、组织其他武装人员武装掩护走私。成立武装掩护走私行为只要求携带武器，而不要求行为人实际是否动用武器。从上述法条表述来看，对武装掩护走

① 根据上述《解释》，“内海”包括内河的入海口水域。

私行为的规定，显然是针对其量刑而言，对其定罪并无明确规定，而且最高人民法院关于执行《中华人民共和国刑法》确定罪名的规定也没有将"武装掩护走私"单立一个罪名，武装掩护走私行为并不是独立罪名，因此，具体认定武装掩护走私行为时，应根据走私货物、物品的种类、性质确定罪名。

（三）抗拒缉私行为的认定

《刑法》第 157 条第 2 款规定："以暴力、威胁方法抗拒缉私的，以走私罪和本法第 277 条规定的妨碍公务罪，依照数罪并罚的规定处罚。"所谓以暴力、威胁方法抗拒缉私，是指走私行为人对查私人员采用殴打、捆绑等方式进行抗拒，或者采取恐吓、胁迫等手段阻挠缉私检查工作正常进行的行为。

需要注意的是，犯罪分子必须是在既构成走私罪，又构成妨害公务罪的情况下，才能按数罪并罚的规定处罚。如果其走私行为尚不构成走私罪而使用暴力、威胁方法抗拒缉私检查的，则只能按妨害公务罪定罪处刑。另外，如果暴力、威胁的手段造成他人重伤、死亡等严重后果的，此时，由于这种行为已超出了妨害公务罪的范围，应以具体的走私罪与故意伤害罪、故意杀人罪等数罪并罚。

另外一个需要注意的问题是，基于同样的暴力抗拒缉私的行为，刑法却对走私毒品过程中出现的抗拒行为作出了从一罪（走私毒品罪）从重处罚的规定。随之而来的问题便是，当行为人雇佣同一个交通工具既走私毒品又走私本节所规定的对象物，同时暴力抗拒缉私的，此种场合应如何定罪呢？本书认为，此种场合，行为人属一行为构成数罪，同时侵犯数法益，因此属于想象竞合犯，应从一重罪即走私毒品罪定罪处罚，同时考虑暴力抗拒缉私的情形，按照刑法的规定从重处罚。

（四）走私罪共犯行为的认定

《刑法》第 156 条规定："与走私罪犯通谋，为其提供贷款、资金、账号、发票、证明，或者为其提供运输、保管、邮寄或者其他方便的，以走私罪的共犯论处。"所谓与走私罪犯通谋，是指事前与走私罪犯共同商议走私，或者共同制订走私犯罪计划及进行分工等活动。提供"其他方便"，是指刑法所列举的帮助形式以外的其他帮助形式。

第四节 妨害对公司、企业的管理秩序罪

【引 例】

被告人陈某系某村支部书记，2006 年 2 月至 2007 年 9 月间，陈某利用职务便利，在该村新农村建设等有关工程项目中多次非法收受他人代价券等共

计价值15440元的财物，为他人谋取利益。后被公安机关逮捕。

一、虚报注册资本罪

(一)虚报注册资本罪的概念与犯罪构成

虚报注册资本罪，是指申请公司登记使用虚假证明文件或者采取其他欺诈手段虚报注册资本，欺骗公司登记主管部门，取得公司登记，虚报注册资本数额巨大，后果严重或者有其他严重情节的行为。

本罪的构成要件是：

1. 本罪的客体是公司的登记管理制度。

2. 本罪的客观方面表现为申请公司登记使用虚假证明文件或者采取其他欺诈手段虚报注册资本，欺骗公司登记主管部门，取得公司登记，虚报注册资本数额巨大，后果严重或者有其他严重情节的行为。本罪的客观方面必须具备以下三个条件：(1)行为人申请公司登记使用虚假的证明文件或者采取其他欺诈手段虚报注册资本，欺骗公司登记主管部门。所谓"虚报注册资本"，既包括没有达到注册资本的法定数额而虚报达到法定数额，也包括虽达到法定数额而虚报具有更高数额的情形。(2)已经取得公司登记，即已被公司登记机关批准登记注册并已发给营业执照。未取得登记并获发营业执照的不成立本罪。(3)须虚报注册资本数额巨大、后果严重或者有其他严重情节。

根据2001年4月18日最高人民检察院、公安部《关于经济犯罪案件追诉标准的规定》(以下简称《追诉标准》)，虚报注册资本涉嫌下列情形之一的，应予追诉：

(1)实缴注册资本不足法定注册资本最低限额，有限责任公司虚报数额占法定最低限额的60%以上，股份有限公司虚报数额占法定最低限额的30%以上的。(2)实缴注册资本达到法定最低限额，但仍虚报注册资本，有限责任公司虚报数额在100万元以上，股份有限公司虚报数额在1000万元以上的。(3)虚报注册资本给投资者或者其他债权人造成的直接经济损失累计数额在10万元以上的。(4)虽未达到上述数额标准，但具有下列情形之一的：①因虚报注册资本，受过行政处罚两次以上，又虚报注册资本的；②向公司登记主管人员行贿或者注册后进行违法活动的。

3. 本罪主体可由任何申请公司登记的自然人和单位构成。根据公司法的规定，申请公司登记的人，在有限责任公司设立登记的情况下是指由全体股东指定的代表或者共同委托的代理人；在股份有限公司设立登记的情况下是指董事会；在国有独资公司设立登记的情况下是指国家授权投资的机构或者国家授权的部门。

4. 本罪主观方面只能出于故意，主观目的在于取得公司登记。

(二)虚报注册资本罪的刑事责任

根据刑法第 158 条的规定,犯本罪的,处 3 年以下有期徒刑或者拘役,并处或者单处虚报注册资本金额 1%以上 5%以下罚金。单位犯本罪的,对单位判处罚金,并对其直接负责的主管人员和其他责任人员,处 3 年以下有期徒刑或者拘役。

二、虚假出资、抽逃出资罪

虚假出资、抽逃出资罪,是指公司发起人、股东违反公司法的规定未交付货币、实物或者未转移财产权,虚假出资,或者在公司成立后又抽逃其出资,数额巨大、后果严重或者有其他严重情节的行为。

本罪的客观方面表现为违反公司法的规定未交付货币、实物或者未转移财产权,虚假出资,或者在公司成立后又抽逃其出资,数额巨大、后果严重或者有其他严重情节。所谓"数额巨大、后果严重或者有其他严重情节",根据前述《追诉标准》第 3 条的规定,是指下列情形之一:(1)虚假出资、抽逃出资,给公司、股东、债权人造成的直接经济损失累计数额在 10 万元至 50 万元以上的。(2)虽未达到上述数额标准,但具有下列情形之一的:①致使公司资不抵债或者无法正常经营的;②公司发起人、股东合谋虚假出资、抽逃出资的;③因虚假出资、抽逃出资,受过行政处罚两次以上,又虚假出资、抽逃出资的;④利用虚假出资、抽逃出资所得资金进行违法活动的。本罪的主体是公司的发起人和股东,包括单位与个人。"公司发起人",是指依法创立筹办股份有限公司事务的人,在公司成立后,发起人即成为股东。"股东"是指公司的出资人,包括有限责任公司的股东和股份有限公司的股东。不论是公司发起人或股东都是依法负有出资义务的人。

根据刑法第 159 条的规定,犯本罪的,处 5 年以下有期徒刑或者拘役,并处或者单处虚假出资金额或者抽逃出资金额 2%以上 10%以下罚金。单位犯本罪的,对单位判处罚金,并对其直接负责的主管人员和其他责任人员,处 5 年以下有期徒刑或者拘役。

三、欺诈发行股票、债券罪

欺诈发行股票、债券罪,是指在招股说明书,认股书,公司、企业债券募集办法中隐瞒重要事实或者编造重大虚假内容,发行股票或者公司、企业债券,数额巨大、后果严重或者有其他严重情节的行为。根据前述《追诉标准》第 4 条的规定,具有下列情形之一的,应当追诉:(1)发行数额在 1000 万元以上的;(2)伪造政府公文、有效证明文件或者相关凭证、单据的;(3)股民、债权人要求清退,无正当理由不予清退的;(4)利用非法募集的资金进行违法活动的;(5)转移或者隐瞒所募集的资金的;(6)造成恶劣影响的。本罪的主体是一般主体,任何发行股票、公司、企业债券的个人或单位均可构成。本罪的主观方面只能由故意构成。

根据刑法第 160 条的规定,犯本罪的,处 5 年以下有期徒刑或者拘役,并处或者单处非法募集资金金额 1%以上 5%以下罚金。单位犯本罪的,对单位判处罚金,并对其直接负责的主管人员和其他直接责任人员,处 5 年以下有期徒刑或者拘役。

四、违规披露、不披露重要信息罪[①]

信息披露违规罪,是指依法负有信息披露义务的公司、企业向股东和社会公众提供虚假的或者隐瞒重要事实的财务会计报告,或者对依法应当披露的其他重要信息不按照规定披露,严重损害股东或者其他人利益,或者有其他严重情节的行为。

本罪是 2006 年 6 月 29 日全国人大常委会通过的《刑法修正案(六)》第 5 条在对原刑法第 161 条进行修改后形成的新罪名。本罪的客观方面表现为以下两种行为方式:(1)向股东和社会公众提供虚假的或者隐瞒重要事实的财务会计报告;(2)对依法应当披露的其他重要信息不按照规定披露。所谓"隐瞒重要事实",是指公司依法应当提供(公开)而故意不提供有关重要事实。公司法第 175 条对财务会计报告的具体内容有列举性规定。即:财务会计报告应当包括下列财务会计报表及附属明细表:①资产负债表;②损益表;③财务状况变动表;④财务情况说明书;⑤利润分配表。这些都应构成"重要事实",对任何一项都不能隐瞒不报或虚构。所谓"其他重要信息",是指按照《证券法》的规定,除财务会计报告之外,其他应当向股东和社会公众披露的信息,如上市公司中期报告、年度报告、临时报告及其他信息披露资料。构成本罪还要求"严重损害股东或者其他人利益,或者有其他严重情节"。所谓"严重损害股东或其他人利益",根据前述《追诉标准》第 5 条的规定,是指下列情形之一:(1)造成股东或者其他人直接经济损失数额在 50 万元以上的;(2)致使股票被取消上市资格或者交易被迫停牌的。所谓"其他严重情节",主要是指,隐瞒多项依法应当披露的重要信息事项、多次搞虚假信息披露,或者因不按规定披露受到处罚后又违反的等情形。[②] 按照《刑法修正案(六)》的规定,本罪主体是所有负有信息披露义务的公司、企业,包括依据《公司法》、《证券法》、《银行业监督管理法》、《证券投资基金法》等法律、行政法规规定的具有信息披露义务的股票

① 经过六个《刑法修正案》修订后形成的新罪名,本书全部按照《最高人民法院、最高人民检察院关于执行〈中华人民共和国刑法〉确定罪名的补充规定》(一)、(二)、(三)确定的罪名进行论述。

② 黄太云:《〈刑法修正案(六)〉的理解与适用》,载《人民检察》2006 年第 7 期。

发行人、上市公司、公司、企业债券上市交易的公司企业,银行、基金管理人、基金托管人和其他信息披露义务人。

根据《刑法修正案(六)》第5条即刑法第161条的规定,犯本罪的,对直接负责的主管人员和其他直接责任人员,处3年以下有期徒刑或者拘役,并处或者单处2万元以上20万元以下罚金。

五、妨害清算罪

妨害清算罪,是指公司、企业进行清算时,隐匿财产,对资产负债表或者财产清单作虚伪记载或者在未清偿债务前分配公司、企业财产,严重损害债权人或者其他人利益的行为。本罪的客观方面表现为以下三个要件:第一,必须在公司、企业进行清算时,不在这个特定的时期内,即使有本罪的相同行为也不构成本罪。第二,从行为样态看有以下任何一种即足以构成:(1)隐匿财产;(2)对资产负债表或者财产清单作虚伪记载;(3)在未清偿债务前分配公司财产。这里的"隐匿财产",是指转移、隐藏公司的动产或不动产;"对资产负债表或者财产清单作虚伪记载",指不真实地记载财务报表和文件,通常是少列资产和财产总额,多列负债总额;"在未清偿债务前分配公司财产",指违反公司法规定的分配财产的顺序,在未清偿各项债务之前就私分财产。第三,必须达到"严重损害债权人或者其他人利益"的程度。这里的"其他人",包括国家、公司职工、股东等。以上三个要件必须同时具备才能构成本罪。根据前述《追诉标准》第6条的规定,公司企业在进行清算时,隐匿财产,对资产负债表或者财产清单作虚伪记载或者在未清偿债务前分配公司、企业财产,造成债权人或者其他人直接经济损失数额在10万元以上的,属于"严重损害债权人或其他人利益"。本罪的主体是公司、企业。本罪的主观方面只能由故意构成。

根据刑法第162条的规定,公司、企业犯本罪的,对其直接负责的主管人员和其他直接责任人员,处5年以下有期徒刑或者拘役,并处或者单处2万元以上20万元以下罚金。

六、隐匿、故意销毁会计凭证、会计账簿、财务会计报告罪

隐匿、销毁会计凭证、会计账簿、财务会计报告罪,是根据1999年12月25日第九届全国人大常委会公布施行的《中华人民共和国刑法修正案(一)》第1条的规定新增加的罪名,是指故意隐匿或者销毁依法应当保存的会计凭证、会计账簿、财务会计报告,情节严重的行为。本罪的客体为公司、企业的财会管理制度。客观方面表现为隐匿、销毁会计凭证、会计账簿、财务会计报告的行为。本罪的主体包括自然人和单位。本罪的主观方面为故意。不仅销毁的行为必须出于故意,而且隐

匿行为也必须出于故意，由于隐匿行为一般表现为故意，因此，刑法条文便没有予以强调。此外，成立本罪还要求“情节严重”，根据前述《追诉标准》，是指下列情形之一：(1)隐匿、销毁的会计资料涉及金额在50万元以上的；(2)为逃避依法查处而隐匿、销毁或者拒不交出会计资料的。

根据《刑法修正案(一)》第1条即刑法第162条之一的规定，犯本罪的，处5年以下有期徒刑，并处或者单处2万元以上20万元以下罚金。单位犯本罪的，对单位判处罚金，并对其直接负责的主管人员和其他直接责任人员依照上述规定处罚。

七、虚假破产罪

(一)虚假破产罪的概念与犯罪构成

本罪是《刑法修正案(六)》第6条新增加的罪名，根据该条的规定，本罪是指公司、企业通过隐匿财产承担虚构的债务或以其他方法转移处分财产实施虚假破产，严重损害债权人或其他人利益的行为。

本罪的构成要件是：

1. 本罪的客体是复杂的客体，包括国家有关公司、企业破产的管理制度和债务人以及其他有关人的合法权益。

2. 本罪客观方面表现为行为人通过隐匿财产承担虚构的债务或者是以其他方法转移、处分财产，实施虚假破产，严重损害债权人或其他人利益的行为。实施虚假破产是行为的核心要素，而隐匿财产、承担虚构的债务或者是以其他方法转移、处分财产是实施虚假破产的手段，为的是造成公司企业破产的假象。隐匿财产，是指转移、隐藏公司的动产或不动产；所谓“承担虚构的债务”指的是公司、企业和他人之间并不存在真实的债权债务关系，而向他人为给付，从而将财产转移给他人或者是在资产负债表中记载虚构的实际上并不存在的债务等行为。这种承担虚构债务的行为实际上是故意隐瞒或缩小公司、企业的实际财产数额，使公司出现了不能清偿到期债务的假象，从而去申请虚假破产；所谓“以其他方法转移、处分财产”，指的是以除上述手段以外所采取的转移、处分其拥有所有权或者处分权的标的物的行为，如私分或者无偿转让财产，有意使公司、企业的资产流失，人为地造成无偿债能力，从而申请虚假破产的行为。构成虚假破产罪行为人实施虚假破产的行为还必须要造成严重损害债权人或其他人利益的后果。如果行为人的行为并没有严重损害债权人或其他人的利益，是不能够构成虚假破产罪的，只能是作为一般的违法行为来看待。对于“严重损害债权人或其他人利益”的判断标准，可以参照前述《追诉标准》中关于妨害清算罪的规定。

3. 本罪的主体是公司、企业，属于纯正的单位犯罪，此处的公司、企业包括在中国境内注册的、具有中国法人资格的各类公司、企业，既包括公司法上明文规定

的有限责任公司、股份有限公司、国有独资公司和各类公司下设的子公司，还包括在中国境内注册的中外合资经营企业，具有中国法人资格并且在组织形式上属于有限责任公司的外资企业、中外合资经营企业、合伙企业。

4. 虚假破产罪在主观方面表现为故意，并且具有实施虚假破产以达到破产逃债的目的，也就是说行为人明知自己的行为会严重地损害债权人或者是其他人的利益，仍然实施了隐匿财产，承担虚构的债务或者是以其他方法转移、处分财产的行为。

（二）虚假破产罪的认定

对于本罪的认定，需要重点掌握的是本罪与妨害清算罪的区分问题。妨害清算罪主要是针对公司、企业进入清算程序以后妨害清算的犯罪行为，即公司、企业因解散、分立、合并或者破产，依照法律规定在清理公司、企业债权债务的活动期间发生的隐匿财产、对资产负债表或者财产清单作虚伪记载或者在未清偿债务前分配公司、企业的财产等犯罪行为；而本罪主要是针对公司、企业在进入破产程序之前，通过隐匿财产、承担虚构的债务，或者以其他方法非法转移、分配财产，实施虚假破产的犯罪行为。是否进入清算程序，是区分两者的关键之处。

（三）虚假破产罪的刑事责任

根据《刑法修正案（六）》第6条即刑法第162条之二的规定，犯本罪的，对其直接负责的主管人员和其他直接责任人员，处五年以下有期徒刑或者拘役，并处或者单处2万元以上20万元以下罚金。

八、非国家工作人员受贿罪

（一）非国家工作人员受贿罪的概念与犯罪构成

商业受贿罪是指公司、企业或者其他单位的工作人员利用职务上的便利，索取他人财物或者非法收受他人财物，为他人谋取利益，或者是在经济往来中，利用职务上的便利，违反国家规定，收受各种名义的回扣、手续费，归个人所有，数额较大的行为。

本罪的构成要件是：

1. 本罪的客体是公司、企业和其他单位工作人员职务行为的廉洁性。廉洁，包括职务行为的不可收买性和无酬性，即指公司、企业人员不得出卖职务行为或以职务行为作为谋取私利的手段。公司、企业和其他单位的工作人员除其固有薪俸外，对其所执行的职务行为，不得向当事人讨价还价，索取额外报酬或者向当事人显示其职务行为可被收买。

2. 本罪在客观方面表现为利用职务上的便利，索取他人财物或者非法收受他人财物，为他人谋取利益，数额较大的行为。首先，必须利用职务上的便利。所谓利用职务上的便利，是指公司、企业人员利用自己主管、经管或者参与某项公司、企业业务的便利条件。其次，必须实施了索取或者非法收受他人财物的行为。所谓索取财物，是指以公开或暗示的方式，主动向对方索要财物；所谓收受他人财物，是指对对方主动送上的财物予以接受。这里的财物可包括有形财物、无形财物及财产性利益。再次，不论是索取他人财物，还是收受他人财物，都必须为他人谋取利益。只要行为人承诺、着手或者完成了为他人谋利的行为，不论是否已经实际为他人谋取了利益，也不论这种谋利行为是在索取、收受财物之前或之后，均可认定为具备了为他人谋取利益的要件。最后，行为人实施上述索取或者非法收受财物的行为，还必须达到数额较大。司法实践中，一般以5000元作为数额较大的起点。

此外，根据《刑法修正案(六)》第7条第2款的规定，公司、企业或者其他单位的工作人员在经济往来中，利用职务上的便利，违反国家规定，收受各种名义的回扣、手续费，归个人所有的，也构成本罪。所谓"回扣"，是指在商品或劳务活动中，由卖方从所收到的价款中，在账外暗中以现金、实物或者其他方式返还买方或其经办人一定比例的款项。"手续费"是指在经济活动中，违反国家规定，以各种名义支付给对方或其经办人的各种名目的款项。所称"账外暗中"，包括不纳入财务账、转入财务账或做假账等。《刑法修正案(六)》对本项行为增加了"利用职务便利"的条件，因此，对于商业受贿罪而言，"利用职务便利"是本罪客观方面必不可少的要件。

3.《刑法修正案(六)》对本罪主体范围进行了扩大，将公司、企业人员受贿罪变更为非国家工作人员受贿罪，调整对象在原有公司、企业的工作人员基础上增加了其他单位的工作人员，如村民委员会、村小组等村基层组织人员。正是由于这样的变更，使得惩治村干部受贿犯罪有了一个妥帖的罪名。引例中的陈某即属于此种情形，在实践中如果村干部是协助人民政府从事抢险救灾款物、土地征用款等行政管理工作收受贿赂的，根据全国人大常委会《关于刑法第九十三条第二款的解释》，属于刑法规定的"其他依照法律从事公务"，以国家工作人员论，按受贿罪处理。除此之外的，利用职务便利索取他人财物或者非法收受他人财物，为他人谋取利益的，应认定为非国家工作人员受贿罪。

4. 本罪的主观方面由故意构成，行为人明知自己收受贿赂的行为是非法的，却故意收受贿赂；行为人明知自己的行为会发生侵犯公司、企业和其他单位管理秩序的结果，却故意实施。

(二)非国家工作人员受贿罪的认定

在司法实践中，准确区分利用"职务"还是提供"劳务"或"技术服务"是正确把握罪与非罪的关键，对于后者不能以犯罪论处。对此，本书认为，可以参照最高人民法院2003年11月13日印发的《全国法院审理经济犯罪案件工作座谈会纪要》

中关于如何区分“公务”和“劳务”、“技术服务”的意见：“从事公务，是指代表国家机关、国有公司、企事业单位、人民团体等履行组织、领导、监督、管理等职责。公务主要表现为与职权相联系的公共事务以及监督、管理国有财产的职务活动。那些不具备职权内容的劳务活动、技术服务工作，如售货员、售票员等所从事的工作，一般不认为是公务。”①

(三)非国家工作人员受贿罪的刑事责任

根据《刑法修正案(六)》即刑法第 163 条的规定，犯本罪的，处 5 年以下有期徒刑或者拘役；数额巨大的，处 5 年以上有期徒刑，可以并处没收财产。所谓数额巨大，根据前述司法解释是指索取或者收受贿赂在 10 万元以上的情况。

九、对非国家工作人员行贿罪

对非国家工作人员行贿罪，是指为谋取不正当利益，给予公司、企业或者其他单位的工作人员以财物，数额较大的行为。

本罪的客观方面表现为给予公司、企业或者其他单位的工作人员以财物，数额较大的行为。首先，行为人实施了给予公司、企业或者其他单位工作人员以财物的行为。与商业受贿罪对应，《刑法修正案(六)》将本罪的行为对象也进行了扩大，包括公司、企业或者其他单位；其次，行贿的数额必须达到较大的程度才构成犯罪。未达到数额较大程度的，只能作为一般违法违纪行为处理。根据前述《追诉标准》第 9 条的规定，为谋取不正当利益，给予公司、企业的工作人员以财物，个人行贿数额在 1 万元以上的，单位行贿数额在 20 万元以上的，属于“数额较大”。本罪的主体为一般主体。任何单位或个人都可构成本罪。本罪的主观方面必须由故意构成，并且为了谋取不正当利益。这里的“不正当利益”，包括非法利益和其他不应当得到的利益。至于是否实际得到这些利益，在所不问。

根据《刑法修正案(六)》第 8 条即刑法第 164 条第 2 款、第 3 款的规定，犯本罪的，处 3 年以下有期徒刑或者拘役；数额巨大的，处 3 年以上 10 年以下有期徒刑，并处罚金。单位犯本罪的，对单位判处罚金，并对其直接负责的主管人员和其他直接责任人员，按照上述规定处罚。行贿人在被追诉前主动交代行贿行为的，可以减轻处罚或者免除处罚。

十、非法经营同类营业罪

非法经营同类营业罪，是指国有公司企业的董事、经理利用职务便利，自己经

① 但对医生、裁判等是否属于非国家工作人员仍有争议。

营或者为他人经营与其所任职公司、企业同类的营业，获取非法利益，数额巨大的行为。本罪的客观方面包括以下内容：(1)须利用职务上的便利。(2)须自己经营或者为他人经营与其所任职公司、企业同类的营业。所谓"同类的营业"，是指与自己所任职公司、企业营业执照中确定的经营范围的具体种类全部或部分相同的营业。(3)须获取数额巨大的非法利益。所谓"数额巨大"，根据前述《追诉标准》第10条的规定，是指"国有公司、企业的董事、经理利用职务便利，自己经营或者为他人经营与其所任职公司、企业同类的营业，获取非法利益，数额在10万元以上的"。本罪的主体是国有公司、企业的董事、经理。本罪的主观方面是故意。

根据刑法第165条的规定，犯本罪的，处3年以下有期徒刑或者拘役，并处或者单处罚金；数额特别巨大的，处3年以上7年以下有期徒刑，并处罚金。

十一、为亲友非法牟利罪

为亲友非法牟利罪，是指国有公司、企业、事业单位的工作人员，利用职务便利，损公肥私，将本单位的盈利业务交由自己的亲友经营的，或者以明显高于市场的价格向自己的亲友经营管理的单位采购商品或者以明显低于市场的价格向自己的亲友经营管理的单位销售商品的，或者向自己的亲友经营管理的单位采购不合格商品使国家利益遭受重大损失的行为。客观方面表现为利用职务便利，实施下列三种行为而使国家利益遭受重大损失：(1)将本单位的盈利业务交由自己的亲友经营的；(2)以明显高于市场的价格向自己的亲友经营管理的单位采购商品或者以明显低于市场的价格向自己的亲友经营管理的单位销售商品的；(3)向自己的亲友经营管理的单位采购不合格商品的。所谓"重大损失"，根据前述《追诉标准》第11条的规定，是指下列情形之一：(1)造成国家直接经济损失数额在10万元以上的；(2)致使有关单位停产、破产的；(3)造成恶劣影响的。

根据刑法第166条的规定，犯本罪的，处3年以下有期徒刑或者拘役，并处或者单处罚金；致使国家利益遭受特别重大损失的，处3年以上7年以下有期徒刑，并处罚金。

十二、签订、履行合同失职被骗罪

签订、履行合同失职被骗罪，是指国有公司、企业、事业单位直接负责的主管人员，在签订、履行合同过程中，因严重不负责任被诈骗，致使国家利益遭受重大损失的行为。本罪的客观方面表现为行为主体在签订、履行经济贸易等合同过程中，因严重不负责任被诈骗，致使国家利益遭受重大损失的行为。只有因严重不负责任被诈骗，从而致使国家利益遭受重大损失的，才成立本罪。所谓"重大损失"，根据前述《追诉标准》第12条的规定，是指国有公司、企业、事业单位直接负责的主管人

员，在签订、履行合同过程中，因严重不负责任被诈骗，造成国家直接经济损失数额在 50 万元以上的，或者直接经济损失占注册资本 30%以上的。根据 1998 年全国人大常委会《关于惩治骗购外汇、逃汇和非法买卖外汇犯罪的决定》第 7 条的规定，金融机构、从事对外贸易经营活动的公司、企业的工作人员严重不负责任，造成大量外汇被骗购或者逃汇，致使国家利益遭受重大损失的，依照本罪定罪处罚；其中，造成国家外汇被骗购或者逃汇，数额在 100 万美元以上的，应予追诉。本罪的主体是国有公司、企业、事业单位直接负责的主管人员。本罪的主观方面为过失。

根据刑法第 167 条的规定，犯本罪的，处 3 年以下有期徒刑或者拘役；致使国家利益遭受特别重大损失的，处 3 年以上 7 年以下有期徒刑。

十三、国有公司、企业、事业单位人员失职罪

国有公司、企业、事业单位人员失职罪，是 1999 年 12 月 25 日第九届全国人大常委会公布施行的《中华人民共和国刑法修正案》对刑法第 168 条修改之后新产生的一个罪名，是指国有公司、企业的工作人员由于严重不负责任，造成国有公司、企业破产或者严重损失，或者国有事业单位工作人员严重不负责任，致使国家利益遭受重大损失的国家利益行为。所谓"重大损失"，根据前述《追诉标准》，是指下列情形之一：(1)造成国家直接经济损失数额在 50 万元以上的；(2)致使国有公司、企业停产或者破产的；(3)造成恶劣影响的。本罪主体是国有公司、企业、事业单位的工作人员，本罪主观方面是过失。

根据《刑法修正案(一)》第 2 条即刑法第 168 条的规定，犯本罪的，处 3 年以下有期徒刑或者拘役；致使国家利益遭受特别重大损失的，处 3 年以上 7 年以下有期徒刑。徇私舞弊犯本罪的，应从重处罚。

十四、国有公司、企业、事业单位人员滥用职权罪

本罪也是上述刑法修正案对刑法第 168 条修改之后的另一罪名，是指国有公司、企业、事业单位的工作人员滥用职权，造成国有公司、企业破产或者严重损失或者致使国家利益遭受重大损失的行为。所谓滥用职权，是指超越职权，违法决定、处理其无权决定、处理的事项，或者在行使职权时蛮横无理，随心所欲地作出处理决定。本罪主观方面为故意，既包括直接故意也包括间接故意。根据前述《追诉标准》，具有下列情形之一的，应予追诉：(1)造成国家直接经济损失数额在 30 万元以上的；(2)致使国有公司、企业停产或者破产的；(3)造成恶劣影响的。

根据《刑法修正案(一)》第 2 条即刑法第 168 条的规定，犯本罪的，处 3 年以下有期徒刑或者拘役；致使国家利益遭受特别重大损失的，处 3 年以上 7 年以下有期徒刑。徇私舞弊犯本罪的，从重处罚。

十五、徇私舞弊低价折股、出售国有资产罪

徇私舞弊低价折股、出售国有资产罪，是指国有公司、企业或者其上级主管部门直接负责的主管人员，徇私舞弊，将国有资产低价折股或者低价出售，致使国家利益遭受重大损失的行为。所谓“重大损失”，根据前述《追诉标准》，是指下列情形之一：(1)造成国家直接经济损失数额在50万元以上的；(2)致使国有公司、企业停产或者破产的；(3)造成恶劣影响的。

根据刑法第169条的规定，犯本罪的，处3年以下有期徒刑或者拘役；致使国家利益遭受特别重大损失的，处3年以上7年以下有期徒刑。

十六、背信损害上市公司利益罪

本罪是《刑法修正案(六)》在刑法第169条后增加一条，作为第169条之一形成的新罪名。

(一)背信损害上市公司利益罪的概念和犯罪构成

背信损害上市公司利益罪，是指上市公司的董事、监事、高级管理人员违背对公司的忠实义务，利用职务便利，操纵上市公司从事掏空上市公司，致使上市公司利益遭受重大损失的行为。

本罪的构成要件是：

1. 本罪的客体是上市公司的正常管理制度。

2. 本罪客观方面表现为上市公司的董事、监事、高级管理人员违背对公司的忠实义务，利用职务便利，操纵上市公司从事掏空上市公司，致使上市公司利益遭受重大损失的行为。根据《刑法修正案(六)》第9条的规定，具体包括以下行为方式：(1)无偿向其他单位或者个人提供资金、商品、服务或者其他资产的。这是一种最常见的直接占用上市公司资金的行为，行为方式可能表现为：上市公司的董事、监事、高级管理人员、控股股东或者实际控制人，利用对上市公司的控制权和影响力，将上市公司的资金或者其他资产直接划拨到关联公司供其使用，或者在上市公司与关联企业之间进行没有实质交易的资金划拨等行为。(2)以明显不公平的条件，提供或者接受资金、商品、服务或者其他资产的。这种行为指的是上市公司以明显不公平的高价收购关联公司、企业资产或者接受其提供的商品、服务，或者将上市公司的资产以明显不公平的低价转让、提供给关联公司、企业，从而掏空上市公司。(3)向明显不具有清偿能力的单位或者个人提供资金、商品、服务或者其他资产的。这种行为具体表现为，上市公司的董事、监事、高级管理人员、控股股东或者实际控制人明知单位或者个人没有清偿能力，仍然让上市公司向单位或者个人

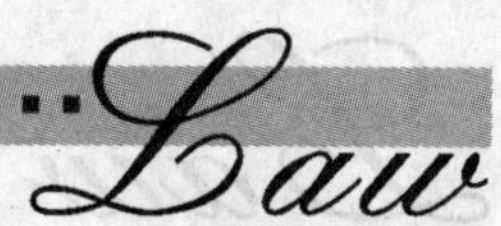

提供资金、商品、服务或者其他资产。(4)为明显不具有清偿能力的单位或者个人提供担保,或者无正当理由为其他单位或者个人提供担保的。这种行为具体表现为,上市公司的董事、监事、高级管理人员、控股股东或者实际控制人明知单位或者个人没有清偿能力,仍然为其提供债务担保,或者无正当理由为其他单位或者个人提供债务、贷款担保,当这些单位或个人到期不能清偿债务时,由上市公司承担连带责任。这种行为无疑使上市公司资产不当减少或处于高风险状态。(5)无正当理由放弃债权、承担债务的。(6)采用其他方式损害上市公司利益的。这是对上述掏空上市公司行为的"兜底性"的规定。此外,构成本罪还要求致使上市公司利益遭受重大损失。至于重大损失的具体标准,有待司法机关的解释。

3. 本罪主体是特殊主体,只有上市公司的董事、监事、高级管理人员、控股股东或者实际控制人才能构成本罪。根据《公司法》的规定,"董事",是指有限责任公司和股份有限公司中由股东大会选出的,作为公司业务的决策者和管理者对公司和股东负有特定义务的自然人。"监事"是对董事会决议执行负有监督职责的人。"高级管理人员",是指公司的经理、副经理,财务负责人,上市公司董事会秘书和公司章程规定的其他人员。"控股股东"是指,其出资额占有限责任公司资本总额50%以上或者其持有的股份占股份有限公司股本总额50%以上的股东;出资额或者持有股份的比例虽然不足50%,但依其出资额或持有的股份所享有的表决权已足以对股东大会的决议产生重大影响的股东。"实际控制人",是指虽不是公司的股东,但通过投资关系、协议或者其他安排,能够实际支配公司行为的人。

4. 本罪主观方面为故意。

(二)背信损害上市公司利益罪的刑事责任

根据《刑法修正案(六)》第9条即刑法第169条之一的规定,犯本罪的,处3年以下有期徒刑或者拘役,并处或者单处罚金;致使上市公司利益遭受特别重大损失的,处3年以上7年以下有期徒刑,并处罚金;犯前款罪的上市公司的控股股东或者实际控制人是单位的,对单位判处罚金,并对其直接负责的主管人员和其他直接责任人员,依照上述规定处罚。

第五节 破坏金融管理秩序罪

【引 例】

2001年2月中旬,被告人张某从贵州省遵义市乘火车到重庆的途中,购得总面额一万余元的假人民币。同月21日上午,被告人张某乘车到合川市沙鱼镇五村村民罗某某商店,用一张面额100元的假人民币购买红梅香烟一包,获取真人民币 95 元。嗣后，被告人张某又到周某商店，用一张面额 100 元的假人民币购买挂面时，被店主周某和村民林某识破。林某向当地公安派出所报案后，公安民警赶来将被告人张某抓获，从被告人张某身上搜查出面额 100 元的假币 91 张。

一、伪造货币罪

(一)伪造货币罪的概念与犯罪构成

伪造货币罪，是指无权制造货币的人，仿照人民币或外币的样式，非法制假货币，冒充真货币，并意图使之进入流通的行为。

本罪的构成要件是：

1. 本罪的客体是国家货币管理制度或货币的公共信用。对于本罪的客体有的学者认为是国家的货币管理制度，①有的学者认为是货币的公共信用。② 其实，国家设立货币的管理制度正是为了保护货币的公共信用，违反了货币管理制度的行为也必然侵犯货币的公共信用。根据《中华人民共和国银行法》的规定，人民币由中国人民银行统一印制、发行，其他任何单位或个人均无权印制、发行人民币。伪造人民币的行为侵犯了上述管理制度，同样也侵犯了货币的公共信用。

这里的货币是指"可在国内市场流通或者兑换的人民币和境外货币"，③包括硬币和纸币。

2. 本罪客观方面表现为伪造货币的行为。所谓伪造，是指仿照真币的形状、图案、颜色、字体、质地等特征，采用铸造、描绘、复印、制版、胶印、拓印、感光等方法制作假币冒充真币的行为。不论采用何种方法伪造，一般应当在外观或形式上能够达到与真币基本相似的程度，至于是否达到足以欺骗具有专门货币知识的人，则不是构成本罪的必要条件。只要足以使一般人误认为是真币即可构成。如果行为人不是非法制作假币，而是采用其他方法，如从画册上剪下货币的图案，冒充真币骗取他人钱财，则不构成本罪。骗取他人财物数额较大的，可按诈骗罪认定。如果行为人不是以真币为摹本，而是自行设计货币的样式，如设计制作出面值为 200 元的假货币。在这种情况下，不存在与伪造的货币相当的真货币，很难进入流通领域。若行为人借此骗取他人钱物，其行为属诈骗性质，应按诈骗罪认定。另外，如果行为人

---

① 参见高铭暄、马克昌主编：《刑法学》，北京大学出版社、高等教育出版社 2007 年版，第 438 页。

② 参见张明楷著：《刑法学》(第二版)，法律出版社 2003 年版，第 606 页。

③ 最高人民法院 2000 年 4 月 20 日《关于审理伪造货币等案件具体应用法律若干问题的解释》。

伪造已经停止流通的古钱、废钞，例如伪造银元骗取钱财的，亦应按诈骗罪认定。

3. 本罪主体是一般主体，即年满16周岁且具有刑事责任能力的自然人，包括中国人和外国人。但单位不能构成本罪。

4. 本罪的主观方面是故意。刑法没有明文规定要求行为人主观上具有特定目的。有学者支持立法的规定，但也有人主张本罪应有置入流通的意图。[①] 本书认为，这需要结合伪造货币罪的客体来分析，如前所述，伪造货币罪侵犯的是国家的货币管理制度或货币的公共信用，那么，当行为人只是基于作为艺术品供个人和亲友欣赏的目的而临摹货币的行为，并没有侵犯上述伪造货币罪的客体，这就说明本罪需要行为人主观上具有置入流通或流通使用的目的。这种目的属于不成文的构成要件。而且属于"主观的超过要素"，即客观上并不需要有与之对应的"行使"或"使用"的行为，只要具有这种目的就足以构成本罪。

（二）伪造货币罪的认定

1. 罪与非罪

根据2000年9月8日最高人民法院《关于审理伪造货币案件具体应用法律若干问题的解释》的规定，本罪的起刑点标准为"伪造货币的总面额在2000元以上，或者币量在200张以上"。伪造货币尚未达到司法解释规定的犯罪数额的，一般不以犯罪论处。

2. 一罪与数罪

行为人伪造货币后又持有、使用、运输、出售自己伪造的货币，属于吸收犯，只定伪造货币一罪从重处罚。这是由于行为人伪造货币的目的通常是在社会上出售或使用，出售、使用假币等行为是伪造货币行为的延伸。但这仅限于行为人持有、使用、运输、出售自己所伪造的货币，如果行为人不仅伪造货币，而且持有、使用、运输、出售他人伪造的货币，应当按伪造货币罪和有关犯罪实行数罪并罚。

（三）伪造货币罪的刑事责任

刑法第170条规定，犯伪造货币罪的，处3年以上10年以下有期徒刑，并处5万元以上50万元以下罚金；对于伪造货币集团的首要分子，伪造货币数额特别巨大的或者有其他特别严重情节的处10年以上有期徒刑、无期徒刑或者死刑，并处5万元以上50万元以下罚金或者没收财产。

二、出售、购买、运输假币罪

出售、购买、运输假币罪，是指明知是伪造的货币而出售、购买或者运输，数额

① 陈兴良著：《刑法疏议》，中国人民公安大学出版社1997年版，第304页。

较大的行为。所谓出售，是指以营利为目的，以各种方式、通过各种途径以一定的价格卖出伪造的货币的行为。所谓购买，是指行为人以一定的价格用货币换回伪造的货币的行为。所谓运输，是指行为人使用工具或将伪造的货币从甲地携带到乙地。尽管本罪的罪状表述，从表面上看并不要求出售、购买行为以明知为前提，而只要求运输行为以此为前提，但根据总则犯罪故意的规定，出售、购买假币的行为也应当以明知是假币为前提。

根据刑法第171条第1款的规定，犯本罪的，处3年以下有期徒刑或者拘役，并处2万元以上20万元以下罚金；数额巨大的，处3年以上10年以下有期徒刑，并处5万元以上50万元以下罚金；数额特别巨大的，处10年以上有期徒刑或者无期徒刑，并处5万元以上50万元以下罚金或者没收财产。根据前述的司法解释，出售、购买、运输假币的，总面额在4000元以上不满5万元的，属于"数额较大"；总面额在5万元以上不满20万元的，属于"数额巨大"；总面额在20万元以上的属于"数额特别巨大"。

三、金融工作人员购买假币、以假币换取货币罪

金融工作人员购买假币、以假币换取货币罪，是指银行或者其他金融机构的工作人员购买假币、以假币换取货币的行为。本罪的客观方面表现为：(1)购买伪造的货币的行为。(2)利用职务上的便利，以伪造的货币换取货币的行为，即利用职务上管理金库、出纳现金、吸收付出存款等便利条件，以伪造的货币换取真货币。本罪的主体是特殊主体，即银行或者其他金融机构的工作人员，金融机构的性质则在所不问。

根据刑法第171条第2款及前述司法解释的规定，犯本罪，总面额在4000元以上不满5万元或者币量在400张(枚)以上不足5000张(枚)的，处3年以上10年以下有期徒刑，并处2万元以上20万元以下罚金；总面额在5万元以上或者币量在5000张(枚)以上或者有其他严重情节的，处10年以上有期徒刑或者无期徒刑，并处2万元以上20万元以下罚金或者没收财产；总面额不满人民币4000元或者币量不足4000张(枚)或者具有其他情节较轻情形的，处3年以下有期徒刑或者拘役，并处或者单处1万元以上10万元以下罚金。

四、持有、使用假币罪

持有、使用假币罪，是指明知是伪造的货币而持有、使用，数额较大的行为。本最客观方面表现为持有、使用假币，数额较大的行为。所谓持有，是指行为人实际支配、控制数量较大的假币的一种状态，不要求行为人实际上握有假币。所谓使用，是指将伪造的货币投入流通领域，作为一种支付手段而购买商品或者接受服务

的行为。包括以非法的方式使用假币，如将假币用于赌博。

司法实践中有争议的问题是，以单纯收藏为目的而持有假币的行为，是否成立持有假币罪？有学者认为，这种行为应成立持有假币罪。本书认为，行为人收藏数额较大的假币的行为从本质上看并不会危害国家的货币管理制度或货币的公共信用，因此，对这种行为不应认定为持有假币罪。如此看来，虽然法条没有将"以使用或进入市场流通"作为持有假币罪的目的予以规定，但从犯罪客体的角度分析，持有假币罪主观上应具有"使用或进入市场流通"的目的。

根据前述司法解释的规定，行为人购买伪造的货币后使用，构成犯罪的，以购买假币罪定罪，从重处罚，不另认定为使用假币罪；但行为人出售、运输假币构成犯罪，同时有使用假币行为的，应当实行数罪并罚。例如，引例中被告人张某违反国家货币管理制度，明知是伪造的货币而购买并使用，数额较大，其行为已构成购买假币罪。但因被告人张某在贵州至重庆的火车上购买假币后伙同他人予以使用，依照最高人民法院《关于审理伪造货币等案件具体应用法律若干问题的解释》第 2 条关于"行为人购买假币后使用，构成犯罪的，依照刑法第一百七十一条的规定，以购买假币罪定罪，从重处罚"的规定，对其行为应以购买假币罪从重处罚。

根据刑法第 172 条的规定，犯本罪，数额较大的，处 3 年以下有期徒刑或者拘役，并处或者单处 1 万元以上 10 万元以下罚金；数额巨大的，处 3 年以上 10 年以下有期徒刑，并处 2 万元以上 20 万元以下罚金；数额特别巨大的，处 10 年以上有期徒刑，并处 5 万元以上 50 万元以下罚金或者没收财产。根据前述司法解释的规定，明知是假币而持有、使用，总面额在 4000 元以上不满 5 万元的，属于"数额较大"；总面额在 5 万元以上不满 20 万元的，属于"数额巨大"；总面额在 20 万元以上的，属于"数额特别巨大"。

五、变造货币罪

变造货币罪，是指行为人以真货币为基本材料，通过挖补、剪接、涂改、揭层等加工处理，使原货币改变数量、形态和面值，数额较大的行为。根据《刑法》第 173 条的规定，犯本罪的，处 3 年以下有期徒刑或者拘役，并处或者单处 1 万元以上 10 万元以下罚金；数额巨大的，处 3 年以上 10 年以下有期徒刑，并处 2 万元以上 20 万元以下罚金。根据前述司法解释的规定，变造货币的总面额在 2000 元以上不满 3 万元的，属于"数额较大"；总面额在 3 万元以上的，属于"数额巨大"。

六、擅自设立金融机构罪

擅自设立金融机构罪，是指未经中国人民银行批准，擅自设立商业银行、证券交易所、证券公司、期货交易所、期货经纪公司、保险公司或者其他金融机构的行为。本罪可以由单位和个人构成。根据《追诉标准》的规定，擅自设立的金融机构包括金融机构的分支机构与筹备组织。

根据《刑法修正案（一）》即刑法第174条的规定，犯本罪的，处3年以下有期徒刑或者拘役，并处或者单处2万元以上20万元以下罚金；情节严重的，处3年以上10年以下有期徒刑，并处5万元以上50万元以下罚金。单位犯本罪的，对单位判处罚金，并对其直接负责的主管人员和其他直接责任人员，依照上述规定处罚。

七、伪造、变造、转让金融机构经营许可证、批准文件罪

伪造、变造、转让金融机构经营许可证罪，是指违反国家规定，伪造、变造、转让商业银行证券交易所、证券公司、期货交易所、期货经纪公司、保险公司或者其他金融机构经营许可证的行为。根据《刑法修正案》（一）即刑法第174条的规定，犯本罪的，处3年以下有期徒刑或者拘役，并处或者单处2万元以上20万元以下罚金；情节严重的，处3年以上10年以下有期徒刑，并处5万元以上50万元以下罚金。单位犯本罪的，对单位判处罚金，并对其直接负责的主管人员和其他直接责任人员，依照上述规定处罚。

八、高利转贷罪

高利转贷罪，是指以转贷牟利为目的，套取金融机构信贷资金高利转贷他人，违法所得数额较大的行为。本罪的客观方面表现为套取金融机构信贷资金高利转贷他人，违法所得数额较大的行为。所称“套取金融机构信贷资金”，往往是指编造理由，从金融机构获取贷款等信贷资金；所谓高利转贷，是指把从金融机构套取的信贷资金以高于金融机构贷款利率的利率转贷给他人，包括转贷给他人或单位。所谓“违法所得数额较大”，根据前述《追诉标准》第23条的规定，是指下列情形之一：(1)个人高利转贷，违法所得数额在5万元以上的；(2)单位高利转贷，违法所得数额在10万元以上的；(3)虽未达到上述数额标准，但因高利转贷，受过行政处罚2次以上，又高利转贷的。本罪主观方面要求行为人在套取信贷资金时必须具有转贷牟利的目的。犯罪主体可以是自然人也可以是单位。

根据刑法第175条的规定，犯本罪的，处3年以下有期徒刑或者拘役，并处违法所得1倍以上5倍以下罚金；数额巨大的，处3年以上7年以下有期徒刑，并处违法所得1倍以上5倍以下罚金。单位犯本罪的，对单位判处罚金，并对其直接负责的主管人员和其他直接责任人员，处3年以下有期徒刑或者拘役。

九、骗取贷款、票据承兑、金融票证罪

本罪是《刑法修正案(六)》在刑法第175条之后增加一条作为第175条之一形成的新罪名。

骗取贷款、票据承兑、金融票证罪，是指以欺骗手段取得银行或者其他金融机构贷款、票据承兑、信用证、保函等，给银行或者其他金融机构造成重大损失或者有其他严重情节的行为。本罪客观方面表现为以欺骗手段取得贷款、票据承兑、信用证、保函等并使银行或其他金融机构造成重大损失或者有其他严重情节的行为。本罪与刑法第193条规定的贷款诈骗罪从行为特征上看，虽然都采取了欺骗手段，但本罪的行为人主观上没有非法占有目的，在司法实践中，主要表现为某些单位或个人知道自己不符合贷款条件或者经济效益很差，但为了从银行或者金融机构获得贷款，隐瞒真相，编造虚假经济效益，获得贷款用于扩大生产规模或者为单位员工盖家属楼、发放福利等。如果行为人主观上具有非法占有目的，而骗取贷款的，应当构成贷款诈骗罪。本罪主体为一般主体，自然人和单位均可成立本罪。本罪主观方面为故意。

根据《刑法修正案(六)》第10条即刑法第175条之一的规定，犯本罪的，处3年以下有期徒刑或者拘役，并处或者单处罚金；给银行或者其他金融机构造成特别重大损失或者有其他特别严重情节的，处3年以上7年以下有期徒刑，并处罚金。单位犯本罪的，对单位判处罚金，并对其直接负责的主管人员和其他直接责任人员，依照前款的规定处罚。

十、非法吸收公众存款罪

非法吸收公众存款罪，是指非法吸收公众存款或者变相吸收公众存款，扰乱金融秩序的行为。本罪客观方面包括两种情况：一是非法吸收公众存款，即未经中国人民银行批准，向社会不特定对象吸收资金，出具凭证，承诺在一定期限内还本付息的活动。二是变相吸收公众存款，即未经中国人民银行批准，不以吸收公众存款的名义，向社会不特定对象吸收资金，但承诺履行的义务与吸收公众存款相同，即都是还本付息的活动。[①] 所谓公众存款，是指社会上不特定的人群的储蓄，如果存款人是特定的少数人，不构成本罪。犯罪主体可以是个人也可以是单位，既可以是一般单位，也可以是银行和其他金融机构。

根据前述《追诉标准》的规定："非法吸收公众存款或者变相吸收公众存款，扰

① 参见国务院1998年7月13日颁布的《非法金融机构和非法金融业务活动取缔办法》第4条。

乱金融秩序,涉嫌下列情形之一的,应与追诉:(1)个人非法吸收或者变相吸收公众存款,数额在20万元以上的,单位非法吸收或者变相吸收公众存款,数额在100万元以上的;(2)个人非法吸收或者变相吸收公众存款30户以上的,单位非法吸收或者变相吸收公众存款150户以上的;(3)个人非法吸收或者变相吸收公众存款,给存款人造成直接经济损失数额在10万元以上的,单位非法吸收或者变相吸收公众存款,给存款人造成直接经济损失数额在50万元以上的。"

根据刑法第176条的规定,犯本罪的,处3年以下有期徒刑或者拘役,并处或者单处2万元以上20万元以下罚金;数额巨大或者有其他严重情节的,处3年以上10年以下有期徒刑,并处5万元以上50万元以下罚金。单位犯本罪的,对单位判处罚金,并对其直接负责的主管人员和其他直接责任人员,依照本条第1款的规定处罚。

十一、伪造、变造金融票证罪

伪造、变造金融票证罪,是指伪造、变造汇票、本票、支票、委托收款凭证、汇款凭证、银行存单等银行结算凭证、信用证或者附随的单据、文件或者伪造信用卡的行为。本罪的客观方面表现为行为人实施了伪造、变造的金融票证的行为。这里所说的"金融票证",主要包括汇票、本票、支票、信用证或附随的单据、文件以及委托收款凭证、汇款凭证、银行存单等其他银行结算凭证等。此外,伪造信用卡的,也构成本罪。本罪是选择性罪名,司法实践中应根据具体案情,选择适用或合并适用。根据前述《追诉标准》的规定,伪造、变造金融票证,涉嫌下列情形之一的,应与追诉:(1)伪造、变造金融票证,面额在1万元以上的;(2)伪造、变造金融票证,数量在10张以上的。

需要研究的问题是,对变造信用卡的行为如何处罚。一种观点认为,变造的信用卡属于伪造的信用卡,①另一种观点认为,将变造的信用卡解释为伪造的信用卡缺乏充分的理论依据。② 问题的关键在于如何区分伪造与变造,长久以来,学界的通说是仅凭是否在真实的金融票证上进行加工来区分伪造金融票证与变造金融票证。但是,事实上,即使在真实的金融票证上加工,也完全可能属于伪造。例如,变更票据收款人的,属于伪造票据,而非变造票据。变更出票日期的,一般属于变造票据。这说明,区别的关键在于是否对金融票证的实质内容进行了变更,对非实质内容进行变更的属于变造,而不是伪造。③ 联系信用卡这种金融工具来看,事实上,如果只对信用卡进行非本质的变造,一般不具有实际意义。一旦行为人对信用

① 参见赵秉志主编:《金融诈骗罪新论》,人民法院出版社2001年版,第450页。

② 参见王晨:《诈骗犯罪研究》,人民法院出版社2003年版,第208页。

③ 参见张明楷著:《诈骗罪与金融诈骗罪研究》,清华大学出版社2006年版,第649页。

卡的实质内容进行加工，使加工后的信用卡与原信用卡丧失实质的同一性，则应认定为伪造信用卡。这或许是刑法条文没有从文字上规定“变造信用卡”的原因。

根据刑法第 177 条的规定，犯本罪的，处 5 年以下有期徒刑或者拘役，并处或者单处 2 万元以上 20 万元以下罚金；情节严重的，处 5 年以上 10 年以下有期徒刑，并处 5 万元以上 50 万元以下罚金；情节特别严重的，处 10 年以上有期徒刑或者无期徒刑，并处 5 万元以上 50 万元以下罚金或者没收财产。单位犯本罪的，对单位判处罚金，并对其直接负责的主管人员和其他直接责任人员，依照本条第 1 款的规定处罚。

十二、妨害信用卡管理罪

本罪是《刑法修正案(五)》第 1 条第 1 款规定的新罪名，指以明知为前提持有、运输、伪造的信用卡或者空白信用卡数量较大，非法持有他人信用卡数量较大，使用虚假的身份证明骗领信用卡，以及出售、购买、为他人提供伪造的信用卡或者以虚假的身份证明骗领的信用卡的行为。

本罪客观行为主要包括以下四种行为方式：

1. 明知是伪造的信用卡而持有、运输的，或者明知是伪造的空白的信用卡而持有、运输，数量较大的。

犯罪对象有两种：一种是完成伪造的信用卡，指假冒某家商业银行或者其他金融机构的名义非法制作已经写入“个人信用卡磁条信息”的具有支付功能的信用卡。另一种是伪造的空白信用卡，指假冒某家商业银行或者其他金融机构的名誉非法制作尚未“写入个人信用卡磁条信息”的还不具有支付功能的信用卡。行为人只要持有、运输其中任何一种便可成立犯罪。法律对持有、运输伪造的信用卡行为没有规定犯罪数额，这就意味着只要持有一张伪造的信用卡便可构成犯罪。但对持有、运输伪造的空白信用卡的行为则必须达到“数量较大”，才能成立犯罪。此外，法律对本罪没有规定“变造”行为，如上文所述，这是因为单纯的变造行为，根本不具有实际意义。因此，实践中的诸如在过期卡、作废卡等真实卡上修改关键信息甚至重写磁条信息的行为属于伪造行为，而非变造行为。行为人对持有、运输的信用卡或者空白信用卡必须明知是伪造的，否则不能构成犯罪。

2. 非法持有他人信用卡，数量较大的。

在司法实践中，大量持有他人信用卡的情形，通常是居于恶意透支的目的而发生的，例如行为人与资信状况不良者串通，借口帮助其领取信用卡并予以收买，然后将大量信用卡携带至外地，包括从境外携带到我国境内，从我国境内携带到境外，通过提现和消费大量透支，直至授信额度透支完毕。当发卡人收到月度账单时，便以从未出境为由，向发卡行否认境外交易，将损失转嫁给境内发卡行或收单行。非法持有他人信用卡，必须数量较大的才能构成犯罪，否则不能认为是犯罪。

另外，所谓"资信状况不良者"将以自己名义申领的信用卡出卖与犯罪分子，如果事前通谋，明知对方用于恶意透支活动而协助配合的，应当以共犯论处；如果不明真相或者不知严重后果，出于贪财图利而高价出卖以自己名义申领的信用卡的，不能以共犯论处。

3. 使用虚假的身份证明骗领信用卡的。

这种行为是指行为人在办理信用卡申领手续时，使用虚假的身份证明骗取银行信任，获取信用卡的行为。比如，利用盗窃的或者伪造的身份证件、伪造的单位证明或骗取他人身份证复印件到银行申领信用卡。如果行为人提供的身份证明文件是真实的，只是在自己的财产状况、工资收入等方面进行了夸大，以获取较高的信用卡授信额度，不属于"使用虚假的身份证明骗领信用卡"的行为，不能认为是犯罪。

4. 出售、购买、为他人提供伪造的信用卡或者以虚假的身份证明骗领的信用卡。

行为人出售、购买和为他人提供的对象有两种，即"伪造的信用卡"和"以虚假的身份证明骗领的信用卡"。行为人主观上必须明知是"伪造的信用卡"或"以虚假的身份证明骗领的信用卡"。当然，如果行为人明知对方要使用信用卡进行诈骗活动，而为其提供这种"非法得到"的信用卡，则与他人成立共犯。

需要说明的是，对于上述第一种和第四种行为方式，应当尽量查明行为人所持有的信用卡或者伪造的空白信用卡的来源。如果能够证明行为人参与了伪造信用卡活动又实施了上述行为的，应按吸收原则，以伪造、变造金融票证罪（伪造信用卡行为）追究刑事责任；只有在确实无法查清其参与伪造的情况下，才以本罪追究刑事责任。

根据《刑法修正案（五）》第1条第1款即刑法第177条之一第1款的规定，犯本罪的，处3年以下有期徒刑或者拘役，并处或者单处1万元以上10万元以下罚金；数量巨大或者有其他严重情节的，处3年以上10年以下有期徒刑，并处2万元以上20万元以下罚金。

十三、窃取、收买、非法提供信用卡信息罪

本罪是《刑法修正案（五）》第1条第2款规定的新罪名，指窃取、收买或者非法提供给他人信用卡资料的行为。所谓信用卡磁条信息，是指一组关于发行卡代码、持卡人账户、账号、密码等内容的加密电子数据。通常由发卡行在发卡时使用专用设备写入信用卡的磁条中，作为POS机、ATM机等终端机识别用户是否合法的依据。[①] 因此，在信用卡磁条上写入非法获取的他人信用卡磁条信息，是伪造信用

① 参见高铭暄、马克昌主编：《刑法学》，北京大学出版社、高等教育出版社2005年版，第447页。

卡最关键的也是最后的环节。

根据《刑法修正案(五)》第 1 条第 2 款即刑法第 177 条之一第 2 款的规定,犯本罪的,处 3 年以下有期徒刑或者拘役,并处或者单处 1 万元以上 10 万元以下罚金;数量巨大或者有其他严重情节的,处 3 年以上 10 年以下有期徒刑,并处 2 万元以上 20 万元以下罚金。银行或者其他金融机构的工作人员利用职务上的便利犯本罪的,从重处罚。

十四、伪造、变造国家有价证券罪

伪造、变造国家有价证券罪,是指伪造、变造国库券或者国家发行的其他有价证券,数额较大的行为。所谓有价证券,是指具有一定货币票面价值,代表一定的财产所有权,并借以取得一定的收益,而且被作为金融工具的一种凭证。构成本罪必须达到"数额较大",根据前述《追诉标准》的规定,伪造、变造国库券或者国家发行的其他有价证券,总面额在 2000 元以上的,应予追诉。

根据刑法第 178 条第 1 款的规定,犯本罪的,处 3 年以下有期徒刑或者拘役,并处或者单处 2 万元以上 20 万元以下罚金;数额巨大的,处 3 年以上 10 年以下有期徒刑,并处 5 万元以上 50 万元以下罚金;数额特别巨大的,处 10 年以上有期徒刑或者无期徒刑,并处 5 万元以上 50 万元以下罚金或者没收财产。单位犯本罪的,对单位判处罚金,并对其直接负责的主管人员和其他直接责任人员,依照本条第 1 款的规定处罚。

十五、伪造、变造股票、公司、企业债券罪

伪造、变造股票、公司、企业债券罪,是指伪造、变造股票或者公司、企业债券,数额较大的行为。股票,是指股份公司为筹集资金公开发行的证明股东在公司中拥有一定权益的有价证券。公司、企业债券,是指公司、企业发行的承诺在规定日期,按规定利率还本付息的证明债权关系的凭证。所谓"数额较大",按照前述《追诉标准》的规定,指伪造、变造股票或者公司、企业债券,总面额在 5000 元以上。根据刑法第 178 条第 2 款的规定,犯本罪的,处 3 年以下有期徒刑或者拘役,并处或者单处 1 万元以上 10 万元以下罚金;数额巨大的,处 3 年以上 10 年以下有期徒刑,并处 2 万元以上 20 万元以下罚金。单位犯本罪的,对单位判处罚金,并对其直接负责的主管人员和其他直接责任人员,依照上述规定处罚。

十六、擅自发行股票、公司、企业债券罪

擅自发行股票、公司、企业债券罪,是指未经国家有关主管部门批准,擅自发行

股票或者公司、企业债券，数额巨大、后果严重或者有其他严重情节的行为。本罪客观方面包括未经批准，不具有发行资格而擅自发行股票、公司、企业债券的行为和具有合法发行资格但违反《证券法》等法律法规发行股票、公司、企业债券的行为。所谓"数额巨大、后果严重或者有其他严重情节的行为"，根据前述《追诉标准》第 28 条的规定，是指：(1)发行数额在 50 万元以上的；(2)不能及时清偿或者清退的；(3)造成恶劣影响的。本罪与欺诈发行股票、债券罪有可能发生竞合，如既未经国家证券管理部门批注，又采取欺诈方法发行股票或者公司、企业债券，此种情形属于一行为触犯数罪名的想象竞合犯，从一重罪定罪量刑。但由于这两种犯罪的法定刑完全相同，因此，需要比较两种情节的严重程度，如果擅自发行的程度更为严重，则定本罪，反之，则定欺诈发行股票、债券罪。

根据刑法第 179 条的规定，犯本罪的，处 5 年以下有期徒刑或者拘役，并处或者单处非法募集资金金额 1%以上 5%以下罚金。单位犯本罪的，对单位判处罚金，并对其直接负责的主管人员和其他直接责任人员，处 5 年以下有期徒刑或者拘役。

十七、内幕交易、泄露内幕信息罪

(一)内幕交易、泄露内幕信息罪的概念与犯罪构成

内幕交易、泄露内幕信息罪，是指证券、期货交易内幕信息的知情人员或者非法获取证券、期货交易内幕信息的人员，在涉及证券的发行，证券、期货交易或者其他对证券、期货交易价格有重大影响的信息尚未公开前，买入或者卖出该证券，或者从事与该内幕信息有关的期货交易，或者泄露该信息，或者明示、暗示他人从事上述交易活动，情节严重的行为。本罪的构成要件是：

1. 本罪的客体是复杂客体，即国家对证券、期货市场的管理秩序和其他证券、期货投资者的合法权益。行为对象是有关证券、期货发行、交易的内幕信息。

2. 本罪客观方面表现为内幕交易或者泄漏内幕信息的行为。所谓内幕交易，是指在涉及证券的发行、证券、期货交易或者其他对证券、期货交易价格有重大影响的信息尚未公开前，买入或者卖出该证券或者从事与该内幕信息有关的期货交易，或者泄露该信息，或者明示、暗示他人从事上述交易活动。所谓内幕信息，是指在证券、期货交易活动中，涉及公司的经营、财务或者对该公司证券的市场价格、期货交易价格有重大影响的尚未公开的信息。其范围可根据《证券法》第 62 条第 2 款和第 69 条第 2 款规定确定。所谓泄漏内幕信息，即指在内幕信息公开前，使内幕信息处于使不应知悉该信息的人知悉或者可能知悉的状态。

3. 本罪的主体是特殊主体。具体是指证券、期货交易内幕信息的知情人员或

者非法获取证券交易内幕信息的人员，简称内幕人员。内幕人员，根据其知悉内幕信息途径是否合法，可以分为两大类(以证券交易内幕人员为例)：

(1)证券交易内幕信息的知情人员。

证券法第 68 条第 2 款规定：下列人员为证券交易内幕信息的知情人员：

①发行股票或者公司债券的公司董事、监事、经理、副经理及有关的高级管理人员。

②持有公司 5%以上股份的股东；根据证券法第 79 条之规定，持有公司 5%以上股份的股东可以是法律允许买卖股票的任何单位投资者和个人投资者。

③发行股票公司的控股公司的高级管理人员，即发行股票公司的母公司的董事、监事、经理、副经理及有关高级管理人员。

④由于所任公司职务可以获取公司有关证券交易信息的人员，如公司的秘书、机要人员、打字人员等。

⑤证券监督管理机构工作人员以及由于法定的职责对证券交易进行管理的其他人员，如中国证监会、上海证券交易所、深圳证券交易所的工作人员，发行人的主管部门和审批机关的工作人员，以及工商、税务等有关经济管理机关的工作人员等。

⑥由于法定职责而参与证券交易的社会中介机构或者证券登记结算机构、证券交易服务机构的有关人员，如注册会计师、律师、执业审计师、资产评估师、证券咨询人员等。

⑦国务院证券监督管理机构规定的其他人员。该规定是兜底性条款，除以上 6 种人员以外，其他有可能合法获得内幕信息的人员，都包括其中。如，由于工作关系，有可能接触或者获得内幕信息的新闻记者、报刊编辑、电台主持人以及编排印刷人员等。

(2)非法获取证券交易内幕信息的人员。即指上述内幕人员以外，通过非法方法从内幕人员处获取内幕信息的人员。所谓非法方法，可以是盗窃、骗取信息资料或者通过窃听、监听手段获取内幕信息，也可能采取私下交易、套取等手段取得内幕信息。

4. 本罪的主观方面为故意，包括直接故意与间接故意。

此外，成立本罪还要求“情节严重”，根据前述《追诉标准》，具有下列情形之一的，可视为“情节严重”：(1)内幕交易数额在 20 万元以上的；(2)多次进行内幕交易、泄漏内幕信息的；(3)致使交易价格和交易量异常波动的；(4)造成恶劣影响的。

(二)内幕交易、泄露内幕信息罪的认定

区分罪与非罪的界限。根据《刑法》第 180 条的规定，认定内幕交易、泄露内幕信息罪除必须注意信息是否公开、行为人对内幕信息是否知情以及情节是否严重之外，还应注意行为类型必须表现为内幕交易行为(即行为人在内幕信息公开前买

卖有关证券)和泄露内幕信息行为,而不包括其他行为类型。因此,对于证券法第183条规定的内幕人员建议他人买卖有关证券的行为,即使情节严重,也只构成证券违法行为而不构成本罪。

(三)内幕交易、泄露内幕信息罪的刑事责任

根据《刑法修正案(七)》第2条即刑法第180条的规定,犯本罪,情节严重的处5年以下有期徒刑或者拘役,并处或者单处违法所得1倍以上5倍以下罚金;情节特别严重的,处5年以上10年以下有期徒刑,并处违法所得1倍以上5倍以下罚金。单位犯本罪的,对单位判处罚金,并对直接负责的主管人员和其他直接责任人员,处5年以下有期徒刑或者拘役。

十八、利用未公开信息交易罪

利用未公开信息交易罪,是指证券交易所、期货交易所、证券公司、期货经纪公司、基金管理公司、商业银行、保险公司等金融机构的从业人员以及有关监管部门或者行业协会的工作人员,利用因职务便利获取的内幕信息以外的其他未公开的信息,违反规定,从事与该信息相关的证券、期货交易活动,或者明示、暗示他人从事相关交易活动,情节严重的行为。

本罪是《刑法修正案(七)》第2条第2款增加的新罪名。近年来,一些证券公司等金融机构的从业人员,利用其职务便利知悉的法定内幕信息以外的其他未公开的经营信息,违反规定从事相关交易活动,牟取非法利益或者转嫁风险。由于作案隐秘,因而被形象地称为"老鼠仓"。"老鼠仓"行为严重危害金融市场秩序,为此,《刑法修正案(七)》将"老鼠仓"行为规定为犯罪。本罪的犯罪对象是"内幕信息以外的其他未公开的信息"。

根据《刑法修正案(七)》第2条第2款即刑法第180条的规定,犯本罪,情节严重的,按照内幕交易、泄露内幕信息罪的规定处罚。

十九、编造并传播证券交易虚假信息罪

编造并传播证券交易虚假信息罪,是指编造并且传播影响证券交易的虚假信息,扰乱证券交易市场,造成严重后果的行为。所谓"编造",是指捏造虚假信息;所谓"传播",是指使用各种方式使虚假信息处于不特定人或多数人知悉或可能知悉的状态。根据前述《追诉标准》第30条的规定,所谓"造成严重后果",是指下列情形之一:(1)造成投资者直接经济损失数额在3万元以上的;(2)致使交易价格和交易量异常波动的;(3)造成恶劣影响的。

根据刑法第181条的规定,犯本罪的,处5年以下有期徒刑或者拘役,并处或

者单处1万元以上10万元以下罚金。单位犯本罪的，对单位判处罚金，并对其直接负责的主管人员和其他直接责任人员，处5年以下有期徒刑或者拘役。

二十、诱骗投资者买卖证券、期货合约罪

诱骗投资者买卖证券、期货合约罪，是指证券交易所、期货交易所、证券公司、期货经纪公司的从业人员，证券业协会、期货业协会或者证券、期货管理监督部门的工作人员，故意提供虚假信息或者伪造、变造、销毁交易记录，诱骗投资者买卖证券、期货合约，造成严重后果的行为。本罪的主体是特殊主体，即本罪的主体只能是证券交易所、期货交易所、证券公司、期货经纪公司的从业人员，证券业协会或者证券管理部门的工作人员，也可以是证券交易所、期货交易所、证券公司、期货经纪公司以及证券、期货管理部门等单位。本罪主观上只能出于故意，成立本罪还要求后果严重。根据前述《追诉标准》，所谓后果严重，是指：(1)造成投资者直接经济损失数额在3万元以上的；(2)致使交易价格和交易量异常波动的；(3)造成恶劣影响的。《刑法》第181条第2款规定，犯本罪的，处5年以下有期徒刑或者拘役，并处或者单处1万元以上10万元以下罚金；情节特别恶劣的，处5年以上10年以下有期徒刑，并处2万元以上20万元以下罚金。单位犯本罪的，对单位判处罚金，并对其直接负责的主管人员和其他直接责任人员，处5年以下有期徒刑或者拘役。

二十一、操纵证券、期货市场罪

本罪是《刑法修正案(六)》对刑法第182条关于本罪的规定进行了修改的基础上形成的。

操纵证券交易、期货交易罪，是指操纵证券、期货市场，情节严重的行为。本罪客观方面表现为以下四种行为：(1)单独或者合谋，集中资金优势、持股优势或者利用信息优势，联合或者连续买卖，操纵证券、期货交易价格或者证券、期货交易量的；(2)与他人串通，以事先约定的时间、价格和方式相互进行证券、期货交易或者相互买卖并不持有的证券，影响证券、期货交易价格或者证券、期货交易量的；(3)在自己实际控制的账户之间进行证券交易，或者以自己为交易对象，自买自卖期货合约，影响证券、期货交易价格或者证券、期货交易量的；(4)以其他方法操纵证券、期货市场的，指上述三种之外的操纵证券、期货交易市场的行为。本罪主体为一般主体，包括自然人和单位。本罪主观方面为故意，并具有获取不正当利益或者转嫁风险的目的。构成本罪还要求情节严重。从《刑法修正案(六)》的规定来看，情节严重并不以行为人在操纵证券、期货市场的行为中获利多少作为唯一判断的标准，这时由于操纵证券、期货市场的行为对证券、期货交易的危害并不在于操纵者本人

是否能从操纵行为中获利，而在于人为操纵的、扭曲的证券、期货交易价格欺骗了公众投资者，扰乱了证券、期货市场秩序。正是基于这样的考虑，《刑法修正案(六)》对本罪的刑事处罚部分也作了相应的修改，将原来规定并处或者单处违法所得1倍以上5倍以下罚金修改为"并除或者单处罚金"。

根据《刑法修正案(六)》第11条即刑法第182条的规定，犯本罪的，处5年以下有期徒刑或者拘役，并处或者单处罚金；情节特别严重的，处5年以上10年以下有期徒刑，并处罚金；单位犯本罪的，对单位判处罚金，并对其直接负责的主管人员和其他直接责任人员，依照上述规定处罚。

二十二、背信运用受托财产罪

本罪是《刑法修正案(六)》新增加的罪名。根据该修正案第12条第1款的规定，金融机构背信运用受托资产罪，是指商业银行、证券交易所、期货交易所、证券公司、期货经纪公司、保险公司或者其他金融机构，违背受托义务，擅自运用客户资金或者其他委托、信托的财产，情节严重的行为。

本罪客观方面表现为金融机构违背受托义务，擅自运用客户资金或者其他委托、信托的财产，情节严重的行为。所谓委托人"委托、信托的财产"，主要是指在当前的委托理财业务中，存放在各类金融机构中的以下几类客户资金和资产：(1)证券投资业务中的客户交易资金。(2)委托理财业务中的客户资产。委托理财业务是金融机构接受客户的委托，对客户存放在金融机构的资产进行管理的客户资产业务。(3)信托业务中的信托财产，分为资金信托和一般财产信托。(4)证券投资基金。这部分基金是指通过公开发售基金份额募集的客户资金。所谓"违背受托义务"，不能简单地认为仅限于违背了受托人与委托人之间具体约定的义务，还应当包括违背了法律、行政法规、部门规章规定的受托人应尽的法定义务。因此，受托人违背法定义务或约定义务擅自动用资金，就属于本条规定的"违背受托义务，擅自运用客户资金或者其他委托、信托的财产"的行为。成立本罪还要求"情节严重"，这主要是指，由于违背受托义务，擅自运用客户资金或者其他委托、信托的财产，给委托人造成重大财产损失等情形。本罪主体是特殊主体，即"商业银行、证券交易所、期货交易所、证券公司、期货经纪公司、保险公司或者其他金融机构"，"其他金融机构"包括信托投资公司、投资咨询公司、投资管理公司等金融机构。个人不能成为本罪主体，因此，本罪是纯正单位犯罪。本罪主观方面为故意。

根据《刑法修正案(六)》第12条第1款即刑法第185条之一第1款的规定，犯本罪的，对单位判处罚金，并对其直接负责的主管人员和其他直接责任人员，处3年以下有期徒刑或者拘役，并处3万元以上30万元以下罚金；情节特别严重的，处3年以上10年以下有期徒刑，并处5万元以上50万元以下罚金。

二十三、违法运用资金罪

本罪是根据《刑法修正案(六)》第12条第2款的规定新增加的罪名，根据该条的规定，违法运用公众资金罪，是指社会保障基金管理机构、住房公积金管理机构等公众资金管理机构，以及保险公司、保险资产管理公司、证券投资基金管理公司，违反国家规定运用资金的行为。

本罪侵犯的客体是公众资金管理机构以及有关金融机构的资金的管理制度。客观方面表现为，社会保障基金管理机构、住房公积金管理机构等公众资金管理机构，以及保险公司、保险资产管理公司、证券投资基金管理公司，违反国家规定运用资金的行为。本罪主体是特殊主体，即社会保障基金管理机构、住房公积金管理机构等公众资金管理机构，以及保险公司、保险资产管理公司、证券投资基金管理公司。由此可见，本罪是纯正的单位犯罪。本罪主观方面是故意。

本罪与刑法第272条规定的挪用资金罪的区别主要在于：(1)犯罪主体不同。本罪是纯正的单位犯罪，因为自然人不能从事委托理财业务，也不能从事公众资金的管理，而挪用资金罪的犯罪主体是自然人。(2)犯罪对象不同。挪用资金罪的犯罪对象是单位资金，而本罪的犯罪对象为受托资产或者公众资金。

根据《刑法修正案(六)》第12条第2款即刑法第185条之一第2款的规定，犯本罪的，对其直接负责的主管人员和其他直接责任人员，处3年以下有期徒刑或者拘役，并处3万元以上30万元以下罚金；情节特别严重的，处3年以上10年以下有期徒刑，并处5万元以上50万元以下罚金。

二十四、违法发放贷款罪

违法发放贷款罪，是指银行或者其他金融机构的工作人员违反法律、行政法规规定，发放贷款，数额巨大或者造成重大损失的行为。本罪客观方面表现为违反法律、行政法规规定，发放贷款的行为。《刑法修正案(六)》对本罪的构成条件进行了一定的修改，将原来的“造成较大损失”修改为“数额巨大或者造成重大损失”，这是由于司法实践中对于“损失”的认定时间和认定标准存在分歧，无法达成统一。所以，按照修正案的规定，只要涉及的资金数额巨大或者造成重大损失，二者具备其一即可定罪处罚。对于“重大损失”的理解，还可以参照前述《追诉标准》第34条的规定，是指下列情形之一：(1)个人违法向关系人发放贷款，造成直接经济损失数额在50万元以上的；(2)单位违法向关系人发放贷款，造成直接经济损失数额在100万元以上的。本罪主体既可以是银行或者其他金融机构的工作人员，也可以是单位。本罪主观方面，行为人对非法发放贷款的行为一般持故意态度，但对所造成的重大损失则是过失。

根据《刑法修正案(六)》第13条即刑法第186条的规定,犯本罪的,处5年以下有期徒刑或者拘役,并处1万元以上10万元以下罚金;数额特别巨大或者造成特别重大损失的,处5年以上有期徒刑,并处2万元以上20万元以下罚金。单位犯本罪的,对单位判处罚金,并对其直接负责的主管人员和其他直接责任人员,依照上述规定处罚。银行或者其他金融机构的工作人员违反国家规定,向关系人发放贷款的,依照前款的规定从重处罚。

二十五、吸收客户资金不入账罪

吸收客户资金不入账罪,是指银行或者其他金融机构的工作人员,吸收客户资金不入账,数额巨大或者造成重大损失的行为。《刑法修正案(六)》对本罪的构成要件进行了修改:删去了原来的"以牟利为目的"和"将资金用于非法拆借、发放贷款",这是由于银行或者金融机构的工作人员吸收客户资金不入账,不仅逃避了国家对金融机构运营资金的监管,造成潜在的金融风险,而且容易引发别的犯罪。① 因此,银行或者金融机构的工作人员只要是吸收客户资金不入账数额巨大或者造成重大损失的,不管主观上是否具有"牟利目的",都构成本罪。所谓"吸收客户资金不入账",是指违反《会计法》和国家有关规定,未真实记录并且未全面反映其业务活动和财物状况的下列情形之一:办理存款、贷款业务不按照会计制度记账、登记,或不在会计报表中反映;将存款与贷款等不同的业务在同一账户内扎差处理;经营收入未列入会计账册;其他方式的账外经营行为。本罪主体既可以是自然人,也可以是单位,实施本罪的个人是特殊主体,指银行或者其他金融机构的工作人员,实施本罪的单位是特定单位,指商业银行、城乡信用社、信托投资公司等金融机构。本罪主观上出于故意。对于"重大损失"的理解,还可以参照前述《追诉标准》,是指下列情形之一:(1)个人用账外客户资金非法拆借、发放贷款,造成直接经济损失数额在50万元以上的;(2)单位用账外客户资金非法拆借、发放贷款,造成直接经济损失数额在100万元以上的。

根据《刑法修正案(六)》第14条即刑法第187条的规定,处5年以下有期徒刑或者拘役,并处2万元以上20万元以下罚金;数额特别巨大或者造成特别重大损失的,处5年以上有期徒刑,并处5万元以上50万元以下罚金。单位犯本罪的,对单位判处罚金,并对其直接负责的主管人员和其他直接责任人员,依照上述规定处罚。

二十六、违规出具金融票证罪

违规出具金融票证罪,是指银行或者其他金融机构的工作人员违反规定,为他

① 黄太云:《〈刑法修正案(六)〉的理解与适用》,载《人民检察》2006年第6期。

人出具信用证或者其他保函、票据、存单、资信证明，情节严重的行为。

“保函”，是指银行以其自身的信用为他人承担责任的担保文件，是重要的银行资信文件。根据目前的法律规定，为他人提供担保业务的只限于商业银行，其工作人员违反规定为他人出具保函或其他银行的工作人员擅自为他人出具保函，都属于违反规定为他人出具保函。“票据”，是指票据法规定的汇票、本票、支票。“资信证明”，是指提供客户的财产状况、偿还能力、信用程度等情况的证明文件。目前在司法实践中，一些金融机构的工作人员违反规定，出具信用证或者其他保函、票据、存单、资信证明，不仅可能为诈骗等犯罪提供条件和手段，给金融机构带来重大财产损失，而且破坏了金融机构的声誉和信誉。但是由于司法实践中对“损失”的如何认定出现分歧，而且有些具体犯罪案件中，在案发时尚未给金融机构造成经济损失，但是涉及金额巨大，对这些案件不能定罪无疑会放纵犯罪。因此，《刑法修正案(六)》对本罪的构成要件进行了修改，将“造成较大损失”修改为“情节严重”。这里的“情节严重”，不仅包括给金融机构造成了较大损失，还包括虽然还没有造成较大损失，但非法出具金融票证涉及金额巨大，或者多次非法出具金融票证等情形。对造成重大损失的情形的理解，可以参照前述《追诉标准》第 36 条的规定，是指下列情形之一：(1)个人违反规定为他人出具金融票证，造成直接经济损失数额在 10 万元以上的；(2)单位违反规定为他人出具金融票证，造成直接经济损失数额在 30 万元以上的。本罪的主体是特殊主体，自然人主体只能由银行或者其他金融机构的工作人员构成，单位主体只能由银行或者其他金融机构构成。

根据《刑法修正案(六)》第 15 条即刑法第 188 条的规定，犯本罪的，处 5 年以下有期徒刑或者拘役；情节特别严重的，处 5 年以上有期徒刑。单位犯本罪的，对单位判处罚金，并对其直接负责的主管人员和其他直接责任人员，依照上述规定处罚。

二十七、对违法票据承兑、付款、保证罪

对违法票据承兑、付款、保证罪，是指银行或者其他金融机构的工作人员在票据业务中，对违法票据给予承兑、付款或者保证，造成重大损失的行为。所称“票据业务”，可以广义理解，通常包括票据支付、流通、信用、结算、融资等业务。所称“违反票据法规定的票据”，包括票据记载事实不符合票据法规定的金融票据。所称“承兑”，是指汇票付款人承诺在汇票到期日支付汇票金额的票据行为。所称“付款”，是指汇票的付款人或代理付款人(担当付款人)支付汇款金额以消灭票据关系的附属票据行为。所称“保证”，是指票据债务人以外的第三人以担保特定票据债务人履行票据债务为目的而在票据上所为的附属票据行为。所谓“造成重大损失”，根据前述《追诉标准》第 37 条的规定，是指下列情形之一：(1)个人对违反票据法规定的票据予以承兑、付款、保证，造成直接经济损失数额在 50 万元以上的；(2)

单位对违反票据法规定的票据予以承兑、付款、保证，造成直接经济损失数额在100万元以上的。本罪主体包括银行或者其他金融机构的工作人员与单位。本罪的主观方面既可以出自故意也可以出自过失。既可以是玩忽职守，也可以是滥用职权。刑法第189条规定，犯本罪的，处5年以下有期徒刑或者拘役；造成特别重大损失的，处5年以上有期徒刑。单位犯本罪的，对单位判处罚金，并对其直接负责的主管人员和其他直接责任人员，依照上述规定处罚。

二十八、逃汇罪

逃汇罪，是指公司、企业或者其他单位，违反国家规定，擅自将外汇存放境外，或者将境内的外汇非法转移到境外，数额较大的行为。本罪的客观方面表现为违反国家规定，擅自将外汇存放境外，或者将境内的外汇非法转移到境外，数额较大的行为。本罪的主体是公司、企业或者其他单位，主观方面只能由故意构成。所谓"数额较大"，根据前述《追诉标准》第38条的规定，是指公司、企业或者其他单位，违反国家规定，擅自将外汇存放境外，或者将境内的外汇非法转移到境外，单笔或者累计数额在500万美元以上的情形。根据1998年12月29日全国人大常委会通过的《关于惩治骗购外汇、逃汇和非法买卖外汇犯罪的决定》第3条的规定，犯本罪，对单位判处逃汇数额5%以上30%以下罚金，并对其直接负责的主管人员和其他直接责任人员处5年以下有期徒刑或者拘役；数额巨大或者有其他严重情节的，对单位判处逃汇数额5%以上30%以下罚金，并对其直接负责的主管人员和其他直接责任人员处5年以上有期徒刑。

二十九、骗购外汇罪

骗购外汇罪，是指使用伪造、变造的购买外汇所需的凭证、单据，或者重复使用购买外汇所需的凭证、单据，以及用其他方式骗购外汇，数额较大的行为。所谓"数额较大"，根据前述《追诉标准》第39条的规定，是指骗购外汇数额在50万美元以上的。根据全国人大常委会通过的《关于惩治骗购外汇、逃汇和非法买卖外汇犯罪的决定》，伪造、变造的海关签发的报关单、进口证明、外汇管理部门核准件等凭证和单据，并用于骗购外汇的，以骗购外汇罪从重处罚。明知他人用于骗购外汇而提供人民币资金的，以本罪的共犯论处。海关、外汇管理部门以及金融机构、从事对外贸易经营活动的公司、企业或者其他单位的工作人员与骗购外汇的行为人通谋，为其提供购买外汇的有关凭证或者其他便利的，或者明知是伪造、变造的凭证和单据而售汇、付汇的，以共犯论，从重处罚。根据上述《决定》的规定，骗购外汇，数额较大的，处5年以下有期徒刑或者拘役，并处骗购外汇数额5%以上30%以下罚金；数额巨大或者有其他严重情节的，处5年以上10年以下有期徒刑，并处骗购外

汇数额5%以上30%以下罚金；数额特别巨大或者有其他特别严重情节的，处10年以上有期徒刑或者无期徒刑，并处骗购外汇数额5%以上30%以下罚金或者没收财产。单位犯本罪依照上述规定判处罚金并对其直接负责的主管人员和其他直接责任人员，处5年以下有期徒刑或者拘役；数额巨大或者有其他严重情节的，处10年以上有期徒刑或者无期徒刑。

三十、洗钱罪

洗钱罪，是指明知是毒品犯罪、黑社会性质的组织犯罪、恐怖活动犯罪、走私犯罪、贪污贿赂犯罪、破坏金融管理秩序犯罪、金融诈骗犯罪的所得及其产生的收益，掩饰、隐瞒其来源和性质的行为。根据《刑法修正案(六)》第16条的规定，本罪的行为对象是指毒品犯罪、黑社会性质的组织犯罪、恐怖活动犯罪、走私犯罪、贪污贿赂犯罪、破坏金融管理秩序犯罪、金融诈骗犯罪的所得及其产生的收益。该修正案将洗钱罪的上游犯罪在原来四类犯罪的基础上，又扩大了贪污贿赂犯罪、破坏金融管理秩序犯罪、金融诈骗犯罪三类犯罪。这里的“贪污贿赂犯罪”是指刑法分则第八章“贪污贿赂罪”一章中的所有犯罪；“破坏金融管理秩序犯罪”、“金融诈骗犯罪”包括刑法分则第三章第四节“破坏金融管理秩序犯罪”和第五节“金融诈骗犯罪”两节中规定的所有犯罪。

如果行为对象不属于这几种犯罪的性质和来源，不构成本罪，但可能构成其他犯罪。本罪客观方面表现为下列行为之一：(1)“提供资金账户”，即行为人为犯罪分子提供银行账户，为其保存和转移资产提供方便。(2)“协助将财产转换为现金或者金融票据”，即行为人协助犯罪分子将财产通过买卖、交换等手段转换为现金、支票、汇票和本票等形式。所称“协助”，包括介绍、联络及提供各种帮助和方便等多种方式。(3)“通过转账或者其他结算方式协助资金转换”，所称“其他结算方式”主要指承兑、付款等结算方式。(4)“协助将资金汇往境外”，通常是将犯罪所得兑换成外币汇往境外，或者以境外亲友的名义将资金存入境外银行；这里实际上也包括协助将资金私自带出境外。(5)“以其他方法掩饰、隐瞒犯罪违法所得及其收益的性质和来源”。本罪的主体是一般主体，单位也可以构成本罪。本罪的主观方面必须出自故意，即明知是毒品犯罪、黑社会性质的组织犯罪、走私犯罪、贪污贿赂犯罪、破坏金融管理秩序犯罪、金融诈骗犯罪的违法所得及其产生的收益，为掩饰、隐瞒其来源和性质，而实施了本罪的行为。

根据刑法第191条的规定，犯本罪的，没收实施以上犯罪的违法所得及其产生的收益，处5年以下有期徒刑或者拘役，并处或者单处洗钱数额5%以上20%以下罚金；情节严重的，处5年以上10年以下有期徒刑，并处洗钱数额5%以上20%以下罚金。单位犯本罪的，对单位判处罚金，并对其直接负责的主管人员和其他直接责任人员，处5年以下有期徒刑或者拘役。

第六节 金融诈骗罪

【引 例】

2005年2月21日凌晨,被告人乔某在郑州市某宾馆停车场捡到一只皮夹,内有中国工商银行的信用卡一张及公民身份证等物品。随后,被告人乔某即多次猜配该信用卡的密码。2月24日下午,被告人乔某持该信用卡,用其所猜配的密码在中国工商银行的自动柜员机上提取现金4000元。3月2日上午,被告人乔某持该信用卡再次作案时被公安干警当场抓获。案发后,公安机关追缴了全部赃款。

一、集资诈骗罪

(一)集资诈骗罪的概念与犯罪构成

集资诈骗罪,是指以非法占有为目的,使用诈骗方法非法集资,数额较大的行为。

本罪的构成要件是:

1. 本罪的客体是国家正常的金融管理秩序和公私财产的所有权。

2. 本罪客观方面,表现为使用诈骗方法非法集资,数额较大的行为。所谓"诈骗方法"是指行为人采取虚构集资用途,以虚假的证明文件和高回报率为诱饵,骗取集资款的手段。所谓"非法集资",是指违反了法律、法规、规章等有关集资的实体规定或者程序规定,而不限于"未经有权机关批准"。[①] 换言之,即使通过有权机关批准的集资行为,也可能是"非法"的,"非法"与"未经有权机关批准"、"合法"与"获得有权机关批准"不是等同概念。最后,构成本罪还要求"数额较大",所谓"数额较大",根据前述《追诉标准》第41条的规定,是指下列情形之一:(1)个人集资诈骗,数额在10万元以上的;(2)单位集资诈骗,数额在50万元以上的。

3. 本罪主体既可以是自然人,也可以由单位构成。

4. 本罪主观方面,只能由故意构成,并且行为人具有非法占有的目的。这里的"非法占有"目的应理解为"不法所有",即不包括暂时占有、使用的目的。

① 参见张明楷著:《诈骗罪与金融诈骗罪研究》,清华大学出版社2006年版,第496页。

(二)集资诈骗罪的认定

1. 罪与非罪的界限。主观上的"非法占有目的"是本罪的构成要件,因此在实践中如何判断"非法占有目的"则显得至关重要。根据相关司法解释及司法实践,具有下列情形之一的,应当认定其行为属于"以非法占有为目的,使用诈骗方法非法集资":(1)携带集资款逃跑的;(2)挥霍集资款,致使集资款无法返还的;(3)使用集资款进行违法犯罪活动,致使集资款无法返还的;(4)具有其他欺诈行为,拒不返还集资款,或者致使集资款无法返还的。

2. 本罪与相关犯罪的区别。欺诈发行股票、债券罪,擅自发行股票、公司、企业债券罪,非法吸收公众存款罪,也是非法募集资金的行为,因此,也可谓"非法集资"行为,这些犯罪与本罪的区别在于,本罪必须以非法占有为目的,而上述几种犯罪主观上则没有非法占有的目的。

(三)集资诈骗罪的刑事责任

根据刑法第 192 条的规定,犯本罪的,处 5 年以下有期徒刑或者拘役,并处 2 万元以上 20 万元以下罚金;数额巨大或者有其他严重情节的,处 5 年以上 10 年以下有期徒刑,并处 5 万元以上 50 万元以下罚金;数额特别巨大或者有其他特别严重情节的,处 10 年以上有期徒刑或者无期徒刑,并处 5 万元以上 50 万元以下罚金或者没收财产。刑法第 199 条规定,犯集资诈骗罪的,数额特别巨大并且给国家和人民利益造成特别重大损失的,处无期徒刑或者死刑,并处没收财产。刑法第 200 条规定,单位犯集资诈骗罪的,对单位判处罚金,并对其直接负责的主管人员和其他直接责任人员,处 5 年以下有期徒刑或者拘役;数额巨大或者有其他严重情节的,处 5 年以上 10 年以下有期徒刑;数额特别巨大或者有其他特别严重情节的,处 10 年以上有期徒刑或者无期徒刑。根据最高人民法院 1996 年 12 月 16 日《关于审理诈骗案件具体应用法律的若干问题的解释》规定,个人进行集资诈骗数额在 20 万元以上的,属于"数额巨大";个人进行集资诈骗数额在 100 万元以上的,属于"数额特别巨大"。单位进行集资诈骗数额在 50 万元以上的,属于"数额巨大";单位进行集资诈骗数额在 250 万元以上的,属于"数额特别巨大"。

二、贷款诈骗罪

贷款诈骗罪,是指以非法占有为目的,诈骗银行或者其他金融机构贷款,数额较大的行为。本罪客观方面必须是使用欺诈方法,诈骗银行或者其他金融机构的贷款,数额较大的行为。行为的具体方式:(1)编造引进资金、项目等虚假理由的;(2)使用虚假的经济合同的;(3)使用虚假的证明文件的;(4)使用虚假的产权证明作担保或者超出抵押物价值重复担保的;(5)以其他方法诈骗贷款的。所谓"数额较大”，根据前述《追诉标准》第 42 条的规定，是指以非法占有为目的，诈骗银行或者其他金融机构的贷款，数额在 1 万元以上的。本罪主体是一般主体，即年满 16 周岁，具有辨认和控制能力的自然人，单位不能成为本罪主体。需要研究的是对所谓单位集体实施贷款诈骗行为时，能否追究其中自然人（直接责任人员）的刑事责任？对此，理论上形成了不同的处理意见。有学者认为，对于类似案件，不能追究自然人的刑事责任。另有学者认为，对于上述案件，可以作为自然人犯罪，追究直接责任人员的刑事责任。司法解释的态度是采取折中说，根据最高人民法院 2001 年 1 月 21 日印发的《全国法院审理经济犯罪案件工作座谈会纪要》：“根据刑法第 30 条和第 193 条的规定，单位不构成贷款诈骗罪。对于单位实施的贷款诈骗行为，不能以贷款诈骗罪定罪处罚，也不能以贷款诈骗罪追究直接负责的主管人员和其他直接责任人员的刑事责任。但是，在司法实践中，对于单位十分明显地以非法占有为目的，利用签订、履行借款合同诈骗银行或其他金融机构贷款符合刑法第 224 条规定的合同诈骗罪构成要件的，应当以合同诈骗罪定罪处罚。”本书倾向于将单位集体实施的贷款诈骗行为，按照自然人犯罪，以贷款诈骗罪追究其中直接责任人员的刑事责任。本罪的主观方面只能是故意，而且必须具有非法占有的目的。

根据刑法第 193 条的规定，犯本罪的，处 5 年以下有期徒刑或者拘役，并处 2 万元以上 20 万元以下罚金；数额巨大或者有其他严重情节的，处 5 年以上 10 年以下有期徒刑，并处 5 万元以上 50 万元以下罚金；数额特别巨大或者有其他特别严重情节的，处 10 年以上有期徒刑或者无期徒刑，并处 5 万元以上 50 万元以下罚金或者没收财产。

三、票据诈骗罪

票据诈骗罪，是指以非法占有为目的，利用金融票据进行诈骗活动，数额较大的行为。本罪具体表现为下列情形之一：(1)明知是伪造、变造的汇票、本票、支票而使用的；(2)明知是作废的汇票、本票、支票而使用的；(3)冒用他人的汇票、本票、支票的；(4)签发空头支票或者与其预留印鉴不符的支票，骗取财物的；(5)汇票、本票的出票人签发无资金保证的汇票、本票或者在出票时作虚假记载，骗取财物的。本罪的犯罪主体包括自然人和单位。所谓“数额较大”，根据前述《追诉标准》第 43 条的规定，是指下列情形之一：(1)个人进行金融票据诈骗，数额在 5000 元以上的；(2)单位进行金融票据诈骗，数额在 10 万元以上的。根据《刑法》第 194 条、第 199 条和第 200 条的规定，犯本罪的，处 5 年以下有期徒刑或者拘役，并处 2 万元以上 20 万元以下罚金；数额巨大或者有其他严重情节的，处 5 年以上 10 年以下有期徒刑，并处 5 万元以上 50 万元以下罚金；数额特别巨大或者有其他特别严重情节的，处 10 年以上有期徒刑或者无期徒刑，并处 5 万元以上 50 万元以下罚金或者没收

财产;数额特别巨大并且给国家和人民利益造成特别重大损失的,处无期徒刑或者死刑,并处没收财产。单位犯本罪的,对单位判处罚金,并对其直接负责的主管人员和其他直接责任人员,处5年以下有期徒刑或者拘役;数额巨大或者有其他严重情节的,处5年以上10年以下有期徒刑;数额特别巨大或者有其他特别严重情节的,处10年以上有期徒刑或者无期徒刑。

四、金融凭证诈骗罪

金融凭证诈骗罪,是指使用金融凭证进行诈骗活动,数额较大的行为。本罪在客观方面表现为使用伪造、变造的委托收款凭证、汇款凭证、银行存单和其他银行结算凭证诈骗,数额较大的行为。这里的"其他银行结算凭证",是指除票据诈骗罪中的各种票据及上述凭证以外的各种银行结算凭证。本罪的主体,自然人和单位均可构成。所谓"数额较大",根据前述《追诉标准》第43条的规定,是指下列情形之一:(1)个人进行金融凭证诈骗,数额在5000元以上的;(2)单位进行金融凭证诈骗,数额在10万元以上的。本罪的处罚与票据诈骗罪的处罚规定相同。

五、信用证诈骗罪

信用证诈骗罪,是指以非法占有为目的,利用信用证进行诈骗活动的行为。信用证是指一家银行(开证行)按照其客户(开证申请人)的要求和指示向另一方(受益人)所签发的一种书面约定。根据这一约定,如果受益人满足了约定的条件,开证行将向受益人支付信用证中约定的款项。本罪具体表现为下列情形之一:(1)使用伪造、变造的信用证或者附随的单据、文件的;(2)使用作废的信用证的;(3)骗取信用证的;(4)以其他方法进行信用证诈骗活动的,如开证申请人和开证行利用设置若干软条款的方法进行信用证诈骗活动。本罪的主体,个人和单位均可以构成。根据刑法第195条、第199条、第200条的规定,犯本罪的,处5年以下有期徒刑或者拘役,并处2万元以上20万元以下罚金;数额巨大或者有其他严重情节的,处5年以上10年以下有期徒刑,并处5万元以上50万元以下罚金;数额特别巨大或者有其他特别严重情节的,处10年以上有期徒刑或者无期徒刑,并处5万元以上50万元以下罚金或者没收财产;数额特别巨大并且给国家和人民利益造成特别重大损失的,处无期徒刑或者死刑,并处没收财产。单位犯本罪的,对单位判处罚金,并对其直接负责的主管人员和其他直接责任人员,处5年以下有期徒刑或者拘役;数额巨大或者有其他严重情节的,处5年以上10年以下有期徒刑;数额特别巨大或者有其他特别严重情节的,处10年以上有期徒刑或者无期徒刑。

六、信用卡诈骗罪

(一)信用卡诈骗罪的概念与犯罪构成

信用卡诈骗罪,是指以非法占有为目的,利用信用卡进行诈骗活动,数额较大的行为。

本罪的构成要件是:

1. 本罪的客体是复杂客体,即国家对信用卡的管理制度和他人的财产所有权。

2. 本罪客观方面表现为利用信用卡进行诈骗活动,数额较大的行为。具体表现为下述四种情形:(1)使用伪造的信用卡,或者使用以虚假的身份证明骗领的信用卡的;(2)使用作废的信用卡的;(3)冒用他人信用卡的;(4)恶意透支的。使用,是指按照信用卡的通常使用方法,将伪造或者作废的信用卡作为真实有效的信用卡予以利用。冒用,是指非持卡人假借持卡人的名义而非法使用持卡人的信用卡,用以骗取财物的行为。包括未经持卡人同意而擅自使用他人的信用卡,也包括使用拾得他人丢失的信用卡。恶意透支,是指持卡人以非法占有为目的,超过规定限额或者规定期限透支,并且经发卡银行催收后仍不归还的行为。催收既包括书面催收,也包括口头催收。本罪为结果犯,只有利用信用卡诈骗取得的财物达到数额较大的程度,才构成犯罪。所谓"数额较大",根据前述《追诉标准》第46条的规定,是指下列情形之一:(1)使用伪造的信用卡,或者使用作废的信用卡,或者冒用他人信用卡,进行诈骗活动,数额在5000元以上的;(2)恶意透支,数额在5000元以上的。

(二)信用卡诈骗罪的认定

1. 在自动取款机上使用信用卡的问题

信用卡诈骗罪中的使用伪造的、作废的信用卡、冒用他人的信用卡与恶意透支行为,是否包括在自动取款机上的使用、冒用与透支行为,是值得研究的问题。本书认为,首先,机器不能成为诈骗罪的对象并不能否定信用卡诈骗罪的成立。反对论者之所以主张利用ATM机实施的"信用卡诈骗"行为不能定信用卡诈骗罪,最关键的理由即是,因为我国刑法第196条明文规定的是"进行信用卡诈骗活动",既然是"诈骗"就要求有受骗的自然人,要求受骗人基于认识错误处分财产。但仅仅以刑法第196条出现"诈骗"二字,就要求对信用卡诈骗罪作出与诈骗罪完全相同的解释,则略显武断。因为,即使反对论者也承认,"一个相同的刑法用语,在不同条文或者在同一条文的不同款项中,可能具有不同的含义。之所以对同一用语在不同场合做出不同的解释,是为了实现刑法的正义理念,使值得科处刑罚的行为置于刑法规制之内,使不值得科处刑罚的行为置于刑法规制之外;使相同的行为得到

相同的处理，不同的行为受到不同处理"。[①] 换言之，刑法在同一条文或不同条文中使用相同的词语，并不代表一定要作完全相同的解释，例如刑法第 263 条与第 277 条都使用了"暴力"一词，但两处的含义并不相同。所以，刑法第 196 条尽管使用了"诈骗"二字，但不代表对此处的诈骗应作与诈骗罪完全相同的解释。其实，从国外刑法规定来看，完全可以印证上述观点。例如德国、日本等国家刑法典中有使用计算机诈骗罪的规定，而在这些国家，刑法学界通说也认为"机器不能被骗"，很显然，这些国家立法中所规定使用计算机诈骗罪并不符合诈骗罪(因为没有欺骗自然人)的构成要件。无论对上述规定如何解释，不可否认的是，尽管这些规定都冠之以"诈骗"的名义，但与诈骗罪中的诈骗具有不同的含义。

其次，利用 ATM 机非法使用信用卡的行为与利用自然人非法使用信用卡的行为没有本质区别，应作相同处理。按照反对论者的观点，由于机器不能被骗，因此利用机器实施的所谓"欺骗"行为当然和"欺骗"自然人的行为具有本质区别，前者属于违反被害人的意志，将他人占有的财物转移为自己或者第三者占有的盗窃行为，而后者属于使被害人陷入认识错误并交付财物的诈骗行为。在笔者看来，这些反对理由可能忽视了刑法规定信用卡诈骗罪的立法初衷，信用卡诈骗罪与诈骗、盗窃等罪的保护法益并不相同，前者规定在破坏社会主义市场经济秩序罪中，所保护的主要法益是国家的金融管理秩序，而后者规定在侵犯财产罪中，所保护的法益是财产权，前者属于社会法益，后者属于个人法益。而利用 ATM 机非法使用信用卡的行为与利用自然人非法使用信用卡的行为，两者都侵犯了国家的金融管理秩序，例如，用信用卡在 ATM 机上恶意透支，与通过利用银行柜台工作人员刷卡提现而恶意透支，在侵犯国家金融管理秩序这一点上并没有本质区别，作区别处理并不合适。将上述两种行为区别处理在司法实践中带来的不利后果也甚为明显：如果某人用信用卡在 ATM 机上恶意透支 10 万元，定盗窃罪时，则属于盗窃金融机构数额特别巨大的情形，依照刑法的规定，应处无期徒刑或者死刑；但如果是到银行柜台由业务人员交给他 10 万元，则属于信用卡诈骗罪，属于诈骗数额巨大的情形，按照刑法的规定，应处 5 年以上 10 年以下有期徒刑。不存在本质区别的两种行为在处理结果上的天壤之别是否合适？[②]

再次，刑法相关条文的规定，也提示了对利用机器实施信用卡"诈骗"行为的应

---

① 张明楷：《刑法分则解释原理》，中国人民大学出版社 2004 年版，第 327 页。

② 《刑法修正案(五)》新增了一种信用卡诈骗行为方式，即使用以虚假的身份证明骗领的信用卡，但非常吊诡的是，上述反对论者主张在 ATM 机上非法使用信用卡的一切行为都不应属于"诈骗"，无由构成信用卡诈骗罪，但却认为，在使用以虚假的身份证明骗领的信用卡时，并不限于对自然人使用，还包括在自动取款机上使用。(参见张明楷：《诈骗罪与金融诈骗罪研究》，清华大学出版社 2006 年版，第 655 页。)既然承认此种在自动取款机上使用信用卡的行为能够成立信用卡诈骗罪，那就没有道理否定利用自动取款机而非法使用信用卡的行为(使用伪造、作废的信用卡，冒用他人信用卡，恶意透支)同样可以成立信用卡诈骗罪。

按照信用卡诈骗罪定罪处罚。如《刑法》第287条明文规定:“利用计算机实施金融诈骗、盗窃、贪污、挪用公款、窃取国家秘密或者其他犯罪的,依照本法有关规定定罪处罚。”由于在刑法规定的8种金融诈骗罪中,利用计算机实施的信用卡诈骗是其中最为常见、多发的犯罪形式,而其他几种金融诈骗行为出现利用计算机实施的可能性较小,因此,条文中所规定的利用计算机实施金融诈骗主要是指利用计算机实施信用卡诈骗的行为。如果认为利用计算机实施的金融诈骗属于盗窃行为,那么,刑法第287条的上述表述则有问题,因为利用计算机实施的金融诈骗在本质上是利用计算机实施盗窃的行为,在对利用计算机实施的盗窃行为已有规定的前提下,立法者就没有必要再单独提出利用计算机实施金融诈骗的行为方式。相应的,刑法的上述规定将利用计算机实施金融诈骗与利用计算机实施盗窃两种行为方式并列,很显然是意识到两者在行为性质的区别,前者构成金融诈骗罪,而后者则构成盗窃罪。

所以,信用卡诈骗罪与诈骗罪之间是法条竞合的关系,但不属于包容竞合,而是交叉竞合的关系,利用计算机实施的信用卡诈骗与利用自然人实施的信用卡诈骗没有本质区别,都应定信用卡诈骗罪。[①] 因此,引例中乔某捡拾他人信用卡后在自动取款机上取钱的行为,完全符合冒用他人信用卡进行诈骗的成立条件,应认定为信用卡诈骗罪。

2. 盗窃信用卡并使用的问题

根据刑法第196条第3款的规定,盗窃信用卡并使用的,依照刑法第264条关于盗窃罪的规定定罪处罚。本款所规定的“信用卡”应当限于他人的真实有效的信用卡。如果明知是伪造或作废的信用卡而盗窃并对自然人使用的,应认定为信用卡诈骗罪(使用伪造的信用卡、使用作废的信用卡)。盗窃信用卡并使用而骗得财物的,构成盗窃罪,应以实际取得的数额确定盗窃罪的量刑。由于我国刑法一般没有将信用卡本身评价为财物,盗窃了他人真实有效的信用卡但并不使用的行为,不能成立盗窃罪,也不能成立信用卡诈骗罪。

(三)信用卡诈骗罪的刑事责任

根据刑法第196条规定,犯本罪的,处5年以下有期徒刑或者拘役,并处2万元以上20万元以下罚金;数额巨大或者有其他严重情节的,处5年以上10年以下有期徒刑,并处5万元以上50万元以下罚金;数额特别巨大或者有其他特别严重情节的,处10年以上有期徒刑或者无期徒刑,并处5万元以上50万元以下罚金或者没收财产。刑法第196条第3款规定,盗窃信用卡并且使用的,依照刑法第264

① 这也是司法实践中的一贯做法,并为有关司法解释所确认:2009年12月16日施行的《最高人民法院、最高人民检察院关于办理妨害信用卡管理刑事案件具体应用法律若干问题的解释》第5条规定,拾得他人信用卡并使用的属于“冒用他人信用卡”的情形之一。

条的规定定罪处罚。根据相关司法解释，使用伪造的信用卡、使用作废的信用卡和冒用他人信用卡诈骗数额在5000元以上的，属于数额较大；诈骗数额在5万元以上的，属于数额巨大；诈骗数额在20万元以上的，属于数额特别巨大。恶意透支在5000元以上的，属于数额较大；恶意透支在5万元以上的，属于数额巨大；恶意透支在20万元以上的，属于数额特别巨大。

七、有价证券诈骗罪

有价证券诈骗罪，是指使用伪造、变造的国库券或者国家发行的其他有价证券，进行诈骗活动，数额较大的行为。根据刑法第197条的规定，犯本罪的，处5年以下有期徒刑或者拘役，并处2万元以上20万元以下罚金；数额巨大或者有其他严重情节的，处5年以上10年以下有期徒刑，并处5万元以上50万元以下罚金；数额特别巨大或者有其他特别严重情节的，处10年以上有期徒刑或者无期徒刑，并处5万元以上50万元以下罚金或者没收财产。

八、保险诈骗罪

(一)保险诈骗罪的概念与犯罪构成

保险诈骗罪，是指投保人、被保险人或者受益人，以非法占有为目的，利用保险进行诈骗活动，数额较大的行为。

本罪的构成要件是：

1. 本罪的客体是复杂客体，即国家保险管理制度和保险人的财产所有权。“保险”是投保人根据合同约定，向保险人支付保险费，保险人对于合同约定的可能发生的事故，因其发生所造成的财产损失承担赔偿保险责任，或者当被保险人死亡、伤残、疾病或者达到合同约定的年龄、期限时承担给付保险责任的商业保险行为。

2. 本罪客观方面表现为在从事保险活动中，采取虚构保险标的、保险事故等手段，骗取保险人的保险金，数额较大的行为。具体表现为以下五种行为方式：(1)投保人故意虚构保险标的，骗取保险金的。“保险标的”，是指作为保险对象的物质财富及其有关利益、人的生命或者身体。保险标的是保险合同赖以存在的前提和基础。投保人虚构保险标的，是指投保人违背签订合同应遵守的诚实信用原则，在与保险人签订保险合同时，故意虚构了一个根本不存在的保险对象而与保险人订立保险合同的行为。(2)投保人、被保险人或者受益人对发生的保险事故编造虚假的原因或者夸大损失的程度，骗取保险金的。本项行为有两种表现：一是行为人对发生的保险事故编造虚假的原因，二是夸大损失的程度。(3)投保人、被保险人或者受益人编造未曾发生的保险事故，骗取保险金的；(4)投保人、被保险人故意造成损失的保险事故，骗取保险金的；(5)投保人、受益人故意造成被保险人死亡、伤残或者疾病，骗取保险金的。

诈骗保险金必须数额较大，关于“数额较大”的标准，根据前述《追诉标准》第48条的规定，是指下列情形之一：(1)个人进行保险诈骗，数额在1万元以上的；(2)单位进行保险诈骗，数额在5万元以上的。

3. 本罪的主体是特殊主体，即必须是投保人、被保险人或者受益人。包括个人和单位。因此，本罪属于刑法理论中的身份犯。另外，保险事故的鉴定人、证明人、财产评估人故意提供虚假的证明文件，为他人诈骗提供条件的，以保险诈骗罪的共犯论处。

4. 本罪主观方面为故意，并且具有非法占有的目的。

（二）保险诈骗罪的认定

1. 本罪的着手认定

对于保险诈骗罪的着手认定，产生争议的问题在于，当行为人仅实施了虚构保险标的、故意造成保险事故等为诈骗保险金提供前提条件的行为，而未到保险公司索赔时，是否可以认为是保险诈骗罪的着手。对此，存在截然相反的两种观点：肯定说认为，行为人只要实施了刑法分则所规定的构成要件的行为就是着手，上述行为显然是保险诈骗罪中规定的实行行为。① 否定说则从犯罪本质是法益侵害的角度认为，只有当行为人向保险公司索赔时，才能认为是本罪的着手。② 本书倾向于采纳否定说，理由在于，对实行行为的理解不能绝对形式化，而应当坚持从实行行为的本质的角度来认定。根据法益侵害说，犯罪的本质是法益侵害，因此，实行行为的本质，是侵害法益或者具有侵害法益的紧迫危险性。着手是实行行为的一部分，所以，不具备实行行为的本质的行为，就不是实行的着手。贯彻至保险诈骗罪中，本罪侵害的法益是国家的保险管理制度和保险人的财产所有权。当行为人单纯虚构保险标的时，其行为虽已对国家的保险管理制度造成了侵害，但是对保险人的财产所有权而言，显然还没有造成紧迫的危险。因此，只有当行为人开始向保险公司索赔时才可以认定为保险诈骗罪的着手。③

2. 本罪的共犯认定

本罪的主体是特殊主体，一般主体不能构成本罪的单独实行犯。但是，当其与本罪主体相勾结共同实施本罪行为时，可以成立本罪的共犯。《刑法》第198条第

---

① 赵秉志、杨诚主编：《金融犯罪比较研究》，法律出版社2002年版，第325页。

② 张明楷著：《刑法学》(第二版)，法律出版社2003年版，第657页。

③ 在此意义上说，刑法关于保险诈骗罪的五种行为方式的规定基本上是对本罪预备行为的规定。

4 款规定："保险事故的鉴定人、证明人、财产评估人故意提供虚假的证明文件，为他人诈骗提供条件的，以保险诈骗的共犯论处。"由于刑法第 229 条规定了提供虚假证明文件罪，因此，刑法第 198 条设置的目的显然是在提醒司法人员对于上述行为不得认定为提供虚假证明文件罪，而应以保险诈骗罪的共犯论处。即使刑法没有该条款的规定，对于上述行为也应当按照刑法总则关于共犯的规定，以保险诈骗罪的共犯论处。

3. 本罪的罪数认定

根据刑法第 198 条第 2 款的规定，投保人、被保险人故意造成财产损失的保险事故，投保人、受益人故意造成被保险人死亡、伤残或者疾病，骗取保险金，同时构成其他犯罪的，依照数罪并罚的规定处罚。刑法理论上多将此种行为称为牵连犯，但适用数罪并罚的实质理由应是行为人的手段行为或结果行为超出了其中一个罪的构成要件范围，或者说对多数法益造成了侵害。因此，在行为人仅仅实施制造保险事故的行为，而没有向保险人索赔时，例如，仅实施了放火行为，还没有到保险公司请求支付保险金时即被抓获，在此场合，由于行为人仅仅实施了放火行为，而该行为没有超出放火罪的构成要件范围，该行为所侵害的也只是单一法益，还没有对国家的保险制度和保险人的财产所有权造成侵害，因而不应当并罚。

（三）保险诈骗罪的刑事责任

根据刑法第 198 条第 1 款的规定，犯本罪的，处 5 年以下有期徒刑或者拘役，并处 1 万元以上 10 万元以下罚金；数额巨大或者有其他严重情节的，处 5 年以上 10 年以下有期徒刑，并处 2 万元以上 20 万元以下罚金；数额特别巨大或者有其他特别严重情节的，处 10 年以上有期徒刑，并处 2 万元以上 20 万元以下罚金或者没收财产。刑法第 198 条第 3 款规定，单位犯本罪的，对单位判处罚金，并对其直接负责的主管人员和其他直接责任人员，处 5 年以下有期徒刑或者拘役；数额巨大或者有其他严重情节的，处 5 年以上 10 年以下有期徒刑；数额特别巨大或者有其他特别严重情节的，处 10 年以上有期徒刑。

第七节 危害税收征管罪

【引 例】

个体工商户张某在杨家山附近经营药房生意，2009 年 1—9 月应纳税款 9945.38 元，一直不愿意缴纳，对税务人员下达的税收文书也置之不理。2009 年 12 月 29 日上午，税务人员再次来到张某的经营地点催缴税款，并耐心向其解释有关税收政策。但张某及其弟态度蛮横，不听劝说，对税务人员进行辱骂和攻击,并强行将经营地点的门锁起来,手持菜刀和棍棒将一名税务人员打成轻伤,并非法限制5名税务人员人身自由达1个多小时。

一、逃税罪

(一)逃税罪的概念与犯罪构成

逃税罪,是指纳税人、扣缴义务人采取欺骗、隐瞒手段进行虚假纳税申报或者不申报,逃避缴纳税款数额较大的行为。

本罪的构成要件是:

1. 本罪的客体是国家的税收征管制度。所谓税收征管制度,是指我国税法规定的,关于国内税款征收管理办法的总称。

2. 本罪客观方面表现为,纳税人、扣缴义务人采取欺骗、隐瞒手段进行虚假纳税申报或者不申报,逃避缴纳税款数额较大的行为。具体行为方式包括:(1)伪造、变造、隐匿、销毁账簿和记账凭证。所谓伪造账簿、记账凭证,是指行为人不按照税收征管法的规定设置账簿、记账凭证(如发票),为应付税务检查、纳税而编造假的账簿、记账凭证,欺骗税务机关。所谓变造账簿和记账凭证,是指对已有的真实账簿、记账凭证进行篡改,根据需要或者将其删除或者将其合并,使税务机关对其经营状况、数额和应税项目等产生误解。所谓隐匿账簿和记账凭证,是指将真实的账簿和凭证隐藏起来,不使税务人员发现。所谓擅自销毁账簿和记账凭证,是指未经税务机关同意并批准,将账簿和记账凭证毁掉,使税务机关及人员无法查清其应税项目、应纳税款等。根据司法解释,伪造、变造、隐匿、擅自销毁用于记账的发票等原始凭证的行为属于上述行为。① (2)在账簿上多列支出或者不列、少列收入。多列支出包括采用提高折旧率、改变折旧方法等多提固定资产折旧、将专用基金支出挤入成本、扩大产品材料成本,扩大产品工资成本等。不列、少列收入包括隐瞒投资收入、隐瞒或少记销售收入,减少营业外收入等。(3)经税务机关通知申报而拒不申报或者进行虚假的纳税申报。根据前述司法解释,"经税务机关通知申报而拒不申报"是指以下情形:纳税人、扣缴义务人已经依法办理税务登记或者扣缴税款登记的;依法不需要办理税务登记的纳税人,经税务机关依法书面通知申报的;尚未依法办理税务登记、扣缴税款登记的纳税人、扣缴义务人,经税务机关依法书面通知其申报的。(4)缴纳税款后,以假报出口或者其他欺骗手段,骗取所缴纳的税款。该种行为方式不是刑法第201条直接规定的,而是源于《刑法》第204条的规定。

---

① 参见最高人民法院2002年11月4日《关于审理偷税抗税刑事案件具体应用法律若干问题的解释》。

另外，逃税数额应达到法定标准或者有两次以上逃税的行政处罚记录，但因犯罪主体不同而有不同的要求：对纳税人来说，逃避缴纳税款数额较大并且占应纳税额10％以上的，或者5年内因逃避缴纳税款受过刑事处罚或者被税务机关给予两次以上行政处罚的；对扣缴义务人而言，只要不缴或者少缴已扣、已收税款，数额较大的，就构成本罪。所谓“逃税数额”，根据前述司法解释，是指在确定的纳税期间，不缴或少缴各种税款的总额。逃税数额占应纳税额的百分比，是指一个纳税年度中的各税种偷税总额与该纳税年度应纳税总额的比例。逃税行为跨越若干个纳税年度，只要其中一个纳税年度的逃税数额及百分比达到法定标准，即构成逃税罪。各纳税年度的逃税数额应当累计计算，逃税百分比应当按照最高的百分比确定。对多次实施逃税行为，未经处理的，按照累计数额计算。

3. 本罪的主体是特殊主体，即必须是纳税人或扣缴义务人。自然人和单位都可以成为本罪的主体。纳税人是指法律、行政法规规定的负有纳税义务的单位或者个人；扣缴义务人是指法律、行政法规规定的负有代扣代缴、代收代缴义务的单位或者个人。前者是指依照税法规定，有义务从持有的纳税人收入中扣除其应纳税款，并代为缴纳的单位和个人；后者是指依照税法规定，有义务借助经济往来关系，向纳税人收取其应纳税款，并代为缴纳的单位和个人。因此，偷税罪的主体既可以是自然人，也可以是单位。

4. 本罪的主观方面只能是故意，且具有不缴或者少缴应纳税款或已扣、已收税款，牟取非法利益的目的。

(二)逃税罪的认定

1. 本罪与漏税、欠税的界限

所谓漏税，是指纳税单位或者个人无意识而发生的漏缴或少缴税款的行为。所谓欠税，是指在法定的纳税期限内，纳税人因无力缴纳税款而拖欠税款的行为。区别漏税、欠税与逃税罪的关键在于看行为人主观上是否故意，以及是否具有不缴或少缴税款的目的；此外，从客观上来看，逃税行为往往采取欺骗性或者逃避性的非法手段不缴或者少缴税款，而漏税、欠税则没有采取这种手段。

2. 逃税与避税的区分

避税是指纳税人、扣缴义务人利用税法上的某些漏洞缺陷，规避法律，以期达到纳税义务最小化的经济行为。逃税与避税最大的区别是行为方式的法律性质不同。前者是采用伪造、变造账册或凭证，隐瞒收入，涂改发票等违法手段，是违反税法的行为；而后者则是利用税法的漏洞，通过转移资财等手段来躲避税收，其并不具有违法性。

(三)逃税罪的刑事责任

根据《刑法修正案(七)》第3条即刑法第201条的规定，纳税人采取欺骗、隐瞒

手段进行虚假纳税申报或者不申报，逃避缴纳税款数额较大并且占应纳税额 10%以上的，处 3 年以下有期徒刑或者拘役，并处罚金；数额巨大并且占应纳税额 30%以上的，处 3 年以上 7 年以下有期徒刑，并处罚金。扣缴义务人采取前款所列手段，不缴或者少缴已扣、已收税款，数额较大的，依照前款的规定处罚。对多次实施前两款行为，未经处理的，按照累计数额计算。

需要注意的是《刑法修正案(七)》新增的规定：有第 1 款行为，经税务机关依法下达追缴通知后，补缴应纳税款，缴纳滞纳金，已受行政处罚的，不予追究刑事责任；但是，5 年内因逃避缴纳税款受过刑事处罚或者被税务机关给予两次以上行政处罚的除外。该款规定或许可以达到鼓励行为人补交税款的目的，但从法理上说，行政处罚与刑事处罚的目的、性质差异颇大，以行为人是否受过行政处罚和是否补交税款作为对其追究刑事责任的前提仍有待商榷。

二、抗税罪

抗税罪，是指违反税收法律法规，以暴力、威胁的方法拒不交纳税款的行为。本罪客观方面必须是使用暴力、威胁方法拒不缴纳税款。这里的暴力既包括对人(履行税收职责的税务人员)的暴力也包括对物的暴力(冲击、打砸税务机关)。所谓威胁，是指对履行税收职责的税务人员实行精神上的强制，使其不敢正常履行税收职责。引例中张某在明知自己欠税的情况下，对税务人员的执法行为进行暴力抗拒，并违法限制上述人员的人身自由，完全符合本罪的构成特征，成立抗税罪，其弟成立本罪的共犯。

以暴力方法抗税致人重伤、死亡的案件如何处理，对此，刑法学界有不同的观点：有认为属于抗税罪的加重犯，有认为应按牵连犯“从一重罪”处断，有认为这种情况属转化犯，有认为应按想象竞合犯“从一重罪”处断，等等。① 本书认为，以暴力方法抗税只有一行为，因而，对这类案件以想象竞合犯处理较为合理，即根据竞合各罪的轻重程度不同进行具体分析，择一重罪处断。根据前述司法解释，实施抗税行为致人重伤、死亡，构成故意伤害罪、故意杀人罪的，分别依照刑法第 234 条第 2 款、第 232 条的规定处罚。

根据刑法第 202 条的规定，犯本罪的，处 3 年以下有期徒刑或者拘役，并处拒缴税款 1 倍以上 5 倍以下的罚金；情节严重的，处 3 年以上 7 年以下有期徒刑，并处拒缴税款 1 倍以上 5 倍以下罚金。所谓“情节严重”，根据前述司法解释第 5 条的规定，是指下列情形之一：(1)聚众抗税的首要分子；(2)抗税数额在 10 万元以上的；(3)多次抗税的；(4)故意伤害致人轻伤的；(5)具有其他严重情节。在对判处罚金的犯罪分子执行罚金前，应当先由税务机关追缴所逃避的税款。

---

① 参见马克昌主编：《经济犯罪新论》，武汉大学出版社 1998 年版，第 418～421 页。

三、逃避追缴欠税罪

逃避追缴欠税罪，是指纳税义务人欠缴应纳税款，采取转移或者隐匿财产的手段，致使税务机关无法追缴欠缴的税款，数额较大的行为。

本罪的客观方面表现为在欠缴应纳税款的前提下，采取转移或者隐匿财产的手段，致使税务机关无法追缴欠缴的税款，数额较大。具体包括以下内容：(1)须有欠缴税款的事实前提。即纳税人超过税务机关核定的纳税期限，没有按时缴纳或者缴足应纳税款的事实。(2)须有转移和隐匿财产的行为。转移，是指将财产的通常存放地点予以改变的行为；隐匿，是指将财产予以隐藏，使税务机关难以发现的行为。(3)须因转移、隐匿财产的行为而致使税务机关无法追缴。所谓"无法追缴"应理解为"足以使行为人逃税"，即只要行为人转移、隐匿财产的行为达到了足以使行为人逃税的程度，就可以认定为本罪。(4)无法追缴的数额须达到较大的程度。

根据刑法第 203 条的规定，纳税人逃避追缴欠缴税款，数额在 1 万元以上不满 10 万元的，处 3 年以下有期徒刑或者拘役，并处或者单处欠缴税款 1 倍以上 5 倍以下罚金；数额在 10 万元以上的，处 3 年以上 7 年以下有期徒刑，并处欠缴税款 1 倍以上 5 倍以下罚金。单位犯本罪的，对单位判处罚金，并对其直接负责的主管人员和其他直接责任人员，依照本条规定处罚。

四、骗取出口退税罪

骗取出口退税款罪，是指以假报出口或者其他欺骗手段，骗取国家出口退税款，数额较大的行为。

本罪的客体是国家的出口退税制度。出口退税，是指国家为鼓励国内企业出口、增强国内商品的国际竞争力而将已征收的税款再退还给企业的制度。本罪的客观方面表现为采取对所生产或者经营的商品假报出口等欺骗手段，骗取国家数额较大的出口退税款。假报出口主要表现为：通过涂改有关单据，将不退税商品假报为退税商品，将没有出口的商品假报为出口商品，虚报出口商品的数量和价格。本罪的主体既可以是自然人，也可以是单位。本罪主观方面只能是故意，且具有非法占有国家出口退税款的目的。

关于纳税人采取欺骗方法，骗取所交纳的税款如何定性的问题，根据刑法规定，对于所骗取的应交纳的税款，以逃税罪论处；对于所骗取的超过所交纳的税款部分，按照骗取出口退税罪处罚。即一次骗税行为，骗取税款超过所缴纳税款的，应按照逃税罪与骗取出口退税罪实行数罪并罚。

根据刑法第 204 条第 1 款的规定，犯本罪的，处 5 年以下有期徒刑或者拘役，并处骗取税款 1 倍以上 5 倍以下罚金；数额巨大或者有其他严重情节的，处 5 年以上10年以下有期徒刑，并处骗取税款1倍以上5倍以下罚金；数额特别巨大或者有其他特别严重情节的，处10年以上有期徒刑或者无期徒刑，并处骗取税款1倍以上5倍以下罚金或者没收财产。单位犯本罪的，对单位判处罚金，并对其直接负责的主管人员和其他直接责任人员依照本条规定处罚。

五、虚开增值税专用发票，用于骗取出口退税、抵扣税款发票罪

（一）本罪的概念与犯罪构成

虚开增值税发票，用于骗取出口退税、抵扣税款发票罪，是指故意虚开增值税专用发票或者虚开用于骗取出口退税、抵扣税款的其他发票的行为。

本罪构成要件如下：

1. 本罪的客体是国家对于专用发票的管理制度和税收征管制度。根据刑法规定，本罪对象限于两种：一是增值税专用发票；二是用于骗取出口退税、抵扣税款的其他发票。增值税专用发票，是指国家税务部门根据增值税征收管理需要，兼记货物或劳务所负担的增值税税额而设定的一种专用发票。所谓其他可以用于出口退税、抵扣税款的发票，是指除增值税专用发票外，其他可用于出口退税、抵扣税款的农产品收购发票、废旧物质回收发票、运输发票等。

2. 本罪的客观方面表现为虚开专用发票的行为，包括虚开增值税专用发票与虚开用于骗取出口退税、抵扣税款的其他发票。虚开行为，包括为他人虚开、为自己虚开、让他人为自己虚开、介绍他人虚开专用发票四种情况。具备上述行为之一的，即为虚开增值税专用发票或者用于骗取出口退税、抵扣税款的其他发票的行为。至于是否使用以及是否造成骗取出口退税款，或者抵扣税款的结果，不影响既遂的成立。同时具有两种或两种以上虚开行为的，不实行并罚，应作为量刑情节考虑。

3. 本罪的主体既可以是自然人，也可以是单位。虚开上述专用发票的行为人与骗取税款的人均应对虚开的税款数额和实际被骗取的国家税款数额承担刑事责任。

4. 本罪的主观方面为故意，一般具有获取非法利益的目的。但并非必须以此作为犯罪主观方面的要件。只要主观上明知是虚开增值税专用发票或者可用于骗取出口退税、抵扣税款的其他发票，而故意虚开的，即符合本罪的主观要件。

（二）本罪的认定

主要注意罪与非罪的界限。本罪在刑法理论上属抽象危险犯，一般情况下，只要实施了虚开行为就成立犯罪。但是由于虚开行为的情节和危害程度差别很大，并非任何虚开行为都以犯罪论处。最高人民法院1996年10月17日在《关于适用

〈全国人民代表大会常务委员会关于惩治虚开、伪造和非法出售增值税专用发票犯罪的决定〉的若干问题的解释》中规定，虚开税款数额在1万元以上或者虚开增值税专用发票致使国家税款被骗取5000元以上的，应当定罪处罚。

（三）本罪的刑事责任

根据刑法第205条和第212条的规定，犯本罪的，处3年以下有期徒刑或者拘役，并处2万元以上20万元以下罚金；虚开的税款数额较大或者有其他严重情节的，处3年以上10年以下有期徒刑，并处5万元以上50万元以下罚金；虚开的税款数额巨大或者有其他特别严重情节的，处10年以上有期徒刑或者无期徒刑，并处5万元以上50万元以下罚金或者没收财产；实施本罪行为骗取国家税款，数额特别巨大，情节特别严重，给国家利益造成特别重大损失的，处无期徒刑或者死刑，并处没收财产。单位犯本罪的，对单位判处罚金，并对其直接负责的主管人员和其他直接责任人员，处3年以下有期徒刑或者拘役；虚开的税款数额较大或者有其他严重情节的，处3年以上10年以下有期徒刑；虚开的税款数额巨大或者有其他特别严重情节的，处10年以上有期徒刑或者无期徒刑。根据上述《解释》，虚开税款数额在10万元以上的，属于"虚开的税款数额较大"；具有下列情形之一的，属于"有其他严重情节"：(1)因虚开专用发票致使国家税款被骗取5万元以上的；(2)曾因虚开专用发票受过刑罚处罚的；(3)具有其他严重情节的。虚开税款数额50万元以上的，属于"虚开的税款数额巨大"；具有下列情形之一的，属于"有其他特别严重情节"：(1)因虚开专用发票致使国家税款被骗取30万元以上的；(2)虚开的税款数额接近巨大并有其他严重情节的；(3)具有其他特别严重情节的。利用虚开的专用发票实际抵扣税款或者骗取出口退税100万元以上的，属于"骗取国家税款，数额特别巨大"；造成国家税款损失50万元以上并且在侦查终结前仍无法追回的，属于"给国家利益造成特别重大损失"。利用虚开的专用发票骗取国家税款数额特别巨大、给国家利益造成特别重大损失，为"情节特别严重"的基本内容。在执行罚金、没收财产前，应当先由税务机关追缴税款。

六、伪造、出售伪造的增值税专用发票罪

伪造、出售伪造的增值税专用发票罪，是指伪造或者出售伪造的增值税专用发票的行为。

本罪的客观方面表现为实施伪造增值税专用发票行为和出售伪造的增值税专用发票的行为。"出售伪造的增值税专用发票"应是指出售他人伪造的增值税发票，出售自己伪造的增值税发票可被伪造行为吸收。本罪为选择性罪名。本罪的主体包括自然人和单位。本罪的主观方面为故意。根据前述《追诉标准》第54条的规定，对伪造或者出售伪造的增值税专用发票25份以上或者票面额累计在10

万元以上的，应当定罪处罚。

根据刑法第 206 条的规定，犯本罪的，处 3 年以下有期徒刑、拘役或者管制，并处 2 万元以上 20 万元以下罚金；数量较大或者有其他严重情节的，处 3 年以上 10 年以下有期徒刑，并处 5 万元以上 50 万元以下罚金；数量巨大或者有其他特别严重情节的，处 10 年以上有期徒刑或者无期徒刑，并处 5 万元以上 50 万元以下罚金或者没收财产。对于伪造并出售伪造的增值税专用发票的行为，如果数量特别巨大、情节特别严重，严重破坏经济秩序的，处无期徒刑或者死刑，并处没收财产。单位犯本罪的，对单位判处罚金，并对其直接负责的主管人员和其他直接责任人员，处 3 年以下有期徒刑、拘役或者管制；数量较大或者有其他严重情节的，处 3 年以上 10 年以下有期徒刑；数量巨大或者有其他特别严重情节的，处 10 年以上有期徒刑或者无期徒刑。

七、非法出售增值税专用发票罪

非法出售增值税专用发票罪，是指违反国家发票管理法规，将增值税专用发票非法出卖的行为。

本罪的客观方面表现为非法出售增值税专用发票的行为。但是，其出售的对象是真实的增值税专用发票而非虚假的增值税专用发票，这是本罪与出售伪造的增值税专用发票罪在客观方面的主要区别。本罪的主体是一般主体，根据刑法要求是指无权出售增值税专用发票的单位或者个人。根据前述《追诉标准》第 55 条的规定，对出售增值税专用发票 25 份以上或者票面额累计在 10 万元以上的，应当定罪处罚。根据刑法第 207 条的规定，犯本罪的，处 3 年以下有期徒刑、拘役或者管制，并处 2 万元以上 20 万元以下罚金；数量较大的，处 3 年以上 10 年以下有期徒刑，并处 5 万元以上 50 万元以下罚金；数量巨大的，处 10 年以上有期徒刑或者无期徒刑，并处 5 万元以上 50 万元以下罚金或者没收财产。单位犯本罪的，对单位判处罚金，并且对其直接负责的主管人员和其他直接责任人员，依照本条规定处罚。

八、非法购买增值税专用发票、购买伪造的增值税专用发票罪

非法购买增值税专用发票、购买伪造的增值税专用发票罪，是指违反国家发票管理制度，非法买进增值税专用发票或者明知是伪造的增值税专用发票而非法买进的行为。

本罪是选择性罪名，非法购买真、伪两种增值税专用发票的，数量累计计算，不实行数罪并罚。非法购买增值税专用发票或者购买伪造的增值税专用发票又虚开或者出售的，分别以虚开增值税专用发票、用于骗取出口退税、抵扣税款发票罪，出

售伪造的增值税专用发票罪,非法出售增值税专用发票罪论处。本罪的主体包括自然人和单位。本罪的主观方面为故意。

根据前述《追诉标准》第 56 条的规定,对非法购买增值税专用发票或者购买伪造的增值税专用发票 25 份以上或者票面额累计在 10 万元以上的,应当定罪处罚。根据刑法第 208 条和第 211 条的规定,犯本罪的,处 5 年以下有期徒刑或者拘役,并处或者单处 2 万元以上 20 万元以下罚金。单位犯本罪的,对单位判处罚金,并且对其直接负责的主管人员和其他直接责任人员,依照上述规定处罚。

九、非法制造、出售非法制造的用于骗取出口退税、抵扣税款发票罪

非法制造、出售非法制造的用于骗取出口退税、抵扣税款发票罪,是指违反国家发票管理,非法印制或者出售所非法印制的可以用于出口退税或者抵扣税款的发票的行为。本罪的对象是与出口退税和抵扣税款有关的发票,而非一般发票。本罪是选择性罪名,司法实践中应根据具体案情,选择适用或并和适用。个人和单位均可构成。根据前述《追诉标准》第 57 条的规定,对伪造、擅自制造或者出售伪造、擅自制造的可以用于骗取出口退税、抵扣税款发票 50 份以上的,应当定罪处罚。根据刑法第 209 条第 1 款、第 211 条的规定,犯本罪的,处 3 年以下有期徒刑、拘役或者管制,并处 2 万元以上 20 万元以下罚金;数量巨大的,处 3 年以上 7 年以下有期徒刑,并处 5 万元以上 50 万元以下罚金;数量特别巨大的,处 7 年以上有期徒刑,并处 5 万元以上 50 万元以下罚金或者没收财产。单位犯本罪的,对单位判处罚金,并且对其直接负责的主管人员和其他直接责任人员,依照上述规定处罚。

十、非法制造、出售非法制造的发票罪

非法制造、出售非法制造的发票罪,是指违反国家发票管理法规,伪造、擅自制造或者出售伪造、擅自制造的非专用发票的行为。本罪的对象是普通发票,既不是增值税专用发票,也不是可以用于骗取出口退税、抵扣税款的其他发票,而是上述两种发票以外的其他发票。本罪的主体是一般主体。本罪的主观方面是故意。根据前述《追诉标准》第 58 条的规定,对伪造、擅自制造或者出售伪造、擅自制造的不具有骗取出口退税、抵扣税款功能的普通发票 50 份以上的,应当定罪处罚。根据刑法第 209 条第 2 款、第 211 条的规定,犯本罪的,处 2 年以下有期徒刑、拘役或者管制,并处或者单处 1 万元以上 5 万元以下罚金;情节严重的,处 2 年以上 7 年以下有期徒刑,并处 5 万元以上 50 万元以下罚金。单位犯本罪的,对单位判处罚金,并且对其直接负责的主管人员和其他直接责任人员,依照上述规定处罚。

十一、非法出售用于骗取出口退税、抵扣税款发票罪

非法出售用于骗取出口退税、抵扣税款发票罪，是指违反国家发票管理制度，非法出售可以用于骗取退税、抵扣税款的其他发票的行为。与出售伪造、擅自制造的专用发票行为不同的是，本罪的对象是真实的有效的专用发票而非伪造的或者擅自制造的非法的无效的专用发票。个人和单位均可以构成本罪。根据前述《追诉标准》第 59 条的规定，对非法出售可以用于骗取出口退税、抵扣税款的发票，50 份以上的，应当定罪处罚。根据刑法第 209 条第 3 款、第 211 条的规定，犯本罪的，处 3 年以下有期徒刑、拘役或者管制，并处 2 万元以上 20 万元以下罚金；数量巨大的，处 3 年以上 7 年以下有期徒刑，并处 5 万元以上 50 万元以下罚金；数量特别巨大的，处 7 年以上有期徒刑，并处 5 万元以上 50 万元以下罚金或者没收财产。单位犯本罪的，对单位判处罚金，并且对其直接负责的主管人员和其他直接责任人员，依照上述规定处罚。

十二、非法出售发票罪

非法出售发票罪，是指违反国家发票管理制度，非法出售除增值税专用发票，可以用于骗取出口退税、抵扣税款的非增值税专用发票以外的其他普通发票的行为。与出售伪造、擅自制造的普通发票行为不同的是，本罪的对象是真实的有效的普通发票。个人和单位均可以构成本罪。根据前述《追诉标准》第 60 条的规定，对非法出售普通发票，50 份以上的，应当定罪处罚。根据刑法第 209 条第 4 款的规定，犯本罪的，处 2 年以下有期徒刑、拘役或者管制，并处 1 万元以上 5 万元以下罚金；情节严重的，处 2 年以上 7 年以下有期徒刑，并处 5 万元以上 50 万元以下罚金。单位犯本罪的，对单位判处罚金，并且对其直接负责的主管人员和其他直接责任人员，依照上述规定处罚。

第八节 侵犯知识产权罪

【引 例】

被告人李某大学毕业后，受雇于某市好又多百货商业广场有限公司，任资讯部副经理。2007 年 8 月，李某在明知公司对资讯部有“不准泄露公司内部任何商业机密信息，不准私自使用 FTP 上传或下载信息”规定的情况下，擅自使用 FTP 程式，将公司的供货商名称地址、商品购销价格、公司经营业绩及会

员客户通讯录等资料，从公司电脑中心服务器上下载到自己使用的终端机，秘密复制软盘，到其他商业机构兜售。W有限公司与李某洽商并查看部分资料打印样本后，于2007年8月13日以2万元现金交易成功。李某的“兜售”行为持续到同年10月13日，后案发。

一、假冒注册商标罪

(一)假冒注册商标罪的概念与犯罪构成

假冒注册商标罪，是指未经注册商标所有人的许可，在同一种商品上使用与其注册商标相同的商标，情节严重的行为。

本罪的构成要件是：

1. 本罪的客体是注册商标专用权。所谓注册商标的专用权是指注册商标权人对其注册商标所享有的专用权，其核心是商标权人对其注册商标享有排他性的支配权，可以独占使用；禁止他人擅自使用；也可转让，或者许可他人使用等等。本罪所侵犯的对象是他人已注册的商品商标。

2. 本罪的客观方面表现为未经注册商标所有人许可，在同一种商品上使用与他人注册商标相同的商标。首先，行为人必须“未经许可”使用他人的注册商标。这是其行为侵犯他人注册商标专用权的实质所在，也是本罪违法性的具体体现。我国现行《商标法》第26条明文规定：“商标注册人可以通过签订商标使用许可合同，许可他人使用其注册商标。”这就意味着经商标注册人许可使用其注册商标是法律所允许的。其次，行为人实施了假冒他人注册商标的行为。指行为人在同一种商品上使用与他人注册商标相同的商标。所谓“相同的商标”，是指与被假冒的注册商标完全相同，或者与被假冒的注册商标在视觉上基本无差别，足以对公众产生误导的商标。①

3. 本罪的主体是一般主体，个人和单位都可以成为本罪的主体。

4. 主观方面只能由故意构成，即行为人明知是他人注册商标，而未经注册商标所有人许可，在同一种商品上使用与该注册商标相同的商标，目的一般是营利或者谋取非法利益，但并不以此种目的作为犯罪成立要件。

此外，成立本罪还要求“情节严重”。所谓“情节严重”，根据前述“两高”司法解释第1条第1款的规定，是指下列情形之一：(1)非法经营数额在5万元以上或者违法所得数额在3万元以上的；(2)假冒两种以上注册商标，非法经营数额在3万元以上或者违法所得数额在2万元以上的；(3)其他严重的情形。所谓“非法经营

① 最高人民法院、最高人民检察院《关于办理侵犯知识产权刑事案件具体应用法律若干问题的解释》(2004年12月8日)。

数额”，是指行为人在实施侵犯知识产权行为过程中，制造、储存、运输、销售侵权产品的价值。已销售的侵权产品的价值，按照实际销售价格计算。未销售的侵权产品的价值，按照标价或者已经查清的侵权产品的实际销售平均价格计算。侵权产品没有标价或者无法查清其实际销售价格的，按照被侵权产品的市场中间价格计算。

（二）假冒注册商标罪的认定

1. 本罪与一般商标侵权行为的区别

如前所述，只有未经注册商标所有人的许可，在同一种商品上使用与他人注册商标相同的商标，才是刑法上的假冒他人注册商标的行为。如果未经商标所有人的许可，在同一种商品上使用与他人注册商标近似的商标，或者在类似商品上使用与他人注册商标相同或近似的商标，则不是刑法上的假冒他人注册商标的行为，只是商标法上侵犯他人注册商标专用权的一般侵权行为，不能以本罪论处。

2. 本罪的罪数问题

认定本罪时，还应正确处理本罪与以假冒注册商标的方式生产、销售伪劣商品犯罪的关系。对以假冒注册商标方式生产、销售伪劣商品的行为性质认定，学界存在不同的观点，有学者认为该行为是牵连犯，有人则认为这是一种法条竞合，还有学者认为属于一行为触犯数罪名的想象竞合犯。当然，这些观点的法律后果都只能对该行为以一罪论处。本书倾向于按照想象竞合犯处断，因为，以假冒注册商标的方式生产、销售伪劣商品，难以明显地区分出手段与目的两个行为，一行为更符合犯罪事实特征，而且该行为明显侵犯的是不同的法益，而非单一法益，所以，按照想象竞合犯来认定行为性质更为恰当。

（三）假冒注册商标罪的刑事责任

根据刑法第 213 条、第 220 条的规定，犯本罪的，处 3 年以下有期徒刑或者拘役，可以并处或者单处罚金；情节特别严重的，处 3 年以上 7 年以下有期徒刑，并处罚金。单位犯本罪的，对单位判处罚金，并对其直接负责的主管人员和其他直接责任人员，依照上述规定处罚。所谓“情节特别严重”，根据前述司法解释的规定，是指具有下列情形之一：(1)非法经营数额在 25 万元以上或者违法所得数额在 15 万元以上的；(2)假冒两种以上注册商标，非法经营数额在 15 万元以上或者违法所得数额在 10 万元以上的；(3)其他情节特别严重的情形。

二、销售假冒注册商标的商品罪

销售假冒注册商标的商品罪，是指违反商标管理法规，销售明知是假冒注册商标的商品，销售金额数额较大的行为。本罪的客观方面表现为行为人实施了销售

假冒注册商标的商品的行为。销售行为包括批发和零售。即不管是批发还是零售,只要所销售的商品是假冒注册商标的商品,就构成本罪。本罪的主体是一般主体。本罪的主观方面表现为故意,刑法要求行为人主观上具有明知要件。所谓"明知",根据最高人民法院、最高人民检察院《关于办理侵犯知识产权刑事案件具体应用法律若干问题的解释》(2004 年 12 月 8 日)第 9 条的规定,是指下列情形之一:(1)知道自己销售的商品上的注册商标被涂改、调换或者覆盖的;(2)因销售假冒注册商标的商品受到过行政处罚或者承担过民事责任,又销售同一种假冒注册商标的商品的;(3)伪造、涂改商标注册人授权文件或者知道该文件被伪造、涂改的;(4)其他知道或者应当知道是假冒注册商标的商品的情形。明知他人实施侵犯知识产权犯罪,而为其提供贷款、资金、账号、发票、证明、许可证件,或者提供生产、经营场所或者运输、储存、代理进出口等便利条件、帮助的,以侵犯知识产权犯罪的共犯论处。根据刑法第 214 条的规定,犯本罪的,处 3 年以下有期徒刑或者拘役,并处或者单处罚金;销售金额巨大的,处 3 年以上 7 年以下有期徒刑,并处罚金。单位犯本罪的,对单位判处罚金,并对其直接负责的主管人员和其他直接责任人员,依照本条规定处罚。所谓"数额巨大",根据上述"两高"司法解释的规定,是指销售金额在 25 万元以上的情形。

三、非法制造、销售非法制造的注册商标标识罪

非法制造、销售非法制造的注册商标标识罪,是指违反国家商标管理法规,伪造、擅自制造他人注册商标标识或者销售伪造、擅自制造的注册商标标识,情节严重的行为。商标标识,是指商品本身或其包装上使用的附有文字、图形或文字与图形的结合所构成的商标图案的物质实体,如商标纸、商标标牌等。所谓"情节严重",根据前述司法解释的规定,是指具有下列情形之一:(1)伪造、擅自制造或者销售伪造、擅自制造的注册商标标识数量在 2 万件以上,或者非法经营数额在 5 万元以上,或者违法所得数额在 3 万元以上的;(2)伪造、擅自制造或者销售伪造、擅自制造两种以上注册商标标识数量在 1 万件以上,或者非法经营数额在 3 万元以上或者违法所得数额在 2 万元以上的;(3)其他情节严重的情形。注册商标标识的"件",是指标有完整商标图样的一份标识。根据刑法第 215 条的规定,犯本罪的,处 3 年以下有期徒刑、拘役或者管制,并处或者单处罚金;情节特别严重的,处 3 年以上 7 年以下有期徒刑,并处罚金。单位犯本罪的,对单位判处罚金,并对其直接负责的主管人员和其他直接责任人员,依照本条规定处罚。所谓"情节特别严重",根据上述司法解释的规定,是指下列情形之一:(1)伪造、擅自制造或者销售伪造、擅自制造的注册商标标识数量在 10 万件以上,或者非法经营数额在 25 万元以上,或者违法所得数额在 15 万元以上的;(2)伪造、擅自制造或者销售伪造、擅自制造两种以上注册商标标识数量在 5 万件以上,或者非法经营数额在 15 万元以上或者

违法所得数额在10万元以上的;(3)其他情节严重的情形。

四、假冒专利罪

假冒专利罪,是指违反国家专利管理法规,假冒他人专利,情节严重的行为。本罪的客观方面表现为未经专利权人许可,假冒他人专利,情节严重的行为。根据前述司法解释的规定,所谓"假冒他人专利"的行为,是指实施下列行为之一:(1)未经许可,在其制造或者销售的产品、产品的包装上标注他人专利号的;(2)未经许可,在广告或者其他宣传材料中使用他人的专利号,使人将所涉及的技术误认为是他人专利技术的;(3)未经许可,在合同中使用他人的专利号,使人将合同涉及的技术误认为是他人专利技术的;(4)伪造或者变造他人的专利证书、专利文件或者专利申请文件的。值得注意的是,刑法要求行为人假冒的专利应该是有效的专利。因为专利权的保护不是无限期的,专利权超过了有效保护期限,则是公有公知技术,任何人都可以使用,不再存在侵权犯罪问题。本罪的主体是一般主体,自然人和单位都可以构成本罪。本罪的主观方面表现为故意,即故意地假冒他人专利产品或者实施他人专利技术。成立本罪还要求"情节严重",根据前述司法解释的规定,是指下列情形之一:(1)非法经营数额在20万元以上或者违法所得数额在10万元以上的;(2)给专利权人造成直接经济损失50万元以上的;(3)假冒两项以上他人专利,非法经营数额在10万元以上或者违法所得数额在5万元以上的;(4)其他情节严重的情形。根据刑法第216条的规定,犯本罪的,处3年以下有期徒刑或者拘役,并处或者单处罚金。单位犯本罪的,对单位判处罚金,并对直接负责的主管人员和其他直接责任人员,依照本条规定处罚。

五、侵犯著作权罪

侵犯著作权罪,是指以营利为目的,违反著作权管理法规,侵犯他人著作权或邻接权,违法所得数额较大或者有其他严重情节的行为。本罪客观方面表现为侵犯他人著作权的行为,虽然《著作权法》规定了多种侵犯他人著作权的行为方式,但刑法第217条仅规定了以下四种行为可以成立本罪:(1)未经著作权人许可,以复制发行其作品方式侵犯其著作权的行为。所谓"未经著作权人许可",是指没有得到著作权人授权或者伪造、涂改著作权人授权许可文件或者超出授权许可范围的情形。[①] (2)出版他人享有专有出版权的图书。所谓图书专有出版权,是指图书出版者根据与著作权人签订的图书出版专有合同,对著作权人交付出版的作品在合

① 参见最高人民法院、最高人民检察院《关于办理侵犯知识产权刑事案件具体应用法律若干问题的解释》(2004年12月8日)第11条的规定。

同指定的时间和地区内通过原版、修订版方式以图书形式出版的独占权力。(3)未经录音录像制作人许可,复制发行其制作的录音录像作品。(4)制作、出售假冒他人署名的美术作品行为。成立本罪还要求违法所得数额较大或者有其他严重情节。根据前述司法解释,违法所得数额较大是指违法所得数额在3万元以上的情形。"有其他严重情节",是指具有下列情形之一:(1)非法经营数额在5万元以上的;(2)未经著作权人许可,复制发行其文字作品,音乐、电影、电视、录像作品,计算机软件及其他作品,复制品数量合计在1000张(份)以上的;(3)其他严重情节的情形。本罪的主体是一般主体,包括自然人和单位。本罪的主观方面表现为故意,而且刑法明确要求"以营利为目的"是构成犯罪的要件。根据前述司法解释第11条的规定,以刊登收费广告等方式直接或者间接收取费用的情形,属于"以营利为目的"。根据刑法第217条的规定,犯本罪的,处3年以下有期徒刑或者拘役,并处或者单处罚金;违法所得数额巨大或者有其他特别严重情节的,处3年以上7年以下有期徒刑,并处罚金。单位犯本罪的,对单位判处罚金,并对其直接负责的主管人员和其他直接责任人员,依照本条规定处罚。所谓"违法所得数额巨大",是指违法所得数额在15万元以上的情节。所谓"有其他特别严重情节",是指具有下列情形之一:(1)非法经营数额在25万元以上的;(2)未经著作权人许可,复制发行其文字作品,音乐、电影、电视、录像作品,计算机软件及其他作品,复制品数量合计在5000张(份)以上的;(3)其他特别严重情节的情形。

六、销售侵权复制品罪

销售侵权复制品罪,是指以营利为目的,明知是侵犯他人著作权的复制品而予以销售,违法所得数额巨大的行为。本罪的客观方面表现为销售侵权复制品的行为。行为方式是销售。销售是指将侵权复制品出售给消费者。行为对象是侵权复制品,具体是指非法复制、出版、制作的文字作品、音乐、电影、电视、录音、计算机软件、他人享有专有出版权的图书、假冒他人署名的美术作品。本罪的主体只能是侵犯著作权罪主体以外的个人或者单位,侵犯著作权罪的主体销售侵权复制品的,属于吸收犯,只能定侵犯著作权罪,但如果销售的是他人非法复制的侵权复制品的,则应数罪并罚。犯罪主观方面是故意,并且具有营利目的。成立本罪要求"违法所得数额巨大",根据相关司法解释,是指违法所得数额在15万元以上的情形。根据刑法第218条的规定,犯本罪的,处3年以下有期徒刑或者拘役,并处或者单处罚金。单位犯本罪的,对单位判处罚金,并对其直接负责的主管人员和其他直接责任人员,依照本条规定处罚。

七、侵犯商业秘密罪

(一)侵犯商业秘密罪的概念与犯罪构成

侵犯商业秘密罪是指以盗窃、利诱、胁迫或其他不正当手段获取权利人的商业秘密,或者披露、使用或允许他人使用以不正当手段获取的权利人的商业秘密,或者违反约定或违反权利人有关保守商业秘密的要求,披露、使用或允许他人使用其所掌握的商业秘密,给商业秘密的权利人造成重大损失的行为。

本罪的构成要件是:

1. 本罪的客体是他人对商业秘密的专有权。此种专有权表现为权利人对商业秘密的占有、使用、收益和处分的权利。本罪侵犯的对象是商业秘密。我国刑法关于商业秘密的定义沿用了《反不正当竞争法》第 10 条中关于商业秘密的定义。《刑法》第 129 条规定:"本条所称商业秘密,是指不为公众所知悉,能为权利人带来经济利益,具有实用性并经权利人采取保密措施的技术信息和经营信息。"根据这个定义,商业秘密具有如下特征:(1)信息性。即商业秘密本身是一种信息,它能对某方面的经济活动产生积极影响。(2)经济性。即能为权利人带来经济利益。刑法中的商业秘密包括两大类:其一是技术信息,即指在产品的生产和制造过程中的技术诀窍或秘密技术、非专利技术成果、专有技术,有人称之为工业秘密。其二是经营信息,一般是指与经营有关的重大决策以及与自己有业务往来的客户名单、进货渠道、销售网络等情况。(3)实用性。即指该信息具有确定的可应用性,而不是脱离实际的抽象观念。(4)保密性。指这些信息不为公众所知悉,只限于少数人知道,并且权利人已对这些信息采取了保密防范措施,防止他人轻易获取。此外,商业秘密还具有使用权可以转让、没有固定的保护期限、内容广泛等特点。例如,引例中李某所盗卖的好又多公司所联络的供货厂商、供应品种、供货价格、供应数量及商场的销售价格、营业利润、经营业绩和商场所联系的相对固定的常年顾客等资料,在公司内部有保密规定且已采取了保密措施,不为外人所知悉。因此,李某所盗卖的"好又多"商业信息,属于商业秘密。

2. 本罪的客观方面,表现为行为人实施了侵犯商业秘密的行为,并且给权利人造成了重大损失。根据我国刑法第 219 条的规定,侵犯商业秘密的行为有以下几种具体表现形式:(1)以盗窃、利诱、胁迫或者其他不正当手段获取权利人的商业秘密。商业秘密权利人,指商业秘密的所有人和经商业秘密所有人许可的商业秘密使用人。盗窃,一般是指通过窃取商业秘密的载体而获取商业秘密。利诱,是指以金钱、物品或者其他利益为诱饵,使掌握商业秘密的人提供商业秘密。胁迫,是指对知悉商业秘密的人进行恐吓、威胁,迫使其提供商业秘密。其他不正当手段,是指除盗窃、利诱、胁迫以外的其他非法手段,如通过诈骗、抢夺等方式非法获取商

业秘密。(2)披露、使用或者允许他人使用以上述第一种手段获取的权利人的商业秘密。这是上述第一种行为的延续，即行为人已经通过盗窃、利诱、胁迫或者其他不正当手段获取了权利人的商业秘密，又实施了披露、使用或者允许他人使用这些商业秘密的行为。披露，是指行为人将其以前项手段非法获取的权利人的商业秘密向他人公开。披露方式多种多样，可以采用口头或书面方式，利用广播、电视、报刊、广告等新闻媒介的方式，将包含商业秘密的样品、产品、模型等予以展示等，披露的方式如何不影响其犯罪行为的成立。使用，是指将自己非法获取的商业秘密用于生产或者经营。允许他人使用，是指允许他人将自己非法获得的商业秘密用于生产或者经营，包括有偿与无偿使用。(3)违反约定或者违反权利人有关保守商业秘密的要求，披露、使用或者允许他人使用其所掌握的商业秘密。这是指合法知悉商业秘密内容的人披露、使用或者允许他人使用其所掌握的商业秘密的行为，行为人一般是与商业秘密的权利人订立许可使用合同的一方当事人、权利人单位知悉商业秘密的工作人员或从该单位调出、离退休并与单位订有保密协议的有关人员以及一些为权利人提供中介服务的外部人员，如律师、注册会计师、审计师等等。行为人违反保密义务，而披露、使用或允许他人使用权利人的商业秘密，自然构成侵犯他人商业秘密的行为。(4)明知或者应知前三种行为事实而获取、使用或者披露他人商业秘密的行为。这是间接侵犯商业秘密的行为，即第三者明知或者应知向其传授商业秘密的人具有上述违法行为，但仍然获取、使用或者披露他人的商业秘密。

此外，构成本罪还要求侵犯商业秘密的行为给权利人造成重大损失，根据前述“两高”的司法解释第 7 条第 1 款的规定，是指给商业秘密权利人造成损失数额在 50 万元以上的情形。

3. 本罪的主体是一般主体，自然人和单位均可构成本罪。

4. 本罪的主观方面一般认为应为故意。行为人实施上述第(1)项至第(3)项行为的，明显只能是故意。行为人实施上述第(4)项行为时，如果行为人是在“明知”的情况下实施的，也属故意无疑。问题是如果行为人是在“应知”的情况下实施的，是否也属故意，则有疑问。对此是否属于过失，还值得进一步研究。

(二)侵犯商业秘密罪的认定

1. 本罪与假冒注册商标罪、假冒专利罪、侵犯著作权罪的界限。它们有相似之处，都侵犯了知识产权，但区别也是明显的：(1)对象不同，本罪是商业秘密，而后三者分别是商标、专利和著作权；(2)客观方面的手段不同，本罪为以不法手段获取商业秘密，或者非法披露、使用或者允许他人使用商业秘密，其他犯罪主要表现为假冒行为。对于以盗窃、利诱、胁迫或者其他不正当手段获取他人商业秘密，然后使用该商业秘密制造产品并假冒他人注册商标的，原则上应以数罪论处。对于单纯非法使用他人商业秘密制造产品并假冒他人注册商标的，应认定为一行为触犯了数罪名的想象竞合犯，以一重罪论处。

2. 本罪与侵犯国家秘密罪、非法获取国家秘密罪的竞合问题。首先，本罪侵犯的对象是商业秘密，商业秘密属于财产权范畴，是一种私权，体现权利人的经济利益、个别意志；而侵犯国家秘密罪与非法获取国家秘密罪侵犯的对象是国家秘密，国家秘密属于政治权力范畴，是一种公权，体现的是国家意志，关系到国家的安全和利益，即使国家秘密涉及经济方面，也属国家整体经济利益而非个别利益。其次，侵犯商业秘密罪的主体是一般主体，而故意泄露国家秘密罪的主体则是特殊主体，只有国家机关工作人员才能构成该罪。如果公司、企业的某项商业秘密属于国家秘密的，行为人侵犯这种商业秘密的，则属于法条竞合，应按从一重处断的原则，依照故意泄漏国家秘密罪或非法获取国家秘密罪定罪处罚。

(三)侵犯商业秘密罪的刑事责任

根据刑法第 219 条的规定，犯本罪的，处 3 年以下有期徒刑或者拘役，并处或者单处罚金；造成特别严重后果的，处 3 年以上 7 年以下有期徒刑，并处罚金。单位犯本罪的，对单位判处罚金，并对其直接负责的主管人员和其他直接责任人员，依照本条规定处罚。所谓"造成特别严重后果"，按照前述"两高"司法解释第 7 条第 2 款的规定，是指给商业秘密权利人造成损失数额在 250 万元以上的情形。

第九节 扰乱市场秩序罪

【引 例】

2004 年 12 月 19 日，被告人刁某驾驶"豫 N-41033"号货车在海南经浙江台州货运部驻海口办事处徐某某介绍，与海南省东方黎族自治县板桥镇供销社的王某某签订了西瓜货运协议，约定卸货地点为上海。运输途中，被告人刁某为了偿还个人欠账，改道将西瓜运至郑州。次日，又租车将西瓜拉到浙江嘉兴水果市场销售，售价 69000 元，后携款逃匿。

一、损害商业信誉、商品声誉罪

损害商业信誉、商品声誉罪，是指捏造并散布虚伪事实，损害他人的商业信誉、商品声誉，给他人造成重大损失或者有其他严重情节的行为。

本罪的客观方面表现为捏造并散布虚伪事实，损害他人的商业信誉、商品声誉。捏造，是指编造、虚构本不存在或与真相不相符的事实。散布，是将捏造的事实传播出去使他人知悉或者可能知悉的行为。他人，既可以是竞争对手，也可以是

其他人，既可以是个人，也可以是单位。散布，不要求公然进行，但对于散布的对象如何界定刑法理论上有争议。有观点认为散布的对象只能是不特定或者多数人。① 有观点认为向固定的商业伙伴散布捏造的虚假事实，使他人因商业信誉、商品声誉受到破坏而无法进行经营活动的，也构成本罪，②即散布的对象也可以是特定的少数人。前一观点重视的是对市场竞争秩序的保护，后一观点侧重的是对他人商誉的保护。本书认为，保护市场竞争秩序是通过保护具体的竞争关系来实现的，因而，即使向特定的少数人散布虚假事实也可能构成本罪，只要这种散布行为导致他人受到重大损害或者具备其他严重情节。所谓"重大损失或者有其他严重情节"，根据前述《追诉标准》第 66 条的规定，是指下列情形之一：(1)给他人造成的直接经济损失数额在 50 万元以上的。(2)虽未达到上述数额标准，但具有下列情形之一的：其一，严重妨害他人正常生产经营活动或者导致停产、破产的；其二，造成恶劣影响的。根据刑法第 221 条、第 231 条的规定，犯本罪的，处 2 年以下有期徒刑或者拘役，并处或者单处罚金；单位犯本罪的，对单位判处罚金，并对其直接负责的主管人员和其他直接责任人员，依照个人犯本罪的规定处罚。

二、虚假广告罪

(一)虚假广告罪的概念与犯罪构成

虚假广告罪是指广告主、广告经营者、广告发布者违反国家规定，利用广告对商品或者服务作虚假宣传，情节严重的行为。

本罪的构成要件是：

1. 本罪的客体是复杂客体，包括国家对广告的管理制度和消费者的合法权益。利用商业广告对商品或者服务进行宣传，既是经营者促销商品和招揽生意的重要手段，又是消费者了解、选择商品或者服务的重要信息根据。如果利用商业广告对商品或者服务作虚假宣传，则不仅直接破坏了国家对广告的管理制度，扰乱市场竞争秩序，而且也会误导消费者选购商品或者选择服务，损害消费者的合法权益。作为本罪对象的广告，是指我国《广告法》中所指的商业广告，而非公益性广告。

2. 本罪的客观方面表现为违反国家规定，利用广告对商品或者服务作虚假宣传，情节严重的行为。首先，违反国家规定。这主要是指违反《中华人民共和国广告法》、《中华人民共和国反不正当竞争法》及其他有关广告法规规定的，"广告主、广告经营者、广告发布者从事广告活动，应当遵守法律、行政法规，遵守公平诚实信

① 参见张明楷著：《刑法学》(第 2 版)，法律出版社 2004 年版，第 660 页。

② 参见周光权著：《刑法各论讲义》，清华大学出版社 2003 年版，第 347 页。

用的原则”等具体规定。其次，利用广告对商品或者服务作虚假宣传。即商品的经营者或者服务者为了商业目的，通过报刊、广播、电视、电影、路牌、橱窗等媒介或者形式，直接或者间接对自己的商品或者服务所进行的公开宣传。

3. 本罪的主体是特殊主体。即只能是广告主、广告经营者和广告发布者。“广告主”，是指为推销商品或者提供服务，自行或者委托他人设计、制作、发布广告的法人、其他经济组织或者个人。“广告经营者”，是指受委托提供广告设计、制作、代理服务的法人、其他经济组织或者个人。“广告发布者”，是指为广告主或者广告主委托的广告经营者发布广告的法人或者其他经济组织。广告主、广告经营者、广告发布者三者可能会重合。本罪主体既可以是自然人，也可以是单位。

4. 本罪主观方面为故意，即明知利用广告对商品或者服务作虚假宣传的行为会扰乱市场秩序，损害消费者的权益，仍然希望或者放任这种结果的发生。如果对广告的虚假内容不是明知，即使有过失，也不能以本罪论处。

此外，成立本罪还要求“情节严重”，根据前述《追诉标准》第67条的规定，是指下列情形之一：(1)违法所得数额在10万元以上的；(2)给消费者造成的直接经济损失在50万元以上的；(3)虽未达到上述数额标准，但因利用广告作虚假宣传，受过行政处罚2次以上，又利用广告作虚假宣传的；(4)造成人身伤残或者其他严重后果的。

(二)虚假广告罪的认定

1. 虚假广告罪与损害商业信誉、商品声誉罪的区别。虚假广告罪的本质特征，是利用广告对自己或他人的商品、服务作虚假宣传；而损害商业信誉、商品声誉罪的本质特征，是捏造并散布虚伪事实，损害他人的商业信誉、商品声誉。但是损害商业信誉、商品声誉的行为也可能通过虚假广告的形式实施，即有可能发生行为同时符合上述两罪的可能，在这种情况下，属于想象竞合犯，只能以一个重罪论处。但两者法定刑完全相同，这时需要比较犯罪事实中“行为”的基本性质：如果该虚假广告的内容主要是损害他人商誉，按损害商业信誉、商品声誉罪处罚；如果该广告的内容主要是弄虚作假、欺骗用户或消费者的，按虚假广告罪论处。

2. 虚假广告罪与诈骗罪的界限。虚假广告罪与诈骗罪的界限本来比较明显，但是，在司法实践中完全可能发生利用广告进行诈骗的情况。由于虚假广告罪以牟取非法利润为目的，而诈骗罪以非法占有他人财物为目的，因此，在行为人以客观上根本不存在的纯属虚构的“产品”或者“服务”，使用完全虚假的广告骗取钱财，根本不提供产品或者服务的，这种行为的目的实质上是非法占有他人财物的目的，应以诈骗罪论处。

3. 虚假广告罪与生产、销售伪劣商品犯罪的关系。这两种犯罪的构成要件区分较为明显，单纯比较两罪不会发生混淆。但行为人可能利用广告对自己生产、销售的伪劣商品作虚假宣传，或者说利用广告生产、销售伪劣商品。在这种情况下，

可以认为是牵连犯，手段行为触犯了其他罪名，只以一个重罪论处，即仅认定为生产、销售伪劣商品犯罪。

(三)虚假广告罪的刑事责任

根据刑法第 222 条、第 231 条的规定，犯本罪的，处 2 年以下有期徒刑或者拘役，并处或者单处罚金。单位犯本罪的，对单位判处罚金，并对其直接负责的主管人员和其他直接责任人员，依照上述规定处罚。

三、串通投标罪

串通投标罪，是指投标人相互串通投标报价，损害招标人或者其他投标人利益，情节严重，或者投标人与招标人串通投标，损害国家、集体、公民的合法权益的行为。

本罪在客观方面表现为两种情况：一是投标人相互串通投标报价，损害招标人或者其他投标人的利益，并且情节严重的行为。二是投标人与招标人串通投标，损害国家、集体、公民合法权益。第二种情况的串通投标，不限于对投标报价的串通，还包括就报价以外的其他事项进行串通。所谓“情节严重”，根据前述《追诉标准》第 68 条的规定，是指下列情形之一：(1)损害招标人、投标人或者国家、集体、公民的合法权益，造成的直接经济损失数额在 50 万元以上的；(2)对其他投标人、招标人等投标活动的参加人采取威胁、欺骗等手段的；(3)虽未达到上述数额标准，但因串通投标，受过行政处罚 2 次以上，又串通投标的。根据刑法第 223 条的规定，犯本罪的，处 3 年以下有期徒刑或者拘役，并处或者单处罚金。单位犯本罪的，对单位判处罚金，并对其直接负责的主管人员和其他直接责任人员，依照个人犯本罪的规定处罚。

四、合同诈骗罪

(一)合同诈骗罪的概念与犯罪构成

合同诈骗罪，是指以非法占有为目的，在签订、履行合同的过程中，骗取对方当事人财物，数额较大的行为。

本罪的构成要件是：

1. 本罪的客体是国家对经济合同的管理制度和公私财产的所有权。本罪的对象是公私财物。

2. 本罪的客观方面，表现为在签订、履行合同过程中，骗取对方当事人的财物，数额较大的行为。具体表现为以下行为类型：(1)以虚构的单位或冒用他人名义签订合同的；(2)以伪造、变造、作废的票据或者其他虚假的产权证明作担保的；(3)没有实际履行能力，以先履行小额合同或者部分履行合同的方法，诱骗对方当事人继续签订和履行合同的；(4)收受对方当事人给付的货物、货款、预付款或者担保财产后逃匿的行为；(5)以其他方法骗取对方当事人财物的。此外，诈骗对方当事人财物必须数额较大，根据前述《追诉标准》的规定，是指下列情形之一：(1)个人诈骗公私财物，数额在5000元至2万元以上的；(2)单位直接负责的主管人员和其他直接责任人员以单位名义实施诈骗，诈骗所得归单位所有的，数额在5万元至20万元以上的。

引例中被告人刁某以非法占有为目的，在合同履行过程中，将对方当事人给付的货物销售后逃匿，骗取对方当事人的财物，数额较大，其行为已构成合同诈骗罪。

3. 本罪的主体为一般主体，即个人和单位都可构成本罪。

4. 本罪的主观方面，只能是直接故意，且具有非法占有公私财物的目的。行为人主观上的非法占有公私财物的目的既包括自己非法占有，也包括为单位或第三人非法占有。

(二)合同诈骗罪的认定

1. 本罪与经济合同纠纷的界限。区别的关键在于行为人是否具有非法占有他人财物的目的。这可从两个方面来判断：一是看行为人是否采用了上述法律明文规定的欺诈手段，如有，原则上应认定具有非法占有的目的；二是要综合考虑行为前后的各种情节。如挥霍对方当事人交付的货物、货款、定金等致使无法返还的，收到货款后不按约定组织货源而将其用于非法活动或者高风险投资，致使无法返还的，等等。上述情形可视为具有非法占有的目的。

2. 本罪与金融诈骗罪的界限。刑法所规定的金融诈骗罪，大多也会利用经济合同的形式，如贷款诈骗、保险诈骗中事实上是利用贷款合同与保险合同来实施的。此种情形，属于法规竞合，由于刑法对金融诈骗罪作了特殊规定，一般应以有关的金融诈骗罪论处。但是，由于单位不能构成贷款诈骗罪，因此，当单位以贷款合同的形式诈骗贷款时，虽不构成贷款诈骗罪，但可以合同诈骗罪论处，因为贷款合同属合同的一种。

(三)合同诈骗罪的刑事责任

根据刑法第224条、第231条的规定，犯本罪的，处3年以下有期徒刑或者拘役，并处或者单处罚金；数额巨大或者有其他严重情节的，处3年以上10年以下有期徒刑，并处罚金；数额特别巨大或者有其他特别严重情节的，处10年以上有期徒刑或者无期徒刑，并处罚金或者没收财产。单位犯本罪的，对单位判处罚金，并对其直接负责的主管人员和其他直接责任人员，依照上述规定处罚。

五、非法经营罪

非法经营罪，是指违反国家规定，从事非法经营活动，扰乱市场秩序，情节严重的行为。

本罪的客观方面表现为违反国家规定，非法经营，情节严重的行为。首先，违反国家规定。即违反国家法律、行政法规对经营专营、专卖物品等的限制性规定，或者违反对各种凭证不准买卖的禁止性规定。其次，非法经营活动。其具体行为方式包括：(1)未经许可经营法律、行政法规规定的专营、专卖物品或者其他限制买卖的物品。在我国，依法专营、专卖的物品主要包括军工产品、烟草、天然金刚石、麻醉药品等；其他限制买卖的物品一般包括煤炭、粮棉、种子、原油、成品油等。以上物品有可能随着市场经济的发展而发生变化。(2)买卖进出口许可证、进出口原产地证明以及其他法律、行政法规规定的经营许可证或者批准文件。(3)未经国家有关主管部门批准非法经营证券、期货、保险业务的，或者非法从事资金支付结算业务的；(4)其他严重扰乱市场管理秩序的非法经营行为。

根据最近几年的司法解释，这里的"其他严重扰乱市场管理秩序的非法经营行为"主要包括以下内容：第一，根据最高人民法院1998年12月11日《关于审理非法出版物刑事案件具体应用法律若干问题的解释》，违反国家规定，出版、印刷、复制、发行严重危害社会秩序和扰乱市场秩序的非法出版物（构成刑法第103条、第105条、第217条、第218条、第246条、第250条、第363条、第364条规定之罪的除外），情节严重的，以非法经营罪定罪处罚。第二，根据最高人民法院2000年4月28日《关于审理扰乱电信市场管理秩序案件具体应用法律若干问题的解释》，违反国家规定，采取租用国际专线、私设转接设备或者其他方法，擅自经营国际电信业务或者涉及港澳台电信业务进行营利活动，情节严重的，以非法经营罪定罪处罚。最高人民检察院2002年1月8日《关于非法经营国际或港澳台地区电信业务行为法律适用问题的批复》也作了类似的规定。第三，根据最高人民法院2001年3月29日《关于情节严重的传销或者变相传销行为如何定性问题的批复》，对于1998年4月18日国务院《关于禁止传销经营活动的通知》发布以后，仍然从事传销或者变相传销活动，扰乱市场秩序，情节严重的，以非法经营罪定罪处罚。① 实施上述犯罪，同时构成刑法规定的其他犯罪的，依照处罚较重的规定定罪处罚。第四，根据最高人民检察院2002年7月8日《关于办理非法经营食盐刑事案件具体应用法律若干问题的解释》，违反国家有关盐业管理规定，非法生产、储运、销售食盐，扰乱市场秩序，情节严重的，以非法经营罪定罪处罚。第五，根据最高人民法院、最高人民检察院2002年8月16日《关于办理非法生产、销售、使用禁止在饲料

① 在《刑法修正案（七）》单独规定组织、领导传销罪之后，此一解释似乎应该废止。

和动物引用水中使用药品等刑事案件具体应用法律若干问题的解释》，未取得药品生产、经营许可证件和批准文号，非法生产、销售盐酸克仑特罗等禁止在饲料和动物饮用水中使用的药品，扰乱药品市场秩序，情节严重的，依照刑法第225条第1项的规定，以非法经营罪追究刑事责任。在市场销售的饲料中添加盐酸克仑特罗等禁止在饲料和动物饮用水中使用的药品，或者销售明知是添加有该类药品的饲料，情节严重的，依照刑法第225条第4项的规定，以非法经营罪追究刑事责任。成立本罪，还要求情节严重。至于以上非法经营的行为情节是否严重，可参照上述有关司法解释的规定认定。

3. 本罪的主体可以是自然人，也可以是单位。

4. 本罪的主观方面只能是故意。

根据刑法第225条和第231条的规定，犯非法经营罪的，处5年以下有期徒刑或者拘役，并处或者单处违法所得1倍以上5倍以下罚金；情节特别严重的，处5年以上有期徒刑，并处违法所得1倍以上5倍以下罚金或者没收财产。单位犯本罪的，对单位判处罚金，并对其直接负责的主管人员和其他直接责任人员，依照个人犯本罪的规定处罚。

六、组织、领导传销活动罪

本罪是《刑法修正案（七）》新增加的罪名，首次将传销行为明确在刑法典中进行规定。

组织、领导传销活动罪，是指组织、领导以推销商品、提供服务等经营活动为名，要求参加者以缴纳费用或者购买商品、服务等方式获得加入资格，并按照一定顺序组成层级，直接或者间接以发展人员的数量作为计酬或者返利依据，引诱、胁迫参加者继续发展他人参加，骗取财物，扰乱经济社会秩序的传销活动的行为。传销活动通常具有三个特征：层级性，即传销人员上下级之间会形成“金字塔”结构；自我复制性，即传销人员通过发展下线可以不断复制“金字塔”结构，繁衍的速度呈几何级增长；诈骗性，即传销人员参加的目的通常是以要求参加者缴纳费用或购买商品、服务等方式骗取财物。本罪的主体为传销活动的组织者、领导者，不包括参加者和积极参加者。此前的司法实践中，对涉传销行为一般是按照后述的非法经营罪定罪处罚，需要研究的是，对刑法进行修正之后，对于传销活动的积极参加者与一般参加者是否仍应定非法经营罪？本书认为，既然刑法修正案已经单独将组织、领导传销的行为入罪，说明立法者已经认识到普通参加传销的人不具备刑事可罚性，况且，在一些传销案件中，参与人可能达到数千人乃至数万人，如近期查处的“世界通”案涉及传销人员13万余人，如果对参与传销者都追究刑事责任，既不合理，司法操作也会很困难。因此，对上述人员似不应再追究刑事责任。

根据《刑法修正案（七）》第4条即刑法第225条之一的规定，犯本罪的，处5年

以下有期徒刑或者拘役，并处罚金；情节严重的，处 5 年以上有期徒刑，并处罚金。

七、强迫交易罪

强迫交易罪，是指以暴力、威胁手段强买强卖商品，强迫他人提供服务或者强迫他人接受服务，情节严重的行为。本罪的客体是复杂客体，既侵犯了市场交易秩序，同时也侵犯了公民的人身权利。市场交易必须遵循自愿、平等、公平、诚实信用等原则，任何强迫交易的行为都违背了上述原则，因而侵犯了市场交易的正常秩序。同时，由于强迫交易以暴力、威胁的手段实施，因而同时会侵犯公民的人身权利。所谓“强迫交易”，主要是指在他人不愿意买卖商品、不愿意提供或者接受服务的情况下强迫他人买卖商品、提供或者接受服务，强迫他人以非正常方式买卖商品、提供或者接受服务以及强迫他人以不公平价格买卖商品、提供或者接受服务。本罪的主体既可以是个人，也可以是单位。本罪的主观方面只能由故意构成，而且有非法牟利的目的。根据刑法第 226 条的规定，犯本罪的，处 3 年以下有期徒刑或者拘役，并处或者单处罚金。刑法第 231 条规定，单位犯本罪的，对单位判处罚金，并对其直接负责的主管人员和其他直接责任人员，依照个人犯本罪的规定处罚。

八、伪造、倒卖伪造的有价票证罪

伪造、倒卖伪造的有价票证罪，是指伪造或者倒卖伪造的车票、船票、邮票或者其他有价票证，数额较大的行为。本罪的客观方面表现为伪造、倒卖伪造的车票、船票、邮票或者其他有价票证，数额较大的行为。所谓“伪造”，是指仿照前述有价票证的形状、式样、图案、色彩、面值等，采用各种方法，非法制造假有价票证的行为。“倒卖”，是指明知是伪造的车票、船票、邮票或者其他有价票证而予以出售、贩卖的行为。这里所称的“其他有价票证”，是指和车票、船票、邮票同性质的且有一定价格的各种票证。根据相关司法解释，变造或者倒卖变造的邮票数额较大的，以本罪定罪处罚；[①]非法制作或者出售非法制作的 IC 电话卡，数额较大的，以本罪定罪处罚。[②] 根据刑法第 227 条、第 231 条的规定，犯本罪的，处 2 年以下有期徒刑、拘役或者管制，并处或者单处票证价额 1 倍以上 5 倍以下罚金；数额巨大的，处 2 年以上 7 年以下有期徒刑，并处票证价额 1 倍以上 5 倍以下罚金。单位犯本罪的，对单位判处罚金，并对其直接负责的主管人员和其他直接责任人员，依照个人犯本

① 最高人民法院《关于对变造、倒卖变造邮票行为如何适用法律问题的解释》(2000 年 12 月 5 日)。

② 最高人民检察院《关于非法制作、出售、使用 IC 电话卡行为如何适用法律问题的答复》(2003 年 4 月 2 日)。

罪的规定处罚。

九、倒卖车票、船票罪

倒卖车票、船票罪，是指自然人或者单位倒卖车票、船票，情节严重的行为。本罪的对象必须是真实的车票、船票。根据相关司法解释，高价、变相加价倒卖车票或者倒卖坐席、卧铺签字号及订购车票凭证，票面数额在5000元以上，或者非法获利数额在2000元以上的，属于“倒卖车票情节严重”。对于铁路职工倒卖车票或者与其他人员勾结倒卖车票，组织倒卖车票的首要分子，曾因倒卖车票受过治安处罚2次以上或者被劳动教养1次以上，2年内又倒卖车票，构成倒卖车票罪的，依法从重处罚。① 根据刑法第227条第2款、第231条的规定，犯本罪的，处3年以下有期徒刑、拘役或者管制，并处或者单处票证价额1倍以上5倍以下罚金。单位犯本罪的，对单位判处罚金，并对其直接负责的主管人员和其他直接责任人员，依照上述规定处罚。

十、非法转让、倒卖土地使用权罪

非法转让、倒卖土地使用权罪是指以牟利为目的，违反土地管理法规，非法转让、倒卖土地使用权，情节严重的行为。根据相关司法解释，具有下列情形之一的，属于非法转让、倒卖土地使用权“情节严重”：(1)非法转让、倒卖基本农田5亩以上的；(2)非法转让、倒卖基本农田以外的耕地10亩以上的；(3)非法转让、倒卖其他土地20亩以上的；(4)非法获利50万元以上的；(5)非法转让、倒卖土地接近上述数量标准并具有其他恶劣情节的，如曾因非法转让、倒卖土地使用权受过行政处罚而又实施本罪行为或者造成严重后果等。②

根据刑法第228条、第231条的规定，犯本罪的，处3年以下有期徒刑或者拘役，并处或者单处非法转让、倒卖土地使用权价额5%以上20%以下罚金；情节特别严重的，处3年以上7年以下有期徒刑，并处非法转让、倒卖土地使用权价额5%以上20%以下罚金。单位犯本罪的，对单位判处罚金，并对其直接负责的主管人员和其他直接责任人员，依照上述规定处罚。根据上述司法解释，具有下列情形之一的，属于“情节特别严重”：(1)非法转让、倒卖基本农田10亩以上的；(2)非法转让、倒卖基本农田以外的耕地20亩以上的；(3)非法转让、倒卖其他土地40亩以上的；(4)非法获利100万元以上的；(5)非法转让、倒卖土地接近上述数量标准并

---

① 最高人民法院《关于审理倒卖车票刑事案件有关问题的解释》(1999年9月2日)。

② 最高人民法院《关于审理破坏土地资源刑事案件具体应用法律若干问题的解释》(2000年6月16日)。

具有其他恶劣情节的，如造成严重后果等。

十一、提供虚假证明文件罪

提供虚假证明文件罪，是指承担资产评估、验资、验证、会计、审计、法律服务等职责的中介组织的人员故意提供虚假证明文件，情节严重的行为。其中的“情节严重”，根据前述《追诉标准》是指下列情形之一：(1)给国家、公众或者其他投资者造成的直接经济损失数额在50万元以上的；(2)虽未达到上述数额标准，但因提供虚假证明文件，受过行政处罚2次以上，又提供虚假证明文件的；(3)造成恶劣影响的。根据刑法第229条第1款、第2款和第231条的规定，犯本罪的，处5年以下有期徒刑或者拘役，并处罚金。中介组织人员索取他人财物或者非法收受他人财物，犯前款罪的，处5年以上10年以下有期徒刑，并处罚金。单位犯本罪的，对单位判处罚金，并对其直接负责的主管人员和其他直接责任人员，依照上述规定处罚。

十二、出具证明文件重大失实罪

出具证明文件重大失实罪，是指承担资产评估、验资、验证、会计、审计、法律服务等职责的中介组织人员，严重不负责任，出具的证明文件有重大失实，造成严重后果的行为。所谓“严重后果”，根据前述《追诉标准》是指下列情形之一：(1)给国家、公众或者其他投资者造成的直接经济损失数额在100万元以上；(2)造成恶劣影响的。根据刑法第229条第3款和第231条的规定，犯本罪的，处3年以下有期徒刑或者拘役，并处或者单处罚金。单位犯本罪的，对单位判处罚金，并对其直接负责的主管人员和其他直接责任人员，依照上述规定处罚。

十三、逃避商检罪

逃避商检罪，是指违反进出口商品检验法的规定，逃避商品检验，将必须经商检机构检验的进口商品未报经检验而擅自销售、使用，或者将必须经商检机构检验的出口商品未报经检验合格而擅自出口，情节严重的行为。所谓“情节严重”，根据前述《追诉标准》，是指下列情形之一：(1)给国家、单位或者个人造成的直接经济损失数额在50万元以上的；(2)导致疫病流行、灾害事故或者造成其他严重后果的；(3)造成恶劣影响的。根据刑法第230条的规定，犯本罪的，处3年以下有期徒刑或者拘役，并处或者单处罚金。单位犯本罪的，对单位判处罚金，并对其直接负责的主管人员和其他直接责任人员，依照上述规定处罚。

司法考试真题链接

1. 对下列与扰乱市场秩序罪相关的案例的判断，哪一选项是正确的？（2007年试卷二第10题）

A. 甲所购某名牌轿车行驶不久，发动机就发生故障，经多次修理仍未排除。甲用牛车拉着该轿车在闹市区展示。甲构成损害商品声誉罪

B. 广告商乙在拍摄某减肥药广告时，以肥胖的郭某当替身拍摄减肥前的画面，再以苗条的影视明星刘某做代言人夸赞减肥效果。事后查明，该药具有一定的减肥作用。乙构成虚假广告罪

C. 丙按照所在企业安排研发出某关键技术，但其违反保密协议将该技术有偿提供给其他厂家使用，获利400万元。丙构成侵犯商业秘密罪

D. 章某因房地产开发急需资金，以高息向丁借款500万元，且按期归还本息。丁尝到甜头后，多次发放高利贷，非法获利数百万元。丁构成非法经营罪

2. 关于贷款诈骗罪的判断，下列哪一选项是正确的？（2007年试卷二第11题）

A. 甲以欺骗手段骗取银行贷款，给银行造成重大损失的，构成贷款诈骗罪

B. 乙以牟利为目的套取银行信贷资金，转贷给某企业，从中赚取巨额利益的，构成贷款诈骗罪

C. 丙公司以非法占有为目的，编造虚假的项目骗取银行贷款。该公司构成贷款诈骗罪

D. 丁使用虚假的证明文件，骗取银行贷款后携款潜逃的，构成贷款诈骗罪

3. X公司系甲、乙二人合伙依法注册成立的公司，以钢材批发零售为营业范围。丙因自己的公司急需资金，便找到甲、乙借款，承诺向X公司支付高于银行利息五个百分点的利息，并另给甲、乙个人好处费。甲、乙见有利可图，即以购买钢材为由，以X公司的名义向某银行贷款1000万元，贷期半年。甲、乙将贷款按约定的利息标准借与丙，丙给甲、乙各10万元的好处费。半年后，丙将借款及利息还给X公司，甲、乙即向银行归还本息。关于甲、乙、丙行为的定性，下列哪一选项是正确的？（2008年试卷二第11题）

A. 甲、乙构成高利转贷罪，丙无罪

B. 甲、乙构成骗取贷款罪，丙无罪

C. 甲、乙构成高利转贷罪、非国家工作人员受贿罪，丙构成对非国家工作人员行贿罪

D. 甲、乙构成骗取贷款罪、非国家工作人员受贿罪，丙构成对非国家工作人员行贿罪

4. 关于骗取出口退税罪和虚开增值税发票罪的说法，下列哪些选项是正确的？（2008 年试卷二第 59 题）

A. 甲公司具有进出口经营权，明知他人意欲骗取国家出口退税款，仍违反国家规定允许他人自带客户、自带货源、自带汇票并自行报关，骗取国家出口退税款。对甲公司应以骗取出口退税罪论处

B. 乙公司虚开用于骗取出口退税的发票，并利用该虚开的发票骗取数额巨大的出口退税，其行为构成虚开用于骗取出口退税发票罪与骗取出口退税罪，实行数罪并罚

C. 丙公司缴纳 200 万元税款后，以假报出口的手段，一次性骗取国家出口退税款 400 万元，丙公司的行为分别构成偷税罪与骗取出口退税罪，实行数罪并罚

D. 丁公司虚开增值税专用发票并骗取国家税款，数额特别巨大，情节特别严重，给国家利益造成特别重大损失。对丁公司应当以虚开增值税专用发票罪论处

5. 赵某多次临摹某著名国画大师的一幅名画，然后署上该国画大师姓名并加盖伪造印鉴，谎称真迹售得收入 6 万元。对赵某的行为如何定罪处罚？（2009 年试卷二第 14 题）

A. 按诈骗罪和侵犯著作权罪，数罪并罚

B. 按侵犯著作权罪处罚

C. 按生产、销售伪劣产品罪处罚

D. 按非法经营罪处罚

6. 下列哪些行为构成非法经营罪？（2009 年试卷二第 57 题）

A. 甲违反国家规定，擅自经营国际电信业务，扰乱电信市场秩序，情节严重

B. 乙非法组织传销活动，扰乱市场秩序，情节严重

C. 丙买卖国家机关颁发的野生动物进出口许可证

D. 丁复制、发行盗版的《国家计算机考试大纲》

第四章　侵犯公民人身权利、民主权利罪

第一节　侵犯公民人身权利、民主权利罪概述

一、侵犯公民人身权利、民主权利罪的概念和特征

侵犯公民人身权利、民主权利罪，是指故意或过失地侵犯公民的人身权利、民主权利以及与人身有直接关系的其他权利的行为。

本类罪具有如下特征：

1. 本类犯罪的客体是公民的人身权利、民主权利，以及与人身直接有关的其他权利。

所谓人身权利，是指公民依法享有的与其人身不可分离的权利，包括生命权、健康权、性自由权、人身自由权、人格权和名誉权、婚姻自由权等。所谓民主权利，是指公民依法所享有的管理国家、参加社会活动和人际交往的权利，主要包括选举权和被选举权、宗教信仰自由权、通讯自由权等。与人身直接有关的其他权利，主要包括住宅不受侵犯权、劳动权、休息权、受扶养权等。

本章有些罪的客体是复杂客体，如诬告陷害、刑讯逼供罪等，既侵犯公民的人身权利，又侵犯司法机关的正常活动。刑法之所以将它们规定在本章，是因为立法机关认为这些罪是以侵犯人身权利为主要内容的。

2. 本类犯罪的客观方面，表现为以各种方法侵犯公民的人身权利、民主权利以及其他与人身直接有关的权利的行为。其中的绝大多数犯罪只能以作为方式实施，如强奸罪、侮辱罪、报复陷害罪、暴力干涉婚姻自由罪等；也有少数犯罪的行为方式，既可以表现为作为，也可以表现为不作为，如故意杀人罪、过失致人死亡罪、虐待被监管人罪等。从刑法规定看，有的罪要求造成一定的结果才构成既遂，如故意杀人罪、故意伤害罪等，有的只要行为实施达到一定的程度，即构成

既遂，而不问发生的具体结果如何。如侮辱、诽谤罪，私自开拆、隐匿、毁弃邮件、电报罪等。

3. 本类犯罪的主体，多为一般主体，即达到法定刑事责任年龄、具有刑事责任能力的自然人均可构成；也有少数犯罪主体为特殊主体，如强奸罪的主体（单独犯的情况下）只能是男性公民，刑讯逼供罪、暴力取证罪的主体只能是司法工作人员。本类犯罪的刑事责任年龄一般为 16 周岁，但是，对于故意杀人、故意伤害致人重伤或者死亡，强奸等罪，已满 14 周岁不满 16 周岁的人也可构成。

4. 本类犯罪的主观方面，除过失致人死亡罪和过失致人重伤罪由过失构成外，其他罪均由故意构成，其中有些罪既可出于直接故意也可出于间接故意，有些罪只能出于直接故意。有的罪还以法定的犯罪目的为构成要件。

二、侵犯公民人身权利、民主权利罪的种类

根据具体犯罪所侵害的直接客体以及主要构成要件的特征为标准，可以将它们作如下归纳：

1. 侵犯生命权和健康权的犯罪。具体包括：故意杀人罪、过失致人死亡罪、故意伤害罪、过失致人重伤罪。

2. 侵犯妇女、儿童身心健康的犯罪。具体包括：强奸罪，强制猥亵、侮辱妇女罪，猥亵儿童罪。

3. 侵犯人身自由的犯罪。具体包括：非法拘禁罪，绑架罪，拐卖妇女、儿童罪，收买被拐卖的妇女、儿童罪，聚众阻碍解救被收买的妇女、儿童罪，诬告陷害罪，强迫职工劳动罪，雇用童工罪，非法搜查罪，非法侵入住宅罪，刑讯逼供罪，暴力取证罪，虐待被监管人罪。

4. 侵犯名誉、人格的犯罪。具体包括：侮辱罪，诽谤罪，煽动民族仇恨、民族歧视罪，出版歧视、侮辱少数民族作品罪。

5. 侵犯民主权利的犯罪。具体包括：非法剥夺宗教信仰自由罪，侵犯少数民族风俗习惯罪，侵犯通信自由罪，私自开拆、隐匿、毁弃邮件、电报罪，出售、非法提供公民个人信息罪，非法获取公民个人信息罪，报复陷害罪，打击报复会计、统计人员罪，破坏选举罪。

6. 侵犯婚姻家庭权利的犯罪。具体包括：暴力干涉婚姻自由罪，重婚罪，破坏军婚罪，虐待罪，遗弃罪，拐骗儿童罪，组织残疾人、儿童乞讨罪，组织未成年人进行违反治安管理活动罪。

第二节 侵犯生命权、健康权的犯罪

一、故意杀人罪

【引 例】

21岁的某女青年，未婚先孕，某日在厕所内产下一名男婴。由于系婚前生育，女青年害怕被人发现，遂用手捂住男婴的口鼻，导致男婴急性机械性窒息死亡。女青年认为，既然孩子是自己所生，自己有权利处置，于是，把男婴捂死，自认为应该没事。在将男婴捂死后，将孩子扔进了旁边的垃圾桶。事后被一名工作人员发现了死婴，遂报警，女青年被警方逮捕，后检察院以故意杀人罪起诉。

(一)故意杀人罪的概念和特征

故意杀人罪，是指故意非法剥夺他人生命的行为。对于什么是“非法”，什么是“刑法意义的生命”，什么是“故意的剥夺”都是理解这一犯罪构成的重要因素。引例中的女青年的行为为什么构成故意杀人罪，这要结合故意杀人罪的犯罪构成特征来理解。在通说理论中，故意杀人罪的犯罪构成要件如下：

1. 本罪的客体，是他人的生命权利。人的生命始于出生，终于死亡。因此，本罪的对象只能是有生命的自然人。人的生命起始于何时，刑法理论上认识不一，主要有“阵痛说”、“一部露出说”、“全部露出说”、“断带说”、“发声说”、“独立呼吸说”等。我国通说，采取“独立呼吸说”，即认为胎儿脱离母体后，开始独立呼吸，为人的生命起始。生命的终结，传统观点采“心脏死亡说”，即以心脏停止跳动和停止呼吸为标志。但近年来随着医学科学发展提出“脑死亡”概念。即应以脑死亡为准。认为只有包括大脑、小脑和脑干在内的脑的全部功能不可逆地完全消失，才是死亡的标志，即使心脏仍在跳动，也认为已经死亡。我国实践中仍以心脏停止跳动和停止呼吸为生命终结的标志。在我国，任何人的生命权利都受到刑法保护，不因对象的条件不同而有区别。因母体中的胎儿与人死亡后的尸体都没有生命权的存在，侵犯它们不能构成故意杀人罪，但根据情况可能构成其他犯罪。

2. 本罪的客观方面，表现为非法剥夺他人生命的行为。首先，这种剥夺他人生命的行为必须是非法的。如果剥夺他人的生命的行为是合法的，例如，执行人民法院判处死刑的命令而将他人杀死，则不构成犯罪。其次，要有剥夺他人生命的行为。行为方式既可以表现为作为，如枪击、刀砍、斧劈、拳打脚踢，也可以表现为不作为，如有救助义务的人见死不救，致人死亡。实践中常见的是前者，后者并不常

见。剥夺他人生命的手段法律没有规定，但如果行为人采用放火、爆炸、决水、投放危险物质等危险方法杀人而同时危害公共安全的，则应以相应的危害公共安全犯罪论处。最后，在死亡结果发生的情况下，杀害行为与死亡结果之间必须有因果关系，否则不成立本罪的既遂。

3. 本罪的主体，为一般主体。凡年满 14 周岁、具有刑事责任能力的自然人均可构成。

4. 本罪在主观方面，要求行为人具有非法剥夺他人生命的故意，包括直接故意和间接故意。在间接故意情况下，须有放任的死亡结果发生。故意杀人的动机是多种多样的，但动机如何不影响本罪的成立。

综上，本案例中，21 岁的女青年是具有刑事责任能力的自然人，她以直接故意的心态捂死自己的婴儿，侵犯了婴儿的生命权利，是法律所禁止的、非法的行为，故，构成故意杀人罪。

（二）故意杀人罪的认定

1. 致人自杀行为。实践中致人自杀的情况颇为复杂，需要认真分析，分别处理：

(1)行为人实施的是合法正当行为或者轻微的违法行为，比如履行职责对他人批评或处分，即使处分过重，态度生硬、粗暴，或如打骂引起他人自杀的，自杀行为往往是由于自杀者的心胸狭隘所致，不应追究其刑事责任。(2)行为人实施的是犯罪行为，如强奸、暴力干涉他人婚姻自由、侮辱、诽谤等引起他人自杀。这种情况下，行为人主观上并没有杀人的故意，应以相应的罪论处，不能构成故意杀人罪，根据具体情况，第一，可将引起自杀作为强奸、暴力干涉婚姻自由等罪的一个从重处罚情节；第二，引起他人自杀这一事实可作为定罪与否的情节，如侮辱、诽谤他人引起自杀的，引起自杀就成为判定情节严重与否的一个因素。(3)行为人具有致他人死亡的故意，并凭借权势或以暴力、胁迫、诱骗等手段促使他人自杀，由于行为人主观上具有杀人故意，客观上又实施了与死亡有因果关系的行为，实质上是一种借刀杀人的行为，应以故意杀人罪论处。

2. 帮助自杀行为。帮助自杀，在实践中主要有两种情况：一是他人已有自杀意图，但勇气不足，行为人对其在精神上加以鼓励，使其坚定自杀的意图；二是他人已有自杀意图，但自己因某种原因（如瘫痪）不能自己实施，行为人给予物质上的帮助，使他人得以实现自杀。在前一种情况下，行为人对产生死亡结果的原因力较小，危害也不大，可以不追究其故意杀人的刑事责任。在后一种情况下，行为人因为是应请求在物质上为自杀者提供了帮助，如将毒药递给自杀者，对产生死亡结果具有较大的原因力，原则上应构成故意杀人罪，但由于自杀仍然是自杀者本人的意思决定，因此，可对帮助者从轻或减轻处罚。但需要注意的是，对于虽然是应要求实行帮助，却直接动手将自杀者杀死的，应当认定为故意杀人罪，只是在处罚时可以考虑从轻。

3. 教唆自杀行为。所谓教唆自杀，是指行为人使没有自杀意图的人产生自杀决意，实施自杀行为。教唆自杀的行为人，在多数情况下都是教唆者为了帮助自杀者摆脱某种痛苦而实施教唆行为。由于教唆者是实施教唆自杀行为，是否自杀，自杀者虽然具有意志选择的自由，但教唆行为与他人自杀之间仍然具有因果关系，仍属于故意杀人行为，但社会危害性较小，应按情节较轻的故意杀人从轻、减轻或者免除处罚。对于教唆无责任能力人自杀的，由于被教唆者缺乏辨认和控制能力，对教唆者应以故意杀人罪的间接实行犯对待，依法追究其故意杀人罪的刑事责任。

4. 相约自杀行为。在相约自杀中存在以下几种具体情况：(1)双方相约共同自杀，一方未对他方实施教唆、帮助或诱使自杀行为。在这种情况下，虽然相约的行为对各方的自杀起到精神支持作用，但由于双方在客观上都没有教唆、帮助或诱使行为，因此，自杀而没有死亡的一方不应对他方的死亡负故意杀人的刑事责任。(2)双方相约共同自杀，一方应要求先杀死对方，然后自己自杀未成或又放弃自杀念头的。这种情况本质上是一种受托杀人的行为，即行为人主观上是明知实施杀人行为，客观上是杀人行为与死亡结果之间有因果关系，应按故意杀人罪论处，但考虑到未死一方也是共同自杀者，在量刑时可从轻考虑。(3)双方相约共同自杀，一方为自杀者提供物质条件，自杀者利用此条件自杀身死，而提供条件者自杀未死的。该种行为从性质上讲，是一种帮助自杀，因此，可比照帮助自杀的原则处理。(4)一方诱骗对方相约共同自杀，而行为人根本没有自杀的意图，在被诱骗者自杀死亡的情况下，对行为人应以故意杀人罪定性。但这种情况与诱使他人相约共同自杀而自己自杀未成的情形有所区别，对后者在处罚上应从轻。

5. 受嘱托杀人行为及“安乐死”问题。受嘱托杀人，也称为“得承诺杀人”，是指受已有自杀意图者的嘱托而直接将他人杀死的行为。从广义上来讲，这也是一种帮助自杀行为，但与帮助自杀不同在于行为人是直接实施了杀人行为，而不是对嘱托者本人的自杀行为给予帮助。这种受嘱托杀人行为构成故意杀人罪，不过，由于是应自杀者所求才实施的行为，在处罚时可考虑从轻。“安乐死”在本质上也是一种受嘱托杀人的行为。一般是指应身患绝症，精神、肉体处于极度痛苦的病人的请求，实施促使其提前、迅速无痛苦死亡的行为。世界上已有个别国家承认“安乐死”合法化，我国也有学者认为应以专门立法允许通过实行“安乐死”来减轻病人的痛苦，使“安乐死”合法化，但应有严格的条件。其条件可归纳为以下几点：(1)病人只能是身患绝症，临近死亡，即因疾病死亡已经不可避免。所谓绝症，是指经现代医疗诊断证明，是当前医疗手段尚无法治愈的疾病。(2)病人须是处于无法忍受的精神、肉体的痛苦之中。(3)必须有病患者本人的真诚嘱托和承诺，其他人都不能代替患者提出“安乐死”的请求。但为了切实保障病患者的自主权，可以用遗嘱的方式记载病人的要求，并指定一个或多个代理人为其临终问题作决定。(4)须由医生按照法定程序，并以为解除病人的痛苦为目的和采用伦理上被认为是适当的方

法进行。当然，我国能否实行“安乐死”，有待进一步讨论和研究。所以，在目前立法上尚未承认“安乐死”的情况下，对实践中“安乐死”的案件，仍应按照故意杀人罪定性，但可根据具体情况免除或者减轻处罚。

6.“间接杀人”行为。间接杀人是指教唆未达到法定刑事责任年龄或不具有刑事责任能力的精神病人实施杀害他人的行为。该种情形，未达到法定刑事责任年龄或不具有刑事责任能力的精神病人，事实上是教唆者的杀人“工具”，教唆者在理论上称为“间接正犯”，应视为是由他本人实行故意杀人行为，构成故意杀人罪。

(三)间接故意杀人的特点及具体表现

1. 间接故意杀人与直接故意杀人的区别

从司法实践中看，间接故意杀人与直接故意杀人不仅行为人对待死亡结果的态度不同，而且犯罪的发生和实施的情况也有不同。第一，直接故意杀人，是以杀死他人为目的，因此，为达此目的，行为人一般都会在事先积极进行物质上或其他必要的准备活动，因而一般具有预谋性的特点；而间接故意杀人，并不抱有致他人于死地的目的，不可能为杀死他人而有意识地进行事先准备活动，因而犯罪之实施一般表现为突发性。第二，直接故意杀人，以杀死他人为目的，行为人的全部意志都集中在如何致他人于死地，表现出其强烈的反社会心理，对社会具有更大的主观与客观的危险性。因此，不论是否将他人杀死，都应给以刑罚处罚。而间接故意杀人，由于并无杀人的目的，只有在已经致他人死亡情况下才能成立，因此，不能对未造成死亡的按间接故意杀人未遂处罚。第三，直接故意杀人，既然抱有杀死他人的目的，在作案时一般表现为行为的连续和无节制性，不达目的誓不罢休；而间接故意杀人，并不追求死亡结果的发生，因此，面对死亡的危险，其行为一般不具有上述特性。

2. 间接故意杀人的具体表现

司法实践中，间接故意杀人一般发生在以下几种场合：

(1)行为人意图伤害他人，在动手时意识到有可能造成死亡，虽不追求，但也不设法避免死亡，而是听之任之，放任死亡之发生，结果造成了死亡，构成间接故意杀人。例如，王的妹妹与男青年李恋爱，后李与其妹断绝了恋爱关系，王愤然，于是约了朋友孙，说去教训李一顿。两人见到李后，先是争吵，继而双方厮打起来，王乘李不备掏出随身带的匕首朝李胸部猛刺一刀，转身逃跑。次日，王得知李被送往医院，抢救无效死亡。案情表明，王为泄私愤，抱有伤害李的目的。但是，在厮打中，他用匕首猛刺李胸部，虽说这种动作并非在任何情况下都不可避免地造成死亡，但论其危险性已超过一般伤害行为的程度，王对可能造成死亡不可能是不知道的，但他对此既未采取非置李于死地不可的态度，也未阻止死亡的发生，而是采取了放任的态度，因此，应认定其构成间接故意杀人。

(2)行为人意图毁坏他人财物，或造成其他损害，但同时放任了死亡的发生。

例如，某单位会计贪污巨款后，为湮灭罪迹，深夜对会计室纵火，他明知室内有人在睡觉，可能跑不出来被烧死在里边，仍不设法避免，结果该人被烧死了。这种案件属于一行为触犯二罪名，但只能按一重罪处理。单就对死亡的态度而言，应视为间接故意杀人。

(3)行为人没有违法犯罪的目的，但在行为时放任死亡的发生。例如，张奉命持枪去消灭疯犬。他眼见一疯犬跑到距离一小孩很近的地方，此时开枪有可能打死小孩，但他为了邀功却不管不顾，连发数枪，其中一枪击中小孩，小孩当场死亡。张无杀人之目的，但对自己的行为可能使小孩死亡采取放任态度，构成间接故意杀人。

(4)行为人明知自己的行为有发生死亡或伤害的危险，虽然其中任何一种结果出现都不是他的目的，但他又不积极防止其中任何一种结果发生。例如，钱驾驶卡车去山上盗伐林木，在返回途中被检查站工作人员周拦住，要其将木材卸下。钱不听，将车启动，欲强行开车。周遂登上驾驶室旁的踏板，命令其停车，钱为将周甩到车下，时而加速前冲踩刹车，时而使车走蛇行路线，让车身连续左右猛烈摇摆，终将周甩到马路上，周因头部着地，造成颅脑损伤，经抢救无效死亡。案情表明，钱目的只是赶快开车逃跑，逃避制裁，并无伤害或杀害周的目的，但是，他采取的手段包含了致伤或致死的危险，他不是不了解，只是为了能逃避制裁，而对此采取了放任态度，由于其造成了死亡，应认定为间接故意杀人。

总之，认定间接故意杀人，最重要的是掌握两条：一是行为人明知自己的行为可能引起他人死亡。对于认定行为人有无此认识，不能单凭被告人口供，而应当结合案件的各种事实，如犯罪的工具、手段，作案的环境，伤害的部位，案件的起因，等等，综合地、实事求是地加以认定。二是行为人对可能发生的死亡结果，虽然不是希望其发生，也不是依靠某种力量或条件希望避免其发生，而是放任其发生。对于致人死亡的案件，只有符合这两个条件，才能认定为间接故意杀人。有这样一个案例，被告人某甲与其妻某乙产生矛盾，遂想毒死某乙。某甲向别人要来一点水银，偷偷放在乙吃的饭里。但能否将乙毒死，甲自己也不知道。结果，乙吃下去之后没有中毒而死。有人认为，甲并不肯定乙吃下水银能毒死，而是抱着“试试看”的态度，因此，甲构成间接故意杀人未遂。笔者认为，这是错误的。错就错在只看到行为人对死亡结果发生可能性认识的不确定性，却忽略了其对死亡结果的目的性。事实上，只要行为人有杀死他人的目的，即使由于其认识错误而采用了根本不能致死的手段(如使用已失效的毒药)，也应当认为直接故意杀人未遂，而不是间接故意杀人。①

---

① 参见王作富著：《刑法论衡》，法律出版社 2004 年版，第 237～239 页。

(四)故意杀人罪的处罚

根据我国刑法第 232 条的规定,犯本罪的,处死刑、无期徒刑或者 10 年以上有期徒刑;情节较轻的,处 3 年以上 10 年以下有期徒刑。所谓"情节较轻",一般是指实践中义愤杀人、防卫过当杀人、因受被害人长期迫害而杀人、帮助自杀、受嘱托杀人等情况。

二、过失致人死亡罪

【引 例】

某集团员工姚某为了保证卷扬机的正常运转,私接电源线至卷扬机上。次日完工后,姚某将连在卷扬机上的电源线拆下,并拉进仓库,由于担心电缆线被偷,没有切断电源,使得电缆线头裸露带电。同月 18 日早晨,同单位的张某在检查仓库时,不小心触碰到裸露的电缆线头,遭到高压电击当场死亡。案发后,当地检察院以过失致人死亡罪对姚某提起公诉。那么姚某究竟是否要为自己的行为承担刑事责任呢?

(一)过失致人死亡罪的概念和特征

过失致人死亡罪,是指因过失致使他人死亡的行为。过失致人死亡罪的特征如下:

1. 本罪的客体,同故意杀人罪一样,是他人的生命权利。

2. 本罪的客观方面,表现为过失致人死亡的行为。这里的行为主要是指在日常生活中,对他人的生命安全缺乏应有的关注,违反注意义务,导致他人死亡。根据法律规定,构成本罪必须发生死亡结果,且过失行为与死亡结果之间具有因果关系,至于被害人或他人有无过错,不影响本罪的成立。

3. 本罪的主观方面,是出于过失,包括疏忽大意和过于自信。这里的过失是对死亡结果而言,至于行为是有意还是无意,不影响认定。

4. 本罪的主体,是一般主体,即年满 16 周岁、具有刑事责任能力的自然人。

综上所述,引例中姚某"私接电源"并使"电缆裸露带电"的行为,直接导致同事张某触电死亡的结果,又由于姚某实施这样的行为并非出自杀人的故意,属于因疏忽大意对结果是应当预见而没有预见,故应成立过失致人死亡罪。另外,即使本案中的张某是基于盗窃目的而触碰到电缆,也不阻却姚某过失犯罪的成立,因为被害人过错的有无,不影响本罪的成立,除非被害人明知电缆带电而有意为之。

(二)过失致人死亡罪的处罚

根据刑法第 233 条的规定,犯本罪的,处 3 年以上 7 年以下有期徒刑;情节较轻的，处3年以下有期徒刑。本法另有规定的，依照规定。所谓"本法另有规定"，是指对其他因过失致人死亡的情况，则直接按照各条的规定定罪处刑，不再以本罪论处。

三、故意伤害罪

【引 例】

甲的小羊被群狗咬伤，怀疑是乙的狗所为，于是就提着小羊到乙家索赔，可是乙对甲的指控表示否认，两人争执不下，便扭打在了一起。在扭打过程中，甲乙两人一同摔下了3.8米高的第一个高坎，随后两人爬起来继续厮打。不久，乙松手表示不打了，但甲却趁乙不注意，将其推下高3.8米左右的第二个高坎，造成乙倒地受伤，经法医鉴定损伤程度构成轻伤。

(一)故意伤害罪的概念和特征

故意伤害罪，是指故意非法损害他人身体健康的行为。本罪的特征是：

1. 本罪的客体，是他人的身体健康权。所谓身体健康权，主要是指他人对于保持其肢体、器官、组织的完整和正常机能的权利。故意伤害罪的本质特征，就在于损害他人肢体、器官、组织的完整和正常机能。如果虽以他人身体为侵害对象，但未造成损害他人肢体、器官、组织的完整和正常机能，例如，实施一般殴打行为造成他人肉体疼痛的，则不应以故意伤害罪论处。如符合其他犯罪的要件，应构成相应的罪。犯罪对象必须是他人。如果行为人对自己身体健康造成损害的不构成本罪，但是，如军人在作战时自伤身体以逃避履行军事义务的，依法可构成战时自伤罪。

2. 本罪的客观方面，表现为非法损害他人身体健康的行为。(1)损害他人的身体健康行为必须是非法的，因合法实施的行为而损害他人身体健康的，不构成犯罪。如实施正当防卫行为而打伤不法侵害者。(2)必须具有损害他人身体健康的行为，即具有破坏他人人体的肢体、组织的完整或者损坏人体组织、肢体、器官的正常机能的伤害行为。实践中伤害他人身体健康的行为，以作为的方式及暴力方法最为常见，但对故意伤害罪法律并未以作为及暴力为限。另外，需要注意的是，刑法中规定暴力为构成要件的犯罪有多种，如强奸罪、抗税罪、抢劫罪、暴力取证罪等；而且有些犯罪通常是以暴力为手段的，如绑架罪、非法拘禁罪等。由于暴力一般表现为伤害行为，暴力又主要是针对他人身体而实施，因此，可对被害人身体健康造成一定程度的损害，在法律没有明文规定的情况下，即使在实施该类犯罪中因为暴力伤害了他人身体健康的，也不能以伤害罪论处。不过，在法律另有规定的情况下，则应当以本罪论处。例如，刑法第238条非法拘禁罪规定：使用暴力致人伤残、死亡的，依照本法第234条、第232条的规定定罪处罚。

本罪的损害结果包括轻伤害、重伤害和伤害致死三种情况。明确三者的界限，对于正确地量刑具有重要意义。由于伤害致死只要发生死亡结果即可认定，因此，有必要明确的是人体重伤害与非重伤害的标准。[①] 据刑法第 95 条，有下列情形之一的，均属于重伤害：(1)使人肢体残废或者毁人容貌的。(2)使人丧失听觉、视觉或其他器官机能的。(3)其他对于人身健康有重大伤害的。据此，尚未达到上述损伤程度的，为非重伤害。至于人体重伤害范围及伤害程度的认定时间，应参照最高人民法院、最高人民检察院、公安部、司法部 1990 年《人体重伤鉴定标准》的规定，即确定伤害程度及确定的时间，一般应以伤害当时的情况结合审判时的治疗和恢复情况综合认定。如伤害当时伤情并不十分严重，虽经治疗，但最终呈现重伤的，应以重伤论处；伤害当时伤情比较严重，而后又基本上恢复正常或者只造成轻伤害的，不能以重伤论处。在确定为伤害并以此确定刑事责任时，应排除在诊治过程中有他人不当行为的介入，即要查明伤害行为与伤害结果之间具有因果关系。如在诊治过程中因他人不当行为的介入伤情最终呈现为重伤害的，也不能以重伤害的结果追究刑事责任。

3. 本罪的主体，是一般主体。其中，对于故意伤害致人重伤或死亡的，主体为年满 14 周岁、具有刑事责任能力的自然人。对于致人轻伤害的，主体为年满 16 周岁、具有刑事责任能力的自然人。

4. 本罪的主观方面，是非法伤害他人身体健康的故意。本罪对造成伤害结果而言，可包括直接故意和间接故意，而在故意伤害致死的情况下，对伤害结果是出于故意，但是对死亡结果的发生则只能是出于过失的心理态度，即属于复杂罪过的情况。需注意的是，在间接故意伤害的情况下，只能是放任对他人身体健康损害结果的发生，而不能是放任死亡结果发生，否则，应构成故意杀人罪。伤害的动机是多种多样的，但动机如何不影响本罪的成立。

(二)故意伤害罪的认定

1. 本罪与殴打行为的界限。故意伤害罪的伤害，是指损害他人肢体、器官、组织完整和正常机能的行为，而所谓殴打，是指造成人体暂时性的疼痛，但不损害人体健康的行为。殴打也能够造成一定程度的人体损害，如脸肿、鼻腔出血、皮下出血等，但这里造成的损害，由于并不破坏他人的肢体、器官、组织的完整和正常机能，所以，并不是伤害罪意义上的对人体健康的损害，不能构成伤害罪。引例便是一个由殴打行为向故意伤害罪转化的案例，本案中，甲因将乙推下第二个高台并致其轻伤，而构成故意伤害罪，但甲乙之前的相互扭打即使也有摔下高台的经历，但由于没有造成轻伤以上的结果，因此只是一种互殴，属于治安管理事件，不属于刑

---

① 非重伤害包括轻伤害与轻微伤害，最高人民法院、最高人民检察院、公安部、司法部亦公布有《人体轻伤鉴定标准》，以区别轻伤害与轻微伤害。

法所规制的范畴。但要注意的是,如采取殴打方式造成身体健康损害结果时,特别是在发生死亡结果的情况下,应认真分析,是采用殴打方式行伤害之实,还是因过失造成重伤或致人死亡,或者对结果的发生主观上无罪过。不能因殴打是有意实施的,就认为只能构成故意伤害罪,假如引例中的甲是在扭打过程中不小心将乙碰下高台而致其重伤,或者由于乙自身的过失摔下高台而构成重伤,则不成立故意伤害罪。

2. 本罪致人死亡与过失致人死亡的界限。两者相同之处在于客观上都造成了他人死亡的结果,主观上都没有剥夺他人生命的故意。两罪的区别主要是:故意伤害致人死亡的,行为人主观上具有伤害的故意,但对死亡的结果是过失,属于上述所说的复杂罪过;而过失致人死亡的行为人主观上只对死亡结果有过失,主观上并无伤害的故意。因此,区分两者的关键在于主观上有无伤害的故意。

3. 本罪与故意杀人罪(未遂)的界限。两罪相同之处在于客观上都造成伤害的结果,而区别的关键在于行为人的故意内容不同。故意伤害的故意内容,是非法损害他人身体健康,并无剥夺他人生命的故意内容;而故意杀人未遂的故意内容,是非法剥夺他人的生命,虽然在客观上出现的是损害他人健康的结果,但这是由于行为人意志以外的原因,而未造成死亡的结果。所以,两者区别的关键在于主观上有无非法剥夺他人生命的故意内容。

4. 本罪致人死亡与故意杀人(既遂)的界限。两罪相同之处在于主观上都是出于故意,在客观上都发生了死亡的结果。区分的关键主要是故意的内容不同。故意伤害致死的只具有非法损害他人身体健康的故意,而对死亡结果的发生主观上是出于过失;而故意杀人在主观上具有非法剥夺他人生命的故意内容。

(三)故意伤害罪的处罚

根据刑法第 234 条的规定,犯本罪的,处 3 年以下有期徒刑、拘役或管制;致人重伤的,处 3 年以上 10 年以下有期徒刑;致人死亡或者以特别残忍手段致人重伤造成严重残疾的,处 10 年以上有期徒刑、无期徒刑或者死刑。本法另有规定的,依照规定。这是指对其他故意伤害他人身体健康的情况,刑法分则作了专门的规定,有独立的罪名与法定刑,如果法律没有规定依照伤害罪定罪处罚,必须按照各条的规定定罪处刑,不再以本罪论处。

四、过失致人重伤罪

【引　例】

张某酒后搭乘易某的出租车从 A 区到 B 区某幼儿园接人,当接完人返回出租车时,张某得知已产生 17 元车费,便认为费用过高而拒付,并下了车。易某连忙追下车要张某支付车费,为此两人发生争执,张某遂用手揪住易某的衣

领撕扯在了一起，在撕扯的过程中易某为脱身用力将张某甩开，张某支撑不过站立不稳便摔倒在地，头部也碰撞到了地面，致重型颅脑损伤、外伤性蛛网膜下腔出血。事后，该市司法鉴定中心出具了验伤证明，鉴定该伤属于重伤。那么易某这种不具备非法目的，而不小心致使他人受重伤的行为是否构成犯罪呢？

（一）过失致人重伤罪的概念和特征

过失致人重伤罪，是指由于过失，致他人重伤的行为。本罪的特征如下：

1. 本罪客体是他人的身体健康权。

2. 本罪客观方面，要求必须具备两个条件：其一，必须造成他人重伤的结果，如果仅造成轻伤害，不构成本罪。其二，过失行为与重伤结果之间必须具有刑法上的因果关系。引例中，易某甩开张某只是为了脱身，而并非要将张某摔倒在地，更不具有伤害的故意，但张某却因此摔倒在地，并导致重伤的结果，所以两者之间是存在刑法上的因果关系的，易某应当对张某的重伤承担过失责任，成立过失致人重伤罪。

3. 本罪的主体为一般主体，即年满16周岁、具有刑事责任能力的自然人。

4. 主观方面是出于过失，可以是疏忽大意或过于自信。即行为人应当预见其行为可能发生致人伤害的结果，因为疏忽大意而没有预见或已经预见而轻信能够避免，以致造成重伤结果。

（二）过失致人重伤罪的处罚

根据刑法第235条的规定，犯本罪的，处3年以下有期徒刑或拘役。本法另有规定的，依照规定。这是指，因过失致人重伤的行为，在刑法分则中另有规定的，应按相应的罪处理，而不再适用本条定罪处罚。

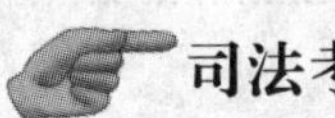

司法考试真题链接

1. 关于故意杀人罪，下列哪一选项是正确的？［2006年司法考试真题］

   A. 甲意欲使乙在跑步时被车撞死，便劝乙清晨在马路上跑步，乙果真在马路上跑步时被车撞死，甲的行为构成故意杀人罪

   B. 甲意欲使乙遭雷击死亡，便劝乙雨天到树林散步，因为下雨时在树林中行走容易遭雷击。乙果真雨天在树林中散步时遭雷击身亡。甲的行为构成故意杀人罪

   C. 甲对乙有仇，意图致乙死亡。甲仿照乙的模样捏小面人，写上乙的姓名，在小面人身上扎针并诅咒49天。到第50天，乙因车祸身亡。甲的

行为不可能致人死亡，所以不构成故意杀人罪

D. 甲以为杀害妻子乙后，乙可以升天，在此念头支配下将乙杀死。后经法医鉴定，甲具有辨认与控制能力。但由于甲的行为出于愚昧无知，所以不构成故意杀人罪

2. 甲为杀害仇人林某在偏僻处埋伏，见一黑影过来，以为是林某，便开枪射击。黑影倒地后，甲发现死者竟然是自己的父亲。事后查明，甲的子弹并未击中父亲，其父亲患有严重心脏病，因听到枪声后过度惊吓死亡。关于甲的行为，下列哪一选项是正确的？[2007年司法考试真题]

A. 甲构成故意杀人罪既遂

B. 甲构成故意杀人罪未遂

C. 甲构成过失致人死亡罪

D. 甲对林某构成故意杀人罪未遂，对自己的父亲构成过失致人死亡，应择一重罪处罚

3. 甲、乙、丙共谋要"狠狠教训一下"他们共同的仇人丁。到丁家后，甲在门外望风，乙、丙进屋打丁。但当时只有丁的好友田某在家，乙、丙误把体貌特征和丁极为相似的田某当作是丁进行殴打，遭到田某强烈抵抗和辱骂，两人分别举起板凳和花瓶向田某头部猛击，将其当场打死。关于本案的处理，下列哪些判断是正确的？[2008年司法考试真题]

A. 甲、乙、丙构成共同犯罪

B. 甲、乙、丙均成立故意杀人罪

C. 甲不需要对丁的死亡后果负责

D. 甲成立故意伤害罪

第三节 侵犯妇女、儿童身心健康的犯罪

一、强奸罪

【引 例】

某日晚，摩的司机张甲载着张乙兜风闲逛，在某镇公路上发现一名十八九岁的女子阿芬在独自行走，于是两人不怀好意地向阿芬打招呼，并提出要带阿芬去吃夜宵，谁知阿芬二话不说竟同意了。吃完夜宵后，约晚上11时，两人把阿芬带回张甲家中。随后，两人又发现阿芬老是自言自语，说自己被人放了"巫术"，看起来精神有点不正常。见此情景，两人色心大起，说他们会解"巫

术”,但阿芬必须脱掉衣服与他们睡在一起才行。阿芬又是二话不说,非常“听话”地照做,两人趁机先后与阿芬发生性关系。事后阿芬的父亲找上门将女儿带走,并带到卫生院检查,结果发现阿芬有与人发生性关系的痕迹。阿芬父亲知道女儿有病,随即向警方报案。经有关部门进行司法精神病学鉴定,阿芬患有精神分裂症,正处于发病期,案发时其实质性辨认能力和控制能力丧失,无性自我保护能力。

强奸罪是一种性质极为卑劣的罪行,它不仅侵犯妇女的性的权利,而且损害妇女的人格,对其造成难以愈合的精神创伤,甚至伤害致死。因此,严惩强奸罪是司法机关保护公民人身权利的一项重要任务。

(一)强奸罪的概念和特征

强奸罪一词,在广义上讲,包括强奸妇女罪和奸淫幼女罪,在狭义上讲,通常指强奸妇女罪。在刑法理论上,通常认为,强奸罪是指以暴力、胁迫或者其他手段,违背妇女意志,强行与妇女性交的行为。我们认为,根据刑法的规定,将故意与不满14周岁的幼女发生性关系的行为也视为强奸罪。本罪的特征是:

1. 本罪的客体,是女性的性自主权利和幼女的身心健康权利。本罪的对象是妇女和幼女。妇女是指年满14周岁的女性,即未成年妇女和成年妇女。根据我国刑法的规定,奸淫不满14周岁的幼女的,以强奸论,因此,强奸罪的对象,也包括不满14周岁的幼女。所谓妇女性的自主权利,是指妇女根据自己的意愿发生或不发生性行为的权利。所谓幼女的身心健康权利,是指幼女的身体和精神正常发育和健康成长的权利。第一,愿意发生性行为的权利,是对具有责任能力、精神健全的妇女而言,如果是不满14周岁的幼女,或者精神病患者,则不问其是否有同意性行为的意思表示,均以违反其意志论;第二,妇女性的自由权利和幼女的身心健康权利,只有妇女和幼女在生命存续时享有的权利。因此,强奸罪的对象,无论是妇女还是幼女,都是指有生命的。对实践中奸淫妇女、幼女尸体的行为,因犯罪客体、犯罪对象不存在,不能构成强奸罪,可构成刑法第302条规定的侮辱尸体罪。如果在妇女、幼女生前已着手实施强奸的暴力手段而致妇女、幼女死亡,又奸淫妇女、幼女尸体的,仍构成强奸罪。

2. 本罪的客观方面,表现为以暴力、胁迫或其他手段,违背妇女意志,强行与之性交,或者与不满14岁的幼女发生性关系的行为。在强行与妇女发生性行为时,违背妇女意志,是构成强奸罪的本质特征。所谓违背妇女意志,是指违背了妇女不愿与行为人性交的真实意思。既然性行为是在违背妇女意志的情况下实施的,行为人必然要使用一定的手段来抑制妇女拒绝与行为人实行性交的意志,因此,考察行为人是否使用法律规定的一定的手段,是确认性行为是否违背其意志的主要标志。刑法规定的手段有暴力、胁迫和其他手段。在犯罪对象为不满14周岁的幼女时,出于对幼女的特别保护,法律对手段并无特别限制,即行为人无论采用何种手段，只要与幼女发生了性关系，无论幼女同意与否，均符合本罪的客观方面的要件。实践中，奸淫幼女的手段既有暴力、胁迫，也有使用欺骗、引诱等手段的情况。

暴力，是指以殴打、伤害、捆绑、按倒、强拉硬拽等，对其人身实行强制的手段，意图在于使被害人不敢、不能反抗，至于现实是否得到该种效果，在所不问。胁迫，是指以杀害、伤害、职权、地位、揭发隐私等相威胁、恫吓，对被害人进行精神强制的手段，意图使其不敢反抗，至于现实是否得到该种效果，在所不问。其他手段，是指暴力、胁迫手段以外，其他使被害人不知反抗或不能反抗的手段，如用药麻醉，用酒灌醉。认定强奸罪，不能以被害妇女有无反抗以及生活作风为标准。

在被害人为妇女的情况下，违背妇女意志和采取暴力、胁迫等手段，是强奸罪本质特征的两个不可分割的组成部分。违背妇女意志是强奸罪的实质，手段行为对被害妇女人身、精神的强制性，是其实质的外部表现。认定强奸罪必须将两者有机地结合起来。

被害人为幼女时，行为人同样可以实施暴力、胁迫或者其他手段，强行与幼女发生性关系；而欺骗、引诱则是一种非强制性控制人身的手段，前者是以编造谎言，后者是指以某些好处对幼女进行控制，而后与幼女发生性关系。对故意与幼女发生性交行为而言，使用何种手段，并不影响犯罪的成立。

3. 本罪的主体，是年满 14 周岁，具备刑事责任能力的男性。通说认为女性不能单独构成本罪，但可以成为本罪的教唆犯和帮助犯。

4. 本罪的主观方面，是直接故意，并且具有违背女性意志，与之发生性交的故意内容。对于奸淫幼女构成强奸罪，是否要求明知是幼女，对此问题我国司法和理论上一直存在着争议。2003 年 1 月 8 日最高人民法院《关于行为人不明知是不满 14 周岁的幼女，双方自愿发生性关系是否构成强奸罪问题的批复》中规定“行为人明知是不满 14 周岁的幼女而与其发生性关系，不论幼女是否自愿，均应依照刑法第 236 条第 2 款的规定，以强奸罪定罪处罚；行为人确实不知对方是不满 14 周岁的幼女，双方自愿发生性关系，未造成严重后果，情节显著轻微的，不认为是犯罪”。根据上述规定，奸淫幼女构成强奸罪要求行为人必须明知奸淫的是幼女才能构成强奸罪，这一司法解释可以说对这一问题已经有一定的结论。当然，这里所谓的“明知”，只要行为人认识到可能是幼女的，就符合本罪对认识因素的要求，而不是要求必须是确知。

（二）强奸罪的认定

1. 本罪与通奸的界限。通奸，是指有配偶的男女之间以及有配偶的男女一方与他人之间，基于情感、生理需要自愿发生的婚外性行为。通奸虽然可妨害一方或者双方的婚姻家庭关系，但因为通奸并不违背妇女的意志，也不使用暴力等手段，不构成本罪。对有的妇女与人通奸，因某种变故，如为了保全家庭关系，维护名声，

或者由于利益要求未得到满足而对男方提出控告,把通奸说成强奸,在查清通奸事实的情况下,不能定强奸罪。如果男女双方先是通奸,后女方不愿继续通奸,男方仍纠缠强行实施性行为的,以强奸罪论处,即所谓的"先和奸后强奸"。对第一次性行为违背妇女意志,但女方并未告发并继续多次自愿与该男子发生性行为,一般不宜再定强奸罪,即所谓的"先强奸后和奸"。由于妇女曾经有过的和奸行为表明其受伤害不大,从保护该妇女和稳定社会出发,没有必要再追究行为人强奸罪的刑事责任。但是,如果后来的多次性行为是妇女受到行为人的威胁、恫吓所致,则应对行为人以强奸罪论处。对男方霸占女方,迫使其忍辱从奸的,也应以强奸罪论处。

2. 已满 14 周岁不满 16 周岁的男性与幼女发生性行为的处理。2000 年 2 月 24 日《最高人民法院关于审理强奸案件有关问题的解释》规定:"对于已满 14 周岁不满 16 周岁的人,与幼女发生性关系构成犯罪的,依照刑法第 17 条、第 263 条第 2 款的规定,以强奸罪定罪处罚;对于与幼女发生性关系,情节轻微、尚未造成严重后果的,不认为是犯罪。对于行为人既实施了强奸妇女行为又实施了奸淫幼女行为的,依照刑法第 263 条的规定,以强奸罪从重处罚。"因此,认定时注意:行为人若使用暴力、胁迫或其他强制手段与幼女发生性行为,无论情节是否严重,均应以本罪论处。如果是自愿发生性关系,而且情节轻微,尚未造成严重后果的,可不以强奸罪论处;如果情节恶劣,后果严重的,可认定为本罪,如奸淫多名幼女或者造成幼女性器官严重损害等;对既实施强奸妇女行为又实施了奸淫幼女行为的,只能按照强奸罪一罪从重处罚,不实行数罪并罚。

3. 使用胁迫手段的强奸与双方基于互相利用发生性行为的界限。实践中对于利用教养关系,特别是被害人为幼女的情况下,以及利用从属关系或利用职权、封建迷信、治病为名迫使被害人就范从而实施奸淫行为的,就应认定为违背其意志,属利用胁迫手段。如以断绝生活来源、解除工作,或者利用迷信以不发生性行为将有灭顶之灾、疾病等相威胁,应构成强奸罪。对于行为人利用职权上的优越条件、以某种精神或物质利益引诱女方,女方为谋取某种利益,或者接受引诱,自愿或者基于互相利用与之发生性行为的,即使男方在此后欺骗了女方,对男方也不能定强奸罪。

4. 与精神病人或痴呆患者发生性行为的认定。根据对强奸罪的规定,首先,必须查清以下基本事实:(1)精神病人或痴呆(精神发育不全)患者病情的轻重以及意识能力和控制能力的程度。(2)行为人是否明知女性是不能辨认和控制自己的行为。其次,在此基础上分别以下情况处理:(1)如果间歇性精神病人正处在精神正常期、精神发育不全的轻度患者并未完全丧失辨认和控制自己行为的能力,只要性行为不是违背其意志,就不能定为强奸罪。(2)无论患者病情的轻重以及意识能力和控制能力的程度的强弱,只要以暴力、胁迫等手段,就应认定为强奸罪。(3)虽然是确实得到患者同意而与之性交的,但明知是丧失辨认和控制自己行为能力的痴呆、精神病患者,而乘此时机奸淫,构成强奸罪。(4)确实不知是痴呆或精神病患者，在得其同意，甚至受到病患者的性挑逗的情况下，与之发生了性行为，行为人主观上缺乏违背女性意志强行与其性交的目的，不能认定为强奸罪。引例中，从表面上看，阿芬似乎是在自愿的情况下与两人发生性关系，但实质上，两位犯罪人是明知阿芬是已丧失辨认和控制自己行为能力的精神病患者而乘此时机实施奸淫，因而构成强奸罪。在分析此种情形时需注意，本罪所侵犯的客体是妇女的性自主权利，该权利并不能因为被害人丧失了辨认能力和控制能力而失去刑法的保护。因此，引例中的行为人的行为应成立强奸罪。

5. 本罪既遂与未遂。关于强奸罪的完成的标准，理论上针对被害人是妇女的情况，主要有射精说、插入说、接触说几种观点。我国通说认为，强奸既遂与否应以插入说，即两性性器官的结合为标准。但由于强奸行为针对不同被害对象的心理、生理条件的不同，所以，一般认为，针对已满 14 周岁妇女的强奸，既遂与否以插入说为宜，针对不满 14 周岁的幼女，则以采取接触说为宜，即只要两性性器官发生接触即为既遂。

（三）强奸罪的处罚

根据刑法第 236 条第 1 款、第 3 款的规定，犯本罪的，处 3 年以上 10 年以下有期徒刑。奸淫不满 14 周岁幼女的，以强奸论，从重处罚。

强奸妇女，有下列情形之一的，处 10 年以上有期徒刑、无期徒刑或者死刑：(1) 强奸妇女、奸淫幼女情节恶劣的。情节恶劣，应指强奸的手段残酷，在社会上造成很坏影响等等。(2)强奸妇女、奸淫幼女多人的。多人，一般理解为 3 人以上。(3) 在公共场所当众强奸妇女的。(4)两人以上轮奸的。轮奸，是指两人以上在一较短时间内先后轮流强奸同一妇女或者幼女。(5)致使被害人重伤、死亡或者造成其他严重后果的。“致使被害人重伤、死亡”，是指因强奸导致被害人性器官严重损伤，或者造成其他严重伤害，甚至当场死亡或者经治疗无效死亡的。该种情况下不影响认定强奸是否既遂。但对出于报复、灭口等动机，在实施强奸的过程中杀死或者伤害被害人的，应定故意杀人罪或者故意伤害罪，与强奸罪实行数罪并罚。“造成其他严重后果”，是指因强奸引起被害人自杀、精神失常以及其他严重后果。

二、强制猥亵、侮辱妇女罪

【引　例】

刘某为首的 7 人脚踏三轮车与某街道办厂的满载三轮货车相撞，双方发生口角。对方女工张某上前评理，被刘某将其一只衣袖拉破。与刘某同行的王某煽动说：“袖子拉坏还太少，要把她的衣服扯下。”刘某为显示其“本领”，便把张某的衣襟拉破，胸罩撕坏，并摸、捏张某的胸部。其余人也趁机抓、摸张某的胸部、下身，致使张某的胸部、下身及腹部被抓伤 30 多处。与张某一起的女

工唐某见状，上前指责他们的侮辱、猥亵行为，刘某又转向唐某，把她的衬衫和胸罩全部撕下，使唐某的上身裸露。民警闻讯赶到，将刘某一伙抓获归案。

（一）强制猥亵、侮辱妇女罪的概念和特征

强制猥亵、侮辱妇女罪，是指以暴力、胁迫或者其他手段，违背妇女意志，强制猥亵、侮辱妇女的行为。本罪的特征是：

1. 本罪的客体，是妇女的人格尊严和人身自由权利。本罪的对象只限于妇女，是指年满 14 周岁以上的未成年妇女和成年妇女。猥亵不满 14 周岁的幼女（包括幼年男性），构成第 237 条第 3 款规定的猥亵儿童罪。已满 14 周岁的男性，不能成为本罪的对象。

2. 本罪的客观方面，表现为以暴力、胁迫或者其他手段，违背妇女意志，强制猥亵、侮辱妇女的行为。所谓暴力，是指以殴打、捆绑、堵嘴等对妇女人身实行强制，使被害妇女不敢、不能抗拒的手段。所谓胁迫，是指以杀害、伤害、职权、地位、揭发隐私等相威胁、恫吓使被害妇女不敢反抗，对其进行精神强制的手段。其他手段，是指暴力、胁迫手段以外，其他使被害妇女不知反抗或不能反抗的手段。如用药麻醉，用酒灌醉等。这里的猥亵，是指除奸淫以外的能够满足性欲和性刺激的有伤风化、有碍身心健康的性侵犯行为。通常表现为强逼妇女对自己的性敏感区或者行为人在妇女的性敏感区抠摸、舌舔、吸吮。所谓侮辱妇女，是指实施具有挑衅性有损妇女人格的行为。如公开追逐或者堵截妇女，强行亲吻、搂抱妇女；在公共场所多次偷剪妇女的发辫、衣服，向妇女身上泼洒腐蚀物、涂抹污物，在公共场所向妇女显露生殖器或者用生殖器顶擦妇女身体等，实践中也认为是侮辱妇女的行为。猥亵、侮辱妇女的行为，以违背妇女意志，具有强制性为本质特征。

3. 本罪的主体，一般认为是特殊主体，即年满 16 周岁，具有刑事责任能力的男性才能构成。女性可以成为本罪的共犯。

4. 本罪在主观方面，是直接故意，一般具有满足自己性欲要求或有损妇女人格的目的。这是本罪与强奸（未遂）区别的关键。其动机常常是为了寻找精神刺激、取乐等。

（二）强制猥亵、侮辱妇女罪的认定

1. 本罪罪与非罪的界限。本罪虽未将“情节严重”或“情节恶劣”规定为成立的必备要件，但从立法精神和司法实践的需要来考虑，强制猥亵、侮辱妇女的行为是否情节严重或恶劣，应成为犯罪与猥亵、侮辱妇女的一般违法行为区分的标志。如果没有造成恶劣的社会影响或者严重的后果，应为一般违法行为，按照《治安管理处罚法》的规定处罚。所谓情节严重或者恶劣，主要是指强制猥亵的手段恶劣、动机卑鄙，如使用暴力手段；多次实施猥亵、侮辱行为，屡教不改的；结伙、持械追逐，堵截猥亵、侮辱妇女的；因实施猥亵、侮辱造成妇女人身伤害的等。引例中，7

名犯罪人的行为从表面上看是泄愤报复、逞能滋事，但带有明显的强制猥亵、侮辱妇女的性色彩，拉破被害妇女的衣襟和胸罩，触摸其胸部和下体的行为均超越了破坏名誉的目的，而且带有强烈的追求性刺激的意图，同时，犯罪人还具有以下严重或者恶劣的情节：①行为人在大街上对两个被害人实施侮辱、猥亵，造成恶劣的社会影响；②行为人使用暴力进行猥亵、侮辱，导致被害妇女被抓伤30多处，严重侵害被害妇女的身心健康和人格尊严；③是多人对同一对象实施了猥亵、侮辱行为。综上所述，7名行为人应共同构成猥亵、侮辱妇女罪。

2. 本罪与强奸罪的界限。强制猥亵、侮辱妇女罪与强奸罪两者都可以采用强制手段；对象都是妇女（本罪不包括幼女）；主观方面，都有满足性欲的目的。因此与伴随猥亵妇女的强奸罪的未遂行为，从客观上看十分相似。两者从构成要件上看，主要区别有：(1)客体不同。本罪侵犯的是妇女的人格尊严和人身自由权利，强奸罪侵犯的是妇女性的自由权利。(2)行为实行的过程和要求的内容不同。前者满足性欲的行为中不包括要求性交行为，后者则是以实施性交行为来满足性欲。区分两者的关键，在于查明行为人主观上是否具有强行奸淫的故意内容。如果行为人主观上具有强行奸淫的目的，同时又有强制猥亵、侮辱行为，只是由于其意志以外的原因未能得逞的，应定为强奸罪（未遂）；如果没有奸淫的目的，只是实施猥亵以满足自己的性欲需要，应定强制猥亵、侮辱妇女罪。若无法查清其行为是否确实具有奸淫的目的，本着疑罪从轻原则，应按本罪论处。

（三）强制猥亵、侮辱妇女罪的处罚

根据我国刑法第237条第1款、第2款的规定，犯本罪的，处5年以下有期徒刑或者拘役。聚众或者在公共场所当众犯本罪的，处5年以上有期徒刑。

三、猥亵儿童罪

【引　例】

舒某在担任某学校五、六年级班主任和语文老师期间，利用工作之便，多次借班上女学生考试没有考好、没能及时背书等理由，将女学生叫至自己寝室，假借批评教育之名，要求女学生脱掉裤子、撩起衣服，采取摸女学生的阴部和胸部的方式进行猥亵，对儿童身心造成了极大伤害。本案中，舒某的行为构成猥亵儿童罪是毋庸置疑的，而且也是该罪典型的表现形式，但猥亵儿童罪究竟还有哪些值得注意的特征呢？

（一）猥亵儿童罪的概念和特征

猥亵儿童罪，是指猥亵不满14周岁儿童的行为。本罪的特征为：

1. 本罪的客体是儿童的身心健康。对象必须是不满14周岁的儿童，包括男

女儿童。

2. 本罪的客观方面，表现为猥亵儿童的行为。猥亵行为在实践中，主要表现为对儿童抠摸、搂抱、吸吮、鸡奸，或者让儿童为其手淫等。例如，引例中，张某就是以威胁或者欺骗的手段来实施猥亵行为的，但对于猥亵儿童罪的客观特征还应当注意的是，由于儿童的认识能力较差，尤其是对性的认识能力十分欠缺，所以不管行为人是否实施了威胁或者欺骗的手段，只要对儿童实施了猥亵行为，即构成猥亵儿童罪。因此，猥亵既可以强制手段实施，如殴打、捆绑等，也可以非强制手段实施，如利用儿童的年幼无知或者好奇心理实施欺骗、引诱。

3. 本罪的主体是一般主体，为年满 16 周岁、具有刑事责任能力的自然人，性别不限于男性。

4. 本罪主观方面是直接故意，并且具有性刺激和性满足的目的。即明知对方是妇女或儿童，而故意实施强制猥亵或侮辱，其动机是通过上述行为寻求性的满足和下流无耻的精神刺激。间接故意和过失不构成本罪。

（二）猥亵儿童罪的处罚

根据刑法第 237 条第 3 款的规定，犯本罪的，依照强制猥亵、侮辱妇女罪的法定刑从重处罚。

司法考试真题链接

1. 关于强奸罪及相关犯罪的判断，下列哪一选项是正确的？［2007 年司法考试真题］

A. 甲欲强奸某妇女遭到激烈反抗，一怒之下卡住该妇女喉咙，致其死亡后实施奸淫行为。甲的行为构成强奸罪的结果加重犯

B. 乙为迫使妇女王某卖淫而将王某强奸，对乙的行为应以强奸罪与强迫卖淫罪实行数罪并罚

C. 丙在组织他人偷越国（边）境过程中，强奸了被组织的妇女李某。丙的行为虽然触犯了组织他人偷越国（边）境罪与强奸罪，但只能以组织他人偷越国（边）境罪定罪量刑

D. 丁在拐卖妇女的过程中，强行奸淫了该妇女。丁的行为虽然触犯了拐卖妇女罪与强奸罪，但根据刑法规定，只能以拐卖妇女罪定罪量刑

2. 对下列哪些行为不能认定为强奸罪？［2006 年司法考试真题］

A. 拐卖妇女的犯罪分子奸淫被拐卖的妇女的

B. 利用职权、从属关系，以胁迫手段奸淫现役军人的妻子的

C. 利用迷信奸淫妇女的

D. 组织卖淫的犯罪分子强奸妇女后迫使其卖淫的

3. 甲男与乙女发生纠纷,乙将脏物泼在甲的身上,甲便揪住乙的上衣,并向乙的下身猛击几拳;乙骂声不止,甲便唤来自家豢养的大公狗,在有许多围观村民的情况下,甲扒下乙的裤子,使其当众赤裸身体,并叫狗扑在乙的身上。甲的行为构成何罪?[2000年司法考试真题]

A. 强制猥亵、侮辱妇女罪

B. 侮辱罪

C. 公然猥亵罪

D. 诽谤罪

第四节 侵犯人身自由的犯罪

一、非法拘禁罪

【引 例】

因债务纠纷,张某同"老李"等三人在某区街道坝头村小路上拦住刘某所驾驶的轿车,后用胶带纸将刘某的嘴、双手封住后放置于轿车后座,并将轿车开至山东省某县一民房内,以限制刘某人身自由的方式要求刘某偿还债务,刘某迫于压力不得不就范,交出了农业银行卡并说出密码。随后"老李"等人从刘某的银行卡中取走刘某所欠债务,并于3日后将刘某放回。本案中,张某四人这种既关人又抢钱的行为所触犯的还是非法拘禁犯罪吗?从表面上看,这似乎像绑架罪,也更像抢劫罪。

(一)非法拘禁罪的概念和特征

非法拘禁罪,是指非法拘禁他人或者以其他方法非法剥夺他人人身自由的行为。本罪的特征是:

1. 本罪的客体,是他人的人身自由权利,即他人根据自己的意愿自由支配自己身体活动的权利。人身自由权利,是法律赋予公民参与社会活动,行使权利的基本保证。本罪的对象,是所有依法享有人身自由权利的他人。不论是成年的,还是未成年的,健康的还是有病的,也不论其民族和国籍,只要是未被依法剥夺人身自由,对其实施非法剥夺人身自由的行为均可构成本罪。

2. 本罪的客观方面,表现为以非法拘禁或者以其他强制方法剥夺他人人身自由的行为。所谓拘禁,是指以强制性方法使他人在一定时间内失去行动的自由。非法拘禁具有非法性和强制性。首先,非法性主要表现为:一是无权拘禁他人的一

般公民随意拘禁他人，使其失去人身自由(如绑架他人为人质讨债等)；二是有权拘禁的司法工作人员滥用职权，不遵守法律规定，或者违反法定程序和条件，非法剥夺他人人身自由，或者使他人无法恢复人身自由(如不释放已认定无罪的人)。其次，所谓强制性，是指违背他人意志，强行使他人处于被管束之中。主要表现为使用足以剥夺人身自由的强制性手段，如实施关押、禁闭等。其他强制方法，是指使用拘禁以外的强制方法剥夺他人人身自由，如实施捆绑、绑架等手段属之。但无论使用何种方法，不影响本罪的成立。非法拘禁罪属于继续犯，拘禁的不法行为和他人失去自由的状态在一定时间内处于持续的不间断状态。拘禁时间的长短，对犯罪的成立没有影响，是量刑的情节。

3. 本罪的主体，为一般主体。年满16周岁，具有刑事责任能力的人均可构成。

4. 本罪的主观方面，出于故意，并且具有非法剥夺他人人身自由的目的，犯罪的动机可以是多种，如索债、挟嫌报复、要特权、逞威风等，动机如何不影响本罪的成立。

(二)非法拘禁罪的认定

1. 本罪与非罪的界限。本罪属继续犯，只要行为人以剥夺他人人身自由为目的，非法拘禁他人，不论时间长短，都是本罪既遂。时间的长短可作为一个量刑情节加以考虑，但如果非法拘禁时间过于短暂，情节显著轻微，没有造成多大危害的，不应以犯罪论处。

2. 非法拘禁罪的罪数。在司法实践中，非法剥夺他人人身自由的行为往往同其他犯罪发生联系，应分清罪数，才能做到正确定罪量刑。如果非法拘禁行为与其他犯罪存在牵连关系，除刑法有明文规定的外，应从一重罪处断，不实行并罚，例如在强迫职工劳动中实施非法拘禁行为的属之；如果在拐卖妇女、儿童过程中，实施非法拘禁行为的，应根据牵连犯的原则，以拐卖妇女、儿童罪从重处罚。收买妇女、儿童后，为防止被收买的妇女、儿童逃走，而将其拘禁的，两者之间虽然存在牵连关系，但根据刑法第241条第4款的规定，应实行数罪并罚。国家工作人员利用职权进行报复陷害，非法拘禁他人，这种情况下属于想象竞合犯，应从一重罪处断。

(三)非法拘禁罪的处罚

根据刑法第238条的规定，犯本罪的，处3年以下有期徒刑、拘役、管制或者剥夺政治权利。具有殴打、侮辱情节的，从重处罚。致人重伤的，处3年以上10年以下有期徒刑；致人死亡的，处10年以上有期徒刑。使用暴力致人伤残、死亡的，依照本法第234条、第232条的规定定罪处罚。所谓“致人重伤”、“致人死亡的”，是指在非法剥夺他人人身自由的过程中因过失造成被害人重伤、死亡或者引起自杀致死亡、重伤的结果。所谓“使用暴力致人伤残、死亡的”，是指行为人在犯本罪的过程中故意导致被害人伤残、死亡的结果发生，对此，根据刑法的规定，应以故意伤害罪、故意杀人罪论处。

此外，根据刑法第238条第3款、第4款的规定，为索取债务非法扣押、拘禁他人的，依照非法拘禁罪论处。国家机关工作人员利用职权犯本罪的，从重处罚。例如，引例中张某等人的行为从表面上看似乎符合抢劫罪的犯罪构成，"暴力"与"劫取财物"均具有当场性和同时性，但实际上仅成立非法拘禁罪，因为四人取走的钱物并没有超越于债务的限度，将刘某拘禁长达三日，符合非法拘禁罪的犯罪构成。另外，本案需要注意的是，如果犯罪人从刘某的卡中取走的钱物超出了债务的范围，其所超出的范围应当成立抢劫罪，与非法拘禁罪实施数罪并罚。

二、绑架罪

【引 例】

袁甲得知李某买彩票中大奖的情况后，便与其胞弟袁乙、袁丙商量绑架李某的儿子小明，以勒索钱财。某日早上6时许，三袁在小明上学的路上守候。当小明经过时，袁丙即上前将他抱走。尔后三袁将小明绑架至某村的一间旧房子里，不久又将其转移到附近的草丛中。7时许，袁甲与袁乙乘车到老城镇，并给李某打电话，叫李某准备人民币6万元赎金。半小时后，二袁又转移至其他地方，由袁乙再次给李某打电话，叫李某准备好钱，并威胁李某不准报警。之后，二袁返回该村。袁甲叫袁乙去探听消息，袁乙将打听到李某已报警的消息告诉袁甲。袁甲便交代杀掉人质，袁乙将袁甲的意思转告袁丙，后者遂用红领巾将小明勒死。尔后，袁甲三兄弟逃离现场。袁氏三兄弟的恶劣行径构成绑架罪是确定无疑的，但司法认识活动并未就此结束，由于没有实现勒索财物的目的，那三袁的行为究竟是绑架罪的既遂，还是未遂呢？

(一)绑架罪的概念和特征

绑架罪，是指以勒索财物为目的绑架他人，或者绑架他人作为人质的行为。本罪的特征是：

1. 本罪的客体，是复杂客体，包括他人的人身自由权利、健康、生命权利及公私财产所有权利。但应当具体分析，以勒索财物为目的绑架他人的行为，由于使用暴力、胁迫等强制手段将他人掳为人质，又向人质的关系人勒索财物，所以，既侵犯他人的人身自由权利、健康、生命权利，也侵犯公私财产所有权利；而绑架他人作为人质的，虽然也是使用暴力、胁迫等强制手段将他人掳为人质，但并不是以勒索财物为目的而绑架他人，所以，只侵犯到他人的人身自由权利、健康、生命权利。至于在复杂客体中，立法将本罪规定在侵犯人身权利的犯罪中，说明人身权利是本罪的主要客体。

2. 本罪的客观方面，虽然立法对本罪的绑架的手段行为没有规定，但是，从绑架的含义来说，是使用暴力、胁迫或者其他手段劫持他人的行为。

绑架，亦称劫持，是指违背被害人或其法定监护人的意志，使用强制性手段将被害人置于行为人控制之下，并剥夺或者限制其人身自由的行为。一般来说，在绑架勒索财物的情况下，会将被害人掳离其原处所，置于行为人控制之下。之所以这样认识，是因为在构成绑架罪的情况下，不将被害人掳离其原处所而现场强索财物的，应当构成抢劫罪而不是绑架罪。

所谓强制性手段，即是指违背被害人或其法定监护人的意志的暴力、胁迫或其他手段。所谓暴力，是指对被绑架人实施殴打、伤害、捆绑等，使被害人不能、不敢反抗的人身强制行为。胁迫，是指对被绑架人以将要施以杀害、伤害进行威胁、恫吓，使其不敢反抗的精神强制行为。其他方法，是指除暴力、胁迫外，使被绑架人不知反抗或不能反抗的人身强制行为，如诱骗、用药物麻醉、用酒灌醉等方法。以勒索财物为目的偷盗婴幼儿的，亦构成本罪。根据我国刑法的规定，绑架的具体行为可以有两种情况：一是以勒索财物为目的绑架他人为人质，二是出于非勒索财物目的绑架他人为人质（但是，不包括为索取债务绑架他人为人质的情况）。无论属于哪一种情况，均构成本罪。

本罪在实践中，在实施绑架人质的行为之后，行为人通常以一定的方式将人质被绑架的事实通知被绑架人的亲属或者其他利害关系人，或者有关的机关、政府部门，并以继续扣押人质或加以杀、伤相要挟，勒令在一定时间内交付一定数额的金钱或财物，或者满足其某种要求，以换取人质。但根据刑法的规定，行为人是否实施该种行为，并不影响本罪的成立，只作为量刑的情节考虑。此外，本罪在实施过程中对人质的非法拘禁，是绑架的当然结果，不另行定罪实行并罚。

3. 本罪的主体，是一般主体。即已满16周岁、具有刑事责任能力的自然人。

4. 本罪的主观方面，是直接故意。根据刑法规定，本罪的故意目的有二：一是以勒索财物为目的，二是除勒索财物或者出卖为目的以外，获取其他利益的目的，可以是为了满足政治目的，也可能是为其他利益，但都不影响本罪的成立。

（二）绑架罪的认定

1. 本罪与非法拘禁罪的界限。在绑架行为实施过程中，对他人人身自由的非法剥夺，是绑架的当然结果；而非法拘禁也可以绑架的手段实施，两者容易混淆。主要区别在于：(1)主观方面，本罪是以勒索财物为目的，或者是除勒索财物或者出卖为目的以外，获取其他利益为目的。后者是以非法剥夺人身自由为目的。(2)客观方面，本罪一般既有绑架的行为，又有勒索财物或者要求其他利益的行为，剥夺人身自由是绑架的当然结果，而后者一般只具有非法剥夺人身自由的行为，除了因索取债务的情况外，既无勒索财物的行为，也无要求其他利益的行为。(3)客体不完全相同。本罪既存在复杂客体的情况，也存在单一客体的情况，而后者只是单一客体。

2. 本罪既遂与未遂的界限。关于绑架罪的既遂与未遂区分标准，理论上有不同主张：有的认为，本罪虽然是由两个行为构成，但是否既遂，应以人质是否丧失行动自由为标准。至于是否开始索取财物或其他非法利益，不影响本罪的既遂。有的观点则认为，不能将绑架与勒索相分离，绑架人质是手段，勒索财物或取得其他利益才是目的，不能将其与勒索财物等行为割裂开来，所以，应以是否实际勒索到财物或其他非法利益为既遂标准。

我国理论通说，认为犯罪既遂是以行为符合刑法规定的具体犯罪构成要件为标准。我们认为，根据刑法第 239 条的规定，在绑架罪的客观要件中，并未规定本罪必须在客观上具备勒索财物或强取其他利益的行为，如“以勒索财物为目的”的规定，表明的是实施绑架行为的主观要件，如果将此只解释为必须是实行行为，就具有客观要件的意义，未实施则不能说完全符合犯罪构成。如第一种观点认为既是双重实行行为，又认为只实施前行为而未实施后行为时，就可以成立既遂，不符合刑法理论关于犯罪既遂的理论。我们认为，本罪的客观行为是单一行为而不是双重行为。基于上述认识，本罪的既遂与未遂，应以绑架行为是否达到实际控制人质，将其置于自己实际支配之下为标准。已经实际控制人质的，是既遂。虽实施暴力、胁迫、麻醉等行为，但未构成对人质人身实际控制的，是未遂。例如引例中，三袁为勒索钱财，绑架小明的行为，就已经完成对人质的控制，虽然未实现勒索赎金的目的，却成立绑架罪(既遂)。为进一步认识这个问题，有个概念需予以特别的注意——“主观的超过要素”，在刑法理论中，绑架罪属于目的犯，而目的犯的“目的”就属于“主观的超过要素”，即这种目的只需存在于犯罪人的内心即可，不要求付诸实施，在犯罪客观方面也不要求有相应的行为与之对应，换言之，即使目的犯没有实现其犯罪目的，但只要其所实施的行为符合客观的要件就不阻却犯罪既遂的成立。因此，“勒索财物”作为绑架罪的犯罪目的实现与否不影响犯罪既遂的成立，三个犯罪嫌疑人的行为构成绑架罪的(既遂)，其杀害人质的行为也将成为法定刑的升格要件。

(三)绑架罪的处罚

刑法第 239 条规定，犯本罪的，处 10 年以上有期徒刑或者无期徒刑，并处罚金或者没收财产；致使被绑架人死亡或者杀害被绑架人的，处死刑，并处没收财产。所谓“致使被绑架人死亡”，是指在绑架实施过程中因使用暴力，故意伤害致人死亡或者因过失致人死亡；“杀害被绑架人”，包括先杀害人质，然后隐瞒真相，向人质的利害关系人或者有关单位提出要挟；或者在要求未得到满足或得到满足后杀死人质，即通常所说的“撕票”。

《刑法修正案(七)》第 6 条对绑架罪刑罚增加了一档：“情节较轻的，处五年以上十年以下有期徒刑，并处罚金。”这样的刑罚设置，适当地增加了一个减轻构成的

刑罚单位，是为了在处理情况复杂的绑架案件时，贯彻罪责刑相适应原则，对情节较轻的绑架犯罪适用相对较轻的刑罚，以达到罪刑均衡的目的，体现了我国刑法宽严相济的原则，基本实现刑罚设置的精细化与合理性。更为重要的是，这样的设计，很大程度上改善了人质的处境，鼓励犯罪人善待人质，以避免案发后被处以严厉的刑罚。

三、拐卖妇女、儿童罪

【引　例】

王某、周某以介绍外出打工为名，将黄乡庄村的许甲、许乙两姐妹及该县米厂的职工曹某骗至河南省淇县。由被告人王某、周某联系买主，经当地一木匠林某牵线，将曹某以1600元卖给西乡石村的李某为妻；将许乙以4800元卖给江村的张某为妻；许甲则被留给林某。得钱后，两人逃离现场。本案某、周某的行为构成了拐卖妇女罪是毫无疑问的，但案情是否就是这么简单呢？下面我们通过学习拐卖妇女、儿童罪，而后触类旁通地认识本案中的一些简单行为的复杂性质。

（一）拐卖妇女、儿童罪的概念和特征

拐卖妇女、儿童罪，是指以出卖为目的，拐骗、绑架、收买、贩卖、接送、中转妇女、儿童的行为。本罪的特征是：

1. 本罪的客体，是人身不受买卖的权利。本罪在多数情况下可能会同时侵害被害人的人身自由权利及家庭关系，但这是本罪行为附随侵害的社会关系，而人身不受买卖的权利，是必然侵犯的社会关系，属于本罪的客体。本罪的对象，是妇女和儿童。妇女，是指已满14周岁的未成年妇女和成年妇女。儿童，是指不满14周岁的男、女儿童。

2. 本罪的客观方面，表现为实施拐骗、绑架、收买、贩卖、接送、中转妇女、儿童的行为。所谓拐骗，是指采用欺骗、利诱等非强制性手段，将妇女、儿童置于自己的控制之下的行为。所谓绑架，是指采用暴力、胁迫、麻醉或其他强制性手段劫持妇女、儿童的行为。所谓收买，是指(以出卖为目的)用货币等从他人处买下妇女、儿童的行为。[①] 所谓贩卖，是指将妇女、儿童卖给第三者换取钱财的行为。所谓接送与中转，是指在拐卖妇女、儿童过程中，分工实施藏匿、移送、接转被拐卖的妇女、儿童的行为。只要实施上述行为之一的，即符合本罪客观方面的要件。至于拐卖行为是否“违背被害人意志”，不影响以本罪论处。即使实践中妇女、儿童自愿被卖也

① 之所以强调是“以出卖为目的”的收买，是为了与“不以出卖为目的”而构成的收买被拐卖的妇女、儿童罪的“收买”行为区别。

不能免除拐卖者的刑事责任,但在量刑时可考虑从轻。例如,引例中林某的行为就包含了多种性质:①林某牵线卖掉曹某、许乙的行为就属于拐卖行为中的一个环节——贩卖行为,应认定为拐卖妇女罪;②林某将许甲留给自己的行为分不同情形则有不同的定性,如果林某支付了钱财,则其行为的性质是收买妇女,又由于其没有再贩卖的目的,应成立收买被拐卖妇女罪;如果林某没有支付钱款,则他与王某、周某在许甲的问题上共同构成拐骗妇女罪。

3. 本罪的主体,是一般主体。为年满 16 周岁、具有刑事责任能力的自然人。

4. 本罪的主观方面,是直接故意,具有出卖的犯罪目的。

(二)拐卖妇女、儿童罪的认定

1. 本罪与绑架罪的界限。两者在客观上有相同之处,如绑架罪可以绑架妇女、儿童或偷盗婴幼儿;绑架罪中也可以有为获取财物而实施的勒索行为。拐卖妇女、儿童罪也可以绑架为手段。区别主要表现在:(1)犯罪客体不完全相同。本罪属于单一客体;而绑架罪既存在复杂客体的情况,也存在单一客体的情况。(2)犯罪对象不同。本罪的对象仅限于妇女和儿童,而绑架罪的对象可以是任何人。(3)获取的利益及方式不同。本罪是将妇女、儿童出卖以获取钱财;而绑架罪是向人质的亲属或利害关系人或有关机关要挟,可为钱财,也可为其他利益。(4)主观目的不同。本罪是以出卖为目的;而绑架罪是以勒索财物为目的或者除勒索财物目的以外,获取其他利益的目的。

2. 出卖亲生子女的案件的处理。出卖亲生子女的案件,在我国目前实践中仍占有一定的比例,虽然出卖亲生子女的案件与社会上拐卖妇女、儿童的案件有所不同,但是,依照我国法律的规定应当作为犯罪认定。2000 年 3 月 20 日最高人民法院、最高人民检察院、公安部、民政部、司法部、全国妇联在《关于打击拐卖妇女儿童犯罪有关问题的通知》中指出:出卖亲生子女的,由公安机关依法没收非法所得,并处以罚款;以营利为目的,出卖不满 14 周岁子女,情节恶劣的;借收养名义拐卖儿童的,以及出卖捡拾的儿童的,均应以拐卖儿童罪追究刑事责任。出卖 14 周岁以上女性亲属或者其他不满 14 周岁亲属的,以拐卖妇女、儿童罪追究刑事责任。

3. 本罪与拐骗儿童罪的界限。两罪侵犯的都是人身权利,都可以儿童为对象,也都能采用欺骗手段。区别的主要方面在于主观要件的不同,本罪是以出卖为目的,而拐骗儿童罪不以出卖为目的,一般是为了供自己或他人收养、奴役。

4. 本罪的罪数界限。对于本罪行为人在拐卖妇女、儿童的过程中同时实施了其他犯罪的,应根据刑法有关规定区别情况分别处理:(1)在拐卖过程中因殴打、捆绑等行为过失致伤害、死亡结果发生的,应以本罪论处。(2)因被害人反抗等原因而故意将被害人杀死或实施伤害的,应以故意杀人罪或故意伤害罪与本罪实行数罪并罚。(3)奸淫(包括强奸)被拐卖的妇女或诱骗、强迫其卖淫的,应以本罪论处。

（三）拐卖妇女、儿童罪的处罚

根据刑法第240条的规定，犯本罪的，处5年以上10年以下有期徒刑，并处罚金；有下列情形之一的，处10年以上有期徒刑或者无期徒刑，并处罚金或者没收财产；情节特别严重的，处死刑，并处没收财产：(1)拐卖妇女、儿童集团的首要分子；(2)拐卖妇女、儿童3人以上的；(3)奸淫被拐卖的妇女的；(4)诱骗、强迫被拐卖的妇女卖淫或者将被拐卖的妇女卖给他人迫使其卖淫的；(5)以出卖为目的，使用暴力、胁迫或者麻醉方法绑架妇女、儿童的；(6)以出卖为目的，偷盗婴幼儿的；(7)造成被拐卖妇女、儿童或者其亲属重伤、死亡或者其他严重后果的；(8)将妇女、儿童卖往境外的。

四、收买被拐卖的妇女、儿童罪

（一）收买被拐卖的妇女、儿童罪的概念和特征

收买被拐卖的妇女、儿童罪，是指不以出卖为目的，收买被拐卖的妇女、儿童的行为。本罪的特征是：

1. 本罪的客体是人身的不受买卖性。犯罪对象是被拐卖的妇女、儿童。

2. 本罪的客观方面，表现为收买被拐卖的妇女、儿童的行为。收买，是指以金钱或其他有经济价值的物资，换取被拐卖的妇女和儿童的行为。收买无论是否违背被收买人的意志，都不影响本罪的成立。本罪是结果犯，只有买到被拐卖的妇女、儿童才构成本罪，并为既遂。

3. 本罪的主体为一般主体，即年满16周岁，具备刑事责任能力的自然人。

4. 本罪的主观方面是直接故意，并要求明知收买的对象是被拐卖的妇女、儿童。

（二）收买被拐卖的妇女、儿童罪的处罚

根据刑法第241条的规定，犯本罪的，处3年以下有期徒刑、拘役或者管制。收买被拐卖的妇女，强行与其发生性关系的，或者非法剥夺、限制被拐卖妇女、儿童的人身自由，或者有伤害、侮辱等犯罪行为的，应以本罪和相应的有关犯罪实行数罪并罚。收买被拐卖的妇女、儿童后又出卖的，依照刑法第240条的规定以拐卖妇女、儿童罪论处。收买被拐卖的妇女、儿童，按照被买妇女的意愿，不阻碍其返回原居住地的，对被买儿童没有虐待行为、不阻碍对其进行解救的，可以不追究刑事责任。

五、聚众阻碍解救被收买的妇女、儿童罪

(一)聚众阻碍解救被收买的妇女、儿童罪的概念和特征

聚众阻碍解救被收买的妇女、儿童罪,是指纠集众人,阻碍国家机关工作人员解救被收买的妇女、儿童的行为。本罪的特征为:

1. 本罪的客体为被收买妇女、儿童的人身权利和国家机关的公务活动。犯罪对象必须是正在执行解救被收买的妇女、儿童任务的国家机关工作人员。

2. 本罪的客观方面,表现为纠集众人阻碍国家机关工作人员解救被收买的妇女、儿童的行为。所谓聚众,广义上包括纠集、策划、指挥、组织多人参与阻碍解救工作的行为。所谓阻碍,是指阻止、妨碍,其表现形式多种多样,但以何种方式阻碍解救,不影响其行为的性质。

3. 本罪的主体为一般主体,即年满 16 周岁、具有刑事责任能力的自然人。刑法规定,只有首要分子才能构成本罪。这里所谓的首要分子,指聚众阻碍国家机关工作人员解救被收买的妇女、儿童的策划者、指挥者、组织者。

4. 本罪主观方面是直接故意,并且应明知阻碍的对象是正在实行解救的国家机关工作人员。

(二)聚众阻碍解救被收买的妇女、儿童罪的认定

要认定具体行为是否构成本罪,除了严格对照该行为是否符合并齐备本罪的构成要件外,还应当注意分析如下几个问题,才能得出正确结论。

1. 本罪与非罪的界限

区分本罪与非罪的界限,必须把握两点:(1)犯罪的主体。本罪的犯罪主体必须是进行聚众阻碍解救被收买的妇女、儿童的首要分子。法律规定只处理首要分子,表示了一种排他性,除此之外,其他人不能以这一罪名追究刑事责任。如果是其他参与者,则不以本罪论处。即使使用了暴力、威胁方法的,根据刑法的规定,也只能依照刑法第 277 条规定的妨害公务罪论处。(2)犯罪方法。根据刑法的规定,如果行为人对国家工作人员实施了暴力、威胁方法阻碍国家工作人员执行任务,则不再以聚众阻碍国家机关工作人员解救被收买的妇女、儿童罪论处,而是按照妨害公务罪定罪处罚。这里的暴力、威胁方法的认定是决定成立本罪与非罪的关键。

2. 本罪与妨害公务罪的界限

两个罪的主要区别在于:(1)行为人的罪过形式不同。构成聚众阻碍解救被收买的妇女、儿童罪,主观上必须明知是执行解救收买的妇女、儿童的国家机关工作人员正在进行解救被收买的妇女、儿童的公务;而构成妨害公务罪,只要主观上明知自己正在进行阻碍国家机关工作人员的公务即可。(2)危害行为特征不同。本

罪的危害行为是复合的,即“聚众”并且“阻碍”国家机关工作人员正在进行解救被收买的妇女、儿童的公务行为,如果只是单个人实施或纠集一两人阻碍不构成本罪。而且,本罪危害行为的方法是排除暴力、威胁之外的方法。而构成妨害公务罪只要求行为人以暴力、威胁方法阻碍执行公务,至于是个人或者聚众则不影响妨害公务罪的形成。(3)犯罪主体不同。本罪的主体必须是起聚众作用的首要分子,如不属于首要分子不能构成本罪。而构成妨害公务罪的,则不是首要分子,而是参与聚众阻碍国家机关工作人员解救被收买的妇女、儿童的人,或者单独以暴力、威胁方法阻碍国家机关工作人员解救被收买的妇女、儿童的人。

3. 本罪的一罪与数罪的问题

实践中,有可能出现这样的情形:一是在聚众阻碍解救被收买的妇女、儿童罪中使用了暴力,而且造成重伤或者死亡的危害结果,则同时构成伤害罪或者杀人罪与妨害公务罪,属想象数罪,应从一重罪处罚。如果行为人以抢夺军警、公安司法人员枪械的手段阻碍解救被收买的妇女、儿童的,则同时构成抢夺枪支、弹药罪与聚众阻碍解救被收买的妇女、儿童罪,也是想象数罪,应从一重罪处罚。

(三)聚众阻碍解救被收买的妇女、儿童罪的处罚

根据刑法第242条的规定,犯本罪的,对其首要分子处5年以下有期徒刑或者拘役;其他参与者使用暴力、威胁方法的,依照刑法第277条规定的妨害公务罪论处。

六、诬告陷害罪

【引　例】

李四与邻居王某因故发生争执,在相互厮打中,李小四头部被邻居砸伤并住院。住院治疗期间,李四得知李小四的伤口构不成轻伤标准,便要求医生郭某将伤口扩大致轻伤标准,事后,邻居因此被刑事拘留13天。针对轻伤结论,邻居要求重新复核,后经公安机关进一步调查取证,李四伙同医生郭某扩大伤口的事实终于败露。那么,李四与郭某简简单单一个扩大自家人伤口的行为,为何竟具有如此大的危害性呢?这要结合诬告陷害罪的犯罪构成特征来理解。

(一)诬告陷害罪的概念和特征

诬告陷害罪,是指捏造犯罪事实诬陷他人,意图使他人受刑事追究,情节严重的行为。本罪的特征为:

1. 本罪的客体,为他人的人身权利和司法机关的正常活动。作为对象的“他人”,可以是任何人。

2. 本罪的客观方面,表现为捏造犯罪事实,进行告发,情节严重的行为。捏造

犯罪事实和进行告发,是诬告陷害客观行为不可缺少的组成部分。首先,必须捏造了他人犯罪的事实。所谓捏造,是指无中生有,虚构某种事实。如果告发的是真实的事实,即使在情节上有所夸大,亦属检举失实,不能构成本罪。其次,捏造的必须是犯罪事实,如果捏造他人生活作风等事实,情节严重的,可构成诽谤罪。再次,必须有告发的行为。所谓告发,是指向有关机关进行检举、揭发。告发既可向司法机关告发,也可向被诬告者所在单位及其他有可能向司法机关转送的机关告发。告发的方式不影响本罪的成立。复次,必须有特定的诬告对象。所谓特定的对象,并不要求必须明确指出被诬告者的姓名,只要从诬告的内容中能推断出是谁,即应当认为诬告的是特定对象。本罪是行为犯,只要行为人实施了捏造犯罪事实,进行告发的行为,就构成本罪的既遂。至于被害人是否被错误地追究刑事责任,应作为量刑的情节考虑。最后,必须是情节严重的,才能构成本罪。引例中,李四伙同郭某虽然只是将原来构不成轻伤的伤口扩大到了轻伤的标准,但这已经是一种捏造犯罪事实的行为,因为我国刑法规定故意非法损害他人健康达到轻伤以上结果,即构成故意伤害罪,简单的变动即刻使邻居的行为由治安管理事件升格至犯罪行为;另外,两人捏造的轻伤结论导致邻居被刑事拘留 13 天,说明告发行为已客观存在,并直接导致刑事诉讼程序的启动,被害人被错误地追究刑事责任,也使司法机关的名誉受到严重的损害。综上所述,这样一个简单的行为足以使李四与郭某共同构成诬告陷害罪(既遂)。

3. 本罪的主体,是一般主体,即年满 16 周岁、具备刑事责任能力的自然人。

4. 本罪的主观方面,是直接故意,并具有使他人受到刑事追究的目的。如果不是有意诬陷,而是错告或者检举失实的,不构成本罪。动机通常有栽赃、泄愤、嫁祸于人等,动机如何不影响本罪的成立。

(二)诬告陷害罪的认定

1. 本罪与非罪的界限。(1)本罪与错告、检举失实的界限。刑法第 138 条第 2 款规定,不是有意诬陷,而是错告,或者检举失实的,不构成本罪。两者的区别在于,后者主观上不具有陷害他人的目的,客观上不具有捏造犯罪事实的行为。(2)本罪与一般诬告陷害行为的界限。两者的界限,主要是情节是否严重。诬告陷害他人,情节严重的,构成本罪;情节不严重的,不构成犯罪,属于一般诬告陷害行为。对一般诬告陷害行为,应给予必要的批评教育或行政处分。所谓情节严重,一般是指使他人的名誉受到损害,被害人因诬告已被错误地追究刑事责任,使司法机关的名誉受到严重的损害;诬告行为严重干扰了司法机关的正常活动;诬告手段恶劣;诬告的动机卑鄙等。

2. 本罪与诽谤罪的界限。两者的相同处在于实施的都是捏造事实的行为。其区别在于:(1)犯罪的直接客体不同。前者是他人的人身权利和司法机关的正常活动,后者是他人的人格和名誉权。(2)捏造的内容和行为的方式不同。前者表现

为捏造犯罪事实并向有关机关进行告发，后者是捏造并散布足以损害他人人格和名誉的虚假事实。(3)犯罪目的不同。前者是为了使他人受刑事处分，后者则是为了损害他人的人格和名誉。

(三)诬告陷害罪的处罚

根据刑法第243条的规定，犯本罪的，处3年以下有期徒刑、拘役或者管制；造成严重后果的，处3年以上10年以下有期徒刑。国家机关工作人员犯本罪的，从重处罚。

七、强迫职工劳动罪

【引 例】

河南某镇农民陈某在开封市某村新建窑厂对窑厂职工管理期间，伙同并指示郭某、魏某、范某三人对砖机工人施行非法看管，限制工人的人身自由，强迫工人每天高强度劳动14个小时，扣押工人工资，并对逃跑的工人高某、干活慢的张某和许某等人进行殴打，对被害人的人身权利造成了严重的伤害，经鉴定有四名工人的受伤程度均达到轻伤以上。那么本案中，陈某等人的恶劣行径究竟会构成什么罪呢？是非法拘禁罪，还是故意伤害罪，还是其他的罪名呢？

(一)强迫职工劳动罪的概念和特征

强迫职工劳动罪，是指违反劳动管理法规，以限制人身自由的方法强迫职工劳动，情节严重的行为。本罪的特征为：

1. 本罪的客体是劳动者(职工)的休息权和人身自由权利。

2. 本罪的客观方面，表现为违反劳动管理法规，以限制人身自由的方法强迫职工劳动的行为。所谓限制人身自由方法，主要是指以监视、禁止出入等使他人的人身自由受到若干限制的方法。所谓强迫劳动，是指以强制性手段，如暴力、威胁等，违背劳动者意志，迫使其劳动。限制人身自由是强迫劳动的手段，而限制人身自由又依赖于一定的强制手段。强迫他人劳动的行为，必须是情节严重的才构成犯罪。

3. 本罪的主体为与职工建立劳动关系的用人单位。根据劳动法第2条的规定，“用人单位”，是指在中华人民共和国境内的企业、个体经济组织。单位犯罪之单位，应限定在以自己的资产和名义，对外开展活动，并享有相应的权利和承担义务的机关、企业、事业单位或团体之范围内。不具有独立资格、没有独立核算的分支机构及非法的组织，一般不能视为刑法意义上的“单位”，这些“单位”犯罪，应以个人犯罪看待。刑法第244条对本罪主体规定为“用人单位”，虽然只采取单罚制，并不能将其视为个人犯罪，因此这里的“单位”，结合《劳动法》的规定，应理解为合法的、有独立资格、实行独立经济核算的经济组织，但不论是国有企业、集体企业，还是“三资”企业、私营企业、个体经济组织，只要其对所招用职工以限制人身自由的方法强迫劳动，就可以成为本罪的主体。所以在引例中，如果以本罪追究犯罪人的刑事责任，具备本罪主体地位的只能是窑厂，而陈某等人并非本罪的适格主体，但可以直接责任人员追究其刑事责任。

4. 本罪的主观方面表现为直接故意。即明知自己是用限制人身自由方法强迫职工劳动，而故意为之。动机大多是为了获取高额利润，但动机不影响本罪的成立。

(二)强迫职工劳动罪的认定

要认定具体行为是否构成本罪，除了严格对照该行为是否符合并齐备本罪的构成要件外，还应当注意分析如下几个问题。

1. 本罪与非罪的界限

首先，本罪是“用人单位”实施的犯罪，这些用人单位仅限于经济组织。实践中，机关、事业单位或团体招用职工劳动的，不应以本罪论处。其次，本罪构成要件要有限制人身自由的方法，违背职工的意志，强迫劳动的行为，如果用人单位并没有使用这种法定的方法，只是对职工严格要求，或者职工自愿超时间、超负荷地劳动，用人单位没有强迫的，不能以犯罪论处。最后，强迫职工劳动的行为情节不严重的，则属违法行为，应当依照劳动法第 96 条的规定，由公安机关对直接责任人员给以治安处罚，即处以 15 日以下拘留、罚款或者警告。

2. 划清强迫职工劳动罪与非法拘禁罪的界限

这两种犯罪的区别，主要在于犯罪对象不同。前者限定在职工，后者包括职工在内的任何公民。当行为人以限制人身自由的方法强迫职工劳动时，应当以强迫职工劳动罪论处。引例中，陈某等人虽然实施了非法限制人身自由的行为，但这只是一种手段行为，其目的行为是强迫职工劳动，而且情节十分严重，应成立强迫职工劳动罪。

3. 划清一罪与数罪的界限

因限制人身自由、强迫劳动，构成本罪，又有故意伤害、非法拘禁等行为，并构成犯罪的，应当实行数罪并罚。引例中，陈某等人为了达到强迫职工劳动的目的，殴打高某等人并致使其轻伤，同时也构成了故意伤害罪，应当以上述两罪实行数罪并罚。如果行为人以强迫劳动为目的，职工因人身自由受到限制不堪忍受而自杀，行为人对此结果有过失的，对行为人应按刑法第 232 条的情节较重的过失致人死亡罪定罪处罚。此种情形可视为强迫职工劳动罪与过失致人死亡罪的想象竞合犯。

(三)强迫职工劳动罪的处罚

根据刑法第 244 条的规定，犯本罪的，对直接责任人员，处 3 年以下有期徒刑

或者拘役，并处或者单处罚金。

八、雇用童工从事危重劳动罪

(一)雇用童工从事危重劳动罪的概念和特征

雇用童工从事危重劳动罪，是指违反劳动管理法规，雇用未满16周岁的未成年人从事超强度体力劳动的，或者从事高空、井下作业的，或者在爆炸性、易燃性、放射性、毒害性等危险环境下从事劳动，情节严重的行为。本罪的特征为：

1. 本罪的客体是未成年人的身体和身心健康权利。

2. 本罪的客观方面，表现为违反劳动管理法规，雇用未满16周岁的未成年人从事超强度体力劳动的，或者从事高空、井下作业的，或者在危险环境下从事劳动，情节严重的行为。

3. 本罪的主体为一般主体，从构成犯罪的意义上说，应当是工矿企业中的直接责任人员。

4. 本罪的主观方面只能出于故意，应当明知所雇用的是不满16周岁的人。

(二)雇用童工从事危重劳动罪的处罚

根据刑法第244条之一的规定，对构成本罪的直接责任人员，处3年以下有期徒刑或者拘役，并处罚金；情节特别严重的，处3年以上7年以下有期徒刑，并处罚金。有前述的行为，造成事故，又构成其他犯罪的，依照数罪并罚的规定处罚。

九、非法搜查罪

(一)非法搜查罪的概念和特征

非法搜查罪，是指非法对他人的身体或住宅进行搜查的行为。本罪的特征为：

1. 本罪的客体为他人的人身权利和住宅不受侵犯的权利。本罪是特定犯罪对象，即他人的人身和住宅。非法搜查国家机关、企业事业单位、人民团体的办公场所，不构成本罪。这里所说的“身体”包括人身各个部位、器官及穿着的鞋、帽、衣装和手提的包、箱等。“住宅”是指公民生活、居住的房屋、宅院、窑洞、棚舍等(供公民居住的船只、车辆也应视为住宅)。

2. 本罪的客观方面，表现为非法搜查他人身体或住宅的行为。首先，必须有搜查他人身体或住宅的行为。其次，搜查行为必须是非法的。即没有搜查权的人或者有搜查权的人滥用职权或违反法定程序进行的搜查。

3. 本罪的主体为一般主体。即年满16周岁、具备责任能力的自然人。

4. 本罪的主观方面只能是直接故意,即行为人明知自己的非法搜查行为会侵犯他人的人身自由和居住安全权利的危害结果,并且希望这种结果的发生。间接故意和过失不能构成本罪。行为人进行非法搜查的动机是多种多样的,有的是为了寻找个人或集体丢失的财物,有的是为了寻找离家出走的亲人,有的是为了搜寻控告他人的"罪证",有的是为了泄私报复,等等。但不论行为人的动机如何,不影响本罪的成立,但可作为量刑的情节予以适当考虑。

（二）非法搜查罪的认定

要认定具体行为是否构成本罪,除了严格对照该行为是否符合并齐备本罪的构成要件,还应当注意分析如下几个问题。

1. 本罪与非罪的界限

正确区分本罪与非罪的界限,应当把握以下几个方面:(1)本罪与合法搜查的界限。两者的根本区别在于实施搜查行为有无合法搜查的依据。非法搜查是行为人在无法律依据的情况下对他人人身和住宅进行搜查的行为,而合法搜查是侦查人员为了收集犯罪证据,查获犯罪人,依照法律规定的程序,对犯罪嫌疑人及可能隐藏罪犯或犯罪证据的人的身体、物品、住处和其他有关地方进行的搜查,是一种依法履行公务的行为,两者有本质不同。(2)本罪与违法行为的界限。从刑法第245条的规定来看,本罪是行为犯,即行为人只要实施了非法搜查他人身体、住宅的行为即构成本罪的既遂。但是,我们认为,从中国公民的法律意识、法治现实等各种因素考虑,本罪应该以"情节严重"为构成要件,即只有情节严重的非法搜查行为才构成犯罪,对于情节一般或情节显著轻微的非法搜查行为以违法行为处置为宜。何谓情节严重的非法搜查行为,参照最高人民检察院1999年8月6日的司法解释,具有下列情形之一的,即是,并构成犯罪:(1)非法搜查他人身体、住宅,手段恶劣的;(2)非法搜查引起被搜查人精神失常、自杀或者造成财物严重损坏的;(3)司法工作人员对明知是与涉嫌犯罪无关的人身、场所非法搜查的;(4)3次以上或者对3人(户)以上进行非法搜查的。

2. 本罪与非法拘禁罪的区别

两罪区别的关键就是要看行为人主观上是非法剥夺他人人身自由还是进行非法搜查,客观上有无对住宅进行翻看、检查和挖掘等非法行为。

3. 非法搜查罪的一罪与数罪

(1)行为人在对他人实施非法搜查身体过程中又侮辱他人(情节严重)的,行为人的行为既触犯了刑法第246条规定的侮辱罪,又触犯了本罪。这是刑法理论上的想象竞合犯,应按想象竞合犯处罚原则,择一重罪(根据法律规定,本罪与侮辱罪的法定刑是基本一致的,无法分清孰重孰轻)定罪处罚,不实行数罪并罚。(2)行为人意图非法搜查,先是非法侵入他人住宅(构成犯罪)后又实施非法搜查(构成犯罪),其非法侵入住宅的行为被非法搜查的行为吸收,应定非法搜查罪。但是,如果

非法搜查行为情节一般,而非法侵入住宅行为恶劣时,非法搜查行为被非法侵入住宅行为吸收,应定非法侵入住宅罪,不实行数罪并罚。(3)行为人为抢劫而强行闯入他人住宅搜寻财物并将财物掠走,行为人构成抢劫罪与非法搜查罪的想象竞合犯,应择一重罪,即以抢劫罪定罪处罚。(4)行为人在非法搜查中又故意毁坏他人财物、盗窃他人财物、强奸妇女的,应以本罪与故意毁坏公私财物罪、盗窃罪、强奸罪实行数罪并罚。

(三)非法搜查罪的处罚

根据刑法第 245 条的规定,犯本罪的,处 3 年以下有期徒刑或者拘役。司法工作人员滥用职权,犯本罪的,从重处罚。

十、非法侵入住宅罪

(一)非法侵入住宅罪的概念和特征

非法侵入住宅罪,是指未经允许非法进入他人住宅或经要求退出无故拒不退出的行为。本罪的特征为:

1. 本罪的客体为公民住宅不可侵犯的权利。本罪具有特定的犯罪对象,即必须是他人的住宅。所谓住宅 通常是指自然人以久住或者暂时的意思而居住的处所,在法理解释上,供人居住和生活的场所都应视为住宅。通常认为,其范围有院墙的以院墙为界,没有院墙的或公寓楼群,应以居室为界。

2. 本罪的客观方面,表现为非法侵入他人住宅的行为。首先,必须有侵入住宅的行为。其次,必须是非法的。其非法性表现为:(1)没有合法根据未经允许进入他人住宅。(2)虽经许可或者有正当理由进入他人住宅后,但经要求退出无故拒不退出。司法实践中,非法侵入他人住宅的往往是其他犯罪的手段行为,如闯入他人住宅进行盗窃、抢劫、行凶等犯罪活动。这种情况下属于牵连犯,应择一重罪处罚。

3. 本罪的主体为一般主体。即凡年满 16 周岁且具有刑事责任能力的自然人。

4. 主观方面是故意,而且是直接故意,间接故意不能构成本罪。因为本罪是行为犯,不要求有危害结果发生,只要行为人明知自己非法侵入他人住宅的行为会侵犯他人权利,却执意侵入,就构成此罪。非法侵入他人住宅的动机是多种多样的,不同的动机不影响本罪的构成,但可以作为量刑的情节予以考虑。

如果是误入他人住宅,经要求后立即退出,不构成本罪。

(二)非法侵入他人住宅罪的处罚

根据刑法第 245 条的规定,犯本罪的,处 3 年以下有期徒刑或者拘役。司法工作人员滥用职权犯本罪的,从重处罚。

十一、刑讯逼供罪

【引 例】

在一次打击组织卖淫活动的专项斗争中,某派出所突击了位于某市郊的一个按摩洗浴中心,将该窝点的老板张某、金某和数名按摩女一举抓获。审讯的过程中,由于张某、金某和按摩女陈某等人拒不承认从事卖淫的事实,为及时获得口供,负责审讯工作的民警王某和刘某,使用橡胶警棍对张某、金某进行殴打,由于出手过重致使张某两颗门牙脱落,金某也受到较大程度的淤青伤(占体表面积的7.56%),3轮殴打后,两人再也支撑不过,只得承认自己所经营的洗浴中心有卖淫的事实,并指认了陈某等5名按摩女从事卖淫活动。随后,王、刘两人又对陈某等人问取口供,又遭到陈某等人的否认,王某、刘某气极不过,遂将陈某用指铐铐于椅子上,用强光予以照射,并不让如厕,6个小时后,陈某支撑不住,只好承认自己卖淫的事实(陈某长时间遭强光照射,两眼经常恍惚,流泪不止,视力也严重下降),其他4名按摩女见状也不得不承认卖淫的事实。审讯后,派出所将案件移交某区公安分局,后又由该区检察院提起公诉,但由于张某、金某的不断申诉,王某和刘某刑讯逼供的事件败露。那么本案中王某和刘某的刑讯行为是否构成犯罪呢?如果构成犯罪,是一罪还是数罪呢?

(一)刑讯逼供罪的概念和特征

刑讯逼供罪,是指司法工作人员对犯罪嫌疑人、被告人使用肉刑或者变相肉刑,逼取口供的行为。本罪的特征是:

1. 本罪的客体,是复杂客体,既包括公民的人身权利,也包括司法机关的正常活动。犯罪对象为犯罪嫌疑人和被告人。至于他们是否有罪,不影响本罪的成立。

2. 本罪的客观方面,表现为使用肉刑或变相肉刑逼取犯罪嫌疑人或被告人口供的行为。所谓肉刑,是指直接施加于犯罪嫌疑人或被告人人身,可使其身体健康遭到损害或肉体、精神遭受痛苦的摧残手段。如捆绑、吊打,使用戒具、刑具等。所谓变相肉刑,是指上述肉刑以外的其他使犯罪嫌疑人或被告人在肉体上遭受折磨、精神上遭受痛苦的各种手段和方法。如长时间冻饿、站立、罚跪、晒烤、使用强烈灯光照射、不准睡眠、轮番不间断的审讯等。引例中,王某和刘某对洗浴店老板张某、金某的刑讯行为就构成了刑讯逼供罪,因为除了刑讯的手段符合本罪的客观构成外,还因为我国刑法有"组织卖淫罪",张、金一旦承认其洗浴中心有从事卖淫的行为,也就是该罪的犯罪嫌疑人,符合本罪的行为对象特征。同时,王某和刘某对陈某的刑讯行为却不能构成刑讯逼供罪,因为我国刑法没有"卖淫罪",陈某的卖淫行

为根据我国刑法是不可能构成犯罪的,她不是犯罪嫌疑人,所以不符合本罪的行为对象特征。但王某和刘某对陈某实施暴力的行为该如何定性呢?后续有补充说明。

3. 本罪的主体,表现为司法工作人员,即具有侦查、检察、审判、监管职责的工作人员。

4. 本罪的主观方面,是直接故意,且出于逼取口供的目的。如果出于其他目的,如泄愤报复等,对被告人或犯罪嫌疑人施以肉刑或变相肉刑,构成犯罪的,以相应的罪论处,不构成本罪。

(二)刑讯逼供罪的认定

1. 本罪与非罪的界限。对实际工作中由于业务素质低,政策观念不强,办案中采用一些轻微逼供的手段,情节显著轻微,危害不大的,可不以犯罪论处。此外,仅仅采取诱供、指名问供方法而没有刑讯逼供手段的,也不能构成刑讯逼供罪。

2. 本罪与非法拘禁罪的界限。两罪同属于侵犯人身权利的犯罪,并都可以使用暴力等非法手段,主观上都是故意的。区别主要是:(1)侵犯的客体不尽一致。本罪属于复杂客体,既侵犯人身权利,也侵犯司法机关的正常活动;而非法拘禁罪是单一客体,只侵犯他人的人身自由的权利。(2)客观方面的条件不同。本罪的实施,是借司法机关及其司法人员职责、权力而实施,而非法拘禁罪对此没有特别的要求。此外,本罪的实施必须使用肉刑或变相肉刑,而非法拘禁罪是否使用暴力等不影响犯罪成立。(3)主体不同。本罪的主体是特色主体,必须是具有侦查、检察、审判、监管职责的司法工作人员,而非法拘禁罪的主体是一般主体。(4)主观目的不同。本罪的犯罪目的,在于逼取口供;而非法拘禁罪的犯罪目的,在于剥夺他人的人身自由。

3. 本罪与暴力取证罪的界限。两罪的客体相同,主体都是司法工作人员,在客观方面都可实施暴力行为。区别主要是:(1)对象不同。本罪的对象是犯罪嫌疑人或被告人,暴力取证罪的对象为证人。(2)主观目的不同。本罪的主观目的是逼取口供,暴力取证罪的主观目的是逼取证人证言。(3)行为方式不完全相同。本罪既可采取暴力方式,也可采取非暴力方式,暴力取证罪只能采取暴力方式。(4)行为的场合条件不同。本罪只能发生在刑事诉讼中,暴力取证罪既可发生在刑事诉讼中,也可发生在民事、行政诉讼中。

综上所述,在引例中王某和刘某所实施的刑讯行为,由于其对象的不同,其犯罪的性质也完全不同。两位民警针对张某、金某两人的刑讯行为构成刑讯逼供罪;而针对陈某的刑讯行为则构成暴力取证罪,因为陈某承认自己的卖淫行为,并不能够达到承认自己犯罪的效果,但却足以成为张、金两人组织卖淫罪的证人证言。因此要以上述两罪对王、刘两人实施数罪并罚。

(三)刑讯逼供罪的处罚

根据刑法第247条的规定,犯本罪的,处3年以下有期徒刑或者拘役。致人伤残、死亡的,依照刑法第234条规定的故意伤害罪、第232条规定的故意杀人罪定罪,从重处罚。“致人伤残、死亡”,是指司法工作人员在刑讯逼供过程中,故意使用肉刑、变相肉刑或者其他暴力手段致使犯罪嫌疑人、被告人受到伤害或者死亡,这里不包括致人自杀的情况,对于致人自杀的,可作为本罪的一个酌定情节在量刑时加以考虑。

十二、暴力取证罪

(一)本罪的概念和特征

暴力取证罪,是指司法工作人员使用暴力逼取证人证言的行为。本罪的特征是:

1. 本罪的客体是公民的人身权利和司法机关的正常活动。本罪的犯罪对象是证人。这里所谓的证人,一般是指在刑事诉讼中,有义务向司法机关作证,或者被要求提供所知案件情况的人。但对不知案件情况的人,使用暴力逼迫其作证的,也可成为本罪的对象。

2. 本罪的客观方面,表现为使用暴力逼取证人证言的行为。这里的暴力,是指直接施加于证人人身,可使其身体健康遭到损害或肉体、精神遭受痛苦的摧残手段。如捆绑、吊打,使用戒具、刑具等。本罪的主体为特殊主体,即司法工作人员。

3. 本罪的主观方面是直接故意,且必须具有逼取证言的目的。

(二)暴力取证罪的认定

要认定具体行为是否构成本罪,除了严格对照该行为是否符合并齐备本罪的构成要件外,还应当注意分析如下几个问题:

1. 本罪与非罪的界限

首先,对于那些确因思想认识上的片面或政策、法律、业务水平低,而实施的情节显著轻微、危害不大的暴力取证行为,不应作犯罪处理,可采取批评教育或给予行政处分的方法处理。至于对那种采用诱供、指名问供的方法逼取口供的行为,只要没有使用暴力的,亦不宜作本罪论处,而应采用批评教育等方法予以解决。其次,非司法机关工作人员实施了暴力取证的行为,不构成本罪;犯罪对象属证人以外的人时,亦不构成本罪。出现这两种情况时应依照行为人的具体行为具体分析应如何处理。再次,本罪成立的标准是否以造成实际的危害结果为前提。有的学者认为只有当行为人的行为造成一定的危害后果时才应该成立本罪。笔者认为,

本罪是行为犯，只要行为人客观上实施了以暴力手段逼取证人证言的行为，本罪就成立既遂。至于是否获取所希望的证词、证词是否与事实相符、被害人是否受到严重的伤害不是本罪成立的关键。

2. 本罪与刑讯逼供罪的界限

本罪与刑讯逼供罪的犯罪主体都是特殊主体，即都是司法工作人员；主观罪过都是直接故意；侵害的都是公民人身权利和司法机关的正常活动；使用的方法和手段也非常相似，但它们之间是有差别的。(1)本罪的犯罪对象是证人，与案件无直接利害关系；而刑讯逼供罪的犯罪对象是犯罪嫌疑人和被告人，与案件有直接的利害关系。(2)本罪的犯罪目的是逼取证人证言，包括不特定的证人证言和特定的证人证言；刑讯逼供罪的犯罪目的是逼取犯罪嫌疑人、被告人的口供。

3. 认定本罪还需注意的问题

刑法第247条后段规定"致人伤残、死亡的，依照本法第二百三十四条、第二百三十二条的规定从重处罚"。这里所说的"致人伤残"，应理解为以暴力致人重伤或残废，不包括一般伤害结果。"从重处罚"的原因是本罪的被害法益不是单纯的公民人身权利，还包括司法机关的正常活动。

(三)暴力取证罪的处罚

根据刑法第247条的规定，犯本罪的，处3年以下有期徒刑或者拘役。致人伤残死亡的，依照刑法第234条规定的故意伤害罪、第232条规定的故意杀人罪定罪，从重处罚。

十三、虐待被监管人罪

(一)本罪的概念和特征

殴打、虐待被监管人罪，是指监狱、拘留所、看守所等监管机构的监管人员对被监管人进行殴打或者体罚虐待，情节严重的行为。本罪的特征为：

1. 本罪的客体，是被监管人的人身权利及监管活动的正常秩序。本罪的犯罪对象是被监管的人。所谓被监管的人，是指一切已判决或未判决的在押人员以及因违反《治安管理处罚条例》而被拘留的人和其他依法被监管的人。

2. 本罪的客观方面，表现为对被监管人员进行殴打或者体罚虐待，摧残、折磨其肉体、精神的行为。监管人员指使被监管人殴打或者体罚虐待其他被监管人的，依法以本罪处罚。行为可以采用作为的方式，如捆绑、滥用械具；也可以是不作为的方式，如不给饮食。所谓情节严重，是指殴打或者体罚虐待的手段残酷、造成被监管人伤残等严重后果的；多次进行体罚虐待的，或者由于殴打或者体罚虐待引起监所内人员骚乱的等等。

3. 本罪的主体是特殊主体，即监狱、拘留所、看守所、劳教所等监管人员。

4. 本罪主观上是出于直接故意，过失不能构成本罪。

(二)殴打、虐待被监管人罪的认定问题

要认定具体行为是否构成本罪，除了严格对照该行为是否符合并齐备本罪的构成要件外，还应当注意分析如下几个问题。

1. 本罪与非罪的界限

(1)殴打、体罚虐待被监管人罪与一般的体罚虐待行为的界限

情节是否严重是划分体罚虐待被监管人罪与非罪界限的根本标准，行为人对被监管人如果只是偶尔进行体罚虐待并且没有造成严重后果的，一般不以犯罪论处，可给予行政处分。

(2)殴打、体罚虐待被监管人罪与工作作风粗暴行为的区别

有些管教干部工作作风粗暴，经常对被监管人进行训斥、怒骂甚至殴打，如果行为人没有体罚虐待被监管人的故意，又没有造成严重后果的，不能以犯罪论处，可以进行批评教育，情节较重的可以给予行政处分。

(3)殴打、体罚虐待被监管人罪与依法对被监管人使用械具或关禁闭以及使用武器等行为的区别

根据《监狱、劳改队管教工作细则》第三章第五节和第四章的规定，在特定条件下，管教干部可以对被监管人使用械具、关禁闭，劳改干警或者看押部队在特定情况下可以对被监管人开枪射击，这些行为虽然都会使被监管人发生某种程度的人身损害，甚至发生死亡，但因是依法执行的必要行为，所以行为人不负刑事责任。

2. 本罪与故意伤害罪的界限

两罪之间既有区别，又有联系。联系主要在于，行为人殴打、虐待被监管人的行为如果导致被监管人伤残的结果，则按照刑法第248条的规定应依照故意伤害罪来追究刑事责任。区别在于：(1)犯罪主体不同。本罪的犯罪主体是特殊主体，即监狱、拘留所、看守所等监管机构的负有监管任务的司法工作人员；故意伤害罪的犯罪主体则是一般主体。(2)犯罪主观方面不同。本罪的犯罪故意是直接故意，主要在于对殴打、体罚虐待行为的故意，对行为的危害结果则一般无具体预期；故意伤害罪的犯罪故意可以是直接故意，也可以是间接故意，内容则是明确具体的，即追求或放任伤害结果的发生。(3)特定犯罪对象不同。本罪的犯罪对象是特定的，即监狱、拘留所、看守所等监管机构的被监管人；故意伤害罪的犯罪对象则没有任何限制，可以是任何公民。(4)行为方式不同。本罪的行为一般由作为构成；故意伤害罪则既有作为行为，也经常出现不作为的行为。(5)犯罪客体不同。本罪侵犯的是复合客体，即我国公民的人身权利和监管制度；故意伤害罪侵害的是单一客体，即他人的健康权利。

3. 本罪与虐待罪的区别

两罪都被归于侵犯公民人身权利、民主自由一章中，行为方式一般是相同或相近的，但两者之间也有根本区别：

(1)犯罪主体不同。前者的犯罪主体是监狱、拘留所、看守所等监管机构的负有监管任务的司法工作人员；后者的犯罪主体则一般是在家庭中占有优势地位的家庭成员。

(2)特定犯罪对象不同。前者的犯罪对象是监狱、拘留所、看守所等监管机构的被监管人，后者的犯罪对象则是家庭内部成员。

(3)犯罪客体不同。本罪的犯罪客体是我国的监管制度和被监管人的人身权利，虐待罪的犯罪客体则是家庭成员间的平等地位和被害人的人身权利。

(4)司法程序启动方式不同。本罪适用一般的启动程序；虐待罪是告诉才处理，体现了家庭内部犯罪的特点。

(三)殴打、体罚虐待被监管人罪的处罚

根据刑法第 248 条的规定，犯本罪的，处 3 年以下有期徒刑或者拘役；情节特别严重的，处 3 年以上 10 年以下有期徒刑。致人伤残、死亡的，依照刑法第 234 条规定的故意伤害罪、第 232 条规定的故意杀人罪的规定定罪从重处罚。

司法考试真题链接

1. 韩某在向张某催要赌债无果的情况下，纠集好友把张某挟持至韩家，并给张家打电话，声称如果再不还钱，就砍掉张某一只手。韩某的作为：[2004 年司法考试真题]

A. 构成非法拘禁罪

B. 构成绑架罪

C. 构成非法拘禁罪和绑架罪的想象竞合犯

D. 构成敲诈勒索罪

2. 甲以出卖为目的，将乙女拐骗至外地后关押于一地下室，并曾强奸乙女。甲在寻找买主的过程中因形迹可疑被他人告发。国家机关工作人员前往解救时，甲的朋友丙却聚众阻碍国家机关工作人员的解救行为。对本案应如何处理？[2002 年司法考试真题]

A. 对甲的行为以拐卖妇女罪论处

B. 由于甲尚未出卖乙女，对拐卖妇女罪应认定为犯罪未遂

C. 对丙应以聚众阻碍解救被收买的妇女罪论处

D. 对丙应以拐卖妇女罪的共犯论处

3. 甲在一豪宅院外将一个正在玩耍的男孩(3 岁)骗走，意图勒索钱财，但孩子

说不清自己家里的联系方式，无法进行勒索。甲怕时间长了被发现，于是将孩子带到异地以4000元卖掉。对甲应当如何处理？[2005年司法考试真题]

A. 以绑架罪与拐卖儿童罪的牵连犯从一重罪处断

B. 以绑架罪一罪处罚

C. 以拐卖儿童罪一罪处罚

D. 以绑架罪与拐卖儿童罪并罚

4. 下列哪种情形构成诬告陷害罪？[2007年司法考试真题]

A. 甲为了得到提拔，便捏造同事曹某包养情人并匿名举报，使曹某失去晋升机会

B. 乙捏造"文某明知王某是实施恐怖活动的人而向其提供资金"的事实，并向公安部门举报

C. 丙捏造同事贾某受贿10万元的事实，并写成500份传单在县城的大街小巷张贴

D. 丁匿名举报单位领导王某贪污救灾款50万元。事后查明，王某只贪污了救灾款5000元

第五节 侵犯名誉、人格的犯罪

一、侮辱罪

【引 例】

张某为达到与妻子离婚的目的，就多次在公众场合对其妻进行辱骂嘲笑，贬低其人格，使其当众出丑，其妻不堪忍受，服毒自杀。案发后，检察机关以侮辱罪对张某提起公诉。案情虽然简单明了，但引发的思考却是丰富且复杂的：辱骂、嘲笑等行为在我们的日常生活中似乎时有出现，但究竟什么样的行为或者后果才会构成侮辱罪呢？另外，对妇女进行侮辱而构成的侮辱罪，与我们之前所学的强制猥亵、侮辱妇女罪究竟有何区别呢？这些都是刑法学界所争议的问题。

(一)侮辱罪的概念和特征

侮辱罪，是指以暴力或者其他方法公然贬低他人人格，破坏他人名誉，情节严重的行为。本罪的特征是：

1. 本罪的客体，是他人的人格尊严和名誉权。所谓他人，是指自身以外的自然人。如果侮辱的只是已去世的人的人格、名誉，不能以本罪论处，如果具备毁坏

尸体等情节的，可以构成侮辱尸体罪。犯罪对象必须是特定的自然人，并不以我国公民为限，侮辱外国人的，亦可构成犯罪，但对象不包括国家机关、企业、事业单位和人民团体等组织。

2. 本罪的客观要件，表现为以暴力或其他方法公然贬低他人人格，破坏他人名誉，情节严重的行为。客观方面包括以下条件：(1)行为必须是侮辱他人的。所谓侮辱他人，即是指行为具有贬低他人人格，破坏他人名誉的性质。法律列举了暴力方法的侮辱，并以“其他方法”来加以概括。所谓暴力侮辱，是指采取对人身具有一定强制性的方法损害他人的名誉或贬低他人的人格。如当众强行把妇女的衣服扒光，强迫他人当众做一些令人难堪的动作，如以暴力迫使他人学狗叫、学狗爬、钻胯，自己打自己耳光等，但暴力侮辱不能理解为是直接实施损害他人身体健康的暴力。所谓其他侮辱方法，是指除暴力方法外，以语言、文字、书画等方法来侮辱他人，可以是语言、文字、漫画等，即方法并无特别的限制。(2)侮辱他人的行为必须是公然进行的。所谓公然进行侮辱，是相对于秘密进行有损他人名誉，贬低他人人格而言，即是指侮辱是当着不特定多数人的面(或者第三者的面)或者利用可以使不特定多数人听到或看到的方式对他人进行侮辱，以破坏他人名誉，贬低他人人格。至于他人名誉、人格实际上是否受到损害并不影响侮辱罪的成立。(3)侮辱行为必须是针对特定的人。所谓特定的人，就是说被侮辱的必须是具体的人。所谓具体的人，可以是一个，也可以是数个，至于是否当着被害人的面，是否指名道姓，不影响认定。如果在公众场合，无具体目标，无特定侵害对象而实施有损他人人格、名誉的行为，情节严重的应以寻衅滋事罪论处，而不构成侮辱罪。(4)必须是情节严重的。所谓情节严重，是指侮辱手段恶劣、动机卑鄙、造成恶劣的社会影响，或者引起严重的后果(如引起被害人自杀、精神失常)等。引例中，张某妻子的自杀，是由张某的辱骂、嘲笑等侮辱行为所引起，两者有着刑法上的因果关系；而导致他人自杀是情节严重的结果，正是侮辱罪所需要的构成性情节，故，应当成立侮辱罪。相反，如果张某的侮辱行为，并未引起被害人自杀等情节严重的结果，其他证据也未表明侮辱行为达到情节严重的程度，就不构成本罪。但在这种情形下，张某的妻子也可以通过提起民事侵权之诉请求法院对张某进行法律制裁，以维护自己的权利。

3. 本罪的主观要件，是直接故意，并具有贬低他人人格，破坏他人名誉的目的。过失而损坏他人人格、名誉的，不能构成犯罪。

4. 本罪的主体是一般主体，特指已满16周岁、具有刑事责任能力的自然人。由于本罪不属于“其他严重破坏社会秩序”的犯罪，所以根据刑法第17条第2款规定，已满14周岁不满16周岁的人不能成为本罪的犯罪主体。关于单位是否能构成本罪，笔者认为，在现代社会单位也可以实施以其他方法公然侮辱他人的行为。如网络公司、新闻报纸等传媒公司等在自己的报刊或者电子新闻中用文字的方式对他人进行侮辱，也可能达到情节严重的程度。但是根据立法规定，本罪的法定刑是自由刑，既没有明确地提到单位犯罪，也没有适合于对单位的刑罚方式，所以从实践上看，本罪的主体只能是自然人。

(二)侮辱罪的认定

1. 本罪与非罪的界限。当行为针对特定对象实施时，综合考察以下几点：(1)行为是否具有侮辱性质。除暴力方法外，必要时应考虑行为人的年龄、职业、受教育程度与被害人的关系，当地的方言、土语以及行为人用语习惯等因素。(2)行为是否具有公然性。如果行为不具有公然性，即使行为具有侮辱性，也不能构成犯罪。(3)侮辱的情节是否严重。如果侮辱的情节尚不能认为是严重的，不能构成本罪。

2. 本罪与强制猥亵、侮辱妇女罪的界限。两罪都具有破坏他人名誉、贬低他人人格的性质，都可以暴力方法实施，主观上都是直接故意，都是一般主体。两者的区别主要是：(1)对象不同。本罪的对象虽然必须是特定的，但可以是任何自然人；而强制猥亵、侮辱妇女罪的对象只能是妇女，并且不以特定的妇女为必要条件。(2)客观方面的条件不同。本罪的侮辱行为必须是公然进行的，至于侮辱性的行为是否具有强制性，在所不问；而强制猥亵、侮辱妇女罪的猥亵、侮辱行为不要求必须公然实施，但必须具有抑制被害人反抗的对人身的强制性。(3)主观方面不同。本罪主观上是破坏他人名誉，贬低他人人格的目的；而强制猥亵、侮辱妇女罪的目的，是满足自己的性欲要求或有损妇女人格的目的。例如，吴某以性格不合为由，中断与李某的恋爱关系，某日下班时，李某将吴某堵在车间门口，以污言秽语辱骂之，并在撕破吴某的连衣裙后剥去其内衣，致使吴某赤裸在众人面前。当晚，吴某回家后便服毒自杀，幸被家人发现及时抢救未死。在本案中，虽然李某有撕破被害人连衣裙、剥去其内衣的行为，但目的在于报复泄愤而非寻求精神刺激、满足畸形性欲，同时其行为也不具备太强烈的性色彩，故，应认定为侮辱罪。

(三)侮辱罪的处罚

根据刑法第246条的规定，犯本罪的，处3年以下有期徒刑、拘役、管制或者剥夺政治权利。同时，犯本罪，告诉的才处理，但是严重危害社会秩序和国家利益的除外。所谓“告诉的才处理”，是指本罪的诉讼提起，必须由有权告诉的人提出控告才受理，否则，不告不理，即本罪属于“亲告罪”。有权告诉之人，除被害人本人，应当包括其近亲属、监护人。之所以规定侮辱罪为亲告罪，主要是考虑到侮辱行为一般发生在具有某种特定社会关系人群的日常生活之中，如家庭成员、单位同事、邻居等等，通常是可以通过其他途径来和平解决的，而且许多场合下被害人也不愿意被他人知道自己受到侮辱，因此，刑法将诉权交由被害人正是基于对社会关系因素的特殊考量。所谓“严重危害社会秩序和国家利益的除外”，是指当有权告诉之人因正当理由无法亲自告诉时，本罪的诉讼提起，不受必须告诉才受理的约束。例

如，侮辱造成被害人精神失常，或者自杀的，侮辱外宾、国家领导人造成极恶劣的政治影响的等。

二、诽谤罪

（一）诽谤罪的概念和特征

诽谤罪，是指故意捏造事实进行诽谤，损坏他人人格，破坏他人名誉，情节严重的行为。本罪的特征是：

1. 本罪的客体，是他人的人格尊严和名誉权。所谓他人，是指自身以外的自然人。犯罪对象必须是特定的自然人，并不以我国公民为限，诽谤外国人的，亦可构成犯罪，但对象不包括国家机关、企业、事业单位和人民团体等组织。

2. 本罪的客观方面，表现为捏造事实诽谤他人的行为。所谓捏造事实诽谤他人，是指捏造某种事实并加以散布，破坏他人名誉，贬低他人人格的行为。具体包括以下内容：(1)诽谤行为必须符合以下条件：第一，必须捏造破坏他人名誉，贬低他人人格的事实。所谓捏造，是指无中生有，凭空虚构破坏他人名誉，贬低他人人格的虚假事实。第二，必须散布所捏造的事实。所谓散布，是指用语言或文字的方式扩散捏造的内容，使第三者或者众人知道。至于以何种方式加以散布，不影响认定。这两点必须同时具备，如果只有捏造破坏他人名誉、贬低他人人格的虚假事实，但并没有加以散布，或者散布的是某种客观存在的或者有夸张的客观事实，均不构成本罪。但在后一种情况下，虽然散布的是某种客观存在的或者有夸张的客观事实，但破坏他人名誉，贬低他人人格，情节严重的，可构成侮辱罪。此外，散布他人捏造的破坏他人名誉，贬低他人人格的虚假事实的，由于并不是自己捏造的，因此，也不构成犯罪。(2)诽谤行为必须是针对特定的人。所谓特定的人，就是说被诽谤的必须是具体的人。所谓具体的人，可以是一个，也可以是数个，至于是否当着被害人的面，是否指名道姓，不影响认定。(3)必须是情节严重的。所谓情节严重，是指诽谤手段恶劣、动机卑鄙、造成恶劣的社会影响，或者引起严重的后果(如引起被害人自杀、精神失常)等。

3. 本罪的主体，是一般主体，即年满16周岁、具有刑事责任能力的自然人。

4. 本罪的主观方面，是直接故意，具有贬低他人人格，破坏他人名誉的目的。过失而损坏他人人格、名誉的，不能构成犯罪。

（二）诽谤罪的认定

1. 本罪与非罪的界限。主要综合考察以下几点：(1)捏造并散布的事实，是否具有诽谤性质。(2)诽谤行为是否针对特定的对象，虽捏造并散布某种事实，但不是针对特定对象的，不构成犯罪。(3)诽谤的情节是否严重。

2. 本罪与侮辱罪的界限。侮辱罪与诽谤罪规定在同一个条文中,因此有诸多要件相同,区别主要是:(1)本罪的客观行为不可能用暴力方法,而侮辱罪的方法可以用暴力方法。(2)本罪的诽谤,必须是捏造并散布有损他人人格、名誉的事实,且法律没有以公然实施为条件,而侮辱罪必须是以公然实施侮辱行为,破坏他人名誉,贬低他人人格,但并不捏造有损他人名誉的事实。例如,王某为发泄对其上级姚经理的不满,故意捏造了姚经理有婚外性行为的虚假事实并加以散布,从而造成姚经理婚姻关系破裂,精神异常。在此案中,王某传播宣扬的是其所捏造的虚假事实,并造成严重的后果,应当构成诽谤罪;但假如王某公然宣扬的是姚经理真实的婚外性行为,是侵犯了他人的隐私权利,导致严重后果,姚经理可以侮辱罪对王某提起刑事自诉,追究王某的刑事责任,也可以通过提起民事诉讼的方式,追究王某的民事责任。

3. 关于告诉才处理的问题

根据新《刑法》第 246 条第 2 款的规定,"犯诽谤罪的,告诉才处理。但是严重危害社会秩序和国家利益的除外"。同时,根据新《刑法》第 98 条的规定,"如果被害人因受强制、威吓而无法告诉的,人民检察机关和被害人的亲属也可以告诉"。所谓"告诉的才处理",是指本罪的诉讼提起,必须由有权告诉的人提出控告才受理,否则,不告不理,即本罪属于"亲告罪"。有权告诉之人,除被害人本人,应当包括其近亲属、监护人。所谓"严重危害社会秩序和国家利益的除外",是指当有权告诉之人因正当理由无法亲自告诉时,本罪的诉讼提起,不受必须告诉才受理的约束。

(三)诽谤罪的处罚

根据刑法第 246 条的规定,犯本罪的,处 3 年以下有期徒刑、拘役、管制或者剥夺政治权利。

三、煽动民族仇恨、民族歧视罪

(一)本罪的概念和构成特征

煽动民族仇恨、民族歧视罪,是指故意以语言、文字或者其他方式煽动民族仇恨、民族歧视,情节严重的行为。本罪的特征是:

1. 本罪的客体为各民族的平等与民族和睦关系。

2. 本罪的客观方面,表现为煽动民族仇恨、民族歧视的行为。所谓"煽动民族仇恨",是指对民族的历史及现实中某些现象进行渲染,或捏造并散布某种虚假事实,公然掀起民族之间的强烈憎恨。所谓"煽动民族歧视",是指利用民族历史、文化、传统、风俗、习惯、种族、肤色等差异,公然煽动其他民族对之鄙视、排斥、限制,

损害民族平等。具体形式有:语言,如发表演讲、游说等;文字,如张贴大字报、小字报、讽刺漫画,写匿名书信等。煽动应当是对多数人公开进行。如只是暗中对少数人宣扬,则不构成本罪。煽动行为必须情节严重。所谓情节严重,一般是指手段恶劣、多次煽动、引起民族公愤的;严重损害民族感情、民族尊严的;致使民族成员大量逃往国外以及引起其他影响民族团结、民族平等后果的等。如果是因思想落后,其言行损害到民族团结的,属于一般违法行为,可给予必要的批评教育或行政处分,但不构成本罪。

3. 本罪的主体为一般主体。即年满 16 周岁、具有刑事责任能力的自然人,不受少数民族的限制。而且既可以是国家机关工作人员,也可以是一般公民。

4. 本罪的主观方面只能由直接故意构成,即明知自己的行为是煽动民族仇恨、民族歧视,而故意为之,对煽动的结果持积极追求的态度。间接故意和过失不构成本罪。本罪的特定犯罪目的只能是破坏民族的团结。无论是制造不同民族之间的相互敌视和歧视情绪,引起不同民族群众之间的激烈冲突,还是煽起民族之间的相互敌对、仇恨,最终的目的都是破坏民族的团结稳定。动机不影响本罪的成立,但可以影响到量刑。

(二)煽动民族仇恨、民族歧视罪的认定

要认定具体行为是否构成本罪,除了严格对照该行为是否符合并齐备本罪的构成要件外,还应当注意分析如下几个问题。

1. 本罪与非罪的界限

煽动民族仇恨、民族歧视的行为,如果情节较轻的,属于违法行为,不构成犯罪,不应追究行为人的刑事责任。对于不明真相的其他参与者,一般也不应当以犯罪论处,必要时可由公安机关给予治安处罚。

2. 本罪与煽动分裂国家罪、煽动颠覆国家政权罪的界限

根据刑法第 103 条第 2 款的规定,煽动分裂国家罪,是指进行宣传煽动分裂国家、破坏国家统一的行为。根据刑法第 105 条第 2 款的规定,煽动颠覆国家政权罪,是指以造谣、诽谤或者其他方式煽动颠覆国家政权,推翻社会主义制度的行为。本罪与后两种犯罪在实施危害行为时都采用了煽动的方法,但有重要区别。一是犯罪客体不同。前者侵犯的是各民族的团结,后者侵犯的是国家的安全。二是特定犯罪目的不同。前者具有破坏民族团结的目的,后者则具有分裂国家或者颠覆国家政权的目的。三是主体不完全相同。这三种犯罪都属一般主体,但后两种犯罪的主体大都是窃据党政军大权的野心家、阴谋家或者是反动的民族分裂主义者以及敌对政治势力的代表人物。

(三)煽动民族仇恨、民族歧视罪的处罚

根据刑法第 249 条的规定,犯本罪的,处 3 年以下有期徒刑、拘役、管制或者剥

夺政治权利;情节特别严重的,处3年以上10年以下有期徒刑。“情节特别严重”,一般是指手段特别恶劣,长期进行煽动,引起民族纠纷、械斗或流血冲突;导致民族地方治安严重混乱,或者骚乱等特别严重后果的等。

四、出版歧视、侮辱少数民族作品罪

(一)出版歧视、侮辱少数民族作品罪的概念和特征

出版歧视、侮辱少数民族作品罪,是指在出版物中刊载歧视、侮辱少数民族的内容,情节恶劣,造成严重后果的行为。本罪的特征是:

1. 本罪的客体为少数民族的尊严与民族和睦关系。

2. 本罪的客观方面,表现为在出版物中刊载歧视、侮辱少数民族内容,情节恶劣,造成严重后果的行为。(1)在出版物中刊载了歧视、侮辱少数民族的内容。所谓“出版物”(载体),是指报纸、期刊、图书、音像制品和电子出版物等,可包括公开与内部出版物,合法或非法的出版物。所谓“刊载”,是指在出版物中发表、制作、转载。刊载的表现形式,可以是文字、漫画,也可以是录像带、录音带、光盘中的画面等。所谓“歧视、侮辱少数民族的内容”,是指针对少数民族的形成历史、风俗、习惯等,对少数民族进行贬低、诬蔑、嘲讽、辱骂,以及其他歧视、侮辱。(2)必须情节恶劣,造成严重后果。所谓情节恶劣,一般是指动机卑鄙,手段恶劣等。造成严重后果,是指造成恶劣的政治影响,引发民族纠纷、冲突、矛盾甚至骚乱等。本罪系结果犯。

3. 本罪的主体是特殊主体。即在出版物中刊载歧视、侮辱少数民族内容的直接责任人员,包括作者、责任编辑以及其他对刊载上述内容负有直接责任的人员。具体包括作者、责任编辑、摄制人、录制人、发行人,以及其他对刊载上述内容有直接责任的人。单位不能构成本罪。

4. 本罪的罪过形式是犯罪故意,既可以是直接故意,也可以是间接故意。即明知在出版物中刊载歧视、侮辱少数民族的内容会发生严重后果,而仍然希望或者放任这种危害结果的发生。行为人刊载歧视、侮辱少数民族的内容可能出于牟利或者是为追求轰动效应,也可能出于分裂国家的目的,无论行为人的动机如何,都不影响本罪的成立。如果是出于认识上的错误或水平的不足,过失地出版了歧视、侮辱少数民族的内容,可以根据有关规定对行为人进行应有的制裁。

(二)出版歧视、侮辱少数民族作品罪的认定

要认定具体行为是否构成本罪,除了严格对照该行为是否符合并齐备本罪的构成要件外,还应当注意考察以下几个方面:(1)刊载的内容是否有歧视和侮辱性质;(2)该内容是否针对少数民族;(3)该内容是否被刊载在出版物上;(4)该行为人

是否是直接责任人；(5)该行为是否情节恶劣；(6)该行为是否引起严重后果。

如果行为人的行为情节轻微，尚未造成严重后果，则不应该认定其应负刑事责任，而只应对其进行行政处罚和批评教育。

(三)出版歧视、侮辱少数民族作品罪的处罚

根据刑法第 250 条的规定，犯本罪的，处 3 年以下有期徒刑、拘役或者管制。

司法考试真题链接

1. 下列情形中，告诉才处理的有：[2004 年司法考试真题]

A. 捏造事实，诽谤国家领导人，严重危害社会秩序和国家利益

B. 虐待家庭成员，致使被害人重伤

C. 遗弃被抚养人，情节恶劣的

D. 暴力干涉他人婚姻自由的

第六节　侵犯民主权利的犯罪

一、非法剥夺公民宗教信仰自由罪

(一)非法剥夺公民宗教信仰自由罪的概念和特征

非法剥夺公民宗教信仰自由罪，是指国家机关工作人员非法剥夺公民的宗教信仰自由，情节严重的行为。本罪的特征是：

1. 本罪的客体是公民的宗教信仰自由权利。所谓宗教信仰自由权利，包括信仰宗教和不信仰宗教的自由，信仰此种宗教和信仰彼种宗教的自由，信仰同一宗教或信仰不同宗教的自由，改变宗教信仰和恢复宗教信仰的自由。

2. 本罪的客观方面，表现为非法剥夺公民的宗教信仰自由，情节严重的行为。所谓非法剥夺公民宗教信仰自由，是指违反法律规定采用暴力、胁迫或其他强制方法，制止某人信仰宗教，加入宗教团体，或者强迫其放弃信仰，退出宗教团体；或者强制不信仰宗教的人信仰宗教；或者强制他人信仰这种宗教而不信仰那种宗教；或者用种种方法破坏宗教活动等等。具体可表现为阻挠参加宗教活动，捣毁或封闭宗教活动场所等。所谓情节严重，是指非法剥夺宗教信仰自由的手段恶劣，造成被害人精神失常或自杀等严重后果的情况等。

3. 本罪的主体为特殊主体，即国家机关工作人员。因为国家机关工作人员应当模范地遵守和执行国家的宗教政策。其中有些国家机关工作人员还专门从事宗教事务工作，如果他们对国家的宗教政策非法进行干涉、破坏，则会造成很坏的影响和更严重的后果。至于一般公民干涉他人宗教信仰自由，应根据案情，构成什么罪，就按什么罪处罚，但不能以本罪论处。

4. 本罪主观上只能是直接故意，即明知他人有宗教信仰的自由，而非法予以剥夺，间接故意和过失不构成本罪。

(二)非法剥夺公民宗教信仰自由罪的认定

要认定具体行为是否构成本罪，除了严格对照该行为是否符合并齐备本罪的构成要件外，还应当注意分析如下几个问题。

1. 本罪与非罪的界限

在认定本罪时，应注意划清犯罪与一般错误或违法行为的界限。如果行为人实施了非法剥夺宗教信仰自由的行为，但情节不严重，应属教育改正或作其他违法处理的，就不能视为犯罪。在考察危害结果时，要正确把握实施非法剥夺宗教信仰自由罪可能造成的物质损失和非物质损失(如政治损失等)的大小。一般说来，政治损失往往大于物质损失。如对宗教信仰自由权利的侵犯，很容易伤害群众的民族感情，影响到民族团结，对这种政治上的危害性，不可等闲视之。

2. 本罪与侵犯少数民族风俗习惯罪的界限

非法剥夺宗教信仰自由罪与侵犯少数民族风俗习惯罪有着密切的联系。因为有些民族习俗往往与宗教交织在一起，剥夺公民的宗教信仰自由权利，也常常会直接或间接地涉及侵犯少数民族的风俗习惯问题。尽管如此，两个罪在客体和对象上是有明显区别的。本罪所侵犯的客体是公民的宗教信仰自由权利，其侵犯的对象可以是一切公民；而侵犯少数民族的风俗习惯罪的客体是少数民族保持或改革其风俗习惯的自由权利，其侵犯对象只限于少数民族的风俗习惯。如果行为人在侵犯公民的宗教信仰自由的同时又侵犯少数民族的风俗习惯的，就应以侵犯的主要客体来定罪。

3. 正常的宗教活动与利用宗教从事非法活动的界限

《宪法》第36条第2款规定："国家保护正常的宗教活动。任何人不得利用宗教进行破坏社会秩序、损害公民身体健康、妨碍国家教育制度的活动。"所谓正常的宗教活动，是指有公开的合法组织和正式的教义，按照一定教规，在宗教场所内进行的宗教活动。因此，宗教信仰自由必须以不危害国家利益和不违反国家法律为前提。在司法实践中，要注意划清宗教信仰问题与政治信仰问题的界限、正常的宗教活动与利用宗教进行破坏活动的界限、宗教活动与封建迷信的界限、宗教团体与反动会道门(如一贯道)的界限。如果利用宗教信仰自由从事违法犯罪活动，则不受国家法律保护。

(三)非法剥夺公民宗教信仰自由罪的处罚

根据刑法第251条的规定，犯本罪的，处2年以下有期徒刑或者拘役。

二、侵犯少数民族风俗习惯罪

(一)侵犯少数民族风俗习惯罪的概念和特征

侵犯少数民族风俗习惯罪，是指国家机关工作人员侵犯少数民族风俗习惯，情节严重的行为。本罪的特征是：

1. 本罪的客体为少数民族保持和改革本民族风俗习惯自由的权利。

2. 本罪的客观方面，表现为非法侵犯少数民族风俗习惯，情节严重的行为。所谓非法侵犯，主要是指以暴力、胁迫或其他方法破坏少数民族风俗习惯或者强迫其改变民族风俗习惯，以及阻止其改革本民族风俗习惯。所谓少数民族风俗习惯，是指各少数民族在历史发展中形成的在婚姻、饮食、丧葬、社交礼仪等方面具有本民族特色的习惯。所谓情节严重，是指多次或多人侵犯少数民族风俗习惯，侵犯的手段恶劣，引起民族纠纷、民族矛盾的，造成骚乱、示威游行或社会秩序严重混乱，产生恶劣的政治影响的等。

3. 本罪的主体为国家机关工作人员。既可以是汉族的国家机关工作人员，也可以是少数民族的国家机关工作人员。

4. 本罪的主观方面为直接故意。动机如何不影响本罪的成立。

(二)侵犯少数民族风俗习惯罪的认定

要认定具体行为是否构成本罪，除了严格对照该行为是否符合并齐备本罪的构成要件外，还应当注意分析如下几个问题。

1. 本罪与非罪的界限

认定本罪时，应注意区分本罪与一般违法行为的界限。如果行为人由于政策掌握上的偏差，或者由于工作方法上的问题，对具体问题处理不妥，引起少数民族的不满；或者由于对少数民族的风俗习惯缺乏了解，造成不良影响等，一般不作为犯罪处理，而采取批评教育等行政手段解决。行为人侵犯少数民族风俗习惯的行为，如果情节不严重，或者情节显著轻微危害不大的，也不构成犯罪，不应当追究行为人的刑事责任。

2. 关于本罪是否存在犯罪未完成形态的问题

从理论联系实际进行分析，我们认为，只有性质相当严重的犯罪，才处罚其预备、未遂和中止行为，这就是说，不是所有的犯罪都存在未完成形态。一般来说，过失犯罪、法定刑为3年以下有期徒刑的犯罪、行为犯中的即成犯、情节犯、情节加重犯以及危险程度较轻的危险犯，都不存在犯罪未完成形态。由于本罪是情节犯，故不存在犯罪未完成形态。

3. 本罪的一罪与数罪的问题

如果行为人对一种少数民族风俗习惯进行过多次的侵犯，或者侵犯多种少数民族风俗习惯的，不宜实施数罪并罚，而应该作为本罪的从重处罚情节来处理。

行为人在以暴力实施侵犯少数民族风俗习惯行为的时候，可能会出现导致他人身体或精神上的伤害，即可能会构成其他犯罪。如果只以本罪的从重情节来处理，可能会出现量刑过轻的情况，因此应实施数罪并罚。

(三)侵犯少数民族风俗习惯罪的处罚

根据刑法第251条的规定，犯本罪的，处2年以下有期徒刑或拘役。

三、侵犯通信自由罪

【引　例】

马某通过自行下载安装的一些木马程序和间谍软件，经过反复尝试，进入了某企业的邮箱服务器。随后，马某多次非法侵入该企业多名高层管理人员的电子邮箱，阅读电子邮箱内的相关信息，并删除了部分人员的电子邮件。由于这些电子邮箱中存有大量的商业秘密，公司的正常运作受到严重影响，企业员工的个人隐私也受到恶劣的侵犯。案发后，该市检察院以侵犯通信自由罪对马某提起公诉。

(一)侵犯通信自由罪的概念和特征

侵犯通信自由罪，是指隐匿、毁弃或者非法开拆他人信件，侵犯公民通信自由权利，情节严重的行为。本罪的特征为：

1. 本罪的客体是公民的通信自由权利。犯罪对象是公民交付邮局递送的信件。但如明知信件是公文而毁灭的，可构成刑法第280条规定的毁灭国家机关公文、证件罪。

2. 本罪的客观方面，表现为隐匿、毁弃或者非法开拆他人信件，侵犯他人通信自由的行为。所谓"他人"，是指自然人、法人及非法人组织。所谓隐匿，是指将他人的信件秘密隐藏起来。所谓毁弃，是指将他人的信件予以撕毁、烧毁或者丢弃。所谓非法开拆，是指未经收、发件人同意，或者司法机关批准私自开启他人的信件。国家机关工作人员因依法执行公务而将他人信件予以扣押、开拆的，属合法行为。引例中，马某的行为是"非法开拆"行为在信息时代一种新的表现，电子邮箱的出现让传统的"开拆"行为有了完全不同的实施方式，但其本质意义并没有改变，即都是未经收、发件人同意，或者司法机关批准私自开启他人的信件的行为，这样的本质

不会因是鼠标点击或者双手撕开之间有什么不同，又由于马某的行为情节严重，应构成侵犯通信自由罪。这是刑法理论要直面社会变迁的典型例证。

3. 本罪的主体为一般主体。即指年满16周岁、具有刑事责任能力的人，邮政工作人员利用职务之便，隐匿、毁弃或非法开拆他人信件的，属于一种渎职行为，应当按刑法第253条私自开拆、隐匿、毁弃邮件、电报罪予以处罚。如果邮政工作人员并未利用职务之便而侵犯公民的通信自由，隐匿、毁弃或非法开拆他人信件的，则以本罪论。

4. 本罪的主观罪过只能是直接故意，过失和间接故意不能构成本罪。例如，误把他人信件当作自己的开拆，受托转交给他人的信件因疏忽而积压或丢失，收发员误把私信作公函加以开拆，等等。侵犯公民通信自由的动机、目的是多种多样的。有的是因为好奇而偷看他人信件的秘密；有的是为了报复而私拆与自己有矛盾的人的信件；有的是为了窃取钱财、邮票或其他犯罪目的等。无论出于何种动机，都不影响定罪。

(二)侵犯通信自由罪的认定

1. 本罪与非罪的界限

(1)侵犯通信自由罪与司法机关的侦查活动的界限

根据宪法及刑事诉讼法的有关规定，为了国家安全及追查刑事犯罪的需要，公安机关、检察机关及劳改机关可以依照合法程序，对通信进行检查，但这只适用于直接寄交给被告人的、被告人寄发的、寄送他人转交给被告人的、寄交给被告人转交他人的信件。司法机关不得任意扩大扣押检查范围，更不得株连被告人的家属和亲友。对上述可以依法扣押、检查的信件，经查明确实与案件无关的，应当迅速退还原主或者原邮电机关。除此之外，其他任何组织或个人都无权扣押、检查或毁弃他人的信件，否则，情节严重的，则以本罪论处。

(2)侵犯通信自由罪与一般违法行为的界限

任何侵犯通信自由的行为都是违法的，但并非都构成犯罪。刑法规定，只有侵犯通信自由的行为情节严重的，才构成犯罪。“情节严重”，主要是指多次或经常实施侵犯通信自由行为的；隐匿、毁弃、非法开拆他人信件数量多，或者给他人工作生活、家庭关系、社会关系等方面造成严重损害的，等等。上述行为情节轻微的，一般给以批评教育或其他处分，不能定罪判刑。

此外，本罪在客观方面仅以具有非法开拆行为或拦截为已足，是否窥视过信件内容，或其内容有无价值，都在所不问。开拆或拦截窥视其内容后加封复原或者继续发送者，仍难卸非法开拆或拦截的罪责。

2. 非法开拆他人信件与侮辱、诽谤的界限

非法开拆他人信件，是侵犯他人通信秘密的行为。有的人偷拆他人信件，目的是获取他人的隐私，并用其对他人进行侮辱、诽谤，对此类案件的处理，一般应根据

其侵犯通信自由的行为,及侮辱、诽谤行为是否达到定罪的程度来决定。其中只有一种行为达到定罪程度的,只按该行为定罪处罚;其中两种行为都达到定罪程度的,则应分别定罪,实行数罪并罚。

(三)侵犯通信自由罪的处罚

根据刑法第252条的规定,犯本罪的,处1年以下有期徒刑或者拘役。

四、私自开拆、隐匿、毁弃邮件、电报罪

【引 例】

20岁的某市邮递员于某,每天都要将一大堆报刊、邮件送到订户和收件人手中,久了便觉得工作枯燥乏味。一天,他突然产生"欣赏"别人情书的念头,并以此寻找乐趣。起初他只是留下一两封信件回家看看,不料想时间一长竟然上了"瘾"。多年来,于某共私自截留信件达100多次,私自开拆、隐匿信件354封。案发后,当地检察机关以私自开拆、隐匿邮件罪,对其提起公诉。本案的案情也较为简单,但也有令人深思之处:为什么同样是非法开拆、隐匿或毁弃他人信件,有的人是构成侵犯通信自由罪,而有的人却是构成私自开拆、隐匿、毁弃邮件罪呢?这两种罪名之间究竟有什么区别呢?

(一)私自开拆、隐匿、毁弃邮件、电报罪的概念和特征

私自开拆、隐匿、毁弃邮件、电报罪,是指邮政工作人员私自开拆或者隐匿、毁弃邮件、电报的行为。本罪的特征为:

1. 本罪的客体是公民的通信自由权利和邮电部门正常的活动。犯罪对象是邮件、电报,即各种信件、印刷品、包裹、汇票等。

2. 本罪的客观方面,表现为利用从事邮电业务工作的便利,非法开拆、隐匿、毁弃他人的邮件、电报的行为。必须具备以下条件:(1)利用自己直接接触邮件、电报工作的便利条件。如果邮政人员非利用自己本职工作的便利条件,实施隐匿、开拆等行为的,可构成侵犯通信自由罪。(2)有私自开拆、隐匿、毁弃的行为。所谓私自开拆,是指未经任何合法授权开拆他人邮件、电报。所谓隐匿,是指将邮件、电报等予以截留、收藏。所谓毁弃,是指将邮件、电报等予以撕毁、湮灭或丢弃。(3)须是非法的。如根据有关法律执行机关的命令或委托,实施以上行为的,不构成犯罪。

3. 本罪的主体为特殊主体,即邮政工作人员。包括邮电部门从事邮递业务的营业员、分拣员、发行员、投递员、接发员、押运员以及有关的主管干部等。

4. 本罪的主观方面是直接故意,动机如何不影响本罪的成立。如因过失而使邮件发生毁损、丢失、积压后果,情节严重,符合刑法第397条规定的玩忽职守罪主

体的，可构成玩忽职守罪。

(二)私自开拆、隐匿、毁弃邮件、电报罪的认定

要认定具体行为是否构成本罪，除了严格对照该行为是否符合并齐备本罪的构成要件外，还应当注意分析如下几个问题。

1. 本罪与非罪的界限

(1)本罪与一般妨害邮电通信行为的区别

本罪是情节犯，情节是否严重是区分罪与非罪的根本标准。区分罪与非罪时，准确把握这一标准是关键，偶尔私拆、隐匿、毁弃少量的邮件、电报，尚未造成严重后果的，一般不构成妨害邮电通信罪，可以给予政纪处分。

(2)妨害邮电通信罪与一般失职行为和工作差错的界限

这几种行为的区分主要考察行为人是否有妨害其他公民通信自由与秘密的故意。有的邮电工作人员对工作不负责任，致使分拣、投递等工作发生差错，不能将邮件、电报安全迅速地递交收件人，这种情况行为人没有犯罪故意，不能以本罪论处。

2. 本罪与侵犯通信自由罪的区别

两罪在客观方面有相同之处，但两者之间有很大区别：

(1)犯罪主体不同。侵犯通信自由罪是一般主体，即年满 16 周岁、有完全刑事责任能力的人；而妨害邮电通信罪则是特殊主体，即邮电工作人员。

(2)特定犯罪对象不同。侵犯通信自由的犯罪对象只是他人的信件；而妨害邮电通信罪的犯罪对象包括信件、包件和电报等，其范围较广。

(3)犯罪客体不同。侵犯通信自由罪与邮政业务无关，所以不影响邮电工作制度，只是单纯地侵犯公民通信自由和通信秘密的权利；而本罪侵犯的则是复合犯罪客体，既侵犯了公民通信自由和通信秘密的权利，又侵犯了邮电工作制度。

(4)处罚结果不同。侵犯通信自由罪，处 1 年以下有期徒刑或者拘役。而私自开拆、隐匿、毁弃邮件、电报罪，是一种业务上的犯罪，处罚比普通犯罪要重。故，"处 2 年以下有期徒刑或者拘役"。

综上所述，引例中于某行为之所以构成私自开拆、隐匿邮件罪，是因为他具有邮电工作人员这一特殊的身份，而且是利用自身职务之便利实施了侵害公民通信自由的行为，在侵犯公民通信自由和通信秘密的同时，还侵犯了邮电工作制度。"邮电工作人员"的身份和"利用自身职务的便利"是该罪区别侵犯通信自由罪的本质特征，两者缺一均不成立本罪。

3. 认定本罪还需注意的其他问题

《刑法》第 253 条第 2 款规定："犯前款罪而窃取财物的，依照本法第 264 条的规定定罪从重处罚。"对这一规定，刑法理论界有三种不同意见：其一，认为其罪名应定盗窃罪；其二，认为应定私自开拆、隐匿、毁弃邮件、电报罪，适用盗窃罪；其三，认为应定私自开拆、隐匿、毁弃邮件、电报窃取财物罪。我们认为，邮电工作人员私自开拆或者隐匿、毁弃邮件而窃取财物的，应定为盗窃罪，因为：一是有刑法的明文规定，二是这种行为符合盗窃罪的犯罪构成，邮电工作人员利用职务上的便利窃取财物，就由本罪转化为盗窃罪。

邮电工作人员利用职务上的便利首先非法开拆、隐匿、毁弃邮件，然后从中窃取财物的，实际上是两个犯罪行为，即妨害邮电通信的犯罪行为和贪污的犯罪行为，本来是两罪，但由于两行为之间有手段行为和目的行为之牵连关系，所以刑法第253条第2款规定，对这种情况只按盗窃罪从重处罚，成立结合犯，不实行数罪并罚。

需要指出的是，行为人必须是实施了私自开拆、隐匿、毁弃邮件、电报的行为，达到情节严重，同时又从中窃取了财物，而且达到盗窃罪成立标准的，才能适用本条款。如果行为人私自开拆、隐匿、毁弃邮件、电报的行为和窃取财物的行为在客观上没有这种牵连关系，则应该实施数罪并罚，而不是认定为盗窃罪。

（三）私自开拆、隐匿、毁弃邮件、电报罪的处罚

根据刑法第253条的规定，犯本罪的，处2年以下有期徒刑或者拘役。邮政人员犯本罪而窃取财物的，应依刑法第264条的规定，以盗窃罪从重处罚。

五、出售、非法提供公民个人信息罪

（一）出售、非法提供公民个人信息罪的概念和特征

出售、非法提供公民个人信息罪，是由《刑法修正案（七）》第7条所增设的罪名（在刑法第253条后增加一条，作为第253条之一），指国家机关或者金融、电信、交通、教育、医疗等单位的工作人员，违反国家规定，将本单位在履行职责或者提供服务过程中获得的公民个人信息，出售或者非法提供给他人，情节严重的行为。出售或非法提供公民个人信息罪有以下特征：

1. 犯罪主体是特殊主体，即国家机关或者金融、电信、交通、教育、医疗等单位的工作人员。国家机关负有公共管理职能，金融、电信、交通、教育、医疗等单位肩负着为社会和大众提供公共服务的职责，在这些机关或单位工作的人员，可以很容易接触到大量公民个人信息。本罪所说的"金融"是指从事金融活动的机构或金融部门，一般是指各种银行、保险公司、信托投资公司、证券机构、财务公司、信用合作组织等其他金融机构；"电信"是指电信部门和电信营业机构；"交通"是指从事旅客和货物等运输部门；"教育"是指各级各类学校或培训机构，包括民办和公办的教育机构；"医疗"是指依据《医疗机构管理条例》和《医疗机构管理条例实施细则》的规定，经登记取得医疗机构执业许可证的机构。

2. 行为人实施了将本单位在履行职责或者提供服务过程中获得的公民个人信息,出售或者非法提供给他人的行为。“公民个人信息”包括:姓名、职业、职务、年龄、婚姻状况、学历、专业资格、工作经历、家庭住址、电话号码、信用卡号码、指纹、网上登录账号和密码等能够识别公民个人身份的信息。应注意的是,这个信息是单位在履行职责或提供服务过程中获得的信息,即利用公权力或提供公共服务过程中依法获得的信息。“出售”是指将自己掌握的公民信息卖给他人,自己从中牟利的行为。“非法提供”是指不应将自己掌握的公民信息提供给他人(包括单位和个人)而予以提供的行为。

3. 行为必须是“情节严重的”,才构成犯罪。一般来讲,违反了对个别公民个人信息的保密义务,不构成犯罪。“情节严重”是指出售公民个人信息获利较大,出售或者非法提供多人信息,多次出售或者非法提供公民个人信息,以及公民个人信息被非法提供、出售给他人后,给公民造成了经济上的损失,或者严重影响到公民个人的正常生活,或者被用于进行违法犯罪活动等情形。

(二)出售或非法提供公民个人信息罪的处罚

根据《刑法修正案(七)》增设的刑法第 253 条之一第 1 款的规定,犯本罪,处 3 年以下有期徒刑或者拘役,并处或者单处罚金。单位犯本罪的,对单位判处罚金,并对其直接负责的主管人员和其他直接责任人员,依照各该款的规定处罚。

六、非法获取公民个人信息罪

《刑法修正案(七)》在第 253 条之一第 2 款规定:“窃取或者以其他方法非法获取上述信息,情节严重的,依照前款规定处罚。”单位犯前两款罪的,对单位判处罚金,并对其直接负责的主管人员和其他直接责任人员,依照各该款的规定处罚。

七、报复陷害罪

【引 例】

李某是某县人民法院某派出法庭的审判员,由于得知张某控告了其违法行为便产生报复张某的动机。在审理涉及张某的一民事纠纷案中,李某未经法庭庭长(本案审判长)和其他合议庭成员同意,且未经法定程序对新取得的证人证言进行确认,超出合议范围,将“张某指使他人作伪证应如何追究法律责任”作为一项内容向审委会汇报,致使审委会作出了对张某拘留、罚款的错误决定,随后,李某依此决定对张某处以拘留 15 天并处罚金 1000 元(未交)。案发后,当地检察机关对李某某立案侦查,并以报复陷害罪提起公诉。

(一)报复陷害罪的概念和特征

报复陷害罪,是指国家机关工作人员,滥用职权、假公济私,对控告人、申诉人、批评人、举报人实行报复陷害的行为。本罪的特征是:

1. 本罪的客体,是公民的控告权、申诉权、批评权、举报权和国家机关的正常活动。本罪的犯罪对象包括:(1)控告人,即因本人或他人的权益受到侵害而向国家机关或其他党政机关告发国家工作人员违法失职行为的人。(2)申诉人,即因对本人或他人的某种处分决定不服而向原处分部门或其上级部门提出申诉意见,请求改变原处分决定的人。(3)批评人,通常是指对国家机关及其工作人员的缺点、错误或工作作风提出批评意见的人。(4)举报人,即是指向纪检、司法部门检举、揭发他人违法犯罪行为,或者提供犯罪线索的人。

2. 本罪的客观方面,表现为滥用职权、假公济私,对控告人、申诉人、批评人、检举人实行报复陷害的行为。报复陷害行为必须符合以下条件:(1)必须是滥用职权、假公济私。所谓滥用职权,是指国家机关工作人员在自己职权范围内非法行使权力,或者超越自己的职务权限实施越权行为。所谓假公济私,是指假借国家机关的名义或权力来实施,即以合法形式掩盖其非法目的。(2)必须实施报复陷害行为。所谓报复陷害,是指利用国家赋予的权力,以泄私愤,使被害人在社会政治待遇、经济利益、人身权利、民主权利等方面遭到损害。报复陷害与滥用职权、假公济私不可分离,虽然报复陷害但不是滥用职权、假公济私而实施,不能构成本罪。至于报复陷害采取的手段因部门、行业不同可有不同,但手段不影响本罪成立。(3)必须针对控告人、申诉人、批评人、检举人实施。至于控告、申诉、批评、检举是否针对行为人,不影响本罪成立。所以,引例中李某滥用职权,对控告人实施报复陷害行为,并使其蒙冤受羁押,符合报复陷害罪的构成要件,检察院对李某行为的定性是正确的。

3. 本罪的主体,是特殊主体,即必须是国家机关工作人员。非国家机关工作人员,及普通公民不能构成本罪。

4. 本罪的主观方面,是直接故意并具有报复陷害他人的目的。动机如何不影响本罪的成立。

(二)报复陷害罪的认定

1. 本罪与非罪的界限

如果国家机关工作人员由于业务水平不高,工作方法简单或者由于过失给控告人、申诉人、批评人、举报人造成一定损害的,不构成本罪。此外,本罪虽然没有以情节严重作为构成要件,但是,在认定时必须考虑报复陷害的情节是否恶劣,后果是否严重。

2. 本罪与诬告陷害罪的界限

两者都有陷害他人的行为，主观上都是故意的，但两罪有重大区别：(1)对象不同。本罪的对象必须是与自己有利害关系的控告人、申诉人、批评人、举报人四种人，而诬告陷害罪的对象可以是任何人，包括犯人。(2)客观行为不同。本罪表现为滥用职权、假公济私进行报复陷害，即是以利用职权或国家权力为前提条件，而诬告陷害是捏造他人犯罪事实，进行告发，且行为的实施不要求必须利用职权进行。而且，国家工作人员如果利用职权诬陷他人的，则要从重处罚。(3)手段方法不同。本罪的手段，既可以用捏造事实(不能是犯罪事实)的方式进行报复，也可以利用客观存在的某种对被害人不利的事实进行报复，而诬告陷害罪必须以捏造犯罪事实的方式进行。(4)犯罪主体不同。本罪的主体只能是国家机关工作人员，而诬告陷害罪的主体是一般主体。(5)犯罪目的不同。本罪是以泄私愤报复他人为目的，而诬告陷害罪则以使他人受刑事处分为目的。

(三)报复陷害罪的处罚

根据刑法第 254 条的规定，犯本罪的，处 2 年以下有期徒刑或者拘役；情节严重的，处 2 年以上 7 年以下有期徒刑。

八、打击报复会计、统计人员罪

(一)打击报复会计、统计人员罪的概念和特征

打击报复会计、统计人员罪，是指公司、企业、事业单位、机关、团体的领导人对依法履行职责，抵制违反会计法、统计法行为的会计、统计人员实行打击报复，情节恶劣的行为。本罪的特征是：

1. 本罪的客体是复杂客体，包括公民的人身权利和国家的会计、统计制度。本罪的犯罪对象是会计人员、统计人员。

2. 本罪的客观方面，表现为对依法履行职责，抵制违反会计法、统计法行为的会计人员、统计人员实行打击报复，情节恶劣的行为。打击报复行为必须情节恶劣。所谓情节恶劣，一般表现为手段恶劣、后果严重、影响较大等。

3. 本罪的主体为特殊主体，即公司、企业、事业单位、机关、团体的领导人。

4. 本罪的主观方面为直接故意并以报复他人为目的，动机如何不影响本罪的成立。

(二)打击报复会计、统计人员罪的认定

要认定具体行为是否构成本罪，除了严格对照该行为是否符合并齐备本罪的构成要件外，还应当注意分析如下几个问题。

1. 本罪与非罪的界限

本罪与一般违法行为的界限主要在于是否情节恶劣。如果行为人的行为情节显著轻微，没有造成危害后果，则不应追究其刑事责任，而应对其进行批评教育，政纪、党纪处分或者行政处分。同时，还要分清行为人是否有打击报复的故意，如果只是因为其水平不高、工作方法简单、工作态度粗暴而给行为人造成一定的伤害，也不能以本罪论处。

2. 本罪与报复陷害罪的界限

本罪与报复陷害罪在行为方式上非常相似，在主观上都是出于报复陷害的故意，但两者之间也有显著的区别：(1)主体不同。本罪的主体是公司、企业、事业单位、机关、团体的领导人；报复陷害罪的主体是国家机关工作人员。(2)特定犯罪对象不同。本罪的犯罪对象是依法履行职责，抵制违反会计法、统计法行为的会计、统计人员；报复陷害罪的犯罪对象是"控告人、申诉人、批评人、举报人"。(3)行为实施方式不同。本罪的行为不受实施方式的限制，只要行为人进行了打击报复，达到情节恶劣，即可构成本罪；报复陷害罪要求报复陷害行为必须是在滥用职权、假公济私的形式下实施的。(4)本罪是情节犯，除了实施构成要件中要求的行为以外，还需要达到情节恶劣的程度，才能构成本罪；报复陷害罪是行为犯，只要行为人实施了一定的报复陷害行为，不论其情节或结果如何，都构成此罪。

(三)打击报复会计、统计人员罪的处罚

根据刑法第 255 条的规定，犯本罪的，处 3 年以下有期徒刑或者拘役。

九、破坏选举罪

【引　例】

某县召开第十二届人民代表大会第四次会议，会议将补选该县人民政府县长。钟某在会议前和会议期间，为了达到当上县长的目的，通过多次给予多名代表现金和财物的方式，要求代表们投票选他。案发后，检察机关对钟某以破坏选举罪提起公诉。那么破坏选举罪究竟有哪些特殊的要素值得我们注意呢？

(一)破坏选举罪的概念和特征

破坏选举罪，是指以暴力、威胁、欺骗、贿赂、伪造选举文件、虚报选举票数等手段破坏选举或者妨害选民和代表自由行使选举权和被选举权，情节严重的行为。本罪的特征是：

1. 本罪的客体，是公民的选举权、被选举权以及国家的选举制度。所谓选举权与被选举权，是指选举和被选举各级人民代表大会代表和国家机关领导人员的权利。

2. 本罪的客观方面，表现为以暴力、威胁、欺骗、贿赂、伪造选举文件、虚报选举票数等手段破坏选举或者妨害选民和代表自由行使选举权和被选举权的行为。(1)行为必须是在选举期间实施，如引例中的会议前和会议期间就属于选举期间，因为选举期间，是指在选举各级人民代表和国家机关领导人员的一段时间内，这是在认定本罪的过程中要特别注意的因素。(2)必须有破坏选举的行为。所谓破坏选举的行为，一是破坏选举工作的正常进行，二是妨害选民以及代表自由行使选举权和被选举权。至于采取的具体方法，可以暴力、威胁、欺骗、贿赂、伪造选举文件、虚报选举票数等手段破坏或者妨害选民和代表自由行使选举权和被选举权。(3)必须是情节严重的。所谓"情节严重"，一般是指使多数选民或者代表不能行使选举权和被选举权的；致使选举结果严重违背民意；破坏选举造成重大不良社会、政治影响等。

3. 本罪的主体，多数情况为一般主体，可以是一般公民，也可以是选举工作人员；既可以是有选举权的公民，也可以是无选举权的公民。少数情况下，某些行为，如虚报选举票数等，只能由选举工作人员构成。

4. 本罪的主观方面是直接故意，并且具有破坏选举工作的目的，因工作上的过失而造成妨害选举的结果，不构成本罪。动机如何不影响本罪的成立。

(二)破坏选举罪的处罚

根据刑法第256条的规定，犯本罪的，处3年以下有期徒刑、拘役或者剥夺政治权利。

第七节 妨害婚姻家庭权利的犯罪

一、暴力干涉婚姻自由罪

【引 例】

2005年1月至11月期间，出生在农村的刘某逼迫其寡嫂张某改嫁王某，多次将其反锁在家中。张某誓死不从，刘某便不给其饮食，连续两日不许张某睡觉，以示"惩罚"，张某不堪忍受刘某的折磨，于2005年11月25日乘刘某不备服毒身亡。那么本案中，李某的行为究竟构成什么罪？是暴力干涉婚姻自由罪，还是非法拘禁罪？又或者虐待罪？

(一)暴力干涉婚姻自由罪的概念和特征

暴力干涉婚姻自由罪，是指以暴力方法干涉他人婚姻自由的行为。本罪的特征是：

1. 本罪的客体，是他人的婚姻自由权利及人身权利，为复杂客体。婚姻自由包括结婚自由(含恋爱自由)权利和离婚自由权利。同时，由于本罪的构成必须是以暴力方法干涉，因此，也必然侵犯他人的人身权利。

2. 本罪的客观方面，表现为以暴力方法干涉他人婚姻自由行为。所谓暴力手段，主要是指采用殴打、捆绑、强行禁闭、软禁、抢亲等使被干涉者精神、肉体遭到一定程度损害，迫使被干涉者屈从、不能行使婚姻自由权利的方法。如实施了暴力行为，但程度比较轻微的，不构成本罪。本罪的暴力，不包括以杀人和严重伤害进行干涉的内容。如果使用严重的暴力干涉直接造成被害人重伤或死亡的，则属于想象竞合犯，以故意伤害罪或故意杀人罪论处。如果由于过失发生重伤、死亡结果的，属于本罪结果加重犯。实施暴力必须是干涉婚姻自由，暴力并非因干涉婚姻自由而实施或者是干涉婚姻自由，但未实施暴力的，均不能构成本罪。 例如，引例中，李某为达到逼迫寡嫂张某改嫁的目的，而将其反锁家中、不给饮食、不予睡觉的行为，就符合暴力干涉婚姻自由罪的“暴力程度”；同时张某死亡的结果是因为自杀，并非直接由李某的暴力行为所导致，李某的暴力行为没有超越出本罪的限度，但可以作为其法定刑的升格条件，故李某应成立暴力干涉婚姻自由罪。需要注意的是，如果张某强行禁闭王某的程度达到非法拘禁罪的标准，既侵犯他人的婚姻自由，也侵犯了他人的人身自由，那就符合牵连犯的过程要件，对此，应当从一重罪处断，以非法拘禁罪论处。另外，张某暴力干涉婚姻自由的行为与虐待罪在客观构成要件上也多有重合之处，但两罪的法定刑相同，更由于张某的虐待行为是出于干涉婚姻自由的目的，也应当成立暴力干涉婚姻自由罪。

3. 本罪的主体是一般主体，即年满 16 周岁、具有刑事责任能力的自然人，可以是与被害人有亲属关系的人，也可以是其他人。

4. 本罪的主观方面，是直接故意，目的是阻止他人结婚或离婚，动机如何不影响本罪的成立。

(二)暴力干涉婚姻自由罪的认定

1. 本罪与非罪的界限。区分罪与非罪，重点在于考察行为人使用暴力干涉，对他人婚姻自由权利的破坏程度。如果暴力干涉已经造成被害人不能行使婚姻自由权利，或者暴力行为直接造成严重后果，如造成重伤、死亡，或者暴力干涉引起严重后果，如引起被害人自杀、精神失常等，应构成犯罪。如果使用暴力轻微，并没有直接造成或引起严重后果，不构成本罪。

2. 本罪罪数界限。暴力干涉婚姻自由在造成重伤、死亡的情况下，应当注意分析行为人的主观罪过及形式。如果在干涉他人婚姻自由的过程中直接实施了故意伤害、故意杀人行为的，应以故意伤害罪或故意杀人罪论处；如果行为人对造成重伤、死亡是另起伤害、杀人的犯意而为之，则应当予以并罚，例如长期干涉他人婚

姻自由的，但借故一次故意杀害或伤害被害人的，应按本罪与故意杀人罪或故意伤害罪实行数罪并罚；由于过失而造成重伤、死亡的，为本罪的结果加重犯。

（三）暴力干涉婚姻自由罪的处罚

根据刑法第257条的规定，犯本罪的，处2年以下有期徒刑或者拘役；致使被害人死亡的，处2年以上7年以下有期徒刑。“致使被害人死亡”，是指由于暴力干涉婚姻自由而直接引起被害人自杀身亡或者在实施暴力的过程中因过失导致被害人死亡。根据本条第3款的规定，除“致使被害人死亡的”以外，犯本罪，告诉的才处理。

二、重婚罪

【引 例】

张某与郭某在某市回族区民政局登记结婚，婚后生育一子。2004年11月份，被告人张某在网上QQ聊天过程中，认识闫某，双方互留联系方式并保持联系。2005年至2008年8月，两人公开以夫妻名义在该市金水区某单元楼中共同生活，闫某明知张某有配偶，但仍与之公开以夫妻名义共同生活，期间两次怀孕。2008年7月，闫某因终止妊娠而住院，张某在医院称其与闫某系夫妻关系，并以丈夫的名义签名。案发后，当地检察院以重婚罪对张某与闫某提起公诉。那么，如何界定重婚罪适格的主体？闫某为什么构成重婚罪？重婚罪有哪些特殊的行为特征？

（一）重婚罪的概念和特征

重婚罪，是指有配偶而与他人结婚或者明知他人有配偶而与之结婚的行为。本罪的特征是：

1. 本罪的客体，是一夫一妻制的婚姻关系。

2. 本罪的客观方面，表现为有配偶而与他人结婚或者明知他人有配偶而与之结婚的行为。包括两种情况：(1)有配偶者又与他人登记结婚，相婚者明知他人有配偶而与之登记结婚。(2)有配偶者又与他人建立事实婚姻关系，相婚者明知他人有配偶而与之建立事实婚姻关系。所谓登记结婚，是指在婚姻登记机关或者国家认可的机构经过申请而建立的婚姻关系。所谓事实婚姻，是指以夫妻名义同居共同生活的关系。所以，这里所说的“结婚”、“重婚”，既包括正式登记结婚，也包括未经结婚登记而以夫妻关系共同生活的事实婚姻。引例中的张某与闫某之间的重婚行为就属于后者，“以夫妻关系共同生活的事实婚姻”行为特征具有特殊性，在认定时要予以格外的注意，以避免和一般的同居生活相混淆。

3. 本罪的主体，是一般主体，即年满16周岁、具有刑事责任能力的自然人。但由于本罪单独一人自己不能构成，因此，本罪主体为两种人：一是重婚者。所谓

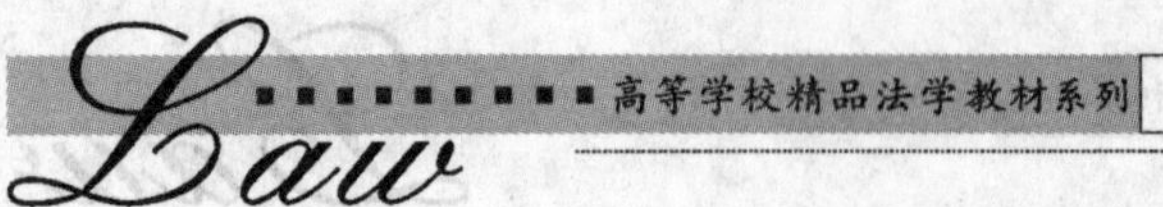

“重婚者”，是指有配偶而在其婚姻关系存续期间又与他人结婚的人。“有配偶”，是指男有妻，女有夫。二是相婚者。这里的“相婚者”，是指本人无配偶，但明知他人有配偶而与之结婚的人。无配偶的人原无婚姻关系的存在，与有配偶之人结婚也只有一个婚姻关系，严格地讲是无婚可重。但根据刑法规定，如果明知他人有配偶而与之结婚可构成本罪，但不明知者则不构成本罪。所以，尽管引例中闫某虽然“无婚可重”，但她却是“明知他人有配偶而与之结婚”的“相婚者”，故具有主体的适格性，检察机关对其以重婚罪提起公诉是正确的。

4. 本罪在主观上是直接故意，具体表现为：(1)有配偶的人明知自己有配偶而与他人结婚。如果行为人基于某些合理的依据，认为自己的配偶已死亡而与第三人结婚的，不构成本罪。(2)无配偶的人明知他人有配偶而与其结婚。如果无配偶的人受到有配偶的人的欺骗，误认为对方没有配偶而与其结婚的，无配偶的人不构成本罪，而由有配偶的人单独构成重婚罪。

(二)重婚罪的认定

1. 本罪与重婚行为的界限。因遭受自然灾害外流，迫于生存而重婚的；因配偶外出长期下落不明，迫于家庭生活困难又与他人结婚的；被拐卖后再婚的；因强迫、包办婚姻或者婚后受虐待外逃而又与他人结婚的等，由于都是受客观条件所迫而重婚，主观恶性较小，不以重婚罪论。

2. 本罪与同居行为的界限。同居既可以是双方有配偶的人或一方有配偶与另一方无配偶同居，也可以是双方都无配偶的人同居。当一方有配偶时，同居事实上是一种不合法的行为。2001 年 12 月 27 日起施行的最高人民法院《关于适用〈中华人民共和国婚姻法〉若干问题的解释(一)》第 2 条对此解释是：“‘有配偶者与他人同居’的情形，是指有配偶者与婚外异性，不以夫妻名义，持续、稳定地共同居住。”因此，如果长期与他人的婚外性行为，不以夫妻名义，属于同居行为，不构成本罪，如果是以夫妻名义长期同居，成立事实婚姻的，可构成重婚罪。双方都无配偶的人同居，在尚未形成事实婚姻的情况下，不属于婚姻法调整的范围，成立事实婚姻的，可令其补办结婚登记手续，不构成重婚罪。

(三)重婚罪的处罚

根据刑法第 258 条的规定，犯本罪的，处 2 年以下有期徒刑或者拘役。

三、破坏军婚罪

(一)破坏军婚罪的概念和特征

破坏军婚罪，是指明知是现役军人的配偶而与之同居或者结婚的行为。本罪

的特征是:

1. 本罪的客体,为现役军人的婚姻关系。现役军人,是指具有军籍,并正在中国人民解放军或者人民武装警察部队服役的军人。退伍军人、转业军人、人民警察以及在部队、人民武装警察部队中工作,但无军籍的工作人员不属于现役军人。

2. 本罪的客观方面,表现为明知是现役军人的配偶而与之结婚或者同居的行为。所谓现役军人的配偶,是指与现役军人登记结婚,建立合法婚姻关系的人。即现役军人的妻子或者丈夫。破坏军婚的行为包括两种情况:一是与现役军人的配偶结婚。既包括登记结婚,也包括成立事实婚姻关系。二是与现役军人的配偶同居。这里的同居,是一方有配偶的与他人的同居,因此,根据2001年12月27日最高人民法院《关于适用〈中华人民共和国婚姻法〉若干问题的解释(一)》第2条的规定:"'有配偶者与他人同居'的情形,是指有配偶者与婚外异性,不以夫妻名义,持续、稳定地共同居住。"所以,同居是以两性关系为基础,具有共同的经济生活和其他生活方面的姘居关系。包括公开的同居,也包括秘密的同居,可以是长期的,也可以是短期的。同居不同于事实婚姻在于,同居对外并不以夫妻关系相称。同居亦有别于与军人配偶的通奸。通奸,是指有配偶的一方或双方与他人之间因生理、情感需要而发生的婚外性关系。对与现役军人配偶通奸的行为,不构成本罪。只要有与现役军人的配偶结婚或者同居行为即符合本罪的客观要件。

3. 本罪的主体,为一般主体,即年满16周岁、具有刑事责任能力的自然人。可以是男性,也可以是女性,可以是现役军人,也可以是非现役军人,只要与现役军人的配偶结婚或者同居的,就可构成本罪。

4. 本罪的主观方面,只能由故意构成。即明知对方是现役军人的配偶而与之同居或者结婚,如果不明知的,不构成本罪。

(二)破坏军婚罪的认定

在认定本罪时,需要注意区分本罪与重婚罪的界限。两者在客观方面,都可以表现为重婚行为。两罪的主要区别是:(1)客体不同。本罪的客体是现役军人的婚姻关系,重婚罪的客体为普通公民的婚姻关系。(2)对象不同。本罪的对象只限于现役军人的配偶,而重婚罪的对象是现役军人配偶之外的其他人。(3)客观要件不完全相同。本罪表现为与现役军人的配偶同居或者结婚的行为;重婚罪表现为有配偶而与他人结婚或者明知他人有配偶而与之结婚的行为。(4)处罚的主体范围不同。本罪中,军人配偶不是本罪的主体,[①]而重婚罪中双方都可构成犯罪。

---

① 当军人配偶是军人而与其他军人配偶结婚或者同居的,构成本罪,即破坏的是其他军人的婚姻。

(三)破坏军婚罪的处罚

根据刑法第259条的规定,犯本罪的,处3年以下有期徒刑或者拘役。利用职权、从属关系以胁迫手段奸淫现役军人妻子的,依照刑法第236条的规定,以强奸罪论处。

四、虐待罪

(一)虐待罪的概念和特征

虐待罪,是指经常以打骂、冻饿、禁闭、有病不予治疗、强迫过度劳动或限制人身自由、凌辱人格等方法,对共同生活的家庭成员进行肉体上、精神上的摧残和折磨,情节恶劣的行为。本罪的特征是:

1. 本罪的客体,是复杂客体,既包括共同生活的家庭成员在家庭生活中的平等权利,又包括其人身权利。本罪的犯罪对象是共同生活的家庭成员。所谓家庭成员,是指基于血亲关系、婚姻关系、收养关系在同一个家庭中生活的成员。不具有亲属关系,即使在一起共同生活,如同居关系,也不能构成本罪。

2. 本罪的客观方面,表现为经常对家庭成员进行虐待的行为。所谓虐待,是指对被害人进行的肉体与精神上的摧残、折磨。虐待在客观上主要表现为“家庭暴力”,即是指行为人以殴打、捆绑、残害、强行限制人身自由或者其他手段,给其家庭成员的身体、精神等方面造成一定伤害后果的行为。持续性、经常性的家庭暴力,构成虐待。[①] 至于虐待的手段不影响认定。虐待行为的方式主要是作为,但实践中也可表现为不作为,如有病不予治疗。虐待必须具有经常性、持续性、一贯性的特点,即要求虐待必须情节恶劣。如果仅是偶尔实施虐待行为,不构成本罪。例如,秦某自1998年起,经常因琐事打骂其养母张某,2001年1月22日下午,被告人秦某酒后又对其养母进行打骂,致其养母于当日下午自缢身亡。本案中,秦某对养母的打骂行为是经常性的,或者说是习以为常,最终令其母不堪忍受而自缢身亡,因此,构成虐待罪。

3. 本罪的主体,为特殊主体,只能是与被虐待人共同生活在一个家庭之中,具有亲属关系的成员。

4. 本罪的主观方面,只能是直接故意。动机如何不影响本罪成立。

---

① 2001年12月27日最高人民法院《关于适用〈中华人民共和国婚姻法〉若干问题的解释(一)》第1条。

(二)虐待罪的认定

要认定具体行为是否构成本罪,除了严格对照该行为是否符合并齐备本罪的构成要件外,还应当注意分析如下几个问题。

1. 本罪与非罪的界限

(1)虐待罪与非虐待行为的区别

家庭成员之间经常发生的纠纷和争吵,以及父母兄长的管教方法不当等行为都不应视为虐待行为,应与刑法意义上的虐待行为严格加以区别。

(2)虐待罪与一般虐待行为的界限

一般虐待行为,情节显著轻微,后果不严重的,应当批评教育,不应作虐待罪处理。

2. 本罪与故意杀人、伤害罪的界限

虐待罪与故意杀人、伤害罪有相同之处,都侵犯了他人的人身权利,在客观上都可以表现为对被害人的身体健康造成损害或者死亡的后果。但是,它们之间存在着本质的区别,主要表现在以下几个方面:(1)前者在主体方面必须具有特殊主体这一要件,即只能是共同生活的家庭成员;后者则无此要求。(2)在犯罪主观方面,前者直接故意的内容是有意识给被害人造成痛苦,并不打算直接造成伤害或者死亡;而后者的行为人则有杀人、伤害的故意。(3)就危害行为而言,殴打、捆绑等虐待行为,孤立起来看一般不会导致被害人伤害或者死亡。通常是经常连续进行才能逐渐引起重伤、死亡或者在虐待过程中非故意地造成伤害、死亡;伤害或杀人行为往往可以从打击的部位、使用的工具、所用的力度等客观因素反映其行为的严重性质,一般是直接致被害人伤害或死亡。

3. 其他问题的认定

(1)本罪犯罪形态的认定问题

行为人在实施虐待过程中,又故意实施重伤或杀人行为的,行为人构成重伤罪或故意杀人罪;如果故意重伤或杀人行为以外的虐待行为已构成虐待罪,则应按数罪并罚的原则处理,而不按牵连犯或吸收犯的原则处理。

(2)本罪适用"告诉才处理"的原则

对没有引起被害人重伤、死亡后果的虐待,根据刑法第260条第3款的规定,实行"告诉才处理"的原则。告诉才处理是指被害人直接向人民法院提起诉讼,人民法院直接受理并追究行为人的刑事责任的一项原则和制度。本罪之所以实行"告诉才处理",是因为被害人与行为人具有血缘上、经济上的特殊关系,被害人往往只希望行为人改正错误,不再施加虐待,继续保持原来的正常关系。因此,是否要追究行为人的刑事责任,由被害人本人决定。但触犯刑法第260条第2款"致使被害人重伤、死亡的"不在此限。

(3)本罪的追诉时效问题

一般虐待罪的追诉期限为5年，对于引起被害人重伤、死亡的虐待罪，追诉期限为10年。由于虐待罪往往是持续性的犯罪，其特点是犯罪行为和犯罪形态同时处于持续状态。因此，其追诉期限应从犯罪行为终了之日起计算。同时，在追诉期限内的虐待罪不以家庭成员关系是否解除为条件。例如，对离婚后又告虐待罪的妇女，不能以夫妻关系之解除为由而拒绝受理。

（三）虐待罪的处罚

根据刑法第260条的规定，犯本罪的，处2年以下有期徒刑、拘役或者管制。致使被害人重伤、死亡的，处2年以上7年以下有期徒刑。

五、遗弃罪

【引 例】

顾某与季某系夫妻关系，季某因长期患有精神疾病而丧失独立生活的能力。2008年3月23日19时许，顾某为达到与被害人季某解除婚姻关系、逃避扶养义务的目的，伙同其父老顾驾车将季某从上海市青浦区家中带至上海市青浦区某路口以西500米处遗弃，致使季某在该路以北500米处遭遇交通事故致颅脑损伤而死亡。案发后，当地法院以遗弃罪对两人追究刑事责任。案情虽然简单，但其背后却透露着我国遗弃罪复杂的犯罪特征，同时遗弃罪可能导致的结果十分复杂，与其他犯罪，如虐待罪、故意伤害罪（不作为）、故意杀人罪（不作为），有着许多相重合的构成要件，刑法司法实务和理论界也对此争议颇多，那么我们应该如何认识遗弃罪呢？

（一）遗弃罪的概念和特征

遗弃罪，是指对于年老、年幼、患病或者其他没有独立生活能力的人，负有扶养义务而拒绝扶养，情节恶劣的行为。本罪的特征是：

1. 本罪的客体，是被遗弃人受扶养的权利。对象是年老、年幼、患病或其他没有独立生活能力的家庭成员。具体包括：因年老、伤残、疾病等原因而丧失了劳动能力，没有生活来源的；虽有生活来源，但因年老、伤残、疾病等原因而生活不能自理的；年幼尚无独立生活能力或者不能独立生活的。

2. 本罪的客观方面，表现为对没有独立生活能力的家庭成员，负有扶养义务能够履行抚养义务而拒绝抚养，情节严重的行为。首先，行为人具有履行义务的能力，如果行为人有抚养义务，但并不是拒绝履行义务而是由于自己确实无能力履行，不能认为构成遗弃罪。其次，不履行能够履行的扶养义务。所谓抚养，包括赡养、抚养、扶养，其内容包括向被抚养人提供其生活必需的物质，即经济上的供给，使其能维持正常生活，也包括对被抚养人在生活上所给予的必要的照料和帮助，使

其能正常生活。只要有能力而拒绝履行上述扶养义务均属于遗弃行为。此外，我们认为，扶养义务可基于血缘关系、婚姻关系产生，也可基于虽无血缘关系、婚姻关系，但在获得一定酬劳的情况下而产生。遗弃必须是情节恶劣。所谓情节恶劣，通常是指因遗弃致被害人重伤、死亡，被害人因生活无着落流离失所，被害人因走投无路而自杀，遗弃动机卑鄙，手段恶劣，屡教不改，遗弃中兼有虐待行为的等。本罪客观上的行为表现为纯粹不作为形式，从引例中两位犯罪人驾车遗弃被害人的整个过程来看，驾车的行为虽然是积极实施的，但这并不影响犯罪人遗弃被害人后不予照顾而导致被害人死亡的纯粹不作为本质。积极的驾车行为仅仅是消极的不予照顾行为的辅助，不具有本质属性。

3. 本罪的主体，是特殊主体，即必须是对被害人负有扶养义务、具有履行义务能力的人。如果不负有抚养义务，不能成为本罪的主体。

4. 本罪的主观方面，必须出于直接故意，即行为人都是为了达到某种目的而故意不履行扶养义务。只要行为人明知自己不履行应当履行的抚养义务，会造成扶养人生活困难，而自己具有履行的能力而拒不履行，就具有本罪的故意。动机如何不影响本罪的成立。

(二)遗弃罪的认定

1. 本罪与非罪的界限。本罪以情节恶劣为构成要件，因此，考察遗弃的情节是否恶劣，是区分的主要界限。虽有遗弃的行为，但经过教育能够履行扶养义务，或者遗弃的情节尚未达到恶劣、严重程度的，不应当以犯罪论处。

2. 本罪与虐待罪的界限。本罪与虐待罪都属于侵犯家庭成员的犯罪，客观上虐待行为中以可以有遗弃的情节，都以情节恶劣为构成要件。两罪的主要区别是：(1)犯罪对象不同。本罪的对象是家庭成员中年老、年幼、患病或者其他没有独立生活能力的人；而虐待罪的对象是家庭中成员，至于是否年老、年幼、患病或者其他没有独立生活能力，在所不问。(2)客观方面的条件和表现不同。本罪以负有扶养义务能够履行而不履行为前提条件，行为表现为不作为形式；而虐待罪在客观上表现为长期地、经常地摧残、折磨家庭成员，既可表现为作为形式，也可表现为不作为。(3)犯罪目的不同。本罪在主观上，以逃避履行扶养义务为目的；而虐待罪的主观目的是为使被害人在肉体上、精神上遭受痛苦。

3. 本罪与故意杀人罪的界限。区分该界限，主要是实践中有些行为人将无任何独立生活能力的残疾人、年老的人或婴儿弃置野外，时有发生死亡的结果的情况。这种行为是遗弃还是故意杀人，应综合全案的各种情况分析。两者的区别从构成要件上看：(1)主观方面的故意内容不同。本罪的行为人并不希望或放任被害人死亡的结果发生，只是不愿履行扶养义务；而故意杀人罪的行为人则是希望或放任受害人死亡的结果发生。(2)本罪在客观上表现为不履行扶养义务的不作为；而故意杀人罪的行为既可以是作为，也可以是不作为。有无杀人的故意，是区别两罪的主要界限。一般来说，可以从对被害人弃置的场所来看，如果故意地将被害人弃置不可能生存下去的环境，如荒郊野外，高山深谷，在严寒冬季等，实质上是一种故意杀人的行为，不应以遗弃罪处理。如弃置在人员来往较多，易被他人发现且无危险的场所，则说明行为人主观上并无杀人的故意。在引例中，顾某是为了逃避抚养的义务而遗弃其丈夫，选择遗弃的地点是离路口不远处，这样的状况下其丈夫是可以接触到过往的车辆和行人，因此没有隔绝其丈夫接受外界帮助的可能，综合这些行为要素，可以否定顾某具有杀人的故意，同时其丈夫死于车祸是遗弃行为的间接结果，并非遗弃行为隔绝帮助而导致的直接结果，故，法院认定其成立遗弃罪是正确的。但假如顾某的丈夫不具有行动能力，被顾某遗弃后只能待在原地点，不容易被他人发现，最终因得不到照顾而死亡，那么即使遗弃的地点相同，但因为完全隔绝被害人接受外界帮助的可能，则构成故意杀人罪。

（三）遗弃罪的处罚

根据刑法第 261 条的规定，犯本罪的，处 5 年以下有期徒刑、拘役或者管制。

六、拐骗儿童罪

【引　例】

傅某没有儿女，一直想有个孩子，一日在重庆火车站广场捡拾垃圾时发现幼儿小强在独自玩耍。于是，傅某便趁四周无人，抱起小强迅速乘坐公交汽车到沙坪坝火车站。在沙坪坝火车站候车厅，傅某由于因形迹可疑被民警查获。随后，当地检察机关以拐骗儿童罪对傅某提起公诉。

（一）拐骗儿童罪的概念和特征

拐骗儿童罪，是指拐骗不满 14 周岁的儿童，脱离家庭或者其监护人的行为。本罪的特征是：

1. 本罪的客体为他人的家庭关系以及儿童的合法权益。本罪的对象是不满 14 周岁的男女儿童。

2. 本罪的客观方面，表现为拐骗不满 14 周岁的儿童，使其脱离家庭或者监护人的行为。如以出卖或勒索财物为目的而偷盗婴幼儿的，则以拐卖儿童罪或绑架罪论处。例如引例中，傅某抱走小强的行为仅仅是想有个孩子而非出于出卖的目的，故成立拐骗儿童罪。

3. 本罪的主体为一般主体。

4. 本罪的主观方面是直接故意。动机多为收养或役使。

(二)拐骗儿童罪的认定

要认定具体行为是否构成本罪,除了严格对照该行为是否符合并齐备本罪的构成要件外,还应当注意分析如下几个问题。

1. 本罪与非罪的界限

主要是划清拐骗儿童罪与领养行为的界限。行为人因为没有孩子或其他原因,将弃婴或与父母失散的儿童领回收养,这种情况是儿童被遗弃或失散而脱离家庭或监护人,行为人没有拐骗的故意,也没有拐骗行为,因此,领养行为不构成本罪。对于从拐骗者手中收领被拐骗儿童的,如行为人参与预谋策划,或指使他人拐骗儿童而后自己领养的,按拐骗儿童罪的共犯论处。如果仅只从拐骗者手中收领被拐骗的儿童,就不构成拐骗儿童罪。

2. 本罪与拐卖妇女、儿童罪的界限

两者虽然都具有拐骗人口的性质,但在主、客观方面有明显差异:(1)被害法益不同。拐骗儿童罪侵犯的是他人的家庭关系和儿童的合法权益,拐卖人口罪侵犯的是他人的人身自由权利。(2)特定犯罪对象不同。拐骗儿童罪的犯罪对象仅只限于不满14周岁的儿童,拐卖人口罪的犯罪对象包括儿童和成年妇女。(3)犯罪目的不同。拐骗儿童罪的目的是收养或奴役,拐卖妇女、儿童罪则具有营利的目的。假如引例中,傅某在抱走小孩后,改变原先自己收养的初衷,而是要将小强卖出,那么傅某的行为就会由拐骗儿童罪转化为拐卖儿童罪,因为从逻辑顺序而言,拐骗行为是拐卖行为一个很重要的环节。

3. 本罪与绑架罪的界限

绑架罪,是指以勒索财物为目的绑架他人,或者绑架他人作为人质的行为。《刑法》第239条第2款规定:"以勒索财物为目的偷盗婴幼儿的,以绑架罪处罚。"这两种犯罪的区别,一是犯罪客体不同。前者侵犯的客体是他人的家庭关系以及儿童的合法权益,后者侵犯的客体是他人的人身自由以及公私财产的所有权。二是犯罪目的不同。前者大多是为了收养,后者则是为了勒索财物。三是危害行为不同。前者是拐骗,后者则对婴幼儿使用了偷盗的方法,实质是一种绑架行为。

4. 认定本罪犯罪形态应当注意的问题

为了向儿童家长或监护人勒索钱财,而拐骗儿童作为人质进行要挟、威胁的,因拐骗行为与勒索行为相结合,犯罪性质就发生了转变,不应按拐骗儿童罪与敲诈勒索罪并罚,而应以抢劫罪论处。

(三)拐骗儿童罪的处罚

根据刑法第262条的规定,犯本罪的,处5年以下有期徒刑或者拘役。

七、组织残疾人、儿童乞讨罪

【引　例】

王某、宫某夫妇两人，自2002年5月起，以年租金2000余元，后升至约4000元的价格，从一绰号为"迎风"的男子手中租下残疾男童小宁。两人将小宁带至深圳后，以打骂、不给饭吃等方法，强迫小宁乞讨。两人通常在下午将小宁带至福田区水围、沙嘴一带，让他向行人乞讨，两人则在附近看守，并占有乞讨所得。案发后，公安机关及时解救了被害人小宁，并将夫妇两人抓获归案。鉴于组织残疾人、儿童乞讨的行为十分猖獗，而且犯罪的对象又往往是急需社会扶助的残疾人和儿童，手段也是极尽残忍，严重危害了被害残疾人、儿童的身心健康，同时极大地败坏善良风俗，消耗社会的同情心，引起巨大民愤。《刑法修正案(六)》正是在这一背景下增设了组织残疾人、儿童乞讨罪，将这一恶劣行径划入刑法规制的范围。

(一)组织残疾人、儿童乞讨罪的概念与特征

组织残疾人、儿童乞讨罪，是指以暴力、胁迫手段组织残疾人或者不满14周岁的未成年人乞讨的行为。本罪的特征是：

1. 本罪的客体是复杂客体，既侵犯了残疾人或者不满14周岁未成年人合法权益，如身心健康、人身自由等，同时也侵犯了国家对社会的管理秩序。但前者是主要客体，后者乃次要客体。

2. 在客观方面，表现为以暴力、胁迫手段组织残疾人或者不满14周岁的未成年人乞讨的行为。具体包括如下几个方面：

(1) 行为是以"组织"的方式来实施。本罪的"组织"，是指集合、策划、指挥多人乞讨的行为，应当具备如下两个要素：首先，被支配的乞讨者须达到2人或2人以上；其次，被组织的乞讨者的行为应由组织者的意思所支配或控制。

(2)"组织"的手段为"暴力"或"胁迫"。所谓的"暴力"，一般表现为对残疾人或者不满14周岁的未成年人实施伤害、殴打、捆绑、监禁等危害人身安全和人身自由的行为。同时需要注意的是，本罪的"暴力"是有限度的，因为本罪的暴力行为是手段行为，其外延仅限于对犯罪对象实施精神强制以迫使其被迫乞讨的范围，超出这一外延的重伤、杀害行为，不属于本罪的"暴力"。所谓的"胁迫"，是一种狭义的"胁迫"，一般表现为以实施各种迫害对残疾人、未成年人或者对他们的监护人实行精神强制，使他们在心理上产生一种恐惧感，从而被迫在行为人的支配下进行乞讨的情形。这种威胁用口头的方式，也可以是书面的形式，还可以通过身体动作的暗示；至于胁迫的对象，可以是本人，也可以是其监护人。

(3)本罪的犯罪对象，是残疾人或者不满14周岁的未成年人。

3. 本罪的主体，为一般主体，即年满16周岁的具有完全或限制刑事责任能力的自然人。残疾人本人也可以成为本罪的主体。

4. 本罪的主观方面，是直接故意。只要行为人对暴力、胁迫的对象是残疾人、不满14周岁的未成年人的事实，有认识的可能性即可。

(二)组织残疾人、儿童乞讨罪的认定

1. 本罪的罪与非罪的界限

没有使用暴力、威胁手段，仅仅是利用欺骗、引诱以及其他非暴力手段组织残疾人、未成人进行乞讨的，不构成本罪。

用暴力、威胁手段强迫特定的1名残疾人或儿童乞讨的，不构成本罪。

2. 本罪的既遂与未遂

原则上只要行为人对多名残疾人或者未满14周岁的未成年人，实施了以暴力、胁迫手段组织乞讨的行为，就成立了本罪的既遂。至于被组织的残疾人或者不满14周岁的未成年人是否实施乞讨行为，是否乞讨成功以及乞讨数额的多少，不影响本罪既遂的成立。但是，如果具有刑法第13条的"情节显著轻微危害不大"的情形，则也不以犯罪论处。

3. 本罪与拐骗儿童罪的关系

如果行为人拐骗儿童，并以暴力、威胁的方式组织被拐骗的儿童进行乞讨的，应当以拐骗儿童罪和组织儿童乞讨罪进行数罪并罚。强迫组织儿童乞讨罪包括"组织乞讨"和"暴力、胁迫"两个方面要素，拐骗行为不可能成为这一个整体行为的手段行为，两者间不构成手段行为与目的行为的牵连关系。

(三)组织残疾人、儿童乞讨罪的处罚

根据《刑法修正案(六)》第17条增设的刑法第262条之一的规定，犯本罪的，处3年以下有期徒刑或者拘役，并处罚金；情节严重的，处3年以上7年以下有期徒刑，并处罚金。

八、组织未成年人进行违反治安管理活动罪

【引 例】

张某在某市光明广场滑旱冰时结识了从家中偷偷跑出来的梁某、王某、李某(均为13岁)。张某自称大哥，将3人安排到该市北环批发市场附近的一家小旅馆住下，并负担3人每天的日常生活开销。张某多次教唆梁某、王某、李某3人到外面偷盗，等偷的钱多了积攒起来，将来4人一起到灵武市开一个旱冰场挣大钱，并允诺称若偷到东西，就会带着他们去买新衣服作为奖赏，同时吓唬道，不去偷就会没钱花，甚至会挨饿。经过张某几天的"洗脑"，3名未成

年人决定跟随张某大干一场。随后,张某带领3名未成年人来到某县城一旅店开房住下作为窝点,在接下来不到一个星期的时间里,张某组织3人先后实施盗窃5次,偷盗的现金、物品等价值共计2000余元(按照当地标准尚不构成盗窃罪),而张某则在旅店等候,收取赃款赃物。另据检察机关查明,张某在组织未成年人盗窃的同时,直接实施盗窃2次,价值3000余元。案发后,张某及3名未成年人被永宁县警方抓获归案。次月,该县人民检察院以涉嫌组织未成年人进行违反治安管理活动罪、盗窃罪对张某提起公诉。

(一)组织未成年人进行违反治安管理活动罪的概念与特征

根据《刑法修正案(七)》第8条在刑法第262条之后再增加一条作为第262条之二的规定,本罪是指,组织未成年人进行盗窃、诈骗、抢夺、敲诈勒索等违反治安管理活动的行为。本罪有以下几个特征:

1. 本罪的客体,是复杂客体,即未成年人的人身自由及身心健康和社会管理秩序。其中,未成年人的人身自由和身心健康是本罪的主要客体,社会管理秩序是本罪的次要客体。

2. 本罪的客观方面,是组织未成年人进行盗窃、诈骗、抢夺、敲诈勒索等违反治安管理的活动。首先,本罪的对象是未成年人,但是与刑法262条第1款、第2款的规定不同,本罪的犯罪对象是不满18周岁的未成年人,由于我国的《未成年人保护法》第2条规定:"本法所称未成年人是指未满十八周岁的公民",扩大了保护的范围。其次,被组织对象实施的违法行为,只是一般的违反治安管理活动的行为,尚不构成犯罪。依据我国《治安管理处罚法》第23条规定,有下列侵犯公私财物行为之一,尚不够刑事处罚的,属于违反治安管理活动的行为:(1)偷窃、骗取、抢夺少量公私财物的;(2)哄抢国家、集体、个人财物的;(3)敲诈勒索公私财物的;(4)故意损坏公私财物的。需要注意的是,如果被组织的未成年人实施的行为超越了治安行为,则组织者不构成本罪,而属于间接正犯。引例中,张某组织3名未成年人先后实施盗窃5次,偷盗的现金、物品等价值共计2000余元,属于一般的违反治安管理活动的行为,因此张某组织未成年人盗窃的行为不成立盗窃罪的间接正犯,但构成组织未成年人进行违反治安管理活动罪。

3. 本罪的主体,为一般主体。本罪只处罚组织者,根据本条规定的内容,可以看出该罪处罚的对象是组织者,而并不追究被组织者的刑事责任。刑法之所以作出如此规定是因为,在主观上,组织者人身危险性程度较高、主观恶性较深;在客观上,组织者通过其组织行为,使被组织者——未成年人去直接实施违反治安管理的活动。从主客观两方面相结合考察,组织者的行为是具有严重社会危害性的犯罪行为。至于组织者,可以是一人,也可以是多人,认定的关键是要看其是否起着组织作用。对于是多人的情况,应当以共犯论处,但应当正确认定各共犯之间的主犯、从犯、胁从犯或是教唆犯等关系,从而有区别地追究其刑事责任。

4. 本罪的主观方面是故意。包括组织者明知自己是组织未成年人实施违反治安管理的行为的直接故意，也包括组织者可以按照普通人的理解推断出是未成年人而仍旧组织其进行违反治安管理的活动的间接故意。

(二)组织未成年人进行违反治安管理活动罪的处罚

根据《刑法修正案(七)》第8条在刑法第262条之后所增加的刑法第262条之二的规定，犯本罪的，处3年以下有期徒刑或者拘役，并处罚金；情节严重的，处3年以上7年以下有期徒刑，并处罚金。

司法考试真题链接

1. A为某国家机关工作人员，依法配备有公务用枪。A在有配偶(B女，生活在外地)的情况下，长期与C女共同生活，并生有一子(周围群众均认为A与C为夫妻关系)，为此借用了D的3万元现金。D多次讨债，A无力偿还，于是A将公务用枪(无子弹)用作借债质押物交给D，约定A还款时，D将枪支归还给A。3个月后A仍然未能归还借款，D便将枪支送给其外甥E玩耍。E在一周后使用该枪支抢劫某银行储蓄所现金20余万元。请根据案情回答。

关于A与C女共同生活的行为，下列哪些说法是错误的？(2002年司法考试真题)

A. 法律不承认事实婚姻，所以，A不成立重婚罪

B. 事实婚姻是无效的，所以，A不成立重婚罪

C. A与C女属于同居而非事实婚姻，所以，A不成立重婚罪

D. 重婚罪侵犯的是配偶权，如果B女同意，则A不成立重婚罪

2. 甲于某日晨在路边捡回一名弃婴，抚养了3个月后，声称是自己的亲生儿子，以3000元卖给乙。如何认定甲的行为？(2002年司法考试真题)

A. 甲的行为构成遗弃罪

B. 甲的行为构成拐骗儿童罪

C. 甲的行为构成诈骗罪

D. 甲的行为构成拐卖儿童罪

3. 甲拐骗了5名儿童，偷盗了2名婴儿，并准备全部卖往A地。在运送过程中甲因害怕他们哭闹，给他们注射了麻醉药。由于麻醉药过量，致使2名婴儿死亡，5名儿童处于严重昏迷状态，后经救治康复。对甲的行为应以何罪论处？(2004年司法考试真题)

A. 拐卖儿童罪

B. 拐骗儿童罪

C. 过失致人死亡罪

D. 绑架罪

4. 李某以出卖为目的偷盗一名男童，得手后因未找到买主，就产生了自己抚养的想法。在抚养过程中，因男童日夜啼哭，李某便将男童送回家中。关于李某的行为，下列哪些选项是错误的？(2007 年司法考试真题)

A. 构成拐卖儿童罪

B. 构成拐骗儿童罪

C. 属于拐卖儿童罪未遂

D. 属于拐骗儿童罪中止

5. 甲以从事杂技表演的名义欺骗多名农村儿童。儿童均信以为真，便随甲进城。甲将这些儿童带至大城市，利用儿童从事乞讨活动。其间，甲曾与儿童的家属电话联系，称小孩生活得很好。关于本案，下列哪一选项是正确的？(2008 年四川司法考试真题)

A. 甲的行为构成组织儿童乞讨罪

B. 甲的行为构成拐骗儿童罪

C. 甲的行为构成诈骗罪

D. 甲的行为征得了儿童家长的同意，不成立犯罪

第五章　侵犯财产罪

第一节　侵犯财产罪概述

一、侵犯财产罪的概念和特征

侵犯财产罪，是指以非法占有为目的，非法占有公私财物，或者故意毁坏公私财物的行为。侵犯财产罪的特征是：

1. 侵犯财产罪的同类客体是公私财产的所有权。所谓财产所有权，“是指所有人依法对自己的财产享有占有、使用、收益和处分的权利”(《民法通则》第75条)。从刑法意义上说，所有权突出地表现为所有人对财产的直接占有，并排除他人占有的权能。侵犯财产犯罪就是以非法手段改变对财物的占有关系，使所有人因丧失对财物的占有而不能行使其所有权。因此，研究被财产犯罪行为所侵害的所有权，必须与占有相联系。

在实际生活中，财物既可由所有人占有，也可由非所有人占有。所有人占有，是指所有人在事实上控制属于自己所有的财物，直接行使占有的权能，这种占有是合法的，是受法律保护的。非所有人占有，又可分为合法占有和非法占有两种情况：非所有人根据法律的规定或所有人的意愿而占有所有人的财物是合法占有，非所有人没有法律上的根据或非基于所有人的意愿而占有所有人的财物则属非法占有。财物并非总是在所有人的占有之下，而往往由于法律上或事实上的关系，由所有人以外的其他人占有。在财产犯罪所非法占有的财物的所有人和占有人同为一人时，认为财产犯罪侵害的客体为所有权不成问题，但若财产犯罪所非法占有的财物的所有人和占有人分离时，则颇有疑问。国外(主要是大陆法系国家)关于财产犯罪的客体(他们称为法益)的“本权说”与“占有说”之间的论争即由此产生。

本权说认为财产犯罪侵害的客体是所有权及其他本权(如抵押权)。因此，不是基于所有权或本权的，只不过是单纯的事实上的占有他人的财物不能成为财产犯罪的客体。例如，盗窃盗窃犯非法占有的财物，就不成立盗窃罪。占有说则认为财产犯罪的客体是财物的占有本身。根据占有说，不仅盗窃盗窃犯非法占有的财物可以成立盗窃罪，就是当所有人的财物被盗窃犯非法占有后，所有人向盗窃犯窃回本属自己所有的财物，只要没有特别阻却违法的事由（如符合自救行为的要件），仍可成立盗窃罪。

对此，我们认为，在所有人与占有人分离时，如果占有人是根据法律的规定或所有人的意愿而占有所有人的财物，即合法占有，则这种占有人对所占有之物虽没有所有权，但却拥有法律上的支配权或监督权，对占有物承担法律上的义务，占有物一旦被他人非法占有，占有人负有赔偿责任。因此，非法占有或故意毁坏这种合法占有物（即使是原所有人所实施的行为），实质上亦是对所有权的一种侵害。如果占有人没有法律上的根据亦非基于所有人的意愿而占有所有人的财物，即非法占有，则这种占有人对所占之物既无所有权，亦无法律上的支配权或者监督权，而只是事实上的占有。这种单纯的事实上的占有不为法律所保护。因此，财物的原所有人从非法占有人处取回属于自己的财物的行为，不论采取什么形式，均不构成犯罪，除非造成人身伤害的后果。因为非法占有人没有获得对财物的合法的支配或监督权，故无正当理由来对抗财物的合法所有者。但如果是原财物所有人以外的第三者非法占有或故意毁坏非法占有人占有的财物却仍应构成财产犯罪。但不能就此理解为非法占有的财物亦为法律所保护，如前述占有说的推论。这是因为所有权的丧失是基于一定的法律事实而产生的法律后果，犯罪行为不是导致所有权丧失的法律事实，因而不能因犯罪行为侵害所有权而使所有权丧失。所有权有追及效力，所有物如果受到非法侵害，无论所有物落入何人之手，所有人都可以追及其所有权。这就是“黑吃黑”盗窃案件仍构成侵害所有权犯罪的根据。

总之，财产犯罪的侵害客体为财物的所有权（包括基于合法占有的对财物的监督权或支配权），不基于合法权的单纯事实上的占有，不可作为财产犯罪侵害的客体。

应该指出的是，侵犯财产罪中的抢劫罪、敲诈勒索罪除侵害财产所有权外，其犯罪手段还可能连带侵害人身权利、意思自由等人格利益，故其侵害客体，除财物所有权外，尚包括这类权利在内，毋庸置疑。

2. 侵犯财产罪在客观方面表现为非法占有或者故意毁坏公私财物的行为。非法占有包括两种类型：一是以各种公开或秘密的手段使他人的财产转变为自己所有的财产；二是以秘密的手段暂时非法占有，即挪用他人财产。故意毁坏也包括两种类型：一是直接使财产丧失或者减少使用价值，二是通过使生产资料的使用价值丧失或者减少来破坏财产所有人的生产经营活动。

3. 侵犯财产罪的主体多数情况下是一般主体，其中只有职务侵占罪、挪用资金罪和挪用特定款物罪为特殊主体。另须注意，单位不能成为侵犯财产罪的主体。

4. 侵犯财产罪的主观方面只能是由直接故意构成，而且大多数侵犯财产罪是以非法占有公私财物为目的。这里的非法占有，包括为第三者占有，也就是说，非法占有目的达到之后，行为人对非法占有的财物如何处置，不影响非法占有的构

成。侵犯财产罪中的故意毁坏财物罪，是以毁坏公私财物为目的；而破坏生产经营罪则基于泄愤报复或者其他个人目的。

二、侵犯财产罪的种类

侵犯财产罪以是否具有非法占有目的为标准，可以划分为两大类：

1. 以非法占有为目的的犯罪，其中包括抢劫罪、盗窃罪、诈骗罪、抢夺罪、聚众哄抢罪、侵占罪、职务侵占罪、挪用资金罪、挪用特定款物罪和敲诈勒索罪。

在这一类别当中，根据犯罪的手段，又可以具体分为四种类型：

(1)夺取型犯罪，包括抢劫罪、抢夺罪和聚众哄抢罪。

(2)窃取、骗取、诈取型犯罪，包括盗窃罪、诈骗罪和敲诈勒索罪。

(3)侵占型犯罪，包括侵占罪和职务侵占罪。

(4)挪用型犯罪，包括挪用资金罪和挪用特定款物罪。

2. 不以非法占有为目的的犯罪。这类犯罪虽也表现为对财产所有权的侵犯，但常常是受报复、泄愤等动机所驱使，目的是损毁财物、破坏生产经营。这类犯罪包括两种，即故意毁坏财物罪和破坏生产经营罪。

第二节　抢劫罪

【引　例】

被告人林某通过多次观察踩点，发现其暂住处附近住着一单身老太太，觉得抢她的钱财容易得手，遂于某日凌晨1时许，持一杯先前准备好的自来水来到被害人孙某(女，64岁)家，假称要租房子，骗得孙某开门。当孙某刚一开门，林某便将冷水泼在孙某的脸上，孙某下意识地向室内后退，被告人林某即跨步上前，进门欲抢孙某戴在脖子上的金项链。孙某用手护住脖子，又往屋里退，林某没有抢到，便进一步紧跟上来抢走孙某戴在左手的金手链(重28.427克)，之后逃离现场。因孙某呼叫，周围群众赶来，追至林某的暂住处，将其抓获扭送公安机关。案发后，赃物经估价价值人民币3013元，已发还被害人。

一、抢劫罪的概念与特征

抢劫罪是指以非法占有为目的，当场使用暴力、胁迫或者其他方法，当场劫取公私财物的行为。本罪的主要特征是：

1. 本罪的客体是双重客体，即不仅侵犯了公私财产所有权，同时由于使用了暴力、胁迫或者其他方法，也侵犯了被害人的人身权利。由抢劫罪的双重客体所决定，其犯罪对象也是双重的。被害人人身是抢劫罪的手段行为指向的对象，被害人的范围可以包括财物的所有人、保管人及当时在场的其他有关人，其中也包括实施其他违法犯罪活动而非法占有财物的违法犯罪分子；公私财物是抢劫罪的目的行为借助其手段行为指向的对象。作为抢劫罪对象的"财物"，既包括被害人合法所有或保管的财物，也包括他人非法所得的赃款赃物以及非法持有的违禁品，一般限动产，即可以当场非法占有、便于携带移离的财物。如果是把不动产分离而使用暴力或暴力威胁抢走，则被分离和被抢走的部分就改变了其不动产的属性而成为动产。例如，强行拆下他人房屋的部分木料，并施以暴力或胁迫强行拉走木料，当然应定抢劫罪。值得注意的是，在审判实践中，也遇有以暴力手段赶走房主强行霸占房屋（不动产）的情况。对此有认为亦应按抢劫罪论处，这就把作为抢劫罪对象之一的"财物"从动产扩大到不动产。尽管这类案件的发生率很低，但似也值得探讨。如果不能按抢劫罪认定，则除了行为人使用的暴力本身构成伤害或杀人可单独定罪外，只能作民事纠纷令其退还房屋，未免轻纵罪犯。

2. 本罪的客观要件表现为，对财物的所有人、保管人或者其他在场人当场实施暴力或者以当场实施暴力相胁迫或者采用其他侵害人身的方法，迫使被害人当场交出财物或者当场夺走财物的行为。其中，侵害人身的行为是抢劫罪的手段行为。从司法实践看，抢劫罪的目的行为较易掌握，一般不会产生问题，故不必专门探讨；而抢劫罪的手段行为则较为复杂，容易产生问题，因而正确理解抢劫罪的手段行为，对于抢劫罪的准确认定具有重要的意义，需要加以专门探讨。根据我国刑法的规定，抢劫罪的手段行为包括暴力行为、胁迫行为和其他侵害人身的行为三种，下面分别分析。

(1)暴力行为

暴力，通常是指为达到某种目的，而采取的具有攻击性的强烈行动，包括对人身的暴力和对财物的暴力。就抢劫罪而言，暴力方法，主要是指对人身实施打击或强制，通常包括殴打、捆绑、伤害等。需要讨论的是，作为抢劫罪手段行为的暴力有否程度上的要求。

暴力存在程度的不同，可能造成的人身损害程度，往往有很大差别，轻者只有皮肉之苦，重者可致人伤亡。暴力达到何种程度才能定抢劫罪，各国刑法规定不一。俄罗斯、朝鲜等国刑法规定限于"足以危害他人健康、生命的暴力"，日本刑法虽无明文规定，但其判例表明，这种暴力必须达到压制任何相对人抵抗的程度。我国台湾地区的刑法规定为"足以使被害人不能抗拒的程度"。我们认为，只要行为人有抢劫的意图，并且为了占有财物而对被害人施加暴力，一般就应以抢劫罪论处。其暴力不应该有程度上的限制，否则，将导致对采用暴力程度较轻的夺财案件无从认定。对引例中的林某行为的主要争议点，就是对其所使用的暴力性质出现分歧意见。一种观点认为，被告人只是用杯子盛普通的自来水去泼被害人的脸部，

意在使被害人猝不及防，以便乘其不备抢走财物，此种手段不足以使被害人不能反抗或不知反抗，不能等同于抢劫罪中的“暴力”，其主观上没有伤害被害人的故意，客观上也没有造成被害人伤亡的后果，所以被告人的行为只侵犯了被害人的财产权利，并没有侵害被害人的人身权利，应定为抢夺罪。另一种观点认为，被告人在作案之前是经过踩点后，发现在其暂住处附近只住着一位老太太，这使他内心形成了只要用一杯自来水就能够将其控制，使其不能反抗的判断。所以他选择了这一基本不会给被害人的人身造成实际伤害，但又能够达到抢走财物的作案手段。这一手段最明显的特征就是其所使用的作案手段的作用力是直接作用于被害人的人身，虽然没有给被害人造成实际的伤害后果，但它毕竟侵犯了被害人的人身权利。这种手段仍然可以归结为一种暴力的手段。我们认为，我国刑法规定的抢劫罪的暴力并没有程度上的限制，只要行为人采用有形力直接对他人的身体施加影响，使他人身体受到强制或者使其身体机能发生变化，失去反抗的能力，实际上排除了被害人的反抗，就应当认定为抢劫罪手段行为中的“暴力”。引例中的林某使用的自来水泼脸这一行为，纵然不会对人身造成多大的伤害，但是其在当时场景下毕竟在一瞬间有效地抑制和降低了被害人的反抗能力，林某也正是意图通过这一特殊的暴力为其夺取财物创造便利条件。如果用自来水泼脸不能认定为抢劫罪的暴力，那就只能考虑认定为乘人不备的抢夺罪。但是抢夺罪行为人借助的是客观环境或其他外力创造的便利条件，乘被害人不备实施夺财行为。固然，在有些抢夺案件中，行为人也会使用有形力，但其使用的有形力，针对的是财物，而不是针对人身。引例中的林某是将自来水泼向孙某脸部，无疑是针对人身的侵犯。其有形力是直接作用于被害人的人身，侵犯了被害人的人身权利，明显不符合抢夺罪的构成。据此，被告人林某侵犯了他人的人身权利和财产权利，当场使用暴力，当场劫取金手链，符合抢劫罪的“两个当场”的特征，其行为符合抢劫罪的客观方面，应当认定为抢劫罪①。

关于抢劫罪的暴力方法，还需要讨论的就是其是否包括故意杀人，换言之，为占有他人财物而当场故意杀死被害人，是否应以抢劫罪论处？这涉及对刑法第263条作为抢劫罪的严重情节的抢劫“致人死亡”的理解。理论上存在较大争议：有观点认为，“抢劫致人死亡”是指因抢劫而过失致人死亡，不包括故意杀人。如果为占有他人财物，而当场故意致人死亡，应以故意杀人罪和抢劫罪实行并罚。有观

① 《检察日报》于2008年1月23日曾刊载一个案例：一位六旬老妇在散步时，突然有一中年男子从其后面将其抱住，吻其脸及耳根，老妇大异时，中年男子迅速离去。老妇回家后，发现一对铂金耳环已被“窃”，耳环价值2000余元。发布本案的论者认为，本案的行为人将老妇人“抱住”和“吻”其脸及耳根，具有暴力性质，是直接针对受害人人身的行为，而非直接针对财物，所以不能认定为抢夺罪或盗窃罪而应按照抢劫罪认定。当然，在司法实践中，也要具体案件具体分析，综合整体情节作适当处理。例如，对以轻微的暴力强索小量财物的，就不宜以抢劫罪论处。

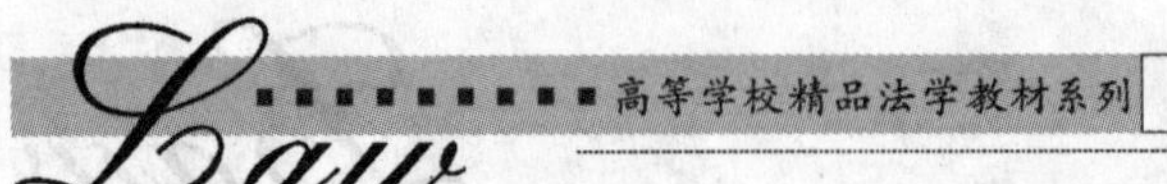

点认为,“抢劫致人死亡”可以包括过失或间接故意致人死亡,不包括直接故意致人死亡。如果是为占有他人财物而直接致人死亡,应分别抢劫罪和故意杀人罪,实行并罚。有观点认为,“抢劫致人死亡”包括因过失和故意致人死亡。因此,为了占有他人财物而当场杀死他人的,应定抢劫罪一罪。最高人民法院2001年5月22日《关于抢劫过程中故意杀人案件如何定罪问题的批复》解释:“行为人为劫取财物而预谋故意杀人,或者在劫取财物过程中,为制服被害人反抗而故意杀人的,以抢劫罪定罪处罚。行为人实施抢劫后,为灭口而故意杀人的,以抢劫罪和故意杀人罪定罪,实行数罪并罚。”为司法实践统一了认识。

(2)胁迫行为

胁迫行为也是抢劫罪常见的行为方式。所谓胁迫,是指对被害人以当场实施暴力相威胁,来迫使被害人当场交出财物或者当场夺走其财物的行为。抢劫罪的胁迫行为具有以下三个特征:第一,胁迫内容的暴力性。应该注意的是,抢劫罪胁迫行为的暴力内容与抢劫罪的暴力行为的内涵外延不尽一致。首先,胁迫行为的暴力内容可以包括以故意杀人进行威胁这种胁迫行为形式。其次,胁迫行为的暴力内容是有其下限的。这种下限就是使他人明显难以抗拒。胁迫是一种精神强制,它是通过将要实施某种暴力行为的展示,引起被害人的心理感应而实现的,因此可以说是一种间接强制。若暴力威吓行为程度轻微,根本不可能在对方身上引起预期的心理效应,这样的暴力胁迫,不能认为是抢劫犯罪中的胁迫。第二,胁迫是面对被害人直接发出的。只有面对被害人当场实施胁迫,这种胁迫行为才可能成为抢劫罪中当场非法占有财物的手段行为。如果胁迫不是当场对被害人实施的,而是借助给被害人写信、让第三人向被害人转达等方式间接实施的,则属于敲诈勒索罪的手段,而不能构成抢劫罪。第三,胁迫内容付诸实施的当场性。对此,不应理解为行为人在客观上能够当场实施胁迫所包含的暴力内容,也不应理解为行为人预定如果靠胁迫不能取得财物就一定要实施胁迫所说的暴力。而是说,行为人以如不答应其非法占有财物的要求就要当场实施某种暴力相威胁,至于行为人是以真刀真枪,还是以虚假动作相威胁,如用假枪、用手在衣袋比枪状等等,即不问其胁迫有无直接实施的可能,对抢劫罪胁迫的成立均无影响。

胁迫的形式,语言、举动均可。一般都是两者并举或交叉进行。经常见到的形式是行为人以暴力相威胁,发出赤裸裸的财物要求。比如,一面持枪或挥刀,同时又声言,不从就要暴力加身。这当然是最明显的胁迫。但有的语言或举动的威胁形式不明显,比如,女青年李某深夜下班回家,路过一僻静处,甲利用这样的环境条件,只大喝一声:“站住!带钱吗?”一面模拟从口袋取枪的假动作。李某一时害怕说不出话来,乖乖地让甲搜走了人民币500元、手表一块。有人认为,此案甲没有使用明显的威胁语言或举动,应定抢夺罪。我们认为,甲利用深夜四周无人求援的环境及被害人又是女性胆小的条件,这种大声语言的本身就是恫吓行为,客观上已足以使对方不敢反抗,任由其搜走财物,应同样视为胁迫,以抢劫罪定性。总之,应

当抓住抢劫罪胁迫行为的特征分析认定案件，而不能把抢劫罪的胁迫行为形式仅仅理解为发出赤裸裸的如不答应财物要求就要当场实施暴力行为的这种明显的威胁形式。即使胁迫的形式不十分明显，只要符合胁迫的特征，仍应视为胁迫，以抢劫罪定性。

(3)其他方法行为

所谓其他方法行为，是指除使用暴力或胁迫以外的其他人身强制手段实施抢劫行为的概括规定。抢劫罪的这种手段行为具有以下几个要点：第一，这种行为是侵害人身权利的行为，这是抢劫罪所有手段行为的共性；第二，这种行为是犯罪人对财物的所有人或者保管人本人的人身施加暴力和胁迫以外的某种影响，使其失去反抗知觉或者反抗能力；第三，这种行为与其后的非法取得被害人财物的行为有着手段与目的联系，实施这种行为就是为了排除被害人的反抗而非法占有其财物，非法占有财物的行为的实施和完成，正是要借助先行的手段行为所造成的被害人不知反抗或无力反抗的有利条件。从司法实践看，抢劫罪中其他方法的种类，一般是指行为人使用某种物质刺激，使被害人昏迷丧失知觉而处在不知抗拒的状态，从而将财物抢走。所谓"物质刺激"，包括用药物麻醉、用酒灌醉、用催眠术、用毒药将被害人毒昏毒死等方法。需要指出的是，致他人昏迷丧失知觉，必须是行为人自己的行为所促使。如果不是行为人以某种行为致被害人处于昏迷丧失知觉状态，而是行为人利用被害人自己熟睡、酣睡、昏迷等状态乘机秘密拿走其财物的，因为行为人并未实施侵害人身权利的手段行为，所以不属于以"其他方法"实施的抢劫罪，而只能构成盗窃罪。

此外，在认定抢劫罪的客观要件方面尚应注意以下几个问题：

其一，手段行为与目的行为之间具有关联性。因此，虽客观上实施了暴力行为和取财行为，但若两者之间是分别起意实施的，即不具关联性，不满足抢劫罪的客观要件。例如，行为人以伤害的故意将对方打昏，后又萌生取财故意，乘对方昏迷之机，窃取对方身上携带的财物，则应分别定为伤害罪和盗窃罪，予以数罪并罚。

总之，对行为人先行实施了某种包含暴力或暴力威胁行为的侵害人身的犯罪，如故意杀人罪、故意伤害罪、强奸罪等，尔后又临时起意，非法占有他人财物的，若其后行的取财行为是在被害人已失去知觉或乘其不知时实施的，对后行的取财行为应定盗窃罪，与前罪并罚。对行为人先行侵害人身的犯罪既遂或者未遂后，又出于非法强行占有财物目的实施暴力、胁迫等侵害人身行为获取财物的，对其后行行为就应认定构成抢劫罪，与先行的侵害人身犯罪合并论处。

其二，手段行为现实性。例如行为人事先做了盗窃(或抢夺、诈骗)和抢劫两种准备甚至准备了实施抢劫所用的工具，但在作案时没有被人发觉(如被害人不在场，被害人正在熟睡，被害人没有注意等)，没有遇到反抗阻拦，或者行为人认为不需要实施侵害人身的行为，或者行为人临时由于惧怕后果严重等原因而决定不实施侵害人身的行为，仅实施了秘密窃取、公然夺取、骗取公私财物的行为，而未实施暴力、胁迫等侵害人身行为来强行占有财物的，一般应按行为人实际实施的行为性质认定，即实行行为吸收预备行为。但如果行为人实际实施的是抢夺行为，而行为人当时又携带了凶器，则应认定为抢劫罪。这是因为，根据刑法第 267 条第 2 款的规定，携带凶器抢夺的，依照抢劫罪的规定处罚。

其三，关于手段行为实施的对象。根据刑法第 263 条规定的抢劫罪的特征，可见抢劫罪手段行为指向的对象，一般是财物的持有人（包括财物的所有人、保管人、经手人）。但是，在某些情况下，手段行为也可能施加于在场的与财物持有人有某种密切关系的人。例如，某甲带幼子行于路上，某乙、某丙探知某甲携有大量现金，遂与某甲同行，伺机抢劫。行于偏僻无人处，某乙突然将在某甲身后行走的幼童踢翻在地、拳脚相加，某丙则喝令某甲交出现金并挡住某甲使其不能援救幼子，某甲唯恐幼子遭毒手，又感到自己一人难以抵挡乙、丙两人，就掏出一包现金，被某丙一把夺走，某乙这才停止对幼童的殴打，乙、丙两人携现金逃走。在该案中，乙、丙就是对在场的与财物持有人有密切关系的幼童当场施加暴力来胁迫财物持有人某甲交出财物的，自应认定抢劫罪。从理论上分析，某乙、某丙的暴力行为对某甲来说只是一种胁迫，即通过对幼童暴力行为的展示，达到对某甲的精神强制，而暴力的承受者是幼童。如幼童因而致伤、致死，某乙、某丙就又触犯了另一罪名——故意伤害罪或故意杀人罪。但因其对幼童施用暴力的目的是夺取某甲的财物，一个目的，一个行为，触犯两个罪名，属于想象竞合，可以从一重罪处罚。

除了对在场的与财物持有人有密切关系的人施加暴力行为可构成抢劫罪的手段行为外，仅对与财物持有人有密切关系的人进行威胁亦可构成抢劫罪的手段行为。如甲男乙女夜间外出散步，行为人用刀威逼乙女，令甲男交出钱包之行为，即属之。此种情况，行为人对乙女进行胁迫，又通过这种胁迫对甲男产生另一种胁迫，使之交出财物。由于我国刑法不设单独的恐吓罪，故对乙女的胁迫行为不能单独成罪，而是抢劫罪的一种附随行为。

应注意的是，若施手段行为于在场的第三者，其与财物持有人无任何关联时，则不能成为抢劫罪的手段行为。因为行为人对财物持有人以外的第三人施加暴力或胁迫行为，其意不外是进而胁迫财物持有人交出财物。行为人能否达到目的行为取得财物，关键是能否由此使财物持有人感受到精神上的压力，使其难以抗拒或不能抗拒。如果行为人所实施展示的某种行为没有达到或不能达到使财物持有人难以抗拒或不能抗拒，对之就不能视为抢劫罪的手段行为。很明显，若行为人仅对与财物持有人无关的第三人施加暴力或胁迫行为是无法达到有效地胁迫财物持有人的，故对在场的第三人实施手段行为必须是与财物持有人有密切关系的，才足以达到胁迫所要求的程度，才能适合抢劫罪的手段行为而认定为抢劫罪。当然，行为人若对与财物持有人无任何关系的人施加暴力行为造成伤害、死亡的，可单独成罪。例如甲、乙两人互不相识，但恰好同行至小巷深处，歹徒丙突然跃出，将甲击昏成伤，尔后再抢夺乙手中的手提包，因对乙没有使用暴力，仍应定抢夺罪。对击伤

甲的行为，只能另外追究其伤害罪的刑事责任。

下述情形也需要讨论：甲到乙家盗窃，见乙的邻居丙在院内晾衣，不能顺利得手，遂起意加害。将其砍伤后进入乙家挟财而逃。这种为盗窃而先加害在场的户主邻居的行为可能有两种情况：一是罪犯因户主邻居主动出来制止其盗窃而实施暴力；一是户主邻居没有主动出来制止其盗窃，只是罪犯认为他的在场有碍其进行犯罪而加以暴行。就第一种情况而言，户主邻居主动出来制止罪犯盗窃，已经形成了无因管理，其与户主之间产生了类似于委托合同产生的法律后果，因此，这时的户主邻居就是户主财物的管理人，故对其施加暴力、胁迫或其他行为等于是对原财物持有人施加的，应以抢劫罪认定。而对第二类情况，则可以认为，只要罪犯认为户主邻居可能是或可能成为财物管理人而加以暴力、胁迫或其他行为，户主邻居就足以成为抢劫犯罪中所说的财物管理人，因此，同样可构成抢劫罪。此时手段行为的实施已不是针对财物持有人不在场的第三人，而是财物持有人本身了。对此似可进一步研究。

总之，一般而言，刑法第 263 条规定的抢劫罪的手段行为实施的对象是财物的持有人。特殊情况下，也可包括在场的与财物持有人有密切关系的人。附带指出，此处的财物持有人应是有意识、有意志的人，即能够理解手段行为的性质。因此若对无意识、无意志之人，或不能理解行为性质的人实施暴力、胁迫或其他方法而后取财，则不能认定为第 263 条的抢劫罪。如对重度精神病人、婴儿实施暴力、胁迫而后取财的，实属乘财物持有人无知觉情况下的盗窃行为(若暴力行为本身构成伤害或死亡的，则可另定伤害罪或杀人罪，数罪并罚)。例如，某行为人入室行窃，屋内有一个三岁幼童别无他人。行为人即将三岁幼童关进一间小屋，任其啼哭，而翻箱倒柜，窃走财物。其对三岁幼童的强制行为，实为被害人所不能理解，故不属其取财行为的手段行为，一般不应认定为抢劫罪，而应定为盗窃罪。

3. 本罪主体为一般主体。根据刑法第 17 条第 2 款的规定，已满 14 周岁不满 16 周岁的人犯抢劫罪的，应当负刑事责任。

4. 本罪的主观方面只能是直接故意，并且具有非法占有公私财物的目的。

不具备抢劫罪的直接故意，不具备非法占有公私财物的目的，就不能认定为抢劫罪。因此，对因对方长期欠钱不还，债权人或其亲友遂使用暴力或胁迫方式拿走债务人财物作“质押”，以迫其还钱；因对方非法骗取或未经所有人、保管人同意拿走了其财物，财物所有人、保管人或其亲友以暴力或胁迫方式要回或夺回财物等情况，行为人虽然在客观上也实施了暴力或胁迫行为，但其主观上只是想收回自己的合法财产，不具有抢劫他人财物的犯罪故意，即不具备非法占有他人财物的目的，因而不能构成抢劫罪。当然，其使用的手段是不合法的，可按有关法规予以行政处理；若触犯刑律构成他罪，则按他罪处罚。如其暴力行为造成对方伤害时，可以按照故意伤害罪认定。

(二)抢劫罪的认定

1. 正确理解抢劫案件中的财物数额与认定抢劫罪的关系问题

在明确抢劫罪构成要件和特征的基础上,为了正确地认定抢劫罪,还需要正确理解与把握抢劫案件的财物数额与认定抢劫罪的关系问题。刑法对盗窃、诈骗、抢夺等几种侵犯财产罪作了"数额较大"才构成犯罪的规定。但在抢劫罪条文中却没有构成犯罪的财物数额规定。这是因为抢劫罪是采用侵害他人人身的手段来非法强行占有公私财物,其犯罪客体是包含公民人身权利和公私财产权利双重客体,也就是说抢劫罪除与其他财产罪一样具有非法侵害他人财产权利的一面外,其手段行为还往往造成被害人的伤害甚至死亡,即又侵害了他人的人身权利,后者是其他财产犯罪如盗窃、诈骗、抢夺所没有的。由于抢劫罪上述犯罪构成的特点,尤其是其中侵害人身权利的内容,使得其侵犯财物的数额对抢劫案件的危害程度的影响相对不像其他单纯侵犯财产的犯罪那样重要。因此,即使侵犯财物的数额不够较大,甚至因抢劫犯意志以外的原因而分文未得,只要综合全案情节不属于"情节显著轻微危害不大的",也应当认定构成抢劫罪。

但这并不是说,认定抢劫罪可以根本不考虑侵犯的财物数额,既然立法将抢劫罪置于侵犯财产罪一章,而且抢劫犯的犯罪目的主要也是为了非法强行占有公私财物。因此,财物数额在一般情况下还是应当予以考虑的。如有的行为人只使用轻微的暴力(如打一巴掌、推几下)或胁迫方法,抢走他人少量钱财如几元钱,甚至几角钱,或一包烟,一顶帽子,对被害人未造成任何伤害或伤害很轻。对此类案件,尽管也使用了暴力,符合抢劫罪的特征,但因其财物数额极小,属于"情节显著轻微危害不大",一般就不宜认定为抢劫罪。总之,应当围绕社会危害性程度来理解财物数额与抢劫罪定罪的关系。既不能过分夸大其作用,也不能完全不考虑这一因素应有的影响。

2. 以暴力、胁迫手段索取超出正常交易价钱、费用的钱财的行为定性

从事正常商品买卖、交易或者劳动服务的人,以暴力、胁迫手段迫使他人交出与合理价钱、费用相差不大的钱物,情节严重的,以强迫交易罪定罪处罚;以非法占有为目的,以买卖、交易、服务为幌子采用暴力、胁迫手段迫使他人交出与合理价钱、费用悬殊的钱物的,以抢劫罪定罪处刑。在具体认定时,既要考虑超出合理价钱、费用的绝对数额,又要考虑超出合理价钱、费用的比例,加以综合判断。

3. 抢劫罪与绑架罪的界限

绑架罪是侵害他人人身自由权利的犯罪,其与抢劫罪的区别在于:第一,主观方面不尽相同。抢劫罪中,行为人一般出于非法占有他人财物的故意实施抢劫行为;绑架罪中,行为人既可能为勒索他人财物而实施绑架行为,也可能出于其他非经济目的实施绑架行为。第二,行为手段不尽相同。抢劫罪表现为行为人劫取财物一般应在同一时间、同一地点,具有"当场性";绑架罪表现为行为人以杀害、伤害

等方式向被绑架人的亲属或其他人或单位发出威胁，索取赎金或提出其他非法要求，劫取财物一般不具有“当场性”。绑架过程中又当场劫取被害人随身携带财物的，同时触犯绑架罪和抢劫罪两罪名，应择一重罪定罪处罚。

4. 抢劫罪与寻衅滋事罪的界限

寻衅滋事罪是严重扰乱社会秩序的犯罪，行为人实施寻衅滋事的行为时，客观上也可能表现为强拿硬要公私财物的特征。这种强拿硬要的行为与抢劫罪的区别在于：前者行为人主观上还具有逞强好胜和通过强拿硬要来填补其精神空虚等目的，后者行为人一般只具有非法占有他人财物的目的；前者行为人客观上一般不以严重侵犯他人人身权利的方法强拿硬要财物，而后者行为人则以暴力、胁迫等方式作为劫取他人财物的手段。司法实践中，对于未成年人使用或威胁使用轻微暴力强抢少量财物的行为，一般不宜以抢劫罪定罪处罚。其行为符合寻衅滋事罪特征的，可以寻衅滋事罪定罪处罚。

5. 抢劫罪与抢夺罪的区别

抢夺罪与抢劫罪都是带有“抢”字的侵犯财产罪，其目的都具有非法占有公私财物的一面，一般主体亦可能相同，但侵害客体与客观方面则不同。抢劫罪侵害的是复杂客体，即公私财物所有权和公民的人身权利；抢夺罪侵害的是单一客体，即财产所有权。抢劫罪在客观方面是使用暴力、胁迫或其他方法；抢夺罪则不是采取这些方法，而是采取公然夺取的方法。从实践中来考察，准确区分抢夺罪与抢劫罪的关键在于把握行为人取财时是否实施了侵害他人人身的行为，考察行为人是否凭借这种侵害人身行为而非法获取财物的。不可否认，行为人实施抢夺行为也要使用一定的强力，然而这种抢夺中的“强力”与抢劫中的“暴力”有着本质的区别。

从客观方面来说，两者的作用对象不同。抢夺行为中的“强力”行为通常只作用于被抢物本身，而不作用于被害人本身；而抢劫罪中的“暴力”行为是指向被害人的人身。① 从主观方面来说，两者有以下两点不同：(1)行为人主观方面的具体内容不同。抢夺行为人使用强力的目的只在于迅速夺得财物，没有致伤、致残被害人的追求；而抢劫行为人使用暴力，往往有意致伤、致残被害人，从而使被害人失去反抗能力，以便占有被害人的财物。(2)被害人的心理状态不同。抢夺行为人在实施强力之前，被害人处于不备状态，没有恐惧心理；而抢劫行为人实施暴力之前，被害人往往已经意识到自己面临暴力的威胁，以致心理呈现惊恐状态。②

---

① 前文对“引例”的说明也已经阐述了这一要点。

② 根据最高人民法院《关于审理抢劫、抢夺刑事案件适用法律若干问题的意见》，对于驾驶机动车、非机动车夺取他人财物的，一般以抢夺罪从重处罚。但具有下列情形之一的，应当以抢劫罪定罪处罚：驾驶车辆，逼挤、撞击或强行逼倒他人以排除他人反抗，乘机夺取财物的；驾驶车辆强抢财物时，因被害人不放手而采取强拉硬拽方法劫取财物的；行为人明知其驾驶机动车辆强行夺取他人财物的手段会造成他人伤亡的后果，仍然强行夺取并放任造成财物持有人轻伤以上后果的。

另应注意,根据刑法第267条第2款的规定,携带凶器抢夺的,应按照抢劫罪的规定定罪处罚。最高人民法院2000年11月22日颁布的《关于审理抢劫案件具体应用法律若干问题的解释》(下称《解释》)第6条规定:携带凶器抢夺,是指行为人随身携带枪支、爆炸物、管制刀具等国家禁止个人携带的器械进行抢夺或者为了实施犯罪而携带其他器械进行抢夺的行为。

从《解释》这一规定可以看出,构成"携带凶器抢夺"的"凶器"的范围包括两部分:一是国家禁止携带的器械如枪支、爆炸物、管制刀具。这些器械只要行为人一经携带即属"凶器"。二是行为人为了实施犯罪而携带的其他器械。在实践中,对第一种类型的"凶器"较好把握和认定。但在认定第二种类型的"凶器"时,应注意以下两个问题:

第一,《解释》将第二种类型的凶器规定为"为了实施犯罪而携带的其他器械",此处的"犯罪"应是指包括抢夺罪在内的一切暴力性犯罪。因为"凶器"的本质属性是能够用于或者可能用于杀伤他人的器械。《解释》之所以将"凶器"分作两类,是因为枪支、爆炸物、管制刀具等器械本来就是国家禁止个人携带的器械,携带这类器械本身就是一种违法行为,在一定程度上也可以反映出行为人的犯罪倾向。所以这类器械一经行为人非法携带就具有"凶器"的属性,而不再需要对行为人携带此类器械的主观目的进行规定,可直接确定为"凶器"。而除此以外的其他器械,如菜刀、斧头,本来就具有两种属性,既可以用于人身伤害,也可以作为生产、生活的工具之用,国家也不禁止公民随身携带,要确定其"凶器"的性质,就必须给携带者携带这些器具的主观目的划定一个范围。基于对《解释》精神的上述理解,我们认为,将这里的"主观目的"限定在暴力性犯罪范围内是恰当的,因为只有携带者主观目的具有暴力性,才能当然地赋予所携带器械以"凶器"属性。比如,行为人为了伤害某人而携带了一把菜刀,途中见一人携带了大量财物而临时起意对其实施抢夺。此处的菜刀是因为行为人基于伤害他人的目的而携带,则属"凶器"无疑。行为人既然有用之伤害其欲伤害的对象的主观故意,则完全可能用来伤害抢夺的对象。反之,如果行为人携带这些器械是作为非暴力性犯罪的工具,即使这种器械能对人身造成严重的伤害和精神强制,也可能不构成此处的"凶器"。比如,行为人预谋盗窃某人家里的粮食,带了一根扁担打算挑粮食之用,在路上碰到一人提着一个包而临时起意,实施了抢夺行为。在此扁担尽管被行为人携带,也不能构成转化型抢劫行为中的"凶器",行为人的行为只能构成抢夺罪而不是抢劫罪。

第二,实践中考察某一器械是否属于"为了实施犯罪而携带的其他器械",除了考察行为人携带这一器械的主观目的外,还应考虑这一器械本身固有的属性能否给人造成某种程度的精神强制,即器械本身的"杀伤力"。即使行为人是为了实施暴力性犯罪而携带了某种物件,这里的"凶器"的范围仍不是没有限制的,只有那些直接杀伤力较大、能对人身构成较严重的暴力性伤害,有一定的物理硬度,在一般意义上足以对人的精神具有较明显和强烈的强制和威慑力的器械才能构成"凶

器”，否则，即使行为人预谋用之实施暴力性犯罪，也不能构成此处的“凶器”。比如，行为人预谋抢劫杀人，计划用自己戴的领带将被害人勒死，后见被害人正提着密码箱在行走，遂从后面抢了就跑。此案中，尽管行为人预谋用领带作犯罪的工具，但行为人的行为亦只构成抢夺罪而不构成“携带凶器抢夺型”准抢劫罪。否则，将使“凶器”的范围具有极大的随意性，造成认定上的无限扩大。总之，对非国家管制器械的携带的理解应作限缩性解释。

6. 抢劫罪与敲诈勒索罪的区别

根据刑法第 274 条的规定，敲诈勒索罪是以非法占有为目的，对被害人使用威胁或者要挟的方法，强索公私财物的行为。

敲诈勒索罪与胁迫式的抢劫罪行为都具有以暴力威胁、要挟、恫吓等手段，存在一些相同或相似的方面，容易产生混淆。但是两者仍存在诸多不同的地方。

第一，胁迫式抢劫罪与敲诈勒索罪对被害人使用以暴力相威胁的时间和要求交出财物的时间不同。胁迫式抢劫，行为人对被害人实施暴力的时间和要求交出财物的时间，均为当场。被害人如不当场交出财物，就会立即受到暴力的侵害。但敲诈勒索罪的行为人，声称实施以暴力相威胁的时间和要求交出财物的时间，都不是当场，或者至少其中之一不在当场。敲诈勒索的威胁通常有三种情况。(1)如不答应立即交付财物，将来就会受到侵害；(2)如不答应将来交付财物，就会立即受到侵害；(3)如不答应将来交付财物，将来就会受到侵害。

第二，两者威胁的方式不同。胁迫式抢劫的行为人威胁的对象是当时在场的人，一般是当被害人的面进行的，多用语言或动作来表现。而敲诈勒索罪的行为人进行威胁的对象不限于在场者，也可以是不在场的人。因而实施暴力威胁的方式，亦不限于当场对被害人直接实施，也可以通过第三者转述或用书面、录音带等形式提出要求。

第三，两者所威胁的内容不同。胁迫式抢劫的威胁内容限于暴力胁迫即肉体强制，其内容一般为杀害、伤害或殴打等，而敲诈勒索罪的威胁内容不限于暴力威胁，还包括其他具有精神强制性质的威胁。从实践中看，敲诈勒索罪的威胁手段除以暴力相威胁之外，主要还有：(1)利用被害人的困境相威胁。不交出一定数额的财物，就拒绝帮助其解脱困境。比如，甲的家属病危求治于医生乙，乙乘机敲诈，示意甲先交出巨额酬金，否则拒不救治。甲为救治病人，被迫交付。(2)利用被害人的弱点相威胁。所谓弱点是指被害人的历史污点、犯罪行为、生理缺陷等等而言。例如，会计甲有贪污行为，知情人乙以揭发相威胁，要甲交付赃款半数才允予保持缄默。(3)以揭露被害人的隐私、毁坏其名誉相威胁。比如，甲探知乙女与人通奸，就以告知乙的丈夫相威胁，迫使乙女交付钱财。(4)以毁坏财产相威胁。例如，向被害人声称如不交付一定数额的钱财，就将烧掉其房屋。(5)利用被害人的急切要求相威胁。比如，甲、乙双方急切要求对调工作，双方已谈妥，要求劳动行政部门办理对调手续时，人事干部利用这种急切要求，故意拖着不办，声称需交付一定钱财才能办理。由上可见，敲诈勒索罪所实施的威胁的内容要比胁迫式抢劫的威胁内容来得广泛，涉及的范围也大得多。

第四，两者取得的非法利益性质不同。胁迫式抢劫，行为人所取得的仅仅是财物，一般限于动产。而敲诈勒索罪取得的非法利益除了动产之外，还可以包括不动产以及其他财产性利益，如财产上权利的取得或财产上义务的免除或减轻等等，即包括物权、债权等利益。

第五，两者取得财物的时间亦有不同。胁迫式抢劫均为当场劫取财物。敲诈勒索罪的行为人，有时当场取得财物，也有的是事后一定时期内取得财物或财产性质的利益。

第六，两者威胁的程度不同。胁迫式抢劫威胁的程度必须达到使被害人不能抗拒、丧失选择余地、交出财物是唯一的选择的程度，被害人失去自由意志。而敲诈勒索罪的行为人的威胁并不一定使被害人达到不能抗拒的程度。被害人考虑是否按行为人要求交付财物，尚有一定的意志自由。被害人还可以在交不交出财物两者之间权衡利弊，进行趋利避害的选择。此以"隐私"性质的威胁至为明显，被害人完全可以听任行为人揭破、张扬而不交出财物。若其认为张扬代价太大，则可选择交出财物以避之。台湾地区刑法实务亦持此观点，"以威吓之方法使人交付财物之强盗罪与恐吓罪之区别，系以对被害人施用威吓程度为准。如其程度足以抑压被害人之意思自由，致使不能抗拒而为财物之交付者，即属强盗罪。否则，被害人之交付财物与否，尚有自由斟酌之余地者，即应成立恐吓罪"。①

7. 转化型抢劫罪的认定

《刑法》第 269 条规定："犯盗窃、诈骗、抢夺罪，为窝藏赃物、抗拒抓捕或者毁灭罪证而当场使用暴力或者以暴力相威胁的，依照本法第二百六十三条的规定定罪处罚。"这是针对盗窃、诈骗、抢夺等前行为又当场实施暴力、胁迫等后行为而规定的。抢劫罪，是先使用暴力胁迫手段后劫取财物，这里是先实施窃取、诈骗、抢夺等手段，非法占有他人财物，尔后又当场使用暴力或以暴力相威胁。因为两个行为紧密相连，实际上其性质已转化为抢劫罪。但其后使用暴力、胁迫手段则是为窝藏赃物、抗拒逮捕、毁灭罪证，而不是直接用以强取财物。因此，在犯罪内容和行为形式上，与第 263 条的抢劫罪又有差异，故特设本条。

适用第 269 条的规定，应具备三个条件：

(1)行为人必须先"犯盗窃、诈骗、抢夺罪"。这是适用该条的前提条件。从刑法第 269 条的立法原意及与抢劫罪的协调出发，再考虑到执法协调统一和标准明确一致的需要，适用第 269 条定罪时，对先行的盗窃、诈骗、抢夺行为的数额应作一定的限制，虽不要求必须达到"数额较大"，但至少也要接近"数额较大"。因此，只要先行实施盗窃、诈骗、抢夺的财物，明显未达到"数额较大"，即使行为人为窝赃、

① 参见陈立著：《海峡两岸法律制度比较·刑法》，厦门大学出版社 1993 年版，第 310 页。

拒捕、毁证而当场实施暴力或以暴力相威胁，综合全案若属于情节轻微，危害不大的，就不应当构成刑法第 269 条转化型的抢劫罪。[1]

(2)行为人必须是"当场使用暴力或者以暴力相威胁"。这是适用该条的客观条件。所谓当场是指犯罪分子实施盗窃、诈骗、抢夺罪的现场。犯罪分子刚一离开现场就被及时发觉而立即追捕的过程，应视为现场的延伸。因为该条既然是由盗窃等向抢劫的转化，其暴力或暴力威胁行为的实施就要与前行为的时空紧密相连，完全脱离盗窃等先行行为的时间和地点不是本罪要求的"当场"；同时，也要允许由先行行为向后行行为转化的时空限度，完全不允许有时空的延展，就往往不可能有后行行为实施的余地。因此，"当场"除了主要指作案的现场以外，也应当包括在作案现场被发现而立即跟踪追捕所到的场所，后者是现场的一个组成部分，属于前者的延伸，无论在时间上还是空间上都有连续性，是前罪向后罪转化的必要的时间和空间因素。就是说，本罪的暴力或暴力威胁行为与先行行为在时空上必须具有连续性和关联性。时间上前后连续而未间断，空间上可以是同一场所，也可以是前行为场所的延展。以现场为坐标中心，纵轴表示时间，横轴表示空间，则第 269 条所指的"当场"在坐标系上显现为一连续的线，若时间上或空间上出现间断，则在坐标系中显示的将是间断的线，不具有连续性。

因此，如果行为人在实施盗窃、诈骗、抢夺等行为的现场或刚一离开现场就立即被追捕过程中为窝赃、拒捕、毁证而实施暴力或暴力威胁行为的，应当认定为转化的抢劫罪；但是如果当时追捕已中断或结束，或者犯罪人在作案时未被发现和追捕，而是在其他的时间、地点被发现、被追捕的，这时盗窃犯等为窝赃、拒捕、毁证实施暴力或暴力威胁的，不能认为符合本罪的"当场"条件，而应对其前后行为分别依有关法条定罪处罚。

(3)行为人实施暴力或者以暴力相威胁的目的，必须是为了"窝藏赃物、抗拒抓捕或者毁灭罪证"。这是适用该条的主观条件。这里所谓的"窝藏赃物"，是指行为人盗窃、诈骗、抢夺行为业已完成，将他人财物置于自己控制之下，被发现后，为了防护自己到手的赃物不被追回，当场施以暴力或以暴力相威胁而防护赃物的行为。这里所谓的"抗拒抓捕"，是指行为人在实施盗窃、诈骗、抢夺行为的过程中或行为实施以后，当场被事主或其他人员发觉，在将其扭送或抓捕时，使用暴力或以暴力相威胁，企图逃脱抓捕的行为。这里所谓的"毁灭罪证"，是指行为人为销毁和消灭其遗留在盗窃、诈骗、抢夺作案现场的有关痕迹、物品等证据，而对他人施以暴力或以暴力相威胁的行为。如果不是出于以上目的实施暴力或威胁，不能按该条处理。

[1] 应注意的是，根据最高人民法院《关于审理抢劫、抢夺刑事案件适用法律若干问题的意见》：入户或在公共交通工具上盗窃、诈骗、抢夺后在户外或交通工具外实施上述行为的；使用暴力致人轻微伤以上后果的；使用凶器或以凶器相威胁的；具有其他严重行为的，即使数额未达到较大，也可以依照第 269 条的规定，以抢劫罪定罪处罚。

如果行为人在着手盗窃、诈骗、抢夺过程中，尚未取得财物即被发觉，而改用暴力、威胁方法强行取财的，则应直接适用刑法第263条。如果盗窃、诈骗、抢夺后又出于报复、灭口等动机伤害、杀害被害人的，应对伤害、杀人行为单独定罪判刑，然后实行并罚。

同时具备以上三个条件后，即可以适用刑法第269条，按抢劫罪定罪量刑。

三、抢劫罪的处罚

根据刑法第263条的规定，对抢劫罪的量刑分为两档：一是"处三年以上十年以下有期徒刑，并处罚金"；二是对具有8种法定情形之一的，"处十年以上有期徒刑、无期徒刑或者死刑，并处罚金或者没收财产"。加重处罚情形的细化，有利于在司法实践中对抢劫罪准确量刑，切实贯彻罪刑法定、罪刑相适应的刑法原则。为此，上述《解释》第1条至第5条对抢劫罪的8种法定加重情形作了进一步的明确规定。以下，我们就实践中争议较多的"入户抢劫"以及"在公共交通工具上抢劫"这两种情节作比较详细的分析，其余则简要述及。

1."入户抢劫"的认定。

第一，对"户"的理解问题。

上述《解释》第1条规定：刑法第263条第1项规定的"入户抢劫"，是指为实施抢劫行为而进入他人生活的与外界相对隔离的住所，包括封闭的院落、牧民的帐篷、渔民作为家庭生活场所的渔船、为生活租用的房间等进行抢劫的行为。最高人民法院于2005年6月8日印发《关于审理抢劫、抢夺刑事案件适用法律若干问题的意见》(下称《意见》)进一步明确此处的"户"是指供他人家庭生活和与外界相对隔离的住所，前者为功能特征，后者为场所特征。一般情况下，集体宿舍、旅店宾馆、临时搭建工棚等不应认定为"户"，但在特定情况下，如果确实具有上述两个特征的，也可以认定为"户"。① 据此，这里所谓的户一是强调其私密性，即该住所足以提供权利保障和秩序的安全感，公民在该处享有生活上的安宁以及私生活的自由，可以免受他人干扰和窥探。二是强调其封闭性，即该住所具有相对的封闭性，在安全防范上具有一定的措施和保障，公民对该封闭区域享有使用、支配和自由进出的权利，未经允许，他人不得随意进入。

---

① 例如为看护公私财产而临时搭建的建筑物如值班室等因不具有私人专属性而不能认定为户，瓜棚、渔棚等也因为不具有日常生活性而不能看作为户，在上述建筑物内抢劫不能认定为入户抢劫。当然，如果上述建筑物已经事实上成为他人日常生活的场所，如建筑工地因工程建设中工人相对固定生活起居需要而搭建的临时简易房，由于其主要功能已不是看护公私财物，而是用于公民日常生活起居，那么其性质也就转变为户，进入其中抢劫的，可认定为入"户"抢劫。如果临时工棚居住较多人员，类似集体宿舍的，由于他人可以自由出入，其私密性和排他性很差，则不能视为户。

对于生产经营和居住场所不分，例如“前店后房”、“下店上房”的情况，如有的公民在其开办的修理店、手工作坊中起居生活，白天是经营场所，夜晚是住宿休息的场所。这些场所能否认定为“户”呢？我们认为，不可一概而论，而应以该场所是否具有家的属性来具体分析。如果是前店经营后院居住，生活和经营的地域已分开，行为人侵入后院，即侵入了被害人私人的生活空间，显然属入户抢劫。如果生产经营和生活居住场所没有明显地分开，应当根据其经营时间区别不同情况加以认定。如在正常的生产经营时间由于该场所处在经营状态，他人可自由出入，属于开放的公共场所，此时入内抢劫，不能认定为入“户”抢劫。如在非生产经营时间，该场所已同外界隔离，上述场所的用途由营业场所转为公民住宿休息场所，具备“户”的特征，此时行为人入内抢劫，当然可认定为入户抢劫。但是，如果所掌握的证据确实无法确定当时状态的，或者行为人主观上认识为经营场所或经营时间的，则从有利被告人的原则出发，不应认定为“户”。

对于进入院子抢劫的，则应视院子的不同而区别对待，不能一概而论。就现实情况看，院子一般可分为如下两种：一种是独家居民的私人宅院，即属于一户人家的院子。这种院子的特点是，院子与住宅紧密相连，实为住宅一部分，外人不得擅自进入。另一种是各家居民共有的院子，也就是城市中一般所说的大杂院。这种院子往往与各家的住宅联系不紧，或者说院子不是各家住宅的一部分，实际上是数家公用的一个场所，外人可以进入。由此可见，第一种院子相对封闭，在院子内遭遇侵害时不易得到援助，符合“户”的特征；而第二种院子则不太封闭，不具备“户”的私密性和封闭性特征，在院内遇侵害时也容易得到援助。因此，进入第一种院子抢劫的，可视为入户抢劫；进入第二种院子抢劫的，不能视为入户抢劫。

同样，对于进入楼道抢劫的，也应区别情况加以认定。对于进入独家楼房楼道抢劫的，由于这类楼房归一家所有，其整幢楼房包括楼道都属于私人住宅的一部分，在这种私家楼房的楼道内抢劫的，自然应视为入户抢劫。而对于进入几家甚至十几家合住的楼房的楼道抢劫的，由于其楼道实际上是公用的，属于公共场所，具有一定开放性，因此，在这类楼道内抢劫的，不宜认定为入“户”抢劫。

第二，对“入户”的理解问题。

怎样理解“入户”？或者说，对于“入户抢劫”的认定是否限定为行为人入户之前即必须有抢劫的故意？对此，《解释》规定“入户抢劫”是指“为实施抢劫行为而进入他人生活的与外界相对隔离的住所”，“对于入户盗窃，因被发现而当场使用暴力或以暴力相威胁的行为，应当认定为入户抢劫”。不难看出，《解释》着重强调了入户与抢劫之间的关联性，对“入户抢劫”的理解是“先有抢劫之故意，后有进入户内抢劫之行为，或者在户内实行了转化型的抢劫行为”，而将合法入户后临时起意实施的抢劫行为及以其他非法目的入户而后实施抢劫行为排除在“入户抢劫”之外。上述《意见》也强调“入户”的目的非法性。即进入他人住所须以实施抢劫等犯罪为目的。抢劫行为虽然发生在户内，但行为人不以实施抢劫等犯罪为目的进入他人住所,而是在户内临时起意实施抢劫的,不属于"入户抢劫"。

我们认为,对于出于其他非法目的侵入他人住宅,例如为报复泄愤、毁坏他人财物,或者寻衅滋事而入户,在进行非法活动过程中或之后临时起意进行抢劫的,也应视为入户抢劫。理由是:行为人敢于闯入私宅为非作歹,并且在住宅中进行抢劫,从主观与客观相结合上看,其行为已构成了对他人住宅和被害人财产权利、人身权利的严重危害,其社会危害程度与先有抢劫故意而入户抢劫的情形并没有什么区别。而且《解释》和《意见》既然肯定了入户盗窃因被发现而"在户内"当场使用暴力或以暴力相威胁的行为可认定为入户抢劫,那么,对于出于抢劫、盗窃之外的其他非法目的入户而后以暴力、胁迫或其他方法实施的抢劫行为自然也应可认定为入户抢劫。而且上述《意见》所表述的"须以实施抢劫等犯罪为目的"中的"等"字,从文字解释上也完全可以包括除抢劫外的其他犯罪行为。

总之,我们认为,"入户抢劫"既包括"预谋抢劫的入户",也应包括了"基于其他非法目的入户"而后实施的抢劫行为,如此理解,才能真正实现我国刑法对"户"这一特定场所加强保护的立法意图。当然,我们也认为,还是有必要区分"入户抢劫"与"在户抢劫"的不同。并非所有在户内发生的抢劫都可认定为入户抢劫。对于非基于非法目的的入户,而后临时起意在户内抢劫的自然不能认定为入户抢劫。

"入户抢劫"内在地涵括了一个临时性进入他人住宅的行为,因此,对于共同生活居住在户内的人员(包括合法的同居者,也包括非法的同居者如重婚者)实施的抢劫当然不属于入户抢劫。对行为人平常虽不与户内人员共同生活居住在一起但与之具有亲属关系的,行为人对户内人员实施的抢劫行为也不宜认定为入户抢劫。实践中曾有这样的案例:被告人明某与其继父李某关系不睦。明某欲去河北打工向李某要钱,李某未给,明某十分恼怒。于凌晨1时许,明某手持铁棍,翻窗进入李某经营的粮油门市部二楼李某的卧室,再次向李某要钱,遭到李某拒绝,即用铁棍向李某头部猛击三下。因李某欲呼喊,明某又用手掐李某的颈部,致李某昏迷。明某找到保险柜钥匙,取走现金6.3万元逃走。① 本案中,被告人明某深夜进入李某的卧室进行抢劫,在形式上符合"入户抢劫"的构成特征,但是明某与李某系共同生活的家庭成员,无论其进入继父李某的居室是否得到李某的同意,都不属于非法侵入;因此,对本案明某的抢劫行为,不能认定为"入户抢劫"。

2."在公共交通工具上抢劫"的认定。

我们认为,所谓"公共交通工具"是指从事于旅客运输的各种火车、汽车、轮船、航空器等正在运营中的交通工具。在此认定公共交通工具应当把握如下两个基本特征:(1)公共性,这里的公共性只强调该交通工具是面向多数人(不必强调不特定

① 案例选摘自最高人民法院刑事审判第一、第二庭编:《刑事审判参考》(2001年第10集),法律出版社2001年版,第22页。

人）提供服务的即可，因此，公共交通工具完全可以也应当包括单位班车、校车等虽面向特定人但仍具有公共性的交通工具。当然，若是仅供单位领导个人使用的交通工具如小型轿车，因其不具有公共性，故不能认为是“公共交通工具”。(2)营运性，即公共交通工具必须是投入营运并且正在营运中。如果公共交通工具尚未投入运营或虽已投入运营但因维修或下班而停止营运的也不能认为属于本情节所规定的公共交通工具。当然，公共交通工具在正常营运中的暂时停顿不影响对其营运性的判断。

上述《解释》第 2 条规定：“在公共交通工具上抢劫”，既包括在从事旅客运输的各种公共汽车，大、中型出租车，火车，船只，飞机等正在运营中的机动公共交通工具上对旅客、司售、乘务人员实施的抢劫，也包括对运行途中的机动公共交通工具加以拦截后对公共交通工具上的人员实施的抢劫。依照《解释》第 2 条的规定，在公共交通工具上抢劫实际上包含两种情形：一是在从事旅客运输的各种公共汽车，大、中型出租车，火车，船只，飞机等正在运营中的机动公共交通工具上对旅客、司售、乘务人员实施的抢劫，这是典型的在公共交通工具上抢劫。二是对运行途中的机动公共交通工具加以拦截后，对公共交通工具上的人员实施的抢劫。《解释》将第二种情形也规定为“在公共交通工具上抢劫”，实际上是对这一加重情形所作的扩大解释，这样解释既符合司法实践的客观需要，也符合立法原意。因为刑法将“公共交通工具上抢劫”规定为抢劫罪的一种严重情节，主要目的是打击车匪路霸欺压旅客、抢劫财物、扰乱运输秩序的犯罪活动，以保护旅客在旅途中的财产和人身安全。从车匪路霸实施犯罪活动的行为方式上看，既表现为在车上抢劫，也有拦截车辆以暴力威胁使乘客将财物扔到车下，或者是威逼乘客下车，在车下实施抢劫等等，而这种种表现只是抢劫方式、方法的不同，其社会危害性并无本质区别。所以都应属于“在公共交通工具上抢劫”。特别应该注意的是，《解释》所规定的在公共交通工具上抢劫的第二种情形的对象是“机动公共交通工具”，并没有强调该“机动交通工具”必须“是在从事旅客运输”。因此，对拦截正在运行中的单位班车、郊游的校车进而进行抢劫的，也应视为“在公共交通工具上抢劫”。那种将单位班车和校车排除在公共交通工具之外的观点，既不符立法原意，也不符《解释》的精神。落实到实践中也是极为荒唐可笑的。试想，如果行为人提出其以为所抢劫的是单位班车因而不能认定为在公共交通工具上抢劫，这岂不滑天下之大稽？

有论者认为，对于“在公共交通工具上抢劫”的认定，除了应当具备上述特点以外，还应同时具备公然性特征，即公然藐视众多人的存在，对不特定多数人的人身财产安全构成现实或潜在的威胁。因此，对于在火车等公共交通工具上采用对人体并无实际危害的轻微麻醉方法，致使被害人一时性地产生意识障碍，陷入难以事实上支配自己财物的状态，乘机取走其少量财物的抢劫行为，尽管地点发生在公共交通工具上，但其行为不符合公然性特征，社会危害性也不大，不宜认定为“在公共交通工具上抢劫”。[1] 我们赞同这样的观点，实际上法官在量刑时不必拘泥于法条的字面含义，可以根据罪刑相适应的原则，对刑法的规定适当作出合目的性的限制解释。否则，这种情况如果按照情节加重犯处理就会出现明显的罪刑失当现象，偏离司法公正的轨道。

那么，司法解释将小型出租汽车排除在“公共交通工具”之外是否合理呢？从字义上讲，小型出租汽车不同于私人用车或单位用车，它是一种面向广大公众的交通工具，在营运期间任何人都有可能乘坐，具有明显的公共特性，与公共汽车、火车、轮船一样同属于公共交通工具的范围。但是，小型出租车又是一种特殊的交通工具，虽然就其整个营运活动而言，它的确是面向公众的，但具体到每一次载客，它的服务对象却总是特定的一人或数人，而且这数人也大多是亲友关系，应作为一个整体来看待。所以小型出租汽车不同于面向多数人的公共汽车、火车、轮船等，只能算一种狭义的公共交通工具。刑法将“在公共交通工具上抢劫”确定为一种情节严重的犯罪予以重罚，其立法原意就在于这类犯罪的受害人往往为多数人，即使侵害对象为特定个人，也会直接威胁到一同乘坐交通工具的其他人，因此在公共交通工具上抢劫不仅危害了公民的人身、财产权利，还严重扰乱了公共秩序，影响了人民群众的安全感，同时由于在公共交通工具上受害人的避让、求救及防卫行为均受到一定客观条件的限制，精神恐惧更大，犯罪分子往往更容易得逞，因此这类犯罪的社会危害性远远超过一般抢劫。而在小型出租车上抢劫与这一规定的立法精神不尽符合，因为这时的侵害对象只是特定的个人或数人，不直接危及其他人及公共安全，无论从对象、手段还是后果等方面都与其他场所针对特定个人的一般抢劫没有实质性的区别，因此其社会危害性相对较小，从实践中发生的案件来看，有不少案件是在被告人采取言语威胁或轻微暴力的情况下受害人即被迫交出钱财，金额大多在几十元到三四百元之间，对这些犯罪分子如果一律处以10年以上重刑，就会明显导致罪刑不均衡。当然，对那些实施暴力造成司机伤残、死亡等严重后果或者抢劫小型出租车数额巨大的，则完全可以适用该条第5项“抢劫致人重伤死亡的”或第4项“多次抢劫或者抢劫数额巨大”的规定，在10年有期徒刑以上量刑，同样达到罪刑相当。因此，《解释》从行为是否直接破坏公共秩序、是否直接危害多数人的生命财产安全这两个关键出发，将小型出租车排除在“公共交通工具”之外，是符合立法精神和司法实际的，与罪刑法定原则的精神也是相一致的。

认定“在公共交通工具上抢劫”，有一种情形值得特别探讨，即未经合法程序审批而实际从事公共旅客交通运营的机动车，能否视为“公共交通工具”？在其上抢劫的，能否认定为“在公共交通工具上抢劫”？这种情况在司法实践中是确实存在的，特别是在交通欠发达的内地和边远地区尤为常见。我们认为，从立法本意出

---

① 《全国部分法院经济犯罪案件审判工作座谈会研讨综述》，载《刑事审判参考》总第41集，法律出版社2005年版，第148页。

发,应将其认定为“在公共交通工具上抢劫”。因为刑法对“在公共交通工具上抢劫”的考察落脚点并不在交通工具的合法运营与否,而在于其公共性,即为多数人搭乘和正在运营。行为人在这类车上抢劫,完全符合“在公共交通工具上抢劫”的要件。况且,从乘客的角度看,要求他们在搭乘交通工具时清楚地辨别哪些是合法交通工具,哪些是不合法的交通工具,显然也不现实。因此,刑法应同等地打击针对不特定多名乘客及司售人员的抢劫犯罪,平等地保护这些交通工具上的乘客及司售人员的人身、财产权利,而不应以交通工具的合法登记与否作为区分一般抢劫和“在公共交通工具上抢劫”的界限。

3.“抢劫银行或者其他金融机构的。”这里的“银行”是指中国人民银行和各种商业银行,也包括民营银行和外国在我国境内设立的银行。所谓“其他金融机构”,是指银行以外的依法从事货币资金的融通和信用的机构,如证券公司、保险公司、信托投资公司、金融租赁公司、企业集团财务公司等。抢劫银行或者其他金融机构,是指行为人侵入银行或者其他金融机构所在建筑物内对其经营资金、有价证券和客户的资金进行的抢劫。同时,也应包括对正在行驶途中的这些单位所属运钞车辆中的现金等所实施的抢劫。

4.“多次抢劫或者抢劫数额巨大的。”这里规定的“多次”是指三次以上,包括本数在内①。根据司法解释,抢劫他人财物价值在5000元到20000元的属于抢劫数额巨大。

5.“抢劫致人重伤、死亡的。”这个情节本属于抢劫罪结果加重犯的规定。因此,其中对抢劫致人死亡的理解,无疑不应包括实施抢劫财物后的杀人灭口情形,对这种情形的抢劫杀人,无论是直接故意还是间接故意,应分别以故意杀人罪和抢劫罪定罪处刑,实行数罪并罚。只有对行为人为劫取财物而预谋故意杀人,或者在劫取财物过程中,为制服被害人反抗而故意杀人的,例如在实施抢劫财物过程中,采用暴力如殴打、伤害、捆绑、禁闭等过度而致人死亡的,才属于这里的“抢劫致人死亡”的情形。

6.“冒充军警人员抢劫的。”这里规定的“军警人员”是指现役军人、武装警察和公安民警,不包括其他执法人员或者司法人员。所谓“冒充”,是指通过着装、出示假证件或者口头宣称的行为。不过行为人抢劫时冒充军警人员的行为表示,应达到使被害人信以为真的程度,以便将其与一般不良少年的纯属恶作剧的冒充行为加以区别,后者情节严重的,宜认定为寻衅滋事罪。

7.“持枪抢劫的。”这里规定的“持枪”,是指行为人在实施抢劫过程中,手中持有枪支或者向被害人显示所佩的枪支。无论行为人是否实际使用了枪支,均不影响对此情形的认定。如果行为人并未实际持有枪支,而是口头上表示有枪;或者虽

---

① 对于行为人基于一个犯意,在同一地点同时对在场的多人实施抢劫的,或者基于同一犯意在同一地点连续实施抢劫犯罪,一般应认定为一次犯罪。

然随身携带枪支，但未持在手中，也未向被害人显示，均不能认定符合这一情形。行为人所持有的枪支，应当属于《中华人民共和国枪支管理法》中规定的枪支范围。如果行为人持玩具枪、仿真枪等实施抢劫，不能认定为符合本项情形。

8."抢劫军用物资或者抢险、救灾、救济物资的。"这里规定的"军用物资"，是指除枪支、弹药、爆炸物以外的所有军事用品。抢劫枪支、弹药、爆炸物的，应当认定为构成刑法分则第二章危害公共安全罪中的第127条第2款规定的抢劫枪支、弹药、爆炸物罪。军用物资的范围不能扩大，不能把警用物品也包括在内。"抢险、救灾、救济物资"是指抢险、救灾、救济用途已明确的物资，包括正处于保管、运输或者使用当中的。如果是抢劫曾经用于抢险、救灾、救济方面工作的但已不再属于这种特定性质的物资，则不能认定符合本项情形。对于抢劫军用物资或者抢险、救灾、救济物资的行为，必须查明行为人是否明知而实施，如果行为人事前或者事中并不知道其所抢劫的物资属于这种特定性质的，也不能适用本项情形的规定。

第三节　盗窃罪

【引　例】

朱某发现有一个推摩托车的人形迹可疑，觉得他的摩托车可能是偷来的。当其将摩托车停在路上发动想骑走时，朱某走过去，装着认识这辆车的样子，围着车看了一会儿，然后对他说："你到哪里去？"那人弃车而逃。此时，朱某见四周无人，就想将车骑回家据为己有。刚骑一会儿，朱某就被前来查找的失主抓获。摩托车的估价为3200元。

一、盗窃罪的概念与特征

盗窃罪，是指以非法占有为目的，秘密窃取数额较大的公私财物或者多次秘密窃取公私财物的行为。本罪的主要特征是：

1. 本罪侵犯的客体是公私财物的所有权。侵犯的对象是财物。但什么是财物，它的内容和范围是什么，刑法并没有规定，因此在解释论上可以没有限制，只要具有财物的本质特征即可包括在内。既可包括动产，又可包括不动产。自罗马法以来的传统观念，均以为盗窃罪（作为盗取罪的一种）的对象只限于动产。许多国家的刑法亦是如此规定的。如德国刑法第242条、瑞士刑法第137条和第138条、西班牙刑法第514条和第500条、奥地利刑法第171条等。还有些国家或地区则是对窃取动产和窃占不动产的行为分别设立条文，如日本刑法、台湾地区刑法。应该说，实践中发生的盗窃犯罪多是以动产为对象的，而且，按通常的观点，窃取意味

着使财物转移，即从所有者、保管者控制之下，转移到盗窃犯控制之下，而不动产则不能如动产那样进行转移。但不动产也可能被用另一种方法秘密窃占。在我国刑法尚无窃占不动产罪的专条规定前，对这种行为按盗窃罪论处是恰当的。当然这种窃占不动产的犯罪在我国的司法实践中是比较少见的，但也不能完全排除。

从物质形态上看，财物既可包括有体物，即具有体积占有空间、具有外部客观存在的物质，包括固体、液体、气体。也包括无体物，即不具有体积不占空间、不具客观外形的物质，如电力、水力、压力、热能、磁能、核能等无形能源（牛马的牵行力太零碎细小，一般不计，人的劳动力是作为财产性利益来把握，不属财物范畴）。但大陆法系传统刑法理论均认为，物乃指有体物，故认为盗窃罪的对象限于具有体积、占有空间的有体物。因此当电气发明后，大陆法系诸国为免在刑法无明文规定时，将电气解释为物，无异类推适用，有违罪刑法定原则，故都先后特定条文规定电气以财物论（如日本刑法第 245 条、瑞士刑法第 245 条），或特定窃电条款（如德国刑法第 248 条、奥地利刑法第 132 条）。

根据我国刑法第 196 条、第 210 条和第 265 条的规定，盗窃信用卡并使用的，盗窃增值税专用发票或者可以用于骗取出口退税、抵扣税款的其他发票的，以牟利为目的，盗接他人通信线路、复制他人电信号码或者明知是盗接、复制的电信设备、设施而使用的，均应以盗窃罪论处。

从本质特征上看，作为盗窃罪的对象应该具备下述条件：

(1)必须具有一定的经济价值。盗窃罪是贪利性犯罪，行为人的目的是通过盗窃行为非法占有他人财物，以满足其不劳而获的需求，这就决定了本罪对象必须具有能满足人们物质文化生活需要而有经济价值的特点。更何况我国刑法规定的盗窃罪构成有“数额”要求，无法计以数额便难以定罪。如盗窃某人珍藏的情书、日记本之类是无法认定为盗窃罪的。

(2)必须具有为人们所能控制和管理的特点。盗窃罪是通过侵害对物的占有状态而侵害所有权的，所以盗窃对象必须为人们所能控制和管理。若不能为人们控制和管理，如海水、砂石、野生植物、鸟兽鱼贝（除非列入国家自然资源保护范围可能构成特别犯罪外）及日光清风明月等不能专有之物便不能成为盗窃罪的对象。

(3)必须是依法属于他人所有，即非自己所有。此处之“他人”仍指除本人以外的自然人、法人或国家而言。故刑法称“公私财物”。本人的财物不成为盗窃罪的对象，但本人将自己的物品作为担保、质权或抵押交付他人，或本人已委托他人保管、运输的物品对之窃取，秘而不宣，妄图让对方赔偿，则可构成盗窃罪。这实际上盗窃的已非本人的物品，而是对方相应的赔偿物，乃属“他人所有”。另外，他人所有亦包括他人所有的违禁物（如毒品、伪造的货币）或犯罪所得的赃物。这是因为这类违禁物或赃物的终极所有权乃属国家或原权利人，只能由国家或有关机关依法没收或返还失主，不准他人任意侵犯。盗窃违禁物或赃物的行为，归根结底是对国家、集体或他人财产权利的侵害。

最后,还应该说明,财产上的权利或利益本身不能成为盗窃罪的对象。如债权、抵押权、股权本身不能成为盗窃罪的对象(但可能成为其他财产犯罪,如诈骗罪的对象)。这是由盗窃罪的本质特征所决定的。但如这种财产性权利或利益,记载于文书之中,例如银行存折、股票、支票、借据等等,成为权利性的给付凭证,则可成为盗窃罪侵害的对象。①

2. 本罪的客观方面表现为秘密窃取数额较大的公私财物或者多次秘密窃取公私财物的行为。所谓秘密窃取,其含义是:(1)秘密是针对物主而言。只要是背着物主进行盗窃,即使不避他人耳目,仍属秘密窃取。例如,在公共场所威逼他人不准声张而秘密取走物主的财物仍属盗窃。(2)所谓秘密,乃指行为人主观上的自我感觉,即指行为人采取自认为不使物主发觉的方法,暗中窃取财物。纵然物主实际上有所察觉,没有公开阻挠,任其行窃,也无碍于本罪的成立。例如,行为人深夜潜入居家行窃,物主虽有所察觉,但因胆小怕遭窃贼行凶,仍蒙被假寐,任其窃走财物。或如行为人进入超级市场,伪装购物而行窃,在其将货物藏入衣内之时,已为售货员所发现,但等行为人正欲走出店门时始予举发,人赃俱获等类皆属盗窃行为。(3)秘密窃取行为必须贯彻始终。如果先是秘密行窃,一旦暴露就公然夺取或使用暴力、胁迫手段强取,其行为就转变为抢夺或抢劫性质。

应予注意的是,随着财物占有关系的复杂化,实践中发生的盗窃案,其秘密性具有越来越淡化的趋向。因此,有论者提出,只要是采取平和的手段占有他人财物的都可以认定为盗窃罪。对此观点,笔者基本赞同。例如引例中的盗窃行为尽管存在一些特别之处,但其行为性质仍应属于盗窃罪。这里涉及对盗窃罪行为性质的理解,盗窃行为的本质就是采取一种平和的手段对他人持有的财物的占有。对于他人持有的理解,不必局限于事实上的控制,还应包括观念上的控制。例如路边停放的机动车,即使没有上锁,也应推定为车辆所有人的持有,将之占为己有,同样应认为是破坏了占有关系,属于盗窃行为。引例中的朱某实际上就是在他人非法占有摩托车后的继续非法占有。尽管朱某的占有摩托车的行为对于第一非法占有人而言具有公然性,但同样是背着车辆真正所有人进行的,我们也不会荒唐到认为朱某是捡拾了第一非法占有人丢弃的摩托车,一个能够在大街上随便捡拾并非报废的摩托车的社会明显是不符合社会通念的。

盗窃的行为有多种多样,有溜门撬锁、掏兜割包、破窗入室、翻墙窜屋、破顶挖洞等手段。在盗窃罪所采取的行为手段中,有时会产生与其他犯罪行为竞合的情形。如掏兜行为与非法搜查罪的行为;入室行窃与非法侵入他人住宅罪的行为;割包、破窗、破顶挖洞的盗窃与毁坏公私财物罪的行为等等都存在竞合关系。对此,一般按吸收犯原则处理,不另追究因盗窃行为所产生的附随行为。

盗窃公私财物数额较大或者多次实施盗窃,是构成本罪的必备客观要件。所

---

① 参见陈立:《海峡两岸盗窃犯罪比较》,载《法学杂志》1993年第6期。

谓数额较大，根据司法解释，以500元至2000元为起点。① 所谓多次盗窃，根据司法解释，乃指一年内入户盗窃或者在公共场所扒窃三次以上的情况。② 对于多次盗窃，即使行为人窃取的公私财物数额尚未达到较大，也应认定为盗窃罪。这是在刑法取消惯窃罪名之后，对盗窃罪的客观方面构成要件所作的必要补充。因此，在司法实践中，认定某一案件的盗窃行为是否构成犯罪时，不能仅注意查明盗窃公私财物的数额是否达到较大，还应注意查实行为人盗窃行为的实际次数。

3. 本罪的主体是一般主体。即凡年满16周岁并具有刑事责任能力的自然人，都可成为本罪主体。

4. 盗窃罪的主观方面除了必须具有盗窃故意外，尚须具有非法占有的目的。盗窃的故意，首先，是指明知是他人所有或持有的财物，而有意窃为己有。行为人只要明确认识到所盗取的财物非己所有，而以普通常识能推定为他人所有或持有之财物为已足，至于所有或持有者是何人，是合法所有还是非法持有，则在所不问。反之，如果是出自过失，或者误认他人已承诺或默许赠与之物而擅自取走，因无窃取的故意，不能以盗窃定罪。其次，盗窃的故意，以具有概括的故意即可，不必局限盗窃某一对象。在盗窃过程中，临时起意缩小或扩大原来的故意范围，皆可包括在内。比如，甲意图入乙室盗窃金饰，因未寻获，便窃走乙的手表或其他财物，仍视为具有本罪的故意。

所谓非法占有的目的，是指排除所有人，将他人之物当成自己的所有物那样按照其可能的用途进行利用或处分的意思。对此，首先应该注意，不能将占有的目的仅仅理解为占为个人所有，也包括占为第三人或单位所有。其实质是意图以窃取的方法非法改变公私财物的所有关系。因此，即使盗窃目的并非为己占有而是为他人或单位所有，丝毫无助于财物被非法占有实质的改变，不能成为推卸罪责的理由。其次，占有必须具有取得的意图，如果只为一时的利用而盗窃(使用盗窃)，由于欠缺非法占有的目的，不能成立盗窃罪。比如，因急事擅自开走他人的汽车，用后放回原处，这种擅自取走的行为虽有窃取的形式，但无取得意图，不应以盗窃罪定性。物主因此而受到损失，只作民事赔偿处理。要判明行为人是否只有"使用意图"，必须查明行为人有无"交还意图"。如果行为人使用他人财物后迅速放回原处，自可认定具有交还意图，或者使用后放置于公安机关门口或其他公共场所，以让有关部门及失主迅速寻回，也可推定具有交还意图。但若使用后丢弃于荒山旷野偏僻场所，使失主无法寻获，或在使用后，又起意将之出售于人或予以毁损，都不

---

① 参见最高人民法院、最高人民检察院、公安部《关于盗窃罪数额认定标准问题的规定》(1998年3月26日公布)。根据该规定，各省、自治区、直辖市高级人民法院、人民检察院、公安厅(局)，可以根据本地区经济发展状况，并考虑社会治安状况，在上述数额幅度内，共同研究确定本地区执行的盗窃罪"数额较大"的具体标准(厦门地区以2000元为起点)。

② 参见1997年11月4日最高人民法院《关于审理盗窃案件具体应用法律若干问题的解释》第4条。

属具有交还意图,而是对财物的一种处分行为,自应认定为盗窃罪。还有如果使用时间并不是短暂的,即长期排除了原所有人的使用权,或使用后价值明显降低,那就不能认为是单纯的使用。因此,如果有消费价值意思的话,也可认为具有取得的意图,应认定为盗窃罪。再次,所谓按照财物可能的用途进行利用或处分的意思,例如,行为人非法取得他人的一件具有很高经济价值的古董,放置于家中或将其变卖,均体现了其对该古董的价值的利用或处分,均属于按照财物可能的用途进行利用或处分。但是,按照财物可能的用途进行利用或处分,不一定要求按照财物本来的用途进行合理的利用,只要对这些财物有作为所有者进行利用的意思就足够。例如,盗窃他人住宅门窗和家具用以烧火取暖或作其他燃料亦可认为属于对财物进行利用或处分的一种方式,仍应认定盗窃罪,而不能认定为毁坏公私财物罪。但行为人若无任何利用的意思,而纯具破坏的意思,故意砸烂、毁坏公私财物的,则应认定为毁坏公私财物罪。构成毁坏财物罪的行为人虽然也实际控制了他人财物,也排除了权利人合法占有财物的可能性,但其控制该财物的目的并不是依照其本来可能的用途利用或处分,而是变更财物性质和价值或使其灭失,使人在事实上不能按照该物的可能用途进行使用或处分。对此,实例存在一定争议,例如被告人孙某出于为公司经理创造经营业绩的动机,盗取其所在公司钙铁锌奶 340260 份,价值人民币 323247 元,并将所盗奶让其母亲随意处置(倒掉或喂猪),审理法院认为行为人属于没有按照牛奶的经济用途加以利用或处分的意图,其行为完全符合故意毁坏财物罪的构成要件。但是公诉机关认为,行为人将牛奶取出并拿回自己家中实际上已经完成了非法占有的行为,至于行为人将所占有的牛奶如何处置问题,不影响其非法占有的性质。① 我们认为,本案中的行为人将所占有的牛奶喂猪这一部分,难谓没有按照财物可能用途进行利用或处分的意思,故本案审理法院的判解旨趣不无探讨余地。

二、盗窃罪的认定

1. 正确区分盗窃罪与非罪的界限。首先,对于盗窃公私财物没有达到数额较大也不属于多次盗窃的,一般不应认定为盗窃罪。而应按《治安管理处罚法》的相关规定予以处罚。但对盗窃公私财物接近"数额较大"的起点,具有下列情形之一的,可以追究刑事责任:(1)以破坏性手段盗窃造成公私财产损失的;(2)盗窃残疾人、孤寡老人或者丧失劳动能力人的财物的;(3)造成严重后果或者具有其他恶劣情节的。反之,盗窃公私财物虽已达到"数额较大"的起点,但情节轻微,并具有下列情形之一的,也可不作为犯罪处理:(1)已满 16 周岁不满 18 周岁的未成年人作

① 参见《孙静故意毁坏公私财物案》,载《刑事审判参考》(总第 39 集),法律出版社 2005 年版,第 39～43 页。

案的；(2)全部退赃、退赔的；(3)主动投案的；(4)被胁迫参加盗窃活动，没有分赃或者获赃较少的；(5)其他情节轻微、危害不大的[①]。

其次，对偷窃自己家里或近亲属财物的，一般不按盗窃罪处理，对确有追究刑事责任必要的，处罚时也应与在社会上作案的有所区别。所谓"近亲属"是指夫、妻、父、母、子、同胞兄弟姐妹。偷窃近亲属的财物，应包括偷窃已分居生活的近亲属的财物；偷窃自己家里的财物，既包括偷窃共同生活的近亲属的财物，也包括偷窃共同生活的其他非近亲属的财物。由于这种行为只发生于亲友之间，不仅社会危害性较小，而且被害人也往往不要求追究行为人的刑事责任。因此，对这类偷窃案件，一般只有在被害人坚持控告的情况下，才予以处理，并应在量刑上考虑从宽处罚。

2. 盗窃罪与其他犯罪的界限与竞合关系的处理。在司法实践中，有些盗窃行为指向特定的对象或与其他犯罪发生竞合关系，对此应分别不同情况分别处理。

对盗窃枪支、弹药、爆炸物的，盗窃商业秘密给权利人造成重大损失的，盗窃国家机关的公文、证件、印章的，窃取国家秘密的，盗窃尸体的，盗掘古文化遗址、古墓葬的，盗掘古人类化石、古脊椎动物化石的，窃取国家所有的档案的，盗窃武装部队公文、证件、印章的，盗伐林木的，应分别依照刑法第 127 条第 1 款盗窃枪支、弹药、爆炸物罪，第 219 条侵犯商业秘密罪，第 280 条第 1 款盗窃、抢夺国家机关公文、证件、印章罪，第 282 条第 1 款非法获取国家秘密罪，第 302 条盗窃、侮辱尸体罪，第 328 条第 1 款盗掘古文化遗址、古墓葬罪，第 328 条第 2 款盗掘古人类化石、古脊椎动物化石罪，第 329 条第 1 款窃取国有档案罪，第 375 条盗窃、抢夺武装部队公文、证件、印章罪，第 345 条的盗伐林木罪的规定定罪处罚。

对实施盗窃罪，又竞合其他犯罪的，根据司法解释应分别按以下情况处理：

(1)盗窃广播电视设施、公用电信设施价值数额不大，但是构成危害公共安全犯罪的，依照刑法第 124 条的规定定罪处罚；盗窃广播电视设施、公用电信设施同时构成盗窃罪和破坏广播电视设施、公用电信设施罪的，择一重罪处罚。

(2)盗窃使用中的电力设备，同时构成盗窃罪和破坏电力设备罪的，择一重罪处罚。

(3)为盗窃其他财物，盗窃机动车辆当犯罪工具使用的，被盗机动车辆的价值计入盗窃数额；为实施其他犯罪盗窃机动车辆的，以盗窃罪和所实施的其他犯罪实行数罪并罚；为实施其他犯罪，偷开机动车辆当犯罪工具使用后，将偷开的机动车辆送回原处或者停放到原处附近，车辆未丢失的，按照其所实施的犯罪从重处罚。

(4)为练习开车、游乐等目的，多次偷开机动车辆，并将机动车辆丢失的，以盗窃罪定罪处罚；在偷开机动车辆过程中发生交通肇事构成犯罪，又构成其他罪的，应当以交通肇事罪和其他罪实行数罪并罚；偷开机动车辆造成车辆损坏的，按照刑法第 275 条的规定定罪处罚；偶尔偷开机动车辆，情节轻微的，可以不认为是犯罪。

---

① 参见 1997 年 11 月 4 日最高人民法院《关于审理盗窃案件具体应用法律若干问题的解释》第 6 条。

(5)实施盗窃犯罪，造成公私财物损毁的，以盗窃罪从重处罚；又构成其他犯罪的，择一重罪从重处罚；盗窃公私财物未构成盗窃罪，但因采用破坏性手段造成公私财物损毁数额较大的，以故意毁坏财物罪定罪处罚。盗窃后，为掩盖盗窃罪行或者报复等，故意破坏公私财物构成犯罪的，应当以盗窃罪和构成的其他罪实行数罪并罚。①

3. 盗窃未遂的认定问题。国内刑法界关于盗窃罪既遂与未遂的划分标准向有失控说、控制说和失控说＋控制说等三种观点之争。值得注意的是，最高人民法院与最高人民检察院在1992年12月11日《关于办理盗窃案件具体应用法律的若干问题的解答》中曾规定："已经着手实行盗窃行为，只是由于行为人意志以外的原因而未造成公私财物损失的，是盗窃未遂。"这一规定别具一格，我们可称之为"损失说"。②

损失说与上述三说皆有所区别，独具特色。因为失控说以财物的所有人和保管人是否丧失对物的占有即控制为标准，划分既遂与未遂。控制说以盗窃犯是否获取对被盗财物的实际控制为标准，划分既遂与未遂，侧重于强调犯罪人的主观恶性应在盗窃既遂中得到较充分的展开。"失控＋控制"说以被盗财物是否脱离所有人或保管人的控制并且实际置于行为人控制之下为标准，划分既遂与未遂，试图吸取失控说和控制说的各自优点，以严格限制盗窃既遂的范围。

区分盗窃既遂与未遂的上述三种传统观点，是针对盗窃有形财物而言的。如果盗窃对象是无形财物，特别是信息时，传统观点便会失去其应用价值。损失说以盗窃行为是否造成公私财产损失作为区分盗窃既遂与未遂的标准，能够更好地适应盗窃罪既包括有形财物也包括无形财物的特点。如果盗窃对象是无形的重要技术成果、长话账号、码号等包含有经济价值的信息，那么信息的特点决定了盗窃者与原所有人、持有人之间形成一种共有关系。原所有人、持有人并未完全失去对信息的占有和控制，盗窃者也并没有完全占有和控制该信息，因而危害后果只能是经济上的损失，而不可能单纯地表现为犯罪对象即信息在空间位置上的变化。所以，盗窃行为造成公私财物损失的，是既遂；未造成公私财物损失的，是未遂。

我们主张，针对有形财物的盗窃应以上述三说为判断既遂与未遂的标准(我们更倾向于控制说)，而针对无形财物的盗窃，则应以损失说为判断既遂与未遂的标准。

盗窃案件有犯罪既遂与未遂之分。在盗窃未遂的场合，盗窃数额是指行为人主观上企图盗窃和客观上可能得到的数额。因此，对于那些在银行、金库、商店、博物馆等处作案，以盗窃巨额现金、金银、贵重商品或珍宝、珍贵文物为目标的，即使未得逞，也应以犯罪未遂定罪处罚。至于这种案件是按刑法第264条哪个档次的

① 参见1997年11月4日《最高人民法院关于审理盗窃案件具体应用法律若干问题的解释》第12条。

② 该规定在1997年11月4日的上述《解释》中却没有体现，该《解释》明显是有意回避这一问题。留给刑法理论界相对大的争论空间。

法定刑认定，则应视具体案情而定。对于盗窃行为实行终了的未遂，这种认定不会存在问题，关键是对盗窃行为未实行终了应如何认定的问题。对此我们认为，如果盗窃行为人存在确定的故意，则可以此确定故意的内容来确定盗窃的数额。如果盗窃行为人的故意不确定，则可以从客观上可能造成的损失数额、犯罪目标等全部案情进行分析认定。例如，行为人着手窃撬保险柜未能撬开或柜内分文没有，就可以认定行为人有企图盗窃数额较大的财物的犯罪故意；行为人潜入银行金库、博物馆等处作案，但听到声响溜掉，就可以认定行为人有企图盗窃数额巨大财物的犯罪故意。而对扒窃未遂一般只按治安管理处罚法处罚。

对此，上述《解释》也指出，“盗窃未遂，情节严重的，如以数额巨大的财物或者国家珍贵文物等为盗窃目标的，应当定罪处罚”。

4. 行为人对盗窃物认识不足的认定问题。通常人们对事实的认识会存在程度之差，深浅之别。刑法理论在两个层次上论及直接故意犯罪的认识程度。行为人对所要盗窃对象的数额或价值的认识，也属于事实认识的范畴。故此根据行为人是否对所要窃取的财物数额或价值有明确的认识，盗窃罪的故意可以分为确定性故意和不确定性故意。如果行为人对所要窃取的财物数额或价值有明确的认识，就是确定性故意；如果行为人对所要窃取的财物数额或价值没有明确的认识，则为不确定性故意。对于不确定性故意的盗窃行为来说，应以行为人可能窃取的财物数额推定为其预见的数额，通常可能窃取的财物数额就是盗窃对象的实际价值。例如，行为人入室盗窃一个精致陶器，但不认识其为天价古董，而将之作为一般陶器使用，仍然属于支配了该财物，应按照其实际价值计算盗窃数额。也就是说，行为人对被盗财物的实行控制并不以行为人对该财物的认识为前提。盗窃案件的客观情况非常复杂，对所要盗窃财物的数额作出明确无误的认识一般是不可能，同样也是不必要的。因此，刑法只要求行为人对财物的数额作出大致的预见即可，即只要求行为人认识到财物存在的可能，并已经事实上控制了所盗物品，就应当认定为对该物品的盗窃既遂。至于行为人控制所盗物品的时间长短以及对所盗物品如何处置并不影响对其盗窃既遂的认定。我们认为这个结论原则上可以适用于一般盗窃案件的认定。因为一般盗窃行为人都是见机行事，能偷多少算多少，而且都存有多多益善的贪欲心理。当然，如果确有证据表明行为人本意在于小偷小摸，不料意外取得大量财物，自己尚未发觉，或者发觉后马上送回失主。此种情形可以认为行为人是以数额较小的财物作为确定性的盗窃目标，但却由于意志以外原因得手大量财物。唯有在这种极其罕见的情况下，才能够以行为人对所盗财物是否有认识来判定是否既遂。例如，饥寒交迫的行为人目的非常明确，只为偷一件正在晾晒的衣服来御寒，不料衣服的夹层里藏有一价值上万的钻戒，行为人没有认识到。行为人即使控制了衣服，对之完全没有发现，而且行为人也确实没有占有其他财物的概括性故意。在这种情况下，就不能以行为人事实上控制了该钻戒而将之客观归罪。当然，我们认为，这种特例在现实生活中发生的概率是很小的，只能进行特殊处理。①

总之，行为人对所盗物品的认识错误一般不会导致其行为无法达到既遂。由于盗窃罪是数额犯，有时候还可能存在由于行为人的认识错误而将价值极高的物品以极低的价格贱卖，在这种情况下，对所盗数额的计算仍应按照物品本来具有的价值认定。例如，行为人盗窃一台电脑并贱价卖掉，却没有认识到该电脑内存的价值高昂的建筑设计软件，对此，如果必须根据行为人的文化程度来推认其是否应有认识，并以之作为是否应将软件的价值计入盗窃数额的依据，将会给司法实践造成极大的困惑和混乱。我们认为，只要能够推定行为人具有概括性的盗窃故意，就应按照原本价值计入。即使行为人实际得赃数额很少，也应按照本来价值计算。又如，行为人盗窃刹车板并将之当作废铁卖掉，甚至也不必要求行为人在得手时认识到所盗物品属于特殊材料，更不必要求行为人认识到是刹车板，即只要具有概括性的盗窃故意就应按照物品本来价值计算数额。

5. 对特殊形态盗窃罪规定的理解与掌握。《刑法》第 265 条规定："以牟利为目的，盗接他人通信线路，复制他人电信码号或者明知是盗接、复制的电信设备、设施而使用的，依照本法第二百六十四条的规定定罪处罚。"这一规定，并不是对盗窃罪的概念及其犯罪构成的修改，而是将这一特定形式的犯罪规定按盗窃罪论处。这一特定形式的犯罪，在客观方面表现为具有盗接他人通信线路、复制他人电信码号或者明知是盗接、复制的电信设备、设施而使用的行为。其主要表现为：一是偷接他人电话线路，即非法与他人电话线路相连接，无偿地偷打电话，损害他人的利益；二是盗用他人移动电话的码号，进行非法并机；三是明知自己正在使用的电话或者移动电话，是盗接在他人电话线路上或者是复制了他人的移动电话码号的伪机而继续使用或者出租、出借、转让的。

在适用这一条规定时应当注意的是：第一，"牟利"是指行为人的主观目的，这里的牟利，既包括出租、出卖获取利润，也可以是无偿使用，节省支出等牟取非法经济利益。至于其客观上是否达到了牟利的目的，则不影响其犯罪的成立。第二，行为人必须是明知，也即是直接故意实施的。如果行为人不是明知而使用的，则不能认定构成盗窃罪。第三，行为人只要实施了条文中规定的行为即构成犯罪，不以多

① 《检察日报》2006 年 3 月 15 日版登载一案例，犯罪嫌疑人陈某在某广场窃得一部手机后被当场抓获，经估价被盗手机价值人民币 930 元（含 SIM 卡），卡内话费余额为人民币 75 元。由于案发当地盗窃犯罪数额较大的起点标准为 1000 元，因而话费余额的计算直接关系到犯罪嫌疑人罪与非罪的认定。对此案我们认为一般而言，盗窃手机的行为人主观上指向的犯罪对象仅为手机本身，一般不会包括卡内话费。但也有例外，例如行为人盗得手机后一路狂打。因此，对这种案件的认定还是应采主客观相结合的认定方法。在无法证明行为人具有概括故意且行为人对其所没有认识到的价值部分或不想认识的内含价值没有造成实际损失的，则对行为人只能按其实际认识或实际控制的部分认定其盗窃数额。就本案而言，犯罪嫌疑人陈某在盗窃手机后被当场抓获，因无法查明陈某是否具有非法使用手机内含话费的主观故意，故该 75 元话费不宜计入盗窃数额。

次实施或者牟利达到数额较大为犯罪构成的必备要件。第四,因这种犯罪行为有其特殊性,所以,在依照刑法第 264 条规定具体量刑时,应当以行为人的犯罪行为使被害人遭受的直接实际损失数额大小来对应不同档次的量刑幅度,比如行为人的盗接他人通信线路的行为,使被害人的电话费用实际损失数额达到了较大或者未达较大,就应当在“3 年以下有期徒刑、拘役或者管制,并处或者单处罚金”这一量刑幅度内正确裁量刑罚;其他以此类推。不过,由于这种犯罪行为不存在具有刑法第 264 条规定的适用死刑所要求的两种法定情形的可能,因此,对根据刑法第 265 条规定所认定的犯罪行为,不能适用死刑。

三、盗窃罪的处罚

根据刑法第 264 条的规定,盗窃公私财物,数额较大或者多次盗窃的,处 3 年以下有期徒刑、拘役或者管制,并处或者单处罚金;数额巨大或者有其他严重情节的,处 3 年以上 10 年以下有期徒刑,并处罚金;数额特别巨大或者有其他特别严重情节的,处 10 年以上有期徒刑或者无期徒刑,并处罚金或者没收财产;有下列情形之一的,即:(1)盗窃金融机构,数额特别巨大的;(2)盗窃珍贵文物,情节严重的,处无期徒刑或者死刑,并处没收财产。①

这里的“数额巨大”,以 5000 元至 2 万元为起点(厦门地区以 2 万元为起点);“数额特别巨大”,以 3 万元至 10 万元为起点(厦门地区以 9 万元为起点)。盗窃信用卡并使用的,其盗窃数额应当根据行为人盗窃信用卡后使用的数额认定。盗窃增值税专用发票或者可以用于骗取出口退税、抵扣税款的其他发票的,以盗窃罪定罪处罚。盗窃上述发票数量在 25 份以上的,为“数额较大”;数量在 250 份以上的,为“数额巨大”;数量在 2500 份以上的,为“数额特别巨大”。

盗窃数额达到“数额较大”或者“数额巨大”的起点,并具有下列情形之一的,可以分别认定为“其他严重情节”或者“其他特别严重情节”:(1)犯罪集团的首要分子或者共同犯罪中情节严重的主犯;(2)盗窃金融机构的;(3)流窜作案危害严重的;(4)累犯;(5)导致被害人死亡、精神失常或者其他严重后果的;(6)盗窃救灾、抢险、优抚、扶贫、移民、救济、医疗款物,造成严重后果的;(7)盗窃生产资料,严重影响生产的;(8)造成其他重大损失的。

如何理解“盗窃金融机构”,上述司法解释规定:“是指盗窃金融机构的经营资金、有价证券和客户的资金等,如储户的存款、债券、其他款物,企业的结算资金、股票,不包括盗窃金融机构的办公用品、交通工具等财物的行为。”关于“盗窃珍贵文

① 根据司法解释,对于依法应当判处罚金的盗窃犯罪分子,应当在 1000 元以上盗窃数额的 2 倍以下判处罚金;对于依法应当判处罚金刑,但没有盗窃数额或者无法计算盗窃数额的犯罪分子,应当在 1000 元以上 10 万元以下判处罚金。

物，情节严重”，上述司法解释指出：“主要是指盗窃国家一级文物后造成损毁、流失、无法追回；盗窃国家二级文物三件以上或者盗窃国家一级文物一件以上，并具有下列情形之一的：(1)犯罪集团的首要分子或者共同犯罪中情节严重的主犯；(2)流窜作案危害严重的；(3)累犯；(4)造成其他严重损失的。”

第四节 诈骗罪

【引 例】

被告人张某以每吨1700元价格购买某工程处的废旧脚手架。之后，张某指使其雇用的两部农用车司机到工程处运载所购脚手架时各装2吨左右的沙子，在驾车通过工程处地磅处进行空车自重检测，测得两车含沙重分别为5.18吨和6吨。而后被告人指使两司机趁工程处员工不备，将沙子倾倒在工地里。然后，两车分别四次装上脚手架过磅运出工地。案发后，两车经检测自重3.12吨和3.5吨。被告人因此多载走18.24吨脚手架，非法得利31008元。

一、诈骗罪的概念和特征

诈骗罪，是指以非法占有为目的，采用虚构事实或者隐瞒真相的方法，骗取数额较大的公私财物的行为。本罪的主要特征是：

1. 本罪的客体是公私财物所有权。诈骗罪侵害的对象与盗窃罪相同，是公私财物。因此，前论有关盗窃罪对象的内容范围亦可作为诈骗罪对象的内容范围。但这里有一个问题值得探讨，这就是诈骗罪的侵害对象除了公私财物外，是否还包括财产上的不法利益？外国刑法如德国刑法、瑞士刑法规定诈骗罪是意图获得财产上的不法利益而损害他人财产，日本刑法第246条规定的欺诈罪有骗取财物和获得财产上不法利益两种情况。台湾地区刑法规定的诈欺罪也有取得财物与取得财产上之不法利益两种类型。后一种类型又可简称为“诈欺得利罪”。[①] 所谓财产上之不法利益，指以欺骗手段获得交付现实财物以外的财产利益，如以欺骗手段取得债权或免除债务、以欺骗手段招收工人干活而不付给工资等等。我们认为，我国刑法虽然只规定诈骗罪的侵害对象是“财物”，但为了有效地打击诈骗犯罪，应将“财物”作扩大解释，使之能够包括财产上的不法利益。

① 参见陈立著：《海峡两岸法律制度比较·刑法》，厦门大学出版社1993年版，第303页。

2. 本罪的客观方面表现为行为人采用欺骗方法，引起他人的错误认识而处分财产，从而非法占有数额较大的公私财物的行为。诈骗罪的客观方面包括以下几个基本要素：

(1)采取欺骗的方法

所谓采取欺骗的方法，主要是指行为人采用虚构事实或者隐瞒真相两种方法。"虚构事实"是编造某种根本不存在的事实使他人相信，也就是"无中生有"。虚构的事实可以是全部，也可以是一部分。"隐瞒真相"是用某种情况来掩饰另一种根本不存在的事实，即"以假充真"。这两种方法无论使用哪一种，还是交替使用，都不影响诈骗罪的成立。其本质都是对于不真实的事实表示其为真实。

对于不真实事实的表示应区别于意见表示。意见表示不过是表示人将其内在的主观见解向外予以表达而已，并不强制对方接受。因此，纵其所表示的意见使对方陷于错误，但此仅属"误导"，而非诈骗。例如，某人表示黄铜比黄金有价值，此为对一种事物的评价，属意见表示。纵使相对人竟然相信，而用黄金与其对换黄铜，亦不构成诈骗。但若某人将其所持黄铜冒充黄金，则属不真实的事实表示，可构成诈骗行为。

行为人实施诈骗不论是以语言、文字或动作，均可构成本罪的行为。如无钱饮食、住宿，即属以其行为状态虚构其愿意支付的意思，或有支付能力，而实际上并不支付或无力支付。有人认为上例是不作为诈骗，我们不同意。因不作为之构成，须有告知义务。而饮食、住宿者似无先行告之店主其有支付意思、能力的义务。若这么认为，显属不符实际，亦不自然。故宁可认为是一种动作诈骗为妥。

行为人实施诈骗行为不以对于特定人实施为限，即使对不特定之多数人实施，亦可构成。如刊登虚假广告以骗取多数人的钱财。还有，行为人的诈骗也不以直接向被骗人实施为限。即使以间接方式施骗，或者向国家机关实施，而借用公力，达其不法获利的目的，亦可构成本罪。典型的情形如诉讼诈骗，即行为人以提起民事诉讼为手段，以虚假的陈述、提出伪造的证据或串通证人提出伪造的证据，使法院作出错误的判决，而达其不法获利的目的。这种类型的诈骗造成被骗人与财物受损人分离的现象，有如间接正犯的情形。但这种被欺骗人与财物交予人非同一的情况，一般限于被欺骗人对财物所有人的财物有处分之权(如法院的判决)。若无此关系，则财物所有人可拒绝交付。此种诉讼诈骗的不法内涵不仅在于诈骗钱财，同时也妨碍了国家司法活动的正常进行，往往还与妨害作证罪发生牵连关系，自应从一重处断。

(2)引起他人的错误认识而处分财产

行为人所采用的欺骗方法，必须能够或足以引起他人错误的判断而处分财产方能构成诈骗罪。这里所说的判断错误必须区别于无知。在判断错误的场合，被骗人对事实本存在一定的认识；而无知则对事实本身不存在任何认识。被骗者若对事实毫无观念、一无所知，则不存在陷入错误，因此也就不可能成为诈骗罪的被骗人。如对无意思能力之幼童或精神病人施骗取财，行为人纵有欺骗之行为，但被骗人已无判断能力，行为人利用此等状态取财，则有如盗窃罪之取走他人财物，当论以盗窃罪，而不能认定为诈骗罪。但若是对知虑浅薄的未成年人或限制行为能力人实施诈骗，则此类人并非全无意思能力，对事物尚有一定的判断，故仍可论以诈骗罪(国外刑法有称此种诈骗为"准诈骗罪")。

被骗人陷于错误之后，紧接着即是处分财产。所谓处分财产不仅指民法上的法律行为，如买卖(订货、买入、售出)、借贷、担保、放弃请求权等其他一切对其本人或第三人财产的任何事实行为，也包括任何足以使自己或第三人之财产减低或失去其经济价值的忍受或不作为的情形。被害人之处分财产行为，为诈骗罪客观方面的重要特征，此乃本罪不同于其他财产犯罪的关键。故判断被骗人是否已经实施处分行为至为重要。举例而言，行为人到商店假充顾客，试穿衣服，乘营业员不备而穿走衣服。虽手段上使用诈骗方式，令营业员误信为购衣，但衣服的取得，非由营业员之处分而得，营业员只让其在一定范围内试穿，并不准其穿出店外。若营业员被骗而同意其穿出店外，而后付款，则属处分行为，可构成诈骗罪。至于诈骗罪的被害人是否要有处分(交付)的意思，我们认为只要被害人对所处分(交付)为何物具有认识即满足处分(交付)的意思。例如，引例中，我们认为被告人通过装沙加重空车自重过磅，取得虚假空车自重后，再将沙子卸掉运载脚手架过磅，使员工陷于错误认识，认为车辆运出的货物是实际重量，仿佛"自愿"将与所装沙子等重的货物交与张某，其行为符合骗取的特征而非秘密窃取。虽然车子秘密装沙和秘密卸沙行为均背着被害单位进行，但是这些行为只是为了编造虚假情况(取得虚假空车自重)制造条件，并非取得财物的直接行为，其取财行为是在被害单位人员在场的情况下，在交易过程中"公开"取得的，非属于秘密窃取，因此，应认定为诈骗罪。虽然秘密窃取也可以当着被害人的面进行(诚如第二节所述)，这个案例的关键就在于被害人对所交付的财物是否认识及认识的程度。我们认为，本案被害人对所交付的财物是认识的，只是认识程度不深。构成诈骗罪中的交付行为，交付人对其交付的为何物，即对所交付财物的"质"有明确的认识就足够，不需要对所交付财物的"量"的明确。如果由于行为人事先做手脚，导致被害人对交付物的数量产生误解，这并不影响刑法意义上的交付的构成，仍应归属于诈骗罪范畴。①

---

① 关于交付意思的内容，在德日等大陆法系国家，有的学者主张严格认定，即交付者除了有把财产的占有转移给对方外，还必须对交付的内容(包括交付的对象、数量、价值等)有全面的认识。否则，就不能认为有交付的意思，交付行为也不存在。但也有学者主张放宽认定，至少被欺骗者只是对交付财物的价值有误认时，应该认定有交付意思，肯定交付行为成立。参见刘明祥著：《财产罪比较研究》，中国政法大学出版社 2001 年版，第 231 页。我们倾向于交付者只要对所交付的财物的"质"具有认识，即足够就符合诈骗罪的"自愿"处分自己财物的内涵，至于对交付的财物的"量"即使没有认识也不影响该行为属于"自愿"的交付，仍应归属于诈骗罪的处分行为，而不能视为"秘密窃取"的一种形式。

总之，是否构成处分财产行为，应以处分人是否将其财物交付相对人达到不可控制之范围为判断标准，财物尚可控制的，即尚未处分；财物交付相对人，已不可控制的，即为处分行为。

还须注意，处分不以被骗人本人处分为限。如甲被骗，将被骗内容告之于乙，乙亦信，而将财物处分于诈骗人。亦属诈骗罪之处分行为。此种情形，甲成诈骗人的工具（传递诈骗内容）。此情不同于诉讼诈骗的间接正犯在于乙本身亦受骗而自愿处分财物，而前者乃是不自愿的、被迫的。

(3)诈骗结果

依照刑法第 266 条的规定，诈骗罪必须是取得公私财物数额较大的才构成犯罪。就是说，诈骗犯罪必须要求危害结果达到一定程度。这也是区分一般诈骗行为与诈骗罪界限的重要标准。对于没有达到“数额较大”标准的一般诈骗行为，就不能依照刑法追究刑事责任，而只能根据《治安管理处罚法》处罚。

根据有关司法解释，诈骗罪的数额较大，以 2000 元为起点。各省、自治区、直辖市高级人民法院可根据本地区经济发展状况，并考虑社会治安状况，在 2000 元至 4000 元幅度内确定数额较大的起点。需要注意的是，已经着手实行诈骗行为，只是由于行为人意志以外的原因而未获取财物的，是诈骗未遂。诈骗未遂，情节严重的，也应当定罪并依法处罚。[①] 对诈骗未遂的认定，可参照前述盗窃罪未遂的认定方法。

3. 本罪主体为一般主体。根据司法解释，单位直接负责的主管人员和其他直接责任人员以单位名义实施诈骗行为，诈骗所得归单位所有，数额在 5 万元至 10 万元以上的，依照刑法有关诈骗罪的规定追究上述人员的刑事责任。[②]

4. 本罪的主观方面必须具有直接故意和非法占有目的。两者必须同时具备。仅有直接故意而无非法占有目的，或者仅有非法占有目的而无直接故意，都构不成诈骗罪。诈骗罪的直接故意，是指行为人明知自己采用虚构事实或隐瞒真相的欺骗方法会使他人信以为真，从而使被害人自愿交出财物的结果发生，并且希望这种结果发生。由此可见，行为人必须明知自己所采用的虚构事实或隐瞒真相的欺骗方法会使他人信以为真，自愿交出财物的结果发生。如果不是明知，则构不成诈骗罪。例如，邓某在整理其父遗物时发现一张印有人头像和外文 100000 的字码，类似外国纸币券。他以为这是父亲遗留下来的“十万英镑”，欣喜若狂。对如何兑换使用的问题，商之于黄某，黄某想买下来转手赚钱，就谎称去银行兑换将被没收，只能托朋友想法通过内部兑换。邓某以 1000 元代价卖给黄某。黄某也不敢去

① 参见最高人民法院 1997 年 1 月 25 日《关于审理诈骗案件具体应用法律的若干问题的解释》。

② 参见最高人民法院 1997 年 1 月 25 日《关于审理诈骗案件具体应用法律的若干问题的解释》。

银行兑换，又以3000元代价卖给刘某去银行兑换。经鉴别，原来是某外国政府于50年前发布的一张通缉令，纸面上印的是逃犯的头像，悬赏10万该国货币以捉拿逃犯。刘某发觉上当，控告黄某诈骗钱财。有人主张对邓、黄都应论以诈骗罪。检察院经查后认为，邓、黄都误假为真，主观上没有诈骗的故意，不能构成诈骗罪，决定不起诉。但邓、黄等出卖纸券的非法所得均应归还原主，本案的处理是正确的。

二、诈骗罪的认定

1. 诈骗罪与民事欺诈行为的界限。民事欺诈，是指在民事活动中，故意地以不真实的情况为真实的意思表示，使他人陷入错误而作出一定民事行为的意思表示，从而达到发生、变更或消灭一定的民事法律关系的不法行为，例如供方故意掩盖产品的隐蔽瑕疵使需方上当受骗而签订购销合同。刑事诈骗则是以骗取财物为目的，故意捏造虚假事实或隐瞒事实真相，使他人陷于错误而自愿交付本人或第三人所有的财物的犯罪行为。按照民法通则第5条规定，"一方以欺诈、胁迫的手段或者乘人之危，使对方在违背真实意思的情况下所为的"民事行为无效。对无效的民事行为，应按照民法通则第61条的规定处理，即"当事人因该行为取得的财产，应当返还给受损失的一方。有过错的一方应当赔偿对方因此所受的损失，双方都有过错的，应当各自承担相应的责任"。而以非法占有公私财物为目的的诈骗行为构成犯罪的，则应依法追究刑事责任。民事欺诈行为和诈骗罪的相同点在于：(1)两者都可以发生在经济交往活动中；(2)客观上都有欺诈行为存在；(3)行为都可对特定财物取得不法占有状态。两者的主要区别：第一，民事欺诈可以形成民事法律关系，虽然这种民事法律关系可能部分无效或者全部无效。诈骗犯罪虽然可以引起刑事责任和民事责任的双重法律后果，但就诈骗犯罪行为本身而言，根本不产生民事法律关系。第二，民事欺诈行为人的目的在于引起被欺诈人与自己或第三人进行一定的民事活动，从而发生、变更或消灭一定的民事法律关系。而诈骗犯罪的行为人在主观上以骗取财物为目的，虽然其诈骗行为在客观上可以引起他人为一定民事法律行为的意思表示，但诈骗犯本人根本没有承担约定的民事义务和履行约定的民事法律行为的诚意。这一点是刑事诈骗与民事欺诈最本质的区别，因此，认定诈骗犯罪的关键，在于查明行为人是否具有诈骗公私财物的目的。如前所述，民事欺诈的行为人采取欺诈行为的目的，在于影响对方的意思表示，与自己或第三人发生、变更、消灭一定的民事法律关系，其不正当利益须通过自己对约定的民事义务的履行作为中介间接取得；诈骗犯罪的行为人实施犯罪的目的，在于骗取财物本身，其非法利益不是通过对约定的民事义务的履行来取得，而是由诈骗行为直接取得。由此可知，民事欺诈人主观上所追求的是因欺诈成立的民事法律关系的客观实现，诈骗犯对事前与他人约定的民事义

务，从其主观上看，是出于虚拟的，也是根本无意实际履行的。因此，从行为人是否具有诈骗公私财物的目的这个主观要件出发，就不会混淆民事欺诈和刑事诈骗的界限。

2. 关于窃取与骗取交织的占有财物行为的认定。诈骗罪与盗窃罪同属侵犯财产罪。这两种犯罪侵害的客体同为公私财产所有权，主观方面同样以非法占有公私财物为目的，客观方面也都具有占有公私财物的行为。两罪的根本不同点在于犯罪手段方面，即占有公私财物的行为方式不同。骗取不同于窃取，这在一般情况下还是比较容易区分的。但近年来，经常出现骗取与窃取交织在一起的情况，区分两罪便有一定的困难，这里拟结合几个介于诈骗罪与盗窃罪的边缘的案例，再论诈骗罪与盗窃罪的本质区别。

案例一：刘某经介绍人介绍，与自称是收购黄金的王某相识，双方商定，刘某以每两 2800 元的价格，将 6.5 两黄金卖给王某。刘某将黄金交王某检查后，王某将黄金放入一铁盒内，并将铁盒缠上胶布，放入提包，上了锁。之后，王某称"钱未带够，回去取钱，15 分钟即来"。并将提包交刘某，刘某等了一个小时未见王某返回，疑有欺诈，遂撬锁检查，方发现铁盒内并无黄金。原来，当刘某将黄金交给王某后，王某在验收时用同样的空铁盒调换了装有黄金的铁盒，从而获得了黄金。

本案王某是在交易中乘人不备将装黄金的铁盒调换，从而占为已有。但在整个行为过程中，行为人也有欺骗行为，其欺骗行为是用于脱身。问题在于，在实施这一欺骗行为之前，王某已将黄金控制于自己手中，而得到黄金的方式恰恰是采取了乘人不备秘密窃取的方法。其所使用的欺骗行为不影响盗窃罪的成立，因为行为人获取财物不是在受害人明知的情况下，其欺骗的目的是使受害人对于行为人是否拿走财物产生误解。也就是说，受害人实际上并未处分财物，并非"自愿"将财物交给行为人，故不符合诈骗罪的特征，因此定盗窃罪应为不争之论。

案例二：乔某在某市交通岗看见交通民警正在处理外地人林某的交通违章行为，乔某便主动为林某说情，并代林某垫交罚款 30 元，将林某被扣的日本产"本田"牌 125 型摩托车领回。随后乔某以自己是本地人，对付交通民警方便为由，将林某的摩托车行车执照及发票骗到手。乔某驾车带林某到市国际俱乐部门前，以让林某到前面看看有否交通岗为借口，将林某骗下车。林某下车到前面查看，乔某待林某走过拐角处，即乘机将摩托车骑走。

本案乔某占有摩托车的行为，即是采用诈术，经被害人的"同意"而占有的。其占有财物是被害人"处分"的结果。尽管这种"处分"并非彻底处分（亦属有瑕疵的处分），而是临时处分，即临时将财物交付他人。但毕竟使诈骗人完全控制了该物、占有了该物而逃之夭夭。①

这里特别需要对“处分”的程度进行一番探讨。有些临时交付并不构成“处分”，如行为人在商场的柜台前装作顾客挑选大衣，营业员将大衣拿给他试穿，行为人趁营业员忙碌之际穿着大衣逃离现场，像这类型的案件一般就不认定为诈骗罪，而是认定为盗窃罪。在这种场合下，被害人亦有“临时处分”的情形。行为人占有财产也是通过被害人“交付”的，那么这种情况与前述摩托车案件有何区别？

这种区别是比较微妙的，关键在于这种交付的场所是限于一定的范围，是随时可以收回的。如果营业员因被骗而同意将财物交给他人，并让其带出店外，则可构成一种处分行为，因这时财物已处于无法有效控制状态。行为人以此骗取财物，就应定诈骗罪。

3. 正确区分诈骗罪与其他特殊诈骗罪的界限。刑法除规定了上述普通诈骗罪之外，还规定了其他一些特殊诈骗罪，如刑法第 192 条至第 200 条规定的各种金融诈骗罪，以及刑法第 224 条规定的合同诈骗罪。这些特殊诈骗罪主要在诈骗对象、手段以及客体上与普通诈骗罪有区别，规定这些特殊诈骗罪的法条与刑法第 266 条是特别法条与普通法条的关系，根据特别法条优于普通法条的原则，对符合特殊诈骗罪构成要件的行为，应认定为特殊诈骗罪，不能认定为普通诈骗罪。因此，刑法第 266 条在规定了诈骗罪的罪状与法定刑之后规定：“本法另有规定的，依照规定。”

① 这类案件认定关键在于分析财物所有人对财物的控制力是否仍然存在。例如被告人林某从某市小商品市场购得价值 38 元的稀金戒指一枚，前往某百货大楼金银首饰部。林某在挑选一枚与其购得的稀金戒指极为相似的戒指(标价 1028 元)，谎称决定购买要予以试戴为由，摘下标有黄金克数及标价的标牌，然后趁营业员为另一顾客开票之际，迅速将金戒指换成稀金戒指，并重新套上了标牌。而后以带钱不够为由将稀金戒指退还给营业员。此案的行为实质也是趁营业员不注意实施的掉包行为，营业员没有处分行为，属于秘密窃取，林某的行为应认定为构成盗窃罪。笔者还曾经承办过这样一起案件：行为人将自己精心打扮，西装革履，举止气派，骑一辆豪华摩托车到某小店，随即掏出手机嘟嘟按键：“经理吗？我到了。让他们送货上门吧。你们准备好钱。”于是向小店老板一口气要了十条高档香烟和几袋茶叶外加两箱啤酒。店老板喜出望外，认为遇到了大买主，乐不可支地推出自行车将两箱啤酒捆上再努力将茶叶搭上，扎牢。行为人通情达理地说，“烟就我帮你拿吧，放在我车上”。店老板骑着负重的自行车，跟着在前引路的行为人，心花怒放地奋力前进。到了转弯处，行为人的摩托车突然加速，转眼间消失得无影无踪。店老板一时傻眼，追，自己不堪重负；弃车，又心疼啤酒茶叶。眼睁睁看着十条高档香烟被诈走。行为人以此方式行骗本市 32 家小店总共骗走 300 多条高档烟，几十瓶洋酒，价值计 7 万余元。很多被害人为了保全面子，咽下恶气。他们事后对警方说“被人偷了、抢了可以叫，可是被人骗了，说出去让人笑，只得暗暗消化这份窝囊气”。这种案件，我们认为行为人的行为性质表面上具有欺诈性，但是，被害人并没有完全处分财物，而是紧随其后(虽然对其财物的控制有所松弛，但毕竟在跟踪控制着)。行为人其实是利用被害人难于追逐的难堪境地占有财物的，其性质应属于抢夺。

三、诈骗罪的处罚

根据刑法第266条的规定，犯诈骗罪的，处3年以下有期徒刑、拘役或者管制，并处或者单处罚金；数额巨大或者有其他严重情节的，处3年以上10年以下有期徒刑，并处罚金；数额特别巨大或者有其他特别严重情节的，处10年以上有期徒刑或者无期徒刑，并处罚金或者没收财产。根据前述司法解释，"数额巨大"一般以3万元为起点。单位负责的主管人员和其他直接责任人员以单位名义实施诈骗行为，诈骗所得归单位所有，数额在20万元至30万元以上的，应当依照诈骗公私财物数额巨大的情形追究上述人员的刑事责任。各省、自治区、直辖市高级人民法院可根据本地区经济发展状况，并考虑社会治安状况，在3万元至5万元的幅度内，分别确定本地区数额巨大的标准。个人诈骗公私财物20万元以上的，属于诈骗"数额特别巨大"。诈骗数额在10万元以上，又具有下列情形之一的，应认定为"有其他特别严重情节"：(1)诈骗集团的首要分子或者共同诈骗犯罪中情节严重的主犯；(2)惯犯或者流窜作案危害严重的；(3)诈骗法人、其他组织或者个人急需的生产资料，严重影响生产或者造成其他严重损失的；(4)诈骗救灾、抢险、防汛、优抚、救济、医疗款物，造成严重后果的；(5)挥霍诈骗的财物，致使诈骗的财物无法归还的；(6)使用诈骗的财物进行违法犯罪活动的；(7)曾因诈骗受过刑罚处罚的；(8)导致被害人死亡、精神失常或者有其他严重后果的等等。对共同诈骗犯罪，应当以行为人参与共同诈骗的数额认定其犯罪数额，并结合行为人在共同犯罪中的地位、作用和非法所得数额等情节依法处罚。

第五节　侵占罪

【引　例】

被告人赖某于某日凌晨，驾驶闽D-T1376号出租车，在某市火车站附近载乘客杨某前往该市某小区，并打开后车厢让杨某将携带的一密码箱及一旅行袋放入后车厢内。当车行至一所小学附近的时候，杨某叫赖某停车待其问清路径后继续前行，被告人赖某乘杨某下车问路之机将车开走。杨某赶回来追喊赖某停车未果，即拦乘一部出租车追赶未及，后向公安机关报案。被告人赖某将车开至其暂住处，撬开密码箱取走箱内人民币五万八千元，将密码箱及旅行袋藏匿在该市前埔工业区一厂房传达室。当日，公安机关根据杨某提供的车牌号抓获被告人赖某，并追回赃款人民币5600元及密码箱、旅行袋等物归还被害人杨某。其中人民币2000元已被赖某挥霍掉。

一、侵占罪的概念和特征

侵占罪，是指以非法占有为目的，将代为保管的他人财物或者他人的遗忘物、埋藏物占为已有，数额较大，拒不交还的行为。本罪的主要特征是：

1. 本罪的客体是公私财产所有权。本罪的对象是代为保管的他人财物或者是他人的遗忘物、埋藏物。不少论者认为这里的"他人"，仅限于其他个人，不应包括国家或者单位。我们认为不应作如此限定。如果是国家或者单位委托行为人代为保管财物，而行为人非法占为已有，固然可以按贪污罪或者职务侵占罪认定，但若是国家或单位所有的遗忘物、埋藏物，而行为人非法占为已有，拒不交还，却不能认定。何况，代为保管财物亦不限于存在委托关系，而致不能按贪污罪或职务侵占罪认定。因此，只有将这里的"他人"包括国家或者单位，使上述行为得以按侵占罪认定方显合理。

所谓"代为保管的他人财物"可以作狭义和广义上的理解。狭义上仅指保管人依保管合同而占有的他人财物，即保管物(包括金钱)。而广义上的理解，还应包括一切行为人占有的且负有特定保管义务的他人财物，如依物权合同占有的质押物、留置物，依租赁合同占有的租赁物，依使用借贷合同占有的借用物，依承揽合同占有的定作物，依委托合同占有的委托物，依运输合同占有的承运物，乃至依无因管理而占有的他人财物，等等。即只要行为人对他人财物具有法律上或事实上的支配力，都可包括在内。

因此，采狭义或广义的不同解释便会使本罪范围发生很大变化。若取狭义，则对象只是保管物，主体只是保管人；若取广义，则其对象实际上包括一切依法或事实上占有的他人财物，主体也扩及一切依法或事实上占有他人财物的占有人。

从学理上分析，我们认为理应采广义的解释，因为保管人该退还而拒不退还保管物与其他类似行为相比(如租赁人该返还而拒不返还原租赁物，借用人该返还而拒不返还借用物，质押权人该返还而拒不返还质押物等)，其性质和社会危害性都没有本质上的区别，若刑法仅对该退还而拒不退还保管物的行为予以治罪，而对其他行为不予治罪，便有失立法公允，得一漏十，顾此失彼；而且纵观域外刑事立法，其侵占罪对象无一例外都包括行为人先行合法或事实上占有(持有)的属于他人的财产。

引例中对赖某行为的认定关键就在于代为保管的委托关系是否存在，认为应以抢夺罪认定的理由是，本案中的赖某和杨某之间不存在委托关系，认为赖某只承担运输义务，乘客杨某的行李物品始终处于杨某的控制之下，即使杨某下车问路，但非远离该车，且未到达目的地，还没有结算车费，该财物仍然属于其控制之中，不存在委托他人代为保管的情况，亦不能认为杨某具有委托赖某保管行李物品的意思。赖某在杨某下车问路之机，强行将车开走，占有其放置于车内的财物，其行为

符合抢夺罪“乘人不备”、“公然夺取”的犯罪特征。但我们赞同本案应按侵占罪认定，理由是，在杨某下车问路时，尽管没有明示赖某代为保管其所托运之物，但根据当时场景，社会通行观念能够推定，在杨某离开赖某的那一段时间内具有默示赖某代为保管的意思。这类默示委托在人们的日常生活中是经常发生的，且往往心照不宣，尤应注意认定。引例可以这样理解：杨某在车内时，确实是一直由自己控制着财物，而并未将保管权移交给司机。问题是，在杨某下车之后，其是否将车内的财物移交给司机保管。如果说杨某并未将财物的保管权移交给司机，那么可以认定，司机对杨某的财物不具有保管义务，即司机并未合法占有该财物，那么司机的行为成立抢夺罪是无可非议的。但是在此可以作一个假设。假设在杨某下车之际，司机也想要下车去问路或者买东西，由于司机知道自己并未对财物负有保管义务，因此他也下了车，离开了车子。恰好这时候被一过路的人将车内财物劫走或者盗走，那么试问，司机是否对杨某有进行赔偿的义务呢？如果杨某要求司机进行赔偿，显然毫无根据；如果不要求司机赔偿，难道就自认倒霉吗？这种理解显然与社会通常观念不合。与现行民法规定也不符合。按照合同法的规定，在杨某上车之际，就和司机成立了一份合同，即运输合同，司机负有将杨某和其财物妥善安置和照顾，并将其安全运送到达目的地的义务。而杨某负有支付车费的义务。杨某下车问路之际，司机仍然负有保管和照看乘客杨某的财物的义务，因为他们尚未到达目的地，他们的合同尚未履行完毕，所以司机的义务也尚未终止。合同法这么规定，是有利于保护公民的财物所有权，也是合情合理的。因此我们认为，引例中，在杨某下车之际，就以默示的方式将保管权转移给司机。因而司机的行为应该定为侵占罪。由此看来，正确区分侵占罪和抢夺罪的关键在于，财物所有人或者持有人是否对其财物的实际掌握者有委托保管的意思。一般来说，财物所有人或者持有人委托保管的意思，应该以明示的方式。但是在其未明示委托保管的意思的情况下，如果根据社会通行观念能够推定其具有保管的意思，也应当认定其具有委托保管的意思，也应当认定所有人或持有人实际上已将财物的保管权暂时转移并不受时间长短的限制，即使有时时间很短，也不失为财物保管权的暂时转移。① 至于有论者提及引例中的司机赖某符合抢夺罪的行为特征的“公然”和“乘人不备”的两个要素。我们认为，抢夺罪的“公然”和“乘人不备”这两个行为特征是发生在行为人将财物从物主的占有状态下转为自己占有的过程中，如果行为人已经占有了财物，再对财物作出“公然”的处理，就不符合抢夺罪的客观要件所要求的行为特征，而实际上“公然”正是侵占罪中行为人得到财物后的行为特征，侵占罪的行为人公然将财物据为已有，拒不交出。至于“乘人不备”，因为财物本来就是在行为人的保管之下，其获取财物并没有以“乘人不备”的方式获得，因此从行为人获得财物的过程

① 赵秉志主编：《疑难刑事问题司法对策》(第三集)，吉林人民出版社 1999 年版，第 194 页。

看，并没有具备“公然”和“乘人不备”的行为特征，即行为人的行为并不符合抢夺罪所要求的行为特征，因而不构成抢夺罪。

从侵占罪侵犯的是财物所有人对保管人信任关系和财物的所有权而言。对财物所有权的侵犯，是所有财产犯罪都必须具备的。能够将侵占罪与其他财产犯罪区分开来的标准是行为人的行为是否侵犯了财物所有人对保管人的委托信任关系。引例中，杨某基于对司机的信任，将财物放于车内，自己下车问路，暂时将车内财物交于司机保管。如果杨某不信任司机，他就可能将车内的财物带下车再问路。因此应该说，本案中，被告人的行为侵犯了杨某对他的信任关系。因此，从犯罪客体这个角度，也可以得出本案应该定为侵占罪的结论。

本罪的对象还须确定何为“遗忘物”，何为“埋藏物”。

遗忘物实际是从暂放物转化而来的。是指基于物主的意思暂放某一地方后忘记带走而未完全失去控制的动产。与遗失物不同。“遗失物”是指不基于物主的意思而偶然失去、物主对之完全失去控制的动产。例如行人无意间失落在马路上的钱包，行驶车上颠落而没察觉的物品等等。一般情况下，遗失物失落的时间跨度较大，物主对其遗失的具体时间、地点难以准确回忆，寻找较为困难。因此可以说，物主与遗失物之间的持有关系已经中断，持有权已经丧失，虽然遗失物的所有权没有消失并受法律保护。而“遗忘物”是指基于物主的意思暂放某一地方后忘记带走而未完全失去控制的动产。例如物主将皮包或大衣遗留在餐厅等情况。物主遗忘财物后，与遗忘物之间的持有关系只是一定程度的松弛或减弱，并未完全丧失。

遗失物与遗忘物的区别可从以下几个方面分辨：(1)财物放置的地点或场所是否基于物主的意思。遗失物是不基于物主的意思而偶然失去的，其所处地点或场所具有随机性，因此其失落的地点通常在道路、广场、街道等人员流动场所，也就是物主当时是处于流动状态。而遗忘物则是基于物主的意思而暂放在某一地方后忘记带走的，其放置的地点或场所具有意志性。因此遗忘物失落的地点通常为物主曾驻足停留的比较适宜放置财物的地方，也就是物主由动态变为相对静态的场所。(2)物主对财物失落的时间、地点是否能作准确的回忆。凡物主能够准确回忆失落时间、地点的财物，是遗忘物；凡物主只能推断出大概失落时间、地点，甚至根本不知道何时何处失落的财物，则为遗失物。此外，人们日常社会生活观念也是判断财物为遗失物抑或为遗忘物的一个准则。例如，失落在马路上的钱包，社会观念一般认为是遗失物；失落在餐桌上的钱包，社会观念就认为是遗忘物。其道理在于人们的日常生活观念并不认为后者物主与财物之间的持有关系已经丧失，只是认为这种持有关系比平常松弛而已。可见，遗失物与遗忘物的关键不同点即在于物主对财物的持有关系是否还存在。尚存在持有关系的(不管如何松弛、微弱)是遗忘物，不存在持有关系的是遗失物。应该注意的是，遗忘物和遗失物的区别主要是针对物主而言。旁人在某些情况下并无法认识清楚。

埋藏物，就其本义而言，是指埋藏于地下或他物之中的物。它既包括有主物，

也包括应归国家所有的无主物;既包括归私人所有的物,也包括归国家、单位所有的物。① 埋藏物包括三种情形的埋藏物:一为所有人明确的埋藏物,依法本归该所有人所有;二为所有人不明的埋藏物,根据民法通则的规定,所有人不明的埋藏物,视为无主财产,应归国家所有,禁止任何单位和个人据为己有,否则视为不法占有;三是具有历史、艺术和科学价值的文物,这些文物并不属于所有人不明的埋藏物,但却依法归国家所有。《中华人民共和国文物保护法》第4条第1款规定:"中华人民共和国境内地下、内水和领海中遗存的一切文物,属于国家所有。"作为侵占罪对象的埋藏物应包括上述三种情形的埋藏物。

2. 本罪在客观方面表现为将代为保管的他人财物或者将他人的遗忘物、埋藏物占为己有,数额较大拒不退还或者拒不交出的行为。

从犯罪行为的发展过程看,侵占行为的发生是建立在合法持有他人财物基础之上的。行为人合法持有他人财物首先是基于一种民事法律关系。如基于他人的委托关系、合同关系等,合法取得了对他人财物的占有权,但不享有对该项财物的所有权,行为人负有归还或是交出该项财物的义务。但是后来行为人却公然拒绝履行义务,不归还其合法持有的财物,把他人财物非法转归己有,这样原有的民事法律关系就变成了一种新的刑事法律关系。占有转为所有的行为,也就是变占有人为所有人而对占有的财物进行处分,如赠与、转让、消费、出卖、出借、交换、加工等。

由于侵占罪的对象本处于行为人"代为保管"或者控制支配之下,故侵占之时,不必移动财物。此乃侵占区别于盗窃、抢夺、诈骗、抢劫等财产犯罪之要点,后者侵犯的对象虽也是他人财物,但却本非为行为人所控制支配,侵占行为区别于其他财产犯罪的关键即在于,侵占行为的行为人"取得财物"本身不具有违法性(财物本在其代管或控制之中),其构成犯罪的行为在于转占有为所有。而其他财产犯罪的"取得财物"本身就是违法的,其罪构成于"取得财物"之时。

认定本罪的行为特别应注意对侵占遗忘物、埋藏物行为的认定。何谓非法占有遗忘物的行为?刑法界曾经流行一种观点,认为"所谓侵占遗忘物,是指他人将财物遗忘在行为人有权控制的范围之内,行为人将财物收管起来是合法的,但是,他非法据为己有,拒不交出,即为侵占遗忘物"②。简而言之,就是必须是对遗忘物所在场所(如出租车、餐馆、银行、邮局)具有支配控制权人,将该遗忘物占为己有,拒不交出的才能按侵占罪认定,若是对该场所不具有支配控制权人非法占有该遗忘物,则应以盗窃罪认定。例如,乘客坐出租车时,将贵重物品遗忘在出租车上,如果出租车司机发现以后,将之非法占为己有则构成侵占罪。如果是后来的乘客发

① 我国民法上的埋藏物特指那些所有人不明归国家所有的埋藏于地下或他物之中的物。此乃埋藏狭义的埋藏物。刑法侵占罪中所指的埋藏物不必也不应与此相同。

② 王作富:《论侵占罪》,载《法学前沿》第1辑,法律出版社1997年版,第46页。

现该遗忘的贵重物品，而占为己有的，则应以盗窃罪论处，因为该财物是遗忘在出租车这样一个特定场所，虽然财物原所有人丧失了对财物的控制，但该财物的控制义务转移到了出租车司机身上，后来的乘客的秘密窃取是针对司机而言的，因而构成盗窃罪。这就是所谓的双重控制说[①]。这种双重控制说，实际上也就是将刑法第 270 条第 2 款有关非法占有遗忘物的行为作为注意规定[②]来理解的，强调非法占有遗忘物行为与一般侵占行为形态的相同性，即先是合法持有，后转为非法占有。因此认为必须是对遗忘物存在实际支配控制权人侵占该遗忘物，才属侵占，而无实际支配控制权人的非法占有则为盗窃。

这种双重控制说，我们原先也表示赞同。[③] 但现在觉得这种理论在实践中会遇到一些问题。第一，当遗忘物虽遗忘于特定场所，而对该特定场所有支配控制权人尚未发现该物被遗忘时，亦即尚未有控制意思时，如何能够行使支配控制权？如果不能，又谈何双重控制。在这种财物所有人和场所支配控制权人都对该遗忘物丧失控制的情况下，即双重失控的情况，他人占有该遗忘物并不存在对财物控制关系的破坏，径以盗窃罪认定，是不符合盗窃罪的构成要件特征的。

第二，如何界定遗忘物场所的支配控制权人也可能是一个颇为困难的问题。当该场所只有一个管理人员时，如出租车司机，则自然不会有问题。但若该场所是一个范围相对比较大，人员比较多的场所，如饭店、餐馆、银行、邮局等等，则应如何确定对该场所有支配控制权人？是所有的在该场所工作的人员都是支配控制权人，还是仅指主管人员才是支配控制权人？若为后者，则其他工作人员的占有是否也应认定为盗窃罪？若为前者，则认定所有工作人员乃至勤杂人员皆为对场所具有支配控制权人，并不符合实际，也不符合社会通念。此种支配控制权人的身份一旦无法确定，将给认定非法占有遗忘物的行为带来莫大的困难。

我们认为，实际上并不必要求占有遗忘物的行为形态一定要与侵占代为保管的他人财物的行为形态具有完全相同性。刑法第 270 条第 2 款应理解为特别规定，而不是注意规定。也就是说，第 270 条第 2 款关于非法占有遗忘物的行为，强

---

① 关于双重控制说，王作富最早将此观点表述于《中国刑法研究》(中国人民大学出版社 1988 年版，第 607 页)，后在新刑法颁布后，王作富又在前引《论侵占罪》一文中，重述了类似的观点。陈兴良在《非法占有他人遗忘在特定场所之财物的定性》一文中，将王作富的此种观点概括为双重控制说。另外赵秉志主编的《财产犯罪研究》第 330 页至第 331 页亦有相同论述。但若就该理论的渊源而论，实际上是来自台湾地区刑法学界。台湾地区刑法学者林山田在其所著《刑法特论》(上)第 216 页早有类似说法，只不过林氏所论及的对象是遗失物。

② 国内已有学者论及刑法条文中的注意规定与特别规定的不同，认为注意规定是在刑法已有相应规定的前提下，提示司法人员注意，但并没有改变相关规定的内容，只是对相关规定内容的重申；而特别规定则指明，即使某种情况不符合普通规定，但在特殊条件下也必须按普通规定论处。参见张明楷：《简论"携带凶器抢夺"》，载《法商研究》2000 年第 4 期。

③ 参见陈立主编：《刑法分论》，厦门大学出版社 2007 年版，第 363 页。

调的是只要非法占有的对象属于遗忘物,即应当按侵占罪论处,而不必考虑其行为形态和主体身份。从文义解释该款,也得不出立法者有提示必须是对场所有支配控制权人的占有才构成侵占罪。既然从文义解释不能得出该提法(前已述及文义解释是首位的,在能够文义解释时,就不得再采其他解释),何必自找麻烦,赋予该款新的意义和内容,再来为这些附加的意义和内容的理解费尽心思?因此我们认为,在非法占有遗忘物行为中,不应该(也没必要)强调双重控制说。只要非法占有的对象是遗忘物①,即应按侵占罪认定,而不论行为人是否对特定场所具有支配控制权。

侵占埋藏物亦不限于对该埋藏物所在场所具有支配控制权(如工人在基建工地挖掘时发现的埋藏物),但应限于偶然发现,且不是有意为之。如果行为人明知某处有他人的埋藏物或推断某处有地下埋藏物,而以非法占有为目的,前去挖掘,并将埋藏物非法据为已有的,则不能认定为侵占罪,而应根据埋藏物的性质分别认定为盗窃罪或其他罪。

所谓"拒不退还"或"拒不交还",在表现形式上是多种多样的,有的是严词拒绝,有的是软磨硬泡,还有的则是行为人去向不明,远走他乡,以逃脱财物所有人的索要等等。在具体认定时,应当区分不同情况:一是如果财物所有人向侵占行为人明确提出交还主张,并且举有证据证明该财物属于其合法所有时,行为人无视证据,公然加以明确拒绝的,即应认定为拒不退还或者拒不交出的行为。二是如果侵占行为人在财物所有人明确提出交还主张时,虽承认了其主张并答应交还,但在其后又擅自处理了该财物,致使无法实际交还的,也应认定为属于拒不交出或者拒不退还的行为。三是如果侵占行为人虽有非法侵占的行为,但最终还是交出或者退还了其侵占的财物,则不能视为构成本罪。四是如果侵占行为人在财物所有人明确提出交还主张之前,已经处理了该财物,但事后承认并答应赔偿的,则也不以本罪认定。

关于"数额较大"的问题。侵占罪在客观方面要求行为人非法侵占他人财物数额较大为必要条件。只有财物数额达到较大时,才构成犯罪行为,否则不以犯罪论处。由此可见,侵占他人的财物是否数额较大是区分罪与非罪的基础。关于何谓数额较大,在刑法中并没有具体规定,有待于司法机关作出进一步的解释。我们认为可以参照司法实践中认定盗窃罪数额较大的标准。但在处理具体的侵占罪案件时,一般应掌握在高于盗窃罪中数额较大的标准,因为侵占罪和盗窃罪毕竟有所不同。两者在犯罪的客观方面存在着较大的差异。在主观恶性上,侵占罪和盗窃罪相比,行为人的主观恶性也较小,因为行为人并没有采取其他非法的手段去积极地夺取,其犯罪对象的他人财物,在犯罪行为实施之时已处于行为人的控制之下。因

① 为避免不必要的误解,这里遗忘物的特定场所自然是排除了物主自己控制的场所,就如同遗忘在自家一时找不到的物品,人们不会将之视为遗忘物。

此，在数额标准上，在认定侵占罪时，应掌握在高于盗窃罪的数额之上。

3. 本罪的主体是一般主体，即年满16周岁且具有刑事责任能力的自然人。

4. 本罪的主观方面必须是故意，即明知自己占有的财物为他人合法所有，自己依法应有义务将该财物交还他人，但故意拒不交还。其故意内容是以非法占有为目的。

二、侵占罪的认定

这里重点研究关于"代为保管"关系的确定问题。对"代为保管"关系的确定，从法律上看即涉及财物是否为行为人所占有。若可确定为行为人占有，行为人转占有为所有则为侵占，若非为行为人所占有，行为人占为己有则为盗窃。此关乎此罪与彼罪的界限问题，应加重视。

一般而言，代为保管关系若有明确的委托合同，较易确定。但在下述情形有时要确定是否存在"代为保管"关系，则须视具体情况而定。

1. 雇佣的委托关系。例如主人雇佣保姆可能存在全权委托和一般委托。前者将一切财物一应委托保管，即将钥匙全数交付，并指明一切保管的财物，此种情况在现实生活中较少；后者一般委托做家务、带小孩附随委托代看门户，对具体财物并无委托其保管，如钱款、贵重饰品、金器更是为主人亲自收藏、避开保姆。在这种情况下保姆趁主人外出而将主人家中财物取出转卖或作其他处分，应视为盗窃。因为此时主人虽外出，其财物乃视为主人占有而非保姆占有（虽然此时保姆事实上占有其所盗的财物，但这种占有被称为"附随持有"）。此种情形有如旅客在饭店内一时持有客房内所有的物品，虽为其实际持有，但若擅自取走仍按盗窃罪认定而不属侵占，其理亦是此种持有仅是一种附随持有，而非占有。

上述结论适用于一切具有上下主从关系的雇佣关系，如小店内的商品通常认为为店主占有（不论其是否在场），所雇店员虽实际上握持或监守商品，仍不过为店主对商品的占有辅助人。除非店主将商品全权委托，另当别论。因此，雇员不被视为具有"代为保管"商品，亦不占有商品，若擅自取走，应按盗窃认定。

2. 封缄物的委托关系。即对装入容器或加以特别包装的财物，加锁或封固，委托他人保管或运送，其占有关系如何，大陆法系学说未臻一致，约有以下观点。

(1)封缄或锁定的整个物体属于受托人占有，但其包装或容器内各个物品，则仍属于委托人占有。即认为使用容器锁定或包装封缄的物品，其整个物体的占有移转于受托人，但寄托人对其内容物品，既加锁封缄，依然具有现实的支配力，其占有并未移转于受托人。持此观点者认为"支配之可能，只要物的支配可能的手段尚存，即不能认为已经丧失"。根据本说，若取得整个锁定或封缄的物体，即构成侵占罪，若仅抽取其内容的一部物品，则构成盗窃罪。

(2)封缄或锁定的整个物体包括其包装和容器内物品均属于寄托人占有。根

据本说，不论取得整个物体或抽取其内容的一部物品，均构成盗窃罪。

(3)不论封缄或锁定的整个物体或其包装或容器内物品均属于受托人占有。按本说，不论取得整个物体或抽取其内容的一部物品，均构成侵占罪。其理由是“凡支配物之全体者，支配其一部”。

我们认为，第一种观点颇为离奇，过分注重封缄、锁定的效果。对封缄或锁定物究竟属于委托人或受托人占有，应就各个具体的情形，看其对物事实上的支配力及支配力所及的范围和强弱进行判断。如大型保险箱、远洋货柜、集装箱的受托保管人，虽以整体委托，但不能支配内部，故不属受托人占有。若受托人窃取委托物中物品，应以盗窃罪认定。反之，如委托人虽然保留容器的锁匙，但若无保管人的同意即不能接近容器时，委托人对容器内的物品的事实上支配，实已不存在。如将密码箱委托他人保管，虽上锁，则受托人事实上占有密码箱的全体及内容。委托人虽控制密码，但其事实上支配力已丧失。因此，若受托人非法占有委托物或其中物品的皆应按侵占罪认定。

3. 共同共有物的委托关系。共同共有物乃数人基于法律或依合同的共同关系而共有之物，共同共有人对共有物在未分割之前并无应有部分，各共同共有人的权利及于共同共有物的全部。共同共有物财产的处分除法律合同另有规定外，应取得全体共有人的同意。因此，共同共有人中任一人占有共有物，亦即占有其他共有人的财物，如果未得共同共有人全体的同意，擅自处分，应构成侵占罪。

夫妻共有财产、家庭共有财产、合伙企业共有财产都是共同共有财产的具体形式。其中任何一人将其持有的共同共有财产擅自处分，可构成侵占。因为在这种情形下，可视为行为人受共同共有人委托“代为保管”共同共有物。当然，若情节轻微，一般也不会定罪。法律规定须告诉乃论即是控制其犯罪化之一立法措施。此种情形多数通过民事法律关系解决。

4. 基于不法原因的委托关系，实际也就是基于不法原因而受给付之物，可否为本罪的对象问题。例如，为了向公务人员行贿而委托物品或委托保管盗窃所得的赃物，当受托人随意消费或处分这些物品时，能否构成侵占罪。在民法上，在不法原因给付的场合，对那些“物”是没有返还请求权的，但可否为刑法所保护，遂成问题。大陆法系国家向有争论。

(1)积极说。即肯定因不法原因而给付之物，也可为侵占罪的行为客体。采积极说的观点又有分歧。有主张委托人虽不得依民法向受托人请求返还不法原因给付之物，但并未因此而丧失其所有权。故受托人就该项因不当原因所给付之物，仍为持有他人之物，从而如有据为己有的行为，即成立侵占罪。有主张应离开民法之是否保护，而论刑法上有无犯罪性，因此民法上所不保护的委托关系，并无碍于成立刑法上的侵占罪。刑法注重的是，是否符合构成要件。

(2)消极说。即否定因不法原因而给付之物可以成为侵占罪的客体。论者所持有见解也有所不同。有主张给付者不得请求返还其物，则收受者对给付者不负任何义务,因而给付者对收受者即无应受保护的所有权,从而收受者就该物所为的行为,即无成立侵占罪的余地。有主张此种场合,不能认为违背委托信赖关系,不符侵占罪的法律意义,故不构成侵占罪。还有认为,对民法上无返还义务,却以刑罚制裁其返还,将导致破坏全体法律秩序的统一性,故应否定其成立侵占罪。

我们认为,就我国刑法设立的侵占罪而论,既然财物为他人所有乃本罪的特别构成要件(见前述),因此不法原因给付之物是否可为侵占罪的对象,首先应探讨其所有权归属问题。若给付者基于将物的所有权给予收受者的意思而移转其占有的情形,因给付者无返还请求权,收受者纵不予返还,亦不构成侵占行为。例如,当事人以行贿的意思而给付财物,纵收受人没有利用职务便利为其谋利为相对给付,其占有给付的财物不属侵占(如有敲诈或诈骗情节可按各该罪认定)。但若基于不法原因的给付却并非将物的所有权赋予收受者,而仅委托收受者保管或转交第三人,则收受者乃属持有他人财物;倘转为己所有,理应构成侵占行为。但是否构成犯罪,尚须分析具体情况。

以委托保管盗窃所得的财物为例,虽然赃物的委托人并没有对赃物的所有权,受托人似不能构成占有委托人的所有物,故就对委托人的关系而言,不能成立侵占罪。可是赃物的保管人由于依然是他人财物的保管者,就其与真正所有者的关系而言,仍可以形成侵占(当然,此时的告诉权人不是赃物的委托人,而是被盗财物的原所有人)。

但就委托介绍贿赂问题而言,财物的原所有权本归委托人,但进行了不法委托,从民法上看,其返还请求权丧失,那么刑法上若过于强调构成要件性,强调刑法不同于民法的属性,确实会破坏整个法律秩序的统一性,把消费或处分不法原因给付有关的财物作为侵占罪处罚,这样势必间接保护了不法的委托,一般情感上认为是较难接受的。一般而言,刑法保护不法委托虽属不太必要,但难道受托人便可任意处分不法原因给付财物而无须返还么?我们认为,可以这样考虑,因不法原因给付的财物(除赃物存在原所有人外),基于其不法委托,委托人的原所有权便随之丧失,此时财物的所有权应视为转归国家所有,若受托人在国家催其交出而不交出的情形下,即可构成侵占罪。即此时侵占的已非原委托人的财物,而是国家财物。这样解释似乎较为合理。只不过此时的告诉权人为国家,这与本罪为亲告罪存在一定的矛盾。我们认为,将本罪一律规定为亲告罪是不合理的,既然本罪的侵犯对象包括国家、单位的财物,则在侵犯的财物为国家或单位所有时,应按公诉罪处理。这有待刑法的修改完善,以解决这个矛盾。

三、侵占罪的处罚

依照我国刑法第 270 条的规定,犯本罪的,处 2 年以下有期徒刑、拘役或者罚金;数额巨大或者有其他严重情节的,处 2 年以上 5 年以下有期徒刑,并处罚金。

本条第3款还规定，本罪，告诉的才处理。

第六节 敲诈勒索罪

【引 例】

李某从王某处买了两支某品牌的冰激凌，该品牌的冰激凌系哈尔滨市A公司生产。后李某发现其中一支冰激凌上有块蓝色布头，遂向王某退换了一支另外品牌的冰激凌。王某认为发财的机会来了，便给A公司写了一封信，大意是：由于发现A公司生产的冰激凌粘有拖布头，导致经济上损失巨大，精神上也遭受沉重打击。如果将此事通过新闻媒体曝光，A公司声誉将一败涂地。王某据此向A公司索赔50万元，并要求将现金送到，否则后果自负。A公司收到信后，与王某约定见面时间并向公安机关报案。王某来到A公司与该公司总经理谈判，并同意将索赔价降到28万元。这时，公安人员赶到将王某抓获归案。对此案中王某行为的认定产生了严重分歧。

一、敲诈勒索罪的构成与特征

敲诈勒索罪，是指以非法占有为目的，对被害人实施威胁或者要挟的方法，强索公私财物的行为。

1. 本罪侵犯的客体主要是公私财物的所有权，但同时也侵犯了他人的人身权利或其他权利。本罪某种意义上属于恐吓取财（这是本罪区别于其他财产犯罪的显著特点），其恐吓行为，必然会对被害人的心理产生强烈的心理压力，包括恐惧、担心、困扰、悲愤、怨恨、屈辱等不良情绪，而且，本罪被害人产生这些情绪往往不是一过性的，而是会在相当长的一段时间萦绕不止，挥之不去。这些情绪对被害人的心理健康有极大的损害，甚至会导致某些心因性疾病的发生，从这个意义上我们说，本罪也侵犯了他人的人身权利（例如健康权）或其他权利（例如人格权）。

2. 本罪在客观方面表现为使用威胁或要挟的方法，逼使被害人当场或限期交付财物的行为。威胁与要挟的表现形式，有口头的，也有书面的，有向被害人当面直接提出的，有通过第三者向被害人转达的，有公开向被害人威胁的，也有以暗示方式进行要挟的。威胁与要挟的内容，有对被害人及其亲属以杀、伤相威胁的，有以揭发或张扬被害人的隐私要挟的，有以毁坏被害人及其亲属的财产相威胁的，有以凭借或利用某种权势损害被害人的切身利益进行要挟的，也有抓住被害人的某些违法乃至犯罪行为的把柄进行要挟的。所谓“逼使受害人交付财物”，是指由于行为人实施了威胁、要挟的方法，造成被害人精神恐惧，不得已而交出财物。行为人既可以是逼使被害人当场交出财物，也可以是限期交出财物。敲诈勒索罪可以说是介于抢劫罪与诈骗罪中的一种财产犯罪形态，一方面，它存在强迫的成分；另一方面它又存在被害人处分的成分。但两种成分都不彻底。强迫没有达到完全的强迫，处分也不是甘愿的处分。因此，其客观表现形态有着一定的复杂性。

刑法学传统的观点认为，敲诈勒索罪只能是采用威胁、要挟方法，不包含暴力方法，并认为这是其与抢劫罪的显著区别。① 但是我们认为这种区别不能绝对。其实，在司法实践中对敲诈勒索行为的认定并不排除可能使用暴力的情形出现，关键在暴力使用的形式和目的。如果使用暴力是为了使被害人不能、不知或不敢反抗，以达到当场占有其财物的目的，构成抢劫罪无疑。但是并非所有使用暴力的形式和目的都是这样的，有可能是出于其他形式和目的使用暴力，如果暴力的形式是为了达到恐吓被害人，仅作为威慑形式使用（而不是为了当场制服被害人），或者暴力的目的是迫使被害人答应日后交付财物，那么即使行为人使用了暴力，该行为也只应该构成敲诈勒索罪。② 实践中，行为人当场实施暴力，并以今后进一步实施暴力相威胁的敲诈勒索案件时有发生。③ 在有些敲诈勒索的场合，行为人可能对被害人实施一定的暴力，比如先对被害人进行一顿殴打，特别是在捉奸的场合，往往存在行为人先对实施苟且行为的人出于激愤的临场殴打而后再讨价还价进行敲诈勒索的情形，此种情况属于暴力行为在先，勒索行为在后。在这种场合被害人交出财物并不是因为惧于行为人的暴力，而是出于自己做了坏事，侵犯了他人的利益，为了平息对方的怨怒而作的让步。此时先行的暴力行为与之后的勒索财物之间并没有直接的因果关系。因此必须指出，构成敲诈勒索罪手段行为的暴力无论如何不能是当场取财的直接原因，只能是辅助条件，即暴力所产生的威慑效果不能达到抑制被害人反抗的程度，而只是起到让被害人不得不权衡利弊得失的程度，所以暴力不能包括拘禁的类型，因为在被拘禁的情况下，已经抑制了被害人的反抗而完全丧失了权衡选择的能力。

至于行为人对被害人实施了足以抑制其反抗的暴力后，迫使其日后交付财物的行为，属于何种性质，张明楷教授认为，尚需进一步研究（倾向于认定为抢劫罪）。④ 我们认为，这种情形仍应认定为敲诈勒索罪，也就是说，虽然行为人实施了

① 参见王作富：《认定抢劫罪的若干问题》，载《刑事司法指南》2000 年第 1 集，法律出版社 2000 年版，第 23 页。另参见高铭暄、马克昌主编：《刑法学》，北京大学出版社、高等教育出版社 2000 年版，第 527 页。

② 此种当场实施的暴力实际上起的是以实施暴力相威胁一样的胁迫作用。参见高铭暄主编：《刑法专论》（下编），高等教育出版社 2003 年版，第 731 页。

③ 参见刘明祥《财产罪比较研究》（中国政法大学出版社 2001 年版）第 294 页所讨论的案例。

④ 参见张明楷：《刑法学》，法律出版社 2003 年版，第 765 页。

足以抑制被害人反抗的暴力，但是并非当场取得财物，而是直接要求(并非发现被害人身无分文后，才改变主意)被害人日后交付财物的，只能认定为敲诈勒索罪。因为它不符合抢劫罪的当场取得财物的构成要件的要求。而且，我们还认为，只要被害人不是当场交付财物，被害人就存在交付与不交付的选择余地。因为被害人存在脱离行为人暴力直接控制的空间，被害人要不要交付财物并非直接屈从于行为人的暴力，只是受到该暴力所导致的心理强制，但是这种强制由于空间距离，已经不具有绝对强制的性质，而仅是一种相对强制，被害人事实上仍具有一定的意志自由和行为选择能力，因此，符合敲诈勒索罪的构成。

总之，敲诈勒索罪可以包括使用暴力，在要求被害人日后交付财物的情况下，这种暴力甚至可以达到抑制被害人反抗的程度；在要求被害人当场交付财物的情况下，这种暴力不能达到使被害人不能反抗的程度，这时的暴力起的仅是一种威慑作用。由此，就可以解释实践中对一些使用轻微暴力，当场取得财物的(例如发生在青少年的清钱行为)，一般按照敲诈勒索罪定性的缘由。表面上这种情况也符合两个当场的条件，似乎和抢劫罪一样，但其暴力实质上并没有达到足以抑制被害人反抗的程度，被害人之所以给钱是为了息事宁人，不想惹麻烦。与抢劫罪被害人的不得不给钱的性质有所不同。

另外，尚应注意对以下几种情况的处理：一是当场实施暴力后，既当场取得财物，又当场要求被害人日后交出财物(如当场取得的财物较少，心有不甘而逼迫被害人又写下欠条或借据)；二是当场实施暴力没有实际得财，而要求被害人日后交出财物或逼迫其写下欠条、借据的。有论者认为这种情形属于兼容犯，应择一重罪从重处罚，认为这种情况不存在两个独立犯罪行为，不能对暴力行为进行两次评价，而查证行为人暴力的主观目的也有困难，单纯定性其中一个罪又不能全面评价整个案件事实，故按一重罪从重处罚。① 但张明楷教授认为这种情况应认定为两个罪。② 我们倾向于张明楷的观点。我们认为暴力行为具有持续性、阶段性，它是可以分开评价的。

此外，刑法明确规定了抢劫罪可以由胁迫手段构成，但是没有明确敲诈勒索罪的手段行为是否包括胁迫。刑法学理论通说认为，敲诈勒索罪的手段是采用威胁或要挟的方法。③ 我们认为，所谓胁迫手段和威胁的方法并无本质上的区别，都是以暴力为内容的精神强制方法，两者内涵难以区分。但是较之于敲诈勒索罪，抢劫罪的危害性被认为要大得多，法定刑也重得多。除了在于抢劫犯罪行为人不仅仅

---

① 刘树德著:《敲诈勒索罪判解研究》，人民法院出版社 2005 年版，第 37 页。

② 张明楷在其 2003 年版的《刑法学》中提出，行为人对被害人实施了足以抑制其反抗的暴力，但由于被害人身无分文，又迫使其日后交付财物的，宜将抢劫罪(未遂)与敲诈勒索罪数罪并罚。参见张明楷:《刑法学》，法律出版社 2003 年版，第 764 页。

③ 参见高铭暄、马克昌主编:《刑法学》，北京大学出版社、高等教育出版社 2000 年版，第 527 页。

当场对被害人实施手段行为，而且当场夺取被害人财物，即所谓“两个当场”这个原因以外，更重要的是，抢劫罪的行为人“往往使被害人处于人身权利与财产权利难得两全的极度紧迫的危险状态”，[①]因此，其胁迫的强度已经达到使被害人根本没有任何选择的余地，完全失去了意志自由的程度，唯此，才会具有当场同时实施手段行为与目的行为的效果。可见，作为抢劫罪的胁迫手段，其强度明显要超过手段行为与目的行为不是当场同时实施的敲诈勒索罪（仅指暴力、暴力威胁的手段行为）中使用的威胁，敲诈勒索罪行为人所使用的（暴力）威胁的强度较低，其作用也仅是起恐吓作用，造成一定程度的心理压力（不是绝对压力），也就是说，即使被害人不给钱物，其可能面临的暴力并不会很重，充其量是轻微伤的皮肉之苦，被害人的人身和财产权利受侵害只具有或然性，被害人的意志自由也不会完全丧失，危险性也不会那么急迫。由此可知，抢劫罪的胁迫与敲诈勒索罪的威胁的区别不在于内涵，而在于使用程度。因此，以是否是“两个当场”来区分抢劫罪与敲诈勒索罪虽是司法实践的通常做法（目前这种做法有所改变），但更重要的是，还要考虑到被害人是否有权衡利弊得失的余地，即被害人是否尚存有自由意志，在被敲诈勒索的情况下，被害人虽然在当时受制于人，但还存在思考的空间，权衡利弊的余地，因此，在被敲诈时就会考虑是破财消灾，还是去面对当下的苦痛。如果被索要太多，承受不起，被敲诈人就会不惜承受当下的苦痛而不舍财物，反之，若在经济能力承受范围内，则会选择破财消灾。从经济学角度讲，就是机会成本越高，忍耐的可能性就越小。

当然，如果行为人实施暴力威胁的目的是日后取得财物，则这种暴力威胁的程度与抢劫罪的胁迫应无区别，只不过前者是日后取得财物，后者是当场取得财物。[②]

作为敲诈勒索罪的对象的财产形态应包括动产和不动产。共同财产、同财共居的财产，非法财产、违禁品、被扣押物品、犯罪所得的物品等等，我们认为也都可以成为敲诈勒索罪的对象。至于敲诈勒索罪的对象是否包括财产性利益，我们认为应当包括，但是不能包括提供非法服务，也不能包括非财产性的不正当利益，例如要求官位，调动岗位、工作等等。[③]

刑法第274条将“数额较大”作为敲诈勒索罪的概括性定量要件。最高人民法院2000年4月28日通过了《关于敲诈勒索罪认定标准问题的规定》，将数额较大规定为1000元至3000元为起点；数额巨大以1万元至3万元为起点，各地可根据

---

① 参见王作富：《认定抢劫罪的若干问题》，载《刑事司法指南》2000年第1集，法律出版社2000年版，第22页。

② 关于当场取财的理解可以参考何木生案，载《刑事审判案例》，法律出版社2002年版，第399～402页。

③ 对这个问题的理解可参照前述关于诈骗罪对象的论述。欠条、借据能否成为本罪对象也应参照前述有关抢劫罪对象的研究。

本地区具体情况在上述幅度内确定具体数额标准。数额较大不是仅指实际上占有的数额，敲诈勒索数额较大，即使未遂，如果情节严重也应定罪处罚，但必须有造成数额较大财产损害的可能性。否则不构成本罪。[①] 这样规定是考虑到敲诈勒索犯罪中是通过被害人取得财物，被害人一般都有报案，自救的时间、空间，因此，其数额标准可略高于盗窃罪；而敲诈勒索犯罪存在对被害人实施精神上威胁、强制的特征，故敲诈勒索犯罪的数额略低于诈骗犯罪。[②] 从犯罪恶性上看，敲诈勒索罪应比盗窃罪和诈骗罪重，但是其最高法定刑却只有10年有期徒刑，这是由于敲诈勒索罪没有数额特别巨大的规定，而盗窃罪、诈骗罪存在数额特别巨大的情形。为什么敲诈勒索罪没有数额特别巨大的规定？我们理解是由于如果被害人被敲诈数额特别巨大，则被害人通过权衡利弊得失，是不会同意行为人的要求的，是会选择牺牲本体利益，例如宁可失去名誉毅然报案或者去面对将来可能的威胁而不破大财。这样从总体而言，敲诈勒索罪的犯罪性一般只能发生在数额巨大的情况以下。其可能出现的最大危害性比起数额特别巨大的盗窃罪、诈骗罪就会小一些，因此，其法定最高刑才会设在10年有期徒刑（相应的盗窃罪、诈骗罪法定最高刑为无期徒刑，特别的盗窃罪甚至有死刑的规定）。

3. 本罪的主观方面表现为直接故意，并具有非法占有他人财物的目的。

4. 本罪的主体只能由自然人构成。

二、敲诈勒索罪认定应注意的问题

1. 敲诈勒索罪与行使权利行为的界限

敲诈勒索罪的主观要件为故意并应具有非法占有他人财物的目的，单纯实施恐吓行为，在我国不构成本罪。对采用恐吓手段索债的行为也不宜认定为本罪。这是比较清楚的。而当行为人本身有权实施其威胁或者要挟的内容时，则涉及敲诈勒索罪与正当行使权利的界限问题。需要认真辨析。例如，对于本节引例的认定就存在较大的分歧意见。

一部分人认为王某的行为构成敲诈勒索罪。理由是：(1)王某作为销售者，不是消费者，无索赔权；(2)王某即使有索赔权，其28万元的索赔标的也明显超出民事索赔的合理范围，显属不当；(3)王某写信声称“如果通过新闻媒体曝光，A公司声誉将一败涂地”的行为之性质是以A公司的声誉相要挟，符合敲诈勒索罪的特征。

另一部分人认为王某不构成敲诈勒索罪。理由是：(1)王某享有民事索赔权，其索赔权是由李某的退换行为转让而来；(2)索赔28万元或50万元并无不当，因

---

① 参见刘树德著：《敲诈勒索罪判解研究》，人民法院出版社2005年版，第82页。

② 参见刘树德著：《敲诈勒索罪判解研究》，人民法院出版社2005年版，第82页。

为精神损害赔偿并没有确切标准;(3)王某写信的行为不属要挟,因为根据《消费者权益保护法》第34条的规定,发生消费者权益争议时,可以通过与经营者协商的方式解决。王某在法庭上要求赔偿50万元与写信要求赔偿50万元就行为本身而言并无任何性质上的区别。

一审判处王某的行为构成敲诈勒索罪,判处有期徒刑3年,缓刑3年。王某不服判决,提出上诉,二审认为王某实施的行为应是一种平等主体之间的民事法律纠纷,不构成犯罪,遂撤销了原审判决。①

我们认为二审法院的判决是正确的,王某无罪,其行为不构成敲诈勒索罪。一般而言,当行为人本身无权实施威胁或者要挟的行为时,构成敲诈勒索罪,但是须有一个前提条件,即行为人所要求取得的财物或者财产性利益对行为人本身而言是无权得到的,即非法的。如果行为人以实施人身伤害、揭发隐私、毁坏财物等违法行为相威胁或者要挟,向对方追索合法债务时,不应以敲诈勒索罪论处。因为敲诈勒索罪侵犯的客体是复杂客体,敲诈勒索的行为人不仅侵犯了他人的人身权利或其他权益,更为重要的是侵犯了公私财产的所有权,刑法把敲诈勒索罪规定在侵犯财产罪一章也正反映了这一点。既然行为人实施威胁或要挟的目的是追回自己的合法债务,就谈不上对他人财产所有权的侵犯。但是,如果债权人对债务人将威胁的内容付诸实施,构成其他犯罪的,应根据具体情况依法追究其刑事责任,如对他人人身造成伤害的,以故意伤害罪论处;毁坏财物的,以毁坏财物罪论处,等等。

不过,当行为人本身有权实施其威胁或者要挟的内容时,应根据"权"的性质分别予以考虑。这里可将"权"分为公权力和私权利。如果行为人基于公权力有权实施威胁或者要挟行为,并且凭借其权力索取他人财物,数额较大时,我们认为行为人的行为构成受贿罪,而不是敲诈勒索罪。因为公权力的行使主体,主要是指被授予权力的国家工作人员。当国家工作人员利用被授予的权力对他人实施威胁或者要挟索取财物时,实际上是利用职务上的便利索取财物,为他人谋取利益的行为,符合受贿罪的构成特征,而其威胁或者要挟的行为,应视为一种索贿的举动,作为受贿罪的量刑情节,按刑法第385条的规定,从重处罚。例如,某税务工作人员在工作中发现某个体户存在严重的偷税漏税行为,便向其威胁如不给他1万元"好处费",就依法追究其法律责任。个体户害怕法律的制裁便交了1万元以"息事宁人"。这里该税务工作人员的行为就是一种索贿行为,构成受贿罪,而不是敲诈勒索罪。

当行为人基于私权利有权实施威胁或者要挟的内容时,索取的财物如对自身而言为非法利益的,则也会构成敲诈勒索罪。举例言之,如果甲了解到乙曾有犯罪

① 甘敏撰"王某敲诈勒索案",载陈立主编:《刑法疑难案例评析》,厦门大学出版社2003年版,第274页。

行为,因而要求乙交付1万元钱,否则就要告发,此时甲要告发乙的犯罪行为虽属合法权利,但其无权从中取得利益,其欲借告发行为获利可以构成敲诈勒索罪。其原因在于对犯罪行为的处理必须通过国家司法机关进行,任何人不得私下对应由公诉机关起诉的犯罪行为作私下调解谋利。但若行为人索取财物是因为行为人与对方存在私法领域的债权债务关系的,其利用对方某种把柄或弱点进行要挟,对索赔数额进行漫天要价,则不构成敲诈勒索罪。其原因在于私法领域并不禁止私下协商,至于协商的方式只要不侵犯他人的人身权即可,即使一方存在利用对方的把柄、弱点进行要挟,也不可能构成犯罪。何况我国刑法也没有规定单纯的恐吓罪。敲诈勒索罪的构成不仅要求存在恐吓行为,还要求其取财行为也是非法的。两者缺一不可。因为对敲诈勒索罪的行为人进行刑事制裁是因为其行为侵犯了公私财产所有权和他人的人身权利或其他权利。既然行为人有权实施"威胁或要挟"的行为,尽管这种威胁或者要挟也会对他人形成心理强制作用,但因行为人这样做是行使自身的权利,不存在对他人的人身权利或其他权利的侵犯问题。同时,行为人行使能对他人产生心理强制作用的权利是为了有利于解决自身与对方的合法债权债务关系,也不存在对他人所有权侵犯的问题。

引例中,作为经销者的王某向A公司索赔是合法的行为,其行为性质属于基于私权利而要挟对方以有利自己解决与对方的合法债权债务关系的情形。首先,王某威胁或者要挟的内容,即"向新闻媒体曝光",是王某享有的合法权利。《中华人民共和国宪法》第35条规定,公民有言论的自由。因此,王某如果将A公司生产的冰激凌上有蓝色布头一事向新闻媒体曝光,即使给A公司的声誉造成了负面影响,造成该公司负责人的恐惧心理(我们倒宁愿那些伪劣商品的生产者、经营者常有恐惧心、畏惧心),其要挟曝光的行为也不违法。其次,王某与A公司存在一种合法的债权债务关系。即使根据民法界某些专家的观点,认为经销者不属于消费者,不能适用《消费者权益保护法》第35条第2款规定①。但是在引例中,李某发现其从王某处购得的A公司生产的某品牌冰激凌带有蓝色布头后,既可以向销售者王某要求赔偿,也可以向A公司要求赔偿。既然李某选择了从王某处退换一支另外品牌的冰激凌,表明其已认可从销售者王某那里获得的这种赔偿方式。而冰激凌带有蓝色布头一事是A公司的责任,因此王某在赔偿李某后,可以向A公司追偿,即王某具有向A公司进行索赔的权利。也就是说,王某有权直接与A公司交涉商讨赔偿事宜。同时,我国相关民事法律并未禁止经销者向生产者提出精神赔偿的权利,所以王某向A公司提出精神赔偿的行为,并不违法。而我国的精神赔偿并没有确切标准,实践中为区区小事提出天价索赔的案例比比皆是,从未有

① 《消费者权益保护法》第35条第2款规定:"消费者或者其他受害人因商品缺陷造成人身、财产损害的,可以向销售者要求赔偿,也可以向生产者要求赔偿。属于生产者责任的,销售者赔偿后,有权向生产者追偿。……"

被归入敲诈勒索范畴的。即使认为王某提出的50万元或者28万元的要求不合理,但也并不违法。其行为无论如何不可能质变为敲诈勒索。那种认为王某的索赔远远超过了应得的赔偿额,就使得合法的索赔变为非法的敲诈的观点[①],明显滥用了质量互变规律。这种观点导致的就是王某如果选择在法庭上提出天价索赔要求就不会构成敲诈勒索,而私下提出就会构成敲诈勒索的荒唐逻辑。诚如上述,私法领域并不反对私下解决纠纷,如果纠纷的一方无法接受对方的要求,完全可以选择法庭上见分晓。也就是说A公司如果无法接受王某的要价,完全可以选择到法庭上解决纠纷,其代价就是让其经营伪劣商品的行为被曝光。法律当然不能鼓励A公司仅付出小小的代价就能够掩盖其制假的行为。法律应当使得制假的成本很大否则就会被曝光,唯此,才能遏制当下的制假风潮。

综上,引例中的王某本身是有权利实施其“威胁或者要挟”A公司的行为的,即他有权向新闻媒体曝光。同时,王某向A公司声明要求支付50万元或者28万元的赔偿金虽不合理但也不违法,故王某的行为无罪。王某对A公司的行为仅表明两者之间存在民事法律纠纷,这种解决方式不应为法律所禁止,当然更不应认定为敲诈勒索罪。

2. 敲诈勒索罪与民间索取“精神损害赔偿”的关系

实践中常有配偶一方纠集数人对另一方配偶与第三者实施的通奸行为或婚外性行为进行要挟从而勒索钱财的行为,还有强奸罪被害人的家属对实施强奸行为的行为人以“私了”为名勒索财物的情形。对此类情形如何定性,理论界和实务界的评价差异较大,有的认为被告人纠集他人捉奸或控制强奸罪行为人,实质目的是强行索取不法利益,具有非法占有目的,且数额较大,构成敲诈勒索罪。在此过程中,如又具有以采用捆绑、殴打等手段限制他人人身自由的行为,同时构成非法拘禁罪。为牵连犯,应择一重罪处罚。另一种意见认为,被告人纠集数人为索取精神损害之债的行为,不构成敲诈勒索罪,但如果被告人非法剥夺他人人身自由的行为,应构成非法拘禁罪。

目前,第一种意见多为实务界所采,但是,我们认同第二种意见。仅就行为人的客观行为而言,似乎符合敲诈勒索罪的客观要件。但综合案情,还须考察行为人的主观方面,分析行为人究竟是以非法占有为目的,还是以被害人履行其“精神损害赔偿之债”为目的。

根据我国现阶段的社会道德标准,有配偶者与他人通奸,家庭成员有人被强奸,确实会给其配偶或近亲属带来耻辱感,导致其社会评价降低,影响其正常的社会交往和工作活动,造成其精神损害,而民间也认为第三者有赔偿的义务,尤其是对强奸罪的行为人,民间更是认为强奸罪行为人应有赔偿的义务。因此,不可否

---

① 参见赵瑞罡、赵祺罡:《敲诈勒索系列案件的比较与分析》,载《刑事司法指南》2004年第4集,法律出版社2005年版,第63页。

认，上述人员索要“精神损害赔偿之债”从一般社会观念来说确实具有维护自身权益的目的，而不是非法占有他人公私财物的主观意图。

这类行为中，被告人迫使被害人交纳的钱款虽名目不一，如“罚款单”、“名誉损失费”、“精神补偿费”等，但被告人主观上是基于社会伦理上的道德优势，要求被害人给付精神损失之债。从索赔数额考察，数千元到数万元的要求与社会经济发展水平，被害人的收入，被告人受到的感情伤害等因素相较，也在理性范围之内，可见被告人并非基于利用此事件，以期非法占有被害人的财产。

据此，我们认为，被告人捉奸后（或控制强奸罪行为人）扣押人质索取赔偿的行为，主观上是基于道德优势，要求被害人赔偿“精神损害之债”，虽然此类“精神损害之债”在民法上尚未有定论，但只要行为人是以索取债务为目的，无论债务性质合法与否，债务同样反映行为人的行为与被害人的损害之间实际存在一定的关系，债务性质不影响这类案件的定性，追讨这种债务不能认定行为人具有“非法占有目的”。最高人民法院 2000 年 7 月 18 日颁布的《为索取高利贷、赌债等法律不予保护的债务非法拘禁他人行为如何定罪问题的解释》规定，“行为人为索取高利贷、赌债等法律不予保护的债务，非法扣押、拘禁他人的，依照刑法第二百三十八条的规定定罪处罚”。可见最高司法机关也认为，即便是法律不予保护的非法债务，它仍然是事实上客观存在的，不会因为法律不承认而消失。刑法并不只是从属于民法的保护法，应当有其独立的价值体系与评判标准。债权债务关系是否为民法所承认并保护并不能决定刑法上对于相关行为本身应受谴责性的评价。被告人与被害人之间存在的某种民法不予保护或未明确的某种债权债务关系在现实生活中往往会成为被告人实施勒索钱财的诱因，或者说存在条件关系。对这种关系的认识不应站在民法的角度上，而应该从一般人的角度进行理解，刑法评价的基础即在于此。由于这种事实上的条件关系存在，刑法对此类行为的评价自然有必要区别于无此关系存在的行为。所以，只要被告人与被害人之间事实上存在着这种条件关系，无论是否为民法所承认和保护，在进行刑法评价时都应当综合考虑。

我们认为，被害人破坏他人的家庭关系，或强奸他人造成他人家庭的整体名誉受损，广义上看也是一种侵权行为，从而就产生一个侵权之债。但是这里存在一个问题，就是这种债务并非一般法律意义上的债务，而且一般并不为法院所确认，即使为法院所确认，其数额也难以确定。事实上，因这类破坏家庭名誉的行为而产生的损害赔偿是否成立，在学界和实务界都有所争议，做法不一，但是主张被侵害人有权得到损害赔偿的观点和做法也得到一定的社会舆论支持，特别是强奸罪被害人提出的赔偿请求,也已得到判例和学说的支持。① 因此,我们倾向于认为这种侵权之债是应当受到法律保护的,可以将之视为一种合法债务。退一步说,即使这种债务不是民法所确认和保护的,这也不会影响到其作为一种条件关系存在。如果没有相关侵害事实存在,被告人的行为也就不会发生,而且如果被告人所索要的财物并不至于与被害人的侵权行为造成的损失相差悬殊,就不应被看作一个借口。这种事实上的条件关系从社会一般人角度看来,是完全存在的。因此,即便民法上不保护这种债权,也不应影响到刑法对因其而引发行为所作的评价。刑法应当摆脱因民法不完善造成的不确定状态,进行独立的评价。所以相对于不存在这一条件关系的勒索钱财的情况,刑法评价应当有所不同。况且,从举重明轻角度来看,被民法作出否定评价的高利贷、赌债等债务尚且可以作为"索债"的债,更何况只是民法上不置可否,未有定论的侵权之债?这就更应该作出有利于被告人的评价。因此,如果将被告人的上述行为定性为敲诈勒索罪,实未综合考查案情,考量被告人主观方面,而是仅仅依据客观方面的行为定罪量刑,有客观归罪之嫌。因此,我们认为上述行为不属于具有非法占有目的的敲诈勒索罪,而属于一种事出有因的民间纠纷,应通过民事调解的方式解决这类问题。②

3. 敲诈勒索罪与招摇撞骗罪的界限

本罪在司法实践中与招摇撞骗罪也存在一定的交叉关系,需要注意。例如,行为人高某、林某、罗某在某市南关七里铺"方正"打印部非法印制了"防暴巡警上岗证"。三被告人纠集在一起,身着公安制服,持"防暴巡警上岗证",先后闯入某市14户人家中,以抓赌为名,用不交罚没款就带到派出所审查相要挟,非法搜缴,获取钱款共计人民币10500余元。当被害人拒绝交纳所谓"罚没款"时,高某、林某对被害人有轻微的殴打和搜身行为。

对本案的处理有认为应认定为招摇撞骗罪。理由是:高某、林某、罗某三人以谋求非法利益为目的,采用冒充公安人员的形式,身着公安制服,持"防暴巡警上岗证",进行诈骗,损害国家机关的威信及其正常活动,因此应该定为招摇撞骗罪。我

① 实务界有著名的深圳市"贞操权案",一审判处赔偿强奸被害人8万,二审裁定撤销一审判决,并驳回被害人起诉,见《北京青年报》2002年12月8日;佛山市则有一相似案件,一审判决赔偿强奸被害人3000元,二审改判2万元,见《北京青年报》2001年6月5日;2002年6月16日,浙江市丽水市莲都区则对一相似案件判决赔偿强奸被害人2万元,见网易新闻,http://news.163.com/editor/020616/020616_447608.html;广东省高级人民法院副院长陈华杰、省高级人民法院民庭梁聪审判长则认为强奸受害人可以主张贞操权损害赔偿,参见国法网新闻,http://www.law.com.cn/pg/newsShow.php? Id=526;学界观点也认为强奸犯罪被害人有权获得损害赔偿,见杨立新、杨帆:《最高人民法院〈关于确定民事侵权精神损害赔偿责任若干问题的解释〉释评》,载《法学家》2001年第5期。

② 值得注意的是,实践中常有妻诱使他人上钩,夫依约前来捉奸,索取财物,这无疑就具有敲诈勒索罪的非法占有目的,构成敲诈勒索罪无疑。

们认为本案不应该定为招摇撞骗罪。本案认定的关键在行为手段上。招摇撞骗的行为手段，由两部分组成，一是招摇，二是撞骗，招摇指故意张大声势、引人注目，招摇过市；所谓撞骗，指到处行骗。而骗是指行为人通过谎言或施诡计使被骗者上当，并心甘情愿地交出财物。招摇撞骗罪是以"骗"为基本特征的，被害人在受骗后往往是"自愿"交出财物或出让其他合法权益。本案被告人高某、林某、罗某虽然假冒了国家工作人员的身份，即身着公安制服，持"防暴巡警上岗证"，但是从实际案情看，被害人并未真的被被告人所蒙骗，而自愿交出财物。首先，被告人并不符合招摇这一行为特征，因为被告人并不希望自己的行为被他人所发现，所以尽量只让被害人知道他们的存在，以免使自己的身份暴露，因而被告人在行为过程中带有秘密的色彩，而不愿大肆宣扬。其次，被害人并非被三位被告人的假身份所蒙蔽，而真的相信从天而降出现了几位警察。退一步说，即使被害人真的相信了这几位假警察，也不会自愿交出财物的。本案的事实是，被告人实施了一定的殴打行为，再进行要挟，要求被害人交出罚没款，否则带到派出所，被害人基于对可能遭受更大的人身和财产损失的惧怕，而作出利益上的权衡，即基于破财消灾的心理，忍气吞声交出财物。被告人虽然冒充警察，获取财物，但只不过是一个辅助手段，对其取得财物不是起根本的作用，定为招摇撞骗罪是不合适的。本案被告人以抓赌为名，对 14 户人家进行威胁，声称如果不立刻交出财物，就要送入派出所审查。被害人之所以屈从，也是因为自己有"把柄"在被告人手中，害怕如果不满足被告人的要求，事情会被曝光，不但名誉扫地，而且可能遭受更大的人身和财产损失。被告人在行为过程中所实施的暴力，是使被害人产生恐惧心理，迫使他们交出财物，但是被害人还有选择不交出财物的选择余地，即被害人还是可以选择去派出所，虽然他们放弃了这样的选择，自愿当场交出财物，但并不能否认他们选择自由的存在。还需要指出的是，本案中的被告人虽然实施了一定的暴力，但这种暴力是如此轻微，只是作为助其声势以恐吓被害人，也不能视为抢劫罪的手段行为。因此，以敲诈勒索罪认定本案被告人的行为才是恰当的。

三、敲诈勒索罪的处罚

刑法第 274 条规定，犯敲诈勒索罪，数额较大的，处 3 年以下有期徒刑、拘役或者管制；数额巨大或者有其他严重情节的，处 3 年以上 10 年以下有期徒刑。所谓"情节严重"，主要是指多次敲诈勒索的；冒充国家工作人员敲诈勒索的；结伙设置骗局进行敲诈勒索的首要分子或者组织者、累犯；或者因敲诈勒索而造成被害人精神失常、自杀等严重后果的，等等。

第七节　本章其他犯罪

一、抢夺罪

抢夺罪，是指以非法占有为目的，乘人不备，公开夺取数额较大的公私财物的行为。本罪的主要特征是：本罪的客体是公私财产的所有权。本罪的客观方面表现为乘人不备，公开夺取公私财物。即行为人当着公私财物所有人、管理人或者其他人的面，乘其不备，出其不意，采取可以立即被发觉的方式，公开把财物抢走。被害人遭到侵害时，会立即意识到财物的损失。本罪的主体是一般主体，凡年满16周岁并具有刑事责任能力的自然人，都可以构成本罪。本罪的主观方面必须是故意，且以非法占有公私财物为目的。过失不能构成本罪。抢夺罪是以数额较大为构成要件的，因此，对于抢夺财物数额不大，情节显著轻微的，如因生活无着偶尔抢夺少量食物等行为，不能以抢夺罪论处。

对于驾驶机动车、非机动车(以下简称“驾驶车辆”)夺取他人财物的，一般以抢夺罪从重处罚。但具有下列情形之一，应当以抢劫罪定罪处罚：

(1)驾驶车辆，逼挤、撞击或强行逼倒他人以排除他人反抗，乘机夺取财物的；(2)驾驶车辆强抢财物时，因被害人不放手而采取强拉硬拽方法劫取财物的；(3)行为人明知其驾驶车辆强行夺取他人财物的手段会造成他人伤亡的后果，仍然强行夺取并放任造成财物持有人轻伤以上后果的。

依据刑法第267条的规定，抢夺公私财物，数额较大的，处3年以下有期徒刑、拘役或者管制，并处或者单处罚金；数额巨大或者有其他严重情节的，处3年以上10年以下有期徒刑，并处罚金；数额特别巨大或者有其他特别严重情节的，处10年以上有期徒刑或者无期徒刑，并处罚金或者没收财产。携带凶器抢夺的，依照抢劫罪的规定定罪处罚。《解释》第6条规定，“携带凶器抢夺”，是指行为人随身携带枪支、爆炸物、管制刀具等国家禁止个人携带的器械进行抢夺或者为了实施犯罪而携带其他器械进行抢夺的行为。行为人随身携带国家禁止个人携带的器械以外的其他器械抢夺，但有证据证明该器械确实不是为了实施犯罪准备的，不以抢劫罪定罪；行为人将随身携带凶器有意加以显示、能为被害人察觉到的，直接适用刑法第263条的规定定罪处罚；行为人携带凶器抢夺后，在逃跑过程中为窝藏赃物、抗拒抓捕或者毁灭罪证而当场使用暴力或者以暴力相威胁的，适用刑法第267条第2款的规定定罪处罚。

二、聚众哄抢罪

聚众哄抢罪，是指以非法占有为目的，聚集多人，采取哄闹、滋扰等方法，公然抢走公私财物数额较大或者有其他严重情节的行为。本罪的客体是双重客体，即不仅侵犯了公私财物所有权，而且还侵犯了社会正常管理秩序。本罪的客观方面表现为聚集、纠合多人，采用哄闹、滋扰等方法，一哄而起地公然抢走公私财物，并且数额较大或者情节严重的行为。“聚众”是这种犯罪的组织形式，“哄抢”是犯罪的方法。“聚众性”和“公然性”是聚众哄抢罪在客观方面的显著特征。所谓聚众性，是指实际实施哄抢行为的人一般至少在 3 人以上，多则几十人、上百人，甚至上千人；所谓公然性，是指行为人当着公私财物的合法所有者、保管者或者守护者的面，公开地将财物抢走。数额较大和情节严重，是构成本罪必须择一具备的要件。本罪的主体是特殊主体，即哄抢公私财物的首要分子和积极参加者。本罪的主观方面必须是直接故意，并且故意的内容是以非法占有公私财物为目的。此外，构成本罪还必须是数额较大或者有其他严重情节的。

依据刑法第 268 条的规定，聚众哄抢公私财物，数额较大或者有其他严重情节的，对首要分子和积极参加的，处 3 年以下有期徒刑、拘役或者管制，并处罚金；数额巨大或者有其他特别严重情节的，处 3 年以上 10 年以下有期徒刑，并处罚金。

三、职务侵占罪

职务侵占罪，是指公司、企业或者其他单位中的不属于国家工作人员范围的人员利用职务上的便利，将本单位财物占为己有，数额较大的行为。本罪的客体是公私财产所有权。因为这里规定的公司、企业或者其他单位，既可能是非国有性质的，也可能是国有性质的。侵犯的对象必须是行为人所在单位的合法财物。本罪的客观方面表现为利用职务上的便利，将本单位财物非法占为己有并且数额较大的行为。利用职务上的便利是构成本罪的要件之一。所谓“利用职务上的便利”，一般是指行为人利用自己在本单位所具有的一定职务，比如董事、监事、经理、会计等，并因这种职务所产生的方便条件，即管理、经手本单位财物的便利。对于不是利用职务上的便利，而是利用工作上的便利即利用因为工作关系而熟悉周围环境等便利条件，侵占本单位财物的行为，不能认定构成本罪。侵占财物实质上就是将财物非法占为己有，实践中一般表现为侵吞、盗窃、骗取等非法手段。数额较大也是构成本罪的要件之一。本罪的主体是特殊主体，即只有公司、企业或者其他单位中的不属于国家工作人员范围的人员才能构成。依照刑法第 271 条第 2 款的规定：国有公司、企业或者其他国有单位中从事公务的人员和国有公司、企业或者其他单位委派到非国有公司、企业以及其他单位从事公务的人员实施侵占行为的，应当以贪污罪论处。本罪的主观方面必须是故意,故意内容是以将本单位财物非法占为己有为目的。

根据刑法第271条第1款的规定,公司、企业或者其他单位的人员,利用职务上的便利,将本单位财物非法占为己有,数额较大的,处5年以下有期徒刑或者拘役;数额巨大的,处5年以上有期徒刑,可以并处没收财产。

四、挪用资金罪

挪用资金罪,是指公司、企业或者其他单位中的不属于国家工作人员范围的人员,利用职务上的便利,挪用本单位资金归个人使用或者借贷给他人,数额较大,超过3个月未还的,或者数额较大,进行营利活动,或者进行非法活动的行为。本罪的客体是公私财产所有权。侵犯的对象是本单位的资金。本罪的客观方面表现为利用职务上的便利,擅自动用本单位资金归个人使用或者借贷给他人的行为。这种挪用行为可分为三种情况:一是挪用资金归个人使用或者借贷给他人,数额较大,超过3个月未还的。这种情况构成本罪须同时具备三个条件:(1)数额较大;(2)挪用时间超过3个月;(3)尚未归还。二是挪用资金虽未超过3个月,但数额较大、进行营利活动的。在这种情况下,没有挪用时间长短的限制,但数额较大和进行营利活动则是必备要件。所谓"进行营利活动",一般是指进行合法的营利活动,不包括非法的营利活动。本情形无论是否归还,只要是将挪用数额较大的资金进行了营利活动,就可构成本罪。如果发现时已归还,一般也不影响本罪的成立,只是在具体量刑时予以酌情考虑。三是挪用资金用于非法活动的。包括挪用资金归个人或者他人用于非法活动的,如挪用资金进行走私、赌博、嫖娼等活动。本情形既没有挪用资金数额和时间的限制,也没有还与不还的条件,只要是挪用资金用于非法活动的,即构成本罪。以上所谓"超期未还"、"营利活动"和"非法活动"是构成本罪的三种不同情形,只要行为人实施了上述三种情形之一的行为,即可构成挪用资金罪。构成本罪的另一必要条件是利用职务上的便利。这主要是指行为人利用在本单位中所担任的职务上的便利,如直接经手、管理或者主管单位的资金的便利条件。本罪的主体是特殊主体,即只能是公司、企业或者其他单位中的不属于国家工作人员范围的人员。本罪的主观方面只能由直接故意构成,即明知是单位资金而挪用,但行为人的犯罪目的是非法暂时取得本单位资金的使用权,一般是准备以后归还的。

刑法第272条第1款规定,公司、企业或者其他单位的工作人员,利用职务上的便利,挪用本单位资金归个人使用或者借贷给他人,数额较大、超过3个月未还的,或者虽未超过3个月,但数额较大、进行营利活动的,或者进行非法活动的,处3年以下有期徒刑或者拘役;挪用本单位资金数额巨大的,或者数额较大不退还的,处3年以上10年以下有期徒刑。本条第2款规定,国有公司、企业或者其他国

有单位中从事公务的人员和国有公司、企业及其他国有单位委派到非国有公司、企业以及其他单位从事公务的人员有前款行为的，依照刑法第 384 条的规定，以挪用公款罪定罪处罚。

五、挪用特定款物罪

挪用特定款物罪，是指违反国家规定的关于特定款物专用的财经管理制度，挪用有关用于救灾、抢险、防汛、优抚、扶贫、移民、救济款物，情节严重，致使国家和人民群众利益遭受重大损害的行为。本罪的客体是复杂客体，既侵犯了国家规定的关于特定款物专用的财经管理制度，又侵犯了公共财产的使用权。本罪侵犯的对象，只能是专门用于救灾、抢险、防汛、优抚、扶贫、移民、救济的特定款物。本罪的客观方面表现为擅自将特定的用于有关救灾、抢险、防汛、优抚、扶贫、移民、救济等专项款物挪作他用，情节严重，致使国家和人民群众的利益遭受重大损害的行为。构成本罪的挪用，是指未经合法批准，行为人利用特定的职权，将自己经营的上述款物，非法调拨、使用于其他方面（不包括挪归个人使用）。① 例如，为单位修建楼堂馆所、购买小汽车等。构成本罪的另一个客观事实是，因挪用上述特定款物，情节严重，给人民群众利益造成了重大损害。“情节严重”和“重大损害”必须同时具备，才能构成本罪。

根据刑法第 273 条的规定，挪用用于救灾、抢险、防汛、优抚、扶贫、移民、救济款物，情节严重，致使国家和人民群众利益遭受重大损害的，对直接责任人员，处 3 年以下有期徒刑或者拘役；情节特别严重的，处 3 年以上 7 年以下有期徒刑。

六、故意毁坏财物罪

故意毁坏财物罪，是指故意非法毁灭或者损坏公私财物，数额较大或者有其他严重情节的行为。本罪的客体是公私财物所有权。侵犯的对象是各种形式的公私财物。本罪的客观方面表现为故意非法毁灭或者损坏公私财物的行为。本罪的主体是一般主体。本罪的主观方面只能是故意。行为人只有毁坏公私财物的目的，而没有非法占有的目的，这是本罪与其他侵犯财产罪的显著区别。数额较大，是本罪的构成要件。因此，如果故意毁坏财物的数额尚未达到较大，而犯罪情节也不严重，则不能构成本罪。

根据刑法第 275 条的规定，故意毁坏公私财物，数额较大或者有其他严重情节的，处 3 年以下有期徒刑、拘役或者罚金；数额巨大或者有其他特别严重情节的，处

① 根据刑法第 384 条第 2 款的规定，挪用特定款物归个人使用的，依照挪用公款罪，从重处罚。

3年以上7年以下有期徒刑。

七、破坏生产经营罪

破坏生产经营罪，是指以泄愤报复为目的或者其他个人目的，毁坏机器设备、残害耕畜或者以其他方法破坏生产经营的行为。本罪的客体是国家、集体或者个人生产经营的正常活动。本罪的客观方面表现为毁坏机器设备、残害耕畜或者以其他方法破坏生产经营的行为。在实际发生的案件中，破坏生产经营的方法多种多样。这里所说的"其他方法"，是指除本条所列方法以外的破坏生产经营的其他任何方法，如破坏锅炉、切断电源或者供料线；颠倒生产操作程序；破坏农业排灌设备；毁坏种子，等等。本罪的主体是一般主体。本罪的主观方面必须是故意，且具有泄愤报复或者其他个人的目的。这里所说的"泄愤报复"，是指由于嫉妒、奸情、私欲等得不到满足，或者受到组织或领导的批评而产生抵触情绪，或者对工作安排心怀不满等原因而寻求报复。"其他个人目的"，主要是指为逃避劳动、谋求私利或者其他非法利益等目的。

根据刑法第276条的规定，由于泄愤报复或者其他个人目的，毁坏机器设备、残害耕畜或者以其他方法破坏生产经营的，处3年以下有期徒刑、拘役或者管制；情节严重的，处3年以上7年以下有期徒刑。本条所规定的"情节严重"，主要是指破坏生产经营手段恶劣、造成重大损失、严重影响生产经营的正常进行以及其他情节严重的情况。

司法考试真题链接

1.《刑法》第269条对转化型抢劫作出了规定，下列哪些选项不能适用该规定？(2008年试卷二第62题)

A. 甲入室盗窃，被主人李某发现并追赶，甲进入李某厨房，拿出菜刀护在自己胸前，对李某说："你千万别过来，我胆子很小。"然后，翻窗逃跑

B. 乙抢夺王某的财物，王某让狼狗追赶乙。乙为脱身，打死了狼狗

C. 丙骗取他人财物后，刚准备离开现场，骗局就被识破。被害人追赶丙。走投无路的丙从身上摸出短刀，扎在自己手臂上，并对被害人说："你们再追，我就死在你们面前。"被害人见丙鲜血直流，一下愣住了。丙迅速逃离现场

D. 丁在一网吧里盗窃财物并往外逃跑时，被管理人员顾某发现。丁为阻止顾某的追赶，提起网吧门边的开水壶，将开水泼在顾某身上，然后逃离现场

2. 甲驾驶摩托车至某广场，乘途经该广场的乙不备，猛拽其携带的手提包，乙紧紧抓住手提包不放，甲即猛踩油门，将乙拖行数米并甩开，夺其手提包后扬长而去。经查，手提包共有钱物价值人民币 5000 元，乙亦因被甲强拉硬拽而致手腕脱臼。对甲的行为应以何罪处罚？(2008 年延期考试试卷二第 17 题)

A. 抢夺罪

B. 抢劫罪

C. 抢夺罪与抢劫罪实行并罚

D. 抢夺罪与抢劫罪的牵连犯从一重罪处断

3. 下列哪些情形可以成立抢劫致人死亡？(2009 年试卷二第 58 题)

A. 甲冬日深夜抢劫王某财物，为压制王某的反抗将其刺成重伤并取财后离去。三小时后，王某被冻死

B. 乙抢劫妇女高某财物，路人曾某上前制止，乙用自制火药枪将曾某打死

C. 丙和贺某共同抢劫严某财物，严某边呼救边激烈反抗。丙拔刀刺向严某，严某躲闪，丙将同伙贺某刺死

D. 丁盗窃邱某家财物准备驾车离开时被邱某发现，邱某站在车前阻止丁离开，丁开车将邱某撞死后逃跑

4. 某地突发百年未遇的冰雪灾害，乙离开自己的住宅躲避自然灾害。两天后，大雪压垮了乙的房屋，家中财物散落一地。灾后最先返回的邻居甲路过乙家时，将乙垮塌房屋中的 2 万元现金拿走。关于甲行为的定性，下列哪一选项是正确的？(2008 年试卷二第 16 题)

A. 构成盗窃罪

B. 构成侵占罪

C. 构成抢夺罪

D. 仅成立民法上的不当得利，不构成犯罪

5. 关于盗窃行为的定性，下列哪些选项是正确的？(2008 年试卷二第 64 题)

A. 盗窃伪造的货币的行为，不成立盗窃罪

B. 盗窃伪造的国家机关印章的行为，不成立盗窃国家机关印章罪

C. 盗窃伪造的信用卡并使用的行为，不适用《刑法》第 196 条关于“盗窃信用卡并使用”的规定

D. 盗窃企业违规制造的枪支的行为，不成立盗窃枪支罪

6. 甲与乙一起乘火车旅行。火车在某车站仅停 2 分钟，但甲欺骗乙说“本站停车 12 分钟”，乙信以为真，下车购物。乙刚下车，火车便发车了。甲立即将乙的财物转移至另一车厢，然后在下一站下车后携物潜逃。甲的行为构成何罪？(2008 年延期考试试卷二第 15 题)

A. 诈骗罪　　B. 侵占罪

C. 盗窃罪　　D. 故意毁坏财物罪

7. 甲在8楼阳台上浇花时，不慎将金镯子(价值3万元)甩到了楼下。甲立即让儿子在楼上盯着，自己跑下楼去捡镯子。路过此处的乙看见地面上有一只金镯子，以为是谁不慎遗失的，在甲到来之前捡起镯子迅速逃离现场。甲经多方询查后找到乙，但乙否认捡到金镯子。乙的行为构成何罪?(2008年延期考试试卷二第16题)

A. 盗窃罪　　B. 侵占罪

C. 抢夺罪　　D. 不构成犯罪

8. 甲潜入某公安交通管理局会计室盗窃，未能打开保险柜，却意外发现在该局工作的乙的警官证，随即将该证件拿走。随后，甲到偏僻路段，先后向9个驾车超速行驶的司机出示警官证，共收取罚款900元。对于本案，下列哪些选项是正确的?(2008年延期考试试卷二第56题)

A. 甲潜入会计室盗窃的行为，成立盗窃未遂

B. 甲收取罚款的行为，构成敲诈勒索罪

C. 甲收取罚款的行为，构成招摇撞骗罪

D. 甲收取罚款的行为，构成诈骗罪

9. 丙是乙的妻子。乙上班后，甲前往丙家欺骗丙说:“我是乙的新任秘书，乙上班时好像忘了带提包，让我来取。”丙信以为真，甲从丙手中得到提包(价值3300元)后逃走。关于甲的行为，下列哪些选项是错误的?(2008年延期考试试卷二第59题)

A. 盗窃罪的直接正犯

B. 诈骗罪的间接正犯

C. 盗窃罪的间接正犯

D. 诈骗罪的直接正犯

10. 甲系某股份制电力公司所属某供电所抄表组抄表员。在一次抄表时，甲与某金属加工厂承包人乙合谋少记载该加工厂用电量，并将电表上的数字回拨，使加工厂少交3万元电费。事后甲从乙处索取好处费1万元。关于甲的行为触犯的罪名，下列哪些选项是正确的?(2008年延期考试试卷二第62题)

A. 贪污罪　　B. 非国家工作人员受贿罪

C. 盗窃罪　　D. 诈骗罪

11. 张某出于报复动机将赵某打成重伤，发现赵某丧失知觉后，临时起意拿走了赵某的钱包，钱包里有1万元现金，张某将其占为己有。关于张某取财行为的定性，下列哪一选项是正确的?(2007年试卷二第7题)

A. 构成抢劫罪　　B. 构成抢夺罪

C. 构成盗窃罪　　D. 构成侵占罪

12. 甲路过某自行车修理店，见有一辆名牌电动自行车(价值1万元)停在门口，欲据为己有。甲见店内货架上无自行车锁便谎称要购买，催促店主去50米之

外的库房拿货。店主临走时对甲说:"我去拿锁,你帮我看一下店。"店主离店后,甲骑走电动自行车。甲的行为构成何罪?(2007年试卷二第15题)

A. 诈骗罪 B. 盗窃罪 C. 侵占罪 D. 职务侵占罪

13. 甲系私营速递公司卸货员,主要任务是将公司收取的货物从汽车上卸下,再按送达地重新装车。某晚,乘公司监督人员上厕所之机,甲将客户托运的一台价值一万元的摄像机夹带出公司大院,藏在门外沟渠里,并伪造被盗现场。关于甲的行为,下列哪一选项是正确的?(2009年试卷二第18题)

A. 诈骗罪 B. 职务侵占罪 C. 盗窃罪 D. 侵占罪

14. 欣欣在高某的金店选购了一条项链,高某趁欣欣接电话之际,将为其进行礼品包装的项链调换成款式相同的劣等品(两条项链差价约3000元)。欣欣回家后很快发现项链被"调包",即返回该店要求退换,高某以发票与实物不符为由拒不退换。关于高某的行为,下列哪些说法是错误的?(2009年试卷二第59题)

A. 构成盗窃罪　　B. 构成诈骗罪

C. 构成侵占罪　　D. 不构成犯罪,属民事纠纷

15. 甲发现某银行的ATM机能够存入编号以"HD"开头的假币,于是窃取了三张借记卡,先后两次采取存入假币取出真币的方法,共从ATM机内获取6000元人民币。甲的行为构成何罪?(2009年试卷二第61题)

A. 使用假币罪　　B. 信用卡诈骗罪

C. 盗窃罪　　D. 以假币换取货币罪

16. 甲在某银行的存折上有4万元存款。某日,甲将存款全部取出,但由于银行职员乙工作失误,未将存折底卡销毁。半年后,甲又去该银行办理存储业务,乙对甲说:"你的4万元存款已到期。"甲听后,灵机一动,对乙谎称存折丢失。乙为甲办理了挂失手续,甲取走4万元。甲的行为构成何罪?(2008年试卷二第14题)

A. 侵占罪　　B. 盗窃罪(间接正犯)

C. 诈骗罪　　D. 金融凭证诈骗罪

17. 某日,甲醉酒驾车将行人乙撞死,急忙将尸体运到X地掩埋。10天后,甲得知某单位要在X地施工,因担心乙的尸体被人发现,便将乙的尸体从X地转移至Y地。在转移尸体时,甲无意中发现了乙的身份证和信用卡。此后,甲持乙的身份证和信用卡,从银行柜台将乙的信用卡中的5万元转入自己的信用卡,并以乙的身份证办理入网手续并使用移动电话,造成电信资费损失8000余元。甲的行为构成何罪?(2008年试卷二第58题)

A. 交通肇事罪　　B. 侵占罪

C. 信用卡诈骗罪　　D. 诈骗罪

18. 关于诈骗罪,下列哪些选项是正确的?(2007年试卷二第62题)

A. 收藏家甲受托为江某的藏品进行鉴定,甲明知该藏品价值100万,但故意贬其价值后以1万元收买。甲的行为构成诈骗罪

B. 文物贩子乙收购一些赝品，冒充文物低价卖给洪某。乙的行为构成诈骗罪

C. 店主丙在柜台内陈列了两块标价5万元的玉石，韩某讲价后以3万元购买其中一块，周某讲价后以3000元购买了另一块。丙对韩某构成诈骗罪

D. 画家丁临摹了著名画家范某的油画并署上范某的名章，通过画廊以5万元出售给田某，丁非法获利3万元。丁的行为构成诈骗罪

19. 甲在某公司招聘司机时，用假身份证应聘并被录用。甲在按照公司安排独自一人将价值7万元的货物从北京运往山东途中，在天津将该货物变卖后潜逃，得款2万元。甲的行为构成何罪？（2008年延期考试试卷二第18题）

A. 盗窃罪　　B. 诈骗罪

C. 职务侵占罪　　D. 侵占罪

第六章　妨害社会管理秩序罪

第一节　妨害社会管理秩序罪概述

一、妨害社会管理秩序罪的概念与特征

妨害社会管理秩序罪，是指妨害国家机关对社会的管理活动，破坏社会秩序，情节严重的行为。

我国作为人民民主专政的社会主义国家，一直十分重视建立和维护具有良好风尚的、安定团结的社会秩序。我国刑法分则第六章对各种妨害社会管理秩序罪的罪刑规范作了明确、具体而又详细的规定，从而为惩治这类犯罪，维护社会管理秩序，保障社会主义物质文明和精神文明建设，提供了有力的法律武器。

妨害社会管理秩序罪的主要特征是：

1. 侵犯的客体是社会管理秩序，即国家机关依法对社会进行管理而形成的正常的社会秩序。国家机关依法对社会进行管理而形成的正常的社会秩序涉及社会关系的一切方面、社会生活的各个领域。从某种意义上说，社会秩序与社会管理秩序是同义词。广义的社会管理秩序是外延极为广泛的概念，包括社会任何方面的秩序；中间意义的社会管理秩序，是除经济秩序、政治秩序以外的社会秩序。而本章所说的社会管理秩序仅从狭义上来理解。任何犯罪都会不同程度地破坏社会管理秩序，但并非所有犯罪都是本章规定的妨害社会管理秩序罪。本章犯罪所侵犯的社会管理秩序，只限于我国刑法分则其他各章规定的犯罪所侵犯的社会关系和社会秩序（如政治秩序、公共安全、经济秩序、公民权利、财产关系、职务行为的廉洁性、国防利益、国家机关正常活动、军事利益等）以外的其他社会管理秩序。尽管如此，本章犯罪侵犯的客体涉及的范围还是极其广泛的，从日常社会生活秩序、工作秩序、公共秩序、交通秩序、通讯秩序、司法秩序、国（边）境管理秩序，到文物管理、公共卫生、环境保护、毒品管制、社会风化等，都是本章犯罪侵犯的客体。

2. 客观方面表现为妨害国家机关对社会的管理活动,破坏社会秩序,情节严重的行为。本章犯罪涉及的社会关系领域非常广泛,犯罪行为的具体表现形式也复杂多样,其中,绝大多数只能由作为构成,个别犯罪也可以由不作为(如拒绝提供间谍犯罪证据罪;拒不执行判决、裁定罪;医疗事故罪等)或者持有(如非法持有国家绝密、机密文件、资料、物品罪;非法持有毒品等)构成。但是,所有行为都具有妨害国家机关对某一方面社会关系依法进行管理,从而破坏社会秩序的共同本质。

在犯罪构成上,本章犯罪除少部分属于自然犯外,其余多为法定犯,犯罪的构成以违反国家机关对各种社会关系进行管理所依据的法律、法规为前提,并且一般说来,只有情节严重或者造成严重社会危害后果的,才能构成犯罪。虽然违反社会秩序管理法律、法规,但情节轻微或者危害不大的,一般只能根据有关管理法律、法规进行行政处罚。

3. 本章多数犯罪的主体只能是自然人,少数犯罪的主体既可以是自然人,也可以是单位(如扰乱无线电通讯管理秩序罪、骗取出境证件罪、倒卖文物罪、破坏环境资源保护罪等),个别犯罪则只能由单位实施(如采集、供应血液或者制作、供应血液制品事故罪)。自然人犯罪中,多数犯罪的主体是一般主体,除贩毒罪的主体可以是已满 14 周岁的具有刑事责任能力的自然人外,其他犯罪的主体必须是已满 16 周岁的具有刑事责任能力的自然人。少数犯罪的主体则必须是特殊主体,如包庇、纵容黑社会性质组织罪;故意延误投递邮件罪;伪证罪;脱逃罪等。单位犯罪中,多数犯罪为一般主体,个别犯罪则为特殊主体,如非法出售、私赠文物藏品罪的犯罪主体只能是国有博物馆、图书馆等国有单位。

4. 本章绝大多数犯罪在主观方面必须出于故意,只有个别犯罪是过失,如过失损毁文物罪,采集、供应血液或者制作、供应血液制品事故罪,重大环境污染事故罪,为他人提供书号出版淫秽书刊罪,属于过失犯罪。在故意犯罪中,除赌博罪,倒卖文物罪,复制、出版、贩卖、传播淫秽物品牟利罪等少数犯罪必须具有营利或者牟利的目的外,其他犯罪出于何种动机和目的,均不影响犯罪的构成。

二、妨害社会管理秩序罪的类型和罪名

根据刑法分则第六章(条文从第 277 条到第 367 条)和《刑法修正案(二)》、《刑法修正案(三)》、《刑法修正案(四)》、《刑法修正案(六)》和《刑法修正案(七)》的规定,妨害社会管理秩序罪共分为 9 类 125 个罪名。它们分别是:

(一)扰乱公共秩序罪

本节犯罪侵犯的同类客体是公共秩序,共有 40 个罪名。它们是:妨害公务罪,煽动暴力抗拒法律实施罪,招摇撞骗罪,伪造、变造、买卖国家机关公文、证件、印章罪,盗窃、抢夺、毁灭国家机关公文、证件、印章罪,伪造公司、企业、事业单位、人民

团体印章罪，伪造、变造居民身份证罪，非法生产、买卖警用装备罪，非法获取国家秘密罪，非法持有国家绝密、机密文件、资料、物品罪，非法生产、销售间谍专用器材罪，非法使用窃听、窃照专用器材罪，非法侵入计算机信息系统罪，非法获取计算机信息系统数据、非法控制计算机信息系统罪，①提供侵入、非法控制计算机信息系统程序、工具罪，破坏计算机信息系统罪，扰乱无线电通讯管理秩序罪，聚众扰乱社会秩序罪，聚众冲击国家机关罪，聚众扰乱公共场所秩序、交通秩序罪，投放虚假危险物质罪和编造、故意传播虚假恐怖信息罪，②聚众斗殴罪，寻衅滋事罪，组织、领导、参加黑社会性质组织罪，入境发展黑社会组织罪，包庇、纵容黑社会性质组织罪，传授犯罪方法罪，非法集会、游行、示威罪，非法携带武器、管制刀具、爆炸物参加集会、游行、示威罪，破坏集会、游行、示威罪，侮辱国旗、国徽罪，组织和利用会道门、邪教组织或者利用迷信破坏法律实施罪，组织和利用会道门、邪教组织或者利用迷信致人死亡罪，聚众淫乱罪，引诱未成年人聚众淫乱罪，盗窃、侮辱尸体罪，赌博罪和开设赌场罪，③故意延误投递邮件罪。

（二）妨害司法罪

这是一类妨害司法机关正常活动和司法秩序的犯罪，共有17个罪名。它们是：伪证罪，辩护人、诉讼代理人毁灭证据、伪造证据、妨害作证罪，妨害作证罪，帮助毁灭、伪造证据罪，打击报复证人罪，扰乱法庭秩序罪，窝藏、包庇罪，拒绝提供间

---

① 按照《刑法修正案（七）》第9条的规定，“在刑法第二百八十五条中增加两款作为第二款、第三款……”。对此，最高人民法院、最高人民检察院于2009年10月14日颁布的《关于执行〈中华人民共和国刑法〉确定罪名的补充规定（四）》［法释（2009）13号］将该规定确定罪名为“非法获取计算机信息系统数据、非法控制计算机信息系统罪”和“提供侵入、非法控制计算机信息系统程序、工具罪”。

② 《刑法修正案（三）》（2001年12月29日）第8条规定：刑法第二百九十一条后增加一条，作为第二百九十一条之一：“投放虚假的爆炸性、毒害性、放射性、传染病病原体等物质，或者编造爆炸威胁、生化威胁、放射威胁等恐怖信息，或者明知是编造的恐怖信息而故意传播，严重扰乱社会秩序的，处五年以下有期徒刑、拘役或者管制；造成严重后果的，处五年以上有期徒刑。”对于这一规定，最高人民法院、最高人民检察院《关于执行〈中华人民共和国刑法〉确定罪名的补充规定》［法释（2002）7号］将其罪名确定为“投放虚假危险物质罪”和“编造、故意传播虚假恐怖信息罪”。

③ 《刑法修正案（六）》（2006年6月29日）第18条规定：将刑法第三百零三条修改为：“以营利为目的，聚众赌博或者以赌博为业的，处三年以下有期徒刑、拘役或者管制，并处罚金。”“开设赌场的，处三年以下有期徒刑、拘役或者管制，并处罚金；情节严重的，处三年以上十年以下有期徒刑，并处罚金。”由此可见，《刑法修正案（六）》对原刑法条文的赌博罪进行了修改，并增设了“开设赌场罪”独立条款。对于《刑法修正案（六）》第18条第2款的规定，最高人民法院、最高人民检察院《关于执行〈中华人民共和国刑法〉确定罪名的补充规定（三）》［法释（2007）16号］将其罪名确定为“开设赌场罪”。

谍犯罪证据罪，掩饰、隐瞒犯罪所得、犯罪所得收益罪，[①]拒不执行判决、裁定罪，非法处置查封、扣押、冻结的财产罪，破坏监管秩序罪，脱逃罪，劫夺被押解人员罪，组织越狱罪，暴动越狱罪，聚众持械劫狱罪。

（三）妨害国（边）境管理罪

这是一类违反国家国（边）境管理法规，侵犯国（边）境管理制度的犯罪。共有8个罪名，包括：组织他人偷越国（边）境罪，骗取出境证件罪，提供伪造、变造的出入境证件罪，出售出入境证件罪，运送他人偷越国（边）境罪，偷越国（边）境罪，破坏界碑、界桩罪，破坏永久性测量标志罪。

（四）妨害文物管理罪

本节犯罪侵犯的同类客体是国家文物管理制度，客观上表现为行为人实施了妨害文物管理的行为。共有11个罪名，包括：故意损毁文物罪，故意损毁名胜古迹罪，过失损毁名胜古迹罪，过失损毁文物罪，非法向外国人出售、赠送珍贵文物罪，倒卖文物罪，非法出售、私赠文物藏品罪，盗掘古文化遗址、古墓葬罪，盗掘古人类化石、古脊椎动物化石罪，盗窃、抢夺国有档案罪，擅自出卖、转让国有档案罪。

（五）危害公共卫生罪

本节犯罪侵犯的同类客体是公共卫生管理秩序，共有11个罪名。它们是：妨害传染病防治罪，传染病菌种、毒种扩散罪，妨害国境卫生检疫罪，非法组织卖血罪，强迫卖血罪，非法采集、供应血液或者制作、供应血液制品罪，采集、供应血液或者制作、供应血液制品事故罪，医疗事故罪，非法行医罪，非法进行节育手术罪，妨害动植物防疫、检疫罪。[②]

---

① 《刑法修正案（六）》第19条规定："将刑法第三百一十二条修改为：'明知是犯罪所得及其产生的收益予以窝藏、转移、收购、代为销售或者以其他方法掩饰、隐瞒的，处三年以下有期徒刑、拘役或者管制，并处或者单处罚金；情节严重的，处三年以上七年以下有期徒刑，并处罚金。'"对于这一规定，最高人民法院、最高人民检察院《关于执行〈中华人民共和国刑法〉确定罪名的补充规定（三）》[法释（2007）16号]将其罪名确定为"掩饰、隐瞒犯罪所得、犯罪所得收益罪"，并相应地取消原"窝藏、转移、收购、销售赃物罪"罪名。《刑法修正案（七）》第10条又对该条文进行修改，内容为："在刑法第三百一十二条中增加一款作为第二款：'单位犯前款罪的，对单位判处罚金，并对其直接负责的主管人员和其他直接责任人员，依照前款的规定处罚。'"可见，《刑法修正案（七）对于本罪的犯罪主体进行修改，增加单位作为本罪的主体。

② 《刑法修正案（七）》第11条规定："将刑法第三百三十七条第一款修改为：'违反有关动植物防疫、检疫的国家规定，引起重大动植物疫情的，或者有引起重大动植物疫情危险，情节严重的，处三年以下有期徒刑或者拘役，并处或者单处罚金。'"对此规定，最高人民法院、最高人民检察院《关于执行〈中华人民共和国刑法〉确定罪名的补充规定（四）》[法释（2009）13号]将其罪名确定为"妨害动植物防疫、检疫罪"，并相应取消原"逃避动植物检疫罪"罪名。

（六）破坏环境资源保护罪

这是一类违反环境保护法律法规，破坏环境资源保护的犯罪。共有 15 个罪名，包括：重大环境污染事故罪，非法处置进口的固体废物罪，擅自进口固体废物罪，非法捕捞水产品罪，非法猎捕、杀害珍贵、濒危野生动物罪，非法收购、运输、出售珍贵濒危野生动物或者珍贵、濒危野生动物制品罪，非法狩猎罪，非法占用农用地罪，[①]非法采矿罪，破坏性采矿罪，非法采伐、毁坏国家重点保护植物罪和非法收购、运输、加工、出售国家重点保护植物、国家重点保护植物制品罪，[②]盗伐林木罪，滥伐林木罪，非法收购、运输盗伐、滥伐的林木罪。[③]

（七）走私、贩卖、运输、制造毒品罪

这是一类违反国家毒品管制，从事毒品走私、贩卖、运输、制造等活动的犯罪。共有 12 个罪名，包括：走私、贩卖、运输、制造毒品罪，非法持有毒品罪，包庇毒品犯罪分子罪，窝藏、转移、隐瞒毒品、毒赃罪，走私制毒物品罪，非法买卖制毒物品罪，非法种植毒品原植物罪，非法买卖、运输、携带、持有毒品原植物种子、幼苗罪，引诱、教唆、欺骗他人吸毒罪，强迫他人吸毒罪，容留他人吸毒罪，非法提供麻醉药品、精神药品罪。

（八）组织、强迫、引诱、容留、介绍卖淫罪

这是一类侵害社会主义的道德风尚和正常社会管理秩序的犯罪。共有 7 个罪

---

① 刑法第 342 条规定为“非法占用耕地罪”。《刑法修正案（二）》（2001 年 8 月 31 日）将其修改为：“违反土地管理法规，非法占用耕地、林地等农用地，改变被占用土地用途，数量较大，造成耕地、林地等农用地大量毁坏的，处五年以下有期徒刑或者拘役，并处或者单处罚金。”这一修改大大地加强了保护耕地、林地等农用地等生态资源的力度。这一规定，最高人民法院、最高人民检察院《关于执行〈中华人民共和国刑法〉确定罪名的补充规定》［法释（2002）7 号］将其罪名确定为“非法占用农用地罪”。

② 《刑法修正案（四）》第 6 条对原刑法第三百四十四条进行修改，即“将刑法第三百四十四条修改为：‘违反国家规定，非法采伐、毁坏珍贵树木或者国家重点保护的其他植物的，或者非法收购、运输、加工、出售珍贵树木或者国家重点保护的其他植物及其制品的，处三年以下有期徒刑、拘役或者管制，并处罚金；情节严重的，处三年以上七年以下有期徒刑，并处罚金’”。对于这一规定，最高人民法院、最高人民检察院《关于执行〈中华人民共和国刑法〉确定罪名的补充规定（二）》［法释（2003）12 号］将其罪名确定为“非法采伐、毁坏国家重点保护植物罪”和“非法收购、运输、加工、出售国家重点保护植物、国家重点保护植物制品罪”，并取消原“非法采伐、毁坏珍贵树木罪”罪名。

③ 《刑法修正案（四）》第 7 条修改了刑法第 345 条“非法收购盗伐、滥伐的林木罪”的构成要件，并将运输明知是盗伐、滥伐的林木的行为增加规定为犯罪，因此，按照最高人民法院、最高人民检察院《关于执行〈中华人民共和国刑法〉确定罪名的补充规定（二）》［法释（2003）12 号］，新的罪名为“非法收购、运输盗伐、滥伐的林木罪”，并取消原“非法收购盗伐、滥伐的林木罪”罪名。

名，包括：组织卖淫罪，强迫卖淫罪，协助组织卖淫罪，引诱、容留、介绍卖淫罪，引诱幼女卖淫罪，传播性病罪，嫖宿幼女罪。

（九）制造、贩卖、传播淫秽物品罪

这是一类侵犯社会主义道德风尚和国家文化市场管理制度的犯罪。共有5个罪名，它们分别是：制作、复制、出版、贩卖、传播淫秽物品牟利罪，为他人提供书号出版淫秽书刊罪，传播淫秽物品罪，组织播放淫秽音像制品罪，组织淫秽表演罪。

第二节　扰乱公共秩序罪

【引　例】

1999年11月间，被告人江某某与张某某（在逃）等人合伙购买了YJ14型卷烟机和YZ23型接嘴机各1台用于制售假烟。同年12月9日，张某某得知诏安县打假队将要查处的风声，即告知江某某。江某某于当晚组织被告人黄某某和江某某（在逃）等人将上述两台机器搬到2辆农用车上，转移到诏安县岭下溪二级电站暂放。同月10日上午，云南省公安厅、诏安县政法委、县检察院、县工商局、县技术监督局、县烟草局等单位组成的联合打假车队，在诏安县岭下溪二级电站查获了3辆农用车装载的2台制假烟机及另一台接嘴机。张某某与被告人江某某得知后，即以每人50元报酬聚集数百名不明真相的群众，在诏安县霞葛镇庄溪桥头拦截、围攻打假车队，将查扣的载有制假烟机器的农用车上的执法人员董某某等人拉出驾驶室进行殴打。被告人黄甲与江某某等人乘机开走3部农用车。随后，张某某与被告人江某某又聚集鼓动黄甲、黄乙等一群人，四处寻找打假队的摄像、照相资料，欲毁灭证据。后在诏安县烟草局闽E40957号工具车发现TRV-240摄像机、奥林巴斯照相机时，张某某带头用石头砸破车门玻璃，抢走并砸坏摄像机和照相机，执法人员进行制止时，遭到被告人黄乙等人殴打，直至公安人员赶到现场时才逃离。被劫走的3辆装有制假烟机器的农用车于同年12月14日被追回。经法医鉴定，执法人员董某某等人的伤情为轻微伤。

一、妨害公务罪

（一）妨害公务罪的概念和特征

妨害公务罪，是指以暴力、威胁方法阻碍国家机关工作人员依法执行职务的

行为。

本罪的主要特征是：

1. 侵犯的客体主要是国家机关（包括立法机关、行政机关和司法机关）的正常管理活动，犯罪对象则是正在依法执行职务的上述国家机关的工作人员。阻碍军人执行职务的，不构成本罪，而构成刑法第 368 条所规定的阻碍军人执行职务罪。但是，从我国的实际情况出发，司法实践中一般认为，除国家立法机关、行政机关和司法机关的工作人员外，阻碍中国共产党的各级组织以及中国人民政治协商会议的各级机关的工作人员依法执行职务的，也应按本罪论处。

需要注意的是，根据我国刑法第 277 条第 2 款、第 3 款之规定，以暴力、威迫方法阻碍全国人民代表大会和地方各级人民代表大会的代表依法执行代表职务的，或者在自然灾害和突发事件中，以暴力、威胁方法阻碍红十字会工作人员依法履行职责的，也可以构成本罪。

按照有关司法解释，①以暴力、威胁方法阻碍国有事业单位人员依照法律、行政法规的规定执行行政执法职务的，或者以暴力、威胁方法阻碍国家机关中受委托从事行政执法活动的事业编制人员执行行政执法职务的，可以对侵害人以妨害公务罪追究刑事责任。

2. 本罪在客观方面一般表现为行为人采用暴力或者威胁的方法，阻碍国家机关工作人员依法执行职务、阻碍人民代表依法执行代表职务，或者在自然灾害和突发事件中阻碍红十字会工作人员依法履行职责的行为。但是，故意阻碍国家安全机关、公安机关依法执行国家安全工作任务，造成严重后果的，即便未使用暴力、威胁方法，也构成本罪。

这里，所谓"暴力"，一般是指以殴打、捆绑、禁闭或者其他类似方法，直接针对正在依法执行职务的国家机关工作人员本人的身体实施打击或者强制，但也可以是针对与正在依法执行职务的国家机关工作人员有关的物或人实施暴力损害或者打击强制，使国家机关工作人员不能继续执行职务。所谓"威胁"，一般是指以侵犯人身、毁坏财产、破坏名誉等方式，对正在依法执行职务的国家机关工作人员进行精神强制，使其不敢继续依法履行职务。威胁的方式，既可以是口头的，也可以是书面的；既可以是直接向国家机关工作人员本人发出，也可以是通过国家机关工作人员的亲属或者其他第三人间接发出。

行为人采用上述暴力或者威胁方法阻碍国家机关工作人员依法执行职务的，属于行为犯。行为人只要实施了以暴力、威胁方法阻碍国家机关工作人员依法执行职务的行为，即构成本罪。但是，如果是故意阻碍国家安全机关、公安机关依法执行国家安全工作任务，而又未使用暴力、威胁方法的，则必须造成严重后果，才能

① 最高人民检察院《关于以暴力、威胁方法阻碍事业编制人员依法执行行政执法职务可否对侵害人以妨害公务罪论处的批复》（高检发释字[2000]2 号）。

构成本罪。

在“案例导引”中，根据该案的犯罪事实可以看出：该案的被告人以对抗执法的故意和目的，聚众以暴力手段在打假队依法执行职务的过程中拦截执法车辆，公然夺回被依法查扣的制假设备，即实施了暴力妨害国家工作人员依法执行职务的行为，符合公务罪的构成特征，应以妨害公务罪定罪处罚。

3. 本罪的主体是一般主体，即必须是已满16周岁并且具有辨认和控制自己行为能力的自然人。

4. 本罪在主观方面必须出于故意，即行为人明知前述几种国家机关工作人员正在依法执行职务或者履行职责，而有意实施暴力、威胁手段，使之不能或不敢正常执行职务或履行职责，或者明知对方正在依法执行国家安全工作任务而有意进行阻碍。过失阻碍公务不构成本罪。这里，所谓“明知”，包含两层意思：(1)行为人必须明知自己阻碍的是国家机关工作人员、人大代表、红十字会工作人员以及国家安全机关、公安机关的工作人员；(2)行为人必须明知前述人员是正在依法执行职务或履行职责。否则，不能以本罪论处。

(二)妨害公务罪的认定

1. 划清妨害公务罪与非罪的界限。构成妨害公务罪，关键的在于行为人必须对依法正在执行公务的国家机关工作人员实施了暴力、威胁的方法，从而阻碍了公务的执行。对于公民因正当、合法的要求得不到适当满足而与国家机关工作人员发生顶撞、口角或者其他轻微冲突的，不能对公民以本罪论处。对于公民使用轻微的暴力、威胁方法阻碍国家机关工作人员依法执行公务的，情节显著轻微，客观上没有致使国家机关工作人员无法依法执行职务的，一般也不得认定为犯罪。

2. 正确区分一罪与数罪。如果行为人妨害公务的行为同时触犯其他罪名的，例如以杀人、重伤的手段阻碍国家机关工作人员依法执行职务的，其行为就同时触犯妨害公务罪和故意杀人罪或故意伤害罪，应按想象竞合犯的处罚原则，择一重罪论处。此外，如果行为人阻碍国家机关工作人员依法执行职务的目的，是实施其他犯罪，妨害公务罪与所实施的其他犯罪就构成牵连犯，应按牵连犯从一重罪处断的原则论处。但是，在刑法分则有特别规定时则应当按刑法分则的特别规定论处。例如根据刑法第157条的规定，以暴力、威胁方法抗拒缉私的，应当以走私罪和妨害公务罪实行数罪并罚。

3. 本罪与抗税罪的界限。两者的相同之处是，客观方面都表现为使用暴力、威胁的方法。如在征税的过程中，除纳税义务人和扣缴义务人以暴力、威胁方法拒绝交纳税款外，纳税人、扣缴义务人的亲属同样会以暴力、威胁方法妨碍税收人员征税。这时，纳税义务人和扣缴义务人就构成抗税罪，而其亲属则构成妨害公务罪。由此可见，两者的区别在于：(1)抗税罪的主体是特殊主体，必须是纳税义务人

和扣缴义务人(包括自然人和单位);而妨害公务罪的主体是纳税人、扣缴义务人以外的其他人。(2)主观方面,抗税罪的行为人想通过暴力、威胁的方法不缴或者少缴应纳税款;而妨害公务罪是想通过暴力、威胁方法阻碍税务人员征税,个人则没有不交或者少交税款的目的。

(三)妨害公务罪的处罚

根据刑法第277条的规定,犯本罪的,处3年以下有期徒刑、拘役、管制或者罚金。

二、招摇撞骗罪

(一)招摇撞骗罪的概念和特征

招摇撞骗罪,是指冒充国家机关工作人员进行招摇撞骗,谋取非法利益的行为。

本罪的主要特征是:

1. 本罪侵犯的客体是国家机关的正常管理活动及其威信。国家机关工作人员是经过法定程序选举或者任命产生的、依法从事公务的人员,他们代表国家依法行使国家权力,管理社会经济、政治、文化和社会事务。冒充国家机关工作人员招摇撞骗,必然妨害国家机关的正常管理活动,同时损害国家机关及其工作人员的威信和名誉。

2. 本罪在客观方面表现为实施了冒充国家机关工作人员招摇撞骗的行为。具体说,必须同时实施了冒充国家机关工作人员和招摇撞骗这两个行为。

这里所指的"国家机关",包括我国各级国家权力机关、行政机关、司法机关和军事管理机关。此外,中国共产党的各级组织、中国人民政治协商会议的各级机关,也视为国家机关。所谓冒充国家机关工作人员,就是冒充这些国家机关或组织的依法从事公务的人员。具体包括两种情况:一是非国家机关工作人员冒充国家机关工作人员的身份或职务,比如农民冒充公安人员、工人冒充机关干部等等;二是具有某种身份或职务的国家机关工作人员冒充他种身份或职务的国家机关工作人员,一般是具有较低级别的身份或职务的国家机关工作人员,冒充具有较高级别的身份或职务的国家机关工作人员,或者冒充其他部门的国家机关工作人员,比如说普通工作人员冒充某某局长等。如果行为人冒充的不是国家机关工作人员,而是其他企业事业单位、人民团体或社会组织的工作人员的,不能构成本罪。

本罪在客观方面还要求有利用冒充的国家机关工作人员身份或职务招摇撞骗的行为。所谓"招摇撞骗",是指以冒充的国家机关工作人员的身份或职务,到处炫耀,利用人们对国家机关工作人员的信任,骗取待遇、地位、荣誉或者少量财物等各种非法利益,或者玩弄妇女。行为人仅仅实施了冒充国家机关工作人员的身份或地位这样一种行为,但没有利用来招摇撞骗的;或者仅仅实施了招摇撞骗一种行为,但没有冒充国家机关工作人员的,均不能以本罪论处。

3. 本罪的主体是一般主体,凡年满16周岁的具有刑事责任能力的自然人都可以成为本罪的主体。

4. 本罪在主观方面必须出于故意,即明知自己不具有特定国家机关工作人员的身份或地位而故意冒充,并利用来招摇撞骗,以谋取非法利益。如果不具有招摇撞骗、谋取非法利益的犯罪意图和犯罪目的,则不能构成本罪。

(二)招摇撞骗罪的认定

认定本罪时,应当特别注意划清本罪与诈骗罪的界限。

本罪与诈骗罪都可以表现为编造虚假的事实,骗取被害人的信任,非法占有其财物。但是,两罪的主要区别在于:

(1)侵犯的客体和对象不同。本罪侵犯的客体主要是国家机关的正常管理活动及其威信;而诈骗罪侵犯的客体是公私财产权,其侵害的对象是公私财产。

(2)客观方面不同。本罪必须是冒充国家机关工作人员进行招摇撞骗,除了骗财外,还可以是骗色,骗取某种政治待遇、职位等等;而诈骗罪则是利用虚构事实或掩盖真相的任何方法骗取他人财物。冒充国家机关工作人员进行招摇撞骗,骗取少量财物的,即构成本罪。而诈骗他人财物的,只有达到数额较大的程度的,才能构成诈骗罪。如果行为人利用冒充国家机关工作人员的方法骗取他人财物,数额较大的,则不构成本罪,而应当以诈骗罪论处。

(3)主观方面不同。本罪的犯罪目的是谋取非法利益,包括待遇、地位、荣誉等非法利益,或者借以玩弄妇女。一般说来,财物不是招摇撞骗的主要目的,但行为人在骗取其他非法利益的过程中往往也会骗取一定数额的财物。而诈骗罪则专以非法占有他人财产为目的。

(三)招摇撞骗罪的处罚

根据刑法第279条之规定,犯本罪的,处3年以下有期徒刑、拘役、管制或者剥夺政治权利;情节严重的,处3年以上10年以下有期徒刑。冒充人民警察招摇撞骗的,依照上述规定从重处罚。

所谓招摇撞骗"情节严重",一般是指:多次冒充国家机关工作人员招摇撞骗的;冒充国家重要部门的工作人员招摇撞骗,造成恶劣影响的;冒充国家机关工作人员招摇撞骗的手段特别恶劣的;或者招摇撞骗造成严重后果的,如严重妨害国家机关正常管理活动,造成公私财产重大损失,或者导致被害人自杀或精神失常等严重后果的,等等。

三、非法获取国家秘密罪

(一)非法获取国家秘密罪的概念和特征

非法获取国家秘密罪,是指以非法窃取、刺探、收买方法,非法获取国家秘密的行为。

本罪的主要特征是:

1. 侵犯的客体是国家对国家秘密的管理制度。国家秘密,是关系国家的安全和利益,依照法定程序确定,在一定时间内只限一定范围的人员知悉的事项。根据我国保密法的规定,具体包括下列事项:(1)国家事务的重大决策中的秘密事项;(2)国防建设和武装力量活动中的秘密事项;(3)外交和外事活动中的秘密事项以及对外承担保密义务的事项;(4)国民经济和社会发展中的秘密事项;(5)科学技术中的秘密事项;(6)维护国家安全活动和追查刑事犯罪中的秘密事项;(7)其他经国家保密工作部门确定应当保守的国家秘密事项。此外,鉴于中国共产党的执政党地位,实践中一般将执政党的秘密事项中符合保密法规定的部分,也认定为国家秘密。我国保密法将国家秘密分为秘密、机密和绝密三级,本罪所称的国家秘密应当包括秘密、机密和绝密三个密级。凡非法获取国家秘密的,均可以构成本罪。

2. 本罪在客观方面表现为行为人实施了以非法窃取、刺探、收买的方法,非法获取国家秘密的行为。所谓窃取,一般是指通过秘密窃取国家秘密载体的方法非法获取国家秘密;所谓刺探,一般是指通过秘密探听、蓄意套取涉密人员所知悉的秘密或者使用窃听等技术手段,非法知悉国家秘密;所谓收买,是指用金钱、物质利诱或者其他利益向涉密人员换取国家秘密。行为人以上述方法非法获取了国家秘密的,即构成本罪。

3. 本罪的主体是一般主体,凡年满 16 周岁的具有刑事责任能力的自然人,都可以成为本罪的主体。

4. 本罪在主观方面必须出于故意,即必须明知是国家秘密并且本人依法不应接触或者知悉该秘密,而故意采用窃取、刺探或者收买的方法非法获取国家秘密。

(二)非法获取国家秘密罪的认定

1. 划清非法获取国家秘密罪与非罪的界限。如果行为人不知是国家秘密或者虽然知悉是国家秘密但误认为本人依法可以接触、知悉该国家秘密,因而接触或者知悉了该国家秘密的,则不构成本罪。

2. 划清本罪与侵犯商业秘密罪的界限。商业秘密,是指不为公众所知悉,能为权利人带来经济利益,具有实用性并经权利人采取保密措施的技术信息和经营信息。根据刑法第 219 条之规定,以窃取、刺探或者收买的方法非法获取他人商业秘密，给商业秘密的权利人造成重大损失的，构成侵犯商业秘密罪。划清非法获取国家秘密罪与侵犯商业秘密罪的界限的关键，是正确地区分国家秘密和商业秘密的界限。

3. 划清本罪与为境外窃取、刺探、收买、非法提供国家秘密、情报罪(刑法第111条)的界限。两者在行为方式方面有一些交叉，都是以窃取、刺探、收买的方法非法获取国家秘密。两者不同点有：(1)行为服务对象不同。同样是窃取、刺探或者收买国家秘密的行为，如果行为人是出于为境外的机构、组织或者个人窃取、刺探、收买国家秘密的故意的，则构成刑法第111条规定的为境外窃取、刺探、收买、非法提供国家秘密、情报罪。如果行为人在窃取、刺探或者收买国家秘密时没有非法提供给境外的机构、组织或者个人的故意，但在非法获取国家秘密后，又将之非法提供给境外的机构、组织或者个人的，则同时构成非法获取国家秘密罪和为境外非法提供国家秘密罪，应当实行数罪并罚。(2)犯罪对象有所不同。本罪的犯罪对象仅为国家秘密；而后罪的犯罪对象较广，不仅是国家秘密，还包括国家情报。

(三)非法获取国家秘密罪的处罚

根据刑法第282条第1款之规定，犯本罪的，处3年以下有期徒刑、拘役、管制或者剥夺政治权利；情节严重的，处3年以上7年以下有期徒刑。

四、计算机犯罪

根据我国刑法第285条、第286条和《刑法修正案(七)》第9条的规定，计算机犯罪的具体罪名包括：(1)非法侵入计算机信息系统罪；(2)非法获取计算机信息系统数据、非法控制计算机信息系统罪；(3)提供侵入、非法控制计算机信息系统程序、工具罪；(4)破坏计算机信息系统罪。

(一)计算机犯罪概述

1. 计算机犯罪的概念

随着计算机在全世界范围内应用的日趋普及、广泛和社会化，计算机犯罪问题也就随之出现，而且计算机犯罪正在迅速滋长蔓延，产生严重的社会危害。因此，计算机犯罪已经成为发达国家和发展中国家共同面临和普遍关注的重大社会问题。

何谓计算机犯罪，在世界各国并没有统一、完善的法律定义。包括我国学者在内的世界各国学者所研究的“计算机犯罪”，是个相当宽泛的概念，实际上是指所有涉及计算机的犯罪，或者说是与计算机有关的犯罪，而非专指利用计算机所实施的

危害计算机信息系统的真正意义的计算机犯罪。[①] 一般说来，将所有涉及计算机的犯罪从其行为与计算机的关系上出发加以分类，可分为以下三类：

(1)真正意义(严格意义)的计算机犯罪。这也是狭义的计算机犯罪。是专指利用计算机所实施的非法侵入计算机信息系统、破坏计算机信息系统等的犯罪。也就是与“计算机信息系统”直接关联的犯罪，或者说是侵犯计算机信息系统的犯罪。其中，较典型的是，国际上将非法侵入计算机信息系统者称为“黑客”(或“骇客”)，因而这种犯罪也俗称为“黑客”犯罪。破坏计算机信息系统犯罪也就是各种对计算机信息系统进行破坏活动(如删除、修改、增加、干扰)的犯罪行为，较常见的是制作、传播破坏性计算机程序(俗称“计算机病毒”或者“电脑病毒”)的犯罪。

(2)以计算机为犯罪对象的犯罪。即行为人实施了针对计算机为对象的具体犯罪行为。常见的有：①盗窃计算机资产的犯罪，包括盗窃计算机“硬件”、“软件”的犯罪和盗用计算机的犯罪；②破坏计算机资产的犯罪；③侵犯计算机知识产权的犯罪等。对于这类犯罪，刑法理论和司法实践通常认为，应当以行为人的具体犯罪行为所构成的刑法上规定的具体犯罪定罪处罚。

(3)以计算机为犯罪工具的犯罪。即借助、利用计算机为犯罪工作所实施的犯罪行为。实践中常见的以计算机为工具所实施的犯罪行为有：①泄露秘密或窃取秘密的犯罪；②盗窃、诈骗、贪污、职务侵占等财产性犯罪(如现实生活中频发的“网络信息诈骗”)；③利用计算机制作、传播淫秽物品的犯罪；④通过计算机网络进行洗钱犯罪；⑤利用计算机操作挪用单位钱款的犯罪，等等。实际上，在这些犯罪中，计算机只不过是作为一种普通的犯罪工具出现的，与利用其他形式的工具所实施的同类犯罪相比，在主观方面、主体要件、所侵犯的客体上并无不同，因而显然仍然属于刑法所具体规定的传统型犯罪，通常情况下直接适用其犯罪行为所具体构成的罪名依法追究刑事责任即可。

需要说明的是，与计算机犯罪密切相关的一个概念是“网络犯罪”，然而两者是否一致，计算机犯罪是否与网络犯罪一样，或者计算机犯罪能否代替网络犯罪概念，都存在不同看法，值得研究。对于网络犯罪的概念，通常的定义为：网络犯罪是指以网络为犯罪工具或犯罪对象，实施危害网络信息系统安全的犯罪行为。[②] 不过，从这个定义中可以看出，所谓网络犯罪其实仍然跳不开计算机犯罪的范畴，或者说是计算机犯罪的另一种说法而已。

① 关于计算机犯罪概念如何界定，是个十分复杂的问题，限于本书的篇幅不可能一一详细介绍。一些专门研究计算机犯罪的论著都有具体说明。例如，据有学者初步统计，仅我国学者和专家对计算机犯罪概念的定义，就多达 16 种观点。详见杨正鸣：《网络犯罪研究》，上海交通大学出版社 2004 年版，第 4～6 页。

② 参见杨正鸣：《网络犯罪研究》，上海交通大学出版社 2004 年版，第 11 页。

2. 计算机犯罪的特点

计算机犯罪作为一种新型的犯罪，与传统犯罪相比，在某些方面(例如犯罪行为、犯罪方法)有其本身不同于传统犯罪的特殊性。而且，计算机犯罪往往具有这样一些不同于传统犯罪的特点，比如：(1)后果的巨大危害性；(2)手段的智能性；(3)行为人的隐蔽性；(4)影响的广泛性；(5)作案空间的遥控性；(6)作案方式的多样性；(7)作案过程的瞬间性；(8)查处的难于取证性等。

因此，对计算机犯罪加以深入的探讨和研究，尤其是充分认识、研讨计算机犯罪行为的定性以及其独特性的表现，不仅是必要的，而且是重要的。

3. 我国刑法关于计算机犯罪的立法规定

随着计算机技术日益发展和广泛应用，给我国带来进步和繁荣，而且计算机的应用是信息时代到来的一个重要特征。但与此同时，也出现了一些危害、破坏计算机技术和利用计算机进行非法活动的犯罪活动，且呈现日渐增多的趋势。

在这种情况下，我国新刑法在修订过程中，审时度势，针对打击计算机犯罪的现实需要，在刑法条文中对真正意义的计算机犯罪作出明文规定，即刑法第 285 条规定了非法侵入计算机信息系统罪，第 286 条规定了破坏计算机信息系统罪。至于以计算机为对象和以计算机为工具的犯罪，由于其他刑法条文可以作为定罪处罚的依据，就无特别立法加以规定的必要性。

早在 1991 年，国务院就颁布了《计算机软件保护条例》。1995 年 2 月 28 日，国务院颁布了《中华人民共和国计算机信息系统安全保护条例》，这是对计算机信息系统进行正常管理和确保安全的一部重要法规。此外，我国还制定了不少有关计算机信息系统保护的法律、法规和规章，如《计算机信息网络国际联网安全保护管理办法》等。1997 年修订的刑法根据我国目前的实际情况，参照原联邦德国、日本为代表的大陆法系国家的计算机立法，将计算机犯罪的有关条款分布在刑法中，而在刑法分则第六章“妨害社会管理秩序罪”中增加了非法侵入计算机信息系统罪(第 285 条)和破坏计算机信息系统罪(第 286 条)这两个有关计算机犯罪的条文。之所以把它们规定在妨害社会管理秩序罪中的“扰乱公共秩序罪”一节中，大体上可能是这样考虑的：目前我国整个社会已经进入信息化时代，许多机关、企事业单位、社会团体都使用计算机进行管理，从事业务，故而非法侵入国家事务、国防建设、尖端科学技术、重大经济活动等领域的计算机信息系统，必然会严重妨害计算机信息系统的安全，妨害这些单位的管理、业务工作，从而扰乱了正常的公共秩序。

近年来，信息技术和网络应用快速发展，计算机系统用户发展迅速，我国目前互联网用户近 3 亿人。在网络快速发展的同时信息网络违法犯罪也持续大幅上升。公共信息安全和网络监察部门提出，当前，我国计算机网络安全形势十分严峻。一是计算机系统被植入病毒、木马程序，“后门”、“天窗”等破坏性程序的案件大幅增加，给网络安全带来极大隐患。二是犯罪人员由专业技术人员向普通人群

蔓延；三是计算机病毒与木马程序等恶意代码相结合，以计算机病毒携带木马程序、间谍软件进行大规模传播来非法获取他人账号、身份认证信息，进而侵入他人计算机信息系统窃取计算机信息系统数据，或者对计算机信息系统进行远程控制的案件增长迅猛。上述情况对国家信息网络的安全造成严重威胁，严重扰乱了社会管理秩序，并对公民、法人和其他组织的合法权益构成威胁。而我国刑法第285条和第286条规定的非法侵入计算机信息系统罪和破坏计算机信息系统罪又适应不了打击上述犯罪活动的需要，无法解决查处过程中的定罪难题。基于此，2009年2月28日第十一届全国人大常委会第七次会议通过的《刑法修正案（七）》对计算机犯罪的内容进行补充、完善，其中第9条第1款和第2款分别增设了"非法获取计算机信息系统数据、非法控制计算机信息系统罪"（该条增加作为刑法第285条第2款）和"提供侵入、非法控制计算机信息系统程序、工具罪"（该条增加作为刑法第285条第3款）。这种修正在一定程度上弥补了刑法典规定的不足与缺陷，适应了我国严厉惩治计算机、网络新型犯罪的现实需要，有着重要的现实意义。

（二）非法侵入计算机信息系统罪

1. 非法侵入计算机信息系统罪的概念、特征

依照刑法第285条的规定，非法侵入计算机信息系统罪是指违反国家规定，侵入国家事务、国防建设、尖端科学技术领域的计算机信息系统的行为。

本罪的主要特征是：

（1）侵犯客体是国家事务、国防建设、尖端科学技术的重要计算机信息系统的安全保护。所谓计算机信息系统，根据国务院颁布的《计算机信息系统安全保护条例》第2条的规定，是指由计算机及其相关的和配套的设备、设施（含网络）构成的，按照一定的应用目标和规则对信息进行采集、加工、存储、传输、检索等处理的人机系统。

（2）客观方面表现为违反国家规定，侵入国家事务、国防建设、尖端科技领域的计算机信息系统的行为。

具体来说，本罪的客观方面有以下特征：第一，行为人实施了违反国家规定（即计算机信息系统安全保护的法律、法规、规章）的非法行为。第二，行为人实施了侵入行为，而且侵入的对象是国家事务、国防建设、尖端科学技术领域的计算机信息系统。这里，所谓"侵入"，是指行为人凭借其计算机技术，通过破解计算机密码而擅自闯入并访问、调取计算机信息系统内的系统资源的行为。非法侵入计算机信息系统的行为也就是通常所说的"黑客"（Hacker）行为。一定意义上讲，本罪属于行为犯，只要行为人非法侵入国家事务、国防建设、尖端科学技术领域的计算机信息系统，便足以成立本罪。

（3）主体是一般主体。即已满16周岁且具有刑事责任能力的自然人，就可以成为本罪的主体。实践中，这些"侵入者"主要是"计算机玩童"，也就是具有相当水

平的计算机操作人员。

(4)主观方面必须出于故意，即行为人明知是国家事务、国防建设、尖端科学技术领域的计算机信息系统而非法侵入。至于动机是多种多样的，如为了显示或验证自己的计算机技能，出于好奇，为了恶作剧等等。但动机如何，并不影响本罪的成立。

2. 非法侵入计算机信息系统罪的处罚

根据刑法第 285 条的规定，犯本罪的，处 3 年以下有期徒刑或者拘役。

(三)非法获取计算机信息系统数据、非法控制计算机信息系统罪

《刑法修正案(七)》第 9 条规定，在刑法第 285 条中增加两款，作为第 2 款、第 3 款。其中第 2 款规定："违反国家规定，侵入前款规定以外的计算机信息系统或者采用其他技术手段，获取该计算机信息系统中存储、处理或者传输的数据，或者对该计算机信息系统实施非法控制，情节严重的，处 3 年以下有期徒刑或者拘役，并处或者单处罚金；情节特别严重的，处 3 年以上 7 年以下有期徒刑，并处罚金。"这一规定，最高人民法院、最高人民检察院《关于执行〈中华人民共和国刑法〉确定罪名的补充规定(四)》(法释[2009]13 号)将其罪名确定为"非法获取计算机信息系统数据、非法控制计算机信息系统罪"。根据这一规定，本罪是指违反国家规定，侵入刑法第 285 条第 1 款规定以外的计算机信息系统或者采用其他技术手段，获取该计算机信息系统中存储、处理或者传输的数据，情节严重的行为；或者违反国家规定，侵入刑法第 285 条第 1 款规定以外的计算机信息系统或者采用其他技术手段，对该计算机信息系统实施非法控制，情节严重的行为。

本罪的构成特征是：

1. 本罪的客体是计算机信息系统的安全。其犯罪对象是刑法第 285 条第 1 款规定之外的计算机信息系统(即国家事务、国防建设、尖端科学技术领域以外的普通计算机信息系统)，以及该计算机信息系统中存储、处理或者传输的数据。

2. 客观上行为人实施了侵入普通计算机信息系统或者采用其他技术手段，获取计算机信息系统数据，或者对计算机信息系统实施非法控制，情节严重的行为。

《刑法修正案(七)》第 9 条第 1 款概括了两种非法获取计算机信息系统数据或者实施非法控制的行为方式：

一是非法"侵入计算机信息系统"，实施"获取该计算机信息系统中存储、处理或者传输的数据，或者对该计算机信息系统实施非法控制"。常见的方式是利用他人网上认证信息进入计算机信息系统，或者在计算机系统中植入木马、后门程序，获取该计算机信息系统中存储、处理或者传输的信息数据，或者对计算机信息系统实施非法控制。所谓"非法控制"，比较常见的是行为人利用网站漏洞将木马植入到网站上，在用户访问网站时利用客户端漏洞将木马移植到用户计算机上，或在互联网上传播捆绑有木马的程序或文件。当用户连接到因特网时，这个程序就会通

知黑客，报告用户的IP地址以及预先设定的端口。黑客在收到这些信息后，再利用这个潜伏的程序，就可以任意地修改用户的计算机的参数设定、复制文件、窥视硬盘中的内容等，从而达到控制用户的计算机的目的。利用各种"特洛伊"木马程序、后门程序和黑客自己编写的导致缓冲区溢出的程序进行攻击，前者可使黑客非法获得对用户机器的完全控制权，后者可使黑客获得超级用户的权限，从而拥有对整个网络的绝对控制权。这种攻击手段，一旦奏效，危害性极大。木马程序与计算机病毒相比，计算机病毒只是破坏用户的信息，而木马控制计算机，窃取用户的信息。

二是"利用其他技术手段"非法获取数据信息。所谓"利用其他技术手段"，主要是指假冒或者设立虚假网站，或者利用网关欺骗技术，行为人并不需要进入他人的计算机信息系统就可获取其他计算机处理、传输的数据信息。所谓"假冒"网站一般是指冒充国家机关、金融系统已经建立的网站；所谓"设立"虚假网站，一般是指以国家机关、金融系统的名义建立并不存在的网站。所谓"网关欺骗"技术，就是通过ARP欺骗技术建立假网关，让被它欺骗的个人电脑向假网关发送数据，而不是通过正常的路由器上网，使所有发送的数据都要先经过假网关中转一次。这样，就可以窃取到被它欺骗的计算机系统数据了。假冒、设立虚假网站或者利用网关欺骗等行为欺骗性很大，不明真相的互联网用户在点击登录网站，处理、传输数据时，这些数据就被他人非法获取。这类案件在实践中日益增多。目前已经查处的假冒、设立虚假的网站案件中，有的假冒国际、国内知名银行网站主页，伺机窃取网民网上银行认证信息；有的设立虚假公务员招考网站、在职研究生招考网站等。

本罪在客观方面还必须是"情节严重"的，才构成犯罪。这主要是指，通过上述手段获取了大量计算机信息系统数据、多次作案，或者非法控制了计算机信息系统的许多台计算机等情况。

3．本罪的主体是一般主体，即年满16周岁、具备刑事责任能力的自然人。单位不构成本罪。行为人是否具有特殊的身份，对于犯罪的成立没有影响。通常而言，行为人往往掌握较多的计算机及网络操作技术，能够熟练操作计算机信息系统或者计算机网络。

4．本罪的主观方面表现为犯罪故意，即明知自己的行为违反国家有关计算机信息系统、互联网安全保护的规定，却故意侵入普通计算机信息系统或者采用其他技术手段，获取计算机信息系统数据，或者对计算机信息系统实施非法控制。特别要注意的是：第一，行为人认识到自己行为的违法性；第二，主观罪过表现为直接故意。

根据刑法第285条第2款(《刑法修正案(七)》第9条第1款实际上增加作为该条款)的规定，犯本罪的，处3年以下有期徒刑或者拘役，并处或者单处罚金；情节特别严重的，处3年以上7年以下有期徒刑，并处罚金。

(四)提供侵入、非法控制计算机信息系统程序、工具罪

《刑法修正案(七)》在刑法第 285 条增加的第 3 款中规定:"提供专门用于侵入、非法控制计算机信息系统的程序、工具,或者明知他人实施侵入、非法控制计算机信息系统违法犯罪行为而为其提供程序、工具,情节严重的,依照前款的规定处罚。"对于这一规定,最高人民法院、最高人民检察院《关于执行〈中华人民共和国刑法〉确定罪名的补充规定(四)》(法释[2009]13 号)将其罪名确定为"提供侵入、非法控制计算机信息系统程序、工具罪"。

根据上述规定,本罪是指提供专门用于侵入、非法控制计算机信息系统的程序、工具,或者明知他人实施侵入、非法控制计算机信息系统违法犯罪行为而为其提供程序、工具,情节严重的行为。

本罪的构成特征是:

1. 本罪的客体是计算机信息系统的安全。其犯罪对象是用于侵入、非法控制计算机信息系统的程序、工具。

2. 本罪在客观方面表现为行为人实施了"提供专门用于侵入、非法控制计算机信息系统的程序、工具,或者明知他人实施侵入、非法控制计算机信息系统违法犯罪行为而为其提供程序、工具"的行为。当前,几乎所有网络应用服务和计算机信息系统以及相关设备均依靠认证信息和工具来识别用户的身份并授权其使用相关的网络服务和计算机资源,因此,保护认证信息和工具是保障网络和计算机信息系统安全的第一道防线。用户一旦持有这些认证信息和工具,即可使用与其相关的网络应用服务资源和计算机信息系统。所谓"专门用于侵入计算机系统的程序、工具",主要是指专门用于非法获取他人登录网络应用服务、计算机系统的账号、密码等认证信息以及智能卡等认证工具的计算机程序、工具。所谓"专门用于非法控制计算机信息系统的程序、工具",主要是指可用于绕过计算机信息系统或者相关设备的防护措施,进而实施非法入侵或者获取目标系统中数据信息的计算机程序,比如具有远程控制、盗取数据等功能的木马程序、后门程序等恶意代码,它的特点是此类程序通常不会对计算机系统原有的功能和数据造成破坏,不会影响计算机的正常使用,但行为人可以通过此类程序对他人计算机系统进行非法控制。所谓"提供",是向他人供给的意思,既包括出于营利目的的有偿供给,如网上销售,也包括不以营利为目的的免费供给,如将程序贴在网上供网民免费下载;既包括向特定对象提供,也包括向不特定的社会公众提供。

本罪在客观方面必须达到"情节严重"的,才构成犯罪。这主要是指提供了大量专门用于侵入、非法控制计算机信息系统的程序、工具的;出售专门用于侵入、非法控制计算机信息系统的程序、工具数额大的;或者由于其提供的专门用于侵入、非法控制计算机信息系统的程序、工具被大量使用造成严重危害的等情况。

3. 犯罪主体是一般主体,即年满 16 周岁、具有责任能力的人,包括任何提供

专门用于侵入、非法控制计算机信息系统的程序、工具的人。

4. 本罪的主观方面是故意。即行为人明知自己提供的是专门用于侵入、非法控制计算机信息系统的程序、工具却有意为之，或者明知他人实施侵入、非法控制计算机的违法犯罪行为却有意为其提供程序、工具。所以，本罪只能是直接故意，并不包括间接故意，更不可能是过失。

根据刑法第 285 条第 3 款(《刑法修正案(七)》第 9 条第 2 款实际上增加作为刑法第 285 条第 3 款)的规定，犯本罪的，处 3 年以下有期徒刑或者拘役，并处或者单处罚金；情节特别严重的，处 3 年以上 7 年以下有期徒刑，并处罚金。

(五)破坏计算机信息系统罪

1. 破坏计算机信息系统罪的概念和特征

破坏计算机信息系统罪，属于"计算机犯罪"的一种，是指违反国家规定，对计算机信息系统功能进行删除、修改、增加、干扰，造成计算机信息系统不能正常运行；或者对计算机信息系统中存储、处理或者传输的数据和应用程序进行删除、修改、增加的操作；或者故意制作、传播计算机病毒等破坏性程序，影响计算机信息系统正常运行，后果严重的行为。

本罪的主要特征是：

(1)侵犯的客体是计算机信息系统的安全和正常的管理活动，同时也侵犯了计算机信息系统所有人和合法用户的合法权益。本罪的犯罪对象是计算机信息系统，包括数据、应用程序和系统功能。

(2)本罪客观方面表现为，行为人违反国家规定，实施破坏计算机信息系统功能、破坏计算机信息系统数据和应用程序，或者制作、传播计算机病毒等破坏性程序三种行为之一，并且造成严重后果。

具体来说，表现为以下破坏计算机信息系统行为之一：①非法对计算机信息系统功能或系统中存储、处理或者传输的数据和应用程序，进行删除；②非法对计算机信息系统功能或者系统中存储、处理或者传输的数据和应用程序进行修改；③非法对计算机信息系统功能或系统中存储、处理或者传输的数据和应用程序进行增加；④非法对计算机信息系统功能或系统中存储、处理或者传输的数据和应用程序进行干扰；⑤违反国家规定，对计算机信息系统中存储、处理或者传输的数据和应用程序进行删除、修改、增加的操作；⑥故意制作计算机病毒等破坏性程序；⑦故意传播计算机病毒等破坏性程序。本罪是选择性罪名，只要行为人实施上述行为之一，后果严重的，就构成本罪。

这里，所谓"违反国家规定"，主要是指违反国务院发布的《中华人民共和国计算机信息系统安全保护条例》和《计算机软件保护条例》、《维护互联网安全的决定》、《计算机信息网络国际联网安全保护管理办法》等法律、法规、规章的规定。

所谓"计算机信息系统功能"，是指计算机信息系统，按照一定的应用目标和规则，对信息进行采集、加工、存储、传输、检索的功能。破坏计算机信息系统功能的方法主要是进行删改、修改、增加或者干扰，使计算机信息系统失去正常功能，不能运行或者不能按原来设计要求正常运行。

所谓计算机信息系统中存储、处理或者传输的数据，是指在计算机信息系统中实际处理的一切文字、符号、声音、图像等内容的有意义的组合。

所谓计算机程序，是指为了得到某种结果而可以由计算机等具有信息处理能力的装置执行的代码化指令序列，或者可被自动转换成代码化指令序列的符号化指令序列或符号化语句序列。而计算机应用程序，则是指用户使用的数据库的一种方式，是用户按数据库授予的子模式的逻辑结构，书写对数据进行操作和运算的程序。破坏计算机信息系统的数据和应用程序的方法为，对其进行删除、修改、增加的操作。删除、修改、增加，分别是指，将计算机信息系统的数据和应用程序全部或者部分删除，进行改动，在计算机信息系统中增加新的数据和应用程序。

所谓计算机破坏性程序，是指隐藏在可执行程序中或数据文件中，在计算机内部运行的一种干扰性程序，其典型就是“计算机病毒”。“计算机病毒”，是在计算机中编制或者在计算机程序中插入的破坏计算机功能或者毁坏数据，影响计算机使用，并能自我复制的一组计算机指令或者程序代码，其本质是非程序的加载，具有可传播、可激发性和可潜伏性。“计算机病毒”对于各种型号的计算机和计算机网络都具有极大的危害，不仅可能掠夺大量的资金、技术和信息资源，而且可能造成计算机或者整个网络瘫痪。犯罪分子利用这种方法破坏计算机系统的方法主要是制作或者传播计算机病毒等破坏性程序。

根据刑法第 286 条的规定，行为人实施上述破坏计算机信息系统的行为，只有造成严重后果的，才能构成本罪。所谓“严重后果”，一般是指使国家重要计算机信息系统的功能受到破坏，或者严重妨害国家重要计算机信息系统的正常运行，使正常的工作秩序受到破坏，或者使国家、集体、其他社会组织、个人遭受重大经济损失，或者造成恶劣的社会影响的，等等。

(3)本罪的主体是一般主体，凡年满 16 周岁的具有刑事责任能力的自然人都可以成为本罪的主体。但是，实践中，一般只有那些具有计算机专业知识和技能的计算机专业人员，才能实施本罪。

(4)本罪的主观方面必须出于故意。即行为人必须明知自己违反国家规定，对计算机信息功能进行删除、修改、增加、干扰，可能造成计算机信息系统不能正常运行的严重后果，或者明知自己违反国家规定，对计算机信息系统中存储、处理或者传输的数据和应用程序进行删除、修改、增加的操作，可能造成严重后果，或者明知是制作、传播计算机病毒等破坏性程序可能会造成计算机系统不能正常运行的严重后果，而希望或者放任上述严重后果发生。过失不能构成本罪。

2. 破坏计算机信息系统罪的认定

这里，主要是划清本罪与破坏生产罪的界限。

两者在主观方面、客观方面有些相同，如都是故意犯罪，都实施了破坏行为。但是，两者存在明显的不同：(1)破坏的对象不同。本罪的破坏对象是计算机信息系统的功能或者计算机信息系统中存储、处理、传输的数据和应用程序；后罪的破坏对象是一般的机器设备等生产资料。(2)后果要求不同。本罪在客观方面要求后果严重；而后者在犯罪结果方面没有要求，只要行为人出于泄愤报复等目的，破坏机器设备、残害耕畜或者以其他方法破坏生产经营的，不论情节、后果如何，均可构成破坏生产经营罪。如果行为人实施本罪的犯罪行为，虽然没有造成严重后果，但是足以破坏生产经营活动的正常进行的，可以认定为破坏生产经营罪。

3. 破坏计算机信息系统罪的处罚

根据刑法第 286 条的规定，犯本罪的，处 5 年以下有期徒刑或者拘役；后果特别严重的，处 5 年以上有期徒刑。

所谓后果特别严重，一般是指使国家特别重要的计算机信息系统的功能受到破坏，或者使国家、集体、其他社会组织或个人遭受特别重大的损失等。

五、聚众扰乱社会秩序罪

(一)聚众扰乱社会秩序罪的概念和特征

聚众扰乱社会秩序罪，是指聚众扰乱社会秩序，情节严重，致使工作、生产、营业和教学、科研无法进行，造成严重损失的行为。

1. 侵犯的客体是社会公共秩序。本罪侵犯的对象包括党政机关、企事业单位、人民团体以及个体工商户、农村承包户的工作、生产、营业和教学科研活动。

2. 客观方面表现为聚众扰乱社会秩序，情节严重，致使工作、生产、营业和教学、科研无法进行，造成严重损失的行为。所谓扰乱社会秩序，是指纠集多人扰乱国家机关、单位、团体的工作、生产、营业和教学、科研秩序。所谓情节严重，一般是指纠集的人数多，扰乱的时间长，经劝阻和制止而拒不解散，扰乱重要的机关、单位、团体的工作、生产、营业或者教学、科研秩序等。根据刑法规定，行为人扰乱社会秩序，情节严重，致使工作、生产、营业和教学、科研无法进行，造成严重损失的，才能构成本罪。如果虽然情节严重，但没有阻碍工作、生产、营业和教学、科研的正常进行，没有造成严重损失的，仍然不以犯罪论处。

3. 主体是一般主体，凡年满 16 周岁的具有刑事责任能力的自然人都可以成为本罪的主体。但是，并非所有参与聚众扰乱社会秩序的人都应当受到刑事追究，刑法规定只处罚聚众扰乱社会秩序的首要分子和其积极参加者，而不处罚一般的参加者。这里，所谓首要分子，是指在聚众扰乱社会秩序犯罪中起组织、策划和指挥作用的人；所谓其他积极参加者，是指积极、主动地参与聚众扰乱社会秩序活动或者起主要作用的人。

4. 主观方面必须出于故意，即不仅有本人参与扰乱社会秩序的故意，而且还要有纠集他人共同扰乱社会秩序的故意。

(二)聚众扰乱社会秩序罪的认定

1. 罪与非罪的界限。首先，要注意本罪是聚众性犯罪，仅仅一两个人进行扰乱社会秩序，不构成本罪。其次，要正确认识聚众者的共同故意。本罪的共同故意并不要求行为人之间的故意具有因果关系，只要行为人明知自己和他人是在实施扰乱国家机关、企事业单位和人民团体的工作秩序即可，并不要求各行为人的犯罪目的和犯罪动机完全一样。如果行为人的行为是由于过失，则不构成本罪。第三，要看情节是否严重。尚未达到严重程度的，不应作为本罪处理，而应当予以批评教育或者行政处分。第四，更重要的是，要注意划清本罪与一般群众闹事之间的区别。对于人民群众闹事的，应当采取疏导教育的办法解决。但对于利用群众不满情绪进行闹事，严重扰乱社会秩序的首要分子也应以本罪论处。

2. 注意本罪与妨害公务罪的界限。两者都是故意犯罪。两者的区别有：(1)侵犯的对象不同。本罪侵犯的对象是国家机关、企事业单位和人民团体；后罪侵犯的对象是正在执行公务的国家工作人员。(2)犯罪方法不同。本罪可以采用暴力、威胁的方法，也可以采用非暴力、威胁的方法；后罪一般只限于暴力、威胁的方法。(3)犯罪的客观方面不同。本罪要求聚众，而后罪并不要求聚众，单个人的行为也可以构成妨害公务罪。

(三)聚众扰乱社会秩序罪的处罚

根据刑法第 290 条第 1 款之规定，犯本罪的，对首要分子，处 3 年以上 7 年以下有期徒刑；对其他积极参加者，处 3 年以下有期徒刑、拘役、管制或者剥夺政治权利。

六、寻衅滋事罪

(一)寻衅滋事罪的概念和特征

寻衅滋事罪，是指在公共场所寻衅滋事，破坏社会秩序，情节恶劣或者后果严重的行为。

本罪的主要特征是：

1. 侵犯的客体是社会公共秩序。

2. 客观方面表现为，行为人实施寻衅滋事、破坏社会秩序的行为。本罪是从原流氓罪中分离出来的一个新罪。所谓“寻衅滋事”，是指流氓分子在公共场所肆意骚扰、惹是生非、伤害无辜、横行霸道的破坏行为。

根据刑法第293条的规定，寻衅滋事行为的表现方式有：(1)随意殴打他人，情节恶劣的。具体指出于要威风、取乐等流氓动机，无故或者无理殴打相识或素不相识的他人，手段残忍，或者多次随意殴打他人等。(2)追逐、拦截、辱骂他人，情节恶劣的。具体指出于取乐、寻求精神刺激等流氓动机，无故、无理追赶、拦截、侮辱、谩骂他人特别是妇女，造成严重后果的，或者影响恶劣，引起民愤的，或者多次追赶、拦截、辱骂他人等。(3)强拿硬要或者任意损毁、占用公私财物，情节严重的。具体指蛮不讲理，强行索要他人钱物或者随心所欲地损毁、强占公私财物，次数多，数量大，使公私财产遭受严重损失，或者造成恶劣影响等。(4)在公共场所起哄闹事，造成公共场所秩序严重混乱的。具体指出于发泄、取乐或者寻求精神刺激等流氓动机，在公共场所无事生非，制造事端，起哄闹事，致使群众慌乱不堪，公共场所秩序严重混乱等。

3. 犯罪主体是一般主体，凡年满16周岁的具有刑事责任能力的自然人都可以成为本罪的主体。

4. 主观方面必须出于故意，而且一般是出于发泄、要威风、取乐或者寻求精神刺激等流氓动机。

(二)寻衅滋事罪的认定

1. 划清寻衅滋事罪与非罪的界限。主要注意两个方面：(1)客观行为方式。行为人寻衅滋事只有具备了刑法第293条列举的四种寻衅滋事行为之一的，才可构成犯罪。实施这四种行为以外的其他寻衅滋事行为，不构成本罪，至于构成其他罪的按照相应的法律规定处理。(2)危害后果。根据刑法规定，实施寻衅滋事的四种法定行为方式的，破坏社会秩序，只有达到“情节恶劣、情节严重或者造成公共场所秩序严重混乱”的后果程度，才能构成犯罪。对于未达到上述规定危害程度的一般寻衅滋事行为，只能由公安机关按照《治安处罚法》给予治安处罚或者进行劳动教养，不能以犯罪论处。

2. 划清本罪与抢劫罪的界限。本罪中，强拿硬要或者任意占用公私财产的寻衅滋事行为，客观上与以暴力、威胁或者其他方法非法占有公私财产的抢劫罪具有某种相似性，但两者的暴力或者威胁方法仍具有本质的区别，寻衅滋事罪中强拿硬要行为尽管具有一定强制性，但一般不使用暴力或者威胁方法。此外，在犯罪主观方面，强拿硬要行为主要是出于蛮不讲理、逞强显狠的动机，非法占有公私财产的目的不是其主要特征；而抢劫罪则必须是出于非法占有公私财产的犯罪目的。强拿硬要的寻衅滋事侵犯的主要是社会公共秩序，而抢劫罪侵犯的则主要是公私财产权利。

(三)寻衅滋事罪的处罚

根据刑法第293条的规定，犯寻衅滋事罪的，处5年以下有期徒刑、拘役或者管制。

七、组织、领导、参加黑社会性质组织罪及相关犯罪

(一)黑社会犯罪概说

关于“黑社会”或者“黑社会犯罪”这一名称，在我国，无论是刑法学、犯罪学界还是司法实践部门或者新闻媒体，都有不同的意见和说法。直接称“黑社会犯罪”者有之，称“黑社会性质组织犯罪”、“黑社会组织犯罪”者有之，也有称“黑恶势力”、“黑帮”、“带黑社会性质的犯罪团体”等。从世界各国的刑法规定和刑法学、犯罪学学者的研究来看，较多的做法和意见是将它作为“有组织犯罪”的一种形式加以界定并进行分析研究。

1. 有组织犯罪的界定

迄今为止，有组织犯罪这一概念在世界范围内仍然没有一个精确的、统一的、得到普遍接受与公认的定义。这除了说明各国专家学者与立法者、司法者在给“有组织犯罪”下定义的问题上，众说纷纭，各抒己见以外，还说明了“有组织犯罪”这种严重犯罪现象、社会现象、国际现象所具有的复杂性和多变性。

一般认为，有组织犯罪分为广义和狭义两种，即一般的有组织犯罪和典型的有组织犯罪。广义的有组织犯罪，即一般的有组织犯罪，是指3人以上故意实施犯罪的一切有组织的共同犯罪或犯罪集团。这是一个犯罪学意义上的有组织犯罪概念。狭义的有组织犯罪，即典型的有组织犯罪，也就是通常人们所说的“黑社会”，它是指由故意犯罪者操纵、控制或直接指挥和参与，人数众多的(3人以上)犯罪分子的结合体或几个犯罪集团的联合体，具有严密而稳定的组织结构(等级制、专业与分工及帮规戒律)，有一套能逃避社会控制和法律制裁的防护体系，通过暴力、恐怖和贿赂腐蚀等犯罪手段，以达到追求垄断，谋取经济利益，并对政治和社会问题施加影响的目的。① 这是刑法学意义上的有组织犯罪。

有组织犯罪有许多类型和形式，比如从主体上划分，有自然人构成的和法人构成的有组织犯罪；从活动范围来划分，有区域性、跨地区性和跨国性有组织犯罪；从行为表现来划分，有营利型、破坏型、腐蚀型、恐怖型和滋扰型有组织犯罪，等等。但我国学者们一般都认为，有组织犯罪表现为由低级向高级发展、形成一个阶梯，逐级向上的形态：团伙犯罪(初级形态)到集团犯罪(较高形态)，从“黑恶势力”、“黑帮”(初始形态、黑社会的雏形)到“带黑社会性质的犯罪”、“黑社会性质组织犯罪”(较高形态，向黑社会犯罪过渡的一个中间形态)再到“黑社会犯罪”(高级形态，黑社会的完整形态)。

---

① 参见康树华、魏新文：《有组织犯罪透视》，北京大学出版社2001年版，第4页。

从组织形式上看，下列这些犯罪都归入有组织犯罪的范围：(1)犯罪团伙的犯罪；(2)犯罪集团的犯罪；(3)黑社会组织犯罪；(4)邪教组织犯罪；(5)恐怖活动犯罪(恐怖组织犯罪)。

2. 黑社会犯罪的界定

黑社会犯罪，是黑社会组织犯罪的简称，指的是黑社会组织及其成员实施的危害社会的行为。

黑社会组织是有意识地组织起来以达到犯罪目的的社会群体。它一般有复杂而严密的组织系统和行动准则，组织内部等级森严，重要成员基本固定，每个成员绝对服从其上级，对违反帮规的组织成员施以从威胁到处决的一整套惩戒措施。像意大利的"黑手党"、美国的"三 K 党"、日本的"山口组"和其他"暴力团"、我国香港的"三合会"和"十四 K"，等等，都是典型的黑社会组织。

黑社会犯罪在我国是一个有着较长历史并广为流布的概念。但一般认为，法律意义上的"黑社会"一词是外来语，即来源于英语"under-world society"，直译为"地下社会"。其最初的含义特指"秘密从事卖淫、盗窃等非法活动的社会集团"，后来其含义才逐渐抽象化，而用来指称现代意义的"黑社会"。对此，国外也有人称之为"犯罪辛迪加"，即犯罪集团的联合体。现代意义上的"黑社会"具有这几个特点：第一，"黑社会"意味着是"有组织的"，而且其组织化程度达到了一个"小社会"的程度，也就是说具备了社会的结构、功能、运转管理方式及众多的人数。第二，"黑"字表示非法与秘密之谓，之所以在社会上加一个"黑"字，表明这个组织与现实社会、主流社会是对立的，它是反社会的地下组织。也就是说，"黑社会"是相对于主流的公开社会的"地下的、隐蔽的、秘密的社会"。第三，"黑社会"具有从事违法犯罪活动的特点，而且形成"对社会的非法控制"。这一点是"黑社会"的关键特征。

综合起来，我们认为，所谓"黑社会"，是指具有一定的组织结构，以从事非法犯罪活动为基本手段，非法控制一定区域或行业并与主流社会相对抗，带有一定隐蔽性、秘密性的犯罪组织。

3. 我国惩治黑社会组织犯罪的刑事立法

目前，黑社会性质组织犯罪和各种黑恶势力犯罪，是我国一种非常突出和严峻的社会现象，严重地影响到我国的社会治安和市场经济的正常运行，是必须大力解决的一个社会、犯罪问题。

新中国成立后，大大小小的"帮会"、"会道门"等黑社会组织及其头目、骨干分子受到了人民政府的取缔和制裁，有组织犯罪销声匿迹。从 60 年代初到 70 年代末的 20 年间，我国大陆境内的黑社会性质组织犯罪基本处于绝迹状态。

然而，自 20 世纪 80 年代以来，黑社会性质组织在我国死灰复燃，并形成了中国大陆版的"黑社会"。① 之所以称为中国大陆版的"黑社会",是因为中国大陆的黑社会还处于初始阶段,大多数是"黑帮"、"黑恶势力",还停留在较低层面,是黑社会的雏形。从总体上说,中国大陆的"黑帮"、"黑恶势力"还没有发展成为像"黑手党"、"三 K 党"等那样真正意义的黑社会。但是,我国毕竟出现了一些有组织犯罪,而且社会危害性极大。"在我国,明显的、典型的黑社会犯罪还没有出现,但带有黑社会性质的犯罪集团已经出现,横行乡里、称霸一方,为非作歹,欺压、残害群众的有组织犯罪时有出现。"②特别是这些有组织的犯罪向黑社会犯罪演化的趋势日渐明显,而境外黑社会组织对我国内地的渗透也不断增多。在这种情况下,将有组织犯罪中的黑社会性质组织犯罪明确地在刑法中加以规定,已是势在必行。鉴于此,1997 年修订通过的我国新刑法,对于中国带有黑社会性质组织的犯罪的出现及其发展演化作出了及时的反应,分别在刑法第 294 条规定了三种犯罪,即组织、领导、参加黑社会性质组织罪,入境发展黑社会组织罪,包庇、纵容黑社会性质组织罪。

(二)组织、领导、参加黑社会性质组织罪

1. 组织、领导、参加黑社会性质组织罪的概念和特征

组织、领导、参加黑社会性质组织罪,是指组织、领导或者参加以暴力、威胁或者其他手段,有组织地进行违法犯罪活动,称霸一方,为非作恶,欺压、残害群众,严重破坏经济、社会生活秩序的黑社会性质组织的行为。

本罪的主要特征是:

(1)侵犯的客体是社会公共生活秩序。黑社会组织犯罪是有组织犯罪的极端形式或典型形式。它除了具有犯罪集团的一般特征外,还具有犯罪组织结构的严密性、犯罪种类的多样性、行为方式的残忍性、地域分布上的势力性、非法行为与合法行为的混杂性等特点,并且往往还具有"官匪勾结"的特点。这些特征决定了黑社会组织犯罪,是和平时期对国家政权、社会秩序和人民生命、财产安全危害最大的一种犯罪。一言以蔽之,黑社会性质组织所实施的违法犯罪行为,对社会的危害性质不仅至深而且巨大、广泛,是一种严重侵犯社会公共生活秩序的犯罪。也正因如此,所以当今世界各国无不将黑社会组织犯罪作为危害性最大的犯罪之一予以严厉惩治。迄今为止,我国尚未发现类似意大利"黑手党"那样典型的黑社会犯罪组织,但具有黑社会性质的犯罪组织在一些地方已经出现。为防患于未然,将我国

① 据考证,在中国大陆地区,首次在正式文件中使用"黑社会"概念的是 1982 年深圳市政府发布的《关于取缔黑社会活动的通告》。参见何秉松:《恐怖主义·邪教·黑社会》,群众出版社 2002 年版,第 327 页。1993 年 11 月 16 日,广东省通过了我国第一部反黑地方性法规,即《广东省惩处黑社会组织活动规定》,其中第 2 条对黑社会组织作了明确界定。

② 全国人大常委会副委员长王汉斌:《关于〈中华人民共和国刑法(修订草案)〉的说明》。

的黑社会组织犯罪消灭在萌芽状态，刑法规定了组织、领导、参加黑社会性质组织罪。

(2)本罪客观方面表现为行为人实施了组织、领导、积极参加黑社会性质的组织的行为。

按照刑法第 294 条的表述，所谓“黑社会性质组织”，具体是指以暴力、威胁或者其他手段，有组织地进行违法犯罪活动，称霸一方，为非作恶，欺压、残害群众，严重破坏经济、社会生活秩序，因而类似黑社会犯罪组织的犯罪组织。

那么，如何认定“黑社会性质组织”呢，或者说“黑社会性质组织”有什么构成条件？我国刑法学者对此的见解可谓各式各样，见仁见智，莫衷一是。2000 年 12 月 4 日，最高人民法院通过了《关于审理黑社会性质组织犯罪的案件具体应用法律若干问题的解释》(法释[2000]42 号)，专门对“黑社会性质组织”作出司法解释，指出它具有组织结构、经济实力、非法保护、行为方式四个方面的特征。即刑法第 294 条规定的“黑社会性质的组织”，一般应具备以下特征：①组织结构比较紧密，人数较多，有比较明确的组织者、领导者，骨干成员基本固定，有较为严格的组织纪律；②通过违法犯罪活动或者其他手段获取经济利益，具有一定的经济实力；③通过贿赂、威胁等手段，引诱、逼迫国家工作人员参加黑社会性质组织活动，或者为其提供非法保护；④在一定区域或者行业范围内，以暴力、威胁、滋扰等手段，大肆进行敲诈勒索、欺行霸市、聚众斗殴、寻衅滋事、故意伤害等违法犯罪活动，严重破坏经济、社会生活秩序。

但是，司法实践中对该司法解释的理解仍然存在较大的争议，特别是如何区分黑社会性质组织与“黑恶势力”、犯罪团伙、犯罪集团等之间的界限，仍有不同的意见，其中公安机关、检察机关与法院之间以及学者之间就黑社会性质组织要不要“保护伞”(即解释中的“为其提供非法保护”)这个特征更是存在分歧。为了解决分歧、统一认识，也为了解决立法上的缺陷，2002 年 4 月 28 日第九届全国人大常委会第 27 次会议通过《全国人大常委会关于刑法第二百九十四条第一款的解释》，将“黑社会性质的组织”的含义解释为，刑法第 294 条第 1 款规定的“黑社会性质的组织”应当同时具备以下特征：①形成较稳定的犯罪组织，人数较多，有明确的组织者、领导者，骨干成员基本固定；②有组织地通过违法犯罪活动或者其他手段获取经济利益，具有一定的经济实力，以支持该组织的活动；③以暴力、威胁或者其他手段，有组织地多次进行违法犯罪活动，为非作恶，欺压、残害群众；④通过实施违法犯罪活动，或者利用国家工作人员的包庇或者纵容，称霸一方，在一定区域或者行业内，形成非法控制或者重大影响，严重破坏经济、社会生活秩序。按照这一立法解释，黑社会性质组织必须具备四个特征，即：①组织结构特征；②经济实力特征；③行为特征；④非法控制特征。必须注意的是，按照这一立法解释，实际上不再将“保护伞”作为黑社会性质组织的必备特征。

目前在司法实践中认定黑社会性质组织，必须紧紧地围绕上述四个特征进行准确的把握。不具有上述特征或者说缺少某一个特征的，都不能或者说难以认定为黑社会性质组织。不过，我们认为，"非法控制"特征（非法控制社会性）应该是黑社会性质组织的核心特征或者说最大特征。这是因为：黑社会性质组织举办经济实体，并不是单纯地追求经济目的，而只是其控制社会的一种手段；黑社会性质组织在公然对抗政府的同时，为了生存，它必然采取各种手段对政府进行渗透；黑社会性质组织对社会的非法控制，通常采取的手段是暴力、威胁、滋扰等，以此进行敲诈勒索、欺行霸市、聚众斗殴、寻衅滋事、故意伤害等违法犯罪活动。因此，黑社会性质组织与普通刑事犯罪集团、团伙的一个重要区别，就是黑社会性质组织往往在一定区域（如某村、乡、县、市等）或者一定行业（诸如建筑业、运输业、娱乐业等）形成了非法控制或重大影响。同时，通过考察国外存在的黑社会组织可以看出，黑社会非法控制社会的表现形式主要有两种，一是对于地理位置上的某些区域进行非法控制；二是对于社会特定行业的非法控制。因此，某个从事违法犯罪活动的组织、势力能否认定为黑社会性质组织，其关键是看它是否形成非法控制社会，即"在一定区域或者行业内，形成非法控制或者重大影响，严重破坏经济、社会生活秩序"的特征。

本罪属于行为犯罪，行为人实施了组织、领导或者参加这种黑社会性质的犯罪组织的行为本身就构成犯罪。这里，所谓"组织"行为，是指在黑社会性质组织未建立之前，通过策划、指挥、招揽、引诱、拉拢、胁迫、安排、调配等行为倡导、发起、组建黑社会性质组织，也包括在黑社会性质组织成立后对其内部事务或者所从事违法犯罪活动进行安排、联络、谋划等。所谓"领导"，是指在黑社会性质组织建立以后，对该组织起策划、决策、指挥、协调作用从而居于统率、支配地位。所谓"积极参加"，是指明知是黑社会性质组织而以积极的态度加入该组织，或者在成为该组织成员后积极参与该组织所进行的违法犯罪活动。本罪中的"其他参加者"，是指除积极参加者以外的该组织的一般成员，其中包括随声附和者、消极对待者，以及被迫参加者。

如果行为人在组织、领导或者参加黑社会性质组织后，又积极实施其他犯罪行为的，则应当将组织、领导、参加黑社会性质罪和所实施的其他犯罪进行数罪并罚。

本罪作为一种具有黑社会性质的犯罪，在犯罪过程中一般都会触及多种犯罪，如杀人、重伤、强奸、抢劫、绑架、敲诈勒索等等，在犯罪方法或犯罪结果上与许多犯罪发生交叉。因此，刑法第 294 条第 3 款作了特别规定："犯前款罪又有其他犯罪行为的，依照数罪并罚的规定处罚。"我们认为，根据刑法规定，在实施本条所规定的犯罪过程中，无论触犯何种罪名，只要该罪名独立构成了犯罪，都应与本条所规定之罪一起实行数罪并罚。

(3)本罪犯罪主体为一般主体，凡年满 16 周岁的具有刑事责任能力的自然人均可以成为本罪的主体。

(4)本罪主观方面必须出于故意，即明知是黑社会性质的犯罪组织而决意组

织、领导或者参加。如果因受骗上当而误入黑社会性质组织，了解实情后及时退出的，则不能以本罪论处。如果参加时虽然不知是黑社会性质组织，但了解实情后仍不退出的，则构成本罪。

2. 认定本罪应当注意的问题

(1)本罪与“黑恶势力”的区别

在全国各地开展的“打黑除恶”活动实践中，往往会将“黑恶势力”与黑社会性质组织犯罪相提并论，甚至将两者等同视之。我们认为，“黑恶势力”是指在相应区域或者行业内，形成违法犯罪势力，大肆实施多种违法犯罪活动的犯罪组织或者群体。“黑恶势力”的存在，严重影响群众安全感，危害社会稳定，群众反映很强烈，如果不予以严厉打击，正常的社会生活秩序将受到破坏。所以，开展“打恶除黑”斗争是完全必要的，也是十分正确的。

从表面形式上看，“黑恶势力”与“黑社会性质组织”有一定的共同点，例如，都具有一定形式的组织，人数较多，拥有固定或相对稳定的活动范围，经常以暴力、威胁等手段进行寻衅滋事、聚众斗殴、故意伤害、敲诈勒索等违法犯罪活动，妨害社会治安，扰乱经济秩序等。

但是，从法律性质上讲，两者又有着本质的区别。主要体现为：第一，法律界定不同。严格地讲，“黑恶势力”不是一个法律概念，而是公安机关办案的一个概念；而“黑社会性质组织”则是刑法第 294 条规定的法律概念。第二，在具体表现上不同。“黑恶势力”虽然与“黑社会性质组织”很相似，但按照法律要求不一定能够认定为“黑社会性质组织”。要认定为“黑社会性质组织”必须具备立法解释所规定的四个特征。如果某种“黑恶势力”或其他犯罪组织实施了多种严重危害社会的犯罪行为，但是不具备或者说不同时具备该四个特征的，不能认定为“黑社会性质组织”。比如，某个“黑恶势力”不具备“形成较稳定的犯罪组织，人数较多，有明确的组织者、领导者，骨干成员固定”这个“组织结构”特征的，或者不具有在一定区域或者行业内形成“非法控制”特征(即对社会形成非法控制)的，就不属于“黑社会性质组织”。所以，要区分两者的界限，一定要注意从组织结构、经济实力、行为方式、非法控制这四个“黑社会性质组织”应当具备的特征上加以正确把握。

(2)本罪与犯罪集团的区别

按照刑法第 26 条的规定，3 人以上共同实施犯罪，而较为固定的犯罪组织，就是犯罪集团。黑社会性质组织与犯罪集团有许多相似之处，具体表现在：成员一般必须达到 3 人以上；组织结构上其主要成员固定或者基本固定，存在着领导、指挥与被领导、被指挥关系，通常都有首要分子、骨干分子与一般成员之分；组织的稳定上，都表现为通常组织成员一起实施一定犯罪；在组织制度上，都通过一定的成文或不成文的规则(“帮规行纪”)约束成员，并将成员维系在一起。

但是，两者在法律认定上有着重要区别。体现为：①黑社会性质组织有着更强的组织性，其组织纪律更为严格、残酷，组织结构更为系统、严密，组织宗旨更明确，首领的改变一般不会影响该犯罪组织的整体性转换,"有序而行"主要靠该组织内部的行规戒律约束。犯罪集团总体上没有这些特点,组织结构较为松散,组织性没有如此严密。②其依存的基础、组织的势力范围不同。犯罪集团的犯罪手段单一,一般会根据其所从事的犯罪活动选择犯罪手段,通常秘密进行,除其在犯罪活动实施期间,人们往往觉察不到它的存在,没有自己的势力范围。黑社会性质组织则往往有固定或者基本固定的势力范围,称霸一方,为非作歹。③社会背景和危害特点不同。犯罪集团性质上较为单纯,只是以实施犯罪为成员联系的纽带,一般没有政治上的背景。黑社会性质组织犯罪往往与社会力量尤其是权力相勾结,拉拢腐蚀国家工作人员,寻找"靠山"、"保护伞"——黑社会性质组织虽然不需要"保护伞"这个特征,但黑社会性质组织如果没有"保护伞"是难以成"气候"的,也不可能形成有势力、有规模、专门与主流社会对抗的犯罪组织。正如立法解释所规定的特征之一:"通过实施违法犯罪活动,或者利用国家工作人员的包庇或者纵容,称霸一方,在一定区域或者行业内,形成非法控制或者重大影响,严重破坏经济、社会生活秩序。"虽然一般的团伙犯罪、集团犯罪具有手段残忍、危害严重的特点,但总体上不具有黑社会性质组织犯罪的行为危害与非法控制社会的特点,故而犯罪集团不是黑社会性质组织。

3. 组织、领导、参加黑社会性质组织罪的处罚

根据刑法第 294 条第 1 款之规定,组织、领导和积极参加黑社会性质组织的,处 3 年以上 10 年以下有期徒刑;其他参加的,处 3 年以下有期徒刑、拘役、管制或者剥夺政治权利。第 3 款规定,犯本罪又有其他犯罪行为的,依照数罪并罚的规定处罚。

按照最高人民法院《关于审理黑社会性质组织犯罪的案件具体应用法律若干问题的解释》(以下简称"最高法解释")第 3 条的规定,对于黑社会性质组织的组织者、领导者,应当按照其所组织、领导的黑社会性质组织所犯的全部罪行处罚;对于黑社会性质组织的参加者,应当按照其所参与的犯罪处罚。该条第 2 款规定,对于参加黑社会性质的组织,没有实施其他违法犯罪活动的,或者受蒙蔽、胁迫参加黑社会性质的组织,情节轻微的,可以不作为犯罪处理。"最高法解释"第 4 条规定,国家机关工作人员组织、领导、参加黑社会性质组织的,从重处罚。"最高法解释"第 7 条规定,对黑社会性质组织和组织、领导、参加黑社会性质组织的犯罪分子聚敛的财物及其收益,以及用于犯罪的工具等,应当依法追缴、没收。

(三) 入境发展黑社会组织罪

1. 入境发展黑社会组织罪的概念、特征

根据刑法第 294 条第 2 款的规定,入境发展黑社会组织罪,是指境外的黑社会组织的人员到中华人民共和国境内发展组织成员的行为。

本罪的主要特征是:

(1)本罪侵犯客体与组织、领导、参加黑社会性质组织罪一样，都是社会公共生活秩序。

(2)客观方面表现为，行为人到中华人民共和国境内发展黑社会组织成员的行为。这里，所谓“境内”，是指中华人民共和国境内，即我国大陆境内。所谓“发展组织成员”，按照“最高法解释”第2条的规定，“是指将境内、外人员吸收为该黑社会组织成员的行为。对黑社会组织成员进行内部调整等行为，可视为‘发展组织成员’”。该条第2款同时规定：“港、澳、台黑社会组织到内地发展组织成员的，适用刑法第294条第2款的规定定罪处罚。”实践中，境外黑社会组织入境发展组织成员，主要是通过引诱、腐蚀、拉拢、威胁、强迫、贿赂等非法手段，在我国境内进行吸收组织成员、发展黑社会组织的活动。

(3)主体是特殊主体，限于境外的黑社会组织的人员，即被境外的国家和地区确定为黑社会组织的成员。

(4)主观方面必须出于故意。

2. 入境发展黑社会组织成员罪的处罚

根据刑法第294条第2款和第3款的规定，犯本罪的，处3年以上10年以下有期徒刑；犯本罪又有其他犯罪行为的，依照数罪并罚的规定处罚。

(四) 包庇、纵容黑社会性质组织罪

1. 包庇、纵容黑社会性质组织罪的概念、特征

本罪是指国家机关工作人员包庇或者纵容黑社会性质的组织进行违法犯罪活动的行为。

本罪的主要特征是：

(1)侵犯客体也是社会公共生活秩序。

(2)客观方面表现为行为人实施了包庇或者纵容黑社会性质的组织进行违法犯罪活动的行为。这里，所谓“包庇”，按照“最高法解释”第5条的规定，“是指国家机关工作人员为使黑社会性质组织及其成员逃避查禁，而通风报信，隐匿、毁灭、伪造证据，阻止他人作证、检举揭发，指使他人作伪证，帮助逃匿，或者阻挠其他国家机关工作人员依法查禁等行为”。所谓“纵容”，按照“最高法解释”第5条第2款的规定，“是指国家机关工作人员不依法履行职责，放纵黑社会性质组织进行违法犯罪活动的行为”。

(3)主体是特殊主体，只能限于国家机关工作人员。

(4)主观方面必须出于故意。即国家机关工作人员明知是黑社会性质组织及其成员，却有意加以包庇或纵容。

2. 包庇、纵容黑社会性质组织罪的处罚

按照刑法第294条第4款的规定，犯本罪的，处3年以下有期徒刑、拘役或者剥夺政治权利；情节严重的，处3年以上10年以下有期徒刑。

按照"最高法解释"第 6 条的规定,国家机关工作人员包庇、纵容黑社会性质组织,有下列情形之一的,属于刑法第 294 条第 4 款规定的"情节严重":(1)包庇、纵容黑社会性质组织跨境实施违法犯罪活动的;(2)包庇、纵容境外黑社会组织在境内实施违法犯罪活动的;(3)多次实施包庇、纵容行为的;(4)致使某一区域或者行业的经济、社会生活秩序遭受黑社会性质组织特别严重破坏的;(5)致使黑社会性质组织的组织者、领导者逃匿,或者致使对黑社会性质组织的查禁工作严重受阻的;(6)具有其他严重情节的。

八、"邪教组织"犯罪

(一) 组织、利用会道门、邪教组织或者利用迷信破坏法律实施罪

1. 本罪的概念、特征

本罪是指组织、利用会道门、邪教组织或者利用迷信破坏国家法律、行政法规实施的行为。

本罪的主要特征是:

(1)侵犯的客体是社会管理秩序,即国家实施法律、行政法规对社会进行管理的正常秩序。近年来,邪教组织特别是"法轮功"邪教组织冒用宗教、气功或者其他名义建立、神化首要分子,大搞教主崇拜,利用制造、散布迷信邪说等手段蛊惑、蒙骗他人,发展、控制成员,从事违法犯罪活动,严重影响了社会稳定,必须坚决依法惩办。

(2)客观方面表现为行为人实施了组织、利用会道门、邪教组织破坏国家法律、行政法规实施或者利用迷信破坏国家法律、行政法规实施的行为。

本罪是行为犯,而且是选择性罪名,只要行为人实施了前述"组织或者利用会道门、邪教组织或者利用迷信破坏法律实施"这四种行为之一的,便足以成立本罪。而在司法实践中具体确定罪名时,应当根据实际案情来确定。

这里,所谓的"邪教组织",按照最高人民法院、最高人民检察院《关于办理组织和利用邪教组织犯罪案件具体应用法律若干问题的解释》(法释[1999]18 号)第 1 条的解释,"是指冒用宗教、气功或者其他名义建立,神化首要分子,利用制造、散布迷信邪说等手段蛊惑、蒙骗他人,发展、控制成员,危害社会的非法组织"。

行为人组织和利用邪教组织实施《解释》第 2 条第 1 款规定的 6 种行为之一的,应当依照刑法第 300 条第 1 款的规定(即本罪)定罪处罚。具体是:(1)聚众围攻、冲击国家机关、企业事业单位,扰乱国家机关、企业事业单位的工作、生产、经营、教学和科研秩序的;(2)非法举行集会、游行、示威,煽动、欺骗、组织其成员或者其他人聚众围攻、冲击、强占、哄闹公共场所及宗教活动场所,扰乱社会秩序的;(3)抗拒有关部门取缔或者已经被有关部门取缔,又恢复或者另行建立邪教组织,或者

继续进行邪教活动的;(4)煽动、欺骗、组织其成员或者其他人不履行法定义务,情节严重的;(5)出版、印刷、复制、发行宣扬邪教内容出版物,以及印制邪教组织标识的;(6)其他破坏国家法律、行政法规实施行为的。

如果行为人组织、利用会道门、邪教组织或者利用封建迷信奸淫妇女、幼女的,或者诈骗钱财,符合强奸罪或诈骗罪特征的,则应当分别以刑法第 236 条规定的强奸罪、第 266 条规定的诈骗罪论处(见刑法第 300 条第 3 款和《解释》第 5 条、第 6 条的规定)。行为人组织和利用邪教组织,组织、策划、实施、煽动分裂国家、破坏国家统一或者颠覆国家政权、推翻社会主义制度的,分别依照刑法第 103 条、第 105 条、第 113 条的规定定罪处罚(《解释》第 7 条)。

值得注意的是,《解释》和最高人民法院、最高人民检察院《关于办理组织和利用邪教组织犯罪案件具体应用法律若干问题的解释(二)》(法释[2001]19 号)的其他规定还对行为人组织和利用邪教组织进行各种犯罪的定罪处罚问题作出具体的解释,是认定和处理本罪的重要法律依据。

(3)本罪主观方面必须出于故意,其犯罪目的一般是组织、利用他人抗拒国家法律、行政法规的实施。

2. 本罪的处罚

根据刑法第 300 条第 1 款的规定,犯本罪的,处 3 年以上 7 年以下有期徒刑;情节特别严重的,处 7 年以上有期徒刑。

《解释》第 2 条第 2 款规定,组织和利用邪教组织实施前款所列行为(即前述第 1 款规定的 6 种行为),并具有下列情形之一的,属于"情节特别严重":(1)跨省、自治区、直辖市建立组织机构或者发展成员的;(2)勾结境外机构、组织、人员进行邪教活动的;(3)出版、印刷、复制、发行宣扬邪教内容出版物以及印制邪教组织标识,数量或者数额巨大的;(4)煽动、欺骗、组织其成员或者其他人破坏国家法律、行政法规实施,造成严重后果的。

(二) 组织、利用会道门、邪教组织或者利用迷信致人死亡罪

1. 本罪的概念和特征

本罪是指组织、利用会道门、邪教组织或者利用封建迷信愚弄、蒙骗他人,致人死亡的行为。

本罪的主要特征是:

(1)本罪侵犯客体是复杂客体,即社会公共秩序和他人的生命权利。

(2)本罪的客观方面表现为,行为人实施了组织、利用会道门、邪教组织或者封建迷信蒙骗他人,致人死亡的行为。

本罪属于结果犯,且是选择性罪名。只要行为人实施了前述"组织、利用会道门、邪教组织或者利用迷信蒙骗他人,以致引起他人死亡"的四种行为之一,便成立本罪。但是,在司法实践具体确定罪名时,应当根据实际案情来确定。比如,行为

人只实施了利用邪教组织致人死亡的行为，那么对行为人就定“利用邪教组织致人死亡罪”。

按照最高人民法院、最高人民检察院《关于办理组织和利用邪教组织犯罪案件具体应用法律若干问题的解释》第3条的规定，“组织和利用邪教组织蒙骗他人，致人死亡，是指组织和利用邪教组织制造、散布迷信邪说，蒙骗其成员或者其他人实施绝食、自残、自虐等行为，或者阻止病人进行正常治疗，致人死亡的情形”。

如果行为人组织和利用邪教组织制造、散布迷信邪说，指使、胁迫其成员或者其他人实施自杀、自伤行为的，应当分别依照刑法第232条、第234条的规定，以故意杀人罪或者故意伤害罪定罪处罚(《解释》第4条)。行为人组织、策划、煽动、教唆、帮助邪教组织人员自杀、自残的，依照刑法第232条、第234条的规定，以故意杀人罪、故意伤害罪定罪处罚(《解释(二)》第9条)。

(3)本罪主观方面必须出于故意。

2. 本罪的处罚

根据刑法第300条第2款的规定，犯本罪的，依照本条第1款规定(组织、利用会道门、邪教组织或者利用迷信破坏法律实施罪)处罚。

需要注意的是，按照《解释》第3条的规定，组织和利用邪教组织致人死亡，具有下列情形之一的，属于“情节特别严重”：(1)造成3人以上死亡的；(2)造成死亡人数不满3人，但造成多人重伤的；(3)曾因邪教活动受过刑事或者行政处罚，又组织和利用邪教组织蒙骗他人，致人死亡的；(4)造成其他特别严重后果的。

九、本节其他犯罪

(一) 煽动暴力抗拒法律实施罪

煽动暴力抗拒法律实施罪，是指煽动群众暴力抗拒国家法律、行政法规实施的行为。

本罪的主要特征是：(1)侵犯客体是国家法律的实施秩序。(2)客观方面表现为煽动不特定的群众以暴力方法抗拒国家法律、行政法规的实施，扰乱社会秩序的行为。(3)主观方面必须出于故意。

根据刑法第278条的规定，犯本罪的，处3年以下有期徒刑、拘役、管制或者剥夺政治权利；造成严重后果的，处3年以上7年以下有期徒刑。

(二) 伪造、变造、买卖国家机关公文、证件、印章罪

本罪是指伪造、变造、买卖国家机关的公文、证件、印章的行为。

本罪的主要特征是：(1)侵犯客体是对国家机关的公文、证件、印章的管理秩序，犯罪对象是国家机关的公文、证件或印章。(2)客观方面表现为实施了伪造、变

造、买卖国家机关的公文、证件、印章的行为。本罪属于选择性罪名，既包括犯罪对象的选择，也包括犯罪行为的选择。行为人只要对上述任何一犯罪对象，实施了上述任何一种行为的，即构成本罪。如果同时针对上述几种犯罪对象实施一种犯罪行为的，或者对一种犯罪对象同时实施了几种犯罪行为的，均只能按一罪论处，而不能以数罪并罚。犯罪主体是一般主体。(3)主观方面必须出于故意。

根据刑法第280条第1款的规定，犯本罪的，处3年以下有期徒刑、拘役、管制或者剥夺政治权利；情节严重的，处3年以上10年以下有期徒刑。

（三）盗窃、抢夺、毁灭国家机关公文、证件、印章罪

本罪是指盗窃、抢夺、毁灭国家机关公文、证件、印章的行为。

本罪的主要特征是：(1)侵犯客体是对国家机关的公文、证件、印章的管理秩序，犯罪对象是国家机关的公文、证件或印章。(2)客观方面表现为实施了盗窃、抢夺或者毁灭国家机关的公文、证件、印章的行为。(3)主观方面必须出于故意。

依照刑法第280条第1款的规定，犯本罪的，处3年以下有期徒刑、拘役、管制或者剥夺政治权利；情节严重的，处3年以上10年以下有期徒刑。

（四）伪造公司、企业、事业单位、人民团体印章罪

伪造公司、企业、事业单位、人民团体印章罪，是指没有刻制印章权限的人擅自伪造公司、企业、事业单位、人民团体印章的行为。

本罪的主要特征是：(1)侵犯客体是公司、企业、事业单位、人民团体对印章的管理秩序，犯罪对象是公司、企业、事业单位、人民团体的印章。(2)客观方面表现为伪造印章的行为，即擅自模仿公司、企业、事业单位、人民团体印章的印形而予以私刻或者在纸张文件上描绘印章的印影的行为。需要注意的是，按照最高人民法院、最高人民检察院《关于办理伪造、贩卖伪造的高等院校学历学位证明刑事案件如何适用法律问题的解释》，“对于伪造高等院校印章制作学历、学位证明的行为，应当依照刑法第280条第2款的规定，以伪造事业单位印章罪定罪处罚”。“明知是伪造高等院校印章制作的学历、学位证明而贩卖的，以伪造事业单位印章罪的共犯论处。”(3)本罪主观方面必须出于故意。

根据刑法第280条第2款的规定，犯本罪的，处3年以下有期徒刑、拘役、管制或者剥夺政治权利。

（五）伪造、变造居民身份证罪

伪造、变造居民身份证罪，是指非法伪造、变造居民身份证的行为。

本罪的主要特征是：(1)侵犯的客体是国家对居民身份证的管理秩序，犯罪对象是居民身份证。(2)客观方面表现为伪造或者变造居民身份证的行为。(3)主观方面必须出于故意。

根据刑法第280条第3款的规定，犯本罪的，处3年以下有期徒刑、拘役、管制或者剥夺政治权利；情节严重的，处3年以上7年以下有期徒刑。

(六) 非法生产、买卖警用装备罪

非法生产、买卖警用装备罪，是指非法生产、买卖人民警察制式服装、车辆号牌等专用标志、警械，情节严重的行为。

本罪的主要特征是：(1)本罪侵犯的对象是人民警察的警用装备，包括人民警察的制式服装、车辆号牌等专用标志和警械。(2)客观方面表现为非法生产或非法买卖上述警用装备。(3)主体可以是个人，也可以是单位。(4)主观方面必须出于故意，并且一般具有牟取非法利益的犯罪目的。

根据刑法第281条的规定，犯本罪的，处3年以下有期徒刑、拘役、管制，并处或者单处罚金；单位犯前款罪的，对单位判处罚金，并对其直接负责的主管人员和其他直接责任人员，依照前款的规定处罚。

(七) 非法持有绝密、机密文件、资料、物品罪

本罪是指非法持有属于国家绝密、机密的文件、资料或者其他物品，拒不说明其来源和用途的行为。

本罪的主要特征是：(1)侵犯的客体是国家保密制度，犯罪对象是属于国家绝密、机密的文件、资料、物品。(2)客观方面表现为非法持有属于国家绝密、机密的文件、资料或者其他物品，拒不说明其来源和用途的行为。本罪属于持有型犯罪，行为人必须同时具有非法持有绝密、机密文件、资料、物品和拒不说明来源和用途两方面的行为。(3)主观方面必须出于故意。

根据刑法第282条第2款的规定，犯本罪的，处3年以下有期徒刑、拘役或者管制。

(八) 非法生产、销售间谍专用器材罪

非法生产、销售间谍专用器材罪，是指非法生产、销售窃听、窃照等专用间谍器材的行为。

本罪的主要特征是：(1)侵犯客体是社会管理秩序，犯罪对象是窃听、窃照等专用间谍器材。(2)客观方面表现为非法生产、销售间谍器材的行为。所谓非法生产，包括无资格生产而擅自生产和有资格生产而不按规定生产两种情况。所谓非法销售，也包括无资格销售而擅自销售和有资格销售而不按规定销售两种情况。(3)主观方面必须出于故意。

按照刑法第283条的规定，犯本罪的，处3年以下有期徒刑、拘役或者管制。

（九）非法使用窃听、窃照专用器材罪

本罪是指，非法使用窃听、窃照专用器材，造成严重后果的行为。

本罪的主要特征是：(1)侵犯客体是社会管理秩序，犯罪对象是窃听、窃照等专用间谍器材。(2)客观方面表现为非法使用窃听、窃照专用器材，造成严重后果的行为。本罪属于结果犯，只有当行为人非法使用窃听、窃照器材，窃取、刺探国家秘密、商业秘密、工作秘密、个人隐私或者其他秘密情报，给国家和人民利益造成严重损害，或者使被窃听、窃照人的权利遭受严重侵害时，才能构成本罪。(3)主观方面必须出于故意。

根据刑法第 284 条的规定，犯本罪的，处 2 年以下有期徒刑、拘役或者管制。

（十）扰乱无线电通讯管理秩序罪

扰乱无线电通讯管理秩序罪，是指违反国家规定，擅自设置、使用无线电台(站)，或者擅自占用频率，经责令停止使用后拒不停止使用，干扰无线电通讯正常进行，造成严重后果的行为。

本罪的主要特征是：(1)侵犯客体是国家对无线电通讯的管理秩序。(2)客观方面表现为违反国家规定，擅自设置、使用无线电台(站)，或者擅自占用频率，经责令停止使用后拒不停止使用，干扰无线电通讯正常进行，造成严重后果的行为。(3)主体是一般主体，可以是自然人，也可以是单位。(4)主观方面必须出于故意。

依照刑法第 288 条的规定，犯本罪的，处 3 年以下有期徒刑、拘役或者管制，并处或者单处罚金；单位犯前款罪的，对单位判处罚金，并对其直接负责的主管人员和其他直接责任人员，依照前款的规定处罚。

（十一）聚众冲击国家机关罪

聚众冲击国家机关罪，是指聚众冲击国家机关，致使国家机关工作无法进行，造成严重损失的行为。

本罪的主要特征是：(1)侵犯客体是国家机关的正常工作秩序。(2)客观方面必须为聚众冲击国家机关，致使国家机关工作无法进行，造成严重损失的行为。(3)主体必须是聚众冲击国家机关的首要分子或者积极参加者。(4)主观方面必须出于故意。

根据刑法第 290 条第 2 款的规定，犯本罪的，对首要分子，处 5 年以上 10 年以下有期徒刑；对其他积极参加的，处 5 年以下有期徒刑、拘役、管制或者剥夺政治权利。

（十二）聚众扰乱公共场所秩序、交通秩序罪

聚众扰乱公共场所秩序、交通秩序罪，是指聚众扰乱车站、码头、民用航空站、

商场、公园、影剧院、展览会、运动场或者其他公共场所秩序，聚众堵塞交通或者破坏交通秩序，抗拒、阻碍国家治安管理工作人员依法执行职务，情节严重的行为。

本罪的主要特征是:(1)侵犯客体是国家对公共场所的管理秩序和交通管理秩序。(2)客观方面表现为聚众扰乱车站、码头、民用航空站、商场、公园、影剧院、展览会、运动场或者其他公共场所秩序，聚众堵塞交通或者破坏交通秩序，抗拒、阻碍国家治安管理工作人员依法执行职务，情节严重的行为。(3)主体是首要分子。(4)主观方面必须出于故意。

根据刑法第 291 条的规定，犯本罪的，对首要分子，处 5 年以下有期徒刑、拘役或者管制。

(十三)投放虚假危险物质罪

投放虚假危险物质罪，是指投放虚假的爆炸性、毒害性、放射性、传染病病原体等物质，严重扰乱社会秩序的行为。

本罪的主要特征是:(1)客体是社会公共秩序。(2)客观方面表现为行为人实施了投放虚假的爆炸性、毒害性、放射性、传染病病原体等物质，严重扰乱社会秩序的行为。(3)主观方面为故意，即明知是虚假的危险物质却有意投放。

根据刑法第 291 条之一(根据《刑法修正案(三)》第 8 条增加)的规定，犯本罪的，处 5 年以下有期徒刑、拘役或者管制;造成严重后果的，处 5 年以上有期徒刑。

(十四)编造、故意传播虚假恐怖信息罪

本罪是指，编造爆炸威胁、生化威胁、放射威胁等恐怖信息，或者明知是编造的恐怖信息而故意传播，严重扰乱社会秩序的行为。

本罪的主要特征是:

1. 本罪的客体是社会公共秩序。这是因为，这种犯罪一般不可能对生命安全和财产造成实际危害，而行为人更多地想借此在社会上造成一种恐怖气氛，引起社会秩序的混乱。

2. 客观上表现为行为人编造爆炸威胁、生化威胁、放射威胁等恐怖信息，或者明知是编造的恐怖信息而故意传播，严重扰乱社会秩序的行为。包括两种行为:一是编造爆炸威胁、生化威胁、放射威胁等恐怖信息，严重扰乱社会秩序的行为;另一是明知是编造的恐怖信息而故意传播，严重扰乱社会秩序的行为。这是一个选择性罪名，行为人只要实施其中一种行为的，就可以构成本罪。需要注意的是，要将本罪与故意散布恐怖威胁谣言以及谎报恐怖险情的行为区别开来。后者“这种情况，行为人主观上并无恶意，不应规定为犯罪。因此，《刑法修正案(三)》第 8 条将构成犯罪的行为严格限定在‘编造爆炸威胁、生化威胁、放射威胁等恐怖信息，或者

明知是编造的恐怖信息而故意传播，严重扰乱社会秩序'上"。[①]"严重扰乱社会秩序"是区分罪与非罪的重要界限，主要是指引起社会恐慌，致使工作、生产、营业和教学、科研活动无法正常进行。

3. 主观方面为故意，既可以是故意"编造"也可以是故意传播。

根据刑法第 291 条之一（根据《刑法修正案（三）》第 8 条增加）的规定，犯本罪的，处 5 年以下有期徒刑、拘役或者管制；造成严重后果的，处 5 年以上有期徒刑。这里所讲的"造成严重后果"，主要是指由于编造恐怖信息或者明知是编造的恐怖信息在公众场合传播，引起秩序大乱，造成人员践踏死伤等情况发生。

（十五）聚众斗殴罪

聚众斗殴罪，这是从过去的流氓罪中分离出来的一个新罪名，是指出于私仇夙怨、争霸一方或者其他动机，聚众结伙进行殴斗，破坏公共秩序的行为。

本罪的主要特征是：(1)侵犯客体是社会治安管理秩序。(2)客观方面表现为聚众结伙进行殴斗，破坏公共秩序的行为。一般认为，本罪属于行为犯，行为人只要实施了聚众斗殴行为，即构成本罪。但是，这种行为犯应该针对的是"斗殴"行为而言的。如果行为人只是为了斗殴而"聚众"，但最终没有形成"斗殴"局面的，不能以聚众斗殴定罪。或者说，"聚众"和"斗殴"这两种行为方式都必须具备，才能构成聚众斗殴罪。如果在斗殴过程中造成轻微伤害的，可以直接按本罪论处。但是，如果聚众斗殴，致人重伤、死亡的，应当直接以故意伤害罪或者故意杀人罪论处。(3)本罪主体是一般主体，但刑法规定只有聚众斗殴的首要分子和其他积极参加的分子，才能成为本罪的主体。(4)主观方面必须出于故意，行为人一般是出于私仇夙怨、争霸一方或者其他个人利害冲突。

根据刑法第 292 条第 1 款的规定，犯本罪的，对首要分子和其他积极参加的，处 3 年以上 10 年以下有期徒刑。

（十六）传授犯罪方法罪

传授犯罪方法罪，是指故意向他人传授实施某种具体犯罪的方法、技术、经验或者有关的反侦查方法的行为。

本罪的主要特征是：

1. 侵犯的客体是社会治安秩序。

2. 客观方面表现为向他人传授犯罪方法的行为。所谓犯罪方法，是指实施某种具体犯罪的方法、技术、经验或者有关的反侦查方法。传授犯罪方法，一般是指用言语、文字、图画、动作、声像材料等形式，向他人讲解、演示实施某种具体犯罪的

---

① 黄太云：《〈中华人民共和国刑法修正案（三）〉的理解与适用》，载《刑事审判参考》2002 年第 1 集，法律出版社 2002 年版，第 184 页。

方法、技术、经验或与该犯罪有关的反侦查措施的行为。本罪是行为犯，行为人只要实施了传授犯罪方法的行为，不论被传授人是否掌握了所传授的犯罪方法，也不论被传授人是否运用所掌握的犯罪方法实施了该种具体犯罪或其他犯罪，一律构成本罪。

3. 犯罪主体是一般主体。

4. 本罪在主观方面必须出于故意，即明知是犯罪方法而故意向他人传授，但行为人主观上并不具有使他人立即产生实施与该犯罪方法有关的具体犯罪的直接目的。因过失而泄露了可以用于实施犯罪的技术或方法的，不能以本罪论处。

认定本罪，要注意划清本罪与共同犯罪中教唆犯罪行为之间的界限。它们的区别主要是：(1)侵犯的客体不同。(2)客观方面不同。(3)主观方面的内容不同。(4)犯罪既遂的标准不同。(5)犯罪形态和对象条件不同。(6)定罪量刑的根据不同。

根据刑法第 295 条的规定，犯本罪的，处 5 年以下有期徒刑、拘役或者管制；情节严重的，处 5 年以上有期徒刑；情节特别严重的，处无期徒刑或者死刑。

(十七) 非法集会、游行、示威罪

非法集会、游行、示威罪，是指举行集会、游行、示威，未依照法律的程序申请或者申请未获许可，或者未按照主管机关许可的起止时间、地点、路线进行，又拒不服从解散命令，严重破坏社会秩序的行为。

本罪的主要特征是：(1)侵犯客体是国家对集会、游行、示威活动的管理秩序。(2)客观方面表现为举行集会、游行、示威，未依照法律规定的程序申请或者申请未获许可，或者未按照主管机关许可的起止时间、地点、路线进行，又拒不服从解散命令，严重破坏社会秩序的行为。(3)主观方面必须出于故意。

按照刑法第 296 条的规定，犯本罪的，处 5 年以下有期徒刑、拘役、管制或者剥夺政治权利。

(十八) 非法携带武器、管制刀具、爆炸物参加集会、游行、示威罪

本罪是指违反法律规定，携带武器、管制刀具或者爆炸物参加集会、游行、示威的行为。

本罪的主要特征是：(1)侵犯客体是国家对集会、游行、示威活动的管理秩序。(2)客观方面表现为违反法律规定，携带武器、管制刀具或者爆炸物参加集会、游行、示威的行为。(3)主观方面必须出于故意。

根据刑法第 297 条的规定，犯本罪的，处 3 年以下有期徒刑、拘役、管制或者剥夺政治权利。

(十九) 破坏集会、游行、示威罪

破坏集会、游行、示威罪，是指扰乱、冲击或者以其他方法破坏依法举行的集会、游行、示威，造成公共秩序混乱的行为。

本罪的主要特征是：(1)侵犯客体是国家对集会、游行、示威活动的管理秩序和公民的集会、游行、示威权利，犯罪对象必须是依法举行的集会、游行、示威。(2)客观方面表现为扰乱、冲击或者以其他方法破坏依法举行的集会、游行、示威，并且造成公共秩序混乱的行为。(3)主观方面必须出于故意。

按照刑法第 298 条的规定，犯本罪的，处 5 年以下有期徒刑、拘役、管制或者剥夺政治权利。

(二十) 侮辱国旗、国徽罪

侮辱国旗、国徽罪，是指在公共场合故意以焚烧、毁损、涂划、玷污、践踏等方式侮辱中华人民共和国国旗、国徽的行为。

本罪的主要特征是：(1)侵犯客体是国家对国旗、国徽的管理和国家的尊严，犯罪对象是中华人民共和国的国旗和国徽。(2)客观方面表现为在公共场合以焚烧、毁损、涂划、玷污、践踏的方式侮辱中华人民共和国国旗、国徽的行为。(3)主体是一般主体。(4)主观方面必须出于使中华人民共和国国旗、国徽当众受辱的犯罪故意。

根据刑法第 299 条的规定，犯本罪的，处 3 年以下有期徒刑、拘役、管制或者剥夺政治权利。

(二十一) 聚众淫乱罪

聚众淫乱罪，这也是从流氓罪中分离出来的一个罪名，是指聚集多人进行淫乱活动，破坏社会风化的行为。

本罪的主要特征是：(1)侵犯的客体是社会风化(风俗)。(2)客观方面表现为聚众淫乱的行为。(3)主体为一般主体，但并非所有参与集体淫乱活动的人都可以成为本罪的主体。只有聚众淫乱的首要分子或者多次参加的人，才能成为本罪的主体。对其他偶尔参加聚众淫乱活动的人，不能按本罪论处。(4)主观方面必须出于故意。

根据刑法第 301 条第 1 款的规定，犯本罪的，处 5 年以下有期徒刑、拘役或者管制。

(二十二)引诱未成年人聚众淫乱罪

本罪是指引诱未成年人聚众淫乱，破坏社会风化的行为。

本罪在客观方面表现为引诱未成年人参加聚众淫乱活动的行为，其他客体、主体、主观方面的构成要件与前罪(聚众淫乱罪)相同。

鉴于本罪社会危害性比前罪更大,刑法第 301 条第 2 款规定了依照前罪的法定刑从重处罚。

(二十三) 盗窃、侮辱尸体罪

盗窃、侮辱尸体罪,是指秘密窃取他人尸体或者公开侮辱他人尸体,破坏社会风化的行为。

本罪的主要特征是:(1)侵犯的客体是社会风化,犯罪对象是尸体。但是,如果盗窃的是古墓葬里埋葬的古尸或者博物馆作为文物陈列、展览的古尸,则不构成本罪,而构成其他犯罪(即刑法第 328 条第 1 款规定的"盗掘古文化遗址、古墓葬罪"或刑法第 264 条规定的"盗窃罪")。(2)客观方面表现为实施了盗窃或者侮辱尸体行为。本罪属于选择性罪名,行为人只要实施了盗窃或侮辱尸体行为之一的,即构成本罪。(3)主观方面是出于故意。

根据刑法第 302 条的规定,犯本罪的,处 3 年以下有期徒刑、拘役或者管制。

(二十四) 赌博罪①

赌博罪,是指以营利为目的,聚众赌博或者以赌博为业的行为。

本罪的主要特征是:

1. 侵犯客体是扰乱社会治安秩序。赌博历来是被认为扰乱社会治安秩序,破坏社会和谐和家庭和睦的罪恶根源,也是被历代政权所不容并且予以治理和打击的违法犯罪行为。

2. 客观方面表现为实施了以营利为目的,聚众赌博或者以赌博为业的行为。行为人只要具备其中一种行为,即符合赌博罪的客观要件。这里,"聚众赌博",是指为赌博提供赌场、赌具或者组织、纠集他人参加赌博,本人抽头渔利的行为。这种人俗称"赌头"。赌头可能参与赌博,也可能不参与赌博,可能是一个,也可能是多人,均不影响犯罪的成立。"以赌博为业",是指以赌博为常业,即以赌博所得为其生活或者挥霍的主要来源的行为。这种人俗称"赌棍"。赌棍有的无正当职业,

① 刑法第 303 条规定:"以营利为目的,聚众赌博、开设赌场或者以赌博为业的,处三年以下有期徒刑、拘役或者管制,并处罚金。"《刑法修正案(六)》对此条文进行修改,在其第 18 条中规定:"将刑法第三百零三条修改为:'以营利为目的,聚众赌博或者以赌博为业的,处三年以下有期徒刑、拘役或者管制,并处罚金。开设赌场的,处三年以下有期徒刑、拘役或者管制,并处罚金;情节严重的,处三年以上十年以下有期徒刑,并处罚金。'"由此可见,《刑法修正案(六)》第 18 条除了修改赌博罪的构成要件外,还将"开设赌场"的行为与一般的赌博行为加以区别,单列一个条款加以规定。对于该修正案新增的"开设赌场"的条款,按照最高人民法院、最高人民检察院《关于执行〈中华人民共和国刑法〉确定罪名的补充规定(三)》(法释[2007]16 号),确定罪名为"开设赌场罪"。

专事赌博；有的有业不就，主要从事赌博；有的虽有正当职业，但以赌博为兼业，赌博输赢的数额大大超过其正当收入的数额。

根据最高人民法院、最高人民检察院于2005年5月13日施行的《关于办理赌博刑事案件具体应用法律若干问题的解释》（法释[2005]3号，以下简称“解释”）第1条的规定：“以营利为目的，有下列情形之一的，属于刑法第303条规定的‘聚众赌博’：(1)组织3人以上赌博，抽头渔利数额累计达到5000元以上的；(2)组织3人以上赌博，赌资数额累计达到5万元以上的；(3)组织3人以上赌博，参赌人数累计达到20人以上的；(4)组织中华人民共和国公民10人以上赴境外赌博，从中收取回扣、介绍费的。”“解释”第3条规定：“中华人民共和国公民在我国领域外周边地区聚众赌博、开设赌场，以吸引中华人民共和国公民为主要客源，构成赌博罪的，可以依照刑法规定追究刑事责任。”“解释”第4条规定：“明知他人实施赌博犯罪活动，而为其提供资金、计算机网络、通讯、费用结算等直接帮助的，以赌博罪的共犯论处。”

3. 本罪的主体是一般主体，凡是达到刑事责任年龄、具有刑事责任能力的自然人，均可构成本罪。但是从立法精神看，本罪打击的是聚众赌博的“赌头”和以赌博为业的“赌棍”。按照“解释”第5条的规定，实施赌博犯罪，有下列情形之一的，依照刑法第303条的规定从重处罚：(1)具有国家工作人员身份的；(2)组织国家工作人员赴境外赌博的；(3)组织未成年人参与赌博，或者开设赌场吸引未成年人参与赌博的。

4. 主观方面必须出于故意，并且具有营利目的。构成赌博罪的前提，不但必须具备直接故意的一般主观条件，而且必须具备“以营利为目的”的特别主观条件。所谓“以营利为目的”，是指行为人聚众赌博、以赌博为业或参与赌博主观是为了获取金钱或财物，而不是为了消遣、娱乐。以营利为目的并不简单地理解为行为人一定要赢得钱财，只要主观上是为了获取钱财，致使实际上未能赢取钱财甚至输了钱财，也不影响行为人具备营利目的的主观条件。“解释”第9条明确规定：“不以营利为目的，进行带有少量财物输赢的娱乐活动，以及提供棋牌室等娱乐场所只收取正常的场所和服务费用的经营行为等，不以赌博论处。”这一点对于准确区分罪与非罪、违法与犯罪的界限十分重要。所以，“以营利为目的”的有无，决定了行为人是否构成赌博罪，也是区别赌博罪与非罪的关键。

按照刑法第303条第1款（根据《刑法修正案（六）》第18条第1款的规定修正）的规定，犯本罪的，处3年以下有期徒刑、拘役或者管制，并处罚金。

（二十五）开设赌场罪

开设赌场罪是指行为人以营利为目的，营业性地为赌博提供场所、设定赌博方式、提供赌具、筹码、资金等组织赌博的行为。

本罪的客体、主体和主观方面均与赌博罪相同。

本罪的客观方面表现为开设赌场的行为。我们认为，"开设赌场"主要是指以营利为目的，营业性地开设专门用于进行赌博的场所，设定赌博方式（例如在计算机网络上建立赌博网站），①以及为赌场、设定的赌博方式提供赌具、筹码、资金，接受赌客投注等组织赌博的行为。

根据刑法第 303 条第 2 款的规定（根据《刑法修正案（六）》第 18 条第 2 款的规定增加），犯开设赌场罪的，处 3 年以下有期徒刑、拘役或者管制，并处罚金；情节严重的，处 3 年以上 10 年以下有期徒刑，并处罚金。

（二十六）故意延误投递邮件罪

故意延误投递邮件罪，是指邮政工作人员严重不负责任，故意延误投递邮件，致使公共财产、国家和人民利益遭受重大损失的行为。

本罪的主要特征是：(1)侵犯客体是国家邮政部门的正常工作秩序和交邮人的合法权益。(2)客观方面表现为严重不负责任，故意延误投递邮件，致使公共财产、国家和人民利益遭受重大损失的行为。(3)主体是特殊主体，仅限于邮政工作人员。(4)主观方面必须出于故意。

根据刑法第 304 条的规定，犯本罪的，处 2 年以下有期徒刑或者拘役。

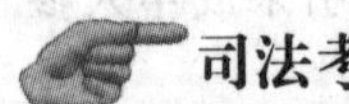

司法考试真题链接

一、单项选择题

1. 无业人员甲通过伪造国家机关公文，骗取某县工商局副局长的职位。在该局股级干部竞争上岗时，甲向干部乙声称："如果不给我 2 万元，你这次绝对没有机会。"乙为获得岗位，只好送甲 2 万元。关于甲的行为的处理意见，下列哪一选项是正确的？（2007 年试卷二第 19 题）

A. 甲触犯的伪造国家机关公文罪与招摇撞骗罪之间具有牵连关系，应从一重罪论处

B. 对甲的行为以伪造国家公文罪与敲诈勒索罪实行并罚

C. 对甲的行为以伪造国家机关公文罪与受贿罪实行并罚

D. 甲触犯的伪造国家机关公文罪与受贿罪之间具有牵连关系，应从一重罪论处

---

① 最高人民法院、最高人民检察院《关于办理赌博刑事案件具体应用法律若干问题的解释》（法释[2005]3 号）第 2 条规定："以营利为目的，在计算机网络上建立赌博网站，或者为赌博网站担任代理，接受投注的，属于刑法第 303 条规定的'开设赌场'。"因此，只要是行为人建立了赌博网站，或者为赌博网站担任代理，接受赌客投注的，也属于"开设赌场"的行为。

2. 关于利用计算机网络的犯罪，下列哪一选项是正确的？（2007 年试卷二第 18 题）

A. 通过互联网将国家秘密非法发送给境外的机构、组织、个人的，成立故意泄露国家秘密罪

B. 以营利为目的，在计算机网络上建立赌博网站，或者为赌博网站担任代理，接受投注的，属于刑法第 303 条规定的"开设赌场"

C. 以牟利为目的，利用互联网传播淫秽电子信息的，成立传播淫秽物品罪

D. 组织多人故意在互联网上编造、传播爆炸、生化、放射威胁等虚假恐怖信息，严重扰乱社会秩序的，成立聚众扰乱社会秩序罪

二、多项选择题

1. 下列哪些情形应以破坏计算机信息系统罪论处？（2005 年试卷二第 63 题）

A. 甲采用密码破解手段，非法进入国家尖端科学技术领域的计算机信息系统，窃取国家机密

B. 乙因与单位领导存在矛盾，即擅自对单位在计算机中存储的数据和应用程序进行修改操作，给单位的生产经营管理造成严重的混乱

C. 丙通过破解密码的手段，进入某银行计算机信息系统，为其朋友的银行卡增加存款额 10 万元

D. 丁为了显示自己在计算机技术方面的本事，设计出一种计算机病毒，并通过互联网进行传播，影响计算机系统正常运行，造成严重后果

2. 关于黑社会性质组织犯罪的认定问题，下列说法哪些是正确的？（2003 年试卷二第 43 题）

A. 黑社会性质组织是犯罪集团，具有犯罪集团的一般属性

B. 黑社会性质组织所从事的危害行为，既包括犯罪行为，又包括违法行为

C. 组织、领导、参加黑社会性质组织罪，既包括组织、领导、参加黑社会性质组织的行为，又包括在该黑社会性质组织统一策划、指挥下从事的其他犯罪行为

D. 具有国家工作人员的非法保护，是认定黑社会性质组织的必要条件

第三节　妨害司法罪

【引　例】

某日晚，蔡某（女，30 岁，另案处理）在被告人金某家的卧室内，从金某的手包中盗走人民币 5000 元。案发后，金某伙同其妻赵某（女，33 岁，已判刑）向公安机关谎报被盗人民币 65200 元，并指使安某（男，36 岁，另案处理）为其

作伪证。某区人民法院认为：被告人金某在其数额较大的钱财被他人盗窃后，本应通过正常途径解决，但其缺乏法制观念，为图报复，与他人共谋，故意捏造数额特别巨大的钱财被盗，向公安机关作虚假告发，意图使他人受到更为严厉的刑事追究，情节严重，其行为已构成诬告陷害罪，应予惩处。某区人民检察院起诉书认定事实清楚，提供之相应证据亦无不当，但指控其犯有伪证罪定性不准。考虑金某认罪态度较好，本案事出有因，其所诬陷之事实未给他人造成实际之后果，可酌情予以从轻处罚。依照《中华人民共和国刑法》第 243 条第 1 款之规定，判决被告人金某犯诬告陷害罪，判处拘役 4 个月。

一审宣判后，某区人民检察院以一审判决"定性不准，适用法律错误，量刑畸轻"为由，提起抗诉。

某中级人民法院经公开审理后认为：原审被告人金某为报复他人，用捏造出的夸大的犯罪事实，向司法机关作虚假告发，意图加重他人的刑事处罚，情节严重，其行为已构成诬告陷害罪，依法应予惩处。因伪证罪只能由证人、鉴定人、记录人、翻译人员构成，故抗诉机关关于原审被告人金某的行为构成伪证罪，不构成诬告陷害罪的抗诉意见不能成立。原审人民法院判决认定的事实清楚，证据确凿，适用法律正确，量刑适当，审判程序合法，应予维持。依照《中华人民共和国刑事诉讼法》第 189 条第 1 项之规定，驳回抗诉，维持原判。①

一、伪证罪

(一)伪证罪的概念和特征

伪证罪，是指在刑事诉讼中，证人、鉴定人、记录人、翻译人对与案件有重要关系的情节，故意作虚假的证明、鉴定、记录、翻译，意图陷害他人或者隐匿罪证的行为。

本罪的主要特征是：

1. 侵犯的客体是国家司法机关的正常活动。司法机关追究被告人的刑事责任、确定有罪和判处刑罚的活动，是国家行使刑罚权的具体体现，其结果既关系到社会秩序的维护，也关系到犯罪嫌疑人、被告人的财产、自由乃至生命。因此，司法机关处理刑事案件，必须以根据真实可靠的证据查明的客观事实为依据。否则，就可能导致出入人罪和司法不公。在刑事诉讼过程中，有意向司法机关提供伪证，则可能使司法机关对案件事实作出错误的判断，从而对案件作出错误的处理。

---

① 《金某伪证案》，载最高人民法院刑事审判第一庭、第二庭：《刑事审判参考》2001 年第 4 集(总第 15 集)，法律出版社 2001 年版，第 34～35 页。

2. 本罪在客观方面表现为，行为人在刑事诉讼中，对与案件有重要关系的情节，作虚假的证明、鉴定、记录、翻译的行为。

首先，行为人必须实施了作虚假的证明、鉴定、记录、翻译的行为。所谓虚假，一种是指无中生有，虚构犯罪事实或者捏造证据或者夸大犯罪事实，以陷害他人；另一种则是将有说成无，掩盖事实真相，隐匿证据或者缩小犯罪事实，以包庇罪犯。所谓虚假的证明、鉴定、记录、翻译，具体表现为在依法作证时提供虚假的证据、在被指定或被聘任进行鉴定时作虚假的鉴定、在作记录时故意改变所记录的内容或者对录音录像的内容进行删改处理，或者在进行笔译或口译时作虚假的翻译。

其次，行为人必须对与案件有重要关系的情节作虚假的证明、鉴定、记录、翻译。所谓与案件有重要关系的情节，是指对被告人的行为是否构成犯罪、构成何罪以及罪行轻重具有重要影响的情节，即与定罪量刑有重要影响的情节。如果行为人只是就与案件的定罪量刑这一实际处理结果关系不大的情节作了虚假的证明、鉴定、记录、翻译的，则不构成伪证罪。

最后，行为人必须在刑事诉讼中对与案件有重要关系的情节作虚假的证明、鉴定、记录、翻译。所谓刑事诉讼中，是指在立案之后、经过侦查、起诉、一审、二审，到终审判决生效时为止的诉讼全过程。只有在此过程中对与案件有重要关系的情节作虚假的证明、鉴定、记录、翻译的，才能构成伪证罪。在立案之前或者判决生效之后实施上述行为的，或者在非刑事诉讼中提供虚假的证明、鉴定、记录、翻译的，均不能以伪证罪论处。

本罪属于行为犯。行为人只要在刑事诉讼中对与案件有重要关系的情节作了虚假的证明、鉴定、记录、翻译，不论司法机关是否据此对案件作出了错误的处理，均构成本罪。

3. 本罪的主体是特殊主体，只有证人、鉴定人、记录人、翻译人才能成为本罪的主体。所谓证人，是指依法负有义务将所知悉的案件的真实情况提供给司法机关的诉讼参与人。所谓鉴定人，是指在刑事诉讼中应司法机关的指派或聘请，对案件的专门性问题进行科学鉴定和判断的具有专门知识的诉讼参与人。所谓记录人，是指在刑事诉讼中对案件诉讼参与人的陈述以及刑事诉讼活动进行客观记录的人，包括侦查人员和书记人员。所谓翻译人，是指受司法机关的指派或者聘请，在刑事诉讼中担任不同民族、国家的语言文字或者聋哑语言翻译工作的诉讼参与人。这四种人员在刑事诉讼中均负有如实、客观地陈述、提供、记录案件真实情况的义务。违反这一义务提供虚假的证明、鉴定、记录、翻译的，即成为本罪的主体。

4. 在主观方面必须出于故意，即明知是虚假的证明、鉴定、记录、翻译而故意向司法机关提供，目的是陷害他人或者隐匿证据包庇罪犯。对证人因记忆不清而提供了不真实的证明，鉴定人因业务水平、技术条件或者疏忽大意而提供了错误的鉴定结论，记录人因记录水平或疏忽大意而漏记、错记，以及翻译人因翻译水平或过失而错译、漏译的，均不得以本罪论处。

（二）伪证罪的认定

认定伪证罪时，应当特别注意划清本罪与诬告陷害罪的界限。

两罪的共同之处在于，都是直接故意犯罪，都有意图陷害他人的目的，在客观方面都有弄虚作假的表现行为。两罪的主要区别是：(1)侵犯的客体不同。两者虽然都可能同时侵犯司法机关的正常工作秩序和公民的人身权利，但伪证罪侵犯的客体主要是司法机关的正常工作秩序，诬告陷害罪侵犯的客体则主要是公民的人身权利。(2)主体方面不同。伪证罪的主体是特殊主体，仅限于证人、鉴定人、记录人和翻译人；而诬告陷害罪的主体则是一般主体，包括任何公民。(3)犯罪时间方面有所不同。伪证罪发生在刑事诉讼过程中，诬告陷害罪则发生在刑事诉讼开始以前，并且往往是引起刑事诉讼的原因。(4)客观内容不同。伪证罪是就与案件有重要关系的情节作虚假的证明、鉴定、记录、翻译，包括捏造犯罪事实或者隐匿罪证；而诬告陷害罪则是捏造整个犯罪事实，没有隐匿罪证的内容。(5)犯罪目的有所不同。伪证罪在主观方面既可以是出于陷害他人的犯罪目的，也可以是出于隐匿罪证为他人开脱罪责的目的；而诬告陷害罪的目的则是意图使他人受到错误的刑事追究。(6)犯罪对象不同。伪证罪侵害的对象是刑事犯罪嫌疑人或者被告人，诬告陷害罪的犯罪对象则可以是任何公民。

（三）伪证罪的处罚

根据刑法第 305 条之规定，犯本罪的，处 3 年以下有期徒刑或者拘役；情节严重的，处 3 年以上 7 年以下有期徒刑。

这里，所谓情节严重，一般是指伪证行为造成严重后果，使司法机关对案件作出错误的处理，如使罪恶重大的犯罪分子逃避制裁、使无辜的人受到错误的刑事追究，或者伪证的手段极其恶劣、影响极坏等。

二、扰乱法庭秩序罪

（一）扰乱法庭秩序罪的概念和特征

扰乱法庭秩序罪，是指聚众哄闹、冲击法庭，或者殴打司法工作人员，严重扰乱法庭秩序的行为。

本罪的主要特征是：

1. 侵犯的客体是人民法院的审判秩序。这里，法庭是指人民法院正在依法审理诉讼案件的场所，包括正规、固定场所和非正规、临时审理案件的场所。扰乱上述场所的秩序，势必妨害国家司法机关审理案件的正常活动，从而破坏法律的实施。

2. 在客观方面表现为，行为人实施了聚众哄闹法庭、聚众冲击法庭或者殴打司法工作人员的行为之一，并且严重扰乱法庭秩序。所谓聚众哄闹法庭，是指纠集众人在法庭上故意大声喧哗、吵闹、谩骂、起哄，干扰法庭秩序；所谓聚众冲击法庭，是指未经许可，纠集众人强行进入法庭，干扰法庭秩序；所谓殴打司法工作人员，是指在法庭上公然殴打参与法庭审判的审判人员、公诉人员、维护法庭秩序的司法警察等。根据刑法规定，行为人实施上述行为，严重扰乱法庭秩序的，才能构成本罪。所谓严重扰乱法庭秩序，一般是指不听劝阻、制止，多次扰乱法庭秩序，或者扰乱法庭秩序，情节恶劣，影响极坏，或者致使法庭秩序大乱、法庭审判难以继续进行的等。

3. 本罪的主体是一般主体，凡年满16周岁、具有刑事责任能力的自然人均可以成为本罪的主体。

4. 在主观方面必须出于故意，即明知自己的行为会严重扰乱法庭秩序，并且希望或者放任这种危害结果的发生。

(二)扰乱法庭秩序罪的认定

1. 认定本罪时应当特别注意划清罪与非罪的界限。其关键在于正确认定行为人的行为是否造成了严重扰乱法庭秩序的后果。对于扰乱法庭秩序情节轻微，影响不大，或者经劝阻即停止扰乱法庭秩序的，或者因一时情绪激动而言语过激、行为冲动但主观上确无意扰乱法庭秩序的，只能按一般扰乱法庭秩序行为予以制止或者教育处理，或者予以司法拘留等处罚，而不能按扰乱法庭秩序罪论处。

2. 本罪与妨害公务罪的界限。两者的共同之处在于，都是直接故意犯罪，客观上有其重合、交叉的一面，如殴打司法工作人员、扰乱法庭秩序的行为也必然妨害了国家工作人员即司法人员依法执行公务。不同的是：(1)在时间方面，本罪发生在法庭开庭审理案件的过程中；而妨害公务罪则发生在国家工作人员依法执行职务的过程中，即已着手执行公务至尚未结束之前。(2)在空间方面，本罪的空间范围只限于法庭内，包括室内和室外的开庭场所；妨害公务罪则是国家工作人员执行职务的各种场所，范围更广。(3)客观方面，本罪表现为聚众哄闹、冲击法庭，或者殴打司法工作人员，行为人采取的既有暴力方式(如殴打、破坏法庭设施等)，也有非暴力方式(如起哄、大声喧哗、吵闹等)；而妨害公务罪则一般表现为暴力方式，即行为人采取暴力、威胁等手段阻碍国家工作人员依法执行公务。

(三)扰乱法庭秩序罪的处罚

根据刑法第309条之规定，犯本罪的，处3年以下有期徒刑、拘役、管制或者罚金。

三、窝藏、包庇罪

（一）窝藏、包庇罪的概念和特征

窝藏、包庇罪，是指明知是犯罪的人而为其提供隐藏处所、财物，帮助其逃匿的行为，或者作虚假证明予以包庇的行为。

本罪的主要特征是：

1. 侵犯的客体是国家司法机关追究犯罪、惩罚犯罪的正常工作秩序，窝藏、包庇的对象必须是已经实施了犯罪的人，包括犯罪后潜逃尚未归案的犯罪分子以及被司法机关依法羁押后又脱逃的已决犯和未决犯。

2. 客观方面的表现是，行为人实施了为犯罪分子提供隐藏处所、财物，帮助其逃匿的行为，或者作虚假证明予以包庇的行为。具体包括下列行为之一：(1)积极为犯罪人提供隐藏处所；(2)向犯罪人资助钱物，为其逃匿提供各种帮助；(3)向司法机关提供不真实证明，或为犯罪人掩盖罪行而帮助其毁灭、隐匿罪证，湮灭罪迹等。本罪是个选择性罪名，只要行为人实施了窝藏或者包庇行为之一的，即可构成本罪，但在定罪时只定相应的窝藏或者包庇的罪名；如果行为人同时实施了窝藏和包庇两种行为的，就定为窝藏、包庇罪。

此外，根据刑法第 362 条之规定，本罪在客观方面也可以表现为旅馆业、饮食服务业、文化娱乐业、出租汽车业等单位的人员，在公安机关查处卖淫、嫖娼活动时，为违法犯罪分子通风报信，情节严重的行为。

3. 本罪的主体是一般主体，凡年满 16 周岁、具有刑事责任能力的自然人都可以成为本罪的主体。

4. 在主观方面必须出于故意，即明知是犯罪的人而故意为其提供隐匿处所、财物，帮助其逃匿，或者予以包庇。如果不知是犯罪人的，出于善意为其提供住所或财物，或者受欺骗、蒙蔽而为其提供隐藏处所、财物，帮助其逃匿或者作虚假证明包庇的，则不构成本罪。如果行为人事先与犯罪人通谋，事后又对犯罪人进行窝藏、包庇的，则不构成本罪，应以共同犯罪论处。

（二）窝藏、包庇罪的认定

1. 划清本罪与非罪的界限。本罪是作为犯，行为人只有积极地实施了为犯罪的人提供隐匿处所、财物，帮助其逃跑、隐匿或者予以包庇的行为的，才能构成犯罪。如果行为人明知他人犯罪，只是消极地不予检举、揭发、控告的，也未给予任何积极资助的，则不能以本罪论处。行为人提供隐匿处所、财物，帮助犯罪分子逃匿必须出于其本人的意志。如果是在犯罪分子的威逼、胁迫之下被迫为其提供隐匿处所、财物，帮助其逃匿的，一般也不能按本罪论处。

2. 划清本罪与事前通谋的共同犯罪的界限。构成本罪的窝藏、包庇行为发生在犯罪分子实施犯罪之后，窝藏、包庇的犯罪故意也产生于犯罪分子实施犯罪之后。如果在犯罪分子实施犯罪之前即约定好在其犯罪后为其提供隐匿处所、财物，帮助其逃匿的或者作虚假证明包庇的，不能以本罪论处，而应当以犯罪分子所实施的犯罪的共同犯罪论处。这里所指的"事前通谋"，是指窝藏、包庇犯与被窝藏、包庇的犯罪分子，在犯罪活动之前就谋划或合谋，达成共同实施犯罪的某种应允承诺。

3. 认定本罪时，应当特别注意划清包庇罪与伪证罪的界限。包庇罪与伪证罪一样，在客观方面都可以表现为向司法机关提供虚假的证言。但两种犯罪存在以下区别：(1)犯罪主体不同。包庇罪主体是一般主体，任何年满 16 周岁的具有刑事责任能力的自然人都可以构成本罪；伪证罪的主体是特殊主体，只有证人、鉴定人、记录人、翻译人才能成为伪证罪的主体。(2)犯罪的时间不同。包庇罪可以发生在犯罪分子被追究刑事责任之前，也可以发生在刑事诉讼过程中，甚至也可以发生在判决生效后的执行过程中；而伪证罪则只能发生在从立案、侦查到判决生效为止的刑事诉讼过程中。(3)客观方面有所不同。包庇罪是通过向司法机关作假证明的方法，掩盖犯罪分子的全部犯罪事实或重要罪行，使其逃避刑事追究；而伪证罪则是对与案件有重要关系的情节向司法机关作虚假的证明。(4)犯罪对象不同。包庇罪的对象既可以是犯罪后未被羁押、逮捕归案而畏罪潜逃的犯罪嫌疑人、被告人，也可以是已被羁押而逃跑出来的未决犯和已决犯；而伪证罪所包庇的对象只能是正在被追究刑事责任的未决犯。

(三)窝藏、包庇罪的处罚

根据刑法第 310 条之规定，犯窝藏、包庇罪的，处 3 年以下有期徒刑、拘役或者管制；情节严重的，处 3 年以上 10 年以下有期徒刑。

这里的"情节严重"，一般是指：窝藏、包庇重大危害国家安全的犯罪人，或者罪恶重大的其他犯罪人；窝藏、包庇多个犯罪人或多次实施窝藏、包庇行为的；窝藏、包庇的动机、手段特别恶劣的；窝藏、包庇行为造成特别严重后果的，等等。

四、拒不执行判决、裁定罪

(一)拒不执行判决、裁定罪的概念和特征

拒不执行判决、裁定罪，是指对人民法院的判决、裁定有能力执行而拒不执行，情节严重的行为。

本罪的主要特征是：

1. 侵犯的客体是人民法院判决、裁定的权威性和严肃性，犯罪对象是"人民法

院的判决、裁定”。按照最高人民法院《关于审理拒不执行判决、裁定案件具体应用法律若干问题的解释》(法释[1998]6号)第1条的规定,“人民法院的判决、裁定”,是指人民法院依法作出的,具有执行内容并且已经发生法律效力的判决、裁定。具体来说,它包括人民法院在刑事诉讼、民事诉讼、经济诉讼、行政诉讼中对案件的实体或程序问题所作出的判决或裁定。但是,根据司法实践,行为人拒不执行的裁决、裁定主要不是刑事判决、裁定,而是民事、经济和行政判决、裁定。

2. 本罪在客观方面表现为,行为人实施了对人民法院的生效判决、裁定有能力执行而拒不执行,情节严重的行为。构成本罪的前提条件是行为人必须有能力执行判决、裁定。如果行为人因确实不具备执行判决、裁定的主、客观能力,而未能执行判决、裁定的,则不能以本罪论处。所谓“有能力执行”,按照前述“解释”第3条的规定,“是指根据查实的证据证明,负有执行人民法院判决、裁定义务的人有可供执行的财产或者履行特定行为义务的能力”。在有能力执行的前提下,行为人必须拒不执行判决、裁定,达到情节严重程度。

所谓“拒不执行判决、裁定”,一般是指通过隐藏、转移财产等欺骗手段抗拒执行判决、裁定所规定的法律义务,或者在人民法院责令其履行义务后以暴力、威胁、无理取闹等方式抗拒人民法院执行判决、裁定。按照最高人民法院、最高人民检察院、公安部《关于依法严肃查处拒不执行判决、裁定和暴力抗拒法院执行犯罪行为有关问题的通知》(法发[2007]29号)第1条的规定,“对下列拒不执行判决、裁定的行为,依照刑法第313条的规定,以拒不执行判决、裁定罪论处。(1)被执行人隐藏、转移、故意毁损财产或者无偿转让财产、以明显不合理的低价转让财产,致使判决、裁定无法执行的;(2)担保人或者被执行人隐藏、转移、故意毁损或者转让已向人民法院提供担保的财产,致使判决、裁定无法执行的;(3)协助执行义务人接到人民法院协助执行通知书后,拒不协助执行,致使判决、裁定无法执行的;(4)被执行人、担保人、协助执行义务人与国家机关工作人员通谋,利用国家机关工作人员的职权妨害执行,致使判决、裁定无法执行的;(5)其他有能力执行而拒不执行,情节严重的情形”。

所谓“情节严重”,按照前述“解释”第3条的规定,包括:(1)在人民法院发出执行通知以后,隐藏、转移、变卖、毁损已被依法查封、扣押或者已被清点并责令其保管的财产,转移已被冻结的财产,致使判决、裁定无法执行的;(2)隐藏、转移、变卖、毁损在执行中向人民法院提供担保的财产,致使判决、裁定无法执行的;(3)以暴力、威胁方法妨害或者抗拒执行,致使执行工作无法进行的;(4)聚众哄闹、冲击执行现场,围困、扣押、殴打执行人员,致使执行工作无法进行的;(5)毁损、抢夺执行案件材料、执行公务车辆和其他执行器械、执行人员服装以及执行公务证件,造成严重后果的;(6)其他妨害或者抗拒执行造成严重后果的。

行为人虽然有抗拒执行判决、裁定的行为,但经人民法院批评后即予执行或者不是“情节严重”的,一般不能按本罪论处。

3. 本罪的主体是特殊主体，即必须是依法负有执行判决、裁定义务的人，具体包括两种人：一是判决、裁定确定的应当履行执行义务的当事人，一是对判决、裁定确定的负有执行义务的当事人承担协助执行义务的人。不具有执行义务或协助执行义务的其他人不能独立实施本罪，而只能成为本罪的共犯。

需要注意的是，按照“解释”第 4 条的规定，负有执行人民法院判决、裁定义务的单位直接负责的主管人员和其他直接责任人员，为了本单位的利益实施上述司法解释所列行为之一，造成严重后果的，对该主管人员和其他直接责任人员依照刑法第 313 条的规定，也应以拒不执行判决、裁定罪定罪处罚。

4. 本罪在主观方面必须出于故意，即行为人明知本人负有执行人民法院已经发生法律效力的判决、裁定的义务而故意抗拒执行。

(二)拒不执行判决、裁定罪的认定

认定本罪时应当注意划清本罪与妨害公务罪的界限。

两罪的主要区别是：(1)侵犯的客体不同。本罪侵犯的是人民法院判决、裁定的权威性和严肃性，而妨害公务罪侵犯的是国家机关的正常管理活动。(2)行为方式不同。本罪是不作为犯，不以暴力、威胁方法为客观要件。但是，如果行为人以暴力、威胁方式抗拒人民法院依法执行判决、裁定的，则可能同时触犯本罪与妨害公务罪，这种情况属于法条竞合。而妨害公务罪则是作为犯，并且以实施暴力、威胁为其构成要件。(3)犯罪主体不同。本罪的主体是特殊主体，必须是依法负有执行判决、裁定义务或者协助执行义务的人；而妨害公务罪的主体则是一般主体。

按照《通知》第 2 条的规定：“对下列暴力抗拒执行的行为，依照刑法第 277 条的规定，以妨害公务罪论处。(1)聚众哄闹、冲击执行现场，围困、扣押、殴打执行人员，致使执行工作无法进行的；(2)毁损、抢夺执行案件材料、执行公务车辆和其他执行器械、执行人员服装以及执行公务证件，造成严重后果的；(3)其他以暴力、威胁方法妨害或者抗拒执行，致使执行工作无法进行的。

《通知》第 3 条还规定，负有执行人民法院判决、裁定义务的单位直接负责的主管人员和其他直接责任人员，为了本单位的利益实施本《通知》第 1 条、第 2 条所列行为之一的，对该主管人员和其他直接责任人员，依照刑法第 313 条和第 277 条的规定，分别以拒不执行判决裁定罪和妨害公务罪论处。

(三)拒不执行判决、裁定罪的处罚

根据刑法第 313 条之规定，犯本罪的，处 3 年以下有期徒刑、拘役或者罚金。

五、脱逃罪

(一)脱逃罪的概念和特征

脱逃罪,是指依法被关押的罪犯、被告人、犯罪嫌疑人逃脱司法机关羁押和监管的行为。

本罪的主要特征是:

1. 侵犯的客体是国家司法机关对罪犯、被告人、犯罪嫌疑人的羁押和监管秩序。

2. 客观方面表现为脱逃的行为,即从监狱、劳改农场、少年犯管教所、看守所、拘留所以及其他合法羁押场所和押解途中脱逃的行为。脱逃的方式可以是乘监管人员不备而秘密逃跑,乘外出劳动而逃离羁押场所,也可以是在对监管人员使用贿赂手段后逃离羁押场所,或者强行打破、损坏监管设施后逃离羁押场所等。

3. 本罪的主体是特殊主体,即必须是依法被关押的罪犯、被告人、犯罪嫌疑人。具体包括:(1)依法被判处拘役、有期徒刑、无期徒刑、死刑(在执行死刑前)和死刑缓期两年执行,正在被羁押或执行劳动改造的已决犯;(2)依法被拘留、逮捕后正在接受审查和审判的被告人、犯罪嫌疑人这两种未决犯。应当注意的是,所谓依法被关押的被告人、犯罪嫌疑人,并不必然是依法应当被定罪量刑的罪犯。这是因为,本罪侵犯的客体是国家司法机关对罪犯、被告人、犯罪嫌疑人的羁押和监管秩序。但是,依法被行政拘留、劳动教养的人从行政拘留所和劳动教养所脱逃的,被判处管制、缓刑、假释的犯罪分子逃避监管的,被拘传、取保候审、监视居住的未决犯逃避强制措施的限制的,均不能构成本罪。

需要探讨的是,实践中被错捕、错拘、错判即被冤枉的人,因不甘心被羁押或者劳动改造而逃跑的,是否构成本罪?我们认为,确实没有犯罪的被告人、犯罪嫌疑人被司法机关依照法定程序拘留、逮捕后,不经正当程序为自己作无罪申辩,而擅自从羁押和监管场所脱逃的,同样破坏了国家对罪犯、被告人、犯罪嫌疑人的羁押和监管秩序,因而形式上同样可以成为本罪的主体。但是,本罪的主体应该有严格的限制,即必须是有罪而被羁押或监管的罪犯、被告人、犯罪嫌疑人。而被错捕、错拘、错判的人本来应是无罪的,他被羁押或者劳动改造完全是冤、错案件或假案造成的,是无辜的,即使是被羁押或监管也应当纠正并依法进行国家赔偿。故而,为了保障公民的合法权益和确保法律的正确实施,这类人实质上不应成为脱逃罪的主体,不构成脱逃罪。

4. 本罪在主观方面必须出于故意,并且具有逃避司法机关羁押和监管的目的。

（二）脱逃罪的认定

认定本罪时应当注意本罪的既遂与未遂的界限。

在此问题上存在不同见解。有的学者认为应以行为人是否逃离监管场所这一特定的地理范围为标准划分本罪的既遂与未遂；[①]有的学者认为应当以行为人是否脱离监管机关与监管人员的实际控制为标准划分本罪的既遂与未遂；[②]还有的学者认为应以行为人是否同时逃离了监管场所、摆脱了监管人员的实际控制为标准划分本罪的既遂与未遂（也就是说，仅仅脱离监管场所或脱离监管人员的控制，都不能构成既遂；只有既脱离了监管人员的控制，又逃出了监管场所，才构成脱逃罪的既遂）。[③] 多数学者认为，脱逃罪的本质在于摆脱监管机关与监管人员的羁押和监管，只要行为人的脱逃行为达到了使其实际摆脱监管机关与监管人员的控制的程度，就可以认为脱逃达到了既遂。否则，就是脱逃未遂。我们基本上赞同后面这种观点。

（三）脱逃罪的处罚

根据刑法第316条第1款之规定，犯本罪的，处5年以下有期徒刑或者拘役。

六、本节其他犯罪

（一）辩护人、诉讼代理人毁灭证据、伪造证据、妨害作证罪

本罪是指在刑事诉讼中，辩护人、诉讼代理人毁灭、伪造证据，帮助当事人毁灭、伪造证据，威胁、引诱证人违背事实改变证言或者作伪证的行为。

本罪的主要特征是：(1)侵犯的客体是国家司法机关的正常工作秩序。(2)客观方面表现为，行为人在刑事诉讼中实施了毁灭证据、伪造证据、妨害作证行为。具体包括三种情况：①毁灭、伪造证据；②帮助当事人毁灭、伪造证据；③威胁、引诱证人违背事实改变证言或者作伪证。[④] 只要行为人实施这三种行为之一的，就可

① 参见高铭暄等编：《中国刑法词典》，学林出版社1991年版，第704页。

② 参见何秉松主编：《刑法教科书》，法制出版社1997年版，第922页；张明楷：《刑法学》（第3版），法律出版社2007年版，第798页。

③ 参见李希慧主编：《妨害社会管理秩序罪新论》，武汉大学出版社2001年版，第278页。

④ 从司法实践来考察，这是辩护人最容易被控的犯罪行为。“威胁”比较容易掌握，而何谓“引诱”，则没有一个法律解释。我们认为，“引诱”应该是指以金钱、物质或者其他利益诱使证人作出虚假的陈述、提供虚假的证言。“引诱”不是单纯的“引导”，更不是“引导式提问”，应该有一定的诱饵，如果没有一定的诱饵作为证人提供虚假证言的交换条件，那只是单纯的“引导”行为，则仍属于辩护人在执业活动中违纪违规行为，不能构成本罪。

以构成本罪。但本罪是选择性罪名，定罪时须根据具体行为确定罪名。按照刑法第 306 条第 2 款的规定，“辩护人、诉讼代理人提供、出示、引用的证人证言或者其他证据失实，不是有意伪造的，不属于伪造证据”。也就是认定本罪时，要区分“伪造证据”与“证据失实”之间的界限，“证据失实”的不构成本罪。(3)主体是特殊主体，即必须是参与刑事诉讼的辩护人和诉讼代理人。[①] (4)主观方面只能出于故意，如果辩护人、诉讼代理人提供、出示、引用的证人证言或者其他证据失实，但不是有意伪造的，不属于伪造证据。

按照刑法第 306 条的规定，犯本罪的，处 3 年以下有期徒刑或者拘役；情节严重的，处 3 年以上 7 年以下有期徒刑。

(二) 妨害作证罪

妨害作证罪，是指以暴力、威胁、贿买等方法阻止证人作证或者指使他人作伪证的行为。

本罪的主要特征是：(1)侵犯的客体是国家司法机关正常的工作秩序，且不限于刑事诉讼中，在民事诉讼和行政诉讼中阻止证人作证或者指使他人作伪证，破坏人民法院诉讼秩序的，同样可以构成本罪。(2)客观方面表现为以暴力、威胁、贿买等方法阻止证人作证或者指使他人作伪证的行为。本罪属于行为犯，只要行为人实施了阻止证人作证或指使他人作伪证的行为，不论证人是否实际被阻止作证，或者他人是否被指使作了伪证，均构成本罪。(3)主体是一般主体。(4)主观方面必须出于故意。

根据刑法第 307 条第 1 款和第 3 款的规定，犯本罪的，处 3 年以下有期徒刑或者拘役；情节严重的，处 3 年以上 7 年以下有期徒刑；司法工作人员犯本罪的，从重处罚。

(三) 帮助毁灭、伪造证据罪

帮助毁灭、伪造证据罪，是指帮助诉讼当事人毁灭、伪造证据，情节严重的行为。

本罪的主要特征是：(1)侵犯客体是国家司法机关的工作秩序。(2)客观方面表现为与诉讼当事人合谋，或者在当事人的指使下为当事人毁灭、伪造证据，情节严重的行为。这里所谓的“当事人”，不仅限于刑事诉讼的当事人，也包括民事诉讼和行政诉讼的当事人。(3)主体是一般主体，可以是包括辩护人、诉讼代理人、司法工作人员在内的所有具有刑事责任能力的自然人。(4)主观方面必须出于故意。

根据刑法第 307 条第 2 款的规定，犯本罪的，处 3 年以下有期徒刑或者拘役；

---

① 正因为本罪的主体为特殊主体即参与刑事诉讼的辩护人、诉讼代理人，而事实上参与刑事诉讼的辩护人、诉讼代理人往往都是律师，故而本罪常被俗称为“律师伪证罪”。

司法工作人员犯本罪的，从重处罚。

（四）打击报复证人罪

打击报复证人罪，是指对证人进行打击报复的行为。

本罪的主要特征是：(1)侵犯的客体是国家司法机关的正常工作秩序和证人的合法权利，犯罪对象则是在各类诉讼案件中履行过作证义务的证人。(2)客观方面表现为对证人进行打击报复的行为。(3)主体是一般主体，但实践中一般是与证人作证的诉讼案件有利害关系的人，主要是诉讼当事人本人或其亲友。(4)主观方面必须出于故意。

按照刑法第 308 条的规定，犯本罪的，处 3 年以下有期徒刑或者拘役；情节严重的，处 3 年以上 7 年以下有期徒刑。

（五）拒绝提供间谍犯罪证据罪

拒绝提供间谍犯罪证据罪，是指明知他人有间谍犯罪行为，在国家安全机关向其调查有关情况，收集有关证据时，拒绝提供，情节严重的行为。

本罪的主要特征是：(1)侵犯客体是国家安全机关的正常工作秩序。(2)客观方面表现为明知他人有间谍犯罪行为，在国家安全机关向其调查有关情况、收集有关证据时，拒绝提供，情节严重的行为。(3)主观方面必须出于故意。

根据刑法第 311 条的规定，犯本罪的，处 3 年以下有期徒刑、拘役或者管制。

（六）掩饰、隐瞒犯罪所得、犯罪所得收益罪①

本罪是指明知是犯罪所得及其产生的收益，而予以窝藏、转移、收购、代为销售

① 原刑法第 312 条规定："明知是犯罪所得的赃物而予以窝藏、转移、收购或者代为销售的，处三年以下有期徒刑、拘役或者管制，并处或者单处罚金。"按照这一规定，确定罪名为"窝藏、转移、收购、销售赃物罪"。《刑法修正案(六)》第 19 条规定："将刑法第三百一十二条修改为：'明知是犯罪所得及其产生的收益而予以窝藏、转移、收购、代为销售或者以其他方法掩饰、隐瞒的，处三年以下有期徒刑、拘役或者管制，并处或者单处罚金；情节严重的，处三年以上七年以下有期徒刑，并处罚金。'"由此可见，《刑法修正案(六)》对刑法第 312 条作了三个方面的修改补充：(1)将本罪规定的犯罪对象由"犯罪所得的财物"扩大为所有"犯罪所得及其产生的收益"；(2)对本罪的客观行为进行修改，由"窝藏、转移、收购、代为销售"扩大到"其他方法掩饰、隐瞒"的行为；(3)提高了对这种犯罪的刑罚，增加了一档刑，即"情节严重的，处三年以上七年以下有期徒刑，并处罚金"。对于这一修改，最高人民法院、最高人民检察院《关于执行〈中华人民共和国刑法〉确定罪名的补充规定(三)》将其罪名确定为"掩饰、隐瞒犯罪所得、犯罪所得收益罪"，并取消原"窝藏、转移、收购、销售赃物罪"罪名。2009 年 2 月 28 日第十届全国人大常委会第七次会议通过的《刑法修正案(七)》又作进一步的修改，其中第 10 条规定："在刑法第三百一十二条中增加一款作为第二款：'单位犯前款罪的，对单位判处罚金，并对其直接负责的主管人员和其他直接责任人员，依照前款的规定处罚。'"可见，《刑法修正案(七)》扩大了本罪的主体范围，即增加单位作为本罪的主体。

或者以其他方法掩饰、隐瞒的行为。

本罪的主要特征是：

1. 本罪侵犯的客体是司法秩序，犯罪对象是犯罪所得（行为人通过犯罪行为直接获取的款物，即通常所说的“赃款”、“赃物”）及其产生的收益（如出租所得、孳息以及利用犯罪所得的经营收益等）。

2. 客观方面表现为，行为人实施了将犯罪所得及其产生的收益予以窝藏、转移、收购、代为销售或者以其他方法掩饰、隐瞒的行为。本罪是选择性罪名，行为人只要实施窝藏、转移、收购、代为销售或者以其他方法掩饰、隐瞒犯罪所得、犯罪所得收益之其中任何一种行为的，就构成本罪。这里规定的“窝藏”，是指将犯罪所得及其收益放置于一定的场所隐藏、保管起来，不让他人发现或者替犯罪分子保存而使司法机关无法获取。“转移”，是指将犯罪所得及其收益由一个地方转移到另一个地方，使侦查机关不能查获。“收购”，是指以出卖为目的收买犯罪所得及其收益。收购赃物，一般行为人是“为卖而买”，目的是获利。单纯的“买赃自用”能否构成本罪，理论上有不同的观点。一种观点认为，“买赃自用”在性质上并非“收购”赃物而是“收买”赃物，因此不构成犯罪；[①]也有观点认为，“买赃自用”情节严重的，也可作为本罪处理。我们赞同后一种观点。“代为销售”，是指代替犯罪分子将犯罪所得及其收益卖出的行为。常见的就是“销赃”行为。“其他方法掩饰、隐瞒”，是指以窝藏、转移、收购、代为销售以外的各种方法掩饰、隐瞒犯罪所得及其产生的收益，如银行转账、投资经营、汇往境外等。实践中，对于明知是盗窃、抢劫、诈骗、抢夺的机动车，行为人予以买卖、介绍买卖、典当、拍卖、抵押或者用其抵债的，或者修改发动机机号、车辆识别代号的，等等，应当以本罪定罪。[②]

3. 主观方面是出于故意，即明知是犯罪所得及其产生的收益而故意予以窝藏、转移、收购、代为销售或者以其他方法掩饰、隐瞒的心理。“明知”是构成本罪的主观条件，也是成立本罪必须具备的特定要件。就实践中最常见的买卖、介绍买卖以及典当、拍卖、抵押“二手车”（机动车）而言，要认定行为人的行为构成本罪，除了要具备构成犯罪的客观方面的要件外，还必须具备主观方面的要件，就是行为人必须“明知”其交易的车辆是盗抢（包括盗窃、抢劫、诈骗、抢夺）的机动车。不是“明知”的，不能构成本罪。何谓“明知”呢？理论上通常的主张是指“明确知道”（即确

---

① 参见王作富：《刑法分则实务研究》下（第3版），中国方正出版社2007年版，第1392页。

② 最高人民法院、最高人民检察院《关于办理与盗窃、抢劫、诈骗、抢夺机动车相关刑事案件具体应用法律若干问题的解释》（法释[2007]11号）第1条规定：“明知是盗窃、抢劫、诈骗、抢夺的机动车，实施下列行为的，依照刑法第312条的规定，以掩饰、隐瞒犯罪所得、犯罪所得收益罪定罪，处3年以下有期徒刑、拘役或者管制，并处或者单处罚金：(1)买卖、介绍买卖、典当、拍卖、抵押或者用其抵债的；(2)拆解、拼装或者组装的；(3)修改发动机号、车辆识别代号的；(4)更改车身颜色或者车辆外形的；(5)提供或者出售机动车来历凭证、整车合格证、号牌以及有关机动车的其他证明和凭证的。”

知)和"应当知道"(即应知)。对于"明确知道"的,在实践中容易判断和认定。例如,下列这几种情况肯定属于"明知"而且是"确知":(1)本犯亲自告诉行为人,或者行为人亲眼看到或亲耳听到该物系犯罪所得或者犯罪所得收益;(2)他人虽然没有明确告诉行为人该物(例如机动车)系盗窃、抢劫、诈骗、抢夺等犯罪所得,但行为人在实施相关行为之前通过其他途径(如第三人)知道该物是用犯罪手段得来的却予以收买、销售或窝藏的。"应当知道"尽管是一种推定的明知,或者说是"有证据证明其知道",但显然也是"明知"的范畴。就机动车交易而言,只要行为人知道机动车来路不正、形迹可疑而又没有合法的、齐全的手续、凭证或者异于正常交易的,就属于"应当知道"是被盗抢的机动车。最高人民法院、最高人民检察院、公安部、国家工商行政管理局 1998 年 5 月 8 日联合发布的《关于依法查处盗窃、抢劫机动车辆的规定》中指出:"本规定所称的'明知',是指知道或者应当知道。有下列情形之一的,可视为应当知道,但有证据证明确属被蒙骗的除外:(1)在非法的机动车交易场所或销售单位购买的;(2)机动车手续不全或者明显违反规定的;(3)机动车发动机号或者车架号有更改痕迹,没有合法证明的;(4)以明显低于市场价格购买机动车的。"按照最高人民法院、最高人民检察院《关于办理与盗窃、抢劫、诈骗、抢夺机动车相关刑事案件具体应用法律若干问题的解释》第 6 条的规定,涉及的机动车有下列情形之一的,应当认定行为人主观上属于"明知":(1)没有合法有效的来历凭证;(2)发动机号、车辆识别代号有明显更改痕迹,没有合法证明的。该解释所称的"明知",其实也是属于"应当知道"的范畴。

需要注意的是,如果行为人事先即与他人(即本犯)约定(即事先通谋),在其犯罪得逞后将其赃款、赃物负责窝藏、转移、收购代销赃物或者以其他方法掩饰、隐瞒的,应当按所实施的共同犯罪论处。

按照刑法第 312 条第 1 款(根据《刑法修正案(六)》第 19 条修正)的规定,犯本罪的,处 3 年以下有期徒刑、拘役或者管制,并处或者单处罚金;情节严重的,处 3 年以上 7 年以下有期徒刑,并处罚金。按照刑法第 312 条第 2 款(根据《刑法修正案(七)》第 10 条修正而增加)的规定,单位犯本罪的,对单位判处罚金,并对其直接负责的主管人员和其他直接责任人员,依照前款的规定处罚。

(七)非法处置查封、扣押、冻结的财产罪

本罪是指隐藏、转移、变卖、故意毁损已被司法机关查封、扣押、冻结的财产,情节严重的行为。

本罪的主要特征是:(1)本罪的客体是司法秩序,犯罪对象是被司法机关依法查封、捉押、冻结的财产。(2)客观方面表现为隐藏、转移、变卖或者故意毁损已被司法机关查封、扣押、冻结的财产,情节严重的行为。(3)主体是一般主体,但一般是与被查封、扣押、冻结的财产有利害关系的人。(4)主观方面必须出于故意。

根据刑法第 314 条的规定,犯本罪的,处 3 年以下有期徒刑、拘役或者罚金。

(八) 破坏监管秩序罪

破坏监管秩序罪,是指依法被关押的罪犯,违反监管法规,破坏监管秩序,情节严重的行为。

本罪的主要特征是:(1)侵犯客体是国家监狱管理机关对监狱的管理秩序。(2)客观方面表现为违反监管法规,实施了殴打监管人员,组织其他被监管人员破坏监管秩序、聚众闹事、扰乱正常监管秩序,殴打、体罚或者指使他人殴打、体罚其他被监管人,情节严重的行为。(3)主体是特殊主体,即必须是依法被关押的罪犯。(4)主观方面必须出于故意。

根据刑法第 315 条的规定,犯本罪的,处 3 年以下有期徒刑。

(九) 劫夺被押解人员罪

劫夺被押解人员罪,是指劫夺押解途中的罪犯、被告人、犯罪嫌疑人的行为。

本罪的主要特征是:(1)侵犯客体是司法机关对罪犯、被告人和犯罪嫌疑人的监管秩序。(2)客观方面表现为劫夺押解途中的罪犯、被告人、犯罪嫌疑人的行为。(3)主观方面必须出于故意。

根据刑法第 316 条第 2 款的规定,犯本罪的,处 3 年以上 7 年以下有期徒刑;情节严重的,处 7 年以上有期徒刑。

(十) 组织越狱罪

组织越狱罪,是指依法被关押的罪犯、被告人、犯罪嫌疑人,在首要分子的策划、组织、指挥下,有组织地从羁押场所集体逃跑的行为。

本罪的主要特征是:(1)侵犯客体是国家司法机关对依法被羁押的罪犯、被告人、犯罪嫌疑人的监管秩序。(2)客观方面表现为在首要分子的策划、组织、指挥下,进行周密准备和分工,选择一定的方法、手段和时机,集体从监狱、劳改农场、看守所、拘留所等羁押场所逃跑的行为。(3)主体是特殊主体,即必须是依法被关押的罪犯、被告人、犯罪嫌疑人。(4)主观方面必须出于故意,而且一般事先都经过精心的策划、周密的准备。

根据刑法第 317 条第 1 款的规定,犯本罪的,组织越狱的首要分子和积极参加的,处 5 年以上有期徒刑;其他参加的,处 5 年以下有期徒刑或者拘役。

(十一) 暴动越狱罪

暴动越狱罪,是指依法被关押的罪犯、被告人、犯罪嫌疑人,在首要分子的策划、组织、指挥下,采用暴动的方法集体越狱逃跑的行为。

本罪的主要特征是:(1)侵犯客体是司法机关对在押人员的监管秩序。(2)客观方面表现为在首要分子的策划、组织、指挥下,采用暴力方法,集体越狱逃跑的行

为。(3)主体是特殊主体,限于依法关押的罪犯、被告人和犯罪嫌疑人。(4)主观方面必须出于故意。

按照刑法第317条第2款的规定,犯本罪的,首要分子和积极参加的,处10年以上有期徒刑或者无期徒刑;情节特别严重的,处死刑;其他参加的,处3年以上10年以下有期徒刑。

(十二) 聚众持械劫狱罪

聚众持械劫狱罪,是指纠集多人,有组织、有计划地持械劫夺在押的罪犯、被告人、犯罪嫌疑人的行为。

本罪的主要特征是:(1)侵犯客体是司法机关对在押人员的监管秩序。(2)客观方面表现为在首要分子的策划、组织和指挥下,持械暴力劫夺在押的罪犯、被告人、犯罪嫌疑人的行为。(3)主体是一般主体,限于狱外的具有刑事责任能力的人。(4)主观方面必须出于故意,目的是劫夺在押的罪犯、被告人、犯罪嫌疑人,使其逃避监管和法律制裁。

按照刑法第317条第2款的规定,本罪的处罚与暴动越狱罪相同。

司法考试真题链接

一、单项选择题

1. 下列哪一种行为可以构成伪证罪?(2004年试卷二第7题)

A. 在民事诉讼中,证人作伪证的

B. 在刑事诉讼中,辩护人伪造证据的

C. 在刑事诉讼中,证人故意作虚假证明意图陷害他人的

D. 在刑事诉讼中,诉讼代理人帮助当事人伪造证据的

2. 甲欠乙10万元久拖不还,乙向法院起诉并胜诉后,甲在履行期限内仍不归还。于是,乙向法院申请强制执行。当法院的执行人员持强制执行裁定书到甲家执行时,甲率领家人手持棍棒在门口守候,并将试图进入室内的执行人员打成重伤。甲的行为构成何罪?(2008年试卷二第17题)

A. 拒不执行判决、裁定罪　　B. 聚众扰乱社会秩序罪

C. 妨害公务罪　　D. 故意伤害罪

二、多项选择题

1. 某法院开庭审理一起民事案件,参加旁听的原告之夫李某认为证人王某的证言不实,便当场大声指责,受到法庭警告。李某不听劝阻,大喊“给我打”,在场旁听的十多个原告方的亲属一拥而上,对王某拳打脚踢,法庭秩序顿时大乱。审判长予以制止,李某一伙又对审判长和审判员进行围攻、殴打,审判长只好匆匆宣布休

庭。李某的上述行为触犯了什么罪名？(2004年试卷二第83题)

A. 打击报复证人罪　　B. 聚众冲击国家机关罪

C. 扰乱法庭秩序罪　　D. 妨害作证罪

2. 下列哪些行为构成包庇罪？(2009年试卷二第62题)

A. 甲帮助强奸罪犯毁灭证据

B. 乙(乘车人)在交通肇事后指使肇事人逃逸，致使被害人因得不到救助而死亡

C. 丙明知实施杀人、放火犯罪行为是恐怖组织所为，而作假证明予以包庇

D. 丁系歌舞厅老板，在公安机关查处卖淫嫖娼违法行为时为违法者通风报信，情节严重

3. 甲抢劫出租车，将被害司机尸体藏入后备箱后打电话给堂兄乙，请其帮忙。乙帮助甲将尸体埋掉，并把被害司机的证件、衣物等烧掉。两天后，甲把抢来的出租车送给乙。乙的行为构成何罪？(2009年试卷二第63题)

A. 抢劫罪　　B. 包庇罪

C. 掩饰、隐瞒犯罪所得罪　　D. 帮助毁灭证据罪

第四节　妨害国(边)境管理罪

【引　例】

2002年9月30日，被告人顾国均、王建忠及王益明(另案处理)共同出资10万元注册成立了通州市三盟经济技术合作有限公司(以下简称三盟公司)。公司成立后，顾国均、王建忠在明知公司无对外劳务合作经营权和签约权及我国政府与马来西亚无劳务合作关系的情况下，伙同王益明从2002年10月31日起至2003年4月8日止，擅自招收和通过他人招收赴马来西亚的出国劳务人员，先后11次组织140余人以旅游的形式出境赴马来西亚非法务工，收取每人人民币2.8万元至3.5万元不等的费用，并通过通州市建筑职工中等专业学校为出国劳务人员非法办理了职业资格证书和职业岗位技能证书，又出高价请他人为劳务人员办理了赴马来西亚的旅游签证和飞机票。当劳务人员抵达马来西亚后，由王益明为他们安排工作，并通过马来西亚的关系人“阿曼”、“谢老板”以非正常途径办理了所谓的“工作准证”、“安全证”。被告人顾国均、王建忠归案后，能够坦白交代，并检举他人，均有立功表现。被告人顾国

均家属能够积极退赃。①

一、组织他人偷越国(边)境罪

(一)组织他人偷越国(边)境罪的概念和特征

组织他人偷越国(边)境罪,是指违反国(边)境管理法规,组织他人偷越国(边)境的行为。

本罪的主要特征是:

1. 侵犯的客体是国家对国(边)境的管理秩序。国家对国(边)境的管理秩序是维护国家主权、领土完整和国(边)境的安全所必不可少的。非法组织他人偷越国(边)境必然破坏国家对国(边)境的管理秩序,进而危害国家主权、领土完整和国(边)境的安全。

2. 在客观方面表现为违反国(边)境管理法规,组织他人偷越国(边)境的行为。

所谓违反国(边)境管理法规,具体是指违反《中华人民共和国公民出境入境管理法》和《中华人民共和国外国人入境出境管理法》及其实施细则的规定。这些法律、法规对中国公民和外国人出入我国国(边)境必须履行的、必要的申请手续,必须办理的、必要的通行证件,以及出入境的时间、地点和法律责任,均作了明确的规定。

本罪在客观方面就表现为行为人实施了违反这些法律、法规的规定,组织他人偷越国(边)境。组织他人偷越国(边)境,具体是指未经办理有关出国、出境手续和证件,策划、动员、拉拢、组织、联络、指挥他人非法秘密出入我国国境、边境的行为,包括组织他人非法出境和组织他人非法入境两种情况。这里所谓国境,是指我国与相邻外国的国界;所谓边境,是指我国内地与香港、澳门、台湾地区的交界。偷越国(边)境的地点,既可以是国(边)境口岸,也可以是非国(边)境口岸,既可以是从陆路偷越,也可以是从海上或空中偷越。

3. 本罪的主体是一般主体,凡年满16周岁的具有刑事责任能力的自然人,都可以成为本罪的主体。作为本罪主体的组织者,既可以是中国公民,也可以是外国人;既可以是一个人,也可以是很多人,甚至可以是专门从事组织他人偷越国(边)境的首要分子(俗称"蛇头")或犯罪组织(这是打击的重点)。

4. 在主观方面必须出于故意,即明知自己的行为违反了国(边)境管理法规而故意实施非法组织他人偷越国(边)境的行为。

---

① 节选自:《顾国均、王建忠组织他人偷越国境案》,载最高人民法院刑事审判第一庭、第二庭编:《刑事审判参考》2004年第3集(总第38集),法律出版社2004年版,第143～144页。

(二)组织他人偷越国(边)境罪的处罚

根据刑法第318条第1款的规定,犯本罪的,处2年以上7年以下有期徒刑,并处罚金;有下列情形之一的,处7年以上有期徒刑或者无期徒刑,并处罚金或者没收财产:(1)组织他人偷越国(边)境集团的首要分子;(2)多次组织他人偷越国(边)境或者组织他人偷越国(边)境人数众多的;①(3)造成被组织人重伤、死亡的;(4)剥夺或者限制被组织人人身自由的;(5)以暴力、威胁方法抗拒检查的;(6)违法所得数额巨大的;(7)有其他特别严重情节的。

刑法第318条第2款规定,犯本罪,对被组织人有杀害、伤害、强奸、拐卖等犯罪行为,或者对检查人员有杀害、伤害等犯罪行为的,应当依照数罪并罚的规定进行处罚。

二、偷越国(边)境罪

(一)偷越国(边)境罪的概念和特征

偷越国(边)境罪,是指违反国(边)境管理法规,偷越国(边)境,情节严重的行为。

本罪的主要特征是:

1. 侵犯的客体是国(边)境的管理秩序。

2. 客观方面表现为违反国(边)境管理法规,偷越国(边)境的行为。

所谓违反国(边)境管理法规,具体是指违反《中华人民共和国公民出境入境管理法》、《中华人民共和国外国人入境出境管理法》及其实施细则、《中国公民因私事往来香港地区或者澳门地区的暂行管理办法》、《边防检查条例》等法律、法规关于出入境的规定。

偷越国(边)境的表现形式,既可以是在不设边境口岸、边防检查站的海上或陆路秘密出入境,也可以表现为,持伪造、变造、冒用的出入境证件欺骗海关检查人员,蒙混过关。

偷越国(边)境,情节严重的,才能构成本罪。所谓情节严重,按照最高人民法院《关于审理组织、运送他人偷越国(边)境等刑事案件适用法律若干问题的解释》(法释[2002]3号)第5条的规定,具体包括:(1)在境外实施损害国家利益的行为的;(2)偷越国(边)境3次以上的;(3)拉拢、引诱他人一起偷越国(边)境的;(4)因

① 这里所讲的"人数众多",按照2002年1月28日最高人民法院《关于审理组织、运送他人偷越国(边)境等刑事案件适用法律若干问题的解释》(法释[2002]3号)第2条的规定,是指组织、运送他人偷越国(边)境人数在10人以上。

偷越国(边)境被行政处罚后一年内又偷越国(边)境的;(5)有其他严重情节的。不具有上述严重情节的,或者边境地区居民出于探亲、访友、赶集或过境耕种等目的而擅自出入境的,一般不能以本罪论处。

3. 本罪的主体是一般主体,中国公民和外国人都可以成为本罪的主体。但是,如果是国家机关工作人员或者掌握国家秘密的国家工作人员偷越国(边)境叛逃的,则不能以本罪论处,而应当以叛逃罪论处。

4. 本罪在主观方面必须出于故意,即明知是非法出入国(边)境而故意为之。

(二)偷越国(边)境罪的处罚

根据刑法第322条之规定,犯本罪的,处1年以下有期徒刑、拘役或者管制,并处罚金。

三、本节其他犯罪

(一) 骗取出境证件罪

骗取出境证件罪,是指以劳务输出、经贸往来或者其他名义,弄虚作假,骗取护照、签证等出境证件,为组织他人偷越国(边)境使用的行为。

本罪的主要特征是:(1)侵犯的客体是国家对出境证件和出境秩序的管理,犯罪对象是护照、签证等出境证件。(2)客观方面表现为以劳务输出、经贸往来或者其他名义,弄虚作假,骗取护照、签证等出境证件的行为。(3)主体是一般主体,自然人和单位都可以成为本罪的主体。(4)主观方面必须出于故意,而且具有骗取出境证件为组织他人偷越国(边)境使用的目的。

依照刑法第319条的规定,犯本罪的,处3年以下有期徒刑,并处罚金;情节严重的,处3年以上10年以下有期徒刑,并处罚金。单位犯前款罪的,对单位判处罚金,并对其直接负责的主管人员和其他直接责任人员,依照前款的规定处罚。

按照最高人民法院《关于审理组织、运送他人偷越国(边)境等刑事案件适用法律若干问题的解释》第3条的规定:"为组织他人偷越国(边)境使用,骗取出境证件5份以上,或者非法收取办证费用30万元以上的,属于刑法第319条第1款规定的骗取出境证件罪'情节严重'。"

(二) 提供伪造、变造的出入境证件罪

提供伪造、变造的出入境证件罪,是指为他人提供伪造、变造的护照、签证等出入境证件的行为。

本罪的主要特征是:(1)侵犯客体是国家对出入境证件和出入境秩序的管理。(2)客观方面表现为为他人提供伪造、变造的护照、签证等出入境证件的行为。(3)

主观方面必须出于故意。

依照刑法第 320 条的规定，犯本罪的，处 5 年以下有期徒刑，并处罚金；情节严重的，[①]处 5 年以上有期徒刑，并处罚金。

（三）出售出入境证件罪

出售出入境证件罪，是指出售护照、签证等出入境证件的行为。

本罪的主要特征是：(1)侵犯客体是国家对出入境证件和出入境秩序的管理。(2)客观方面表现为出售护照、签证等出入境证件的行为。(3)主观方面必须出于故意，并且具有牟利的目的。

根据刑法第 320 条的规定，犯本罪的，其处罚与前罪(提供伪造、变造的出入境证件罪)相同。

（四）运送他人偷越国(边)境罪

运送他人偷越国(边)境罪，是指违反国(边)境管理法规，运送他人偷越国(边)境的行为。

本罪的主要特征是：(1)侵犯客体是国家对出入国(边)境的管理秩序。(2)客观方面表现为违反国(边)境管理法规，运送他人偷越国(边)境的行为。(3)主观方面必须出于故意。

根据刑法第 321 条的规定，犯本罪的，处 5 年以下有期徒刑、拘役或者管制，并处罚金；有下列情形之一的，处 5 年以上 10 年以下有期徒刑，并处罚金：(1)多次实施运送行为或者运送人数众多的；(2)所使用的船只、车辆等交通工具不具备必要的安全条件，足以造成严重后果的；(3)违法所得数额巨大的；(4)有其他特别严重情节的。

刑法第 321 条第 2 款规定，在运送他人偷越国(边)境中造成被运送人重伤、死亡，或者以暴力、威胁方法抗拒检查的，处 7 年以上有期徒刑，并处罚金。第 3 款规定，犯前两款罪，对被运送人有杀害、伤害、强奸、拐卖等犯罪行为，或者对检查人员有杀害、伤害等犯罪行为的，依照数罪并罚的规定处罚。

（五）破坏界碑、界桩罪

破坏界碑、界桩罪，是指故意破坏国家边界的界碑、界桩的行为。

本罪的主要特征是：(1)犯罪客体是国(边)境管理制度，犯罪对象是国家边界

---

① 最高人民法院《关于审理组织、运送他人偷越国(边)境等刑事案件适用法律若干问题的解释》第 4 条规定："有下列情形之一的，属于刑法第 320 条规定的'情节严重'：(1)为他人提供伪造、变造的护照、签证等出入境证件 5 份以上或者出售护照、签证等出入境证件 5 份以上的；(2)违法所得 30 万元以上的；(3)有其他严重情节的。"

的界碑、界桩，即我国政府与邻国政府根据国际条约的约定或者按照历史上实际形成的管辖范围，而在陆地接壤地区埋设的指示边境分界及其走向的标志物。(2)客观方面表现为破坏界碑、界桩的行为，具体表现为以损毁、拆除、盗挖、移动等手段改变这些标志物的形状和埋设地点，使其丧失指示边境分界和走向的作用。(3)主观方面必须出于故意。

根据刑法第 323 条的规定，犯本罪的，处 3 年以下有期徒刑或者拘役。

(六) 破坏永久性测量标志罪

破坏永久性测量标志罪，是指故意破坏永久性测量标志的行为。

本罪的主要特征是：(1)犯罪客体是国(边)境管理制度，犯罪对象是永久性测量标志，即国家测绘部门进行测绘后在地上、地下或者水上建立的各种永久性的测量标志物。(2)客观方面表现为破坏永久性测量标志的行为，具体表现为以毁损、拆除、盗挖、移动等方式改变测量标志物的形状或埋设地点，使其丧失作为测量标志物的性能和作用。(3)主观方面必须出于故意。

根据刑法第 323 条的规定，犯本罪的，处 3 年以下有期徒刑或者拘役。

第五节　妨害文物管理罪

【引　例】

被告人李生跃携带扁钻、手锤等作案工具，翻围墙进入广元市市中区盘龙镇境内的省级重点文物保护单位观音岩摩崖造像(石窟寺)保护区内，盗凿走该保护区内摩崖造像头像 2 尊，销赃得款 800 元。同年 2 月 21 日晚，李生跃再次窜入观音岩保护区内，采用同样的方法凿取头像 6 尊。同年 3 月 6 日，李在销赃时被公安机关当场抓获。所获赃物共 8 尊头像已被收缴，并归还广元市市中区文物管理所。①

一、故意损毁文物罪

(一)故意损毁文物罪的概念和特征

故意损毁文物罪，是指故意损毁国家保护的珍贵文物或者被确定为全国重点

① 节选自《李生跃盗掘古文化遗址案》，载最高人民法院刑事审判第一庭、第二庭编：《刑事审判参考》2003 年第 5 集(总第 34 集)，法律出版社 2004 年版，第 54 页。

文物保护单位、省级文物保护单位的文物的行为。

本罪的主要特征是：

1. 侵犯的客体是国家对文物的保护和管理。犯罪对象是珍贵文物和全国重点文物保护单位、省级文物保护单位的文物。所谓文物，是指下列具有历史、艺术、科学价值的遗址或者遗物：(1)具有历史、艺术、科学价值的古文化遗址、古墓葬、古建筑、石窟寺和石刻；(2)与重大历史事件、革命运动和著名人物有关的具有重要纪念意义、教育意义和史料价值的建筑物、遗址、纪念物；(3)历史上各个时代珍贵的艺术品、工艺美术品；(4)重要的革命文献以及具有历史、艺术、科学价值的手稿、古旧图书资料等；(5)反映历史上各时代、各民族社会制度、社会生产、社会生活的代表性实物。但是，并非所有文物都是本罪的犯罪对象，而是只有被国家确定为珍贵文物和全国重点文物保护单位的文物、省级文物保护单位的文物才能成为本罪的犯罪对象。所谓珍贵文物，是指具有较高历史、艺术、科学价值的遗址和遗物。《中华人民共和国文物保护法》和《文物藏品定级标准》将文物分为一、二、三级，凡属国家一、二级文物的均为珍贵文物，部分三级文物经国家文物鉴定委员会鉴定确认的，也可以是珍贵文物。珍贵文物一般是可移动的文物。所谓文物保护单位，则是经人民政府按照法定程序确定的具有历史、艺术、科学价值的革命遗址、纪念建筑物、古文化遗址、古墓葬、古建筑、石窟寺、石刻等不可移动的文物。我国文物保护单位分为国家重点文物保护单位、省级文物保护单位和县(市)级文物保护单位三级。因此，不属于珍贵文物的三级文物以及县(市)级文物保护单位的文物就不能成为本罪的犯罪对象。

这里，要注意的是，如果行为人侵犯的对象是名胜古迹的，按照刑法第 324 条第 2 款的规定，则属于故意损毁名胜古迹罪。

2. 客观方面表现为以捣毁、拆除、污损、焚烧等方式损毁珍贵文物或者被确定为国家重点文物保护单位、省级文物保护单位的文物的行为，也就是损毁文物的行为。所谓“损毁”，是指改变文物的性质、面貌和形状的行为。损毁的方法多种多样，如捣毁、焚烧、污损、拆除、挖掘、炸毁等。损毁的程度可轻可重，可以是部分损毁，也可以是全部损毁。

3. 主体是一般主体，凡年满 16 周岁的具有刑事责任能力的自然人都可以成为本罪的主体。

4. 主观方面必须出于故意，即明知是珍贵文物或国家、省级文物保护单位的文物而故意实施损毁行为，希望或者放任文物被毁坏结果的发生。不知是珍贵文物或国家、省级文物保护单位的文物而当作一般的遗址、遗物予以损毁或者无意中损毁珍贵文物和国家、省级文物保护单位的文物的，不能以本罪论处。

如果行为人主观上是过失的，按照刑法第 324 条第 3 款的规定，则构成过失损毁文物罪。

(二)故意损毁文物罪的处罚

根据刑法第324条第1款之规定,犯本罪的,处3年以下有期徒刑或者拘役,并处或者单处罚金;情节严重的,处3年以上10年以下有期徒刑,并处罚金。

这里所谓的“情节严重”,一般是指损毁特别珍贵的文物或有特别重要价值的文物保护单位的文物的,损毁多件或者多次损毁珍贵文物的,多次损毁或者损毁多处国家、省级文物保护单位,使被损毁的文物难以恢复的,等等。

二、倒卖文物罪

(一)倒卖文物罪的概念和特征

倒卖文物罪,是指以牟利为目的,倒卖国家禁止经营的文物,情节严重的行为。本罪的主要特征是:

1. 本罪侵犯的客体是国家对文物的保护的管理秩序。犯罪对象是文物。

2. 客观方面表现为倒卖国家禁止经营的文物,情节严重的行为。

所谓倒卖国家禁止经营的文物,是指以出卖为目的,非法收买、运输、转手买卖国家禁止经营的珍贵文物或一般文物。既包括无权从事文物经营活动的单位或个人非法经营上述文物的行为,也包括有权经营文物的单位或个人非法经营上述国家禁止经营的文物的行为。

倒卖国家禁止经营的文物,情节严重的,才能构成倒卖文物罪。所谓“情节严重”,一般是指多次倒卖文物或倒卖文物数量较大的,倒卖国家珍贵文物的,或者倒卖文物非法获利数额较大的。偶尔倒卖一般文物,或者倒卖文物获利不大的,一般不以犯罪论处。

3. 本罪的主体是一般主体,自然人和单位都可以成为本罪的主体。

4. 在主观方面必须出于故意,而且具有牟利的目的。

(二)倒卖文物罪的认定

1. 本罪与一般倒卖文物行为的界限。区别的关键在于查明倒卖行为的情节是否严重。情节一般的,属于违反行政管理法规的一般倒卖行为,应由行政主管部门予以行政处理。只有“情节严重”的行为,才构成本罪。

2. 本罪与非法向外国人私自出售、赠送珍贵文物罪(刑法第325条)的界限。两者的主要区别在于:(1)行为方式不同,本罪行为的表现形式是倒卖,倒卖是指发生在流通领域中的买卖活动,一般高于正常出售;后者的行为方式则是一般性出售。(2)主观目的不尽相同,本罪在主观上具有牟取非法利润的目的,而后者不具备这一目的。(3)接受文物的主体不同,本罪中收买文物的主体既可以是外国人,也可以是中国人；而后者接受文物的主体只能是外国人。

3. 本罪与走私文物罪的界限。两者的主要区别在于：(1)犯罪对象不同。本罪的犯罪对象是指国家禁止自由买卖的文物，而后者的犯罪对象是违反海关监管私自进出口的文物。(2)空间方面有区别。本罪一般是指发生在境内；而走私文物也有发生在境内的，但多为跨境行为。

(三)倒卖文物罪的处罚

根据刑法第 326 条之规定，犯本罪的，处 5 年以下有期徒刑或者拘役，并处罚金；情节特别严重的，处 5 年以上 10 年以下有期徒刑，并处罚金。单位犯本罪的，对单位判处罚金，并对其直接负责的主管人员和其他直接责任人员，依照上述规定处罚。

这里，所谓“情节特别严重”，是指一贯倒卖文物或者倒卖文物数量特别巨大的，倒卖特别珍贵文物的，或者倒卖文物非法获利数额特别巨大的，等等。

三、本节其他犯罪

(一) 故意损毁名胜古迹罪

故意损毁名胜古迹罪，是指故意损毁国家保护的名胜古迹，情节严重的行为。

本罪的主要特征是：(1)本罪的客体是国家的名胜古迹的保护和管理制度，犯罪对象是名胜古迹，即可供人游览的著名的风景区以及虽未被人民政府确定为文物保护单位但具有一定历史意义的古建筑、雕塑、石窟、石刻等历史陈迹。(2)客观方面表现为以捣毁、拆除、私刻乱画、污损、挖掘、焚烧等方式损毁名胜古迹，情节严重的行为。(3)主观方面必须出于故意。

根据刑法第 324 条第 2 款的规定，犯本罪的，处 3 年以下有期徒刑或者拘役，并处或者单处罚金；情节严重的，处 3 年以上 10 年以下有期徒刑，并处罚金。

(二) 过失损毁文物罪

过失损毁文物罪，是指过失损毁国家保护的珍贵文物或者被确定为全国重点文物保护单位、省级文物保护单位的文物，造成严重后果的行为。

本罪的主要特征是：(1)侵犯客体是国家对文物的保护和管理秩序，其犯罪对象为文物。(2)客观方面表现为过失损毁国家保护的珍贵文物或者被确定为全国重点文物保护单位、省级文物保护单位的文物，造成严重后果的行为。(3)主体是一般主体。(4)主观方面必须出于过失。

按照刑法第 324 条第 3 款的规定，犯本罪的，处 3 年以下有期徒刑或者拘役。

(三) 非法向外国人出售、赠送珍贵文物罪

非法向外国人出售、赠送珍贵文物罪，是指违反文物保护法规，将收藏的国家禁止出口的珍贵文物私自出售或者私自赠送给外国人的行为。

本罪的主要特征是：(1)犯罪客体是国家对文物的保护和管理制度，犯罪对象是国家禁止出口的珍贵文物，其范围由我国《文物出境鉴定管理办法》确定。(2)客观方面表现为违反国家文物保护法规，将收藏的国家禁止出口的珍贵文物私自出售或私自赠送给外国人的行为。(3)主体是一般主体，自然人和单位都可以成为本罪的主体。(4)主观方面必须出于故意。

根据刑法第 325 条的规定，犯本罪的，处 5 年以下有期徒刑或者拘役，可以并处罚金。单位犯前款罪的，对单位判处罚金，并对其直接负责的主管人员和其他直接责任人员，依照前款的规定处罚。

(四) 非法出售、私赠文物藏品罪

非法出售、私赠文物藏品罪，是指违反文物保护法规，国有博物馆、图书馆等单位将国家保护的文物藏品出售或者私自送给非国有单位或者个人的行为。

本罪的主要特征是：(1)本罪的客体是国家文物藏品的保护和管理制度，犯罪对象是馆藏的国家保护的文物藏品。(2)客观方面表现为将馆藏的国家保护的文物藏品出售或者私自送给非国有单位或者个人的行为。(3)主体是特殊主体，只能由国有博物馆、图书馆等收藏有国家保护的文物藏品的单位构成，自然人不能成为本罪的主体。(4)主观方面必须出于故意。

根据刑法第 327 条的规定，犯本罪的，对单位判处罚金，并对其直接负责的主管人员和其他直接责任人员，处 3 年以下有期徒刑或者拘役。

(五) 盗掘古文化遗址、古墓葬罪

盗掘古文化遗址、古墓葬罪，是指盗掘具有历史、艺术、科学价值的古文化遗址、古墓葬的行为。

本罪的主要特征是：

1. 本罪的客体是复杂客体，既侵害了国家对古文化遗址、古墓葬的管理制度，又侵犯了国家对古文化遗址、古墓葬所拥有的财产所有权。犯罪对象是具有历史、艺术、科学价值的古文化遗址、古墓葬。

2. 客观方面表现为未经国家文物主管部门批准，私自挖掘古文化遗址、古墓葬的行为。“盗掘”，既不同于单纯的盗窃行为，也不同于对文物的毁损行为。“盗掘”的行为方式有的是秘密的，有的是公开进行的。“盗掘”的方法、手段是多种多样的，如挖、拆、炸、凿、刨等，无论采用哪种方法和手段，都不影响本罪的成立。本

罪属于行为犯而不是结果犯，只要行为人实施了盗掘古文化遗址、古墓葬的行为，就已经构成本罪，至于是否造成使古文化遗址、古墓葬受到严重破坏的结果无定罪意义，而只有量刑意义。

3. 本罪的主体为一般主体。任何已满16周岁、具备责任能力的人，均可构成本罪的主体。

4. 主观方面必须出于故意，包括直接故意和间接故意。

按照刑法第328条第1款的规定，犯本罪的，处3年以上10年以下有期徒刑，并处罚金；情节较轻的，处3年以下有期徒刑、拘役或者管制，并处罚金；有下列情形之一的，处10年以上有期徒刑、无期徒刑或者死刑，并处罚金或者没收财产：(1)盗掘确定为全国重点文物保护单位和省级文物保护单位的古文化遗址、古墓葬的；(2)盗掘古文化遗址、古墓葬的首要分子；(3)多次盗掘古文化遗址、古墓葬的；(4)盗掘古文化遗址、古墓葬的，并盗窃珍贵文物或者造成珍贵文物严重破坏的。

(六) 盗掘古人类化石、古脊椎动物化石罪

本罪是指，盗掘国家保护的具有科学价值的古人类化石和古脊椎动物化石的行为。

本罪的主要特征是：(1)侵犯客体是国家对古人类化石、古脊椎动物化石的管理秩序，犯罪对象是古人类化石和古脊椎动物化石。(2)客观方面表现为未经国家文物主管部门的批准，私自挖掘具有科学价值的古人类化石、古脊椎动物化石的行为。(3)主观方面必须出于故意。

此外，按照2005年12月29日全国人大常委会《关于〈中华人民共和国刑法〉有关文物的规定适用于具有科学价值的古脊椎动物化石、古人类化石的解释》的规定："刑法有关文物的规定，适用于具有科学价值的古脊椎动物化石、古人类化石。"也就是说，行为人倒卖、走私、损毁或者非法转让具有科学价值的古脊椎动物化石、古人类化石的，可以构成刑法有关文物规定的犯罪（如故意损毁文物罪、倒卖文物罪等等）。

按照刑法第328条第2款的规定，犯本罪的，依照前款（盗掘古文化遗址、古墓葬罪）处罚。

(七) 抢夺、窃取国有档案罪

抢夺、窃取国有档案罪，是指以乘人不备公然夺取或者秘密窃取的方法非法占有国家所有的档案的行为。

本罪的主要特征是：(1)侵犯的客体是对国有档案的所有权和管理秩序，犯罪对象是国有档案。国家所有的档案是国家机关、国有企业、事业单位、人民团体保存的具有重要保存价值的档案。(2)客观方面表现为以乘人不备公然夺取

或者秘密窃取的方法非法占有国家所有的档案的行为。(3)主观方面必须出于故意。

根据刑法第 329 条第 1 款和第 3 款的规定,犯本罪的,处 5 年以下有期徒刑或者拘役;同时又构成本法规定的其他犯罪的,依照处罚较重的规定定罪处罚。

(八)擅自出卖、转让国有档案罪

擅自出卖、转让国有档案罪,是指违反档案法的规定,擅自出卖、转让国家所有的档案,情节严重的行为。

本罪的主要特征是:(1)本罪的客体是对国有档案的所有权和管理秩序,犯罪对象是国有档案。(2)客观方面表现为违反档案法的规定,擅自出卖、转让国家所有的档案,情节严重的行为。(3)主体是一般主体。(4)主观方面必须出于故意。

根据刑法第 329 条第 2 款和第 3 款的规定,犯本罪的,处 3 年以下有期徒刑或者拘役;同时又构成本法规定的其他犯罪的,依照处罚较重的规定定罪处罚。

司法考试真题链接

说明:从 2002 年起至 2009 年止的历年司法考试中,考察本节内容的考题只有一道单项选择题。

甲晚上潜入一古寺,将寺内古墓室中有珍贵文物编号的金佛的头用钢锯锯下,销赃后获赃款 10 万元。对甲应以什么罪追究刑事责任?(2004 年试卷二第 19 题)

A. 故意损毁文物罪　　　　B. 倒卖文物罪

C. 盗窃罪　　　　　　　　D. 盗掘古文化遗址、古墓葬罪

第六节　危害公共卫生罪

【引　例】

被告人周某某在未取得医生执业资格和办理医疗机构执业许可证的情况下,在某市某区私设诊所擅自从事行医活动。2002 年 11 月 2 日 9 时许,周某某应孕妇蒋某某亲属之邀出诊为蒋接生。23 时许,周某某用手触摸检查后感到胎动,认为有生产迹象,遂给蒋肌肉注射催生素 1 支(1 毫升)。至次日凌晨,蒋仍未生产且腹部疼痛加剧并直冒冷汗,周又给蒋注射病毒灵 1 支、安乃静半支,蒋稍感平静。凌晨 6 时许,周某某用手触摸检查后告知蒋家胎儿孕妇

均正常，可去医院作进一步检查并收取80元后离去。2002年11月4日上午，蒋某某去重庆市红十字会医院检查，被诊断为：胎儿已死于腹中。该院随后对蒋某某进行了引产术。某市法医验伤所法医学尸体解剖鉴定结论认定，蒋某某的胎儿系在脐带、胎盘病变的基础上，因肌肉注射催产素1毫升引起强烈宫缩，导致胎儿在宫内窒息死亡。同日，蒋某某的亲属将周某某扭送至公安机关。①

一、妨害传染病防治罪

(一)妨害传染病防治罪的概念和特征

妨害传染病防治罪，是指违反传染病防治法的规定，引起甲类传染病传播或者有传播严重危险的行为。

本罪的主要特征是：

1. 侵犯的客体是国家对传染病的防治和人民群众的身体健康。

2. 客观方面表现为，行为人实施了违反传染病防治法的规定，引起甲类传染病传播或者有传播的严重危险的行为。

根据刑法第330条的规定，具体包括以下行为之一：(1)供水单位供应的饮用水不符合国家规定的卫生标准的；(2)拒绝按照卫生防疫机构提出的卫生要求，对传染病病原体污染的污水、污物、粪便进行消毒处理的；(3)准许或者纵容传染病病人、病原携带者和疑似传染病病人从事国务院卫生行政部门规定禁止从事的易使该传染病扩散的工作的；(4)拒绝执行卫生防疫机构依照传染病防治法提出的预防、控制措施的。

本罪属于结果犯，行为人实施上述四种行为之一，并且引起了甲类传染病传播或者有传播严重危险的严重后果的，才能以本罪论处。所谓传播，是指使不特定的多数人传染。所谓甲类传染病是指鼠疫或霍乱。但刑法规定可以依照《中华人民共和国传染病防治法》和国务院有关规定调整和确定甲类传染病的范围。因此，违反传染病防治法的规定，引起不特定的多数人传染鼠疫或者霍乱，或者有传染鼠疫、霍乱的严重危险的，即构成本罪。

3. 本罪的主体是一般主体，凡年满16周岁、具有刑事责任能力的自然人和单位都可以成为本罪的主体。

4. 本罪在主观方面必须出于过失，即应当预见行为可能引起甲类传染病传播或有传播的严重危险，因为疏忽大意而没有预见，或者虽然已经预见，但是轻信能

---

① 节选自《周某某非法行医案》，载最高人民法院刑事审判第一庭、第二庭编：《刑事审判参考》2004年第5集(总第40集)，法律出版社2005年版，第24～25页。

够避免。但是,行为人实施违反传染病防治法的行为则可能出于故意。

(二)妨害传染病防治罪的处罚

根据刑法第330条之规定,犯本罪的,处3年以下有期徒刑或者拘役;后果特别严重的,处3年以上7年以下有期徒刑。单位犯本罪的,对单位判处罚金,并对其直接负责的主管人员和其他直接责任人员,依照上述规定处罚。

这里,所谓"后果特别严重",一般是指下列情形之一:(1)造成甲类传染病有在某一地区广泛传播危险的;(2)造成甲类传染病在某一地区暴发或流行的;(3)造成众多人员传染甲类传染病,或者造成多人残疾或死亡的严重后果;(4)造成其他严重后果的,等等。

二、医疗事故罪

(一)医疗事故罪的概念和特征

医疗事故罪,是指医务人员由于严重不负责任,造成就诊人(一般称为"病人"或"患者",下同)死亡或者严重损害就诊人身体健康的行为。

本罪的主要特征是:

1. 侵犯的客体是就诊人的生命、健康和国家对医疗工作的管理秩序。医务人员负有救死扶伤的神圣使命,他们如果严重不负责任,轻则可能造成就诊人伤病不能及时康复,重则可能严重损害就诊人身体健康甚至致人死亡,并严重破坏医疗单位的正常工作秩序。本罪侵害的对象是就诊人,即到医疗单位接受治疗、体检的人。

2. 本罪的客观方面,表现为医务人员在诊疗护理工作中严重不负责任,造成就诊人死亡或者严重损害其身体健康的行为。

本罪客观上有两个互相联系的要件:(1)行为人(医疗机构的医务人员)在对就诊人进行医疗护理或体检的过程中,违反医疗规章制度,粗心大意,玩忽职守,不履行或不正确、不及时履行医疗、护理职责,因而造成就诊人死亡或严重损害其身体健康的行为。本罪的行为方式既可以是作为,如医师错误诊断病情、开错处方,药师配错药,护士打错针、用错药等;也可以是不作为,如医务人员对危重病人不及时进行抢救,或者值班医师擅自离岗,致使病人得不到及时救治等。(2)本罪是结果犯,医务人员的严重不负责任的行为只有造成了就诊人死亡或者严重损害就诊人身体健康的后果的,才是重大医疗事故,才能构成本罪。

这里,关键的是如何界定"医疗事故"。按照1987年6月29日国务院发布的《医疗事故处理办法》的规定,医疗事故是指"在诊疗护理工作中,因医务人员诊疗护理过失,直接造成病员死亡、残废、组织器官损伤导致功能障碍的"。该办法同时还规定“虽有诊疗护理错误，但未造成病员死亡、残废、功能障碍的”，不属于医疗事故。这种规定，实际上将医疗事故限定在较狭窄的范围。换句话说，即使医疗机构和医务人员严重不负责任，但如果没有造成人员伤残或者器官功能障碍，也不能说是医疗事故。打个比方说，如果医生在手术过程中将一块纱布遗留在患者体内，只要这块纱布没有造成患者的伤残或者某个器官的功能障碍，就不属于医疗事故。事实上，有些严重不负责任的医疗行为，不仅对人体的危害很大，而且严重损害了正常的医患关系，如果不将其列入医疗事故范围，显然是不合适的。为了改变这种范围限定较窄的弊端，2002 年 4 月 14 日国务院发布的《医疗事故处理条例》第 2 条规定：“医疗事故，是指医疗机构及其医务人员在医疗活动中，违反医疗卫生管理法律、行政法规、部门规章和诊疗护理规范、常规，过失造成患者人身损害的事故。”显然，这一规定将医疗事故的范围扩大到了所有的“患者人身损害”。该《条例》第 4 条根据对患者人身造成的损害程度，将医疗事故分为四个等级，即分别从一级到四级医疗事故。同时，《条例》第 33 条规定了 6 种不属于医疗事故的特殊情形，其中包括在紧急情况下为抢救垂危患者生命而采取紧急医学措施造成不良后果的，在医疗活动中由于患者病情异常或者患者体质特殊而发生医疗意外的，在现有医学科学技术条件下发生无法预料或者不能防范的不良后果的事件等。此外，新条例还废除了原有办法将事故分为责任事故和技术事故的不合理做法。可见，《条例》是认定医疗事故的重要法律依据。

3. 本罪的主体必须是医务人员，即必须是在国有、集体医疗机构中从事诊疗、救治、护理工作的各级各类医疗人员，包括医师、药师、护士、防疫人员、医疗工程技术人员、医疗管理人员、医疗后勤服务人员以及经国家主管部门批准开业的个体诊所的行医人员。其他不具有行医资格的人（即未取得医生执业资格的人）非法行医造成就诊人死亡或者严重损害就诊人身体健康的，不能以本罪论处，而应以非法行医罪定罪处罚。

4. 在主观方面必须出于过失，即行为人应当预见自己的不负责任行为可能造成就诊人死亡或者严重损害就诊人身体健康的后果，因为疏忽大意而没有预见，或者虽然已经预见，但轻信能够避免。如果行为人在医疗护理工作中故意致死就诊人或者故意严重损害就诊人身体健康，则应以故意杀人罪或者故意伤害罪论处。

（二）医疗事故罪的认定

1. 认定本罪的关键是划清罪与非罪的界限。也就是要注意划清医疗事故罪与医疗意外、医疗技术事故、一般医疗事故之间的界限。

首先，必须划清医疗事故与非医疗事故（医疗意外）的界限。《医疗事故处理条例》第 2 条对医疗事故作出明确规定，第 4 条对医疗事故的等级进行了划分，而第 33 条则规定了 6 种不属于医疗事故的情形，这是我们在认定医疗事故时必须正确把握的界限。所谓医疗意外，是指在诊疗护理工作中由于病情或病人体质特异而

发生了医务人员无法预料和防范的不良后果。在医疗意外中,医务人员不存在故意或过失,即使造成了就诊人伤残的严重后果的,也不能以本罪论处,这属于刑法理论上的“意外事件”,不认为是犯罪。

其次,必须划清本罪与医疗技术事故的界限。本罪是医务人员在诊疗过程中,违反规章制度,严重不负责任,结果造成就诊人死亡或者严重损害就诊人身体健康的行为。而医疗技术事故是指医务人员在诊疗护理工作过程中,由于个人业务水平有限,经验不足,或者单位技术设备条件限制等原因,造成就诊人功能障碍、残废或死亡事件。由于这种事故是医疗技术造成的,故不能按犯罪论处。

最后,还必须划清本罪与一般医疗责任事故的界限。本罪是因严重不负责任而造成就诊人死亡或者严重损害就诊人身体健康的行为,如果医务人员虽然有不负责任的行为,也造成了一定的危害后果,如耽误了就诊人的治疗、使就诊人额外地承受了病痛或额外地支付了诊疗护理费用,但没有造成就诊人死亡、残疾、组织器官严重损伤导致功能障碍等严重后果的,则只能按一般医疗责任事故处理,而不能按本罪论处。一般的医疗事故应当按民事案件即人身损害赔偿案来处理,也可以追究失职人员的行政法律责任。

2. 本罪与重大责任事故罪的界限。两者都是过失犯罪,客观上都造成严重后果,但也是可以区分的。体现在:(1)主体上有区别。医疗责任事故罪的主体是执行职务的医务人员,重大责任事故罪的主体是生产单位直接从事生产和领导、指挥生产的人员。医务人员医治、护理病人的行为,不属于生产行为。(2)后果上有区别。本罪的危害后果仅限于就诊人死亡或者身体健康受到严重损害,而重大责任事故罪的危害后果除了包括重大伤亡,还包括重大财产损失。(3)客体不同。医疗事故罪危及的是特定公民的人身安全,而重大责任事故罪危及的是不特定的多数人的人身安全和公私财产的安全。根据这些区别,医疗单位中不具有医护人员资格的人员因严重不负责任而发生事故的,或者医护人员在非医疗活动中发生事故的,不应构成本罪,视情况以重大责任事故罪定罪量刑。

3. 本罪与过失致人死亡罪的界限。本罪致就诊人死亡与过失致人死亡有交叉,特别是在主观方面和结果方面是相同的。区别主要表现在:(1)犯罪对象不同。前者特指与医院等单位已经发生关系的就诊人(患者),后者泛指所有的自然人。(2)犯罪客观方面不同。前者特指医务人员工作过程中严重不负责任而造成就诊人死亡或严重损害身体健康,后者泛指所有过失致人死亡的行为。(3)犯罪主体不同。前者特指医务人员,后者泛指一般人。两者存在法条竞合关系,依照特别法优于普通法的原则,应当优先适用本罪。

(三)医疗事故罪的处罚

根据刑法第335条之规定,犯本罪的,处3年以下有期徒刑或者拘役。

三、非法行医罪

(一) 非法行医罪的概念和特征

非法行医罪,是指未取得医生执业资格的人非法行医,情节严重的行为。

本罪的主要特征是:

1. 本罪侵犯客体是国家对医疗卫生活动的管理秩序和就诊人的人身权利。

2. 客观方面表现为,行为人实施了非法行医,并且情节严重的行为。所谓"非法行医",是指未取得医生执业资格的人开办医疗机构、私自挂牌行医等从事医疗活动的行为。根据最高人民法院《关于审理非法行医刑事案件具体应用法律若干问题的解释》(法释[2008]5 号,以下简称《解释》)第 1 条的规定,具有下列情形之一的,应认定为刑法第 336 条第 1 款规定的"未取得医生执业资格的人非法行医":(1)未取得或者以非法手段取得医师资格从事医疗活动的;(2)个人未取得医疗机构执行许可证开办医疗机构的;(3)被依法吊销医师执业证书期间从事医疗活动的;(4)未取得乡村医生执业证书,从事乡村医疗活动的;(5)家庭接生员实施家庭接生以外的医疗行为的。非法行医的方式是多种多样的,有的自己开办医疗机构,有的自己挂牌行医,有的在药店坐堂看病,有的冒充医生在医疗单位从业,有的在集市摆摊看病或者在城乡游串行医等。无论以何种方式非法行医,均不影响本罪的成立。

构成本罪,非法行医的行为还必须情节严重。所谓"情节严重",按照前述《解释》第 2 条的规定,是指具有下列情形之一的:(1)造成就诊人轻度残疾、器官组织损伤导致一般功能障碍的;(2)造成甲类传染病传播、流行或者有传播、流行危险的;(3)使用假药、劣药或不符合国家规定标准的卫生材料、医疗器械,足以严重危害人体健康的;(4)非法行医被卫生行政部门行政处罚两次以后,再次非法行医的;(5)其他情节严重的情形。如果不是"情节严重"的非法行医,不构成本罪,由卫生行政管理部门按照相应的法规、规章进行行政处罚。

3. 本罪的主体是已满 16 周岁、没有取得国家卫生行政管理部门核发的医生执业资格的人。不管是中国人还是外国人,只要未合法取得医生执业资格而非法行医的,都可能成为本罪的主体。现实生活中,非法行医罪的主体主要是那些根本没有医学专门知识,打着治病救人的幌子,骗取钱财,损害人民群众生命、健康的"江湖郎中"、"野大夫"。这里,需要讨论的是,取得医生执业资格,但违反执业医师法的规定,超执业地点、执业类别、执业范围行医的,可否按照非法行医罪处理?据有关人士透露:最高人民法院研究室"在《解释》的起草过程中,如何认定非法行医罪的主体一直是个争议比较大的问题"。但最后形成的倾向性意见是对于非法行医罪的主体认定,"要严格区分刑法意义上的非法行医罪和行政法规规定的非法行

医行为”。因此,“对于违反执业医师法的规定,超过注册的执业地点、执业类别、执业范围从事诊疗活动的,目前不宜作为刑事犯罪处理”。①

4. 主观方面必须出于故意,即行为人明知自己没有合法取得医生执业资格,为了牟利而非法行医。但对于非法行医所造成的危害结果(如就诊人死亡或残疾),一般是出于过失,即行为人不希望危害结果发生,也不是放任危害结果发生,否则就可能构成其他犯罪。

(二)非法行医罪的认定

1. 罪与非罪的界限

非法行医罪与非罪行为的区分,主要从两个方面着手:(1)非法行医是否达到“情节严重”的程度。“情节严重”是成立本罪不可缺少的构成要件。如果非法行医尚未达到情节严重的程度,不能构成本罪。(2)未取得医生执业资格的人,如果确实曾经做过医务工作,或者有治疗某种病症的技术和经验,出于好心善意为他人治病,只要不是以牟利为目的,即使发生了一般医疗事故的,也不能以犯罪论处;假若严重损害病人身体健康或造成病人死亡的,主观上又存在过失的,可按过失重伤或者过失致人死亡罪定罪处罚。

2. 本罪与医疗事故罪的区别

两罪的区别在于:(1)犯罪的主体不同。本罪为一般主体,即未取得医生执业资格的人;医疗事故罪的主体为特殊主体,即合法从事医疗活动的医务人员。(2)主观方面不同。尽管两者对危害结果都持否定态度,但本罪表现为直接故意,即行为人明知自己没有取得医生执业资格却有意非法行医,目的是牟取利益;医疗事故罪的主观方面则表现为过失,即行为人应当预见到其严重不负责任的行为可能会造成危害结果,因疏忽大意没有预见,或者已经预见但轻信能够避免。

(三)非法行医罪的处罚

按照刑法第 336 条第 1 款的规定,犯本罪的,处 3 年以下有期徒刑、拘役或者管制,并处或者单处罚金;严重损害就诊人身体健康的,处 3 年以上 10 年以下有期徒刑,并处罚金;造成就诊人死亡的,处 10 年以上有期徒刑,并处罚金。

这里,所谓“严重损害就诊人身体健康”,按照《解释》第 3 条的规定,是指具有下列情形之一的:(1)造成就诊人中度以上残疾、器官组织损伤导致严重功能障碍的;(2)造成 3 名以上就诊人轻度残疾、器官组织损伤导致一般功能障碍的。而按照该《解释》第 5 条的规定:“本解释所称‘轻度残疾、器官组织损伤导致一般功能障

① 参见李晓:《〈关于审理非法行医刑事案件具体应用法律若干问题的解释〉的理解与适用》,载陈国庆主编:《刑法及相关司法解释解读与适用全书》(下册),中国人民公安大学出版社 2009 年版,第 1059～1061 页。

碍'、'中度以上残疾、器官组织损伤导致严重功能障碍',参照卫生部《医疗事故分级标准(试行)》认定。"

四、本节其他犯罪

(一)传染病菌种、毒种扩散罪

传染病菌种、毒种扩散罪,是指从事实验、保藏、携带、运输传染病菌种、毒种的人员,违反国务院卫生行政部门的有关规定,造成传染病菌种、毒种扩散,后果严重的行为。

本罪的主要特征是:(1)本罪侵犯的客体是国家对卫生防疫的管理秩序。其犯罪对象是"传染病菌种、毒种"。(2)客观方面表现为违反国务院卫生行政部门的有关规定,造成传染病菌种、毒种扩散,后果严重的行为。所谓"违反有关规定",主要指违反《传染病防治法》及其实施办法等有关规定。所谓"造成传染病菌种、毒种扩散",是指因违反有关规定致使传染病菌种、毒种在社会上扩散、传播。所谓"后果严重",是指因传染病菌种、毒种的扩散造成传染病暴发、流行或者有暴发、流行的重大危险。(3)主体是特殊主体,即必须是从事实验、保藏、携带、运输传染病菌种、毒种的人员。(4)主观方面必须出于过失。

根据刑法第331条的规定,犯本罪的,处3年以下有期徒刑或者拘役;后果特别严重的,处3年以上7年以下有期徒刑。这里,所谓"后果特别严重",是指因传染病菌种、毒种的扩散造成甲类传染病暴发、流行或者有暴发、流行的重大危险;造成传染病人范围扩散;造成传染病扩散,患者死亡人数多;等等。

(二) 妨害国境卫生检疫罪

妨害国境卫生检疫罪,是指违反国境卫生检疫规定,引起检疫传染病传播或者有传播严重危险的行为。

本罪的主要特征是:(1)侵犯客体是国家的国境卫生检疫秩序。(2)客观方面表现为违反国境卫生检疫规定,引起检疫传染病传播或者有传播严重危险的行为。(3)本罪的主体是一般主体,自然人和单位都能成为本罪的主体。(4)主观方面可以是故意,也可以是过失。

根据刑法第332条的规定,犯本罪的,处3年以下有期徒刑或者拘役,并处或者单处罚金。单位犯前款罪的,对单位判处罚金,并对其直接负责的主管人员和其他直接责任人员,依照前款的规定处罚。

(三) 非法组织卖血罪

非法组织卖血罪,是指非法组织他人出卖血液的行为。

本罪的主要特征是:(1)侵犯客体是国家对血液采集的管理秩序。其犯罪对象是自愿卖血者。(2)客观方面表现为未经国家卫生行政主管部门批准或委托,擅自组织他人向血站、红十字会或者其他采集血液的医疗机构出卖血液的行为。(3)主体是一般主体。(4)主观方面必须出于故意,并且一般具有牟取非法利益的目的。

按照刑法第 333 条第 1 款的规定,犯本罪的,处 5 年以上 10 年以下有期徒刑,并处罚金。第 2 款规定,有前款行为,对他人造成伤害的,依照本法第 234 条的规定定罪处罚。

(四) 强迫卖血罪

强迫卖血罪,是指为了牟利或者其他非法目的,以暴力、威胁方法强迫他人出卖血液的行为。

本罪的主要特征是:(1)侵犯客体是国家对血液采集、供应的管理秩序和被强迫人的人身权利。(2)客观方面表现为采用暴力、威胁方法强制不愿意卖血的人被迫向血站、红十字会或其他采集血液的医疗机构出卖血液,从中牟取非法利益的行为。(3)主体是一般主体。(4)主观方面必须出于故意。

根据刑法第 333 条第 1 款,犯本罪的,其处罚与前罪(非法组织卖血罪)相同。

(五) 非法采集、供应血液或者制作、供应血液制品罪

本罪是指非法采集、供应血液或者制作、供应血液制品,不符合国家规定的标准,足以危害人体健康的行为。

本罪的主要特征是:(1)本罪侵犯的客体是国家对血液的采集、供应或血液制品的制作、供应的管理秩序和人民群众的身体健康。行为对象只能是血液和血液制品。(2)本罪客观方面表现为,行为人实施了非法采集、供应血液或者制作、供应血液制品,不符合国家规定的标准,足以危害人体健康的行为。最高人民法院、最高人民检察院《关于办理非法采供血液等刑事案件具体应用法律若干问题的解释》(法释[2008]12号)对刑法第 334 条第 1 款所规定的“非法采集、供应血液或者制作、供应血液”、“不符合国家标准,足以危害人体健康”的含义和具体内容,均作出了明确的解释,应当遵照执行。其中,所谓“非法采集、供应血液或者制作、供应血液制品”,按照该解释第 1 条的规定,指的是未经国家主管部门批准或者超过批准的业务范围,采集、供应血液或者制作、供应血液制品的行为。(3)主体是一般主体。(4)主观方面必须出于故意。

根据刑法第 334 条第 1 款的规定,犯本罪的,处 5 年以下有期徒刑或者拘役,并处罚金;对人体健康造成严重危害的,处 5 年以上 10 年以下有期徒刑,并处罚金;造成特别严重后果的,处 10 年以上有期徒刑或者无期徒刑,并处罚金或者没收

财产。[1]

（六）采集、供应血液或者制作、供应血液制品事故罪

本罪是指经国家主管部门批准采集、供应血液或者制作、供应血液制品的部门，不依照规定进行检测或者违背其他操作规定，造成危害他人身体健康后果的行为。

本罪的主要特征是：(1)本罪侵犯客体是国家对血液的采集、供应或血液制品的制作、供应的管理秩序和人民群众的身体健康。行为对象只能是血液和血液制品。(2)客观方面表现为，行为人在采集、供应血液或者制作、供应血液制品的工作中，不依照规定进行检测或者违背其他操作规定，造成危害他人身体健康后果的行为。何谓“不依照规定进行检测或者违背其他操作规定”，最高人民法院、最高人民检察院《关于办理非法采供血液等刑事案件具体应用法律若干问题的解释》第5条对此作出明确的解释，共有13种情形；何谓刑法第334条第2款规定的“造成危害他人身体健康后果”，该解释第6条作出明确的解释。(3)主体是特殊主体，只能是单位，而且必须是经国家主管部门批准采集、供应血液或者制作、供应血液制品的单位，如血液中心，血站，红十字会，医疗机构，血液制品生产、经营企业等。(4)主观方面必须出于过失。

根据刑法第334条第2款的规定，犯本罪的，对单位判处罚金，并对其直接负责的主管人员和其他直接责任人员，处5年以下有期徒刑或者拘役。

（七）非法进行节育手术罪

非法进行节育手术罪，是指未取得医生执业资格的人擅自为他人进行节育复通手术、假节育手术、终止妊娠手术或者摘取宫内节育器，情节严重的行为。

本罪的主要特征是：(1)本罪侵犯的客体是国家对计划生育的管理秩序。(2)客观方面表现为未取得医生执业资格的人擅自为他人进行节育复通手术、假节育手术、终止妊娠手术或者摘取宫内节育器，情节严重的行为。构成本罪，既要有非法进行节育手术的行为，又必须达到“情节严重”的程度。(3)主体为未取得医生执业资格的人员。如果是已取得医生执业资格的人实施这类行为，则不构成本罪。(4)主观方面必须出于故意。即行为人明知自己无权为他人实施节育手术，但为了谋取非法利益或者出于其他私利的考虑而有意实施这种行为。

根据刑法第336条第2款的规定，犯本罪的，处3年以下有期徒刑、拘役或者管制，并处或者单处罚金；严重损害就诊人身体健康的，处3年以上10年以下有期

---

[1] 最高人民法院、最高人民检察院《关于办理非法采供血液等刑事案件具体应用法律若干问题的解释》第3条、第4条分别对刑法第334条第1款所规定的“对人体健康造成严重危害”和“造成特别严重后果”作出明确的解释，应予遵照执行。

徒刑,并处罚金;造成就诊人死亡的,处10年以上有期徒刑,并处罚金。

(八) 妨害动植物防疫、检疫罪[①]

妨害动植物防疫、检疫罪,是指违反有关动植物防疫、检疫的国家规定,引起重大动植物疫情,或者有引起重大动植物疫情危险,情节严重的行为。

本罪的主要特征是:

1. 本罪侵犯的客体是国家对动植物防疫、检疫的管理制度和公共安全。前者是主要客体,内容既包括进出境动植物的防疫、检疫制度,也包括在境内疫区和非疫区之间的动植物防疫、检疫制度。后者为次要客体。本罪的犯罪对象主要是《进出境动植物检疫法》、《动物防疫法》所规定的防疫、检疫范围。

2. 客观方面表现为,行为人实施了违反有关动植物防疫、检疫的国家规定,引起重大动植物疫情的,或者有引起重大动植物疫情危险,情节严重的行为。具体包括:

(1)客观上,行为人实施了违反有关动植物防疫、检疫的国家规定的行为。这里,"有关动植物防疫、检疫的国家规定",主要是指我国以《进出境动植物检疫法》、《动物检疫法》为主体的关于动植物防疫、检疫的国家规定。违反有关动植物防疫、检疫国家规定的行为,主要体现为:运输、携带、邮寄动植物及其产品以及其他检疫物进境、出境、过境未报检或者未依法办理检疫审批手续的;未经口岸动植物检疫机关许可擅自将进境动植物、动植物产品或者其他检疫物卸离工具或者运递的;报检的动植物、动植物产品或者其他检疫物与实际不符的;瞒报、谎报动物疫情的;违反规定处置染疫动植物、产品、排泄物、污染物的;违反规定导致动物微生物遗失、扩散的;非法从事致病源微生物实验,造成实验室病毒扩散的;违反规定运输染疫、疑似染疫、疫区易感、病死或者死因不明的动物、植物及其制品的;藏匿、转移、盗掘被依法隔离、封存、处理的染疫动物、植物及其产品;经营、运输、屠宰、加工动物、动

---

① 原刑法第337条第1款规定:"违反进出境动植物检疫法的规定,逃避动植物检疫,引起重大动植物疫情的,处三年以下有期徒刑或者拘役,并处或者单处罚金。"这一规定,罪名称为"逃避动植物检疫罪"。《刑法修正案(七)》第11条对此进行修改,即将刑法第337条第1款修改为:"违反有关动植物防疫、检疫的国家规定,引起重大动植物疫情的,或者有引起重大动植物疫情危险,情节严重的,处三年以下有期徒刑或者拘役,并处或者单处罚金。"由此可见,《刑法修正案(七)》对刑法原条文作了三处修改:一是将"违反进出境动植物检疫法的规定"修改为"违反有关动植物防疫、检疫的国家规定",使该条的适用范围由过去只适用于"进出境动植物检疫"扩大到"境内"所有动植物防疫、检疫;二是行为的扩大,删除了"逃避动植物检疫"的行为要件,"违反动植物防疫、检疫的国家规定"引起相应后果的行为即可构成犯罪;三是对追究刑事责任增加了"有引起重大动植物疫情危险,情节严重的"情形,即增加了危险犯的规定。对于《刑法修正案(七)》的这一规定,最高人民法院、最高人民检察院《关于执行〈中华人民共和国刑法〉确定罪名的补充规定(四)》(法释[2009]13号)将其罪名确定为"妨害动植物防疫、检疫罪",并相应地取消原"逃避动植物检疫罪"罪名。

物产品逃避检疫等。

(2)引起重大动植物疫情,或者有引起重大动植物疫情危险,情节严重。行为人违反有关动植物防疫、检疫国家规定的行为必须切实地引起了重大动植物疫情,或者有引起重大动植物疫情危险并且情节严重,才能构成本罪。这是本罪的危害结果。所谓“引起重大动植物疫情”,是指行为人的行为现实地引起了重大动植物疫情的发生。例如,高致病性禽流感等发病率或者死亡率高的动物的动物疫病突然发生,迅速传播,给养殖业生产安全造成严重威胁、危害,以及可能对公众身体健康和生命安全造成危害的情形;引起动物一类传染病、二类传染病、寄生虫的传播感染,引起植物毁灭性、危险性病虫害或者杂草传播;动植物疫情呈暴发或流行趋势;动植物疫情的后果严重,造成巨大经济损失或者对农林牧渔业生产造成严重损害;动植物疫情造成的后遗症严重,引起的动植物疫情难以治理或需要投入大量人财物进行治理等。需要注意的是,《刑法修正案(七)》对于本罪的一个重要修改是增加了本罪的危险犯,即行为人的违规行为虽然没有引起“重大动植物疫情”的发生,但是如果具有引起重大动植物疫情的危险,并且情节严重的,也构成本罪。“引起重大动植物疫情”与“有引起重大动植物疫情危险,情节严重”之间是选择关系,只要行为人的行为具备其中之一的,即可构成本罪。

3. 本罪的主体是一般主体,年满16周岁、具有责任能力的自然人和单位都可以构成本罪。实践中,构成本罪的一般都是运输、携带、邮寄动植物、动植物制品和其他检疫物的货主及其代理人、承运人或押运人、寄件人或收件人、游客、加工人、经营人、储藏人、动物的屠宰人,以及其他可能实施违反国家动植物防疫、检疫规定的人。单位构成本罪的,实行双罚制,即既要对单位判处罚金,也要对直接负责的主管人员和其他直接责任人员进行处罚。

4. 本罪的主观方面应该是过失。即本罪的主观心态表现为行为人应当预料到自己违反动植物防疫、检疫国家规定的行为会引起重大动植物疫情,或者有引起重大动植物疫情的危险,但由于疏忽大意而没有预见,或者虽然已经预见到造成这种结果的可能性,但却轻信能够避免,从而引发了重大的疫情或者情节严重的重大疫情危险。如果行为人故意以违反动植物防疫、检疫国家规定的行为引起重大疫情,其构成刑法第114条、第115条第1款规定的“以危险方法危害公共安全罪”。而对于违反动植物防疫、检疫国家规定的行为,行为人则是明知故犯。行为人出于过失实施违反动植物防疫、检疫国家规定的行为,从而引起法定后果的,不构成本罪。

按照刑法第337条第1款(实际上根据《刑法修正案(七)》第11条的规定作出修改)的规定,犯本罪的,处3年以下有期徒刑或者拘役,并处或者单处罚金。第2款规定,单位犯前款罪的,对单位判处罚金,并对其直接负责的主管人员和其他直接责任人员,依照前款的规定处罚。

司法考试真题链接

说明：从2002年起至2009年止的历年司法考试中，考察本节内容的考题只有一道单项选择题。

甲系某医院外科医师，应邀在朋友乙的私人诊所兼职期间，擅自为多人进行了节育复通手术。对甲的行为应当如何定性？（2005年试卷二第15题）

A. 构成非法行医罪

B. 构成非法进行节育手术罪

C. 构成医疗事故罪

D. 不构成犯罪

第七节 破坏环境资源保护罪

【引 例】

被告人吴自柱从江苏省泗阳县来安乡赵彩霞处购得旧氯气罐3只。吴自柱被告知其中1只罐内装有残存的有毒气体氯气，并且不能排放。吴自柱欲以900元价格将该3只氯气罐卖给专营收购旧物品的王启。因王启得知罐内有氯气不好处理不愿购买，吴自柱便与王启商定：由吴自柱将装有氯气的罐子运至王启家并在王启家屋后水沟中将残存氯气排放至水中，王启安排他人帮吴排放氯气。后吴自柱按约定将氯气罐运至淮三路机动三轮车停放点，王启电话通知其妻姜翠兰为吴自柱带路将氯气罐运至王家屋后。姜翠兰借来扳手让吴自柱放掉罐内氯气。吴自柱将氯气罐阀门打开使罐内氯气排放至沟内的水中。被排放水体中的氯气散发到空气中后，致使淮阴县果林场营西村小学204名师生于1999年11月19日开始出现呕吐、头晕等中毒症状，花去医疗费共计人民币8.611398万元；同时造成当地127.9亩农作物受损和1头猪被毒死，直接经济损失价值人民币9万余元。①

① 节选自《吴自柱、王启、姜翠兰重大环境污染事故案》，载最高人民法院刑事审判第一庭、第二庭编：《刑事审判参考》2001年第4集（总第15集），法律出版社2001年版，第40～41页。

一、重大环境污染事故罪

(一)重大环境污染事故罪的概念和特征

重大环境污染事故罪，是指违反国家规定，向土地、水体、大气排放、倾倒或者处置有放射性的废物、含传染病病原体的废物、有毒物质或者其他危险废物，造成重大环境污染事故，致使公私财产遭受重大损失或者人身伤亡的严重后果的行为。

本罪的主要特征是：

1. 侵犯的客体是国家对环境保护和污染防治的管理。其行为对象是会造成环境污染的“危险废物”。环境是影响人类生存和发展的各种天然和经过人工改造的自然因素的总体，包括大气、水、海洋、土地、矿藏、森林、草原、野生生物、自然遗迹、人文遗迹、自然保护区、风景名胜区、城市和乡村等。长期以来，人类从环境汲取生存和发展的资源，但是过量的汲取却不断地破坏着我们赖以生存的环境。在当代社会，保护环境资源、防治污染、维护生态平衡，已经成为人类共同面临的直接关系自身生存和发展的根本问题。在我国，保护环境资源更是国家的基本国策。非法排放、倾倒、处置危险废物则必然严重污染环境，破坏生态资源，使人类的生存条件更加恶化，使社会的进步和发展受到阻碍。因此，对造成重大环境污染事故的非法排放、倾倒、处置危险废物行为必须动用刑法手段予以制裁。

2. 客观方面表现为违反国家规定，向土地、水体、大气排放、倾倒或者处置有放射性的废物、含传染病病原体的废物、有毒物质或者其他危险废物，造成重大环境污染事故，致使公私财产遭受重大损失或者人身伤亡的严重后果的行为。

具体说来，本罪在客观方面具有三个特征：

首先，必须违反国家规定。所谓违反国家规定，也就是违反国家关于环境保护的法律规定，具体是指违反《中华人民共和国环境保护法》、《中华人民共和国大气污染防治法》、《中华人民共和国水污染防治法》、《中华人民共和国海洋环境保护法》、《中华人民共和国固体废物污染环境防治法》等法律以及《放射保护条例》、《工业“三废”排放试行标准》、《农药安全使用标准》等法规关于向大气、水体、土地排放、倾倒、处置危险废物的规定。

其次，必须实施了向土地、水体、大气排放、倾倒、处置含放射性的危险废物、含传染病病原体的危险废物、有毒物质以及其他危险废物的行为。这里，所谓“危险废物”，是指列入国家危险废物名录或者根据国家规定的危险废物鉴别标准和鉴别方法认定的具有危险特性的废弃物，其种类包括含放射性的废物、含传染病病原体的废物、有毒物质以及其他危险废物，其存在形态包括废气、废渣、废水、污水等。本罪的行为表现形式包括排放、倾倒和处置三种。所谓“排放”，是指将各种危险废物排入土地、大气或水体的行为，包括泵出、溢出、泄出、喷出等。所谓“倾倒”，是指

通过船舶、航空器、平台或者其他运载工具向土地、水体处置各种危险废物的行为。所谓“处置”，是指以改变危险废物的物理、化学、生物性能的方法处理废物的行为，如焚烧、填埋、储存危险废物等。

最后，本罪在客观方面还必须造成重大环境污染事故，致使公私财产遭受重大损失或者造成人身伤亡的严重后果。所谓“重大环境污染事故”，是指由于非法排放、倾倒、处置危险废物，使环境质量明显恶化，严重影响生态系统平衡，危害人类的生存和发展，导致公私财产的重大损失甚至致人伤亡。如果仅仅实施了违反国家规定，擅自或者超标准排放、倾倒、处置危险废物的行为，没有实际造成环境污染，或者虽然有环境污染的后果，但污染程度不重、对公私财产和公民人身的危害不大的，则不能以犯罪论处。至于何为“公私财产遭受重大损失”、何为“人身伤亡的严重后果”或“严重危害人体健康”，最高人民法院 2006 年 6 月 26 日颁布的《关于审理环境污染刑事案件具体应用法律若干问题的解释》(法释[2006]4 号)作了具体规定。按照该解释第 1 条的规定，具有下列情形之一的，属于“公私财产遭受重大损失”：(1)致使公私财产损失 30 万元以上的；(2)致使基本农田、防护林地、特种用途林地 5 亩以上，其他农用地 10 亩以上，其他土地 20 亩以上基本功能丧失或者遭受永久性破坏的；(3)致使森林或者其他林木死亡 50 立方米以上，或者幼树死亡 2500 株以上的。按照该解释第 2 条的规定，具有下列情形之一的，属于“人身伤亡的严重后果”或者“严重危害人体健康”：(1)致使 1 人以上死亡、3 人重伤、10 人以上轻伤，或者 1 人重伤并且 5 人以上轻伤的；(2)致使传染病发生、流行或者人员中毒达到《国家突发公共卫生事件应急预案》中突发公共卫生事件分级Ⅲ级情形，严重危害人体健康的；(3)其他致使“人身伤亡的严重后果”或者“严重危害人体健康”的情形。

3. 本罪的主体是一般主体，即凡年满 16 周岁的具有刑事责任能力的自然人和单位都可以成为本罪的主体。

4. 在主观方面必须出于过失，即行为人应当认识到自己非法排放、倾倒、处置危险废物的行为可能会发生重大环境污染事故，致使公私财产遭受重大损失或者造成人身伤亡的严重后果，由于疏忽大意而没有预见，或者虽然已经认识到，但是轻信能够避免。也就是说，行为人对危害结果的发生持过失的心理态度，但行为人对非法排放、倾倒、处置危险废物的行为则一般持故意的心理态度。如果行为人既对非法排放、倾倒、处置危险废物的行为持故意的心理态度，又对该行为可能造成的危害后果持希望或放任的心理态度，则不能构成本罪，而是构成“以危险方法危害公共安全罪”。

(二)重大环境污染事故罪的认定

1. 本罪与技术事故的界限。技术事故是由于技术条件限制或者设备不良造成的，一般来说技术事故缺乏主观罪过特征。但是，如果行为人明知技术条件不过关或者设备不合格而实施其行为因而造成污染事故的，或者是技术薄弱、设备陈旧，但尚不是不可避免地发生事故，由于疏忽大意而终致发生的，应当按本罪追究刑事责任。

2. 本罪与危险物品肇事罪(刑法第136条)的界限。两者在客观上都有可能在存放有毒物质过程中发生事故。两者的主要区别是：(1)犯罪客体不同。本罪属于妨害社会管理秩序的犯罪，侵犯的是国家环境保护和环境污染防治的管理制度；而后者则属于危害公共安全的犯罪，侵犯的是社会公共安全。(2)犯罪客观方面不同。本罪表现为违反国家有关规定，向土地、水体、大气排放、倾倒或者处置危险废物而造成重大环境污染事故的行为；后者表现为违反危险物品的管理规定，在生产、储存、运输、使用过程中发生事故的行为。(3)犯罪对象和犯罪场合不同。危险废物与危险物品，不仅范围不同，意义也不一样。本罪的犯罪对象是危险废物，而后者的对象是危险物品。本罪没有特定时间、空间限制，而后者则必须发生在生产、储存、运输、使用危险物品的过程中。(4)犯罪主体不同。前者主体既可以是自然人，也可以是单位；而后者主体为一般主体，实践中只能由生产、储存、运输、使用危险物品的人构成。不过，行为人如果违反危险物品管理规定同时造成污染事故的，属于法条竞合，应当按照危险物品肇事罪定罪处罚。

(三)重大环境污染事故罪的处罚

根据刑法第338条和第346条之规定，犯本罪的，处3年以下有期徒刑或者拘役，并处或者单处罚金；后果特别严重的，处3年以上7年以下有期徒刑，并处罚金。单位犯本罪的，对单位判处罚金，并对其直接负责的主管人员和其他直接责任人员依照上述自然人犯本罪的规定处罚。

何种情形属于“后果特别严重”，最高人民法院《关于审理环境污染刑事案件具体应用法律若干问题的解释》(法释[2006]4号)作了具体规定。按照该解释第3条的规定，具有下列情形之一的，属于“后果特别严重”：(1)致使公私财产损失100万元以上的；(2)致使水源污染、人员疏散转移达到《国家突发环境事件应急预案》中突发环境事件分级Ⅱ级以上情形的；(3)致使基本农田、防护林地、特种用途林地15亩以上，其他农用地30亩以上，其他土地60亩以上基本功能丧失或者遭受永久性破坏的；(4)致使森林或者其他林木死亡150立方米以上，或者幼树死亡7500株以上的；(5)致使3人以上死亡、10人以上重伤、30人以上轻伤，或者3人以上重伤并10人以上轻伤的；(6)致使传染病发生、流行达到《国家突发公共卫生事件应急预案》中突发公共卫生事件分级Ⅱ级以上情形的；(7)其他后果特别严重的情形。

二、非法猎捕、杀害珍贵、濒危野生动物罪

(一)非法猎捕、杀害珍贵、濒危野生动物罪的概念和特征

非法猎捕、杀害珍贵、濒危野生动物罪，是指非法猎捕、杀害国家重点保护的珍贵、濒危野生动物的行为。

本罪的主要特征是：

1. 侵犯的客体是对国家保护的珍贵、濒危野生动物的保护和管理秩序。侵犯的对象是国家重点保护的珍贵、濒危野生动物。

这里，所谓"珍贵、濒危野生动物"，按照 2000 年 11 月 17 日最高人民法院《关于审理破坏野生动物资源刑事案件具体应用法律若干问题的解释》(法释[2000]37 号)第 1 条的规定，包括列入国家重点保护野生动物名录的国家一、二级保护野生动物，列入《濒危野生动植物种国际贸易公约》附录一、附录二的野生动物以及驯养繁殖的上述物种。根据《中华人民共和国野生动物保护法》的规定，国家重点保护的野生动物，按其级别分为一级保护野生动物和二级保护野生动物。一级保护野生动物，是指中国特产的稀有或者濒于灭绝的野生动物，如大熊猫、金丝猴等；二级保护野生动物，是指数量稀少或者分布地域狭窄，若不采取保护措施将有灭绝危险的野生动物，如猕猴等。如按栖息地划分，国家重点保护的野生动物，则可以分为陆生野生动物和水生野生动物。陆生野生动物，是指生长在陆地特别是森林中的野生动物；水生野生动物，则是生长在水域中的野生动物。因此，非法捕杀珍贵、濒危水生野生动物(如中华鲟)的，应当按本罪论处，而不应当以非法捕捞水产品罪论处。

国家重点保护的野生动物的范围，由国务院 1988 年 12 月 10 日发布的《国家重点保护野生动物名录》具体确定。

这里，要注意的是，如果行为人非法猎捕、杀害的是《名录》所列以外的其他陆生、水生野生动物的，可以构成非法狩猎罪或非法捕捞水产品罪。如果行为人非法收购、运输、出售珍贵、濒危野生动物制品的，也另外构成相应的犯罪。

2. 客观方面表现为，行为人违反野生动物保护法规，实施了非法猎捕、杀害国家重点保护的珍贵、濒危野生动物的行为。违反野生动物保护法规，是指违反《中华人民共和国野生动物保护法》等有关法规，这是构成本罪的必要前提。根据野生动物保护法，因科学研究、驯养繁殖、展览或者其他特殊情况，需要捕捉、捕捞国家重点保护的野生动物的，在依法申请取得国家或省、自治区、直辖市野生动物行政主管部门特许猎捕证后，进行捕捉或捕捞的，不构成犯罪。"非法猎捕、杀害"，是指除因科学研究、驯养繁殖、展览或者其他特殊情况的需要，经过依法批准猎捕以外，对野生动物捕捉或者杀死的行为。如果行为人未取得特许猎捕证而进行捕杀，或者虽有特许猎捕证但未按特许猎捕证规定的种类、数量、地点、期限或方式捕杀的,均构成本罪。

本罪是选择性罪名,其中,既包括行为方式的选择,又包括行为对象的选择。可以选择的行为方式包括非法猎捕或者非法杀害。行为人只要以上述行为方式之一实施了危害珍贵、濒危野生动物的行为的,即构成本罪。

需要注意的是,如果行为人实施了非法收购、运输、出售珍贵、濒危野生动物或者珍贵、濒危野生动物制品的行为的,则构成非法收购、运输、出售珍贵、濒危野生动物或者珍贵、濒危野生动物制品罪。

3. 本罪的主体是一般主体,凡年满16周岁的具有刑事责任能力的自然人和单位都可以成为本罪的主体。

4. 在主观方面必须出于故意,即明知是国家重点保护的珍贵、濒危野生动物而故意非法猎捕、杀害。如果不知是国家重点保护的珍贵、濒危野生动物而误捕、误杀的,或者不知是国家重点保护的珍贵、濒危野生动物及其制品而误购、误运、误售的,不构成本罪。

(二)非法猎捕、杀害珍贵、濒危野生动物罪的处罚

根据刑法第341条第1款和第346条之规定,犯本罪的,处5年以下有期徒刑或者拘役,并处罚金;情节严重的,处5年以上10年以下有期徒刑,并处罚金;情节特别严重的,处10年以上有期徒刑,并处罚金或者没收财产。单位犯本罪的,对单位判处罚金,并对其直接负责的主管人员和其他直接责任人员依照上述自然人犯本罪的规定处罚。

需要说明的是,最高人民法院《关于审理破坏野生动物资源刑事案件具体应用法律若干问题的解释》(法释[2000]37号)第3条、第4条分别对“情节严重”和“情节特别严重”作出具体解释,须遵照执行。

三、盗伐林木罪

(一)盗伐林木罪的概念和特征

盗伐林木罪,是指盗伐森林或者其他林木,数量较大的行为。

本罪的主要特征是:

1. 侵犯的客体是国家对林木资源的保护和管理制度,同时也侵犯国家、集体或公民个人对林木资源的所有权。侵犯的对象是国家、集体所有的森林和其他林木(包括本人或他人承包经营管理国家、集体所有的森林和其他林木)以及宜林荒山荒地由个人承包、所有权归承包人个人的林木和个人自留山上的成片树林。个人在房前屋后种植的零星树木,不是本罪侵犯的对象。

2. 客观方面表现为，行为人实施了盗伐森林或者其他林木，情节严重的行为。

所谓“盗伐”，一般是指以非法占有为目的，秘密砍伐国家、集体所有（包括他人依法承包经营管理的国家、集体所有）的森林或者其他林木，以及秘密砍伐他人自留山上的成片树林的行为。按照2000年11月17日最高人民法院《关于审理破坏森林资源刑事案件具体应用法律若干问题的解释》（法释[2000]36号，以下简称《解释》）第3条的规定，以非法占有为目的，具有下列情形之一，数量较大的，以盗伐林木罪定罪处罚：(1)擅自砍伐国家、集体、他人所有或者他人承包经营管理的森林或者其他林木的；(2)擅自砍伐本单位或者本人承包经营管理的森林或者其他林木的；(3)在林木采伐许可证规定的地点以外采伐国家、集体、他人所有或者他人承包经营管理的森林或其他林木的。

盗伐森林或者其他林木，数量较大的，才构成本罪。所谓“数量较大”，一般是指盗伐林木数额较大的情形。根据前述《解释》第4条的规定，盗伐林木“数量较大”，以2～5立方米或者幼树100～200株为起点。此外，盗伐林木“数量巨大”，以20～50立方米或者幼树1000～2000株为起点；盗伐林木“数量特别巨大”，以100～200立方米或者幼树5000～10000株为起点。

3. 本罪的主体是一般主体，凡年满16周岁的具有刑事责任能力的自然人和单位都可以成为本罪的主体。

4. 主观方面必须出于故意，而且具有非法占有国家、集体或者他人林木的犯罪目的。

(二)盗伐林木罪的认定

1. 罪与非罪的界限。主要看盗伐林木的数量是否达到定罪要求。对于擅自砍伐他人所有或者本单位、本人承包的森林或者其他林木，但数量较小的，不能以犯罪论处。

2. 盗伐林木罪与盗窃罪的界限。两者的区别主要有：(1)犯罪客体不同。本罪客体主要是国家的林业管理活动，盗窃罪的客体则是公私财物的所有权。(2)犯罪对象不同。本罪的对象限于处在生长过程中的、国家或集体所有的森林和其他林木，以及他人自留山上的成片林木；而盗窃罪的对象只能是已被伐倒的树木，他人自留山上的薪炭林，以及他人房前屋后、自留地种植的零星树木（参见前引《解释》第9条）。此外，按照前引《解释》第15条的规定，对林木非法实施采种、采脂、挖笋、掘根、剥树皮等行为，牟取经济利益数额较大的，依照刑法第264条的规定，以盗窃罪定罪处罚。同时构成其他犯罪的，依照处罚较重的规定定罪处罚。(3)行为方式不同。本罪表现为擅自砍伐，这种行为方式并不以秘密为限。行为人擅自公开采伐其他单位所有或管理的森林或林木或者他人所有的林木的，同样构成盗伐林木罪。特别要说明的是，根据过去的有关司法解释（最高人民法院、最高人民检察院1987年9月5日发布的《关于办理盗伐、滥伐林木案件应用法律的几个问题的解释》),盗伐林木不听劝阻,或威胁护林人员的,属于盗伐林木"情节严重",适用较重法定刑。而盗窃罪的行为方式只能是秘密窃取。(4)犯罪主体有所不同。本罪主体既包括自然人,也包括单位;盗窃罪的主体只能是符合一般主体条件的自然人。

(三)盗伐林木罪的处罚

根据刑法第 345 条第 1 款和第 346 条之规定,犯本罪的,处 3 年以下有期徒刑、拘役或者管制,并处或者单处罚金;数量巨大的,处 3 年以上 7 年以下有期徒刑,并处罚金;数量特别巨大的,处 7 年以上有期徒刑,并处罚金。盗伐国家级自然保护区内的森林或者其他林木的,从重处罚。单位犯本罪的,对单位判处罚金,并对其直接负责的主管人员和其他直接责任人员,依照上述自然人犯本罪的规定处罚。

至于何谓"数量巨大"和"数量特别巨大",最高人民法院《关于审理破坏森林资源刑事案件具体应用法律若干问题的解释》第 4 条作出明确解释。

四、滥伐林木罪

(一)滥伐林木罪的概念和特征

滥伐林木罪,是指违反森林法的规定,滥伐森林或者其他林木,数量较大的行为。本罪的主要特征是:

1. 本罪侵犯的客体是国家对林木资源的保护和管理制度。侵犯的对象只限于本单位所有或管理的森林或者其他林木、本人在承包的宜林荒山荒地种植的归本人所有的林木,以及本人自留山上的成片树林。如果擅自采伐其他单位所有或管理的森林或林木或者他人所有的林木的,不构成本罪,而应当以盗伐林木罪论处。

2. 客观方面表现为行为人实施了违反森林保护法规,滥伐森林或者其他林木,数量较大的行为。

所谓"滥伐",是指违反森林法规的规定,未经林业行政主管部门及法律规定的其他主管部门批准并核发林木采伐许可证,或者虽持有林木采伐许可证,但违反林木采伐许可证规定的时间、数量、树种或者方式,任意采伐本单位所有或者本人所有的森林或者其他林木的;或者超过林木采伐许可证规定的数量采伐他人所有的森林或者其他林木,数量较大的行为(参见《解释》第 5 条)。此外,按照《解释》第 5 条第 2 款的规定,"林木权属于争议一方在林木权属确权之前,擅自砍伐森林或者其他林木,数量较大的,以滥伐林木罪论处"。

滥伐森林或者其他林木,必须是数量较大的,才构成本罪。按照《解释》第 6 条

的规定，滥伐林木"数量较大"，以10～20立方米或者幼树500～1000株为起点；滥伐林木"数量巨大"，以50～100立方米或者幼树2500～5000株为起点。

3. 本罪的主体是一般主体，凡年满16周岁的具有刑事责任能力的自然人和单位都可以成为本罪的主体。

4. 在主观方面必须出于故意。因过失而误伐了许可证规定以外的林木的，不构成本罪。

（二）滥伐林木罪的认定

认定本罪时，应当特别注意划清本罪与盗伐林木罪的界限。

两罪的主要区别在于：(1)侵犯的客体不同。本罪仅破坏国家对林业资源的保护和管理，而盗伐林木罪不仅破坏了国家对林业资源的保护和管理，而且侵犯了国家、集体或者他人对森林或其他林木的所有权。(2)侵犯的对象不同。本罪的对象仅限于本单位所有或管理的，或者归本人所有的森林或其他林木，不涉及侵犯他人的林木；而盗伐林木罪的对象则是他单位所有或管理的森林或者其他林木，以及他人所有的林木。因此，对明知林木权属不清，在争议未解决前擅自采伐，数量较大的，应当按滥伐林木罪论处(《解释》第5条规定："林木权属于争议一方在林木权属确权之前，擅自砍伐森林或者其他林木，数量较大的，以滥伐林木罪论处。")。林木权属确实难以确定的，一般应当按滥伐林木罪论处。(3)行为方式不同。盗伐林木罪与盗窃罪的行为特征一致，都是以非法占有为目的，秘密窃取公私财物，侵犯他人财产所有权的行为，只是犯罪对象有差别而已。因此，盗伐林木罪的行为特征是"秘密窃取"。而滥伐林木罪主要是违反森林保护法律、法规的规定，超过准采限额采伐他人所有的林木或者随意采伐自己所有的林木的行为。因此，滥伐林木罪一般是公开采伐，其中的"滥伐行为"实质上应当理解为违反准采规定而采伐林木的行为，既可以是未取得采伐许可证而擅自采伐，也可以是不按采伐许可证规定的数量要求而任意采伐。要注意的是，司法实践中，比较难以区分的是盗伐行为与滥伐行为混合交织在一起。在这种情况下，两罪的区别在于，滥伐林木罪是有权采伐者的偷采、偷伐行为；盗伐林木罪是无权采伐林木者的偷采、偷伐行为。由此，对于超过林木采伐许可证规定的数量采伐他人所有的森林或者其他林木的行为，应当认定为滥伐行为；而对于在林木采伐许可证规定的地点以外采伐他人所有的森林或者其他林木的，则应当认定为盗伐行为。(4)主观故意不同。滥伐林木罪只具有违反森林保护法规或采伐许可证规定任意采伐的故意，不具有非法占有的目的，而盗伐林木罪则具有非法占有的目的。

（三）滥伐林木罪的处罚

根据刑法第345条第2款和第346条之规定，犯本罪的，处3年以下有期徒刑、拘役或者管制，并处或者单处罚金；数量巨大的，处3年以上7年以下有期徒刑，并处罚金。滥伐国家级自然保护区内的森林或者其他林木的，从重处罚。单位犯本罪的，对单位判处罚金，并对其直接负责的主管人员和其他直接责任人员，依照上述自然人犯本罪的规定处罚。

五、本节其他犯罪

（一）非法处置进口的固体废物罪

非法处置进口的固体废物罪，是指违反国家规定，将境外的固体废物运进境内倾倒、堆放、处置的行为。

本罪的主要特征是：(1)本罪侵犯客体是国家对环境资源的保护。其犯罪对象是中国境外的固体废物。(2)客观方面表现为违反国家规定，将境外的固体废物运进境内倾倒、堆放、处置的行为。(3)主体是一般主体，可以是自然人，也可以是单位。(4)主观方面必须出于故意。

认定本罪时，应注意本罪与走私废物罪的区别。我们认为，本罪实际上是将已经走私进口的废物违法处置的行为，如果行为人自己将废物非法进口，同时又违法处置的，这是走私废物罪的结果行为，不能独立成罪，只能按照走私废物罪论处。只有没有参与走私固体废物的行为人，才可能构成本罪。

根据刑法第 339 条第 1 款的规定，犯本罪的，处 5 年以下有期徒刑或者拘役，并处罚金；造成重大环境污染事故，致使公私财产遭受重大损失或者严重危害人体健康的，处 5 年以上 10 年以下有期徒刑，并处罚金；后果特别严重的，处 10 年以上有期徒刑。依照刑法第 346 条的规定，单位犯本罪的，对单位判处罚金，对直接负责的主管人员和其他直接责任人员，依照自然人犯本罪的规定处罚。

（二）擅自进口固体废物罪

擅自进口固体废物罪，是指未经国务院有关主管部门许可，擅自进口固体废物用作原料，造成重大环境污染事故，致使公私财产遭受重大损失或者严重危害人体健康的行为。

本罪的主要特征是：(1)侵犯的客体是国家对环境资源的保护。其犯罪对象是中国境外的固体废物。(2)客观方面表现为未经国务院有关主管部门许可，擅自进口的固体废物用作原料，造成重大环境污染事故，致使公私财产遭受重大损失或者严重危害人体健康的行为。从客观上讲，本罪的构成包括：第一，行为人未经国务院有关主管部门的许可，实施了擅自进口固体废物（包括国家禁止进口、限制进口或者未列入规定目录的固体废物）用作原料的行为；第二，本罪是结果犯，即必须造成了重大环境污染事故，产生了使公私财产遭受重大损失或者严重危害人体健康的后果，才构成本罪。(3)主体是一般主体，可以是自然人，也可以是单位。(4)主

观方面必须出于故意，而且具有将所进口的固体废物用作原料的目的。

认定本罪时，要注意本罪与走私废物罪的区别。主要表现为：(1)侵犯的客体不同。走私废物罪侵犯的是简单客体，即对外贸易的管制；而本罪侵犯的是复杂客体，既侵犯了国家对外贸易的管制，又侵犯了国家关于环境保护和污染防治的管理秩序。(2)对象有所不同。走私废物罪的对象范围较宽，包括所有的固体废物，也包括液态废物、气态废物；而本罪的对象只能是境外用作原料的固体废物。(3)客观方面的要件不同。走私废物罪是将境外的固体废物走私进境；而本罪是将固体废物走私进境后，造成重大环境污染事故。实践中，行为人走私固体废物的行为既可能构成走私废物罪，又可能构成本罪，但两法条存在竞合的情况，应当按处罚较重的犯罪处理。特别要注意的是，按照刑法第 339 条第 3 款的规定（根据 2002 年《刑法修正案(四)》第 5 条修正），以原料利用为名，进口不能用作原料的固体废物、液态废物和气态废物的，依照刑法第 152 条第 2 款、第 3 款的规定（即走私废物罪）定罪处罚。

按照刑法第 339 条第 2 款的规定，犯本罪的，处 5 年以下有期徒刑或者拘役，并处罚金；后果特别严重的，处 5 年以上 10 年以下有期徒刑，并处罚金。依照刑法第 346 条的规定，单位犯本罪的，对单位判处罚金，对直接负责的主管人员和其他直接责任人员，依照自然人犯本罪的规定处罚。

（三）非法捕捞水产品罪

非法捕捞水产品罪，是指违反保护水产资源法规，在禁渔区、禁渔期或者使用禁用的工具、方法捕捞水产品，情节严重的行为。

本罪的主要特征是：(1)侵犯客体是国家对水产资源的保护。其犯罪对象是一般的水产品（不包括珍贵的、濒危的水生野生动物，否则构成其他犯罪）。(2)客观方面表现为违反保护水产资源法规，在禁渔区、禁渔期或者使用禁用的工具、方法捕捞水产品，情节严重的行为。也就是行为人在禁渔区、禁渔期或者使用禁用的工具、方法捕捞水产品，而且达到“情节严重”的程度。(3)主体是一般主体，可以是自然人，也可以是单位。(4)主观方面必须出于故意。

根据刑法第 340 条的规定，犯本罪的，处 3 年以下有期徒刑、拘役、管制或者罚金。单位犯本罪的，依照刑法第 346 条的规定处罚。

（四）非法收购、运输、出售珍贵、濒危野生动物或者珍贵、濒危野生动物制品罪

本罪是与非法猎捕、杀害珍贵、濒危野生动物罪相应的一个罪名，规定在同一法条（刑法第 341 条第 1 款）之中。本罪是指非法收购、运输、出售珍贵、濒危野生动物或者珍贵、濒危野生动物制品的行为。

本罪的主要特征是：(1)侵犯的客体是国家对珍贵、濒危野生动物资源的保护

秩序,犯罪对象是国家重点保护的珍贵、濒危野生动物或其制品。所谓珍贵、濒危野生动物制品,是指珍贵、濒危野生动物的肉、骨、皮、毛、血等组织或器官的制成品。(2)客观方面表现为实施了非法收购、运输或者出售珍贵、濒危野生动物或其制品的行为之一。按照最高人民法院《关于审理破坏野生动物资源刑事案件具体应用法律若干问题的解释》(以下简称《解释》)第 2 条的规定:"收购",包括以营利、自用等为目的的购买行为;"运输",包括采用携带、邮寄、利用他人、使用交通工具等方法进行运送的行为;"出售",包括出卖和以营利为目的的加工利用行为。(3)主体是一般主体,可以是自然人,也可以是单位。(4)主观方面必须出于故意。

根据刑法第 341 条第 1 款的规定,犯本罪的,处 5 年以下有期徒刑或者拘役,并处罚金;情节严重的,处 5 年以上 10 年以下有期徒刑,并处罚金;情节特别严重的,处 10 年以上有期徒刑,并处罚金或者没收财产。单位犯本罪的,依照刑法第 346 条的规定处罚。

这里,何为"情节严重"和"情节特别严重",前引《解释》第 4 条、第 5 条有明确的解释。

(五) 非法狩猎罪

非法狩猎罪,是指违反狩猎法规,在禁猎区、禁猎期或者使用禁用的工具、方法进行狩猎,破坏野生动物资源,情节严重的行为。

本罪的主要特征是:(1)侵犯客体是国家对动物资源的保护。其犯罪对象是一般的野生动物(如果行为人非法狩猎的对象是珍贵、濒危的野生动物,则构成非法猎捕、危害珍贵、濒危野生动物罪)。(2)客观方面表现为违反狩猎法规,在禁猎区、禁猎期或者使用禁用的工具、方法进行狩猎,破坏野生动物资源,情节严重的行为。本罪在客观上具体包括:第一,违反狩猎法规;第二,实施了非法狩猎行为(即在禁猎区、禁猎期或者使用禁用的工具、方法进行狩猎);第三,非法狩猎的行为达到"情节严重"。按照前引《解释》第 6 条的规定,具有下列情形之一的,属于非法狩猎"情节严重":①非法狩猎野生动物 20 只以上的;②违反狩猎法规,在禁猎区或者禁猎期使用禁用的工具、方法狩猎的;③具有其他严重情节的。(3)主体是一般主体,可以是自然人,也可以是单位。(4)主观方面必须出于故意。

根据刑法第 341 条第 2 款的规定,犯本罪的,处 3 年以下有期徒刑、拘役、管制或者罚金。单位犯本罪的,依照刑法第 346 条的规定处罚。

（六）非法占用农用地罪[①]

本罪是指，违反土地管理法规，非法占用耕地、林地等农用地，改变被占土地用途，数量较大的，造成耕地、林地等农用地大量毁坏的行为。

本罪的主要特征是：(1)侵犯客体是国家对土地资源的保护秩序，其对象是耕地、林地等农用地。(2)客观方面表现为行为人违反土地管理法规，非法占用耕地、林地等农用地，改变被占土地用途，数量较大的，造成耕地、林地等农用地大量毁坏的行为。这里，所谓“违反土地管理法规”，按照2001年8月31日全国人大常委会《关于〈中华人民共和国刑法〉第228条、第342条、第410条的解释》的规定，“是指违反土地管理法、森林法、草原法等法律以及有关行政法规中关于土地管理的规定”。按照最高人民法院《关于审理破坏土地资源刑事案件具体应用法律若干问题的解释》(法释[2000]14号)第3条的规定：非法占用耕地“数量较大”，是指非法占用基本农田5亩以上或者非法占用基本农田以外的耕地10亩以上。非法占用耕地“造成耕地大量毁坏”，是指行为人非法占地耕地建窑、建坟、建房、挖沙、采石、采矿、取土、堆放固体废弃物或者进行其他非农业建设，造成基本农田5亩以上或者基本农田以外的耕地10亩以上种植条件严重毁坏或者严重污染。2005年12月19日通过的最高人民法院《关于审理破坏林地资源刑事案件具体应用法律若干问题的解释》(法释[2005]15号)第1条对于“数量较大，造成林地大量毁坏”的情形作了具体规定，包括：①非法占用并毁坏防护林地、特种用途林地数量分别或者合计达到5亩以上；②非法占用并毁坏其他林地数量达到10亩以上；③非法占用并毁坏本条第1项、第2项规定的林地，数量分别达到相应规定的数量标准的50%以上；④非法占用并毁坏本条第1项、第2项规定的林地，其中一项数量达到相应规定的数量标准的50%以上，且两项数量合计达到该项规定的数量标准。(3)本罪的主体是一般主体，可以是自然人，也可以是单位。(4)主观方面必须出于故意。

按照刑法第342条(根据《刑法修正案(二)》的规定修正)的规定，犯本罪的，处5年以下有期徒刑或者拘役，并处或者单处罚金。单位犯本罪的，依照刑法第346条的规定处罚。

---

① 原刑法第342条规定：“违反土地管理法规，非法占用耕地改作他用，数量较大，造成耕地大量毁坏的，处5年以下有期徒刑或者拘役，并处或者单处罚金。”该法条的罪名称为“非法占用耕地罪”。但《刑法修正案(二)》将该条文修改为：“违反土地管理法规，非法占用耕地、林地等农用地，改变被占土地用途，数量较大的，造成耕地、林地等农用地大量毁坏的，处五年以下有期徒刑或者拘役，并处或者单处罚金。”对于这一修改规定，最高人民法院、最高人民检察院《关于执行〈中华人民共和国刑法〉确定罪名的补充规定》将其罪名确定为“非法占用农用地罪”，并相应取消“非法占用耕地罪”罪名。

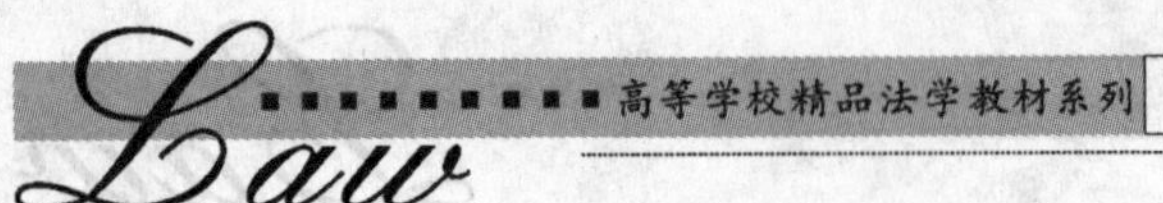

（七）非法采矿罪

非法采矿罪，是指违反矿产资源法的规定，非法采矿，造成矿产资源破坏的行为。

本罪的主要特征是：

1. 侵犯客体是国家对矿产资源的保护秩序。

2. 客观方面表现为，行为人实施了违反矿产资源法，非法采矿，经责令停止开采后拒不停止开采，造成矿产资源破坏的行为。非法采矿的行为包括：(1)未取得采矿许可证擅自采矿的；(2)擅自进入国家规划矿区、对国民经济具有重要价值的矿区和他人矿区范围采矿的；(3)擅自开采国家规定实行保护性开采的特定矿种。根据最高人民法院2003年5月16日颁布的《关于审理非法采矿、破坏性采矿刑事案件具体应用法律若干问题的解释》(法释[2003]9号)第2条的规定，"未取得采矿许可证擅自采矿"包括情形：(1)无采矿许可证开采矿产资源的；(2)采矿许可证被注销、吊销后继续开采矿产资源的；(3)超越采矿许可证规定的矿区范围开采矿产资源的；(4)未按采矿许可证规定的矿种开采矿产资源的(共生、伴生矿种除外)；(5)其他未取得采矿许可证开采矿产资源的情形。按照该解释第3条的规定，"造成矿产资源破坏"，是指非法采矿造成矿产资源破坏的价值，数额在5万元以上的情形；数额在30万元以上的，属于"造成矿产资源严重破坏"。依照刑法第343条第1款的规定，有以上三种非法采矿行为之一的，经责令停止开采后拒不停止开采，造成矿产资源破坏的，即构成本罪。

3. 主体是一般主体，可以是自然人，也可以是单位。

4. 主观方面必须出于故意。

根据刑法第343条第1款的规定，犯本罪的，处3年以下有期徒刑、拘役或者管制，并处或者单处罚金；造成矿产资源严重破坏的，处3年以上7年以下有期徒刑，并处罚金。单位犯本罪的，依照刑法第346条的规定处罚。

（八）破坏性采矿罪

破坏性采矿罪，是指违反矿产资源法的规定，采取破坏性的开采方法开采矿产资源，造成矿产资源严重破坏的行为。

本罪的主要特征是：(1)侵犯客体是国家对矿产资源的保护秩序。(2)客观方面表现为违反矿产资源法的规定，采取破坏性的开采方法开采矿产资源，造成矿产资源严重破坏的行为。按照最高人民法院《关于审理非法采矿、破坏性采矿刑事案件具体应用法律若干问题的解释》(法释[2003]9号)第4条的规定，"采取破坏性的开采矿产资源"，是指行为人违反地质矿产主管部门审查批准的矿产资源开发利用方案开采矿产资源，并造成矿产资源严重破坏的行为。按照该解释第5条的规定，破坏性采矿造成矿产资源破坏的价值，数额在30万元以上的，属于刑法第343

条第 2 款规定的"造成矿产资源严重破坏"。(3)主体是一般主体,可以是自然人,也可以是单位。(4)主观方面必须出于故意。

根据刑法第 343 条第 2 款的规定,犯本罪的,处 5 年以下有期徒刑或者拘役,并处罚金。单位犯本罪的,依照刑法第 346 条的规定处罚。

(九) 非法采伐、毁坏国家重点保护植物罪①

非法采伐、毁坏国家重点保护植物罪,是指违反国家植物保护的规定,非法采伐、毁坏珍贵树木或者国家重点保护的其他植物的行为。

本罪的主要特征是:

1. 侵犯的客体是国家有关植物资源保护特别是珍贵林木资源保护的正常管理秩序,犯罪对象是珍贵树木或者其他国家重点保护的植物。按照原刑法第 344 条的规定,其犯罪对象是"珍贵树木",但《刑法修正案(四)》将保护的范围由珍贵树木扩大到"国家重点保护的其他植物"。这里,所谓"珍贵树木",按照 2000 年 12 月 11 日起施行的最高人民法院《关于审理破坏森林资源刑事案件具体应用法律若干问题》(法释[2000]36 号)第 1 条的解释,包括由省级以上林业主管部门或者其他部门确定的具有重大历史纪念意义、科学研究价值或者年代久远的古树古木,国家禁止、限制出口的珍贵树木以及列入国家重点保护野生植物目录的树木。"珍贵树木"的具体范围根据《国家珍贵树种名录》和《国家重点保护的野生植物名录》的规定确定,包括国家一级珍贵树木(如银杉、巨柏、银杏、水松、南方红豆杉等等)和国家二级珍贵树木(如岷江柏木、秦岭冷杉、大别山五针松、红松、黄杉、红豆树等等)。"国家重点保护的其他植物",是指除珍贵树木以外的其他国家重点保护的植物,主要是国务院颁布的《国家重点保护野生植物名录》中所规定的植物。根据名录规定,国家一级保护的其他植物,包括光叶蕨、玉龙蕨、滕柄木、瑶山苣苔等等;国家二级保护的其他植物,包括冬虫夏草、松茸、发菜、云南肉豆蔻等等。

2. 客观方面表现为违反国家的规定,非法采伐、毁坏珍贵树木或者国家重点保护的其他植物的行为。本罪属于行为犯,且"非法采伐"、"毁坏"为选择性行为,只要行为人实施了其中的一种行为,便可成立本罪。这里,所谓的"非法采伐珍贵

① 原刑法第 344 条规定:"违反森林法的规定,非法采伐、毁坏珍贵树木的,处三年以上有期徒刑、拘役或者管制,并处罚金;情节严重的,处三年以上七年以下有期徒刑,并处罚金。"《刑法修正案(四)》(2002 年 12 月 28 日)第 6 条将原刑法第 344 条修改为:"违反国家规定,非法采伐、毁坏珍贵树木或者国家重点保护的其他植物的,或者非法收购、运输、加工、出售珍贵树木或者国家重点保护的其他植物及其制品的,处三年以下有期徒刑、拘役或者管制,并处罚金;情节严重的,处三年以上七年以下有期徒刑,并处罚金。"对于这一规定,2003 年 8 月 6 日最高人民法院、最高人民检察院通过的《关于执行〈中华人民共和国刑法〉确定罪名的补充规定(二)》将其罪名确定为:(1)"非法采伐、毁坏国家重点保护植物罪";(2)"非法收购、运输、加工、出售国家重点保护植物、国家重点保护植物制品罪";并相应地取消原"非法采伐、毁坏珍贵树木罪"。

树木或者国家重点保护的其他植物”，是指违反森林法及其有关法规的规定，未经有关主管部门批准，擅自采伐珍贵树木或者国家重点保护的其他植物的行为。“毁坏珍贵树木或者国家重点保护的其他植物”，是指采用剥皮、砍枝、取脂等方式使珍贵树木或者国家重点保护的其他植物死亡或影响其正常生长，致使珍贵树木、植物的价值或者使用价值部分丧失或全部丧失的行为。

3. 主体是一般主体，可以是自然人，也可以是单位。

4. 主观方面必须出于故意，即明知是珍贵树木或者国家重点保护的其他植物而有意非法采伐、毁坏的心理状态。

按照刑法第 344 条（根据《刑法修正案（四）》第 6 条的规定修正）的规定，犯本罪的，处 3 年以下有期徒刑、拘役或者管制，并处罚金；情节严重的，处 3 年以上 7 年以下有期徒刑，并处罚金。这里所说的“情节严重”，根据最高人民法院《关于审理破坏森林资源刑事案件具体应用法律若干问题的解释》规定，主要包括以下几种情形：(1)非法采伐珍贵树木 2 株以上或者毁坏珍贵树木致使珍贵树木死亡 3 株以上的；(2)非法采伐珍贵树木 2 立方米以上的；(3)为首组织、策划、指挥非法采伐或者毁坏珍贵树木或者国家重点保护的其他植物的；(4)其他情节严重的情形。单位犯本罪的，按照刑法第 346 条的规定处罚。

(十)非法收购、运输、加工、出售国家重点保护植物、国家重点保护植物制品罪

本罪是指违反国家规定，非法收购、运输、加工、出售珍贵树木或者国家重点保护的其他植物及其制品的行为。

本罪的构成特征体现为：(1)本罪的客体是国家有关珍贵树木或者国家重点保护的其他植物的正常管理制度，其对象是“珍贵树木或者国家重点保护的其他植物及其制品”。(2)客观方面表现为，行为人违反森林法及其相关法规的规定，实施了非法收购、运输、加工、出售珍贵树木或者国家重点保护的其他植物及其制品的行为。(3)本罪的主体是一般主体，既可以是自然人，也可以是单位。(4)本罪的主观方面是故意。

按照刑法第 344 条（根据《刑法修正案（四）》第 6 条的规定增加）的规定，犯本罪的，处 3 年以下有期徒刑、拘役或者管制，并处罚金；情节严重的，处 3 年以上 7 年以下有期徒刑，并处罚金。单位犯本罪的，按照刑法第 346 条的规定处罚。

(十一) 非法收购、运输盗伐、滥伐的林木罪[①]

本罪是指非法收购、运输明知是盗伐、滥伐的林木,情节严重的行为。

本罪的主要特征是:

1. 侵犯客体是国家对林业资源的保护秩序。其犯罪对象是盗伐、滥伐的林木。

2. 客观方面表现为,行为人非法收购、运输明知是盗伐、滥伐的林木,情节严重的行为。这里,所谓“非法收购、运输明知是盗伐、滥伐的林木”,是指根据有关规定,无证收购、无证运输明知是盗伐、滥伐的林木的行为。行为方式包括两种,一是“非法收购”,一是“非法运输”。但行为人只要实施其中的一种行为,达到情节严重的,即构成本罪。关于非法收购明知是盗伐、滥伐的林木行为“情节严重”的情形,按照最高人民法院《关于审理破坏森林资源刑事案件具体应用法律若干问题的解释》(法释[2000]36号)第11条的规定,包括:(1)非法收购盗伐、滥伐的林木20立方米以上或者幼树1000株以上的;(2)非法收购盗伐、滥伐的珍贵树木2立方米以上或者5株以上的;(3)其他情节严重的情形。

3. 主体是一般主体,可以是自然人,也可以是单位。

4. 本罪的主观方面是故意,即明知是盗伐、滥伐的林木却故意非法收购、运输。按照前引《解释》第10条的规定,这里的“明知”,是指知道或者应当知道。具有下列情形之一的,可以视为应当知道,但有证据证明确属被蒙骗的除外:(1)在非法的木材交易场所或者销售单位收购木材的;(2)收购以明显低于市场价格出售的木材的;(3)收购违反规定出售的木材的。需要注意的是,《刑法修正案(四)》第7条第3款取消了原刑法第345条第3款所规定的“以牟利为目的”的主观要件,所以构成本罪的主观要件并不需要“以牟利为目的”。

按照刑法第345条第3款的规定(根据《刑法修正案(四)》第7条第3款修正),犯非法收购、运输盗伐、滥伐的林木罪,处3年以下有期徒刑、拘役或者管制,

---

① 原刑法第345条第3款规定了“非法收购盗伐、滥伐的林木罪”(该条第1款和第2款分别规定了“盗伐林木罪”和“滥伐林木罪”),即“以牟利为目的,在林区非法收购明知是盗伐、滥伐的林木,情节严重的,处3年以下有期徒刑、拘役、管制,并处或者单处罚金;情节特别严重的,处3年以上7年以下有期徒刑,并处罚金”。《刑法修正案(四)》(2002年12月28日)对此作了修改,第7条第3款规定:“非法收购、运输明知是盗伐、滥伐的林木,情节严重的,处3年以下有期徒刑、拘役、管制,并处或者单处罚金;情节特别严重的,处3年以上7年以下有期徒刑,并处罚金。”由此可见,该修正案删去“以牟利为目的”和“在林区”的规定,扩大了犯罪构成要件的范围;同时增加了“非法运输明知是盗伐、滥伐的林木,情节严重的”为犯罪行为。按照2003年8月6日最高人民法院、最高人民检察院通过的《关于执行〈中华人民共和国刑法〉确定罪名的补充规定(二)》的解释,《刑法修正案(四)》第7条第3款的规定确定罪名为“非法收购、运输盗伐、滥伐的林木罪”,并相应取消原刑法第345条第3款规定的“非法收购盗伐、滥伐的林木罪”这一罪名。

并处或者单处罚金;情节特别严重的,处3年以上7年以下有期徒刑,并处罚金。单位犯本罪的,按照刑法第346条的规定处罚。

这里,非法收购盗伐、滥伐的林木"情节特别严重"的情形,按照《解释》第11条第2款的规定,主要有:(1)非法收购盗伐、滥伐的林木100立方米以上或者幼树5000株以上的;(2)非法收购盗伐、滥伐的珍贵树木5立方米以上或者10株以上的;(3)其他情节特别严重的情形。

司法考试真题链接

说明:从2002年到2009年期间的历年司法考试中,考察本节内容的考题只有一道单项选择题。

李某多次尾随盗伐林木人员,将其已砍倒尚未运走的林木偷偷运走,销赃获利数千元。此外,他还盗伐了他人自留地、责任田等地边田坎种植的零星树木5个多立方米。对李某的上述行为应当如何定罪处罚?(2003年试卷二第8题)

A. 以盗伐林木罪定罪处罚

B. 以盗窃罪定罪处罚

C. 以盗伐林木罪和盗窃罪定罪,实行数罪并罚

D. 以盗伐林木罪、盗窃罪和销售赃物罪定罪,实行数罪并罚

第八节 走私、贩卖、运输、制造毒品罪

【引 例】

2005年9月初,储宁峰(同案被告人,已判刑)受被告人赵敏波指使寻找卖毒品的人,并通过徐昌标(同案被告人,已判刑)与孙杰(另案处理)联系交易毒品。同年9月12日,经储、徐事先联系,赵敏波在浙江省杭州凯悦酒店516房间,对孙杰提供的"麻果"①样品进行试货后表示其能提供品质较好的缅甸产"麻果",但需1万粒起批。后经储宁峰、徐昌标居间联系,双方约定交易"麻果"1万粒。同月19日下午,陈焕雨(同案被告人,已被判刑)在赵敏波的指使下,将50包"麻果"从浙江省宁海县赵的住处运至杭州华辰大酒店5016房间,

① 甲基苯丙胺是一种白色透明的不规则结晶,外形与冰相似,故俗称"冰毒"。而"麻果"也称"麻古"(泰语的音译),是一种含甲基苯丙胺和咖啡因并杂以其他物质制成的混合型新类型毒品。——编者注

并将房卡交给赵敏波。次日凌晨，赵敏波指使储宁峰持该房卡将上述“麻果”从杭州华辰大酒店5016房间携带至杭州湾大酒店1401房间。随后储将其中4包“麻果”交给徐昌标保管，徐即将其中3包藏匿于杭州市江干区龙洲旅馆8310房间。而后，储、徐两人在该1401房间，将剩余的46包“麻果”以35元/粒的价格贩卖给孙杰介绍的买家蒋军(同案被告人，已判刑)。在交易过程中，被公安机关当场抓获，现场缴获“麻果”46包(净重829.49克)，在储宁峰处缴获当日供验货后剩余的“麻果”碎片1包(净重24克)，在徐昌标处缴获“麻果”1包(净重18.38克)。同年11月10日，公安机关在杭州市江干区龙洲旅馆查获徐昌标藏匿的“麻果”3包，以上共查获片状“麻果”925.7649克。①

一、走私、贩卖、运输、制造毒品罪

(一)走私、贩卖、运输、制造毒品罪的概念和特征

走私、贩卖、运输、制造毒品罪，是指违反国家毒品管制法规，走私、贩卖、运输、制造毒品的行为。

本罪的主要特征是：

1. 本罪侵犯的客体是国家对毒品的管制，犯罪对象是毒品。所谓毒品，是指鸦片、海洛因、甲基苯丙胺(冰毒)、吗啡、大麻、可卡因以及国家规定管制的其他能够使人形成瘾癖的麻醉药品和精神药品。根据国务院颁布的《麻醉药品管理办法》规定，所谓麻醉药品，是指连续使用后易产生身体依赖性、易形成瘾癖的药品，包括吗啡类药品(如鸦片、海洛因、吗啡等)、大麻类药品(如大麻草、大麻树脂、大麻油等)、可卡类药品(如可卡叶、可卡因及其制剂)和合成类药品(美沙酮、杜冷丁等)。所谓精神药品，是指直接作用于中枢神经系统，使之兴奋或抑制，连续使用后能使人产生依赖性的药品，包括抑制剂类药品(如巴比妥酸盐类药品，安眠酮、眠尔通、利眠宁等非巴比妥酸盐类药品)、兴奋剂类药品(如苯丙胺、右旋苯丙胺、甲基苯丙胺、麻黄素等)和致幻剂类药品(如麦角酰二乙胺、二甲基色胺、苯环已派啶、西洛西宾等)。根据卫生部1996年公布的《精神药品目录》和《醉药品目录》的规定，国家管制的精神药品、麻醉药品共237种；有的毒品如“苯丙胺类”毒品，目前已知的共有100余种(包括“冰毒”、“摇头丸”等)，随着其新衍生物的不断出现，属于“苯丙胺类”毒品的品种还在不断增加。

2. 在客观方面表现为实施了走私、贩卖、运输、制造毒品的行为。

所谓走私毒品，一般是指非法运输、携带、邮寄毒品进出国(边)境的行为。对

① 节选自《赵敏波贩卖、运输毒品案》，载最高人民法院刑事审判第一、二、三、四、五庭主办：《刑事审判参考》2009年第2集(总第67集)，法律出版社2009年版，第55～56页。

于直接向走私分子非法收购走私进口的毒品以及在我国领海、内海运输、收购、贩卖国家禁止进出口的毒品的，也认为是走私毒品。

贩卖毒品，是指以出卖为目的收购毒品或者以批发、零售方式非法销售毒品的行为。以出卖为目的收买毒品的，也属于贩卖毒品。至于贩卖的次数多少、数量大小，以及营利目的是否实现等，均不影响本罪的成立。

运输毒品，是指利用车辆、船只、航空器等交通工具或者随身携带的方法将毒品从我国境内的某一地点运往另一地点的行为。运输毒品的区域范围仅限于境内，如果将毒品自境内非法运出境外或者自境外非法运入境内，则应属于走私毒品而非运输毒品。

制造毒品，是指非法从毒品原植物中提炼毒品或者利用化学分解、合成方法制成毒品。[①] 但本罪不包括种植毒品原植物(按照刑法第 351 条的规定，该行为构成非法种植毒品原植物罪)。

本罪是选择性罪名。行为人只要实施了走私、贩卖、运输、制造毒品行为之一，无论数量多少和纯度高低，一律构成本罪。但在定罪时，只以其行为方式确定罪名，如贩卖毒品的，构成贩卖毒品罪(一般称为“贩毒罪”)；走私毒品的，构成走私毒品罪等。行为人对同一宗毒品实施了两种以上犯罪行为并有相应确凿证据的，应当按照所实施的犯罪行为的性质并列确定罪名。罪名不以行为实施的先后、危害后果的大小排列，一律以刑法条文规定的顺序表述，如对同一宗毒品，既制造又走私的，则以“走私、制造毒品罪”定罪，但不实行并罚。如果行为人的行为构成一个完整的毒品犯罪过程的，也无须实行数罪并罚，而应当直接以制造、走私、运输、贩卖毒品罪定罪。行为人对不同宗毒品分别实施了不同种犯罪行为的，应对不同行为并列确定罪名，累计计算毒品数量，也不实行数罪并罚。

毒品数量是对走私、贩卖、运输、制造毒品罪和非法持有毒品罪定罪量刑的重要情节。刑法第六章第七节“走私、贩卖、运输、制造毒品罪规定了鸦片、海洛因、甲基苯丙胺三种毒品的数量标准，但对其他毒品没有规定数量标准。2000 年 4 月 20 日最高人民法院《关于审理毒品犯罪案件定罪量刑标准有关问题的解释》(法释[2000]13 号)第 1 条、第 2 条对 8 种毒品犯罪“数量大”及“数量较大”的标准作出规定。如，按照该解释第 1 条的规定，苯丙胺类毒品(甲基苯丙胺除外)100 克以上，可卡因 50 克以上，吗啡 100 克以上，等等，就属于“其他毒品数量大”。

刑法第 357 条第 2 款规定：“毒品的数量以查证属实的走私、贩卖、运输、制造、

① 根据 2008 年 12 月 1 日最高人民法院颁发的《全国部分法院审理毒品犯罪案件工作座谈会纪要》(法[2008]324 号)第 4 条的规定，“制造毒品不仅包括非法用毒品原植物直接提炼和用化学方法加工、配制毒品的行为，也包括以改变毒品成分和效用为目的，用混合等物理方法加工、配制毒品的行为，如将甲基苯丙胺或者其他苯丙胺类毒品与其他毒品混合成麻古或者摇头丸。为便于隐蔽运输、销售、使用、欺骗购买者，或者为了增重，对毒品掺杂使假，添加或者去除其他非毒品物质，不属于制造毒品的行为”。

非法持有毒品的数量计算，不以纯度折算。”不过，最高人民法院、最高人民检察院、公安部2007年11月18日发布的《办理毒品犯罪案件适用法律若干问题的意见》规定，可能判处死刑的毒品犯罪案件，毒品鉴定结论中应有含量鉴定的结论。

3. 本罪的主体是一般主体，自然人和单位都可以成为本罪的主体。自然人实施本罪时，犯罪主体的具体范围因犯罪的具体种类而有所区别。根据刑法第17条之规定，凡年满14周岁的具有刑事责任能力的自然人都可以成为贩卖毒品罪的犯罪主体，而走私、运输、制造毒品罪的犯罪主体则必须是年满16周岁的具有刑事责任能力的自然人。

4. 在主观方面必须出于故意，即明知自己的行为是走私、贩卖、运输、制造毒品而故意实施，或者说行为人明知其行为对象是毒品却有意为之。不知是毒品而误带、误运、误售的，不构成犯罪。但是，本罪在主观方面只要求行为人认识到自己的行为是非法走私、贩卖、运输、制造毒品的行为，至于所走私、贩卖、运输、制造的是否确实是毒品，则不影响本罪的构成。如果行为人出于走私、贩卖、运输、制造毒品的认识和故意而走私、贩卖、运输、制造了主观认为是毒品的药品，但事实上不是毒品，属于刑法上事实认识错误，应当按走私、贩卖、运输、制造毒品罪的未遂论处。如果行为人明知不是毒品却冒充毒品向他人贩卖，骗取钱财的，则不能构成本罪，而应当以诈骗罪论处。行为人实施本罪一般是出于非法牟利的目的，但牟利并不是本罪的构成要件。出于其他目的或动机走私、贩卖、运输、制造毒品的，不影响本罪的构成。

关于毒品犯罪嫌疑人、被告人主观明知的认定问题，根据最高人民法院、最高人民检察院、公安部2007年12月18日颁发的《办理毒品犯罪案件适用法律若干问题的意见》(公通字[2007]84号]规定：走私、贩卖、运输、非法持有毒品主观故意中的“明知”，是指行为人知道或者应当知道所实施的行为是走私、贩卖、运输、非法持有毒品行为。具有下列情形之一，并且犯罪嫌疑人、被告人不能作出合理解释的，可以认定其“应当知道”，但有证据证明确属被蒙骗的除外：(1)执法人员在口岸、机场、车站、港口和其他检查站检查时，要求行为人申报为他人携带的物品和其他疑似毒品物，并告知其法律责任，而行为人未如实申报，在其所携带的物品内查获毒品的；(2)以伪报、藏匿、伪装等蒙蔽手段逃避海关、边防等检查，在其携带、运输、邮寄的物品中查获毒品的；(3)执法人员检查时，有逃跑、丢弃携带物品或逃避、抗拒检查等行为，在其携带或丢弃的物品中查获毒品的；(4)体内藏匿毒品的；(5)为获取不同寻常的高额或不等值的报酬而携带、运输毒品的；(6)采用高度隐蔽的方式携带、运输毒品的；(7)采用高度隐蔽的方式交接毒品，明显违背合理物品惯常交接方式的；(8)其他有证据足以证明行为人应当知道的。2008年12月1日最高人民法院颁发的《全国部分法院审理毒品犯罪案件工作座谈会纪要》(法[2008]324号)第10条关于“主观明知的认定问题”的规定与该《意见》大致相同，但其中增加了两种可以认定为“应当知道”的情形：(1)行程路线故意绕开检查站点，在其携带、运输的物品中查获毒品的;(2)以虚假身份或者地址办理托运手续,在其托运的物品中查获毒品的。《纪要》强调:“毒品犯罪中,判断被告人对涉案毒品是否明知,不能仅凭被告人供述,而应当依据被告人实施毒品犯罪行为的过程、方式、毒品被查获时的情形等证据,结合被告人的年龄、阅历、智力等情况,进行综合分析判断。”

(二)走私、贩卖、运输、制造毒品罪的认定

1. 划清本罪与非罪的界限

刑法第 347 条第 1 款规定,走私、贩卖、运输、制造毒品,无论数量多少、次数多少,都应当追究刑事责任,予以刑事处罚。但是,如果是出于医疗、科研、教学目的,依照法律规定,在取得国家卫生行政主管部门批准或特许后,进口、生产、运输或者销售麻醉药品、精神药品的,则不构成本罪。但是,医疗、科研、教学单位或其工作人员打着医疗、科研、教学的名义,骗取国家卫生行政主管部门的批准或特许,进口、生产、运输或者销售麻醉药品、精神药品,牟取非法利益的,则构成本罪。

2. 本罪认定的几个特殊问题

需要指出的是,认定走私、贩卖、运输、制造毒品罪及其数量时,按照最高人民法院《全国部分法院审理毒品犯罪案件工作座谈会纪要》第 1 条的规定,要特别注意以下几个方面:

对于吸毒者实施的毒品犯罪,在认定犯罪事实和确定罪名时要慎重。吸毒者在购买、运输、存储毒品过程中被查获的,如没有证据证明其是为了实施贩卖等其他毒品犯罪行为,毒品数量未超过刑法第 348 条规定的最低数量标准的,一般不定罪处罚;查获的毒品数量达到较大以上的,应以其实际实施的毒品犯罪行为定罪处罚。

对于以贩养吸的被告人,其被查获的毒品数量应认定为其犯罪的数量,但量刑时应考虑被告人吸食毒品的情节,酌情处理;被告人购买了一定数量的毒品后,部分已被其吸食的,应当按能够证明的贩卖数量及查获的毒品数量认定其贩毒的数量,已被吸食部分不计入在内。

有证据证明行为人不以牟利为目的,为他人代购仅用于吸食的毒品,毒品的数量超过刑法第 348 条规定的最低数量标准的,对托购者、代购者应以非法持有毒品罪定罪。代购者从中牟利,变相加价贩卖毒品的,对代购者应以贩卖毒品罪定罪。明知他人实施毒品犯罪而为其居间介绍、代购代卖的,无论是否牟利,都应以相关毒品犯罪的共犯论处。

盗窃、抢夺、抢劫毒品的,应当分别以盗窃罪、抢夺罪或者抢劫罪定罪,但不计犯罪数额,根据情节轻重予以定罪量刑。盗窃、抢夺、抢劫毒品后又实施其他毒品犯罪的,对盗窃罪、抢夺罪、抢劫罪和所犯的具体毒品犯罪分别定罪,依法数罪并罚。走私毒品,又走私其他物品构成犯罪的,以走私毒品罪和其所犯的其他走私罪分别定罪,依法数罪并罚。

3. 划清本罪既遂与未遂的界限

本罪具有四种犯罪行为形式，每一种犯罪行为形式具有不同的既遂与未遂的标准。在走私毒品中，应以是否将毒品非法运输、携带、邮寄出境或入境为标准。在贩卖毒品中，如果是为出卖而收购毒品，应以毒品是否已经从卖方转移至行为人的实际控制之下为标准区分既遂与未遂；如果是非法销售毒品，则应当以毒品是否实际转移至买方控制之下为标准区分既遂与未遂。在运输毒品中，应以毒品是否已经运抵目的地为标准区分既遂与未遂，但也有人认为应以毒品是否实际启运为标准区分既遂与未遂。在制造毒品中，应以毒品是否实际制成为标准区分既遂与未遂。

4. 关于毒品案件的共同犯罪问题

毒品共同犯罪是指两人以上共同故意实施走私、贩卖、运输、制造毒品等犯罪行为。要构成毒品案件的共犯，需要符合客观上有共同行为、主观上有共同故意的成立要件。特别要注意的是，按照最高人民法院《全国部分法院审理毒品犯罪案件工作座谈会纪要》(法[2008]324 号)的规定："毒品犯罪中，部分共同犯罪人未到案，如现有证据能够认定已到案被告人为共同犯罪，或者能够认定为主犯或者从犯的，应当依法认定。没有实施毒品犯罪的共同故意，仅在客观上为相互关联的毒品犯罪上下家，不构成共同犯罪，但为了诉讼便利可并案审理。"审理毒品共同犯罪案件应当注意以下几个方面的问题：一是要正确区分主犯和从犯。二是要正确认定共同犯罪案件中主犯和从犯的毒品犯罪数量。三是要根据行为人在共同犯罪中作用和罪责的大小确定刑罚。

(三)走私、贩卖、运输、制造毒品罪的处罚

根据刑法第 347 条、第 356 条和第 357 条之规定，犯本罪的，根据以下不同情况分别处罚：

1. 走私、贩卖、运输、制造毒品，有下列情形之一的，处 15 年以上有期徒刑、无期徒刑或者死刑，并处没收财产：(1)走私、贩卖、运输、制造鸦片 1000 克以上、海洛因或者甲基苯丙胺 50 克以上或者其他毒品数量大的；(2)走私、贩卖、运输、制造毒品集团的首要分子；(3)武装掩护走私、贩卖、运输、制造毒品的；(4)以暴力抗拒检查、拘留、逮捕，情节严重的；(5)参与有组织的国际贩毒活动的。

这里，要注意的是，2000 年 6 月 6 日最高人民法院《关于审理毒品案件定罪量刑标准有关问题的解释》(法释[2000]13 号)第 1 条对"其他毒品数量大"，第 2 条对"其他毒品数量较大"，均作了具体解释规定，须遵照执行。2007 年 12 月 18 日最高人民法院、最高人民检察院、公安部《办理毒品犯罪案件适用法律若干问题的意见》(公通字[2007]84 号)第 3 条对于办理氯胺酮等毒品犯罪案件定罪量刑标准作出了明确规定。最高人民法院《全国部分法院审理毒品犯罪案件工作座谈会纪要》第 2 条对毒品犯罪的死刑适用作出明确而规范的规定。

2. 走私、贩卖、运输、制造鸦片200克以上不满1000克、海洛因或者甲基苯丙胺10克以上不满50克或者其他毒品数量较大的，处7年以上有期徒刑，并处罚金。

3. 走私、贩卖、运输、制造鸦片不满200克、海洛因或者甲基苯丙胺不满10克或者其他少量毒品的，处3年以下有期徒刑、拘役或者管制，并处罚金；情节严重的，处3年以上7年以下有期徒刑，并处罚金。

这里，所谓"情节严重的"，最高人民法院《关于审理毒品案件定罪量刑标准有关问题的解释》第3条有明确的解释。

4. 单位犯上述罪的，对单位判处罚金，并对其直接负责的主管人员和其他直接责任人员，依照上述自然人犯本罪的规定处罚。

5. 利用、教唆未成年人走私、贩卖、运输、制造毒品或者向未成年人出售毒品的，从重处罚。

6. 对多次走私、贩卖、运输、制造毒品，未经处理的，毒品数量累计计算。在计算毒品的数量时，毒品的数量以查证属实的走私、贩卖、运输、制造毒品的数量计算，不以纯度折算。

7. 因犯走私、贩卖、运输、制造、非法持有毒品罪被判过刑，又犯本罪的，从重处罚。

二、非法持有毒品罪

(一)非法持有毒品罪的概念和特征

非法持有毒品罪，是指违反国家毒品管制法规，非法持有毒品数量较大的行为。

本罪的主要特征是：

1. 侵犯客体是国家对毒品的管制。本罪的对象为毒品。

2. 客观方面表现为非法持有毒品数量较大的行为。

所谓"持有"，是介于作为和不作为之间的一种行为形式，持有毒品具体表现为占有、携带、私藏，或者以其他方式拥有毒品。非法持有毒品人在客观方面表现为如下特征：(1)非法性。即行为人持有毒品缺乏法律依据。只有当行为人持有毒品缺乏法律依据时，其行为才能构成本罪。如果是依照法律法规的规定或者根据国家卫生行政主管部门的批准或特许，在进口、生产、运输、销售麻醉药品或精神药品的过程中持有麻醉药品或精神药品的，不构成本罪。(2)对毒品的控制和支配性。持有毒品的本质是对毒品的实际控制和支配，具体表现为占有、携带、藏有或者以其他方式拥有毒品，其持有毒品并不以行为人时刻实际握有或携带为限，虽毒品为他人实际握有，但拥有支配权的人仍属持有毒品。(3)持有的时间性。只有当毒品

在一段时间内由行为人支配时才能称之为"持有"。如果时间很短，不足以说明行为人对毒品有支配能力。(4)达到一定数量。非法持有毒品的行为，不像走私、贩卖、运输、制造毒品罪那样，不论数量多少，一律构成犯罪。根据刑法规定，非法持有毒品鸦片200克以上、海洛因或甲基苯丙胺10克以上或者其他毒品数量较大的，才能构成本罪。非法持有毒品数量不大的，不构成犯罪。至于这里的"其他毒品数量较大"，最高人民法院《关于审理毒品案件定罪量刑标准有关问题的解释》已经作出具体规定。

按照有关司法解释即最高人民法院《全国法院审理毒品犯罪案件工作座谈会纪要》(2000年4月4日，法[2000]42号)的意见，在认定持有毒品犯罪行为时，需要注意的是：(1)非法持有毒品达到刑法第348条规定的构成犯罪的数量标准，没有证据证明实施了走私、贩卖、运输、制造毒品等犯罪行为的，以非法持有毒品罪定罪。(2)吸毒者在购买、运输、存储毒品过程中被抓获的，如没有证据证明被告人实施了其他毒品犯罪行为的，一般不应定罪处罚，但查获的毒品数量大，应当以非法持有毒品罪定罪；毒品数量未超过刑法第348条规定数量最低标准的，不定罪处罚。对于以贩养吸的被告人，被查获的毒品数量应认定为其犯罪的数量，但量刑时应考虑被告人吸食毒品的情节。(3)有证据证明行为人不是以营利为目的，为他人代买仅用于吸食的毒品，毒品数量超过刑法第348条规定数量最低标准，构成犯罪的，托购者、代购者均构成非法持有毒品罪。

3. 本罪的主体为一般主体，凡已满16周岁的具有刑事责任能力的自然人均能成为本罪的主体。

4. 主观方面表现为明知是毒品而故意非法持有。确实不知是毒品而持有的，不构成本罪。

(二)非法持有毒品罪的认定

1. 罪与非罪的界限。在认定非法持有毒品罪时，除了区分合法持有与非法持有、数量较大的犯罪行为与数量较小的一般违法行为的界限外，还要区分本罪与吸毒行为的界限。一般认为，如果行为人持有毒品是为了供自己吸食、注射的，且持有数量不大的，不构成犯罪。也就是说，一般的吸毒行为与非法持有毒品罪是有原则区别的，对一般吸毒行为、吸毒现象不能作为犯罪处理。而如果持有数量较大的，超过法律规定的数量，即使是为了供自己吸食、注射的，也应当以非法持有毒品罪论处。

2. 区分本罪与走私、贩卖、运输、制造毒品罪的界限。认定本罪时应当特别注意，本罪作为持有型犯罪，是在难以证明犯罪分子持有的毒品的来龙去脉、难以根据刑法其他有关毒品犯罪追究持有人刑事责任的情况下，为严密刑事法网、不让犯罪分子逃避惩罚、减轻公诉机关的证明责任而设置的一种堵漏型、补充性的犯罪。因此，凡是能够证明犯罪分子持有的毒品的来源、持有的目的以及去向的，均应直接根据刑法各有关罪名定罪，而不能以本罪论处。例如，如果证明犯罪分子持有的毒品来源于走私，则应以走私毒品罪论处；如果能够证明犯罪分子持有的毒品的去向是出卖，则应以贩卖毒品罪论处；如果能够证明犯罪分子持有的毒品是为他人窝藏的毒品，则应以窝藏毒品罪论处。也就是说，行为人因实施了走私、贩卖、运输、制造毒品而持有毒品的，或者行为人持有毒品是为了进行走私、贩卖、运输、制造的，属于其他行为的前提或后续状态，被其他行为吸收（这在刑法理论上属于"吸收犯"），构成走私、贩卖、运输、制造毒品罪，不构成非法持有毒品罪。

（三）非法持有毒品罪的处罚

根据刑法第348条和第356条之规定，犯本罪的，根据以下情况分别处罚：

（1）非法持有鸦片1000克以上、海洛因或者甲基苯丙胺50克以上或者其他毒品数量大的，处7年以上有期徒刑或者无期徒刑，并处罚金。

（2）非法持有鸦片200克以上不满1000克、海洛因或者甲基苯丙胺10克以上不满50克或者其他毒品数量较大的，处3年以下有期徒刑、拘役或者管制，并处罚金；情节严重的，处3年以上7年以下有期徒刑，并处罚金。

（3）因犯走私、贩卖、运输、制造、非法持有毒品罪被判过刑，又犯本罪的，从重处罚。

三、强迫他人吸毒罪

（一）强迫他人吸毒罪的概念和特征

强迫他人吸毒罪，是指以暴力、威胁或者其他强制方法，强迫他人吸食、注射毒品的行为。

本罪的主要特征是：

1. 侵犯的客体是国家对毒品的管制和被迫吸食、注射毒品的人的身心健康。

2. 在客观方面表现为违背他人意志，以暴力、威胁或者其他强制方法强迫他人吸食、注射毒品的行为。所谓暴力，是指以暴力殴打、捆绑甚至伤害等方法，强制他人同意吸食、注射或者直接给他人吸食、注射毒品。所谓威胁，是指以实施暴力、揭发隐私、打击报复等相威胁，逼迫他人同意吸食、注射毒品或者直接给他人吸食、注射毒品。所谓其他强制方法，是指以其他违背他人意志和意愿的方法，强迫他人吸食、注射毒品，如在他人丧失知觉和判断能力的状态下给他人吸食、注射毒品。所谓"吸食"，是指用鼻吸、口服的方法吸入或吞服毒品的行为。所谓"注射"，是指用皮下或静脉注射的方法向体内注射毒品的行为。行为人采用上述方法之一，违背他人意志，强迫他人吸食、注射的，即构成本罪。

3. 主体是一般主体，凡年满16周岁的具有刑事责任能力的自然人都可以成

为本罪的主体。

4. 主观方面必须出于故意，即明知是毒品而故意非法强迫他人吸食、注射。至于其动机和目的如何，则不影响本罪的构成。当然，如果是出于医疗的目的，医生在其职责范围内强迫就诊人吸食、注射，则不构成本罪。

（二）强迫他人吸食毒品罪的认定

1. 划清本罪与引诱、教唆、欺骗他人吸毒罪（刑法第 353 条第 1 款）的界限。区别的关键就在于行为的方法和他人吸食、注射毒品是否出于本人的意志。如果行为人采取暴力、威胁或者其他强制方法，在违背他人意志的情况下，迫使他人吸食或注射毒品的，就构成本罪。如果行为人没有采取强制方法，而是采取劝说、示范、诱导、哄骗、隐瞒真相的方法，使他人产生吸食、注射毒品的意愿的，则应当以引诱、教唆、欺骗他人吸毒罪论处。

2. 区分本罪与容留他人吸毒罪（刑法第 354 条）的界限。本罪与容留他人吸毒罪在客观上有一些联系，如两者都需要在一定场所、一定的条件下进行。它们的区别主要在于：表现在客观方面，本罪是采取暴力、威胁或者其他强制方法，强迫他人吸食、注射毒品；而后者则是为自愿吸毒者提供场所的行为。可见，两者采取的手段不同，犯罪对象的态度也不同。

3. 划清本罪与相关犯罪的界限，即一罪与数罪的问题。如果行为人在强迫他人吸食、注射毒品的过程中非法剥夺他人人身自由的，应当以本罪和非法拘禁罪进行数罪并罚。如果以强迫他人吸食、注射过量毒品为手段，使其中毒身亡的，其行为则构成故意杀人罪。如果以强迫他人吸食、注射毒品为手段，使他人处于昏厥、神志不清的状态，然后又实施盗窃、抢劫、强奸等犯罪的，则构成本罪与盗窃、抢劫或强奸罪的牵连犯，应当按牵连犯从一重罪处罚的原则论处。

（三）强迫他人吸毒罪的处罚

根据刑法第 353 条第 2 款、第 3 款和第 356 条之规定，犯本罪的，处 3 年以上 10 年以下有期徒刑，并处罚金。强迫未成年人吸食、注射毒品的，从重处罚。因犯走私、贩卖、运输、制造、非法持有毒品罪被判过刑，又犯本罪的，从重处罚。

四、本节其他犯罪

（一）包庇毒品犯罪分子罪

包庇毒品犯罪分子罪，是指包庇走私、贩卖、运输、制造毒品的犯罪分子的行为。

本罪的主要特征是：（1）侵犯客体是国家对毒品的管制和司法机关惩治毒品犯

罪分子的工作秩序，包庇的对象仅限于犯走私、贩卖、运输、制造毒品罪的犯罪分子。这也是本罪与包庇罪或窝藏罪的主要界限。(2)客观方面表现为明知是走私、贩卖、运输、制造毒品的犯罪分子，而向司法机关作虚假的证明以掩盖其罪行，或帮助其湮灭罪证。(3)主观方面必须出于故意。但如果与走私、贩卖、运输、制造毒品分子事先有通谋的，则构成走私、贩卖、运输、制造毒品罪的共犯。

根据刑法第349条第1款、第2款的规定，犯本罪的，处3年以下有期徒刑、拘役或者管制；情节严重的，处3年以上10年以下有期徒刑。缉毒人员或者其他国家机关工作人员掩护、包庇走私、贩卖、运输、制造毒品的犯罪分子的，依照前款的规定从重处罚。

(二) 窝藏、转移、隐瞒毒品、毒赃罪

窝藏、转移、隐瞒毒品、毒赃罪，是指为毒品犯罪分子窝藏、转移、隐瞒毒品或者犯罪所得的财物的行为。

本罪的主要特征是：(1)侵犯的客体是国家对毒品的管制和司法机关惩治毒品犯罪的工作秩序。(2)客观方面表现为为毒品犯罪分子窝藏、转移、隐瞒毒品或者犯罪所得的财物的行为。本罪是一种特殊的窝赃罪。窝赃的对象仅限于毒品或者毒品犯罪所得的财物，这也是本罪与窝赃罪的主要区别。(3)主观方面必须出于故意，即明知是毒品、毒赃而予以窝藏、转移、隐瞒。

按照刑法第349条第1款的规定，犯本罪的，处3年以下有期徒刑、拘役或者管制；情节严重的，处3年以上10年以下有期徒刑。

(三) 走私制毒物品罪

走私制毒物品罪，指违反国家规定，非法运输、携带醋酸酐、乙醚、三氯甲烷或者其他用于制造毒品的原料或者配剂进出境的行为。

本罪的主要特征是：(1)侵犯的客体是国家对毒品的管制，犯罪对象是制毒物品。(2)客观方面表现为非法运输、携带醋酸酐、乙醚、三氯甲烷或者其他用于制造毒品的原料或者配剂进出境的行为。(3)主观方面必须出于故意，即明知醋酸酐、乙醚、三氯甲烷等原料或者配剂可以用于制造毒品而故意非法运输、携带进出境。

根据刑法第350条第1款和第3款的规定，犯本罪的，处3年以下有期徒刑、拘役或者管制，并处罚金；数量大的，处3年以上10年以下有期徒刑，并处罚金。单位犯本罪的，对单位判处罚金，并对其直接负责的主管人员和其他直接责任人员，依照前款规定处罚。

(四) 非法买卖制毒物品罪

非法买卖制毒物品罪，是指违反国家规定，在境内非法买卖醋酸酐、乙醚、三氯甲烷或者其他用于制造毒品的原料或者配剂的行为。

本罪的主要特征是:(1)侵犯的客体是国家对毒品的管制。其犯罪对象为制毒物品,这也是本罪与贩卖毒品罪的主要区别。(2)客观方面表现为在境内非法买卖醋酸酐、乙醚、三氯甲烷或者其他用于制造毒品的原料或者配剂的行为。(3)主观方面必须出于故意,即明知醋酸酐、乙醚、三氯甲烷等原料或者配剂可以用于制造毒品而故意非法买卖。

根据刑法第350条第1款和第3款的规定,犯本罪的,处罚与前罪(走私制毒物品罪)相同。

(五)非法种植毒品原植物罪

非法种植毒品原植物罪,是指非法种植罂粟、大麻等毒品原植物,数量较大或者具有其他严重情节的行为。

本罪的主要特征是:(1)侵犯的客体是国家对毒品原植物种植的管制。(2)客观方面表现为实施了非法种植毒品原植物,并具有下列情形之一的行为:①种植罂粟500株以上不满3000株或者其他毒品原植物数量较大的;②经公安机关处理后又种植的;③抗拒铲除的。不具有上述三种情形之一的非法种植毒品原植物行为,不能以非法种植毒品原植物罪论处。(3)本罪的主体是一般主体,凡年满16周岁的具有刑事责任能力的自然人都可以成为本罪的主体。(4)主观方面必须出于故意,即明知是毒品原植物而故意非法种植,其目的一般是用于出卖牟取非法利益,或者用于自己制造毒品。

认定本罪时,应当特别注意划清本罪与制造毒品罪的界限。非法种植毒品原植物的目的一般是出卖牟利或者用于制造毒品。如果行为人以出卖牟利为目的非法种植毒品原植物的,应当以本罪论处。如果行为人出于制造毒品的目的非法种植了毒品原植物,又以自己种植的毒品原植物提炼、加工、制成了毒品的,则应当认为非法种植毒品原植物的行为是制造毒品的目的的行为的手段行为,这两者之间具有牵连关系,应按牵连犯从一重罪的原则论处,即按制造毒品罪论处。

按照刑法第351条的规定,犯本罪的,处5年以下有期徒刑、拘役或者管制,并处罚金。非法种植罂粟3000株以上或者其他毒品原植物数量大的,处5年以上有期徒刑,并处罚金或者没收财产。非法种植罂粟或者其他毒品原植物,在收获前自动铲除的,可以免除处罚。

(六)非法买卖、运输、携带、持有毒品原植物种子、幼苗罪

本罪是指,非法买卖、运输、携带、持有未经灭活的罂粟等毒品原植物种子或者幼苗,数量较大的行为。

本罪的主要特征是:(1)侵犯的客体是国家对毒品原植物管理制度,其犯罪对象是未经灭活的罂粟等毒品原植物种子或幼苗,即没有经过烘烤、放射线照射处理,还能继续繁殖、发芽、生长的罂粟等毒品原植物种子或幼苗。(2)客观方面表现

为实施非法买卖、运输、携带、持有未经灭活的罂粟等毒品原植物种子或者幼苗行为之一，并且数量较大。(3)主观方面必须出于故意。

根据刑法第352条的规定，犯本罪的，处3年以下有期徒刑、拘役或者管制，并处或者单处罚金。

(七) 引诱、教唆、欺骗他人吸毒罪

引诱、教唆、欺骗他人吸毒罪，是指引诱、教唆、欺骗他人吸食、注射毒品的行为。

本罪的主要特征是：(1)侵犯的客体是国家对毒品的管制。(2)客观方面表现为实施引诱、教唆、欺骗他人吸食毒品行为之一。这是区分本罪与强迫他人吸毒罪、容留他人吸毒罪界限的关键之处。"引诱"，是指拉拢、勾引、诱使他人产生吸毒愿望。"教唆"，是以怂恿、劝说、示范等方法鼓励他人吸食毒品。"欺骗"，是指隐瞒真相，使他人在不知道是毒品的情况下吸食、注射。(3)主观方面必须出于故意。

根据刑法第353条第1款的规定，犯本罪的，处3年以下有期徒刑、拘役或者管制，并处罚金；情节严重的，处3年以上7年以下有期徒刑，并处罚金。

(八) 容留他人吸毒罪

容留他人吸毒罪，是指容留他人吸食、注射毒品的行为。

本罪的主要特征是：(1)侵犯客体是国家对毒品的管制。(2)客观方面表现为容留他人吸食、注射毒品的行为。所谓"容留"，是指行为人给吸食、注射毒品的人提供吸食、注射毒品的场所和方便。(3)主观方面必须出于故意。

根据刑法第354条的规定，犯本罪的，处3年以下有期徒刑、拘役或者管制，并处罚金。

(九) 非法提供麻醉药品、精神药品罪

非法提供麻醉药品、精神药品罪，是指依法从事生产、运输、管理、使用国家管制的麻醉药品、精神药品的人员和单位，违反国家规定，向吸食、注射毒品的人提供国家规定管制的能够使人形成瘾癖的麻醉药品、精神药品的行为。

本罪的主要特征是：(1)侵犯客体是国家对麻醉药品、精神药品的管制。(2)客观方面表现为违反国家规定，向吸食、注射毒品的人提供国家规定管制的能够使人形成瘾癖的麻醉药品、精神药品的行为。这里，所谓"违反国家规定"，是指违反《麻醉药品管理办法》、《麻醉药品生产管理办法》、《麻醉药品经营管理办法》、《麻醉药品国内运输管理办法》等有关麻醉药品、精神药品管理的法律、法规及规章。构成本罪，所提供的对象必须是吸食、注射毒品的人。如果向走私、贩卖毒品的犯罪分子，或者以牟利为目的向吸食、注射毒品的人提供国家规定管制的能够使人形成瘾癖的麻醉药品、精神药品，则应以刑法第347条规定的贩卖毒品罪论处。(3)本罪

的主体是特殊主体，即依法从事生产、运输、管理、使用国家管制的麻醉药品或精神药品的人。单位可以构成本罪主体。(4)主观方面必须出于故意，但不以牟利为目的。

根据刑法第355条的规定，犯本罪的，处3年以下有期徒刑或者拘役，并处罚金；情节严重的，处3年以上7年以下有期徒刑，并处罚金。

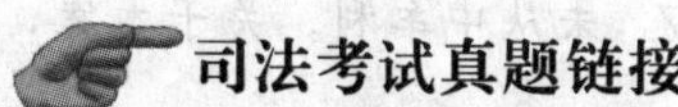

司法考试真题链接

一、单项选择题

1. 毒贩甲得知公安机关近来要开展"严打"斗争，遂将尚未卖掉的50多克海洛因和贩毒所得赃款8万多元拿到家住偏远农村的亲戚乙处隐藏。公安机关得到消息后找乙调查此事，乙矢口否认。乙当晚将上述毒品、赃款带到后山山洞隐藏时被跟踪而至的公安人员当场抓获。乙的上述行为应当以何罪论处？(2005年试卷二第12题)

A. 非法持有毒品罪　B. 窝藏、转移赃物罪

C. 窝藏、转移、隐瞒毒品、毒赃罪　D. 包庇毒品犯罪分子罪

2. 陈某向王某声称要购买80克海洛因，王某便从外地购买了80克海洛因。到达约定交货地点后，陈某掏出仿真手枪威胁王某，从王某手中夺取了80克海洛因。此后半年内，因没有找到买主，陈某一直持有80克海洛因。半年后，陈某将80克海洛因送给其毒瘾很大的朋友刘某，刘某因过量吸食海洛因而死亡。关于本案，下列哪一选项是错误的？(2007年试卷二第16题)

A. 王某虽然是陈某抢劫的被害人，但其行为仍成立贩卖毒品罪

B. 陈某持仿真手枪取得毒品的行为构成抢劫罪，但不属于持枪抢劫

C. 陈某抢劫毒品后持有该毒品的行为，被抢劫罪吸收，不另成立非法持有毒品罪

D. 陈某将毒品送给刘某导致其过量吸食进而死亡的行为，成立过失致人死亡罪

二、多项选择题

1. 甲将头痛粉冒充海洛因欺骗乙，让乙出卖"海洛因"，然后两人均分所得款项。乙出卖后获款4000元，但在未来得及分赃时，被公安机关查获。关于本案，下列哪些说法是正确的？(2002年试卷二第38题)

A. 甲与乙构成贩卖毒品罪的共犯　B. 甲的行为构成诈骗罪

C. 甲属于间接正犯　D. 甲的行为属于犯罪未遂

2. 甲、乙通过丙向丁购买毒品，甲购买的目的是为自己吸食，乙购买的目的是为贩卖，丙则通过介绍毒品买卖从丁处获得一定的好处费。对于本案，下列哪些选

项是正确的？（2006年试卷二第62题）

A. 甲的行为构成贩卖毒品罪

B. 乙的行为构成贩卖毒品罪

C. 丙的行为构成贩卖毒品罪

D. 丁的行为构成贩卖毒品罪

3. 甲、乙均为吸毒人员，且关系密切。乙因买不到毒品，多次让甲将自己吸食的毒品转让几克给乙；甲每次均以购买价转让毒品给乙，未从中牟利。关于本案，下列哪些选项是错误的？（2008年试卷二第65题）

A. 贩卖毒品罪必须以营利为目的，故甲的行为不成立贩卖毒品罪

B. 贩卖毒品罪以获利为要件，故甲的行为不成立贩卖毒品罪

C. 甲属于无偿转让毒品，不属于贩卖毒品，故不成立贩卖毒品罪

D. 甲只是帮助乙吸食毒品，《刑法》没有将吸食毒品规定为犯罪，故甲不成立犯罪

第九节 组织、强迫、引诱、容留、介绍卖淫罪

【引 例】

被告人林庆于2000年12月至2001年5月间，通过家中电脑，在互联网上多次为卖淫女石××、郭××发布卖淫信息，介绍石××、郭××从事卖淫活动，致使多人到石××、郭××处进行嫖娼活动，并从石××处得到好处费2000余元、从郭××手中获取好处费2000余元，后被查获归案。①

一、组织卖淫罪

（一）组织卖淫罪的概念和特征

组织卖淫罪，是指以招募、雇佣、强迫、引诱、容留等手段，为首策划、组织和控制多人从事卖淫活动的行为。

本罪的主要特征是：

1. 侵犯的客体是社会风化和治安管理秩序。组织他人卖淫的行为，不仅严重

① 节选自《林庆介绍卖淫案》，载最高人民法院刑事审判第一庭、第二庭编：《刑事审判参考》2002年第4集（总第27集），法律出版社2002年版，第42页。

败坏了社会伦理道德,妨害了社会风化,使性病蔓延,而且严重妨害了社会治安管理秩序。本罪的对象是“他人”,而且必须是多人(即三人或三人以上),一般是女性,但也可以是男性。也就是说,无论是组织女性卖淫还是男性卖淫,都构成本罪。

2. 客观方面表现为实施了组织他人卖淫的行为。所谓组织他人卖淫,是指以招募、雇佣、引诱、容留等手段,为首策划、组织和控制多人从事卖淫。其具体形式一般包括两种:一是设置专门的卖淫场所或者以旅店、饭店、酒店、发廊、康乐中心、按摩房为掩护设置变相卖淫场所,招募、雇佣、容留他人进行卖淫活动。一是虽不设置固定的卖淫场所,但暗中组织、操作、控制他人在不确定的场所从事卖淫活动。所谓卖淫活动,并不仅仅指以牟利为目的的非法性交,也包括其他以牟利为目的的以满足顾客性需求为内容的性服务。

从客观上讲,招募、雇佣、引诱、容留等都是组织他人卖淫的表象,控制他人才是组织他人卖淫的实质。所谓“控制他人”,是指行为人通过多种方式,将多个妇女或幼女以一定的方式组织起来,使她们处于行为人的掌握、控制之中。一方面,卖淫者要接受领导,听从指挥;另一方面,卖淫者的行动自由受到一定的限制。控制的方式可以是多种多样的,既可以是暴力的,也可以是非暴力的。实践中,大都表现为将一些妇女引诱到色情场所,采取扣押身份证等手段限制妇女的人身自由,并在他人不从时,采取打、骂、冻、饿等暴力手段或者变相暴力手段迫使妇女卖淫。这是典型的组织卖淫罪。此外,对于分散进行卖淫活动的卖淫人员进行有组织的策划、指挥、调度、安排、协调,也是控制的形式。只有达到“控制他人”的程度,才能视为组织他人卖淫。

需要注意的是,在组织他人卖淫的活动中起协助作用的,即组织他人卖淫犯罪中的帮助者、辅助者,另行构成协助组织卖淫罪,不定本罪。

3. 主体是一般主体,即凡年满 16 周岁的具有刑事责任能力的自然人都可以成为本罪的主体。本罪的主体既可以是一人,也可以是数人。按照刑法第 361 条的规定,旅馆业、饮食服务业、文化娱乐业、出租汽车业等单位的人员,利用本单位的条件,组织他人卖淫的,也构成本罪。

4. 主观方面必须出于故意,即明知自己的行为是在组织他人卖淫而故意实施。其目的一般是牟取非法利益,但刑法并未规定牟利为本罪构成的必备要件。非出于牟利目的而组织他人卖淫的,同样构成本罪。

(二)组织卖淫罪的认定

1. 本罪与聚众淫乱罪的界限。本罪与聚众淫乱罪都有淫乱行为,而且可能都有集体淫乱的行为。但是,本罪在客观方面表现为组织他人卖淫,犯罪构成并不要求行为人参与淫乱。而聚众淫乱则是为首组织进行集体淫乱,行为人直接参与集体淫乱。本罪的淫乱以卖淫嫖娼为内容,性交易的目的一般是非法牟利。而聚众淫乱罪的淫乱则不具有非法牟利的目的。凡参与组织他人卖淫的都是本罪的主

体,依法都应追究刑事责任。而聚众淫乱罪的主体并非都是参与聚众淫乱者,只限于首要分子和多次参加者。

2. 本罪与强迫他人卖淫罪的界限。本罪在客观方面可以表现为以强迫他人卖淫的方式组织他人卖淫(也就是说,组织他人卖淫的手段包括强迫),因此,如果行为人在组织他人卖淫的过程中,对被组织人实施了强迫卖淫的行为的,应当以本罪论处。但是,行为人在组织他人卖淫罪以外又实施了与组织他人卖淫无关的强迫他人卖淫的行为的,则应当以组织他人卖淫罪和强迫他人卖淫罪进行数罪并罚。行为人只有强迫他人卖淫而没有组织行为的,则构成强迫他人卖淫罪。

3. 本罪与引诱、容留、介绍卖淫罪的界限。在组织他人卖淫的过程中,对被组织的他人实施了引诱、容留、介绍卖淫的行为的,应当视为是组织他人卖淫罪的行为的必要组成部分,不宜另定引诱、容留、介绍他人卖淫罪。但是,如果在组织他人卖淫的犯罪活动之外,另行引诱、容留、介绍他人卖淫,与组织他人卖淫行为没有关系的,则应当分别以组织他人卖淫罪和引诱、容留、介绍他人卖淫罪论处,实行数罪并罚。

4. 组织他人卖淫过程中一罪与数罪的界限。在组织他人卖淫过程中,以非法拘禁、暴力侮辱等方法强迫被组织的他人从事卖淫活动的,其非法拘禁、暴力侮辱行为应视为组织他人卖淫罪的组织行为的一个表现,不宜在组织他人卖淫罪之外另定非法拘禁罪或侮辱罪。在组织他人卖淫过程中对被组织的他人造成轻微的伤害的,一般也应视为组织他人卖淫罪组织行为的一个表现。但是,如果在组织卖淫过程中故意重伤害被组织的他人,则单独构成了故意伤害罪,应当按本罪和故意伤害罪进行数罪并罚。

(三)组织卖淫罪的处罚

根据刑法第 358 条第 1 款、第 2 款之规定,犯本罪的,处 5 年以上 10 年以下有期徒刑,并处罚金;有下列情形之一的,处 10 年以上有期徒刑或者无期徒刑,并处罚金或者没收财产:(1)组织他人卖淫,情节严重的;(2)强迫不满 14 周岁的幼女卖淫的;(3)强迫多人卖淫或者多次强迫他人卖淫的;(4)强奸后迫使卖淫的;(5)造成被强迫卖淫的人重伤、死亡或者其他严重后果的。情节特别严重的,处无期徒刑或者死刑,并处没收财产。有前款所列情形之一,情节特别严重的,处无期徒刑,或者死刑,并处没收财产。

根据刑法第 361 条的规定,旅馆业、饮食服务业、文化娱乐业、出租汽车业等单位的人员,利用本单位的条件,组织他人卖淫的,依照本罪定罪处罚。上述单位的主要负责人犯本罪的,从重处罚。

这里,所谓“组织他人卖淫情节严重”,一般是指多次组织他人卖淫、组织卖淫集团的首要分子、组织多名幼女卖淫,或者在组织卖淫过程中殴打、伤害被组织人等。这里,上述法律规定中所称的“强迫卖淫”应当理解为在组织他人卖淫过程中

强迫卖淫。所谓“造成被强迫卖淫的人重伤、死亡”，应当是指由于强迫卖淫导致被强迫人自杀或者在卖淫过程中身体受到严重摧残，造成重伤，而不包括组织强迫卖淫者故意重伤害或杀害被强迫者。所谓“情节特别严重”，是指具有上述严重情节而又手段特别恶劣、后果特别严重。

二、引诱、容留、介绍卖淫罪

（一）引诱、容留、介绍卖淫罪的概念与特征

引诱、容留、介绍卖淫罪，是指引诱、容留、介绍他人卖淫的行为。

本罪的主要特征是：

1. 侵犯客体是社会风化。

2. 客观方面表现为实施引诱、容留、介绍他人卖淫的行为。

所谓“引诱”，是指他人本无卖淫意愿的情况下，使用勾引、利诱等手段使他人从事卖淫活动的行为。所谓“容留”，是指允许他人在自己管理、使用的场所卖淫或者为他人卖淫提供场所、便利条件的行为。所谓“介绍”，是指在卖淫者与嫖客之间牵线搭桥，勾通撮合，使他人卖淫得以实现的行为。这里所指的“他人”包括女性和男性，但不包括幼女(引诱幼女卖淫的，根据刑法第 359 条第 2 款的规定，另行构成引诱幼女卖淫罪)。

行为人实施上述三种行为之一的，即可构成本罪。由此，本罪是选择性罪名，可以分解拆开使用。但要注意的是，定罪时仅根据其行为方式确定罪名，如引诱他人卖淫的，定为引诱卖淫罪；容留他人卖淫的，定容留卖淫罪；介绍他人卖淫的，则定介绍卖淫罪。行为人同时实施上述行为的，也只认定为一罪，不实行数罪并罚。

3. 犯罪的主体是已满 16 周岁、具有责任能力的自然人。根据刑法第 361 条的规定，旅馆业、饮食服务业、文化娱乐业、出租汽车业等单位的人员，利用本单位的条件，引诱、容留、介绍他人卖淫的，应认定为本罪。

4. 主观方面必须出于故意。但是否出于营利目的，不影响本罪的成立。

（二）引诱、容留、介绍卖淫罪的认定

1. 本罪与一般违法行为的界限。情节较轻的引诱、容留、介绍他人卖淫的，一般不构成犯罪。情节较轻，要具体情况具体分析，一般是指引诱、容留、介绍他人卖淫次数少；或者虽然次数较多，但有真诚悔改表现的；虽实施了引诱他人卖淫行为，但并未引起他人卖淫决意，又没有其他严重情节的；应卖淫者或嫖娼者所求单纯进行介绍卖淫，无任何犯罪目的，也无其他犯罪行为的；迫于某种压力短期容留他人卖淫并未引起严重后果的，等等。对于这些情况，一般不宜作为犯罪处理，可由公安机关给予行政处罚。

2. 本罪与强迫卖淫罪的界限。两罪的区别主要在于客观方面不同,即两者有不同的犯罪行为。具体来说,两者的区别有:(1)采取的犯罪手段不同。本罪中,行为人或引诱、或容留、或介绍他人从事卖淫活动,但行为本身并无明显的强制性;后罪则不同,在犯罪手段上最突出的特征就是对他人的人身及精神的明显强制。(2)犯罪对象所表现的主观意志不同。本罪中,行为人不论采取哪种行为方式,都是为了引起他人的卖淫决意,即他人是否从事卖淫活动,是由自己决定的;而后罪中,他人卖淫完全是被迫的,是在根本不情愿的情况下,被行为人强制从事卖淫活动的。(3)犯罪对象所属人群也有所不同。本罪的犯罪对象既可以是有卖淫习性的人,也可以是无卖淫习性但自愿卖淫的;强迫卖淫罪的犯罪对象则只能是无卖淫习性或不愿卖淫的人。(4)对犯罪结果的要求不同。本罪中,引诱他人卖淫的行为人对行为结果没有特定的要求,其结果可以是他人跟从行为人从事卖淫活动,也可以是他人被引诱起意后另行从事卖淫活动。强迫卖淫罪则不同,行为人对犯罪结果有明确的要求,即要求被强迫者在自己的控制下从事卖淫活动。当然,犯罪结果是否发生,都不是两罪的必要要件。

(三)引诱、容留、介绍卖淫罪的处罚

根据刑法第 359 条第 1 款的规定,犯本罪的,处 5 年以下有期徒刑、拘役或者管制,并处罚金;情节严重的,处 5 年以上有期徒刑,并处罚金。

这里,所谓"情节严重",按照有关司法解释,①是指:(1)多次引诱、容留、介绍他人卖淫的;(2)引诱、容留、介绍多人卖淫的;(3)引诱、容留、介绍明知是有严重性病的人卖淫的;(4)容留、介绍不满 14 周岁的幼女卖淫的;(5)引诱、容留、介绍他人卖淫有其他严重情节的。

根据刑法第 361 条的规定,旅馆业、饮食服务业、文化娱乐业、出租汽车业等单位的主要负责人,利用本单位的条件,引诱、容留、介绍他人卖淫的,从重处罚。

三、传播性病罪

(一)传播性病罪的概念和特征

传播性病罪,是指明知自己患有梅毒、淋病等严重性病而卖淫、嫖娼的行为。

本罪的主要特征是:

1. 侵犯的客体是复杂客体,既妨害了社会风化,又侵犯了卖淫、嫖娼的相对人的身体健康。

① 1992 年 12 月 11 日最高人民法院、最高人民检察院《关于执行〈全国人民代表大会常务委员会关于严禁卖淫嫖娼的决定〉若干问题的解答》。

2. 客观方面表现为患有梅毒、淋病等严重性病而卖淫、嫖娼。所谓卖淫，是指以牟利为目的，与特定、不特定的异性非法进行性交或者进行其他淫乱活动。所谓嫖娼，是指以给付钱财为条件与卖淫者非法进行性交或者进行其他淫乱活动。本罪是行为犯，只要患有梅毒、淋病等严重性病的人实施了卖淫、嫖娼的行为，不论是否将性病传染给相对人，都构成本罪。

3. 主体仅限于患有梅毒、淋病等严重性病的人员，没有患性病的人员、仅患普通性病的人员都不能成为本罪的主体。梅毒是指由梅毒螺旋体引起的慢性传染病，淋病是指由淋病双球菌感染所引起的泌尿生殖器官的传染病。梅毒和淋病是两种最常见的严重性病。除此以外，其他与梅毒、淋病的性质和危害相当并且可能通过性接触渠道传染的性病，如软下疳、尖锐湿疣、生殖器疱疹和艾滋病等，也属于本罪所指的严重性病。患有上述严重性病的人都可能成为本罪的主体。

4. 主观方面必须出于故意，即明知自己患有梅毒、淋病等严重性病而故意卖淫、嫖娼。不知自己患有严重性病而卖淫、嫖娼的，不构成本罪。但本罪的构成并不要求行为人具有将自己患有的严重性病传染给他人的故意，行为人对自己卖淫、嫖娼的行为可能会发生传播性病的结果，既可以是出于故意，如明知自己患有严重性病，而在卖淫、嫖娼时放任其传播；也可以是出于过失，如虽然知道传播的自己患有性病，但以为在卖淫、嫖娼时采取卫生预防措施即可避免传播的，结果却未能避免传播。行为人明知自己患有性病，并希望通过卖淫、嫖娼向他人传播性病的，不论是否发生了传播性病的实际结果的，一般均应按本罪论处。

(二)传播性病罪的处罚

根据刑法第 360 条第 1 款之规定，犯本罪的，处 5 年以下有期徒刑、拘役或者管制，并处罚金。

四、本节其他犯罪

(一) 强迫卖淫罪

强迫卖淫罪是与组织卖淫罪规定在同一法条的两种不同犯罪。它是指以暴力、威胁或者其他强制方法，逼迫他人卖淫的行为。

本罪的主要特征是：(1)侵犯客体是社会风化和他人人身权利，犯罪对象一般是女性，但也可以是男性。(2)客观方面表现为违背他人意志，强迫他人卖淫的行为。这里，“强迫他人卖淫”，是指以暴力、胁迫、虐待或者其他手段，迫使他人卖淫的行为。主要有两个特征：①行为人使用了强制手段，即使用暴力、胁迫、虐待或者其他手段对受害人进行人身强制。②卖淫违背了受害人的意志。所谓“迫使他人卖淫”，是指违背他人的意志，使他人违心地出卖肉体与别人性交或者从事其他卖淫活动。这是本罪的本质特征,也是本罪区别于引诱、容留、介绍卖淫的关键。(3)本罪的主体是一般主体。根据刑法第 361 条的规定,旅馆业、饮食服务业、文化娱乐业、出租汽车业等单位的人员,利用本单位的条件,引诱、容留、介绍他人卖淫的,应认定为本罪。前款所列单位的主要负责人,犯本罪的,从重处罚。(4)主观方面必须出于故意。

根据刑法第 358 条第 1 款的规定,本罪的处罚与组织他人卖淫罪的处罚相同。即犯本罪的,处 5 年以上 10 年以下有期徒刑,并处罚金;有下列情形之一的,处 10 年以上有期徒刑或者无期徒刑,并处罚金或者没收财产:(1)组织他人卖淫,情节严重的;(2)强迫不满 14 周岁的幼女卖淫的;(3)强迫多人卖淫或者多次强迫他人卖淫的;(4)强奸后迫使卖淫的;(5)造成被强迫卖淫的人重伤、死亡或者其他严重后果的。情节特别严重的,处无期徒刑或者死刑,并处没收财产。有前款所列情形之一,情节特别严重的,处无期徒刑,或者死刑,并处没收财产。

(二) 协助组织卖淫罪

协助组织卖淫罪,是指对组织他人进行卖淫的犯罪行为提供协助的行为。

本罪的主要特征是:(1)侵犯的客体是社会风化。(2)客观方面表现为协助组织者组织他人进行卖淫的行为。这种协助行为本来是组织他人卖淫罪的帮助犯,但刑法将其规定为一个独立的罪名。所谓"协助",主要是指以提供建议、指示犯罪目标、供给犯罪工具或排除障碍等方法帮助他人实施组织卖淫犯罪。如充当保镖、打手、管账人等。认定本罪,应将本罪与组织卖淫罪加以区别。两者的行为性质是一样的,但两者在犯罪活动中的地位不同。本罪是在组织他人卖淫活动中被雇用来充当保镖、管账等或者提供相应的服务,在犯罪活动中只起辅助作用的人员,处于组织者的从属地位,因而刑法将它规定为独立的罪名并配置相对较轻的法定刑。① (3)本罪主观方面出于故意。

根据刑法第 358 条第 3 款的规定,犯本罪的,处 5 年以下有期徒刑,并处罚金;情节严重的,处 5 年以上 10 年以下有期徒刑,并处罚金。

(三) 引诱幼女卖淫罪

引诱幼女卖淫罪,是指引诱不满 14 周岁的幼女卖淫的行为。

本罪的主要特征是:(1)侵犯的客体是社会风化和幼女的身心健康,犯罪对象

---

① 有观点认为协助组织卖淫罪,行为人只能实施帮助行为,不能实施组织行为,如参与了组织行为,则应定组织卖淫罪。参见王作富:《刑法分则实务研究》下(第 3 版),中国方正出版社 2007 年版,第 1678 页。我们认为,这种观点有失偏颇。实际上,"协助组织"行为应是广义的,并不限于帮助行为(即帮助犯的行为),次要的、辅助作用的实行行为也应是协助组织卖淫罪的客观表现,例如行为人帮助组织者招募卖淫人员等,就属于协助组织行为。

是不满14周岁的幼女。(2)客观方面表现为勾引、诱惑、劝说、唆使不满14周岁的幼女进行卖淫的行为。(3)主观方面必须出于故意。

根据刑法第359条第2款的规定,犯本罪的,处5年以上有期徒刑,并处罚金。

(四) 嫖宿幼女罪①

嫖宿幼女罪,是指嫖宿不满14周岁的幼女的行为。

本罪的主要特征是:

1. 本罪侵犯的客体是社会风尚和幼女身心健康的权利。本罪的犯罪对象是自愿进行卖淫的不满14周岁的幼女,但不包括其他非卖淫的不满14周岁的幼女。本罪与强奸罪当中的"奸淫幼女"的关键区别在于犯罪对象不同,而且两罪侵犯的客体也不同。如果行为人奸淫的对象是一般的不满14周岁的幼女,则构成强奸罪。

2. 客观方面表现为嫖宿不满14周岁幼女的行为。这是指行为人在幼女主动或自愿卖淫的情况下,明知卖淫者为幼女而进行嫖宿的行为。这里,所谓"嫖宿",就其本义应该是既"嫖"且"奸宿",但随着社会的演进和观念的变化,"嫖宿"当中的"宿"就不再具有独立的意义和价值,而是一个虚词,"嫖宿"的实质意义就是"嫖",行为人既"嫖"且"宿"固然构成本罪,只"嫖"不"宿"同样构成本罪。同时,对"嫖"的行为方式应作广义的理解,即嫖宿与普通的嫖娼一样,不仅包含与幼女发生性交行为,也包括其他与性器官接触有关的淫乱活动,如口淫、手淫等。

3. 本罪的主体为一般主体,即达到16周岁并且具有责任能力的男子。妇女不能单独构成本罪,但是妇女教唆或者帮助男子嫖宿幼女的,可以成为本罪的共犯。

4. 主观方面表现为行为人明知嫖宿的对象是不满14周岁的幼女而予以嫖宿,即行为人明知嫖宿的对象是不满14周岁的卖淫幼女。本罪的构成,是否要求"明知",理论上存在一定争议。但是,按照最高人民检察院《关于构成嫖宿幼女罪主观上是否需要明知要件的解释》(高检发释字[2001]3号)的解释,本罪主观要件必须是"明知"。该司法解释对"明知"解释为:"行为人知道被害人是或者可能是不满14周岁幼女而嫖宿的。"

根据刑法第360条第2款的规定,犯本罪的,处5年以上有期徒刑,并处罚金。

---

① 本罪在2009年曾因"习水嫖宿幼女案"引起社会舆论的广泛关注,并引发较多的争议。有关该案的案情、认定等可以参见《冯支洋等嫖宿幼女案》,载最高人民法院刑事审判第一、二、三、四、五庭主办:《刑事审判参考》2009年第6集(总第71集),法律出版社2010年版,第22～29页。

司法考试真题链接

一、单项选择题

1998年11月4日，甲到娱乐场所游玩时，将卖淫女乙(1984年12月2日生)带到住所嫖宿。一星期后甲请乙吃饭时，乙告知了自己年龄，并让甲到时为自己过生日。饭后，甲又带乙到住处嫖宿。甲的行为属于( )?(2004年试卷二第8题)

A. 奸淫幼女罪　　　　　　　　　B. 强奸罪

C. 嫖宿幼女罪　　　　　　　　　D. 应受治安处罚的嫖娼行为

二、多项选择题

对刑法关于组织、强迫、引诱、容留、介绍卖淫罪的规定，下列解释正确的是( )。(2004年试卷二第89题)

A. 引诱、容留、介绍卖淫罪，包括引诱、容留、介绍男性向同性恋者卖淫

B. 引诱成年人甲卖淫，容留成年人乙卖淫的，成立引诱、容留卖淫罪，不实行并罚

C. 引诱幼女甲卖淫，容留幼女乙卖淫的，成立引诱幼女卖淫罪与容留卖淫罪，实行并罚

D. 引诱幼女向他人卖淫后又嫖宿该幼女的，以引诱幼女卖淫罪论处，从重处罚

第十节 制作、贩卖、传播淫秽物品罪

【引　例】

被告人何肃黄利用被告人杨柯为其提供和自己申请的互联网免费主页空间，在商丘信息港建立"酷美女国际乐园"、在武汉建立"酷美女"、在四川青衣江建立"色情艺廊"、在安阳信息港建立"六库全书"4个色情网站。被告人杨柯在商丘信息港和国外的服务器上建立"色情写真图库"和"全球色情引擎"两个色情网站。两被告人共在上述网站中刊载淫秽图片7200余幅、淫秽小说94篇、淫秽小电影2部，并共同对上述网站进行维修、更新。为了牟取非法利益，两被告人利用上述色情网站为国外公司做广告，先后收到汇款519.28美

元(未兑付)。①

一、制作、复制、出版、贩卖、传播淫秽物品牟利罪

(一)制作、复制、出版、贩卖、传播淫秽物品牟利罪的概念和特征

制作、复制、出版、贩卖、传播淫秽物品牟利罪,是指以牟利为目的,制作、复制、出版、贩卖、传播淫秽物品牟利的行为。

本罪的主要特征是:

1. 侵犯的客体是国家对文化市场的管理秩序和社会风化。犯罪对象是淫秽物品。淫秽物品是腐蚀人们灵魂的精神鸦片。制作、复制、出版、贩卖、传播淫秽物品,必然严重败坏人们的性道德观念,助长颓废淫靡的社会风气,破坏社会风化,刺激性犯罪,严重危害社会治安。

所谓淫秽物品,按照刑法第 367 条第 1 款的规定,"是指具体描绘性行为或者露骨宣扬色情的诲淫性的书刊、影片、录像带、录音带、图片及其他淫秽物品"。同时,刑法第 367 条第 2 款、第 3 款还规定:"有关人体生理、医学知识和科学著作不是淫秽物品。""包含有色情内容的有艺术价值的文学、艺术作品不视为淫秽物品。"实践中,淫秽出版物是最常见的淫秽物品。根据 1988 年 12 月 27 日国家新闻出版署发布的《关于认定淫秽及色情出版物的暂行规定》,淫秽出版物是指"在整体上宣扬淫秽行为,具有下列内容之一,挑动人们的性欲,足以导致普通人腐化堕落,而又没有艺术价值或者科学价值的出版物:(1)淫亵性地具体描写性行为、性交及其心理感受;(2)公然宣扬色情淫荡形象;(3)淫亵性地描述或者传授性技巧;(4)具体描写乱伦、强奸或者其他性犯罪的手段、过程或者细节,足以诱发犯罪的;(5)具体描写少年儿童的性行为;(6)淫亵性地具体描写同性恋的性行为或者其他变态性行为,或者具体描写与性变态有关的暴力、虐待、侮辱行为;(7)其他令普通人不能容忍的对性行为的淫亵性描写"。该《暂行规定》包括了大部分种类的淫秽物品,如书籍、报纸、杂志、图片、画册、挂历、音像制品以及宣传品等,是我国认定淫秽物品的主要具体法律依据。除此之外,其他以具体描绘性行为、无端挑起人的性欲,露骨宣扬色情为内容的物品,如淫秽玩具、用具、淫药、淫具等,也是淫秽物品。按照 2004 年 9 月 3 日颁布的最高人民法院、最高人民检察院《关于办理利用互联网、移动通讯终端、声讯台制作、复制、出版、贩卖、传播淫秽电子信息刑事案件具体应用法律若干问题的解释》(法释[2004]11 号)第 9 条的规定:"刑法第 367 条第 1 款规定的'其他淫秽物品',包括具体描绘性行为或者露骨宣扬色情的淫秽性的视频文

---

① 节选自《何肃黄、杨柯传播淫秽物品牟利案》,载最高人民法院刑事审判第一庭、第二庭编:《刑事审判参考》2001 年第 8 集(总第 19 集),法律出版社 2001 年版,第 40 页。

件、音频文件、电子刊物、图片、文章、短信息等互联网、移动通讯终端电子信息和声讯台语音信息。”但是，如前所述，有关人体生理、医学知识的科学著作不是淫秽物品，包含有色情内容的有艺术价值的文学、艺术作品不能视为淫秽物品。

2. 客观方面表现为行为人实施了制作、复制、出版、贩卖、传播淫秽物品的行为之一。所谓“制作”，是指通过生产、录制、编写、译著、绘画、印刷、印刻、洗印、摄制等方法制成新的淫秽物品的行为。所谓“复制”，是指通过翻印、翻拍、复印、复写、复录等方法对已经制成的淫秽物品进行重复制作的行为。所谓“出版”，是指将淫秽物品进行编辑、加工、复制并向公众发行的行为。所谓“贩卖”，是指销售淫秽物品的行为，包括发行、批发、零售、转手倒卖等。所谓“传播”，是指通过播放、出租、出借、承运、邮寄、携带等方式散布、传播淫秽物品的行为。

需要指出的是，根据最高人民法院、最高人民检察院《关于办理利用互联网、移动通讯终端、声讯台制作、复制、出版、贩卖、传播淫秽电子信息刑事案件具体应用法律若干问题的解释》（法释[2004]11 号）的规定，以牟利为目的，利用互联网、移动通讯终端、声讯台和利用聊天室、论坛、即时通信软件、电子邮件等方式制作、复制、出版、贩卖、传播淫秽电子信息，达到一定数量或数额或者造成严重后果的，以制作、复制、出版、贩卖、传播淫秽物品牟利罪定罪处罚。

本罪是选择性罪名，行为人只要以牟利为目的，实施了制作、复制、出版、贩卖、传播的行为之一的，即构成本罪。但是，如果行为人同时实施上述几种行为的，也只能以本罪一罪论处，而不能实行数罪并罚。

3. 本罪的主体是一般主体，凡年满 16 周岁的具有刑事责任能力的自然人和单位都可以成为本罪主体。

4. 在主观方面必须出于故意，并且具有牟利的目的。所谓必须出于故意，是指行为人明知是淫秽物品而故意制作、复制、出版、贩卖、传播。确实不知是淫秽物品而制作、复制、出版、贩卖或传播的，不能构成本罪。本罪还必须出于牟利即谋取钱财或者其他物质利益的目的。出于教学、科研、艺术等正当目的制作、复制、出版、贩卖或传播描写性行为、性体验、性技巧的物品的，不能以本罪论处。

（二）制作、复制、出版、贩卖、传播淫秽物品牟利罪的处罚

根据刑法第 363 条和第 366 条之规定，犯本罪的，处 3 年以下有期徒刑、拘役或者管制，并处罚金；情节严重的，处 3 年以上 10 年以下有期徒刑，并处罚金；情节特别严重的，处 10 年以上有期徒刑或者无期徒刑，并处罚金或者没收财产。单位犯本罪的，对单位判处罚金，并对其直接负责的主管人员和其他直接责任人员，依照上述自然人犯本罪的规定处罚。

这里，具体定罪量刑标准和何谓“情节严重”、“情节特别严重”，刑法典无明文规定。按照 1998 年 12 月 11 日最高人民法院公布的《关于审理非法出版物刑事案件具体应用法律若干问题的解释》（法释[1998]30 号），对制作、复制、出版、贩卖、

传播淫秽物品的定罪量刑标准作出具体的解释。

按照该《解释》第 8 条第 1 款的规定，具有下列情节之一的，应予定罪处罚：(1)制作、复制、出版淫秽影碟、软件、录像带 50～100 张（盒）以上，淫秽音碟、录音带 100～200 张（盒）以上，淫秽扑克、书刊、画册 100～200 副（册）以上，淫秽照片、画片 500～1000 张以上的；(2)贩卖淫秽影碟、软件、录像带 100～200 张（盒）以上，淫秽影碟、录音带 200～400 张（盒）以上，淫秽扑克、书刊、画册 200～400 副（册）以上，淫秽照片、画片 1000～2000 张以上的；(3)向他人传播淫秽物品达 200～500 人次以上，或者组织播放淫秽影、像达 10～20 场次以上的；(4)制作、复制、出版、贩卖、传播淫秽物品，获利 5000～10000 元以上的。

根据前引《解释》第 8 条第 2 款的规定，"情节严重"是指：(1)制作、复制、出版淫秽影碟、软件、录像带 250～500 张（盒）以上，淫秽音碟、录音带 500～1000 张（盒）以上，淫秽扑克、书刊、画册 500～1000 副（册）以上，淫秽照片、画片 2500～5000 张以上的；(2)贩卖淫秽影碟、软件、录像带 500～1000 张（盒）以上，淫秽影碟、录音带 1000～2000 张（盒）以上，淫秽扑克、书刊、画册 1000～2000 副（册）以上，淫秽照片、画片 5000～10000 张以上的；(3)向他人传播淫秽物品达 1000～2000 人次以上，或者组织播放淫秽影、像达 50～100 场次以上的；(4)制作、复制、出版、贩卖、传播淫秽物品，获利 3 万元～5 万元以上的。

根据前引《解释》第 8 条第 3 款的规定，"情节特别严重"是指制作、复制、出版、贩卖、传播淫秽物品，其数量（数额）达到第 8 条第 2 款规定的数量（数额）5 倍以上的。

二、为他人提供书号出版淫秽书刊罪

（一）为他人提供书号出版淫秽书刊罪的概念和特征

为他人提供书号出版淫秽书刊罪，是指违反国家关于书号管理的规定，为他人提供书号，致使他人出版淫秽书刊的行为。

本罪的主要特征是：

1. 侵犯的客体是国家对书刊出版的管理和社会风化。犯罪的对象是书号，即国家新闻出版主管部门为了对书刊出版进行管理而统一编制的图书编号。擅自向他人提供书号，致使他人出版淫秽书刊，不仅违反了国家对书刊出版的管理规定，扰乱了书刊出版管理秩序，而且造成淫秽书刊的广泛传播，严重腐蚀人们的灵魂，败坏社会风化。

2. 客观方面表现为违反国家规定擅自为他人提供书号，致使他人利用书号出版淫秽书刊。根据国家规定，书号一般只能由出版单位自己使用，只有在为了解决学术著作、自然科学和工程技术方面的图书出版难的问题时，才可以与国家科研、教学单位、机关和国有企业事业单位进行协作出版，为其提供书号进行合作出版，而且必须由出版单位对书稿进行终审终校。本罪则严重违反这一规定，非法向为解决学术著作、自然科学和工程技术图书出版难而进行协作出版的国家科研、教学单位、机关、国有企业事业单位以外的其他单位或个人提供书号，并且严重不负责任，不对他人利用书号出版的图书进行终审终校，致使他人利用书号出版了淫秽书刊。需要指出的是，按照1998年12月11日最高人民法院公布的《关于审理非法出版物刑事案件具体应用法律若干问题的解释》(法释[1998]30号)第9条第2款的规定，为他人提供版号，出版淫秽音像制品的，依照本罪定罪处罚。

3. 本罪的主体是特殊主体，即依法成立的出版单位及其工作人员。其他单位或者其他人员不可能合法拥有并向他人提供书号，故不可能成为本罪的主体。

4. 本罪的主观方面必须出于过失，即应当预见自己向他人提供书号的行为可能会被他人利用来出版淫秽书刊，因为疏忽大意而没有预见，或者虽然已经预见但轻信能够避免，以致发生了利用书号出版淫秽书刊的严重后果。但行为人对提供书号的行为则是出于故意。如果行为人明知他人将利用所提供的书号出版淫秽书刊而仍然向其提供书号的，则不以本罪论处，而应当直接以出版淫秽物品罪论处。

(二)为他人提供书号出版淫秽书刊罪的认定

1. 划清本罪与非罪的界限。一方面，必须查明行为人的主观过失。如果出版单位或个人按照国家规定，在经过必要的审查后，同意提供书号协作出版学术著作、自然科学和工程技术方面的著作，对书稿也进行终审、终校，但在最后付印时被打着国家科研、教学机关、国有企业事业招牌的犯罪分子偷梁换柱，换上淫秽书刊予以出版的，虽然发生了淫秽书刊出版的严重后果，但出版单位或个人主观上没有过失，不能以本罪论处。另一方面，必须准确地认定利用书号出版的书刊是否淫秽书刊。淫秽书刊不同于色情出版物，色情出版物是指在整体上不是淫秽的，但其中有一部分有淫秽内容，对普通人特别是未成年人的身心健康有毒害，而又缺乏艺术价值或科学价值的出版物，它与淫秽出版物存在淫秽程度和艺术、科学价值的重要区别，不能将两者等同混淆。淫秽书刊也不同于有关人体生理、医学知识的科学著作和包含色情内容的有艺术价值的文学艺术作品。如果书号被他人用以非法出版色情出版物或者其他夹杂性知识、色情内容的书刊的，不能以本罪论处。

2. 划清本罪与出版淫秽物品牟利罪的界限。本罪和出版淫秽物品牟利罪在客观方面都可能表现为出版了淫秽书刊，故有些相似。但两者也有区别，主要有：(1)主观方面不同。本罪是过失犯罪，即行为人对其所提供的书号被他人用于出版淫秽书刊的后果并不明知，而是出于过失，没有尽职核查导致犯罪结果发生；出版淫秽物品罪是故意犯罪，而且具有牟利的目的。(2)行为方式不同。本罪在客观方面仅仅表现为行为人违反国家规定提供了书号，出版淫秽书刊则是他人所为，但行为人对他人利用书号出版淫秽书刊又存在过失；而出版淫秽物品罪则具体实施了制作、编辑、出版、发行淫秽物品的行为。当然，如果出版单位或其工作人员明知他

人出版淫秽书刊而为其提供书号的，即使没有具体参与出版淫秽书刊的，也应当以出版淫秽物品罪论处。(3)犯罪主体不同。本罪的主体是特殊主体，即具有书号使用权的单位和个人；后者的主体是一般主体，既可以由出版社社长、总编辑、编辑等出版工作人员和出版单位构成，也可以由其他与出版业无关的个人或单位构成。(4)对犯罪结果的要求不同。本罪的成立要求犯罪结果的发生，即淫秽书刊已经出版并流入社会；出版淫秽物品牟利罪则不要求这一犯罪结果的发生，淫秽物品已经出版但还未流入社会或因其他原因未能流入社会的，构成出版淫秽物品牟利罪未遂。

(三)为他人提供书号出版淫秽书刊罪的处罚

根据刑法第 363 条和第 366 条之规定，犯本罪的，处 3 年以下有期徒刑、拘役或者管制，并处罚金或者单处罚金。明知他人用于出版淫秽书刊而提供书号的，依照出版淫秽物品牟利罪的规定处罚。单位犯本罪的，对单位判处罚金，并对其直接负责的主管人员和其他直接责任人员，依照上述自然人犯本罪的规定处罚。

三、本节其他犯罪

(一) 传播淫秽物品罪

传播淫秽物品罪，是指非出于牟利目的，在社会上传播淫秽的书刊、影片、音像、图片或者其他淫秽物品，情节严重的行为。

本罪的主要特征是：(1)侵犯的客体是社会风化，犯罪对象是淫秽物品。(2)客观方面表现为传播淫秽物品，情节严重的行为。所谓"传播"，是指通过出版、展示等方式传看淫秽的图书、报纸、刊物、画册、图片、载有淫秽内容的娱乐用品等。需要注意的是，根据最高人民法院、最高人民检察院《关于办理利用互联网、移动通讯终端、声讯台制作、复制、出版、贩卖、传播淫秽电子信息刑事案件具体应用法律若干问题的解释》(法释[2004]11 号)的规定，不以牟利为目的，利用互联网、移动通讯终端、声讯台和利用聊天室、论坛、即时通信软件、电子邮件等方式制作、复制、出版、贩卖、传播淫秽电子信息，达到一定数量、数额或者造成严重后果的，以传播淫秽物品罪定罪处罚。(3)本罪在主观方面必须出于故意，即明知是淫秽物品而故意予以传播，但是，不能出于牟利的目的。如果出于牟利的目的而传播淫秽物品的，不能以本罪论处，而应当以传播淫秽物品牟利罪论处。

根据刑法第 364 条第 1 款、第 4 款的规定，犯本罪的，处 2 年以下有期徒刑、拘役或者管制。向不满 18 周岁的未成年人传播淫秽物品的，从重处罚。

(二) 组织播放淫秽音像制品罪

组织播放淫秽音像制品罪，是指非出于牟利目的而组织播放淫秽的电影、录像等音像制品的行为。

本罪的主要特征是:(1)侵犯的客体是社会风化,犯罪对象是淫秽音像制品。(2)客观方面表现为组织播放淫秽的音像制品的行为,即为首策划、组织多人观看、收听淫秽的音像制品所具体描绘的性行为或者露骨宣扬色情的画面、声音的行为。(3)在主观方面必须出于故意,不知是淫秽的音像制品而播放,在发现后立即停止播放的,不构成本罪。但是,本罪主观上不包括牟利的目的。如果行为人出于牟利的目的,组织播放淫秽音像制品的,则构成传播淫秽物品牟利罪。

根据刑法第 364 条第 2 款、第 3 款的规定,犯本罪的,处 3 年以下有期徒刑、拘役或者管制,并处罚金;情节严重的,处 3 年以上 10 年以下有期徒刑,并处罚金。制作、复制淫秽的电影、录像等音像制品组织播放的,依照第 2 款的规定从重处罚。

(三)组织淫秽表演罪

组织淫秽表演罪,是指为首策划、组织进行淫秽表演的行为。

本罪的主要特征是:(1)侵犯的客体是社会风化。(2)客观方面表现为为首策划、组织淫秽表演。即为首策划、组织、安排淫秽表演的内容、场地,物色淫秽表演者,操纵和控制淫秽表演过程,招徕观众等行为。仅仅参与淫秽表演而没有实施上述组织淫秽表演行为的,不构成犯罪。这里,所谓"进行淫秽表演",是指露骨宣扬色情内容的表演,如展示妇女的乳房,展示人的性器官,展示人的各种自然或非自然的性交行为,展示人与动物的性交行为,展示动物之间的交配行为等等。(3)主观方面必须出于故意,即明知所组织的是淫秽表演而进行组织,是否出于牟利目的,不影响本罪的成立。

根据刑法第 365 条的规定,犯本罪的,处 3 年以下有期徒刑、拘役或者管制,并处罚金;情节严重的,处 3 年以上 10 年以下有期徒刑,并处罚金。

司法考试真题链接

一、单项选择题

孙某制作、复制大量的淫秽光盘除出卖外,还多次将淫秽光盘借给许多人观看。对其行为应如何处理?(2002 年试卷二第 2 题)

A. 以制作、复制、贩卖、传播淫秽物品牟利罪处罚

B. 以组织播放淫秽音像制品罪从重处罚

C. 以制作、复制、贩卖淫秽物品牟利罪和传播淫秽物品罪数罪并罚

D. 以传播淫秽物品罪从重处罚

二、多项选择题

雷某为购买正式书号用于出版淫秽录像带,找某音像出版社负责人任某帮忙。

雷某向任某谎称自己想制作商业宣传片，需要一个书号，并提出付给出版社1万元"书号费"。任某同意，但要求雷某给自己2万元好处费，雷某声称盈利后会考虑。任某随后指示有关部门立即办理。雷某拿到该书号出版了淫秽录像带，发行数量极大、影响极坏。雷某牟利后给任某2万元好处费，任某收下。关于本案，下列哪些说法是错误的？（2004年试卷二第60题）

A. 雷某与任某的行为构成为他人提供书号出版淫秽书刊罪的共犯

B. 雷某的行为构成传播淫秽物品罪，任某的行为构成为他人提供书号出版淫秽书刊罪

C. 雷某的行为构成出版淫秽物品牟利罪，任某的行为构成出版淫秽物品牟利罪的共犯

D. 雷某与任某的行为构成非法经营罪的共犯

第七章 危害国防利益罪

第一节 危害国防利益罪概述

一、危害国防利益罪的概念和特征

危害国防利益罪，是指违反国防法律、法规，故意或者过失危害国防利益，依法应受刑罚处罚的行为。它是新刑法为保障《中华人民共和国国防法》、《兵役法》、《军事设施保护法》、《征兵工作条例》等军事法律、法规的正确实施而新增加的一类犯罪。

国防利益是国家的重要利益，直接涉及国家的安全。近年来，一些地方危害国防利益的犯罪活动时有发生，严重地危害到武装力量的建设、危害国防利益与安全。为了打击和预防侵犯国防利益的犯罪活动，1997 年，我国颁布了《中华人民共和国国防法》，同时，考虑到刑法与国防方面的法律相衔接的需要，尤其刑法分则罪名科学分类的需要，我国在新刑法分则中增设了危害国防利益的类罪。

由于危害国防利益罪侵犯的同类客体是国防利益，是国家的一种特殊利益，与刑法分则其他各章的同类客体有本质区别，刑法分则的其他同类客体总体上也难以包容，具有相对独立性，故不宜纳入刑法分则其他章中。从世界各国的刑事立法例来看，德国、奥地利、印度等相当一部分国家的刑法典中，已有把危害国防利益罪或者相近似的犯罪作为类罪规定在刑法分则部分的先例。为保证刑法罪名分类的科学性，刑法分则将本类罪单列为一章，作为一类独立的犯罪。这对于依法惩处一切侵害国防利益的犯罪行为，完善我国的刑法，保障国家的安全与稳定，具有极其重要的意义。

危害国防利益罪具有以下特征：

1. 本类犯罪侵犯的客体是国防利益。国防是国家生存与发展的安全保障。国防利益是与之相关的军事及其有关的建设、斗争所拥有的特殊利益，即国家为了抵御外国侵略，制止武装叛乱，维护国家的统一和领土完整而进行的军事以及与军事有关的政治、经济、外交、科技、教育等各方面活动的利益，具体包括国防安全、武装力量建设、国防物质基础、国防管理秩序、军事斗争等方面的利益。

在修订刑法时，有一种意见认为，本类罪侵犯的客体是国防安全，应列在国家安全罪之后。虽然危害国防利益与危害国家安全之间有着联系，但并不等同。危害国家安全通常包括危害国防利益。从本类犯罪规定的具体犯罪来看，将本类犯罪的客体概括为危害国防利益更贴切些。

2. 本类犯罪的客观方面表现为必须具有危害国防利益的行为，并且是情节严重的。危害国防利益的行为，在表现形式上多种多样，多数的犯罪，只能是作为，如阻碍军人执行职务罪、破坏军事设施罪等；有的犯罪只能是不作为，如拒绝军事订货罪、拒绝军事征用罪等；也有些犯罪既可以作为，也可以不作为，如拒绝、逃避征召罪，拒绝、逃避服役罪等。在犯罪表现的时间和地点上，有的行为只有在"战时"、"军事禁区"、"军事管理区"等特定时间和地点实施，才成立犯罪；有的行为则无此限制，不论是战时还是平时，只要实施了就成立犯罪，如破坏军事设施的行为。因此，从时间上可以分为平时和战时都能危害国防利益的行为与只有战时实施才能危害国防利益的行为，如刑法第376条至第381条的规定。由于军队直接承担着国防任务，故危害国防利益的行为以破坏装备与军事设施、阻碍军人执行职务、妨害部队管理、扰乱军事区域秩序、逃避军事义务等为内容。

本类罪一般要求情节严重的才构成犯罪。情节较轻的一般不构成犯罪，按照军事行政法规，特别是《国防法》的规定，给予行政、纪律处分。

3. 本类犯罪的主体多数为一般主体自然人，少数为特殊主体①。如拒绝、逃避征召、军事训练罪，只能由预备役人员构成；拒绝、逃避服役罪，只能由应征公民即已经过兵役登记和初审合格的公民构成；阻碍军人依法执行职务罪，只能是非军职人员才能构成。也有一些犯罪的主体，既可以是自然人，也可以是单位，如故意提供不合格武器装备罪，非法生产、买卖武装部队制式服装罪，战时拒绝、故意延误军事订货罪等。还有一些犯罪的主体只能是单位，如拒绝军事订货罪、故意延误军事订货罪等。

4. 本类犯罪在主观方面绝大多数都是故意，即行为人明知自己的行为对国防利益构成危害而故意去实施。有的犯罪还要求行为人具有营利的目的，如非法生产、买卖武装部队制式服装罪。只有破坏武器装备、军事设施、军事通信罪，提供不合格武器装备、军事设施罪，既可以由故意构成，也可以由过失构成。

二、危害国防利益罪的种类

刑法第七章从第368条至第381条共14个条文，规定了23种罪名。包括危

① 但除极其个别的阻碍军事行动罪和破坏武器装备、军事设施、军事通信罪外，基本没有包括特殊主体军人因违反军人职责而侵害国防利益的犯罪。这是因为我国在刑事立法传统上，一直把军人违反职责罪作为特别犯罪来处理。同时，世界上大多数国家刑法典中如有规定危害国防利益罪的，一般不包括军人违反职责罪。

害作战和军事行动方面的犯罪,危害国防建设即国防物质基础方面的犯罪,危害国防管理秩序方面的犯罪和拒不履行国防义务方面的犯罪。其中,单一罪名12个,选择性罪名10个。如果按犯罪发生的时间来划分,则可分为两类,即:

1. 平时危害国防利益罪。这类犯罪不以战时实施为条件,但并不意味着战时实施的不成立犯罪,相反,战时实施的是法定或酌定从重处罚的情节。这类犯罪包括:阻碍军人执行职务罪,阻碍军事行动罪,破坏武器装备、军事设施、军事通信罪,过失破坏武器装备、军事设施、军事通信罪,故意提供不合格武器装备、军事设施罪,过失提供不合格武器装备、军事设施罪,聚众冲击军事禁区罪,聚众扰乱军事管理区秩序罪,冒充军人招摇撞骗罪,煽动军人逃离部队罪,雇用逃离部队军人罪,接送不合格兵员罪,伪造、变造、买卖武装部队公文、证件、印章罪,盗窃、抢夺武装部队公文、证件、印章罪,非法生产、买卖武装部队制式服装罪,伪造、盗窃、买卖、非法提供、使用武装部队专用标志罪。

2. 战时危害国防利益的犯罪。这类犯罪以战时实施为条件,包括:战时拒绝、逃避征召、军事训练罪,战时拒绝、逃避服役罪,战时提供虚假敌情罪,战时造谣扰乱军心罪,战时窝藏逃离部队军人罪,战时拒绝、故意延误军事订货罪,战时拒绝军事征用罪。

第二节 本章重点犯罪

一、阻碍军人执行职务罪

(一)阻碍军人执行职务罪的概念和特征

本罪亦称阻碍军务罪,是指非军职人员以暴力、威胁方法阻碍、阻挠军人依法执行军事职务的行为。

本罪的主要特征是:

1. 侵犯的客体是复杂客体,包括军人依法执行职务的正常秩序和军人的人身权利,而以前者即军人依法执行职务的正常秩序为主要客体。因此,军人执行职务行为必须具有适法性是本罪成立的前提条件。所谓执行,是指军人代表所在军事单位的特定意志对人或物施加的影响。侵害的对象是正在依法执行职务的军人。所谓军人,依据刑法第450条的解释,是指"中国人民解放军的现役军官、文职干部、士兵及具有军籍的学员和中国人民武装警察部队的现役警官、文职干部、士兵及具有军籍的学员以及执行军事任务的预备役人员和其他人员"。本罪在时空上必须是在军人依法执行职务之"时",即在军人依法执行职务期间发生。

2. 客观方面表现为行为人实施了以暴力、威胁方法阻碍、阻挠军人依法执行

职务的行为。因此,实施本罪的法定手段就是暴力、威胁方法。所谓暴力方法,一种是指对人身不法行使有形力的一切行为,如实行攻击、殴打、捆绑、拘禁、伤害等形式的强制或打击。[①] 但从法定刑来看,暴力行为致军人重伤或者死亡的,已超出本罪构成要件预定的范围,应以伤害罪、杀人罪论处。另外一种是指行使无形力如实施催眠术、使用酒类或药物使其酩酊、麻醉等,也能导致军人执行职务活动无法正常顺利进行,且行为与危害结果之间具有明显的因果关系,亦属于本罪的暴力所涵盖的范围。所谓威胁方法,是指以杀害、伤害、殴打身体,或者以毁坏财物、损害名誉、揭穿隐私、加害亲属等手段进行恐吓要挟,实行精神强制,使他人产生心理上的压力,迫使军人放弃执行自己的职务。至于威胁是直接还是间接(如以通过第三人向军人转告的方式作出),军人是否已经真的因此而产生畏惧[②],并不影响本罪成立。所谓依法执行职务,是指军人依法定的军人职责要求执行职务职责,如值勤、守卫、巡逻、押运、作战等。阻碍、阻挠军人依法执行职务,是指使军人不能正常地履行法律赋予的职责或上级授予的任务。阻碍、阻挠行为的表现形式多种多样,有的表现为使军人被迫停止依法执行职务,有的表现为使军人被迫改变依法应当从事或执行的职务内容。

3. 本罪的主体是非军职人员。如果是军人使用暴力、威胁方法阻碍军人依法执行职务的,应当依照刑法第 426 条规定的军人阻碍执行职务罪定罪处罚。

4. 主观方面是故意,即明知是军人依法执行职务的行为,而故意以暴力、威胁方法阻碍、阻挠军人依法执行职务。过失不能构成本罪。

(二)认定阻碍军人执行职务罪应注意区分的界限

1. 注意区分本罪与非罪的界限。如果行为人主观上没有故意阻碍军人执行职务;或者不知道对方是正在执行职务的军职人员;或者没有使用暴力、威胁方法,只是态度蛮横,方法过激,如对依法执行职务的军人进行口头顶撞、吵骂、不服从其命令和指挥的,均不构成犯罪。或者虽以暴力、威胁方法阻碍了军人,但不属于阻碍执行职务的,不能构成本罪。至于行为人对军人执行职务中的违法行为予以抵制的,也不能认定为犯罪。

2. 注意区分本罪与刑法第 277 条妨害公务罪的界限。两罪在客观方面以暴

---

① 本罪在暴力的指向上,是仅限于军人本人,还是同时包括与军人有某种亲密关系的其他人员及其所使用的物品,有人认为这两者均涵盖于暴力中,是直接暴力与间接暴力的关系。但通说认为本罪的暴力仅仅限于直接暴力,后者属于本罪的另一种犯罪手段——威胁。

② 这是站在将本罪理解为抽象危险犯的角度考虑的。因为本罪是轻罪,不以军人的职务果然因为行为人的威胁而不能执行为必要,这样更能发挥刑法保障军人依法执行职务的效能,不致放纵犯罪分子,使其轻易开脱罪责。但若是站在将本罪理解为具体危险犯甚或实害犯的角度考虑,则威胁行为须产生使军人不能适当地执行职务,或者显系有困难的程度;甚或使军人不能或者放弃执行职务,或者违背其职责和意愿实施依法不应当实施的行为之程度。

力、威胁方法阻碍依法执行职务和犯罪主观方面基本相同。两罪关键在犯罪客体、犯罪对象上有所不同:本罪侵犯的客体是军人依法执行职务的活动,后者侵犯的是除军人以外的国家工作人员的正常公务活动;本罪侵犯的对象为正在依法执行职务的军人,后者侵犯的是正在依法执行职务的国家机关工作人员。两罪的同类客体也不一样。此外,两罪在犯罪主体是否可以是军人上也有所区别。

鉴于两罪之间具有法条竞合关系,所以本罪特别规定对于阻碍军人依法执行职务的,应认定为本罪,不得适用刑法第 277 条的妨害公务罪。但如果行为人的主观认识发生错误,将军人误认为是其他国家机关工作人员,或将其他国家机关工作人员误认为军人,则应在主客观相统一的范围内,认定犯罪性质。

3. 注意区分本罪与第 426 条军人阻碍执行军事职务罪的界限。两罪在直接客体、客观方面、主观方面均有相同或相似之处。但两罪的区别也是明显的。首先,犯罪主体不同。本罪为一般主体,后者为特殊主体,即具有现役军人身份的军职人员。其次,犯罪对象不同。本罪的犯罪对象是正在依法执行职务的军职人员,后者仅限于正在执行职务的军事指挥人员,或者正在值班、值勤的军人。最后,两罪在同类客体上也有所不同。

4. 注意区分本罪与伤害罪的界限。首先,犯罪客体不同。本罪的客体主要是军人依法执行职务的正常秩序,后者是人身权利。其次,客观方面行为表现不同。两罪的行为人虽然都有使用暴力的方法,但本罪不要求有造成轻重伤的结果发生,后者必须有伤害结果的实际发生。如果行为人因使用暴力方法犯本罪,并致使军人重伤、死亡的,则对行为人应以伤害罪或杀人罪定罪处罚。如果犯本罪时抢夺、抢劫军人枪支及其他武器装备的,也应按想象竞合犯处罚原则处理,即从一重罪处断。

(三)阻碍军人依法执行职务罪的刑事责任

根据刑法第 368 条第 1 款的规定,犯本罪的,处 3 年以下有期徒刑、拘役、管制或者罚金。

二、阻碍军事行动罪

(一)阻碍军事行动罪的概念和特征

阻碍军事行动罪,是指非军职人员采用暴力、威胁方法以及其他方法,故意阻碍武装部队的军事行动,造成严重后果的行为。

本罪的主要特征是:

1. 本罪侵犯的客体为武装部队的军事行动。所谓武装部队,根据我国《兵役法》第 4 条的规定,包括中国人民解放军现役部队、预备役部队、武装警察部队和民兵组织。所谓军事行动,是指国家为达到一定的政治目的而有组织地使用武装力

量的活动。其表现形式，在平时是为了国防现代化能否早日实现而进行的活动，如兵力、兵器的部署及调动，预定战场的建设，军事训练和演习等战争准备活动，以及平定叛乱、暴乱等突发性暴力事件和戒严行动；在战时是指为了保证国家防务的活动，如实施战争、战役和战斗。阻碍军事行动造成严重后果，将严重影响国防建设和国家的防务。

2. 客观方面表现为行为人实施了以暴力、威胁方法以及其他方法阻碍军事行动，造成严重后果的行为。所谓其他方法，指除暴力、威胁方法以外的其他故意阻碍武装部队军事行动的非法行为，如故意在武装部队军事行动的地区，以坐卧路轨、设置障碍、制造困难、煽动不明真相的群众围困部队等手段，拖延、破坏、阻碍武装部队执行军事任务的行为。本罪阻碍的对象必须是对武装部队的整体，而不是其中的某个人。所谓造成严重后果，主要指直接造成武装部队贻误战机、军事行动失利、人员伤亡、重要武器装备损失或丢失，等等。由于本罪是结果犯，如果行为人的行为没有造成严重后果，则不构成本罪，应按阻碍军人执行职务罪定罪处罚。

3. 本罪的主体是一般主体，既可以是军人，也可以是非军职人员。

4. 主观方面是故意，即明知是武装部队的军事行动而实施阻碍。其动机如何，不影响犯罪的成立。但如果出于过失，尽管在客观上也阻碍或阻挠了军人依法执行职务的，不能成立本罪。

(二)认定阻碍军事行动罪应注意区分的界限

1. 注意区分本罪与非罪的界限。主要有两种情况：一是要注意把群众的不满情绪与本罪行为区别开来。部队在军事行动过程中，因损害群众的合法权益，引起群众的不满，要求部队妥善处理、予以赔偿，因此而延误部队行动的，不宜以本罪论处。二是要注意把群众的过失行为与本罪区别开来。由于群众的过失行为，在客观上阻碍了部队军事行动造成严重后果的，不能以本罪论处。

2. 注意区分本罪与第104条武装叛乱、暴乱罪的界限。以武装叛乱或者武装暴乱的方式阻碍军事行动的，属想象竞合犯，应按从一重罪处断的原则，以武装叛乱、暴乱罪定罪处罚。

3. 注意区分本罪与危害公共安全罪、妨害社会管理秩序罪一章中某些犯罪的界限。以放火、爆炸、决水、投放危险物质等危险方法或者以破坏交通、通信工具和设施，破坏电力、易燃、易爆设备，扰乱公共场所秩序，冲击军事机关或以侵入军用计算机信息系统的手段阻碍军事行动的，属于想象竞合犯，应从一重罪处断。

4. 注意区分本罪与阻碍军人执行职务罪的界限。主要区别是：(1)犯罪客体不同。本罪侵犯的直接客体是军队战斗小组以上组织的军事行动，后罪侵犯的直接客体是军人依法执行职务的活动。(2)客观方面的表现形式不同。本罪客观方面阻碍的是军队3人以上战斗组织的军事行动，后罪阻碍的是军人依法执行职务的行为。(3)犯罪既遂形态不同。本罪是结果犯，后罪是行为犯。

5. 注意区分本罪与军人阻碍执行军事职务罪的界限。主要区别是:(1)主体不同。(2)犯罪客体与对象不同。(3)犯罪既遂形态不同。

(三)阻碍军事行动罪的刑事责任

依照刑法第 368 条第 2 款的规定,犯本罪的,处 5 年以下有期徒刑或者拘役。

三、破坏武器装备、军事设施、军事通信罪

(一)破坏武器装备、军事设施、军事通信罪的概念和特征

破坏武器装备、军事设施、军事通信罪,是指故意破坏部队的武器装备、军事设施、军事通信,危害国防利益的行为。本罪名属于选择性罪名,在定罪中应根据行为的破坏对象,确定具体罪名。

本罪的主要特征是:

1. 本罪侵犯的客体是国家防务的战斗力和军事通信能力。本罪侵犯的对象是武器装备、军事设施、军事通信,它们是武装部队战斗力的重要组成部分。所谓武器装备,是指武装部队直接用于实施和保障作战行动的武器、武器系统和军事技术器材的统称。如轻武器、火炮、导弹、原子弹,坦克、舰艇、军用飞机、汽车、火车、雷达车等移动性工具,还有生物武器、化学武器,以及工程装备、电子对抗装备、防化装备,等等。所谓军事设施,根据《中华人民共和国军事设施保护法》的规定,是指直接用于军事目的的建筑、场地和设备,如指挥机关、地面地下的指挥工程、作战工程;军用机场、港口、码头;营区、训练场、试验场;军用洞库、仓库;军用通讯、侦察、导航、观测台站和测量、导航、助航标志;军用公路、铁路专线,军用通信、输电线路,军用输油、输水管道;国务院、中央军委规定的其他军事设施。所谓军事通信,是指军队运用各种通信手段,为实施指挥和武器控制而进行的信息传递,如电话、无线电台、通信卫星、电话线、电台等。上述军事作战的物质保障,一旦遭到破坏,很可能导致战役失利,造成人员伤亡,甚至使战争失败,都会对我国的国防安全和国家利益造成破坏,造成严重的社会危害结果,因而是一种犯罪行为。

2. 客观方面表现为实施了破坏武器装备、军事设施、军事通信的行为。所谓破坏,包括使前述武器装备、军事设施、军事通信的效用丧失或减少的一切行为,而不仅限于物理上的毁损。至于破坏手段,则可能多种多样,如以爆炸、放火、撞击、拆除等方法来破坏和盗用,干扰和盗用无线电频率,等等。破坏行为无论是公开或秘密的,无论是否引起或还没有立即引起危害结果,只要行为人实施了破坏行为,即构成本罪,并不要求破坏行为必须造成一定的后果。

3. 本罪的主体是一般主体,军人、非军人均可成为本罪主体。

4. 主观方面是故意,动机如何不影响本罪的成立。如果出于过失,尽管在客

观上也使武器装备、军事设施、军事通信遭到破坏的,不构成本罪。

(二)认定破坏武器装备、军事设施、军事通信罪应注意区分的界限

1. 注意区分本罪中以盗窃固定在军事设施上的设备、器材、零部件为表现形式的破坏军事设施罪,与盗窃军事设施内的军用物资罪为表现形式的盗窃罪的界限。两罪在主体、主观故意、犯罪手段上相同。其界限是所盗设备、器材是否固定在军事设施上,作为军事设施的一个不可缺少的组成部分。如果是,应定为破坏军事设施罪。

2. 正确区分本罪与危害公共安全罪中以破坏为危害行为特征的如破坏交通设施罪、破坏易燃易爆设备罪、破坏通讯设备罪等罪的界限。其主要区别首先是侵犯的客体不同。本罪侵犯的客体是国防利益,后三罪侵犯的客体是公共安全。其次侵犯的对象也不同。本罪的犯罪对象仅限于军事设施等,而后三罪的破坏对象为非军事设施。

3. 如果仅破坏了不可能改变前述武器装备、军事设施、军事通信功能的部件,如在军事武器或军事设施表面涂画或者将武器包装物撕破,等等,一般不构成本罪。

(三)破坏军事设备、军事设施、军事通信罪的刑事责任

根据刑法第 369 条的规定,对破坏武器装备、军事设施、军事通信的犯罪应分为四种情况来处罚:(1)犯本罪的,处 3 年以下有期徒刑、拘役或者管制。(2)破坏重要武器装备、军事设施、军事通信的,处 3 年以上 10 年以下有期徒刑。所谓重要的武器装备、军事设施、军事通信,是指价值重大、用途重要的武器装备、军事设施,以及具有特别意义的军事通信。如军用飞机、舰艇、导弹基地、军用港口与机场、战时军事指挥通信,等等。(3)情节特别严重的,处 10 年以上有期徒刑、无期徒刑或者死刑。所谓情节特别严重,是指破坏行为引起了重大军事损失,如造成人员重大伤亡,或者影响部队完成重要任务,或者破坏了大量武器装备和军事设施、军事通信等。(4)战时犯本罪的,从重处罚。

四、冒充军人招摇撞骗罪

(一)冒充军人招摇撞骗罪的概念和特征

冒充军人招摇撞骗罪,是指非军职人员以谋取非法利益为目的,冒充军人招摇

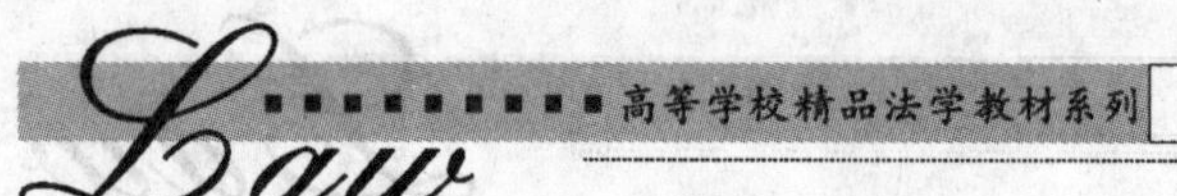

撞骗的行为。①

本罪的主要特征是：

1. 本罪侵犯的客体是军人的声誉和军队的正常活动，同时扰乱社会管理秩序，损害公共利益或公民的合法权益，影响军政、军民关系。本罪侵犯的是复杂客体。冒充军人进行招摇撞骗，具有很大的欺骗性和社会危害性。

2. 客观方面表现为实施了冒充军人招摇撞骗的行为。所谓招摇撞骗，指打着军人的招牌，假借军人的名义在社会上进行炫耀、欺骗活动。具体表现方式多种多样，如穿戴军人服饰、使用伪造的军人证件、自称是军职人员等行骗。所谓谋取非法利益，既包括金钱、财物等物质利益，也包括非物质利益，如骗取政治待遇或荣誉，骗取工作和户口，骗取异性的性爱，等等。

3. 本罪的主体是一般主体。如果军人冒充国家机关工作人员招摇撞骗的，则可以构成刑法第 279 条规定的犯罪。

4. 主观方面是直接故意，并有冒充军人谋取非法利益的目的。

(二)认定冒充军人招摇撞骗罪应注意区分的界限

1. 本罪与一般招摇撞骗行为的区别。(1)要看行为人是否谋取非法利益。如果行为人冒充军人是为了追求合法利益，如为了顺利购买车船票等，应当归属于思想作风问题进行批评教育，不宜构成本罪。(2)要看行为人招摇撞骗的次数的多寡。偶尔而非多次进行招摇撞骗的，一般不认为是犯罪。(3)要看招摇撞骗的结果。结果严重与否，应结合具体案件事实来把握。(4)还要注意区分本罪与不能达到刑事处罚程度的冒充军人招摇撞骗的行政违法行为的界限。(5)仅有冒充军人行为，但无招摇撞骗行为的，更不能构成本罪。

2. 本罪与冒充国家机关工作人员招摇撞骗罪的区别。本罪是修订刑法时从后罪中分离出来的，其区别在于：(1)侵犯的客体不同。本罪的客体是军人的声誉和军队的正常活动，后者侵犯的客体是国家机关的威信及其正常活动。(2)冒充的对象不同。本罪冒充的对象是军人，后者冒充的对象是国家机关工作人员。(3)犯罪主体不同。本罪的主体也有人认为是非军人的一般公民，后者的主体则是一般主体，既可以是军人，也可以是非军人。如果行为人在连续性的招摇撞骗过程中，时而冒充军人，时而冒充其他国家机关工作人员的，应视为一行为触犯了数罪，以想象竞合犯从一重论处。

① 但陈兴良认为假冒军人身份包括三种情况：一是非军人冒充军人，二是级别较低的军人假冒级别较高的军人，三是一般部门的军人假冒要害部门的军人。见陈兴良：《刑法疏议》，中国人民公安大学出版社 1997 年版，第 604 页。张明楷同意此说，见张明楷：《刑法学》，法律出版社 1997 年版，第 901 页。周振想亦赞同此说，见周振想：《刑法学教程》，中国人民公安大学出版社 1997 年版，第 686 页。不一一列举。

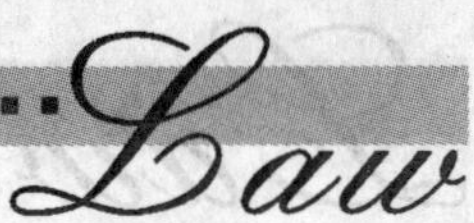

3. 本罪与诈骗罪的区别。两者相同之处在于犯罪手段上都带有一个"骗"字，即编造谎言，隐瞒真相，以骗取他人的信任；从本罪的目的上看，也可能是为了谋取一定的财产利益，这与诈骗罪中行为人的犯罪目的是一致的。其区别主要表现在：(1)侵犯的客体不同，后者侵犯的客体是财产所有权。(2)客观表现形式不同。本罪的行为人表现为冒充军人的身份或者职务行骗，后者的犯罪手段并无此限制，表现为采用虚构事实、隐瞒真相的不特定的任何欺骗形式。(3)目的不同。本罪的目的不仅限于非法骗取物质利益，还包括各种非物质利益。后者仅限于骗取公私财物。前者的犯罪目的内容显然比后者更广泛。(4)成立犯罪的财物数额标准不同。本罪不要求以骗取财产数额较大作为构成犯罪的要件之一，后者要求必须以骗取财物数额较大才构成犯罪。

(三)冒充军人招摇撞骗罪的刑事责任

根据刑法第372条的规定，冒充军人招摇撞骗的，处3年以下有期徒刑、拘役、管制或者剥夺政治权利；情节严重的，处3年以上10年以下有期徒刑。所谓情节严重，如假冒军人进行招摇撞骗犯罪活动影响恶劣或者造成严重经济损失的，多次假冒军人屡教不改、手段恶劣的，违法犯罪分子假冒军人的，假冒军队各级领导干部、机要保密人员的，等等。

第三节 本章其他犯罪

一、过失破坏武器装备、军事设施、军事通信罪

本罪是2005年2月28日公布实施的《中华人民共和国刑法修正案(五)》第3条新增补的罪名。所谓过失破坏武器装备、军事设施、军事通信罪，是指过失破坏武器装备、军事设施、军事通信，危害国防利益，造成严重后果的行为。由于国防是国家存在和安全的保障，关系到国家的安危，故有必要提高国民对这一方面的注意义务。

本罪的犯罪客体、主体与前述破坏武器装备、军事设施、军事通信罪相同。主观方面是过失。客观方面表现为过失地破坏武器装备、军事设施、军事通信，危害国防利益，且造成严重后果的行为。所谓破坏，包括使上述武器装备、军事设施、军事通信的效用丧失或减少的一切行为，而不仅限于物理上的毁损。所谓"严重后果"，一般可以理解为属于下列情形之一：(1)致使武器装备、军事设施、军事通信遭受严重损坏的，或者致使重要武器装备、军事设施、军事通信损坏的；(2)致使指挥机关不能正常指挥的；(3)致使人员死亡、重伤或者多人轻伤的；(4)致使遭受巨大

经济损失的；(5)造成其他严重后果的。

如果行为造成特别严重后果的，则属于本罪的重罪情节。所谓“特别严重后果”，一般可以理解为属于下列情形之一：(1)致使武器装备、军事设施、军事通信遭受特别严重损坏的，或者致使重要武器装备、军事设施、军事通信严重损坏的；(2)致使指挥机关较长时间不能正常指挥的；(3)致使战役、战斗遭受重大失利的，或者致使人员重大伤亡的；(4)致使遭受特别巨大经济损失的(可以掌握在前述定罪情节中“巨大经济损失”的数量标准3倍以上)；(5)造成其他严重后果的。

根据刑法第369条第2款的规定，本罪的刑事责任如下：(1)犯本罪的，处3年以下有期徒刑或者拘役；(2)造成特别严重后果的，处3年以上7年以下有期徒刑；(3)战时犯本罪的，从重处罚。

二、故意提供不合格武器装备、军事设施罪

故意提供不合格武器装备、军事设施罪，是指明知是不合格的武器装备、军事设施而故意提供给武装部队的行为。

本罪侵犯的是复杂客体，包括武装部队的战斗力，军队武器装备、国防工程质量的管理与监督制度，军事订货和验收制度，武装部队人员的人身安全。犯罪对象是武器装备、军事设施。客观方面表现为向武装部队实施了提供不合格武器装备、军事设施的行为。所谓的提供，包括为武装部队从事生产制造、修筑、装配、修理等过程。本罪的主体限于武器装备、军事设施的生产、建造及销售者，或者负责武器装备、军事设施的采购、验收人员；既可以是自然人，也可以由单位构成。主观方面只能由故意构成，即明知是不合格的武器装备、军事设施，仍然作为合格的产品提供给武装部队。如果行为人由于技术工艺的落后而生产、建造的武器装备、军事设施不合格的，因其主观缺乏故意，不应构成本罪。如果仅是某些不可能影响武器装备、军事设施性能的不合格，如武器的包装品不合格等，一般也不构成本罪。

根据刑法第370条第1款的规定，其刑事责任如下：(1)犯本罪的，处5年以下有期徒刑或者拘役。(2)情节严重的，处5年以上10年以下有期徒刑。所谓情节严重的，是指行为人手段、动机恶劣，或者造成1人死亡，3人轻伤，造成巨大经济损失，严重影响了部队军事工作和军事任务完成的行为，等等。(3)情节特别严重的，处10年以上有期徒刑、无期徒刑或者死刑。所谓情节特别严重的，是指死亡2人以上，伤4人以上，造成特别重大经济损失，大量武器装备不合格，影响重要军事任务完成的行为，等等。(4)根据该条第3款的规定，单位犯本罪的，对单位判处罚金，并对其直接负责的主管人员和其他直接责任人员，依照上述第1款的规定处罚。

三、过失提供不合格武器装备、军事设施罪

过失提供不合格武器装备、军事设施罪，是指由于疏忽大意或者过于自信，而提供不合格的武器装备、军事设施给武装部队，造成严重后果的行为。

本罪侵犯的客体，是与上一罪相同的复杂客体。客观方面表现为过失向武装部队提供了不合格武器装备、军事设施，并造成了严重后果的行为。本罪的主体是一般主体。[①] 主观方面只能是过失，而不是故意。由于其主观的恶性要小于明知的行为，因而犯罪构成上要求其行为必须造成了严重后果。

根据刑法第 370 条第 2 款的规定，犯本罪的，处 3 年以下有期徒刑或者拘役。造成特别严重后果的，如造成多人伤亡或者特别重大损失的，处 3 年以上 7 年以下有期徒刑。

四、聚众冲击军事禁区罪

聚众冲击军事禁区罪，是指聚众冲击军事禁区，严重扰乱军事禁区秩序的行为。

本罪侵犯的客体是军事禁区的正常管理秩序。客观方面表现为行为人实施了聚众冲击军事禁区，严重扰乱军事禁区秩序的行为。所谓聚众，是指首要分子组织、策划、指挥、纠集多人在一起。聚首者可以是躲在幕后而不亲自实施具体的冲击、扰乱行为的人，其聚集众人的手段也可以是煽动、收买、挑拨、教唆等。本罪是以聚众的方式实施的。所谓冲击，是指强行进入不得进入的军事禁区的行为。所谓军事禁区，是指最重要或具有重大危险因素的军事设施保护性区域，包括陆域、水域、空域。也就是国家根据军事设施的性质、特点、作用、安全的需要，以及使用效能的特殊要求，在依法划定的一定范围的陆域、水域、空域采取特殊措施重点保护的区域。所谓严重扰乱军事禁区秩序，是指严重干扰、破坏了军事禁区的管理，致使作战、战备、训练、科研等正常工作无法进行。其中的“严重扰乱”，是指实际危害结果，并不要求行为人主观上明确地知道自己的行为会造成“严重扰乱”。也就是说，实施行为的损害结果即使超出行为人组织、策划、指挥的预谋，也不影响行为人故意的成立。如使军事禁区的指挥失调，军事单位的人员、车辆、船舰无法通过，飞机无法起降，作战、训练、科研之外的戒严、抢险救灾、教学等活动无法正常进行。本罪是结果犯，行为人聚众冲击军事禁区的行为，与所造成的严重扰乱军事禁区秩序的危害后果之间具有因果关系。如果虽有冲击行为，只造成一般性的干扰，并没

---

① 或认为单位不能成为本罪的主体，见苏惠渔主编：《刑法学》，中国政法大学出版社 1997 年版，第 830 页。

有严重扰乱军事禁区秩序的，则不构成犯罪，应对冲击人员批评教育乃至予以必要的行政处分。本罪的主体是一般主体，具体言之，即是聚众冲击军事禁区的首要分子和其他积极参加并在冲击行动中起重要作用者。一般参与冲击军事禁区的人员，并不构成本罪的主体。主观方面只能由故意构成，即明知聚众冲击军事禁区会造成危害后果，却希望或者放任这种结果发生。动机如何不影响定罪。

本罪行为人若持械冲击军事禁区，则应注意与武装叛乱罪中的持械冲击军事禁区的相似之处。对以武装叛乱形式冲击军事禁区，严重扰乱军事禁区秩序的，属想象竞合犯，按照从一重罪处断的原则，应以武装叛乱罪定罪处罚。

根据刑法第 371 条第 1 款的规定，聚众冲击军事禁区，严重扰乱军事禁区秩序的，对首要分子，处 5 年以上 10 年以下有期徒刑；对其他积极参加的，处 5 年以下有期徒刑、拘役、管制或者剥夺政治权利。

五、聚众扰乱军事管理区秩序罪

聚众扰乱军事管理区秩序罪，是指聚众扰乱军事管理区秩序，情节严重，致使军事管理区工作无法进行，造成严重损失的行为。

本罪侵犯的客体、主体和主观方面与上一罪相同。客观方面则表现为行为人实施了聚众扰乱军事管理区秩序，且情节严重的行为。所谓军事管理区，是指重要的军事设施保护区，即为了军事利益、军事目的而由国务院和中央军事委员会的规定所确定的、由军队管理的区域。所谓情节严重，是指军事管理区的军事工作无法进行或者遭受严重的损失。如多次聚众扰乱军事管理区秩序、手段特别恶劣等情况。聚众扰乱军事管理区秩序的，只有情节严重，才成立扰乱军事管理区秩序罪，这是区分本罪与非罪的一个重要条件。而上一罪中，“情节严重”不是法定构成要件。两罪之间的构成要件并不完全等同。

根据刑法第 371 条第 2 款的规定，犯本罪的，对首要分子处 3 年以上 7 年以下有期徒刑；对其他积极参加的，处 3 年以下有期徒刑、拘役、管制、剥夺政治权利。

六、煽动军人逃离部队罪

煽动军人逃离部队罪，是指以口头、书信等形式唆使、鼓动军人逃离部队，情节严重的行为。

本罪侵犯的客体是国家的兵役制度和武装部队的管理秩序。客观方面表现为行为人实施了煽动军人逃离部队，情节严重的行为。本罪的行为方式是煽动。所谓煽动，就是以宣传鼓动、唆使怂恿等方式促使军人逃离部队。其具体形式既可以是言词、演讲、广播宣传等言语方式，或者书信、传单、电报、广泛邮寄材料等文字方

式，也可以是对军人许诺条件、资助钱财等。① 所谓逃离部队，是指煽动之内容必须是促使军人逃离部队。具体而言，是指现役军人为了逃避服役而离开部队，或者执行军事任务的预备役人员和其他人员为逃避执行军事任务而离开部队，或者煽动军人不经领导批准擅自离开部队或逾期不归。所谓情节严重，例如战时煽动军人逃离部队；用威胁、欺骗等手段煽动军人逃离部队；煽动军人逃离部队人数多、时间长、影响极坏的；煽动在重要岗位上或者指挥、值班、值勤人员逃离部队并导致影响部队的正常工作和战备任务完成，后果严重的；煽动军人携带武器装备逃离部队的；多次进行煽动军人逃离部队的演讲、宣传或大量向部队邮寄、散发此类材料的。本罪虽然是情节犯，即本罪的成立不仅要求行为人实施了煽动军人逃离部队的行为，而且必须达到情节严重的程度。但应注意的是，本罪的成立并不要求军人逃离部队的事实实际发生。但对于军人的妻子、丈夫或近亲属劝说军人复员的，不构成本罪。本罪的主体是一般主体，主观方面是故意，并且明知被煽动的是军人。其目的是煽动军人逃离部队，一般具有经济目的或政治目的。

根据刑法第 373 条的规定，犯本罪的处 3 年以下有期徒刑、拘役或管制。

七、雇用逃离部队的军人罪

雇用逃离部队的军人罪，是指明知他人是逃离部队的军人而雇用，情节严重的行为。

本罪侵犯的客体是我国的兵役制度和武装部队的管理秩序。客观方面表现为行为人实施了故意雇用逃离部队的军人，且情节严重的行为。本罪的行为方式是雇佣。这里所谓的雇用，是指通过付给逃离部队的军人一定形式的劳务报酬，从而令其为自己劳动。雇佣既可以是书面形式的，也可以是口头形式的；既可以是定期雇佣、不定期雇佣的，也可以以完成一定工作为期限的雇佣。雇佣的具体形式并不影响本罪的成立。犯罪对象是逃离部队的军人，包括未经领导批准擅自离开部队和虽经领导批准但逾期不归的两种情况。所谓情节严重，是指雇用多名逃离部队的军人，多次雇用，雇用逃离部队的军人从事非法活动，雇用因犯罪而逃离部队的军人，战时雇用逃离部队的军人，雇用逃离部队的军人影响军队重要任务的完成或造成严重后果，拒绝部队将逃离部队的军人带回等情形。本罪的主体是一般主体，多是有雇用能力的各类企业、事业单位、团体以及个体工商户的负责人②，也可以

---

① 对本罪的“煽动”，根据不同的标准，尚可进一步区分为口头煽动和书面煽动、公然性煽动和秘密性煽动等类型。

② 国家机关录用逃离部队的军人为国家公务员的，一般不宜对直接责任人员以本罪处罚。因为该行为本质上不同于货币与劳动力进行交换的雇佣关系。况且国家公务员的报考、录用的基本条件之一就是报考人、被录用人必须遵纪守法，而逃离部队的军人显然不具备该基本条件。

是其他自然人，包括军人。单位不能成为本罪的主体。主观方面只能由故意构成，即明知军人逃离部队是违反军纪军法的行为而仍然雇佣，实际上是包庇、纵容、鼓励军人逃离部队的行为。

根据刑法第373条的规定，犯本罪的处3年以下有期徒刑、拘役或管制。

八、接送不合格兵员罪

接送不合格兵员罪，是指征兵工作人员在征兵工作中违反有关规定，徇私舞弊，接送不合格兵员入伍，情节严重的行为。

本罪侵犯的客体是国家征兵工作秩序，即国家的兵役制度和武装部队的战斗力。客观方面表现为行为人在征兵工作中实施了徇私舞弊，接送不合格兵员入伍，情节严重的行为。所谓征兵，是指按兵役法的规定，征集应征公民到武装部队（包括中国人民解放军、中国人民武装警察部队）服现役。所谓徇私舞弊，是指为谋取私利而弄虚作假，违法乱纪。例如冒名顶替，在体检表上不如实填写或涂改，在政治审查中隐瞒不符合政治条件的情况，隐瞒真实年龄、文化程度，伪造、变造、涂改入伍登记表等，在身体检查、政治审查、兵役登记和接收等环节上弄虚作假。所谓接送不合格兵员，是指接收和输送身体、政治、年龄、文化程度不合格的兵员入伍。所谓情节严重，是指由于接送不合格兵员，严重影响部队建设，或者造成其他后果的，以及徇私舞弊、牟取应征人员及其亲属的金钱财物数额较大的，或徇私舞弊、屡教不改的，等等。本罪的主体是特殊主体，即负责兵役工作的人员，既包括地方兵役征集工作人员，也包括接收部队派出的接兵工作人员。兵员本身隐瞒自己的情况，不构成本罪。① 主观方面必须是故意。动机多种多样，不影响本罪的成立。过失不构成本罪。

本罪与玩忽职守罪在犯罪主体、主观方面和犯罪客体上都不相同，应注意区别其界限。还应注意本罪与其他徇私舞弊罪在犯罪客体、犯罪对象和犯罪主体上的区别。此外，行为人在接送不合格兵员的过程中，如有收受他人较大数额的贿赂，或伪造公文、证件的行为，应按牵连犯从一重罪处断，不可数罪并罚。

根据刑法第374条的规定，犯本罪的处3年以下有期徒刑或者拘役；造成特别严重后果的，处3年以上7年以下有期徒刑。

九、伪造、变造、买卖武装部队公文、证件、印章罪，盗窃、抢夺武装部队公文、证件、印章罪

伪造、变造、买卖或者盗窃、抢夺武装部队公文、证件、印章罪，分别指伪造、变

① 也有部分学者认为本罪的主体是一般主体，见周振想：《刑法学教程》，中国人民公安大学出版社1997年版，第687页。王作富也持同样观点，并具体列举包括“不合格兵员的家长及其他亲属”。见王作富主编：《中国刑法的修改与补充》，中国检察出版社1997年版，第296页。

造、买卖或者盗窃、抢夺武装部队公文、证件、印章的行为。

两罪侵犯的客体是武装部队公文、证件、印章的正常管理活动及其声誉。行为对象为武装部队的公文、证件、印章。所谓武装部队公文，又称军用公文，是指武装部队某一级单位制作的，用于发布指示及命令、指导工作、处理问题的文件，包括战斗公文和其他军用公文。所谓武装部队证件，是指由武装部队制作的用以证明武装部队人员身份、授权，或者其他事实的凭证，如军官证、军人通行证。所谓武装部队印章，是指由武装部队依法制作的，刻有军事机关、单位名称的公章，以及业务专用章，如部队番号公章、档案专用章。两罪的法条与伪造、变造、买卖以及盗窃、抢夺、毁灭国家机关公文、证件、印章罪的刑法第 280 条，是特别法条与普通法条的关系，因此，在犯罪主体、主观方面完全相同，客观方面也诸多相同。若伪造、变造、买卖或者盗窃、抢夺武装部队的公文、证件、印章的，只要实施其中一种行为，或者结合实施其中几种行为的，就可分别认定为这两罪中的一罪。唯有毁灭武装部队公文、证件、印章的，仍应适用刑法第 280 条。所谓情节严重，是指伪造、变造、买卖或者盗窃、抢夺武装部队大量的公文、证件、印章的，严重影响军事行动、危害军事利益的情况。

根据刑法第 375 条第 1 款和第 3 款的规定，犯伪造、变造、买卖或者盗窃、抢夺武装部队公文、证件、印章罪的处 3 年以下有期徒刑、拘役、管制或者剥夺政治权利；情节严重的，处 3 年以上 10 年以下有期徒刑。

十、非法生产、买卖武装部队制式服装罪

非法生产、买卖武装部队制式服装罪①，是指非法生产、买卖武装部队制式服装，情节严重的行为。

本罪侵犯的客体是武装部队制式服装的管理秩序和武装部队的信誉。客观方面表现为行为人实施了非法生产②、买卖武装部队制式服装且情节严重的行为。本罪的犯罪对象是武装部队依法订购、监制，专供武装部队使用的制式服装。但生产、买卖的不是正在使用或即将使用，而是过时或根本不存在的武装部队制式服装的，不构成本罪。所谓"非法生产、买卖"，是指违反有关法律、法规，未经主管部门准许，擅自制作、销售、购买，包括指定生产的工厂不按规定擅自超额生产、销售和其他单位、人员私自仿制、销售、购买。按照法律规定，行为人只要实施了生产或者

---

① 本罪为《刑法修正案(七)》第 12 条第 1 款所修改，原罪名为非法生产、买卖军用标志罪。

② "非法生产"是指未经国家有关部门批准，擅自生产的行为。从本罪的立法目的来看，生产虽然可以指制造，但应从规模化、有组织化的角度来理解之。因而，偶然一次且极少量的制造武装部队制式服装的行为，不宜认为是本罪中的生产，不应认定构成本罪。

买卖军用标志的其中一种行为，就构成本罪；实施两种行为的，仍为一罪，不实行并罚。所谓情节严重，是指生产、买卖武装部队制式服装数量较大的，利用非法生产、买卖的武装部队制式服装进行违法活动的，多次生产、买卖武装部队制式服装的等严重扰乱武装部队对其制式服装的管理秩序的情况。本罪的主体是一般主体，而且单位也能成为本罪的主体。主观方面为故意，一般具有非法营利的目的。但非法营利的目的不是构成本罪的必要条件。

根据刑法第 375 条第 2 款的规定，犯本罪的处 3 年以下有期徒刑、拘役，并处或者单处罚金；单位犯本罪的，对单位判处罚金，并对直接负责的主管人员和其他直接责任人员，依照对自然人的规定处罚。

十一、伪造、盗窃、买卖、非法提供、非法使用武装部队专用标志罪

伪造、盗窃、买卖、非法提供、非法使用武装部队专用标志罪①，是指伪造、盗窃、买卖或者非法提供、非法使用武装部队车辆号牌等专用标志，情节严重的行为。

本罪侵犯的客体是武装部队专用标志的管理秩序和武装部队的信誉。本罪的犯罪对象为武装部队的专用标志，所谓武装部队的专用标志，是指武装部队依法授权、订购，专供武装部队使用的各种标志。其为武装部队所持有，能体现佩带专用标志者的身份、属性。本罪客观方面表现在通过伪造、盗窃、买卖、非法提供、非法使用武装部队专用标志，情节严重的行为。据国家有关部门统计，假冒军车每年偷逃各种规费近 10 亿元，还不断引发治安问题甚至刑事案件。军车号牌被大量盗用、伪造，不仅破坏了军队正常管理和军事运行秩序，干扰部队战备训练，损坏人民军队形象，而且严重破坏了社会安全稳定，危害正常经济秩序。故《刑法修正案（七）》第 12 条第 2 款增设本罪。需要指出的是，“非法提供或者使用”军车号牌等专用标志的行为，既包括非法提供、使用假的军车号牌等专用标志，也包括真的军车号牌等专用标志。以非法提供或者使用军车号牌为例，将军车号牌提供给没有使用资格的人使用，无论提供的军车号牌是真是假，非法使用军车号牌的人逃避缴纳税费同样会给国家造成损失，上道路违章行驶同样给人民生命财产安全造成的威胁，同样会对部队形象声誉造成损害，其社会危害性也是显而易见的。

根据《刑法修正案（七）》第 12 条第 2 款修订的刑法第 375 条第 3 款的规定，犯本罪的处 3 年以下有期徒刑、拘役或者管制，并处或者单处罚金；情节特别严重的，处 3 年以上 7 年以下有期徒刑，并处罚金。单位犯本罪的，对单位判处罚金，并对直接负责的主管人员和其他直接责任人员，依照对自然人的规定处罚。

---

① 本罪为《刑法修正案（七）》第 12 条第 2 款所增设。

十二、战时拒绝、逃避征召或军事训练罪

战时拒绝、逃避征召或军事训练罪，是指预备役人员在战时拒绝、逃避征召或者军事训练，情节严重的行为。

本罪侵犯的客体是国家兵役制度。客观方面表现为行为人实施了在战时拒绝、逃避征召或军事训练，且情节严重的行为。“战时”是本罪构成的时间因素。所谓战时，是指国家宣布进入战争状态、部队受领作战任务或者遭敌突然袭击时。部队执行戒严任务或者处置突发性暴力事件时，以战时论。本罪的行为方式是拒绝或者逃避。所谓拒绝，是指行为人拒不接受国家征召或军事训练。所谓逃避，是指行为人以各种手段有意躲避征召或军事训练。两者没有本质区别，都表现为不接受征召或军事训练。一般来说，前者是公开的方式，后者是隐蔽的方式。所谓情节严重，是指拒绝、逃避行为影响作战或重要军事任务的完成；或者结伙带头或者煽动多人共同拒绝、逃避；或以暴力抗拒，或以行贿方式拒绝、逃避征召或军事训练，等等。本罪的主体是特殊主体，即预备役人员。主观方面必须是故意。其动机或出于怕战死、战伤，或怕影响经济收入。

根据刑法第 376 条第 1 款的规定，犯本罪的处 3 年以下有期徒刑或者拘役。

十三、战时拒绝、逃避服役罪

战时拒绝、逃避服役罪，是指公民在战时拒绝、逃避服役，情节严重的行为。

本罪的客体、主观方面同上一罪。客观方面表现为行为人实施了在战时拒绝、逃避服役，情节严重的行为。所谓“拒绝服役”，是指拒不接受服兵役，包括拒不服役或抗拒服役。所谓“逃避服役”是指以某种行为或虚假理由躲避服兵役，包括以自伤身体、装病、装残等方式逃避服兵役，雇人或请他人冒名顶替自己服役，等等。所谓“情节严重”是指拒绝、逃避服役影响作战或其他重要任务完成的，多次拒绝、逃避服役的，结伙带头或煽动他人拒绝、逃避服役的，以暴力手段或行贿方式拒绝、逃避服役的，等等。如果没有上述情节的，则不构成犯罪，应教育其主动服役。本罪只能发生在战时。本罪的主体是特殊主体，即除军人、预备役人员之外，具备服兵役条件的普通应征公民。

根据刑法第 376 条第 2 款的规定，犯本罪的处 2 年以下有期徒刑或者拘役。

十四、战时故意提供虚假敌情罪

战时故意提供虚假敌情罪，是指在战时故意向武装部队提供虚假敌情，造成严重后果的行为。

本罪侵犯的客体是武装部队的作战利益和国家防务的安全。客观方面表现为行为人在战时故意向武装部队提供虚假敌情,且造成了严重后果。所谓向武装部队"提供",包括主动提供、被动提供;直接提供、间接提供;口头提供、书面提供等情形。所谓虚假敌情,就是不真实的、与事实不符的有关敌人信息,如凭空编造的假敌情,故意颠倒事实真相的夸大或缩小的敌情等。构成本罪的必须是造成严重后果,即扰乱了部队作战部署,干扰了部队的军事行动,破坏了指挥人员的作战计划和安排。具体如造成部队人员无辜伤亡、武器装备和军用物资大量损失、战斗失利,以及贻误有利的作战时机,影响作战任务完成之类的结果。本罪的主体是一般主体,但不包括现役军人。如果现役军人战时提供虚假情报的,应按照谎报军情罪处理。犯罪对象是武装部队。主观方面必须是故意。行为人无论出于何种原因、何种目的,都不影响本罪的构成。过失不成立本罪。

根据刑法第 377 条的规定,犯本罪的处 3 年以上 10 年以下有期徒刑;造成特别严重后果的,处 10 年以上有期徒刑或者无期徒刑。

十五、战时造谣扰乱军心罪

战时造谣扰乱军心罪,是指在战时造谣惑众,扰乱军心的行为。

本罪侵犯的客体是武装部队的战斗力。客观方面表现为行为人在战时实施了造谣惑众,扰乱军心的行为。造谣惑众是手段,扰乱军心是目的,两者必须同时具备。所谓造谣惑众,是指行为人捏造事实,或以虚构情况在部队中散布,迷惑他人的行为。这种行为的对象必须是多人,如果仅是向个别人私下传谣,没有对多人产生影响的,不构成本罪;这种行为在结果上,不管是否造成扰乱军心的实际结果,只要具有扰乱军心的现实危险性,就不影响本罪的成立。本罪的主体是除军人以外的一般主体。主观方面必须是故意。过失不成立本罪。

根据刑法第 378 条的规定,犯本罪的处 3 年以下有期徒刑、拘役或者管制;情节严重的,处 3 年以上 10 年以下有期徒刑。

十六、战时窝藏逃离部队军人罪

战时窝藏逃离部队军人罪,是指在战时明知是逃离部队的军人,而为其提供隐蔽处所、财物,情节严重的行为。

本罪侵犯的客体是武装部队的管理秩序和战斗力。客观方面表现为行为人实施了在战时明知是逃离部队的军人,而为其提供隐蔽处所、财物,情节严重的行为。本罪的主体是一般主体。主观方面只能由故意构成。过失不成立本罪。

根据刑法第 379 条的规定,犯本罪的处 3 年以下有期徒刑或者拘役。

十七、战时拒绝、故意延误军事订货罪

战时拒绝、故意延误军事订货罪，是指在战时拒绝或者故意延误军事订货，情节严重的行为。

本罪侵犯的客体是国家军事订货管理制度。所谓军事订货，是指军事部门采用协议或者合同向军工企事业单位或者其他企事业单位订购直接用于实施和保障作战行动的武器装备、用于军事目的的军事设施，以及供应军队作战、训练、施工、科研、后勤保障等方面使用的物资——军用物资。它与其他民事订货一样，具有先成交后生产的特点，一般适用于大批量或价值高的军品。客观方面表现为在战时无正当理由拒绝或者故意延误军事订货，情节严重的行为。本罪的主体是特殊主体，即依法应当承担或已经承担军事订货任务的单位，也就是从事科研、生产、销售的单位及其直接负责的主管人员和其他直接责任人。本罪的主体仅限于单位，是特殊主体，自然人不能独立成为本罪的主体。主观方面必须是故意。单位如果不知是军事订货或者不具备承担某项军事订货任务的条件而拒绝或延误军事订货的，或者由于意外事件或不可抗力而延误军事订货的，不构成本罪。

根据刑法第 380 条的规定，犯本罪的，对单位判处罚金，并对其直接负责的主管人员和其他直接责任人员处 5 年以下有期徒刑或者拘役；造成严重后果的，处 5 年以上有期徒刑。

十八、战时拒绝军事征用罪

战时拒绝军事征用罪，是指战时拒绝军事征用情节严重的行为。

本罪侵犯的客体是国家战争动员制度。客观方面表现为行为人实施了在战时拒绝军事征用且情节严重的行为。这里所谓的军事征用，是指在战时武装力量以军队或作战需要为目的，依法使用机关、团体、企业事业单位、村镇或公民的房屋、土地、运输工具、通信设施及工具等物品、设施的情况。本罪的主体是一般主体。主观方面必须是故意。动机如何不影响定罪。

根据刑法第 381 条的规定，犯本罪的处 3 年以下有期徒刑或拘役。

第八章　贪污贿赂罪

第一节　贪污贿赂罪概述

一、贪污贿赂罪的概念与特征

贪污贿赂罪，是指国家工作人员利用职务上的便利或者违反与其职务相关的法律规定，实施贪污、挪用、贿赂、私分等侵犯公私财物的行为。将贪污贿赂罪规定为独立的一章是1997年刑法的重大修订。在1979年刑法中，贪污罪、贿赂罪只是个罪，而且贪污罪属于侵犯财产罪，贿赂罪也只包括行贿罪、受贿罪和介绍贿赂罪。

贪污贿赂罪具有以下基本特征：

1. 本类犯罪侵犯的客体是复杂客体，包括国家机关及其工作人员的廉政制度和公私财产所有权制度。所谓“廉政制度”，是指以恪尽职守、廉洁奉公、吏治清明、反对腐败为内容的国家机关工作制度。

2. 本类犯罪的客观方面表现为行为人利用职务上的便利或者违反与其职务相关的法律规定，贪污、受贿、挪用公款、拥有不能说明来源的巨额财产、隐瞒境外存款、私分国有资产或罚没财物，或者行贿、介绍贿赂的行为。这类犯罪行为不仅与职务密切相关，而且从结果来看都获取了达到一定数额标准的财物。其中，利用职务上的便利是这类罪的本质特征，也是犯罪成立的前提。所谓“利用职务上的便利”，是指利用职务上主管、管理、经手公共财物的权力、地位以及由此形成的方便条件。可见，贪污贿赂罪是典型的“职务犯罪”，其中贪污类犯罪的本质是以权谋私，贿赂罪的本质是权钱交易。

3. 本类犯罪的主观方面均为故意，一般具有占有公私财物或使用公共财物的目的，过失不能构成本类犯罪。

4. 本类犯罪的主体，绝大多数是特殊主体，如贪污罪、受贿罪、挪用公款罪、巨额财产来源不明罪、隐瞒境外存款罪，只能由国家工作人员构成；单位受贿罪、私分国有资产罪、私分罚没财物罪，只能由国有单位构成。少数犯罪，如行贿罪、介绍贿赂罪是一般主体。

二、正确理解和把握贪污贿赂罪的犯罪主体

全面准确地理解贪污贿赂罪的犯罪主体，应注意把握以下两个方面的内容：

1. 关于贪污贿赂罪主体的范围

刑法第 93 条、第 382 条和全国人大常委会 2000 年 4 月 29 日《关于〈中华人民共和国刑法〉第九十三条第二款的解释》，全面规定了贪污贿赂罪主体的范围：

(1)根据刑法第 93 条的规定，“国家工作人员”具体包括以下四类人员：国家机关中从事公务的人员，国有公司、企业、事业单位、人民团体中从事公务的人员，国家机关、国有公司、企业、事业单位委派到非国有公司、企业、事业单位、社会团体中从事公务的人员，其他依照法律从事公务的人员。

(2)刑法第 382 条第 2 款规定：“受国家机关、国有公司、企业、事业单位、人民团体委托管理、经营国有财产的人员，利用职务之便，侵吞、盗窃、骗取或者以其他手段非法占有国有财物的，以贪污论。”

(3)根据全国人大常委会 2000 年 4 月 29 日《关于〈中华人民共和国刑法〉第九十三条第二款的解释》，村民委员会等村基层组织人员协助人民政府从事下列行政管理工作，属于刑法第 93 条第 2 款规定的“其他依照法律从事公务的人员”：①救灾、抢险、防汛、优抚、扶贫、移民、救济款物的管理；②社会捐助事业款物的管理；③国有土地的经营和管理；④土地征用补偿费用的管理；⑤代征、代缴税款；⑥有关计划生育、户籍、征兵工作；⑦协助人民政府从事的其他行政管理工作。村民委员会等基层组织人员从事前款规定的公务，利用职务上的便利，非法占有公共财物、挪用公款、索取他人财物或者非法收受他人财物，构成犯罪的，适用挪用公款罪和受贿罪的规定。

2. 关于贪污贿赂罪犯罪主体的司法适用

根据 2003 年 11 月《最高人民法院关于印发〈全国法院审理经济犯罪案件工作座谈会纪要〉的通知》，贪污贿赂犯罪主体的认定应遵循如下规定：

(1)国家机关工作人员的认定

刑法中所称的“国家机关工作人员”，是指在国家机关中从事公务的人员，包括在各级国家权力机关、行政机关、司法机关和军事机关中从事公务的人员。

根据有关立法解释的规定，在依照法律、法规规定行使国家行政管理职权的组织中从事公务的人员，或者在受国家机关委托代表国家行使职权的组织中从事公务的人员，或者虽未列入国家机关人员编制但在国家机关中从事公务的人员，视为国家机关工作人员。在乡(镇)以上中国共产党机关、人民政协机关中从事公务的人员，司法实践中也应当视为国家机关工作人员。

(2)国家机关、国有公司、企业、事业单位委派到非国有公司、企业、事业单位、社会团体从事公务的人员的认定

所谓“委派”，即委任、派遣，其形式多种多样，如任命、指派、提名、批准等。不

论被委派的人身份如何，只要是接受国家机关、国有公司、企业、事业单位委派，代表国家机关、国有公司、企业、事业单位在非国有公司、企业、事业单位、社会团体中从事组织、领导、监督、管理等工作，都可以认定为国家机关、国有公司、企业、事业单位委派到非国有公司、企业、事业单位、社会团体从事公务的人员。国家机关、国有公司、企业、事业单位委派在国有控股或者参股的股份有限公司从事组织、领导、监督、管理等工作的人员，应当以国家工作人员论；国有公司、企业改制为股份有限公司后原国有公司、企业的工作人员和股份有限公司新任命的人员中，除代表国有投资主体行使监督、管理职权的人外不以国家工作人员论。

(3)“其他依照法律从事公务的人员”的认定

刑法第 93 条第 2 款规定的“其他依照法律从事公务的人员”应当具有两个特征：一是在特定条件下行使国家管理职能。二是依照法律规定从事公务。具体包括：①依法履行职责的各级人民代表大会代表；②依法履行审判职责的人民陪审员；③协助乡镇人民政府、街道办事处从事行政管理工作的村民委员会、居民委员会等农村和城市基层组织人员；④其他由法律授权从事公务的人员。

(4)关于“从事公务”的理解

“从事公务”，是指代表国家机关、国有公司、企业、事业单位、人民团体等履行组织、领导、监督、管理等职责。“公务”主要表现为与职权相联系的公共事务以及监督、管理国有财产的职务活动，如国家机关工作人员依法履行职责，国有公司的董事、经理、监事、会计、出纳人员等管理、监督国有财产等活动，属于从事公务。那些不具备职权内容的劳务活动、技术服务工作，如售货员、售票员等所从事的工作，一般不认为是公务。

三、贪污贿赂罪的种类

根据刑法分则第八章的规定，贪污贿赂罪共 12 个具体罪名。理论上可以分为两大类：

1. 贪污犯罪。包括贪污罪、挪用公款罪、私分国有资产罪、私分罚没财物罪、巨额财产来源不明罪、隐瞒境外存款罪。

2. 贿赂犯罪。包括受贿罪、单位受贿罪、行贿罪、对单位行贿罪、介绍贿赂罪、单位行贿罪。

第二节 贪污犯罪

【引 例】

某银行储蓄所工作人员王某将储户张某遗忘在柜台上的活期存折拾起收

藏,此存折上只有账号,没有户名,但储蓄所的底账上留有张某的名字和印鉴,这种情况只有储蓄所的相关工作人员知道,取款时必须提供存折和张某的手章。接着王某到个体刻字店私刻了张某的手章,并对姚某谎称是客户代为请求取出存款。姚某取出11000元后交给王某。张某三天后发现存折丢失,找到王某,王某声称存款被他人取走。县检察院立案后,经核对,取款单上的印章和张某的手章不符。审讯后王某如实交代了犯罪事实,并退回了所有赃款。

一、贪污罪

(一)犯罪基本理论

贪污罪,是指国家工作人员利用职务上的便利,侵吞、窃取、骗取或者以其他手段,非法占有公共财物的行为。

1. 本罪的客体是复杂客体,既侵害了国家机关的廉政制度,又侵害了公共财产所有权。犯罪对象只能是公共财产。所谓“公共财产”,根据刑法第91条的规定,公共财产包括:国有财产,劳动群众集体所有的财产,用于扶贫和其他公益事业的社会捐助或者专项基金的财产,在国家机关、国有公司、企业、集体企业和人民团体管理、使用或者运输中的私人财产,以公共财产论。犯罪对象不是公共财产,不能构成贪污罪,这是贪污罪重要的客观特征之一。

2. 本罪在客观方面表现为行为人利用职务上的便利,侵吞、窃取、骗取或者以其他手段非法占有公共财物的行为,具体包括以下三个方面的内容:

(1)行为人利用职务上的便利,这是贪污罪成立的前提条件。所谓“利用职务上的便利”,是指利用职务上主管、管理、经手公共财物的权力、地位以及由此形成的方便条件。“利用职务上的便利”不同于“利用工作上的便利”,工作上的便利,是指熟悉工作环境、知悉工作条件、了解内情等方便作案的主客观条件,因此,利用工作上的便利侵犯财产构成犯罪的不构成贪污罪,可依照其他侵犯财产罪论处。(2)具体犯罪行为方式表现为侵吞、窃取、骗取或者其他手段。贪污罪的手段多种多样,刑法第382条规定为侵吞、窃取、骗取以及其他手段。所谓“侵吞”,是指行为人利用职务上的便利,将自己主管、经手、管理的公共财物,非法占为己有;所谓“窃取”,是指行为人利用职务上的便利,采用秘密方法,将自己合法管理、经手的公共财物窃为己有,即“监守自盗”;所谓“骗取”,是指行为人利用职务上的便利,采用虚构事实或者隐瞒真相的方法,非法占有公共财物;所谓“其他手段”,是指行为人利用职务上的便利,采用侵吞、窃取、骗取以外的方法,非法占有公共财物,例如,挪用公款存入银行将利息据为己有,公务活动中收受礼物据为己有等。(3)必须是贪污公共财物数额较大或者情节严重,否则属于违法行为,不构成贪污罪。

引例中,从表面看王某捡到并冒领了张某的存折,侵犯了张某的私人财产所有权，但实际上由于张某在存款时办理了特殊的手续，也就要求储蓄所必须经过必要的手续检查才能确认存款的支取，因此，王某骗取该笔款项后，张某仍然可以要求银行支付其存款和利息，王某骗取的款项处于银行控制下，在没有提取前属于银行运营资金的一个部分，因此王某骗取的款项所有权属于银行。另外，王某利用了自己是银行工作人员，知道存折的底账上有张某的签名和印章，以及利用职务上的便利取款时对签名和印章不作核对。据此王某是利用了职务之便骗取了公共财物，构成贪污罪。

3. 本罪的主体是特殊主体，只有国家工作人员和受国家机关、国有公司、企业、事业单位或者人民团体委托、管理、经营国有财产的人员才能构成本罪。具体含义详见前述。根据2003年11月最高人民法院印发的《全国法院审理经济犯罪案件工作座谈会纪要》，"受委托管理、经营国有财产"，是指因承包、租赁、临时聘用等管理、经营国有财产。

4. 本罪的主观方面是故意，并且以非法占有公共财物为目的，过失不构成贪污罪。

(二)司法适用与实务

1. 贪污罪与非罪的界限。根据刑法第383条的规定，个人贪污数额不满5000元，贪污行为又未达到情节较重程度的，不构成犯罪；个人贪污数额在5000元以上，或者虽然不满5000元但情节较重的，可以构成犯罪。可见，贪污罪与非罪的界限一是看贪污数额是否较大，二是看犯罪情节是否严重。根据1999年最高人民检察院《关于人民检察院直接受理立案侦查案件立案标准的规定(试行)》的规定，个人贪污数额不满5000元，但具有贪污救灾、抢险、防汛、防疫、优抚、扶贫、移民、救济款物及募捐款物、赃款赃物、罚没款物、暂扣款物，以及贪污手段恶劣、毁灭罪证、转移赃物等情节的，属于"情节严重"。

2. 贪污罪既遂与未遂的界限。贪污罪是一种以非法占有为目的的财产性职务犯罪，与盗窃、诈骗、抢夺等侵犯财产罪一样，应当以行为人是否实际控制财物作为区分贪污罪既遂与未遂的标准。对于行为人利用职务上的便利，实施了虚假平账等贪污行为，但公共财物尚未实际转移，或者尚未被行为人控制就被查获的，应当认定为贪污未遂。行为人控制公共财物后，是否将财物据为己有，不影响贪污罪既遂的认定。

3. 贪污罪与职务侵占罪的界限。两罪主观方面都是故意，客观方面都具有利用职务之便侵吞、窃取、骗取财物的行为。两者的主要区别在于：(1)犯罪主体不同。贪污罪的主体是国家工作人员和受国家机关、国有公司、企业、事业单位、人民团体委托管理、经营国有财产的人员；职务侵占罪的主体则是公司、企业或者其他单位中不具有国家工作人员身份的工作人员。(2)犯罪客体和犯罪对象不同。贪污罪侵犯的客体是复杂客体，即公共财产所有权和国家的廉政制度，犯罪对象是公

共财物；职务侵占罪侵犯的客体是单位财产所有权，犯罪对象是单位财物，可以是公共财产，也可以是非公共财产。

4. 贪污罪与盗窃罪、诈骗罪的界限。这三种犯罪主观方面都是故意，并且都以非法占有财物为目的，在客观方面，贪污罪也主要采用窃取、骗取财物的方法，因此容易混淆。贪污罪与盗窃罪、诈骗罪的主要区别是：(1)犯罪主体不同。贪污罪的主体是特殊主体，即国家工作人员和受国家机关、国有公司、企业、事业单位、人民团体委托管理、经营国有财产的人员；而盗窃罪和诈骗罪的主体是一般主体。(2)犯罪客体和犯罪对象不同。贪污罪侵犯的客体是复杂客体，即公共财产所有权和国家的廉政制度，犯罪对象是公共财物；而盗窃罪、诈骗罪侵犯的客体是简单客体，即公私财产所有权，犯罪对象是公私财物。(3)犯罪客观方面不完全相同。贪污罪窃取、骗取财物的行为是利用职务上的便利实施的；而盗窃罪、诈骗罪不存在利用职务上便利的问题。

5. 贪污罪的共同犯罪。根据刑法第 382 条第 3 款的规定，与国家工作人员或者受国家机关、国有公司、企业、事业单位、人民团体委托管理、经营国有财产的人员勾结，伙同贪污的，以共犯论处。根据前述《座谈会纪要》的通知的规定，对于国家工作人员与他人勾结，共同非法占有单位财物的行为，应当按照《最高人民法院关于审理贪污、职务侵占案件如何认定共同犯罪几个问题的解释》的规定定罪处罚。对于在公司、企业或者其他单位中，非国家工作人员与国家工作人员勾结，分别利用各自的职务便利，共同将本单位财物非法占有的，应当尽量区分主从犯，按照主犯的犯罪性质定罪。司法实践中，如果根据案件的实际情况，各共同犯罪人在共同犯罪中的地位、作用相当，难以区分主从犯的，可以贪污罪定罪处罚。

6. 共同贪污犯罪中"个人贪污数额"的认定。根据前述《座谈会纪要》的通知，刑法第 383 条第 1 款规定的"个人贪污数额"，在共同贪污犯罪案件中应理解为个人所参与或者组织、指挥共同贪污的数额，不能只按个人实际分得的赃款数额来认定。对共同贪污犯罪中的从犯，应当按照其所参与的共同贪污的数额确定量刑幅度，根据刑法第 27 条第 2 款的规定，从轻、减轻处罚或者免除处罚。

(三)刑事责任及其适用

根据刑法第 383 条的规定，犯贪污罪的，应当根据情节轻重，分别依照下列规定处罚：

(1)个人贪污数额在 10 万元以上的，处 10 年以上有期徒刑或者无期徒刑，可以并处没收财产；情节特别严重的，处死刑，并处没收财产。

(2)个人贪污数额在 5 万元以上不满 10 万元的，处 5 年以上有期徒刑，可以并处没收财产；情节特别严重的，处无期徒刑，并处没收财产。

(3)个人贪污数额在 5000 元以上不满 5 万元的，处 1 年以上 7 年以下有期徒刑；情节严重的，处 7 年以上 10 年以下有期徒刑。个人贪污数额在 5000 元以上不满1万元的，犯罪后有悔改表现、积极退赃的，可以减轻处罚或者免予刑事处罚，由其所在单位或者上级主管机关给予行政处分。

(4)个人贪污数额不满5000元，情节较重的，处2年以下有期徒刑或者拘役；情节较轻的，由其所在单位或者上级主管机关酌情给予行政处分。

对多次贪污未经处理的，按照累计贪污数额处罚。

根据最高人民法院、最高人民检察院2003年5月《关于办理妨害预防、控制突发传染病疫情等灾害的刑事案件具体运用法律若干问题的解释》第14条的规定，贪污用于预防、控制突发传染病疫情等灾害的款物，构成本罪的，依法从重处罚。

二、挪用公款罪

(一)犯罪基本理论

挪用公款罪，是指国家工作人员利用职务上的便利，挪用公款归个人使用，进行非法活动，或者挪用公款数额较大、进行营利活动，或者挪用公款数额较大、超过3个月未还的行为。挪用公款罪可分为三种类型，即非法活动型、营利活动型以及超期未还型，挪用公款罪的成立条件因此而不尽相同。

1. 本罪的客体是复杂客体，即国家机关的廉政制度和公共财产所有权。

2. 本罪的客观方面表现为行为人利用职务上的便利，挪用公款归个人使用，进行非法活动，或者挪用公款数额较大、进行营利活动，或者挪用公款数额较大、超过3个月未还的行为。所谓"利用职务上的便利"，是指行为人利用主管、经手、管理公款的便利条件；所谓"挪用公款归个人使用"，根据全国人大常委会2002年4月28日《关于刑法第三百八十四条第一款的解释》的规定，有下列情形之一的，属于挪用公款"归个人使用"：(1)将公款供本人、亲友或者其他自然人使用的；(2)以个人名义将公款供其他单位使用的；(3)个人决定以单位名义将公款供其他单位使用，谋取个人利益的。

根据刑法规定和有关司法解释，本罪有三种具体表现形式：(1)挪用公款归个人使用，进行非法活动。此类行为构成犯罪，以挪用公款5000元至1万元为追究刑事责任的数额起点。(2)挪用公款数额较大，归个人使用，进行营利活动。挪用公款归个人使用，进行营利活动的，要求挪用数额较大才能构成犯罪。"数额较大"的起点为1万元至3万元。(3)挪用公款，归个人使用，数额较大，超过3个月未还。这是指挪用公款用于非法活动、营利活动以外的合法生活消费行为，自挪用公款之日起至案发之日，超过3个月未还的情况。"数额较大"的起点为1万元至3万元。

3. 本罪的主体是特殊主体，只有国家工作人员、依照法律从事公务的准国家工作人员才能构成本罪。需要注意的是，本罪的主体在范围上小于贪污罪主体，即受国家机关、国有公司、企业、事业单位或者人民团体委托、管理、经营国有财产的

人员不属于本罪的主体。根据1999年《刑法修正案》的规定，国有商业银行、证券交易所、期货交易所、证券公司、期货经纪公司、保险公司或者其他国有金融机构的工作人员和国有商业银行、证券交易所、期货交易所、证券公司、期货经纪公司、保险公司或者其他国有金融机构委派到非国有商业银行、证券交易所、期货交易所、证券公司、期货经纪公司、保险公司或者其他非国有金融机构中从事公务的人员利用职务上的便利，挪用本单位或者客户资金的，以挪用公款罪定罪处罚。

4. 本罪的主观方面是故意。故意的内容表现为明知是公款而非法占有，但准备以后归还，至于动机不影响本罪的成立。

(二)挪用公款罪与非罪界限的司法适用

1. 挪用公款罪与非罪的一般界限。挪用公款行为是否构成犯罪，应从挪用公款的数额、时间、目的、用途、是否归还等方面，综合分析认定，而且，三种类型的挪用公款行为，成立犯罪的条件并不相同。对于一般违反财经制度的挪用公款行为，不应以挪用公款罪处理。

2. 根据2003年11月最高人民法院印发的《全国法院审理经济犯罪案件工作座谈会纪要》规定，关于挪用公款罪中，"单位决定将公款给个人使用行为"，是指经单位领导集体研究决定将公款给个人使用，或者单位负责人为了单位的利益，决定将公款给个人使用的，不以挪用公款罪定罪处罚。上述行为致使单位遭受重大损失，构成其他犯罪的，依照刑法的有关规定对责任人员定罪处罚。

3. 挪用公款供其他单位使用行为的认定。根据前述《座谈会纪要》和全国人大常委会2002年4月28日《关于刑法第三百八十四条第一款的解释》的规定，"以个人名义将公款供其他单位使用的"、"个人决定以单位名义将公款供其他单位使用谋取个人利益的"，属于挪用公款"归个人使用"。在司法实践中，对于将公款供其他单位使用的，认定是否属于"以个人名义"，不能只看形式，要从实质上把握。对于行为人逃避财务监管，或者与使用人约定以个人名义进行，或者借款、还款都以个人名义进行，将公款给其他单位使用的，应认定为"以个人名义"。"个人决定"既包括行为人在职权范围内决定，也包括超越职权范围决定。"谋取个人利益"，既包括行为人与使用人事先约定谋取个人利益实际尚未获取的情况，也包括虽未事先约定但实际已获取了个人利益的情况。其中的"个人利益"，既包括不正当利益，也包括正当利益；既包括财产性利益，也包括非财产性利益，但这种非财产性利益应当是具体的实际利益，如升学、就业等。

4. 国有单位领导向其主管的具有法人资格的下级单位借公款归个人使用的认定。根据前述《座谈会纪要》的通知的规定，国有单位领导利用职务上的便利指令具有法人资格的下级单位将公款供个人使用的，属于挪用公款行为，构成犯罪的，应以挪用公款罪定罪处罚。

5. 挪用有价证券、金融凭证用于质押行为性质的认定。挪用金融凭证、有价证券用于质押，使公款处于风险之中，与挪用公款为他人提供担保没有实质的区别，符合刑法关于挪用公款罪规定的，以挪用公款罪定罪处罚，挪用公款数额以实际或者可能承担的风险数额认定。

6. 挪用公款归还个人欠款行为性质的认定。挪用公款归还个人欠款的，应当根据产生欠款的原因，分别认定属于挪用公款的何种情形。归还个人进行非法活动或者进行营利活动产生的欠款，应当认定为挪用公款进行非法活动或者进行营利活动。

7. 挪用公款用于注册公司、企业行为性质的认定。申报注册资本是为进行生产经营活动作准备，属于成立公司、企业进行营利活动的组成部分。因此，挪用公款归个人用于公司、企业注册资本验资证明的，应当认定为挪用公款进行营利活动。

8. 挪用公款后尚未投入实际使用的行为性质的认定。挪用公款后尚未投入实际使用的，只要同时具备"数额较大"和"超过三个月未还"的构成要件，应当认定为挪用公款罪，但可以酌情从轻处罚。

9. 关于挪用公款罪的追诉期限计算问题。根据最高人民法院 2003 年 9 月《关于挪用公款犯罪如何计算追诉期限问题的批复》，挪用公款归个人使用，进行非法活动的，或者挪用公款数额较大、进行营利活动的，犯罪的追诉期限从挪用行为实施完毕之日起计算；挪用公款数额较大、超过 3 个月未还的，犯罪的追诉期限从挪用公款罪成立之日起计算。挪用公款行为有连续状态的，犯罪的追诉期限应当从最后一次挪用行为实施完毕之日或者犯罪成立之日起计算。

(三)挪用公款罪与其他犯罪的界限

1. 挪用公款罪与贪污罪的界限。两罪侵犯的客体和罪过形式相同，客观方面都具有利用职务上的便利的特点。两者的区别在于：(1)主观目的不同。本罪以非法使用公款为目的，而贪污罪则以非法占有公共财物为目的。(2)主体范围不同。本罪的主体只能是国家工作人员，贪污罪的主体除国家工作人员外，还包括受国有单位委托管理、经营国有财产的人员。(3)客观方面的行为方式不同。本罪表现为利用职务上的便利，挪用公款进行非法活动，或者挪用公款数额较大进行营利活动，或者挪用公款数额较大超过 3 个月未还的行为；贪污罪则表现为利用职务上的便利，以侵吞、窃取、骗取或者其他手段非法占有公共财物的行为。

2. 挪用公款转化为贪污的认定。挪用公款罪与贪污罪的主要区别在于行为人主观上是否具有非法占有公款的目的。挪用公款是否转化为贪污，应当按照主客观相一致的原则，具体判断和认定行为人主观上是否具有非法占有公款的目的，在司法实践中，具有以下情形之一的可以认定行为人具有非法占有公款的目的：

(1)根据最高人民法院 1998 年 4 月 29 日《关于审理挪用公款案件具体应用法律若干问题的解释》第 6 条的规定，行为人"携带挪用的公款潜逃的"，对其携带挪

用的公款部分，以贪污罪定罪处罚；(2)行为人挪用公款后采取虚假发票平账、销毁有关账目等手段，使所挪用的公款已难以在单位财务账目上反映出来，且没有归还行为的，应当以贪污罪定罪处罚；(3)行为人截取单位收入不入账，非法占有，使所占有的公款难以在单位财务账目上反映出来，且没有归还行为的，应当以贪污罪定罪处罚；(4)有证据证明行为人有能力归还所挪用的公款而拒不归还，并隐瞒挪用的公款去向的，应当以贪污罪定罪处罚。

3. 挪用公款罪和挪用单位资金罪的界限。两罪在主观方面都是故意并具有非法使用单位资金的目的，客观方面都表现为利用职务上的便利挪用单位资金的行为。两者的区别在于：(1)犯罪主体不同。挪用公款罪的主体是国家工作人员，挪用资金罪的主体是非国有单位的不具有国家工作人员身份的工作人员。(2)犯罪客体和犯罪对象不同。挪用公款罪的客体是复杂客体，包括公共财产所有权和国家廉政制度，犯罪对象是公款；而挪用资金罪的客体是简单客体，即单位财产所有权，犯罪对象是非国有单位的资金。

4. 挪用公款罪与挪用特定款物罪的界限。两罪在客观方面、犯罪主体、主观方面及法定刑上均有不同。根据刑法第 384 条第 2 款的规定，国家工作人员利用职务上的便利，挪用国家用于救灾、抢险、防汛、优抚、扶贫、移民、救济款物归个人使用的，构成挪用公款罪。如果违反特定款物专用制度，将用于救灾、抢险、防汛、优抚、扶贫、移民、救济款物挪作他用，情节严重，致使国家和人民群众利益遭受重大损害的，构成刑法第 273 条规定的挪用特定款物罪。这里的“他用”，是其他公用的意思。

(四)挪用公款罪的处罚

根据刑法第 384 条的规定，犯挪用公款罪的，处 5 年以下有期徒刑或者拘役；情节严重的，处 5 年以上有期徒刑。挪用公款数额巨大不退还的，处 10 年以上有期徒刑或者无期徒刑。挪用用于救灾、抢险、防汛、优抚、扶贫、移民、救济款物归个人使用的，从重处罚。

根据最高人民法院、最高人民检察院 2003 年 5 月《关于办理妨害预防、控制突发传染病疫情等灾害的刑事案件具体运用法律若干问题的解释》第 14 条的规定，贪污用于预防、控制突发传染病疫情等灾害的款物，归个人使用的，构成本罪的，依法从重处罚。

三、巨额财产来源不明罪

巨额财产来源不明罪，是指国家工作人员的财产或者支出明显超过合法收入且差额巨大，而本人不能说明其来源是合法的行为。本罪是刑法规定的唯一的举证责任倒置的犯罪。本罪的客体是复杂客体，即国家廉政制度和公私财产所有权。客观方面表现为国家工作人员不能说明其明显超过合法收入的巨额财产来源是合法的行为。具体包括:一是国家工作人员的财产或者支出明显超过合法的收入,且差额巨大。根据1999年最高人民检察院《关于人民检察院直接受理立案侦查案件立案标准的规定(试行)》的规定,差额巨大指30万元以上。二是本人不能说明与合法收入差额巨大的财产或者支出的来源合法。"不能说明巨额财产来源合法",包括拒不说明财产来源合法,以及编造财产来源合法但被司法机关的调查所否定。本罪主体限于国家工作人员,主观方面是直接故意。

根据2003年全国法院《座谈会纪要》的通知的规定,认定本罪应注意以下两个问题:

1. 行为人不能说明巨额财产来源合法的认定

刑法第395条第1款规定的"不能说明",包括以下情况:(1)行为人拒不说明财产来源;(2)行为人无法说明财产的具体来源;(3)行为人所说的财产来源经司法机关查证并不属实;(4)行为人所说的财产来源因线索不具体等原因,司法机关无法查实,但能排除存在来源合法的可能性和合理性的。

2."非法所得"的数额计算

刑法第395条规定的"非法所得",一般是指行为人的全部财产与能够认定的所有支出的总和减去能够证实的有真实来源的所得。在具体计算时,应注意以下问题:(1)应把国家工作人员个人财产和与其共同生活的家庭成员的财产、支出等一并计算,而且一并减去他们所有的合法收入以及确属与其共同生活的家庭成员个人的非法收入。(2)行为人所有的财产包括房产、家具、生活用品、学习用品及股票、债券、存款等动产和不动产;行为人的支出包括合法支出和不合法的支出,包括日常生活、工作、学习费用、罚款及向他人行贿的财物等;行为人的合法收入包括工资、奖金、稿酬、继承等法律和政策允许的各种收入。(3)为了便于计算犯罪数额,对于行为人的财产和合法收入,一般可以从行为人有比较确定的收入和财产时开始计算。

根据《刑法修正案(七)》的规定,犯巨额财产来源不明罪的,处5年以下有期徒刑或者拘役;差额特别巨大的,处5年以上10年以下有期徒刑。财产的差额部分予以追缴。

四、隐瞒境外存款罪

隐瞒境外存款罪,是指国家工作人员对于在境外的存款,应当依照国家规定申报而隐瞒不报,数额较大的行为。本罪的客体是包括国家工作人员财产申报制度在内的国家廉政制度。客观方面表现为国家工作人员违反国家规定,隐瞒不报应当申报的境外存款,且数额较大的行为。具体包括:(1)国家工作人员违反国家关于国家工作人员财产申报的法律制度,不履行申报义务,隐瞒不报应当申报的境外存款;(2)隐瞒不报的境外存款数额较大。"数额较大",是本罪构成的必要条件。

本罪的主体是国家工作人员，主观方面必须是故意，如果是无意，或者根本不知道国家关于财产申报制度的具体规定的，不构成犯罪。

根据刑法第 395 条的规定，犯隐瞒境外存款罪的，处 2 年以下有期徒刑或者拘役。情节较轻的，由其所在单位或者上级主管机关酌情给予行政处分。根据 1999 年最高人民检察院《关于人民检察院直接受理立案侦查案件立案标准的规定（试行）》的规定，隐瞒境外存款罪达 30 万元以上，应当追诉。

五、私分国有资产罪

私分国有资产罪，是指国家机关、国有公司、企业、事业单位、人民团体，违反国家规定，以单位名义将国有资产集体私分给个人，数额较大的行为。本罪是复杂客体，即国有资产所有权和国家廉政制度，犯罪对象是国有资产。客观方面表现为违反国家规定，以单位名义将国有资产私分给个人，数额较大的行为。所谓“违反国家规定”，主要是指违反国家有关管理、使用、保护国有资产的法律、行政法规规定；所谓“以单位名义将国有资产私分给个人”，是指经单位领导集体研究决定或者由单位负责人决定将国有资产分给单位所有成员或者绝大多数成员。集体私分国有资产往往是以“发奖金”、“发补贴”等形式进行，从表面上看具有公开性和合法性。作为本罪成立必要条件的“数额较大”，是指集体私分的国有资产总数数额较大，而不是指个人所分得的财物数额较大。本罪是单位主体，只能由国家机关、国有公司、企业、事业单位、人民团体构成。主观方面是故意，即明知是国有资产而故意进行集体私分。

根据刑法第 396 条的规定，犯私分国有资产罪的，对其直接负责的主管人员和其他直接责任人员，处 3 年以下有期徒刑或者拘役，并处或者单处罚金；数额巨大的，处 3 年以上 7 年以下有期徒刑，并处罚金。即实行单罚制。根据 1999 年最高人民检察院《关于人民检察院直接受理立案侦查案件立案标准的规定（试行）》的规定，私分国有资产累计在 10 万元以上，应当追诉。

六、私分罚没财物罪

私分罚没财物罪，是指司法机关、行政执法机关违反国家规定，将应当上缴国家的罚没财物，以单位名义集体私分给个人的行为。本罪的客体是国家罚没财物的管理制度和国家廉政制度，犯罪的对象是罚没财物。客观方面表现为违反国家规定，将应当上缴国家的罚没财物，以单位名义集体私分给个人的行为。私分罚没财物数额较大的才能构成犯罪。本罪是单位主体，只有国家司法机关、行政执法机关才能构成本罪。主观方面是故意。

根据刑法第 396 条的规定，犯私分罚没财物罪的，对直接负责的主管人员和其他直接责任人员处3年以下有期徒刑或者拘役，并处或者单处罚金；数额巨大的，处3年以上7年以下有期徒刑，并处罚金。根据1999年最高人民检察院《关于人民检察院直接受理立案侦查案件立案标准的规定(试行)》的规定，私分罚没财物累计在10万元以上，应当追诉。

第三节 贿赂犯罪

【引 例】

陈某，某市新区人民政府原副区长，分管建设、城管、拆迁、交通运输、公建配套设施建设协调等工作。2003年6月，陈某向某房地产开发公司董事长朱某口头预订了朱某开发的新区某国际村的一套店面房，当时讲好以3800元每平方米的价格购买，但陈某未付定金。因为该房被房地产开发公司作为售楼处使用，直到2005年3月初，朱某才将其在该国际村的81号店面房以399830元的价格(折合3980元每平方米，高于该房成本价)卖给陈某。陈某以其父亲的名义签订了买房合同，2005年3月4日全部付清了房款。经市价格认证中心鉴定，该房及局部装修价值人民币765600元，另查明，陈某在任职期间为朱某的公司谋取了利益。

一、受贿罪

(一)犯罪基本理论

受贿罪，是指国家工作人员利用职务上的便利，索取他人财物，或者非法收受他人财物，为他人谋取利益的行为。

1. 本罪侵害的客体是国家机关的廉政制度和公私财物所有权，犯罪对象是贿赂，关于“贿赂”的确切含义，目前我国刑法学界有财物说、物质利益说、需要说三种观点。从理论上讲，“贿赂”应当包括物质利益和非物质利益，即公私财物之外的非物质利益，但由于刑法未明确规定非物质利益可以成为贿赂犯罪的对象，因此，“贿赂”应限于“财物和财产性利益”；[①]“财物”，包括公共财物和私人财物。

2. 本罪的客观方面表现为利用职务上的便利，索取他人财物，或者非法收受他人财物，为他人谋取利益的行为。本罪有两种行为方式：(1)利用职务上的便利，

① 参见高铭暄、马克昌主编：《刑法学》，北京大学出版社、高等教育出版社2005年版，第701页。

索取他人财物,即“索贿行为”,是指行为人主动向他人索要财物。索要贿赂的,无论是否为他人谋取利益,都构成受贿罪。(2)利用职务上的便利,非法收受他人财物,为他人谋取利益的行为。“收受贿赂”,即行为人非法收受他人主动给付的财物。收受贿赂的,必须同时为他人谋取利益,才能构成犯罪。谋取的利益是否正当,以及为他人谋取的利益是否实现,则不影响受贿罪的成立。

根据2003年11月最高人民法院印发的《全国法院审理经济犯罪案件工作座谈会纪要》规定,(1)所谓“利用职务上的便利”,既包括利用本人职务上主管、负责、承办某项公共事务的职权,也包括利用职务上有隶属、制约关系的其他国家工作人员的职权。担任单位领导职务的国家工作人员通过不属自己主管的下级部门的国家工作人员的职务为他人谋取利益的,应当认定为“利用职务上的便利”。(2)所谓“为他人谋取利益”,包括承诺、实施和实现三个阶段的行为。只要具有其中一个阶段的行为,如国家工作人员收受他人财物时,根据他人提出的具体请托事项,承诺为他人谋取利益的,就具备了为他人谋取利益的要件。明知他人有具体请托事项而收受其财物的,视为承诺为他人谋取利益。

3. 本罪的主体是特殊主体,只有国家工作人员,包括依法从事公务的准国家工作人员才能构成本罪。需要注意的是,本罪的主体在范围上小于贪污罪主体,即受国家机关、国有公司、企业、事业单位或者人民团体委托、管理、经营国有财产的人员不属于本罪的主体。

4. 本罪的主观方面是直接故意,犯罪目的是获取他人财物。

(二)受贿罪的司法适用与实务

1. 受贿罪罪与非罪的界限。在司法实践中,要正确区分受贿罪和以下行为的界限:

(1)收受财物后退还或者上交问题。根据最高人民法院、最高人民检察院2007年《关于办理受贿刑事案件适用法律若干问题的意见》的规定,国家工作人员收受请托人财物后及时退还或者上交的,不是受贿。国家工作人员受贿后,因自身或者与其受贿有关联的人、事被查处,为掩饰犯罪而退还或者上交的,不影响认定受贿罪。在实践中,如果行贿人为谋取某种利益,采取暗中送物或将财物故意放在国家工作人员的办公室或家中即离去等方式,让国家工作人员接受财物,而国家工作人员一旦发现财物就及时退还。或者在国家工作人员不知情的情况下,由其家属代收,国家工作人员发现后即将财物退还。这两种情况,由于行为人缺乏受贿的故意,不能以犯罪论处。但如果在受贿后为掩饰犯罪、逃避刑事责任而退赃的,属于事后退赃,不影响受贿罪的成立。

(2)受贿罪与获取合法报酬的界限。“合法报酬”,是指行为人在法律、法规、政策和组织纪律允许的范围内,利用自己的知识技能,为他人提供服务而获得的报酬。两者之间的区别主要在于行为人是否利用了职务上的便利和是否付出了劳务。获取合法报酬是付出劳务所得，不存在利用职务上的便利为他人谋取利益的问题。

(3)受贿罪与接受馈赠的界限。“馈赠”是指亲友之间出于亲情与友谊而赠与的财物。受贿和接受馈赠表面上都是收受他人财物，有时很难区分。特别是实践中存在假借馈赠的名义收受贿赂。两者的区别主要在于：行为人是否利用职务上的便利为赠与财物者谋取利益，利用职务上的便利为赠与人谋取利益的，构成受贿罪，否则属于接受馈赠。

(4)受贿罪与一般受贿行为的界限。区分两者主要看受贿数额的大小和情节轻重。根据刑法的规定，受贿数额达到5000元以上的，均构成受贿罪。受贿数额不满5000元，但情节严重的，也构成受贿罪。如果受贿数额不满5000元，受贿情节一般的，不能以犯罪论处。根据1999年最高人民检察院《关于人民检察院直接受理立案侦查案件立案标准的规定(试行)》的规定，个人受贿数额不满5000元，但具有因受贿而使国家或者社会利益遭受重大损失的；故意刁难、要挟有关单位、个人，造成恶劣影响的；强行索要财物等情节的，属于“情节严重”。

2. 关于经济受贿。根据刑法第385条第2款和第388条的规定，国家工作人员在经济往来中，违反国家规定，收受各种名义的回扣、手续费，归个人所有的，以受贿论处。这里的“国家工作人员”，包括国有公司、企业中从事公务的人员和国有金融机构工作人员。认定经济受贿，必须同时符合以下四个要件：(1)必须是国家工作人员；(2)必须是在经济往来中；(3)必须是违反“国家规定”；(4)必须是收受各种名义的回扣、手续费，归“个人所有”。

另外，根据最高人民法院、最高人民检察院《关于办理受贿刑事案件适用法律若干问题的意见》的规定，在经济交往中，国家工作人员如果有以下情形也以受贿论处：(1)利用职务上的便利为请托人谋取利益，以明显低于市场的价格向请托人购买房屋、汽车等物品的；或者以明显高于市场的价格向请托人出售房屋、汽车等物品的；或者以其他交易形式非法收受请托人财物的。例如在引例中，不能简单地把陈某的行为认定为优惠买房，陈某的买房金额不仅明显低于市场的价格，而且也低于成本价，应认定为受贿行为。而对于陈某受贿数额的认定，受贿数额应按照交易时当地市场价格与实际支付价格的差额计算，即应当用市场价即评估价765600元减去实际支付价399830元，差额的365770元可认定为受贿数额。(2)利用职务上的便利为请托人谋取利益，收受请托人提供的干股的。(3)利用职务上的便利为请托人谋取利益，由请托人出资，“合作”开办公司或者进行其他“合作”投资的。(4)利用职务上的便利为请托人谋取利益，以委托请托人投资证券、期货或者其他委托理财的名义，未实际出资而获取“收益”，或者虽然实际出资，但获取“收益”明显高于出资应得收益的。受贿数额，前一情形，以“收益”额计算；后一情形，以“收益”额与出资应得收益额的差额计算。(5)利用职务上的便利为请托人谋取利益，通过赌博方式收受请托人财物的。

3. 斡旋受贿或间接受贿。根据刑法第388条的规定，国家工作人员利用本人职权或者地位形成的便利条件，通过其他国家工作人员职务上的行为，为请托人谋

取不正当利益，索取请托人财物或者收受请托人财物的，以受贿论处。认定斡旋受贿，必须同时符合以下四个要件：(1)必须是国家工作人员利用本人职权或者地位形成的便利条件；(2)必须是通过其他国家工作人员职务上的行为；(3)必须是为请托人谋取不正当利益；(4)必须索取请托人财物或者收受请托人财物。

根据前述《座谈会纪要》的规定，“利用本人职权或者地位形成的便利条件”，是指行为人与被其利用的国家工作人员之间在职务上虽然没有隶属、制约关系，但是行为人利用了本人职权或者地位产生的影响和一定的工作联系，如单位内不同部门的国家工作人员之间，上下级单位没有职务上隶属、制约关系的国家工作人员之间，有工作联系的不同单位的国家工作人员之间等。

4. 离职国家工作人员收受财物行为的处理。根据最高人民法院、最高人民检察院《关于办理受贿刑事案件适用法律若干问题的意见》的规定，国家工作人员利用职务上的便利为请托人谋取利益之前或者之后，约定在其离职后收受请托人财物，并在离职后收受的，以受贿论处。

5. 共同受贿犯罪的认定。根据刑法关于共同犯罪的规定，非国家工作人员与国家工作人员勾结伙同受贿的，应当以受贿罪的共犯追究刑事责任。非国家工作人员是否构成受贿罪共犯，取决于双方有无共同受贿的故意和行为，国家工作人员的近亲属向国家工作人员代为转达请托事项，收受请托人财物并告知该国家工作人员，或者国家工作人员明知其近亲属收受了他人财物，仍按照近亲属的要求利用职权为他人谋取利益的，对该国家工作人员应认定为受贿罪，其近亲属以受贿罪共犯论处：近亲属以外的其他人与国家工作人员通谋，由国家工作人员利用职务上的便利为请托人谋取利益，收受请托人财物后双方共同占有的，构成受贿罪共犯，国家工作人员利用职务上的便利为他人谋取利益，并指定他人将财物送给其他人。构成犯罪的，应以受贿罪定罪处罚。

6. 以借款为名索取或者非法收受财物行为的认定。国家工作人员利用职务上的便利以借款为名向他人索取财物，或者非法收受财物为他人谋取利益的，应当认定为受贿。在《关于办理受贿刑事案件适用法律若干问题的意见》中，特别指出了认定以房屋、汽车等物品为对象的受贿，应注意与借用的区分。具体认定时，除双方交代或者书面协议之外，主要应当结合以下因素进行判断：(1)有无借用的合理事由；(2)是否实际使用；(3)借用时间的长短；(4)有无归还的条件；(5)有无归还的意思表示及行为。

7. 关于特定关系人“挂名”领取薪酬问题。根据最高人民法院、最高人民检察院《关于办理受贿刑事案件适用法律若干问题的意见》的规定，国家工作人员利用职务上的便利为请托人谋取利益，要求或者接受请托人以给特定关系人安排工作为名，使特定关系人不实际工作却获取所谓薪酬的，以受贿论处。这里所称的“特定关系人”，是指与国家工作人员有近亲属，情妇(夫)以及其他共同利益关系的人。在实践中要具体考察特定关系人是否确实不劳而获，为特定关系人安排工作仅是为了遮掩国家工作人员收受贿赂的真实目的。如果虽为特定关系人安排了工作，但如果属于合理的劳动所得，不应认定为受贿罪。

8. 受贿罪与贪污罪的界限。两罪在犯罪主体、主观方面和利用职务之便谋取财物方面有相同之处。两者的主要区别在于：(1)犯罪的手段方式不同。本罪表现为行为人利用职务上的便利，索取他人财物或者非法收受他人财物，为他人谋取利益；而贪污罪则表现为行为人利用职务上的便利，采用侵吞、窃取、骗取或者其他方法非法占有公共财物。(2)犯罪的客体和对象不同。本罪侵犯的客体主要是国家的廉政制度，或者说是国家工作人员的职务廉洁性，犯罪对象是公私财物；而贪污罪侵犯的客体主要是公共财产所有权，犯罪对象是公共财物。

9. 受贿罪与敲诈勒索罪的界限。以索贿方式构成的受贿罪有时容易与敲诈勒索罪相混淆。区别两者除了分析主体、客体的不同外，关键是看客观方面行为人索取他人财物是利用了职务上的便利还是采用了暴力、胁迫手段。索贿行为是利用职务上的便利，乘人有求于己时，主动索要财物；而敲诈勒索行为则表现为使用暴力、胁迫手段，给被害人造成精神上的恐惧，被迫交出财物。

10. 受贿罪与公司、企业人员受贿罪的界限。两罪在主观方面都是故意，客观方面都有利用职务上的便利，索取或者非法收受他人财物的行为。两者的区别在于：(1)犯罪主体不同。本罪的主体是国家工作人员，而受贿罪的主体是非国有公司、企业中不具有国家工作人员身份的工作人员。(2)犯罪客体不同。本罪的客体是国家的廉政制度，或者说是国家工作人员职务的廉洁性，而公司、企业人员受贿罪的客体是公司、企业的管理秩序和公平竞争的市场交易秩序。(3)犯罪客观方面有所不同。本罪中的索贿不以为他人谋取利益为犯罪成立的条件，而公司、企业人员受贿罪无论索取贿赂还是收受贿赂都以为他人谋取利益为犯罪成立的条件。

(三)刑事责任及适用

根据刑法第386条的规定，犯受贿罪的，按受贿所得数额及情节，依照刑法第383条关于贪污罪的处罚规定处罚。具体处罚标准是：

1. 个人受贿数额在10万元以上的，处10年以上有期徒刑或者无期徒刑，可以并处没收财产；情节特别严重的，处死刑，并处没收财产。

2. 个人受贿数额在5万元以上不满10万元的，处5年以上有期徒刑，可以并处没收财产；情节特别严重的，处无期徒刑，并处没收财产。

3. 个人受贿数额在5000元以上不满5万元的，处1年以上7年以下有期徒刑；情节严重的，处7年以上10年以下有期徒刑。个人受贿数额在5000元以上不满1万元，犯罪后有悔改表现、积极退赃的，可以减轻处罚或者免予刑事处罚，由其所在单位或者上级主管机关酌情给予行政处分。

4. 个人受贿数额不满5000元，情节较重的，处2年以下有期徒刑或者拘役；情节较轻的，由其所在单位或者上级主管机关酌情给予行政处分。

对多次受贿未经处理的，按照累计数额处罚。索贿的从重处罚。

实践中适用本条时应当注意，对受贿罪定罪量刑时，不能死抠受贿数额，必须根据受贿行为的不同情节，作出正确的裁决。在确定是否“情节严重”、“情节特别严重”时，应考虑下面几个方面的情况：(1)受贿主体情况；(2)受贿的手段；(3)受贿的次数；(4)受贿犯罪造成的后果；(5)受贿的对象；(6)受贿罪共犯中是主犯、从犯还是胁从犯；(7)受贿人的主观恶性和犯罪后的表现等等。

二、利用影响力受贿罪①

(一)犯罪基本理论

利用影响力受贿罪是指国家工作人员的近亲属或者其他与该国家工作人员关系密切的人，通过该国家工作人员职务上的行为，或者利用该国家工作人员职权或者地位形成的便利条件，通过其他国家工作人员职务上的行为，为请托人谋取不正当利益，索取或者收受贿赂数额较大或者有其他较重情节的行为，以及离职的国家工作人员或者其近亲属以及其他与其关系密切的人，利用该离职的国家工作人员原职权或者地位形成的便利条件实施的索贿受贿行为。

1. 本罪的客体是国家工作人员的职务廉洁性和公私财物所有权。

2. 本罪的客观方面表现为行为人利用了他人职务上的便利索贿或者收受贿赂。行为人的利用行为有双重性，即先利用了与自己有近亲属或其他密切关系的国家工作人员或者自己(主要指离职的国家工作人员)对其他国家工作人员的影响力，进而又利用了其他国家工作人员的职权行为。首先，行为人索取或者收受贿赂的行为都是利用了他人或者自己(主要指离职的国家工作人员)的影响力对其他国家工作机关工作人员的制约关系，包括纵向制约关系和横向制约关系。其次，行为人只有通过其他国家工作人员职务上的行为，才能为请托人谋取到不正当利益。也就是说请托人的请托是由不属于与自己有密切关系的国家工作人员职权范围内可以完成的，只有通过其他对请托是由有主管、经营职权的国家工作人员的职权行为才能为请托人谋取利益。而只有当该项利益为不正当利益时，才能构成犯罪。再次，要求行为人索取或者收受请托人贿赂数额较大或者有其他较重情节。

3. 本罪的主体是与国家工作人员关系密切的人。包括国家工作人员的近亲属或者其他与该国家工作人员关系密切的人，以及离职的国家工作人员本人或者其近亲属以及其他与其关系密切的人。其中离职的国家工作人员是指曾经是国家工作人员，但由于离休、退休、辞职、辞退等原因目前已离开了国家工作人员岗位的人。“近亲属”按照《民法通则》的规定包括配偶、父母、子女、兄弟姐妹、祖父母、外祖

① 2009 年 2 月 28 日《刑法修正案(七)》增加的新罪名，法条为刑法第 388 条之一。

父母、孙子女、外孙子女。“关系密切的人”是一个可涵盖更广泛人群的概念，实践中不同案件中的具体情况可能不尽相同，较常见的包括情妇(夫)、同学、战友、老上级、老部下等关系，关键要考察与该国家工作人员之间的“关系”是否确实“密切”。

4. 本罪的主观方面由故意构成，只有行为人是出于故意所实施的受贿犯罪行为才构成此罪，过失行为不构成本罪。

(二)司法适用实务

1. 本罪与受贿罪的界限

受贿罪与利用影响力受贿罪的主要区别体现在两个方面：一是主体不同，受贿罪的主体是国家工作人员，利用影响力受贿罪的主体，则是国家工作人员或者离职的国家工作人员的近亲属或者与其关系密切的人，或者是离职的国家工作人员本人等非国家工作人员，这也是斡旋受贿和利用影响力受贿最主要的区别所在。二是谋取利益是否正当不同，受贿罪并不以谋取不正当利益为条件；而利用影响力受贿罪行为人无论是索贿还是收受贿赂，都要求为请托人谋取不正当利益。

2. 利用影响力受贿罪与受贿罪共同犯罪的认定。行为人利用国家工作人员的影响力去索贿受贿，如果该国家工作人员并不知情，行为人单独构成犯罪，即为利用影响力受贿罪。如果该国家工作人员知情，即他明知其近亲属或者关系密切的人利用自己的影响力索贿受贿，但却予以默许或默认，虽未直接从中为自己谋取私利，而非国家工作人员也认为国家工作人员不知情，在这种情形下，国家工作人员的近亲属或关系密切的人构成利用影响力受贿罪，国家工作人员实际上起到了暗中配合帮助的作用，属于利用影响力受贿罪的片面共犯，可以利用影响力受贿罪定性处罚。如果该国家工作人员知情，并进行了相互“通谋”，应视为共同的受贿罪。

(三)处罚

根据《刑法修正案(七)》第 13 条(刑法第 388 条之一)的规定，犯本罪，数额较大或者有其他较重情节的，处 3 年以下有期徒刑或者拘役，并处罚金；数额巨大或者有其他严重情节的，处 3 年以上 7 年以下有期徒刑，并处罚金；数额特别巨大或者有其他特别严重情节的，处 7 年以上有期徒刑，并处罚金或者没收财产。

三、行贿罪

(一)犯罪基本理论

行贿罪，是指为谋取不正当利益，给予国家工作人员以财物的行为。

1. 本罪的客体是国家工作人员职务的廉洁性，行贿对象是国家工作人员，这是本罪与向公司、企业人员行贿罪的主要区别。

2. 本罪的客观方面表现为给予国家工作人员以财物的行为。所谓“给予”,是指提供、交付。如被对方拒绝,则构成行贿罪的未遂。根据刑法第389条的规定,构成犯罪的行贿行为可以分为三种类型:(1)为谋取不正当利益而给予国家工作人员以财物的行为;(2)在经济往来中,违反国家规定,给予国家工作人员以财物,数额较大的行为;(3)在经济往来中,违反国家规定,给予国家工作人员以各种名义的回扣、手续费的行为。其中第一种是典型的行贿罪,后两种是特殊形式的行贿罪。

根据最高人民法院、最高人民检察院2005年5月13日《关于办理赌博刑事案件具体应用法律若干问题的解释》第7条的规定,通过赌博或者为国家工作人员赌博提供资金的形式实施行贿行为,构成犯罪的,依照本罪定罪处罚。

3. 本罪的主体是一般主体。包括国家工作人员和非国家工作人员。

4. 本罪的主观方面是故意,行贿罪一般具有谋取不正当利益的目的。所谓“不正当利益”,是指根据法律、法规及政策不应当得到的利益,包括非法利益。

(二)司法适用实务和处罚

1. 行贿罪罪与非罪的界限。两者的区分应当从行为人主观上是否以谋取不正当利益为目的,客观上行贿数额大小,其他情节是否严重两个基本方面来把握。在经济往来中,违反国家规定,给予国家工作人员以财物,数额较小的;因被勒索给予国家工作人员以财物;没有获得不正当利益的,不应以行贿论处。根据1999年最高人民检察院《关于人民检察院直接受理立案侦查案件立案标准的规定(试行)》的规定,涉嫌下列行为之一的,应予以追诉:(1)行贿数额在1万元以上的;(2)向3人以上行贿的;(3)向党政领导、司法工作人员、行政执法人员行贿的;(4)致使国家和社会利益遭受重大损失的。因被勒索给予国家工作人员以财物,已获得不正当利益的,以行贿罪追究刑事责任。

2. 行贿罪一罪与数罪的界限。行为人在实施某种犯罪之前或在犯罪过程中,为使犯罪得以顺利实施而给予有关国家工作人员以财物,或者在实施犯罪后,为逃脱罪责或减轻刑事责任而给予有关国家工作人员以财物,又构成行贿罪的,应对行贿罪和行为人实施的其他犯罪实行数罪并罚。

3. 处罚。根据刑法第390条的规定,犯行贿罪的,处5年以下有期徒刑或者拘役;因行贿谋取不正当利益,情节严重的,或者使国家利益遭受重大损失的,处5年以上10年以下有期徒刑;情节特别严重的,处10年以上有期徒刑或者无期徒刑,可以并处没收财产。行贿人在被追诉前主动交代行贿行为的,可以减轻处罚或者免除处罚,这是关于行贿人自首的特别规定。

四、单位受贿罪

单位受贿罪,是指国家机关、国有公司、企业、事业单位、人民团体,索取、非法收受他人财物，为他人谋取利益，情节严重的行为。本罪的客体是国家机关、国有公司、企业、事业单位、人民团体的正常管理秩序和国家廉政制度。客观方面表现为索取或者非法收受他人财物，为他人谋取利益，情节严重的行为。根据刑法第 387 条第 2 款的规定，国家机关、国有公司、企业、事业单位、人民团体，在经济往来中，在账外暗中收受各种名义的回扣、手续费的，以受贿论处。本罪是单位主体，只有国家机关、国有公司、企业、事业单位、人民团体才能构成本罪。主观方面是故意。

根据 1999 年最高人民检察院《关于人民检察院直接受理立案侦查案件立案标准的规定(试行)》的规定，单位受贿数额在 10 万元以上的应予以立案；单位受贿数额不满 10 万元，但具有下列情形之一的，应予以立案。(1)故意刁难、要挟有关单位、个人，造成恶劣影响的；(2)强行索要财物的；(3)致使国家或者社会利益遭受重大损失等情节的。

根据刑法第 387 条的规定，犯单位受贿罪的，对单位判处罚金，并对其直接负责的主管人员和其他直接责任人员，处 5 年以下有期徒刑或者拘役。

五、对单位行贿罪

对单位行贿罪，是指个人或者单位为谋取不正当利益，给予国家机关、国有公司、企业、事业单位、人民团体以财物的，或者在经济往来中，违反国家规定给予各种名义的回扣、手续费的行为。本罪的客体是国家机关、国有公司、企业、事业单位、人民团体的正常管理活动。

本罪的客观方面表现为为谋取不正当利益给予国家机关、国有公司、企业、事业单位、人民团体以财物，或者经济往来中违反国家规定给予国家机关、国有公司、企业、事业单位、人民团体各种名义的回扣、手续费的行为。本罪的主体可以是个人和单位。主观方面是故意，并且具有谋取不正当利益的目的。

根据 1999 年最高人民检察院《关于人民检察院直接受理立案侦查案件立案标准的规定(试行)》的规定，个人行贿数额在 10 万元以上，单位行贿数额在 20 万元以上的，构成犯罪。个人行贿数额不满 10 万元、单位行贿数额在 10 万元以上不满 20 万元，涉嫌下列行为之一的，也应予以追诉：(1)为谋取非法利益而行贿的；(2)向 3 个以上单位行贿的；(3)向党政领导、司法工作人员、行政执法人员行贿的；(4)致使国家和社会利益遭受重大损失的。

根据刑法第 391 条的规定，个人犯对单位行贿罪的，处 3 年以下有期徒刑或者拘役。单位犯对单位行贿罪的，对单位判处罚金，并对其直接负责的主管人员和其他直接责任人员按照上述个人犯本罪的法定刑处罚。

六、介绍贿赂罪

介绍贿赂罪，是指向国家工作人员介绍贿赂，情节严重的行为。本罪的客体是

国家机关、国有公司、企业、事业单位、人民团体的正常管理活动和国家廉政制度，犯罪对象只能是国家工作人员。客观方面表现为介绍贿赂，即在行贿人和受贿人之间牵线搭桥促使行贿和受贿得以实现，情节严重的行为。本罪是一般主体，主观方面是故意。

根据1999年最高人民检察院《关于人民检察院直接受理立案侦查案件立案标准的规定(试行)》的规定，介绍个人向国家工作人员行贿，数额在2万元以上的；介绍单位向国家工作人员行贿，数额在20万元以上的，应予以立案。介绍贿赂数额不满上述标准，但具有下列情形之一的，应予以立案：(1)为使贿赂人获取非法利益而介绍贿赂的；(2)3次以上或者为3人以上介绍贿赂的；(3)向党政领导、司法工作人员、行政执法人员介绍贿赂的；(4)致使国家或者社会利益遭受重大损失等情节的。

根据刑法第392条的规定，犯介绍贿赂罪的，处3年以下有期徒刑或者拘役。介绍贿赂人在被追诉前主动交代介绍贿赂行为的，可以减轻处罚或者免除处罚。

七、单位行贿罪

单位行贿罪，是指单位为谋取不正当利益而行贿，或者违反国家规定，给予国家工作人员以回扣、手续费，情节严重的行为。本罪客观方面有两种表现形式：一是为谋取不正当利益而行贿的行为；二是违反国家规定，给予国家工作人员以回扣、手续费，情节严重的行为。本罪的主体是各种单位，包括公司、企业、事业单位、机关、团体等，主观方面是故意。

根据1999年最高人民检察院《关于人民检察院直接受理立案侦查案件立案标准的规定(试行)》的规定，单位行贿数额在20万元以上的应予以立案。单位为谋取不正当利益而行贿，数额在10万元以上不满20万元，但具有下列情形之一的，应予以立案：(1)为获取非法利益而行贿的；(2)向3人以上行贿的；(3)向党政领导、司法工作人员、行政执法人员行贿的；(4)致使国家或者社会利益遭受重大损失的。

根据刑法第393条的规定，犯单位行贿罪的，对单位判处罚金，并对其直接负责的主管人员和其他直接责任人员，处5年以下有期徒刑或者拘役。因行贿取得的违法所得归个人所有的，根据刑法第389条和第390条所规定的行贿罪定罪处罚。

司法考试真题链接

1. 何经理为了销售本公司经营的医疗器械，安排公司监事刘某在与某市立医院联系销售业务过程中，按销售金额25%的比例给医院四位正、副院长回扣共计25万余元。本案中，该公司提供回扣的行为构成何罪？(2009年卷二第20题)

A. 行贿罪

B. 对非国家工作人员行贿罪

C. 单位行贿罪

D. 对单位行贿罪

2. 根据《刑法》有关规定,下列哪些说法是正确的?(2009年卷二第64题)

A. 甲系某国企总经理之妻,甲让其夫借故辞退企业财务主管,而以好友陈某取而代之,陈某赠甲一辆价值12万元的轿车。甲构成犯罪

B. 乙系已离职的国家工作人员,请接任处长为缺少资质条件的李某办理了公司登记,收取李某10万元。乙构成犯罪

C. 丙系某国家机关官员之子,利用其父管理之便,请其父下属将不合条件的某企业列入政府采购范围,收受该企业5万元。丙构成犯罪

D. 丁系国家工作人员,在主管土地拍卖工作时向一家房地产公司通报了重要情况,使其如愿获得黄金地块。丁退休后,该公司为表示感谢,自作主张送与丁价值5万元的按摩床。丁构成犯罪

3. 甲某是解放军某部军械库的司库员,与部队炊事员乙某合谋将库中的军用物资偷出来变卖。两人趁甲某值班的机会共盗出军用皮大衣、毛皮鞋、军服等价值5000多元的军用物资。两人的行为应当如何认定?(2008年卷二第20题)

A. 甲某构成贪污罪,乙某构成贪污罪的共犯

B. 甲乙构成盗窃军用物资罪

C. 甲某构成贪污罪,乙某构成盗窃军用物资罪

D. 甲某构成盗窃军用物资罪,乙某构成盗窃

4. 甲为了承包某国家机关的办公大楼建筑工程,参与投标。但该机关负责招标工作的人员乙给甲打电话,称不给个人好处标书再好也不行。甲无奈给乙送去10万元,乙向甲透漏标底,使甲顺利中标。后听说乙有经济问题被双规,就到检察院主动交代给乙送钱的事实。对甲、乙的行为如何认定?(2008年卷二第64题)

A. 甲不构成对国家工作人员行贿罪

B. 乙是受贿罪

C. 对甲应当适用自首规定可以从轻或减轻处罚

D. 对甲依分则特别规定可以减轻或免除处罚

第九章　渎职罪

第一节　渎职罪概述

一、渎职罪的概念和构成特征

渎职罪，是指国家机关工作人员利用职务上的便利，玩忽职守、滥用职权、徇私枉法、徇私舞弊，侵害职务行为的正当性，妨害国家机关的正常活动，致使国家和人民利益遭受重大损失的行为。

1. 关于渎职罪的保护法益(同类犯罪客体)。第一种观点认为是国家机关的正常管理活动，即各级各类国家机关正常行使职责的活动。① 这是刑法学界的通说。这种界定有过于笼统之嫌，因为刑法当中另有其他妨害国家机关正常活动的犯罪，比如说妨害社会管理秩序罪的一些犯罪，就不属于渎职罪。第二种观点主张，本章罪的客体是国家机关的正常活动，具体表现为侵犯国家机关工作人员职务的勤政性、正当性与公正廉明性。② 但是，如果认为玩忽职守型的渎职罪只是侵犯了职务行为的勤政性，徇私舞弊型的渎职罪只是侵犯了职务行为的廉洁性，则仍然没有把握渎职罪的本质。因为对勤政性、廉洁性的侵犯，根本还在于损害了职务行为的公正性(或正当性)，而且，认为渎职罪侵犯了职务行为的廉洁性的观点难以与贪污贿赂犯罪区别开来。第三种观点认为，刑法规定渎职罪，旨在保护国家机关公务的合法、公正、有效执行以及国民对此的信赖。③ 公众对职务行为合法、客观、公正性的信赖以职务行为本身的客观公正为前提，该观点将其与国家机关的正常活动相并列并不妥当。

本书认为，渎职罪的本质，在于因渎职而侵犯国家机关的正常活动。本章罪是通过保护职务行为的客观公正性(正当性)以及国民对这种客观公正性的信赖来保

---

① 参见高铭暄、马克昌主编：《刑法学》(第三版)，北京大学出版社、高等教育出版社 2007 年版，第 722 页。

② 参见韩耀元：《渎职罪的定罪与量刑》，人民法院出版社 2002 年版，第 3 页；吴在存主编：《渎职犯罪的法律适用》，人民法院出版社 2001 年版，第 10 页。

③ 参见张明楷：《刑法学》(第三版)，法律出版社 2007 年版，第 892 页。

护国家机关的正常活动的。国家机关的活动能否正常进行，取决于该活动是否合法，是否客观公正，以及国民对国家机关活动客观公正性的信赖。渎职罪正是国家机关工作人员从内部侵害国家机关职务行为的客观公正性从而造成公众对职务行为客观公正性的不信赖，进而妨害国家机关的正常活动的。这里的国家机关包括立法、行政、司法、军事机关及党的各级机关和人民政协机关。

渎职罪的客体与贪污贿赂犯罪的客体有相似之处，都有侵害职务行为正当性的一面，从这个意义上说，贪污贿赂犯罪也是广义的渎职犯罪。但是，两者的犯罪客体也有不同的一面，即贪污贿赂犯罪没有直接的受害人，侵犯的是纯粹的国家法益，而渎职罪除了侵犯职务行为的正当性之外，往往还侵犯公民个人法益。

2. 渎职罪的客观方面表现为滥用职权、玩忽职守、徇私舞弊，致使公共财产、国家和人民利益遭受重大损失的行为。渎职犯罪总体上表现为两类：一是通过积极的作为实施法律、法规禁止实施的行为，如某些滥用职权的行为(滥用职权的行为不限于作为)；二是通过不作为的方式不履行法律、法规要求其履行的职责、义务，如玩忽职守的行为。这些犯罪通常只有给国家和人民利益造成重大损失时才构成犯罪。国家和人民利益不一定都表现为有形的物质性利益，对国家机关活动的正当性的破坏往往表现为无形的结果，因此司法实践中要根据案件的情况作出客观、全面的判断和评价。2003 年最高人民法院《全国法院审理经济犯罪案件工作座谈会纪要》明确指出：根据刑法规定，玩忽职守、滥用职权等渎职犯罪是以致使公共财产、国家和人民利益遭受重大损失为构成要件的。其中，公共财产的重大损失，通常是指渎职行为已经造成的重大经济损失。在司法实践中，有以下情形之一的，虽然公共财产作为债权存在，但已无法实现债权的，可以认定为行为人的渎职行为造成了经济损失：(1)债务人已经法定程序被宣告破产；(2)债务人潜逃，去向不明；(3)因行为人责任，致使超过诉讼时效；(4)有证据证明债权无法实现的其他情况。

3. 渎职罪的主体原则上为国家机关工作人员。但并非只要是国家机关工作人员就可以构成本章所有犯罪，有的渎职犯罪只有某些特定的国家机关工作人员才能构成。对于军人违反职责的犯罪，在刑法有特别规定的情况下，必须适用特别规定，而不能认定为本章的渎职罪。个别犯罪可以是普通公民构成，如刑法第 398 条规定的故意泄露国家秘密罪和过失泄露国家秘密罪。这里所说的“国家机关”，是指国家各级各类机关，包括国家的行政机关、权力机关、审判机关、检察机关和军事机关等。国家机关工作人员，是指在各级各类国家机关中从事公务的人员。为了明确司法实践中遇到的关于渎职罪的犯罪主体，2002 年 12 月 28 日第九届全国人民代表大会常务委员会《关于〈中华人民共和国刑法〉第九章渎职罪主体适用问题的解释》明确规定：在依照法律、法规规定行使国家行政管理职权的组织中从事公务的人员，或者在受国家机关委托代表国家机关行使职权的组织中从事公务的人员，或者虽未列入国家机关人员编制但在国家机关中从事公务的人员，在代表国家机关行使职权时，有渎职行为，构成犯罪的，依照刑法关于渎职罪的规定追究刑

事责任。根据2003年11月13日最高人民法院《全国法院审理经济犯罪案件工作座谈会纪要》和最高人民检察院2006年7月26日《关于渎职侵权犯罪案件立案标准的规定》的相关规定：刑法中所称的国家机关工作人员，是指在国家机关中从事公务的人员，包括在各级国家权力机关、行政机关、司法机关和军事机关中从事公务的人员。在依照法律、法规规定行使国家行政管理职权的组织中从事公务的人员，或者在受国家机关委托代表国家行使职权的组织中从事公务的人员，或者虽未列人国家机关人员编制但在国家机关中从事公务的人员，在代表国家机关行使职权时，视为国家机关工作人员。在乡（镇）以上中国共产党机关、人民政协机关中从事公务的人员，视为国家机关工作人员。此外，2000年5月4日最高人民检察院《关于镇财政所所长是否适用国家机关工作人员的批复》中明确指出：对于属行政执法事业单位的镇财政所中按国家机关在编干部管理的工作人员，在履行政府行政公务活动中，滥用职权或玩忽职守构成犯罪的，应以国家机关工作人员论。根据最高人民检察院2000年10月9日《关于合同制民警能否成为玩忽职守罪主体问题的批复》，合同制民警在依法执行公务期间，属其他依照法律从事公务的人员，应以国家机关工作人员论。对合同制民警在依法执行公务活动中的玩忽职守行为，符合刑法第397条规定的玩忽职守罪构成条件的，依法以玩忽职守罪追究刑事责任。根据最高人民检察院2000年10月31日《关于属工人编制的乡（镇）工商所所长能否依照刑法第397条的规定追究刑事责任问题的批复》，经人事部门任命，但为工人编制的乡（镇）工商所所长，依法履行工商行政管理职责时，属其他依照法律从事公务的人员，应以国家机关工作人员论。如果玩忽职守，致使公共财产、国家和人民利益遭受重大损失，可适用刑法第397条的规定，以玩忽职守罪追究刑事责任。根据最高人民检察院2002年4月29日《关于企业事业单位的公安机构在机构改革过程中其工作人员能否构成渎职侵权犯罪主体问题的批复》，企业事业单位的公安机构在机构改革过程中虽尚未列入公安机关建制，其工作人员在行使侦查职责时，实施渎职侵权行为的，可以成为渎职侵权犯罪的主体。根据最高人民检察院研究室2003年1月13日《关于对海事局工作人员如何使用法律问题的答复》，海事局负责行使国家水上安全监督和防止船舶污染及海上设施检验、航海保障的管理职权，是国家执法监督机构。海事局及其分支机构工作人员在从事上述公务活动中，滥用职权或者玩忽职守，致使公共财产、国家和人民利益遭受重大损失的，应当依照刑法第397条的规定，以滥用职权罪或者玩忽职守罪追究刑事责任。根据最高人民检察院2007年5月16日《关于对林业主管部门工作人员在发放林木采伐许可证之外滥用职权玩忽职守致使森林遭受严重破坏的行为适用法律问题的批复》，林业主管部门工作人员违法发放林木采伐许可证，致使森林遭受严重破坏的，依照刑法第407条的规定，以违法发放林木采伐许可证罪追究刑事责任；以其他方式滥用职权或者玩忽职守，致使森林遭受严重破坏的，依照刑法第397条的规定，以滥用职权罪或者玩忽职守罪追究刑事责任，立案标准依照《最高人民检察院关于渎职侵权犯罪案件立案标准的规定》第一部分渎职犯罪案件第 18 条第 3 款的规定执行。

4. 渎职罪的主观方面绝大多数出于故意，个别犯罪出于过失。有些犯罪要求行为人要有徇私的主观要素，这里的徇私是一种犯罪动机，旨在将那些国家机关工作人员因为法律素质、政策水平、技术能力不高而造成差错的情形排除在渎职罪之外。在这些标有"徇私"的犯罪中，有些徇私是主观构成要件要素，有些徇私则是量刑要素。前者如刑法第 401 条的徇私舞弊减刑、假释、暂予监外执行罪，第 402 条的徇私舞弊不移交刑事案件罪等，主观上都要有徇私的犯罪动机；后者如刑法第 397 条第 2 款规定：国家机关工作人员徇私舞弊，犯滥用职权罪或者玩忽职守罪的，要处较重的刑罚。其中，所谓的徇私舞弊，根据 2003 年最高人民法院《全国法院审理经济犯罪案件工作座谈会纪要》的理解，为徇个人私情、私利。如果国家机关工作人员为了本单位的利益，实施滥用职权、玩忽职守行为，构成犯罪的，则不能认定为徇私，直接依照刑法第 397 条第 1 款的规定定罪处罚。但这样的解释不符合渎职罪所侵犯的法益，因为国家机关工作人员无论是徇个人之私实施渎职行为，还是徇单位、集体之私实施渎职行为，都侵害了国家机关公务的合法、公正、有效执行以及国民对此的信赖。本书赞同这种解释。①

二、渎职罪的类型

刑法理论可以根据不同的标准，将渎职罪划分为不同的犯罪类型。例如，根据行为所侵害的具体法益，可以分为对行政作用的犯罪、对司法作用的犯罪等；根据主观内容的不同，可以分为滥用职权型的渎职罪与玩忽职守型的渎职罪。本章根据行为主体的不同，将渎职罪分为以下三种类型：(1)一般国家机关工作人员的渎职罪，包括刑法第 397 条、第 398 条、第 406 条、第 410 条、第 418 条以及第 419 条规定的犯罪；(2)司法工作人员的渎职罪，包括刑法第 399 条、第 400 条、第 401 条规定的犯罪；(3)特定机关工作人员的渎职罪，包括本章中除上述两类犯罪外的其他犯罪。

第二节　一般国家机关工作人员实施的渎职罪

【引　例】

1998 年 12 月，河北省甲市乙县城管监察大队违规取得停车收费许可证

① 参见张明楷：《刑法学》(第三版)，法律出版社 2007 年版，第 895 页。

（其不具有经营性收费主体资格）。从2005年7月开始，该城管监察大队对停在该县文化宫广场的"村村通"客车按照每车每月30元的标准收取停车费。2009年5月22日，城管监察大队大队长张某擅自将停车收费标准提高到90元，并派人在停车场出入口强行收取，造成客运车辆被堵，停运一上午。5月27日上午，城管监察大队再次收取停车费，造成客运班车全线停运，一直持续到下午6点。6月1日下午3点左右，城管监察大队第三次到文化宫广场收费，致使9辆客车被堵到晚上10点。6月2日河北电视台曝光这一事件。次日，城管监察大队仍旧到文化宫广场收费，造成两辆客车被堵。河北电视台于3日、4日对这一事件连续曝光，至此引起上级部门高度重视。乙县县长被免去党内外职务，主管副县长受到纪律处分，张某被撤销党内职务、行政职务。①

一、滥用职权罪

（一）概念和构成要件

滥用职权罪，是指国家机关工作人员滥用职权，致使公共财产、国家和人民利益遭受重大损失的行为。其构成要件是：

1. 本罪的客体首先是国家机关公务活动的正当性及国民对其正当性的信赖，其次还侵犯了国家、集体、公民的个人权益。其中对国家、集体、公民权益的侵犯只要具备其中之一就足够。滥用职权对个人权益的侵犯表现为两种形式：一是使不应履行义务的人额外履行义务；二是使有正当权利者无法行使自己的正当权利，获取自己本来应得的利益。②

2. 本罪的客观方面表现为滥用职权，致使公共财产、国家和人民利益遭受重大损失的行为。滥用职权，指违背职务行为的宗旨，违反法律规定的权限和程序，非法地行使本人职权，或者超越职权实施有关行为。这里的职权，是指行为人享有的一般职务权限，如果行为人实施的行为与其一般的职务权限没有任何关系，则不可能构成滥用职权。滥用职权具体表现为以下几种情况：一是越权擅自决定或者处理有关事项；二是不负责任，随意地决定或者处理有关事项；三是任意放弃职责，即应当履行职责而不履行（不作为）；四是以权谋私、假公济私，不正确地履行职责。实践中，以上几种情况往往交织在一起。

滥用职权的行为还必须造成公共财产、国家和人民利益遭受重大损失的结果才

① 杨光：《城管队长滥收费致客车停运，是否构成滥用职权罪》，载《检察日报》2009年10月21日实务版。

② 参见周光权：《刑法各论讲义》，清华大学出版社2003年版，第545页。

构成犯罪。根据最高人民检察院 2006 年 7 月 26 日《关于渎职侵权犯罪案件立案标准的规定》,滥用职权,具有下列情形之一的,应予追诉:(1)造成死亡 1 人以上,或者重伤 2 人以上,或者重伤 1 人、轻伤 3 人以上,或者轻伤 5 人以上的;(2)导致 10 人以上严重中毒的;(3)造成个人财产直接经济损失 10 万元以上,或者直接经济损失不满 10 万元,但间接经济损失 50 万元以上的;(4)造成公共财产或者法人、其他组织财产直接经济损失 20 万元以上,或者直接经济损失不满 20 万元,但间接经济损失 100 万元以上的;(5)虽未达到 3、4 两项数额标准,但 3、4 两项合计直接经济损失 20 万元以上,或者合计直接经济损失不满 20 万元,但合计间接经济损失 100 万元以上的;(6)造成公司、企业等单位停业、停产 6 个月以上,或者破产的;(7)弄虚作假,不报、缓报、谎报或者授意、指使、强令他人不报、缓报、谎报情况,导致重特大事故危害结果继续、扩大,或者致使抢救、调查、处理工作延误的;(8)严重损害国家声誉,或者造成恶劣社会影响的;(9)其他致使公共财产、国家和人民利益遭受重大损失的情形。需注意的是,上述重大损失,不仅限于有形损失,也包括无形损失。例如引例中,乙县城管监察大队大队长张某滥用职权所造成的损失不仅包括有形的经济损失,还造成了政府形象受到损害的无形损失。在本案中,由于张某滥用职权造成的物质性损失并不十分明显,要认定其是否构成犯罪,关键看其行为是否达到了上述《规定》关于滥用职权罪第 8 项“严重损害国家声誉,或者造成恶劣社会影响的”之立案标准。根据上述案情,本案被河北电视台连续三天曝光,使该县城管监察大队利用强权违规收取停车费的霸道形象为公众所知,这已经极大损害了该县政府机关的形象,进而对党和国家机关造成严重的不良影响。而且,该县城管监察大队四次派人堵车强行收费,已经引起“村村通”客车车主、司乘人员的强烈不满,并引发双方的严重对峙,也给该县群众正常出行造成困难。因此,该县城管监察大队与党和政府的要求严重背离,擅自收费,损害群众利益,在群众中产生了极其不好的影响,符合滥用职权罪的立案标准。此外,根据 2007 年 1 月 15 日最高人民法院、最高人民检察院《关于办理盗窃油气、破坏油气设备等刑事案件具体应用法律若干问题的解释》第 7 条的规定,国家机关工作人员滥用职权,实施下列行为之一,致使公共财产、国家和人民利益遭受重大损失的,以滥用职权罪定罪处罚:(1)超越职权范围,批准发放石油、天然气勘查、开采、加工、经营等许可证的;(2)违反国家规定,给不符合法定条件的单位、个人发放石油、天然气勘查、开采、加工、经营等许可证的;(3)违反《石油天然气管道保护条例》等国家规定,在油气设备安全保护范围内批准建设项目的;(4)对发现或者经举报查实的未经依法批准、许可擅自从事石油、天然气勘查、开采、加工、经营等违法活动不予查封、取缔的。根据 2007 年 2 月 28 日最高人民法院、最高人民检察院《关于办理危害矿山生产安全刑事案件具体应用法律若干问题的解释》第 9 条的规定,国家机关工作人员滥用职权,危害矿山生产安全,具有下列情形之一,致使公共财产、国家和人民利益遭受重大损失的,依照滥用职权罪定罪处罚:(1)对不符合矿山法定安全生产条件的事项予以批准或者验收通过的;(2)对于未依法取得批准、验收的矿山生产经营单位擅自从

事生产经营活动不依法予以处理的;(3)对于已经依法取得批准的矿山生产经营单位不再具备安全生产条件而不撤销原批准或者发现违反安全生产法律法规的行为不予查处的;(4)强令审核、验收部门及其工作人员实施本条第1项行为,或者实施其他阻碍下级部门及其工作人员依法履行矿山安全生产监督管理职责行为的;(5)在矿山生产安全事故发生后,负有报告职责的国家机关工作人员不报或者谎报事故情况,贻误事故抢救的;(6)其他滥用职权的行为。

3. 本罪的主体为国家机关工作人员。

4. 本罪的主观方面为故意,即明知自己滥用职权的行为会发生侵害职务行为的正当性,妨害国家机关的正常活动并进而使公共财产、国家和人民利益遭受重大损失的结果,而仍希望或者放任该结果的发生。行为人的动机不影响本罪的成立。

(二)滥用职权罪的认定

1. 罪与非罪的界限。关键看两点:一是看是否滥用了职权。如果是在职权范围内正当履行职责,则不可能构成滥用职权。二是看是否造成了公共财产、国家和人民利益遭受重大损失的结果。如果没有,则不能认定为构成本罪。

2. 滥用职权罪与其他犯罪的界限。刑法分则第九章所规定的渎职罪中,在规定滥用职权罪的同时,还规定了其他一些具体滥用职权的犯罪行为。由于刑法第397条明文规定了"本法另有规定的,依照规定",因此,对第397条以外的滥用职权的犯罪行为不应定滥用职权罪,而应按具体条文规定定罪。对此,最高人民检察院2006年7月26日《关于渎职侵权犯罪案件立案标准的规定》明确指出:国家机关工作人员滥用职权,符合刑法第九章所规定的特殊渎职罪构成要件的,按照该特殊规定追究刑事责任;主体不符合刑法第九章所规定的特殊渎职罪的主体要件,但滥用职权涉嫌前款第1项至第9项规定情形之一的,按照刑法第397条的规定以滥用职权罪追究刑事责任。可见,滥用职权罪的规定属于普通法,其他特定主体滥用职权犯罪的规定属于特别法。根据特别法优于普通法的处理原则,当行为人的行为同时触犯第397条和其他法条时,应对行为人按其他法条即特别法条所规定的犯罪论处。例如,刑法第410条规定的非法批准征用、占用土地罪也是一种滥用职权的行为,行为人在触犯刑法第410条的同时也触犯了第397条,司法机关在追究行为人的刑事责任时,应按刑法第410条定罪量刑,而不能按第397条的规定定罪量刑。

(三)刑事责任

根据刑法第397条的规定,犯本罪的,处3年以下有期徒刑或者拘役;情节特别严重的,处3年以上7年以下有期徒刑;徇私舞弊犯本罪的,处5年以下有期徒刑或者拘役;情节特别严重的,处5年以上10年以下有期徒刑。

二、玩忽职守罪

(一)概念和构成要件

玩忽职守罪，是指国家机关工作人员严重不负责任，不履行或者不认真履行职责，致使公共财产、国家和人民利益遭受重大损失的行为。其构成要件是：

1. 客观方面表现为玩忽职守，致使公共财产、国家和人民利益遭受重大损失。玩忽职守，是指严重不负责任，工作马虎草率，不履行或者不正确履行职责的行为。不履行职责，是指有能力有义务履行职责而不履行，包括擅离职守行为；不正确履行，是指在履行职责的过程中，违反职责规定，马虎草率、粗心大意。由于国家机关的性质不同，职责也不同，玩忽职守的具体表现形式也不相同。玩忽职守罪是一种过失犯罪，要求造成重大损失，其标准应比滥用职权罪中的"重大损失"高。根据最高人民检察院 2006 年 7 月 26 日《关于渎职侵权犯罪案件立案标准的规定》，玩忽职守，具有下列情形之一的，应予追诉：(1)造成死亡 1 人以上，或者重伤 3 人以上，或者重伤 2 人、轻伤 4 人以上，或者重伤 1 人、轻伤 7 人以上，或者轻伤 10 人以上的；(2)导致 20 人以上严重中毒的；(3)造成个人财产直接经济损失 15 万元以上，或者直接经济损失不满 15 万元，但间接经济损失 75 万元以上的；(4)造成公共财产或者法人、其他组织财产直接经济损失 30 万元以上，或者直接经济损失不满 30 万元，但间接经济损失 150 万元以上的；(5)虽未达到 3、4 两项数额标准，但 3、4 两项合计直接经济损失 30 万元以上，或者合计直接经济损失不满 30 万元，但合计间接经济损失 150 万元以上的；(6)造成公司、企业等单位停业、停产 1 年以上，或者破产的；(7)海关、外汇管理部门的工作人员严重不负责任，造成 100 万美元以上外汇被骗购或者逃汇 1000 万美元以上的；(8)严重损害国家声誉，或者造成恶劣社会影响的；(9)其他致使公共财产、国家和人民利益遭受重大损失的情形。此外，根据 2007 年 1 月 15 日最高人民法院、最高人民检察院《关于办理盗窃油气、破坏油气设备等刑事案件具体应用法律若干问题的解释》第 7 条的规定，国家机关工作人员玩忽职守，实施下列行为之一，致使公共财产、国家和人民利益遭受重大损失的，以玩忽职守罪定罪处罚：(1)超越职权范围，批准发放石油、天然气勘查、开采、加工、经营等许可证的；(2)违反国家规定，给不符合法定条件的单位、个人发放石油、天然气勘查、开采、加工、经营等许可证的；(3)违反《石油天然气管道保护条例》等国家规定，在油气设备安全保护范围内批准建设项目的；(4)对发现或者经举报查实的未经依法批准、许可擅自从事石油、天然气勘查、开采、加工、经营等违法活动不予查封、取缔的。根据 2007 年 2 月 28 日最高人民法院、最高人民检察院《关于办理危害矿山生产安全刑事案件具体应用法律若干问题的解释》第 9 条的规定，国家机关工作人员玩忽职守，危害矿山生产安全，具有下列情形之一，致使公共财产、国

家和人民利益遭受重大损失的，以玩忽职守罪定罪处罚：(1)对不符合矿山法定安全生产条件的事项予以批准或者验收通过的；(2)对于未依法取得批准、验收的矿山生产经营单位擅自从事生产经营活动不依法予以处理的；(3)对于已经依法取得批准的矿山生产经营单位不再具备安全生产条件而不撤销原批准或者发现违反安全生产法律法规的行为不予查处的；(4)强令审核、验收部门及其工作人员实施本条第1项行为，或者实施其他阻碍下级部门及其工作人员依法履行矿山安全生产监督管理职责行为的；(5)在矿山生产安全事故发生后，负有报告职责的国家机关工作人员不报或者谎报事故情况，贻误事故抢救的；(6)其他玩忽职守的行为。

2. 本罪的主体是国家机关工作人员。

3. 本罪的主观方面为过失。由于主体具有特殊身份，所以这里的过失大多表现为监督过失，即应当监督直接责任者而没有监督，或者应当建立完备的安全、管理体制而没有建立，从而导致结果的发生。

(二)玩忽职守罪的认定

1. 罪与非罪的界限。(1)工作失误与玩忽职守的界限。工作失误，是指由于工作水平、能力不足，从而决策不当，导致公共财产、国家和人民利益的损失的行为。其主观上并无玩忽职守的心态，不宜认定为犯罪。(2)玩忽职守罪与一般玩忽职守行为的界限。区分两者的关键是看行为是否致使公共财产、国家和人民利益遭受重大损失。

2. 与滥用职权罪的区别。两者在犯罪客体、犯罪主体方面完全相同，犯罪客观方面也有相似之处。区别两者的关键是：(1)行为方式不同。玩忽职守是因草率马虎不履行或者不正确履行职责的行为，即主要是不作为；滥用职权通常是一种积极利用职责的行为，即一般表现为作为(但不限于作为)。(2)主观方面不同。前者是过失犯罪，后者是故意犯罪。区分故意与过失，最主要的是要看行为人对造成重大损失的心理态度。

3. 与过失危害公共安全犯罪的区别。本罪与刑法分则第二章规定的重大责任事故罪、工程质量责任事故罪等责任事故犯罪有相似之处。两者的主要区别表现在犯罪客体、犯罪主体和犯罪发生场合三个方面，具体可参见第三章危害公共安全罪中关于重大责任事故罪的论述。

4. 与其他特别的玩忽职守犯罪的区别。刑法在第397条规定一般意义上的玩忽职守罪的同时，又在本章的其他条文中将一些由特定的国家工作人员在特定的领域所实施的玩忽职守的行为规定为独立的犯罪。如第406条规定的国家机关工作人员签订、履行合同失职被骗罪；第412条第2款规定的商检失职罪等。但是，玩忽职守罪的规定属于普通法，其他特定主体玩忽职守罪的规定属于特别法，两者之间形成了法条竞合关系。因此，刑法第397条第2款规定："本法另有规定的，依照规定。"也就是说，当行为人的行为同时触犯第397条和其他法条时，就应对行为人按其他法条即特别法条所规定的犯罪论处。对此，最高人民检察院 2006 年 7 月 26 日《关于渎职侵权犯罪案件立案标准的规定》明确指出：国家机关工作人员玩忽职守，符合刑法第九章所规定的特殊渎职罪构成要件的，按照该特殊规定追究刑事责任；主体不符合刑法第九章所规定的特殊渎职罪的主体要件，但玩忽职守涉嫌前款第 1 项至第 9 项规定情形之一的，按照刑法第 397 条的规定以玩忽职守罪追究刑事责任。

（三）刑事责任

根据刑法第 397 条的规定，犯本罪的，处 3 年以下有期徒刑或者拘役；情节特别严重的，处 3 年以上 7 年以下有期徒刑；徇私舞弊犯本罪的，处 5 年以下有期徒刑或者拘役；情节特别严重的，处 5 年以上 10 年以下有期徒刑。需注意的是，虽然本罪的法定刑与滥用职权罪的法定刑一样，但显然后者的社会危害性要比本罪大，所以在司法实践中具体裁量刑罚时要注意区别对待。

三、故意泄露国家秘密罪

（一）概念和构成要件

故意泄露国家秘密罪，是指国家机关工作人员或其他有关人员，违反保守国家秘密法的规定，故意泄露国家秘密，情节严重的行为。其构成要件是：

1. 本罪的客体是国家机关的保密管理制度。根据我国宪法的规定，一切公民，特别是国家工作人员，必须严格遵守国家的保密制度。所谓国家保密制度，是指有关保守国家秘密的法律、法规、规章、办法、措施所规定的国家秘密事项、保密范围以及有关制度的总称。本罪的犯罪对象是国家秘密。根据 1989 年 5 月 1 日第七届全国人大常委会通过的《保守国家秘密法》的规定，①根据《保守国家秘密法》第 2 条的规定，所谓的“秘密”是指关系到国家的安全和利益，依照法律程序确定的，在一定时期内只限于一定范围的人知悉的事项。根据第 9 条的规定，具体包括：(1)国家事务重大决策中的秘密事项；(2)国防建设和武装力量活动中的秘密事项；(3)外交和外事活动中的秘密事项以及对外承担保密义务的秘密事项；(4)国民经济和社会发展中的秘密事项；(5)科学技术中的秘密事项；(6)维护国家安全活动和追查刑事犯罪中的秘密事项；(7)经国家保密行政管理部门确定的其他秘密事项。政党的秘密事项中符合前款规定的，属于国家秘密。依照秘密的重要程度，国家秘密分为“绝密”、“机密”、“秘密”三级，它们均是本罪侵犯的对象。其中，绝密级国家秘密是最重要的国家

① 经 2010 年 4 月 29 日第十一届全国人民代表大会常务委员会第十四次会议修订，修改后的《保守国家秘密法》自 2010 年 10 月 1 日起施行。

秘密,泄露会使国家安全和利益遭受特别严重的损害;机密级国家秘密是重要的国家秘密,泄露会使国家安全和利益遭受严重的损害;秘密级国家秘密是一般的国家秘密,泄露会使国家安全和利益遭受损害。国家秘密的保密期限,除另有规定外,绝密级不超过30年,机密级不超过20年,秘密级不超过10年。

2. 本罪在客观方面表现为违反保守国家秘密法的规定,泄露国家秘密,情节严重的行为。违反保守国家秘密法的规定,是指违反《保守国家秘密法》以及1990年5月25日国务院颁布实施的《保守国家秘密法实施办法》以及1993年5月1日国务院民政部颁布实施的《保守国家秘密法实施细则》等有关规定。泄露国家秘密,是指使国家秘密让不应当知悉的人知悉。泄露国家秘密的行为方式,分为作为的泄露和不作为的泄露两种。作为的泄露,是指用积极的行为实施保守国家秘密法所禁止的泄露行为。不作为的泄露,是指有义务实施并且能够实施保守国家秘密法规定的保密行为而没有实施的泄露行为。本罪的成立,还要求是情节严重的故意泄露国家秘密的行为才构成犯罪。这应从行为人泄露秘密的动机、目的,泄露秘密的等级,泄露的数量、次数,造成的后果等方面进行综合判断。根据最高人民检察院2006年7月26日《关于渎职侵权犯罪案件立案标准的规定》,涉嫌下列情形之一的,应予立案:(1)泄露绝密级国家秘密1项(件)以上的;(2)泄露机密级国家秘密2项(件)以上的;(3)泄露秘密级国家秘密3项(件)以上的;(4)向非境外机构、组织、人员泄露国家秘密,造成或者可能造成危害社会稳定、经济发展、国防安全或者其他严重危害后果的;(5)通过口头、书面或者网络等方式向公众散布、传播国家秘密的;(6)利用职权指使或者强迫他人违反国家保守秘密法的规定泄露国家秘密的;(7)以牟取私利为目的泄露国家秘密的;(8)其他情节严重的情形。

3. 本罪的主体主要是国家机关工作人员。但这并不意味着非国家机关工作人员就不可能实施泄露国家秘密的行为,因为非国家机关工作人员也有可能了解和掌握国家秘密,从而也可能予以泄露。因此,根据刑法的规定,非国家工作机关人员故意泄露国家秘密,情节严重的,也要按照故意泄露国家秘密罪酌情处罚。应当明确,对非国家机关工作人员应作广义理解,它是指一切知悉或了解国家秘密的非国家机关工作人员。

4. 本罪在主观方面由故意构成。即行为人明知是国家秘密而故意加以泄露。行为人的犯罪目的和动机一般不影响犯罪的成立。但行为人如果出于危害国家安全的目的而故意将国家秘密提供给境外的机构、组织或人员,则应按刑法第111条的规定定罪处罚。

本罪的主体是国家机关工作人员和其他有关人员。有关人员,是指知悉了国家秘密的除国家机关工作人员外的其他人员。

5. 本罪的主观方面为故意。动机、目的一般不影响本罪的成立,但如果是以提供给境外的机构、组织、人员为目的,则不构成本罪,而可能构成为境外非法提供国家秘密罪。

(二)本罪的认定

1. 本罪与为境外窃取、刺探、收买、非法提供国家秘密、情报罪的界限

两者的主要区别在于:(1)犯罪客体和犯罪对象范围不同。本罪侵犯的是国家保密制度,犯罪对象是国家秘密;为境外窃取、刺探、收买、非法提供国家秘密、情报罪侵犯的是国家安全和利益,犯罪对象除国家秘密外,还包括有关我国国家安全的情况、资料、报告和消息等情报。(2)犯罪的客观表现不同。本罪表现为泄露国家秘密的行为,为境外窃取、刺探、收买、非法提供国家秘密、情报罪表现为窃取、刺探、收买、非法提供国家秘密或者情报的行为。本罪没有特定服务对象,为境外窃取、刺探、收买、非法提供国家秘密、情报罪则必须是为境外机构、组织、人员服务。本罪要求必须情节严重才构成犯罪,为境外窃取、刺探、收买、非法提供国家秘密、情报罪则不以情节严重作为犯罪构成要件。(3)犯罪的主观内容不同。本罪的主观方面是泄露国家秘密的故意,为境外窃取、刺探、收买、非法提供国家秘密、情报罪的主观方面则是为境外窃取、刺探、收买、非法提供国家秘密或者情报的故意。

2. 本罪与侵犯商业秘密罪的界限

两者的主要区别为:(1)犯罪客体不同。本罪侵犯的是国家的保密制度,侵犯商业秘密罪侵犯的是知识产权。(2)侵犯的对象不同。本罪侵犯的对象是国家保密法所规定的国家秘密,其内涵远远大于后者,侵犯商业秘密罪侵犯的对象仅限于商业秘密。如国家机关工作人员将自己知悉的属于国家秘密范畴的商业秘密泄露出去,则是一行为触犯数罪名即属于想象竞合的情况,应按从一重罪处断的原则处理。(3)主体不同。本罪主体主要是国家机关工作人员,侵犯商业秘密罪主体可以是任何具有责任能力的人。

3. 本罪与非法获取国家秘密罪以及非法持有国家绝密、机密文件、资料、物品罪的界限

主要区别在于:(1)客观表现不同。本罪客观表现为"泄露"国家秘密,即将自己知道的(一般是通过合法途径知道的)国家秘密传递出去,非法获取国家秘密罪以及非法持有国家绝密、机密文件、资料、物品罪则表现为"窃取、刺探、收买"国家秘密或"非法持有属于国家绝密、机密的文件、资料或者其他物品,拒不说明来源与用途"。假如行为人将"窃取、刺探、收买"的国家秘密又泄露出去的,这属于吸收犯的情况,应从一重罪处断。(2)主体不同。本罪主体主要是国家机关工作人员,非法获取国家秘密罪以及非法持有国家绝密、机密文件、资料、物品罪主体可以是任何具有责任能力的人。

(三)刑事责任

根据刑法第398条的规定,犯本罪的,处3年以下有期徒刑或者拘役;情节特别严重的,处3年以上7年以下有期徒刑。非国家机关工作人员犯本罪的,依照上述规定酌情处罚。

四、过失泄露国家秘密罪

过失泄露国家秘密罪，是指国家机关工作人员或者有关人员过失泄露国家秘密，情节严重的行为。本罪的构成要件，除主观方面为过失外，其他方面与故意泄露国家秘密罪都相同或相似。本罪是结果犯，要求情节严重。根据最高人民检察院 2006 年 7 月 26 日《关于渎职侵权犯罪案件立案标准的规定》，是指下列情形之一的：(1)泄露绝密级国家秘密 1 项(件)以上的；(2)泄露机密级国家秘密 3 项(件)以上的；(3)泄露秘密级国家秘密 4 项(件)以上的；(4)违反保密规定，将涉及国家秘密的计算机或者计算机信息系统与互联网相连接，泄露国家秘密的；(5)泄露国家秘密或者遗失国家秘密载体，隐瞒不报、不如实提供有关情况或者不采取补救措施的；(6)其他情节严重的情形。根据刑法第 398 条的规定，本罪的刑事责任与故意泄露国家秘密罪相同。但考虑到本罪是过失犯罪，在量刑时应比故意泄露国家秘密罪要轻。

五、国家机关工作人员签订、履行合同失职被骗罪

国家机关工作人员签订、履行合同失职被骗罪，是指国家机关工作人员在签订、履行合同过程中，因严重不负责任被诈骗，致使国家利益遭受重大损失的行为。本罪的客体是国家机关的经济管理活动。客观方面表现为在签订、履行合同的过程中，严重不负责任被他人诈骗，致使国家利益遭受重大损失。本罪是结果犯，要求致使国家利益遭受重大损失才构成犯罪。这里的致使国家利益遭受重大损失，根据最高人民检察院 2006 年 7 月 26 日《关于渎职侵权犯罪案件立案标准的规定》，是指下列情形之一的：(1)造成直接经济损失 30 万元以上，或者直接经济损失不满 30 万元，但间接经济损失 150 万元以上的；(2)其他致使国家利益遭受重大损失的情形。本罪的主体是国家机关工作人员。如果是国有公司、企业、事业单位的直接负责的主管人员在签订、履行合同过程中因严重不负责任被诈骗，则成立刑法第 167 条的签订、履行合同被骗罪。本罪的主观方面为过失。本罪属特殊的玩忽职守犯罪，因而符合本罪构成要件的行为就以本罪论处。

根据刑法第 406 条的规定，犯本罪的，处 3 年以下有期徒刑或者拘役；致使国家利益遭受特别重大损失的，处 3 年以上 7 年以下有期徒刑。

六、非法批准征用、占用土地罪

非法批准征用、占用土地罪，是指国家机关工作人员徇私舞弊，违反土地管理法、森林法、草原法等法律以及有关行政法规中关于土地管理的规定，滥用职权，非法批准征用、占用耕地、林地等农用地以及其他土地，情节严重的行为。根据 2001

年8月31日全国人民代表大会常务委员会《关于〈中华人民共和国刑法〉第二百二十八条、第三百四十二条、第四百一十条的解释》，这里的违反土地管理法规，是指违反土地管理法、森林法、草原法等法律以及有关行政法规中关于土地管理的规定。这里的非法批准征用、占用土地，是指非法批准征用、占用耕地、林地等农用地以及其他土地。根据2000年6月16日最高人民法院《关于审理破坏土地资源刑事案件具体应用法律若干问题的解释》，这里的情节严重，是指具有下情形之一的：(1)非法批准征用、占用基本农田10亩以上的；(2)非法批准征用、占用基本农田以外的耕地30亩以上的；(3)非法批准征用、占用其他土地50亩以上的；(4)虽未达到上述数量标准，但非法批准征用、占用土地造成直接经济损失30万元以上；造成耕地大量毁坏等恶劣情节的。根据2005年12月26日最高人民法院《关于审理破坏林地资源刑事案件具体应用法律若干问题的解释》第2条的规定，国家机关工作人员徇私舞弊，违反土地管理法规，滥用职权，非法批准征用、占用林地，具有下列情形之一的，属于刑法第410条规定的“情节严重”，应当以非法批准征用、占用土地罪判处3年以下有期徒刑或者拘役：(1)非法批准征用、占用防护林地、特种用途林地数量分别或者合计达到10亩以上；(2)非法批准征用、占用其他林地数量达到20亩以上；(3)非法批准征用、占用林地造成直接经济损失数额达到30万元以上，或者造成本条第1项规定的林地数量分别或者合计达到5亩以上或者本条第2项规定的林地数量达到10亩以上毁坏。根据最高人民检察院2006年7月26日《关于渎职侵权犯罪案件立案标准的规定》，涉嫌下列情形之一的，应予立案：(1)非法批准征用、占用基本农田10亩以上的；(2)非法批准征用、占用基本农田以外的耕地30亩以上的；(3)非法批准征用、占用其他土地50亩以上的；(4)虽未达到上述数量标准，但造成有关单位、个人直接经济损失30万元以上，或者造成耕地大量毁坏或者植被遭到严重破坏的；(5)非法批准征用、占用土地，影响群众生产、生活，引起纠纷，造成恶劣影响或者其他严重后果的；(6)非法批准征用、占用防护林地、特种用途林地分别或者合计10亩以上的；(7)非法批准征用、占用其他林地20亩以上的；(8)非法批准征用、占用林地造成直接经济损失30万元以上，或者造成防护林地、特种用途林地分别或者合计5亩以上或者其他林地10亩以上毁坏的；(9)其他情节严重的情形。本罪的主体是国家机关工作人员以及《立法解释》规定的人员。本罪的主观方面是故意。根据刑法第410条的规定，犯本罪的，处3年以下有期徒刑或者拘役；致使国家或者集体利益遭受特别重大损失的，处3年以上7年以下有期徒刑。这里的特别重大损失，根据上述最高人民法院的司法解释，是指具有下列情形之一的：(1)非法批准征用、占用基本农田20亩以上的；(2)非法批准征用、占用基本农田以外的耕地60亩以上的；(3)非法批准征用、占用其他土地100亩以上的；(4)非法批准征用、占用土地，造成基本农田5亩以上、其他耕地10亩以上严重毁坏的；(5)非法批准征用、占用土地造成直接经济损失50万元以上等恶劣情节的。另根据2005年12月26日最高人民法院《关于审理破坏林地资源刑事案

件具体应用法律若干问题的解释》第3条的规定，实施本解释第2条规定的行为，具有下列情形之一的，属于刑法第410条规定的“致使国家或者集体利益遭受特别重大损失”，应当以非法批准征用、占用土地罪判处3年以上7年以下有期徒刑：(1)非法批准征用、占用防护林地、特种用途林地数量分别或者合计达到20亩以上；(2)非法批准征用、占用其他林地数量达到40亩以上；(3)非法批准征用、占用林地造成直接经济损失数额达到60万元以上，或者造成本条第1项规定的林地数量分别或者合计达到10亩以上或者本条第2项规定的林地数量达到20亩以上毁坏。

七、非法低价出让国有土地使用权罪

非法低价出让国有土地使用权罪，是指国家机关工作人员徇私舞弊，违反土地管理法、森林法、草原法等法律以及有关行政法规中关于土地管理的规定，滥用职权，非法低价出让国有土地使用权，情节严重的行为。这里的情节严重，根据2000年6月16日最高人民法院《关于审理破坏土地资源刑事案件具体应用法律若干问题的解释》，是指具有下列情节之一：(1)出让国有土地使用权面积在30万亩以上，并且出让价额低于国家规定的最低价额标准的60%的；(2)造成国有土地资产流失价额在30万元以上的。根据2005年12月26日最高人民法院《关于审理破坏林地资源刑事案件具体应用法律若干问题的解释》第4条的规定，国家机关工作人员徇私舞弊，违反土地管理法规，非法低价出让国有林地使用权，具有下列情形之一的，属于刑法第410条规定的“情节严重”，应当以非法低价出让国有土地使用权罪判处3年以下有期徒刑或者拘役：(1)林地数量合计达到30亩以上，并且出让价额低于国家规定的最低价额标准的60%；(2)造成国有资产流失价额达到30万元以上。根据最高人民检察院2006年7月26日《关于渎职侵权犯罪案件立案标准的规定》，涉嫌下列情形之一的，应予立案：(1)非法低价出让国有土地30亩以上，并且出让价额低于国家规定的最低价额标准的60%的；(2)造成国有土地资产流失价额30万元以上的；(3)非法低价出让国有土地使用权，影响群众生产、生活，引起纠纷，造成恶劣影响或者其他严重后果的；(4)非法低价出让林地合计30亩以上，并且出让价额低于国家规定的最低价额标准的60%的；(5)造成国有资产流失30万元以上的；(6)其他情节严重的情形。这里的特别重大损失，根据2000年6月16日最高人民法院《关于审理破坏土地资源刑事案件具体应用法律若干问题的解释》的规定，是指具有下列情形之一的：(1)非法低价出让国有土地使用权面积在60亩以上的，并且出让价额低于国家规定的最低价额标准的40%的；(2)造成国有土地资产流失在50万元以上的。另根据2005年12月26日最高人民法院《关于审理破坏林地资源刑事案件具体应用法律若干问题的解释》第5条的规定，实施本解释第4条规定的行为，造成国有资产流失价额达到60万元以上的，属于刑法第410条规定的"致使国家和集体利益遭受特别重大损失",应当以非法低价出让国有土地使用权罪判处3年以上7年以下有期徒刑。第7条规定,多次实施本解释规定的行为依法应当追诉且未经处理的,应当按照累计的数量、数额处罚。

八、招收公务员、学生徇私舞弊罪

招收公务员、学生徇私舞弊罪,是指国家机关工作人员在招收公务员、省级以上教育行政部门组织招收的学生工作中徇私舞弊,情节严重的行为。这里徇私舞弊,是指利用职权,弄虚作假,为亲友徇私情,将不合格的人员冒充合格人员予以录用、招收,或者将合格人员应当予以录用、招收而不予录用、招收。这里情节严重,根据最高人民检察院2006年7月26日《关于渎职侵权犯罪案件立案标准的规定》,是指下列情形之一的:(1)徇私舞弊,利用职务便利,伪造、变造人事、户口档案、考试成绩或者其他影响招收工作的有关资料,或者明知是伪造、变造的上述材料而予以认可的;(2)徇私舞弊,利用职务便利,帮助5名以上考生作弊的;(3)徇私舞弊招收不合格的公务员、学生3人次以上的;(4)因徇私舞弊招收不合格的公务员、学生,导致被排挤的合格人员或者其近亲属自杀、自残造成重伤、死亡,或者精神失常的;(5)因徇私舞弊招收公务员、学生,导致该项招收工作重新进行的;(6)其他情节严重的情形。本罪的主体是国家机关工作人员以及《立法解释》规定的人员。本罪的主观方面是故意,且须出于徇私的动机。根据刑法第418条的规定,犯本罪的,处3年以下有期徒刑或者拘役。

九、失职造成珍贵文物损毁、流失罪

失职造成珍贵文物损毁、流失罪,是指文物行政部门、公安机关、工商行政管理部门、海关、城乡建设规划部门等国家机关工作人员严重不负责任,造成珍贵文物损毁或者流失,后果严重的行为。本罪的客观方面表现为行为人严重不负责任,造成珍贵文物损毁或者流失,即对自己给予管理、运输,使用的珍贵文物,不认真管理和保管,或者对可能造成珍贵文物损毁或者流失的隐患,不采取措施,致使珍贵文物破坏、损坏或者毁灭,无法恢复原状;或者致使珍贵文物丢失、流传到境外。本罪是结果犯,要求造成的后果严重,根据最高人民检察院2006年7月26日《关于渎职侵权犯罪案件立案标准的规定》,是指下列情形之一的:(1)导致国家一、二、三级珍贵文物损毁或者流失的;(2)导致全国重点文物保护单位或者省、自治区、直辖市级文物保护单位损毁的;(3)其他后果严重的情形。本罪的主观方面是过失。根据刑法第419条的规定,犯本罪的,处3年以下有期徒刑或者拘役。

第三节 司法工作人员实施的渎职罪

【引 例】

李某系某县公安局经济侦查大队大队长，王某系该局经侦大队侦查员。2006年该局查办建龙实业有限责任公司涉嫌集资诈骗一案期间，公司董事长、法定代表人刘某托人找到李某说情，并提出只要能作撤案处理，就送给其个人20万元，李某表示"帮忙可以，个人坚决不能收钱，钱交到单位"。次日，李某找到案件承办人王某安排此事。刘某即托人给王某送了10万元现金。随后，李某和王某合谋授意刘某伪造部分外地集资款已归还的证据，从而使诈骗数额达不到犯罪标准。侦查终结时，李某和王某提出了不构成犯罪的意见，经局长签批案件被撤销。随后，李某以罚没款的名义将刘某送的20万元上交局财务。案件被撤销后，建龙实业有限责任公司变更了公司名称，继续进行集资诈骗活动。截至2008年1月案发，共造成315万元的集资款无法归还。①

一、徇私枉法罪

(一)概念和构成要件

徇私枉法罪，是指司法工作人员为徇私情，对明知是无罪的人而使他受追诉，对明知是有罪的人而故意包庇不使他受追诉，或者在刑事审判活动中故意违背事实和法律作枉法裁判的行为。其构成要件是：

1. 本罪的客体是司法公正。

2. 本罪的客观方面表现为在刑事司法活动中徇私、徇情枉法的行为。徇私枉法，是指为谋取个人利益而枉法，主要是为了贪图钱财而枉法；徇情枉法，是指出于私情而枉法，主要表现为出于照顾私人关系或感情、袒护亲友或者泄愤报复而枉法。具体包括以下三种行为：(1)使无罪之人受刑事追诉。无罪之人，既包括未实施任何危害行为的人，也包括虽实施了一定违法行为但尚不构成犯罪的人。受刑事追诉，是指被司法机关立案侦查(含被采取强制措施)、起诉和审判。一般是通过伪造、隐匿、毁灭罪证以及其他隐瞒事实、违背法律的手段来实施。(2)明知是有罪之人而包庇不使他受追诉。有罪之人，是指有确凿的证据证明曾经实施过犯罪行

① 薛长义：《侦查人员授意伪造证据并受贿如何定性》，载《检察日报》2010年4月11日实务版。

为的人。包庇的犯罪事实既可以是全部,也可以是部分。包庇的手段可以是伪造、隐匿、毁灭罪证,也可以是违法变更强制措施,或者虽采取强制措施,但故意放任不管,致使有罪的人逃避刑事追诉,以及其他隐瞒事实、违背法律的手段。以上两种行为一般是发生在侦查、起诉阶段,但也可以是在审判阶段。(3)在刑事审判活动中故意违背事实和法律作枉法裁判。这是指审判人员故意枉法进行判决、裁定,有罪判无罪、无罪判有罪、此罪判彼罪或者重罪轻判、轻罪重判。此种情形下,以枉法裁判生效为既遂;意图枉法裁判,虽已着手枉法裁判,但由于意志以外的原因而未得逞的,为未遂。2006 年 7 月 26 日最高人民检察院《关于渎职侵权犯罪案件立案标准的规定》对此作了更为详细的规定,具体包括以下情形:(1)对明知是没有犯罪事实或者其他依法不应当追究刑事责任的人,采取伪造、隐匿、毁灭证据或者其他隐瞒事实、违反法律的手段,以追究刑事责任为目的立案、侦查、起诉、审判的;(2)对明知是有犯罪事实需要追究刑事责任的人,采取伪造、隐匿、毁灭证据或者其他隐瞒事实、违反法律的手段,故意包庇使其不受立案、侦查、起诉、审判的;(3)采取伪造、隐匿、毁灭证据或者其他隐瞒事实、违反法律的手段,故意使罪重的人受较轻的追诉,或者使罪轻的人受较重的追诉的;(4)在立案后,采取伪造、隐匿、毁灭证据或者其他隐瞒事实、违反法律的手段,应当采取强制措施而不采取强制措施,或者虽然采取强制措施,但中断侦查或者超过法定期限不采取任何措施,实际放任不管,以及违法撤销、变更强制措施,致使犯罪嫌疑人、被告人实际脱离司法机关侦控的;(5)在刑事审判活动中故意违背事实和法律,作出枉法判决、裁定,即有罪判无罪、无罪判有罪,或者重罪轻判、轻罪重判的;(6)其他徇私枉法应予追究刑事责任的情形。只要实施了上述六种行为之一的,就可构成徇私枉法罪。引例中,李某与王某系刑事侦查人员,在明知刘某所在公司已经涉嫌集资诈骗罪的情况下,采取毁灭证据的方式,使得该公司的行为不符合集资诈骗罪的定罪数额,其行为属于"徇私情,对明知是有罪的人而故意包庇不使他受追诉"的徇私枉法行为。王某是徇私枉法罪的实行犯,而李某则构成徇私枉法罪的教唆犯,同时,作为队长的李某在明知建龙实业有限公司已经构成犯罪的情况下,滥用手中的权力,唆使嫌疑人伪造证据,并且隐瞒真相提出了不构成犯罪的意见,导致案件被撤销后,建龙实业有限公司继续从事犯罪活动,最终造成 315 万元的集资款无法退还的严重后果,又触犯了滥用职权罪,是滥用职权罪的实行犯。与此同时,李某唆使嫌疑人伪造重要证据的行为,按照刑法第 307 条的规定构成帮助伪造证据罪,由于帮助伪造证据行为与滥用职权行为之间具有吸收关系,按照重行为吸收轻行为的原则,应当以滥用职权罪定罪处罚。因此,李某的行为就构成了徇私枉法罪(教唆犯)与滥用职权罪(实行犯)的想象竞合,应当按照徇私枉法罪定罪处罚。而王某收受了刘某送的 10 万元现金,明显属于受贿行为,至于帮助伪造证据行为,则是徇私枉法罪实行行为的组成部分,不再认定为帮助伪造证据罪。另外,他们两人共同收取刘某 20 万元的所谓"罚没款",虽然最后上交了局财务处,而自己没有获得利益,其行为仍然侵犯了

国家工作人员职务行为的不可收买性，影响了国民对职务行为公正性的信赖，已经构成了受贿罪，因为犯罪的本质是侵害法益，受贿罪中谋取不正当利益既包括为自己谋取了不正当的利益，也包括为第三人或者单位谋取了不正当的利益。因此，根据刑法第 399 条第 4 款的规定，司法工作人员收受贿赂，有徇私枉法行为的，同时又构成受贿罪的，依照处罚较重的规定定罪处罚，应当认定两人的行为构成受贿罪，王某要按照 30 万元的受贿数额量刑，而李某要按 20 万元的受贿数额量刑。

3. 本罪的主体是司法工作人员，即负有侦查、检察、审判、监管职责的人员。根据有关规定，司法机关的专业技术人员也可以成为本罪主体。① 根据 2003 年 4 月 16 日最高人民检察院《关于非司法工作人员是否可以构成徇私枉法罪共犯问题的答复》中明确指出：非司法工作人员与司法工作人员勾结，共同实施徇私枉法行为，构成犯罪的，应当以徇私枉法罪的共犯追究刑事责任。

4. 本罪的主观方面为故意，即行为人对正在处理中的刑事案件的客观事实真相、涉案的犯罪嫌疑人、被告人是否有罪应有明确的认识，并希望或者放任结果的发生。从刑法规定来看，构成本罪还要求出于徇私情、私利的动机。如果不是为了徇私情、私利，而是为了单位利益或者公共利益等而枉法的，不构成本罪。但如果使国家和人民利益遭受重大损失的，可能构成滥用职权罪。

现在的问题是，根据合法程序调查获得的证据证明某人有罪（或者无罪），但行为人确实知道某人实际上无罪（或者有罪），因而故意使其不受追诉（或者故意使其受追诉）的行为是否构成本罪？这涉及如何理解本罪的保护法益“司法公正”的含义问题。如果认为本罪保护的是一种绝对的、纯客观的司法公正，则上述行为不构成本罪；如果认为本罪保护的是一种形式与实质相结合的相对的司法公正，则上述行为有成立本罪的余地。本书倾向于后一观点。

（二）徇私枉法罪的认定

1. 罪与非罪的界限。主要是注意本罪与错案的界限。错案，是由于认识水平、工作能力以及执行上级错误指令等原因而造成的，主观上没有故意，因而不能认定为徇私枉法罪。

2. 本罪与诬告陷害罪的界限。本罪中故意使无罪的人受追诉的行为与诬告陷害罪有相似之处。两者的主要区别是：(1)客体不同。本罪的客体是司法机关的正常活动和司法公正，后者的客体主要是公民的人身权利。(2)客观行为不同。本罪是行为人直接利用职务使他人受刑事追诉，而后者是通过诬告行为使司法机关追究他人的刑事责任。(3)主体不同。本罪的主体是司法工作人员，后者是一般主体。

3. 本罪与包庇罪的界限。徇私枉法罪中包庇有罪的人使其不受刑事追诉的行

① 参见 1996 年 6 月 4 日最高人民检察院《关于办理徇私舞弊犯罪案件适用法律若干问题的解释》。

为与包庇罪有相似之处。两者的主要区别是:(1)对象不同。本罪的对象是未决犯,而后者的对象包括已决犯和未决犯。(2)客观行为不同。本罪是行为人利用司法职务之便包庇有罪之人使其不受追诉,且发生在侦查、起诉、审判过程中;而后者是行为人通过向司法机关作假证明包庇犯罪人,时间上也没有限制。(3)犯罪主体不同。本罪是司法工作人员,后者是一般主体。

4. 本罪与受贿罪的界限。根据刑法第 399 条第 4 款的规定[①],司法工作人员收受贿赂,有前三种行为,同时又构成本法第 385 条规定的受贿罪的,依照处罚较重的规定定罪处罚。

对该规定,有两个问题要解决:一是该规定属什么罪数形态?有论者认为是牵连犯,[②]有论者认为是想象竞合犯。[③] 本书认为该规定属法规竞合,因为收受贿赂又有前三款枉法行为,其实就属于受财枉法的受贿罪,即枉法行为可视为受贿罪中"为他人谋利"的行为。法规竞合,一般是适用特别法优于普通法的原则处断,但上述规定属于重法优于轻法的例外情形。

二是上述规定是注意规定还是特别规定?对此,一般认为是特别规定,即该规定只适用于刑法第 399 条中受贿又有前三款行为的情形,而不能适用于其他收受贿赂又触犯其他犯罪的情形,如徇私收受贿赂又放纵走私等情形。[④] 本书则认为,该规定应理解为注意规定,因为收受贿赂又犯其他犯罪的情形与刑法第 399 条规定的情形没有质的区别,理解为特别规定就会造成法律的不协调,而且,按注意规定处理也不会造成明显的罪刑不相适应。

(三)刑事责任

根据刑法第 399 条第 1 款的规定,犯本罪的,处 5 年以下有期徒刑或者拘役;情节严重的,处 5 年以上 10 年以下有期徒刑;情节特别严重的,处 10 年以上有期徒刑。

二、民事、行政枉法裁判罪

(一)概念和构成要件

民事、行政枉法裁判罪,是指审判机关工作人员在民事、行政审判活动中,故意违背事实和法律作枉法裁判,情节严重的行为。其构成要件是:

---

① 根据 2002 年 12 月 28 日《刑法修正案(四)》第 8 条的修正。

② 参见周光权:《刑法各论讲义》,清华大学出版社 2003 年版,第 573 页。

③ 参见高铭暄、马克昌主编:《刑法学》,北京大学出版社、高等教育出版社 2007 年版,第 736 页;王作富、黄京平主编:《刑法》,中国人民大学出版社 2000 年版,第 533 页。

④ 参见周光权:《刑法各论讲义》,清华大学出版社 2003 年版,第 573 页;张明楷:《刑法学》(第三版),法律出版社 2007 年版,第 906～907 页。

1. 本罪的客体是审判机关的正常活动和审判公正。

2. 本罪的客观方面表现为在民事、行政审判中，故意违背事实和法律作枉法裁判，如故意将应当判胜诉的判败诉，故意提高赔偿数额，或者相反。这里的“民事审判”，是指适用民事诉讼程序进行的审判，包括经济案件的审判。

3. 本罪的主体是审判工作人员。

4. 本罪的主观方面为故意，过失不构成本罪。

此外，本罪的成立还要求情节严重。根据有关规定，具有下列情形之一的，可视为“情节严重”：(1)枉法裁判，致使公民财产损失或者法人或者其他组织财产损失重大的；(2)枉法裁判，引起当事人及其亲属自杀、伤残、精神失常的；(3)伪造有关材料、证据，制造假案枉法裁判的；(4)串通当事人制造伪证，毁灭证据或者篡改庭审笔录而枉法裁判的；(5)其他严重情节的情形。

(二)民事、行政枉法裁判罪的认定

主要注意本罪与徇私枉法罪的界限。两者的构成要件有相似之处，但又不完全相同：(1)本罪的客体是审判机关的正常活动和审判公正，而后者的客体是司法机关的正常活动和司法公正。(2)本罪发生在人民法院的民事、行政审判活动中；而后者发生在司法机关的刑事侦查、起诉、审判活动中。(3)本罪的对象是民事、行政诉讼的当事人；而后者是刑事犯罪嫌疑人和被告人。

(三)刑事责任

根据刑法第 399 条第 2 款的规定，犯本罪的，处 5 年以下有期徒刑或者拘役；情节特别严重的，处 5 年以上 10 年以下有期徒刑。司法工作人员收受贿赂又枉法裁判的，依照处罚较重的规定定罪量刑。

三、执行判决、裁定失职罪

执行判决、裁定失职罪，是指司法工作人员在执行判决、裁定活动中，严重不负责任，不依法采取诉讼保全措施、不履行法定执行职责，或者违法采取保全措施、强制执行措施，致使当事人或者其他人的利益遭受重大损失的行为。① 这里的当事人，是指民事执行案件、经济执行案件的当事人。其他人，是指与民事执行案件、经济执行案件存在利益关联性的人员。本罪是结果犯，要求致使当事人或者其他人的利益遭受重大损失。根据最高人民检察院 2006 年 7 月 26 日《关于渎职侵权犯罪案件立案标准的规定》，是指具有下列情形之一的：(1)致使当事人或者其近亲属自杀、自残造成重伤、死亡，或者精神失常的；(2)造成个人财产直接经济损失 15 万元以上，或者直接经济损失不满 15

① 本罪是 2002 年 12 月 28 日《刑法修正案(四)》第 8 条新增加的罪名。

万元，但间接经济损失75万元以上的；(3)造成法人或者其他组织财产直接经济损失30万元以上，或者直接经济损失不满30万元，但间接经济损失150万元以上的；(4)造成公司、企业等单位停业、停产1年以上，或者破产的；(5)其他致使当事人或者其他人的利益遭受重大损失的情形。本罪的主体是特殊主体，即司法工作人员。本罪的主观方面是过失。根据刑法第399条第3款(《刑法修正案(四)》第8条)之规定，犯本罪的，处5年以下有期徒刑或者拘役；致使当事人或者他人的利益遭受特别重大损失的，处5年以上10年以下有期徒刑。

四、执行判决、裁定滥用职权罪

执行判决、裁定滥用职权罪，是指司法工作人员在执行判决、裁定活动中，滥用职权，不依法采取诉讼保全措施、不履行法定执行职责，或者违法采取保全措施、强制执行措施，致使当事人或者其他人的利益遭受重大损失的行为。[①] 本罪的客观方面表现为司法工作人员执行判决、裁定活动中，滥用职权，违法采取诉讼保全措施、强制执行措施，而且必须致使当事人或者其他人的利益遭受重大损失的行为。根据最高人民检察院2006年7月26日《关于渎职侵权犯罪案件立案标准的规定》，是指具有下列情形之一的：(1)致使当事人或者其近亲属自杀、自残造成重伤、死亡，或者精神失常的；(2)造成个人财产直接经济损失10万元以上，或者直接经济损失不满10万元，但间接经济损失50万元以上的；(3)造成法人或者其他组织财产直接经济损失20万元以上，或者直接经济损失不满20万元，但间接经济损失100万元以上的；(4)造成公司、企业等单位停业、停产6个月以上，或者破产的；(5)其他致使当事人或者其他人的利益遭受重大损失的情形。本罪的主体是特殊主体，即司法工作人员。本罪的主观方面是故意。根据刑法第399条第3款(《刑法修正案(四)》第8条)的规定，犯本罪的，处5年以下有期徒刑或者拘役；致使当事人或者他人的利益遭受特别重大损失的，处5年以上10年以下有期徒刑。第4款规定，司法工作人员贪赃枉法，有滥用执行判决、裁定职权行为的，同时又构成本法第399条规定之罪的，依照处罚较重的规定定罪处罚。根据刑法规定，司法工作人员贪赃枉法，有滥用执行判决、裁定职权罪行为而又有受贿行为的，依照处罚较重的规定定罪处罚。

五、私放在押人员罪

私放在押人员罪，是指司法工作人员私放在押(包括在羁押场所和押解途中)的犯罪嫌疑人、被告人或者罪犯的行为。本罪的客体，通说认为是国家司法机关对

---

① 本罪是2002年12月28日《刑法修正案(四)》第8条新增加的罪名。

犯罪嫌疑人、被告人或者罪犯的监管制度。[①] 但本书认为，本罪并非妨害社会管理秩序的犯罪，而是国家机关工作人员的渎职犯罪。虽然私放在押人员的行为会妨害司法机关的监管活动，但本罪的侧重点应该在于监管人员滥用职权上。基于此，本书认为本罪的客体应是司法工作人员职务行为的正当性。本罪的客观方面表现为私放犯罪嫌疑人、被告人或者罪犯的行为。其中，所谓的私放，是指非法地擅自将在押人员释放使其脱离监管机关的监控范围。在押，既包括监管在看守所、监狱等固定场所，也包括监管在押解途中或者在监管场所以外的劳动、作业等临时场所。私放在押人员行为，根据最高人民检察院 2006 年 7 月 26 日《关于渎职侵权犯罪案件立案标准的规定》，是指具有下列情形之一的：(1)私自将在押的犯罪嫌疑人、被告人、罪犯放走，或者授意、指使、强迫他人将在押的犯罪嫌疑人、被告人、罪犯放走的；(2)伪造、变造有关法律文书、证明材料，以使在押的犯罪嫌疑人、被告人、罪犯逃跑或者被释放的；(3)为私放在押的犯罪嫌疑人、被告人、罪犯，故意向其通风报信、提供条件，致使该在押的犯罪嫌疑人、被告人、罪犯脱逃的；(4)其他私放在押的犯罪嫌疑人、被告人、罪犯应予追究刑事责任的情形。本罪的主体是特殊主体，即司法工作人员。根据最高人民检察院 2001 年 1 月 2 日《关于工人等非监管机关在编监管人员私放在押人员和失职致使在押人员脱逃行为适用法律问题的解释》，工人等非监管机关在编监管人员被监管机关聘用受委托履行监管职责的，也可以成为本罪的主体。根据《立法解释》的规定，上述人员当然包括在私放在押人员罪的主体范围内。本罪的主观方面是故意。私放在押人员罪，是指司法工作人员私放在押的犯罪嫌疑人、被告人或者罪犯的行为。根据刑法第 400 条第 1 款的规定，犯本罪的，处 5 年以下有期徒刑或者拘役；情节严重的，处 5 年以上 10 年以下有期徒刑；情节特别严重的，处 10 年以上有期徒刑。这里的情节严重，是指私放罪行严重的罪犯，包括私放被判处死刑、无期徒刑的犯罪嫌疑人、被告人，私放在押人员多人、多次的，在押人员被私放后实施犯罪、危害社会的，在押人员被私放后，对检举人、控告人、证人或者司法工作人员打击报复的，造成其他严重后果的等。这里的情节特别严重，是指私放犯有特别严重罪行的罪犯，私放人数、次数特别多的，或者造成其他特别严重后果的等。

六、失职致使在押人员脱逃罪

失职致使在押人员脱逃罪，是指司法工作人员由于严重不负责任，不履行或者不认真履行职责，致使在押(包括在羁押场所和押解途中)的犯罪嫌疑人、被告人、罪犯脱逃，造成严重后果的行为。这里的严重不负责任，是指不履行或者不正确履行其职务。致使在押人员脱逃，是指致使在押人员逃出、摆脱司法机关及其人员的

① 参见高铭暄、马克昌主编：《刑法学》(第三版)，北京大学出版社、高等教育出版社 2007 年版，第 741 页。

实际控制范围。本罪是结果犯，要求造成严重结果，根据最高人民检察院 2006 年 7 月 26 日《关于渎职侵权犯罪案件立案标准的规定》，是指具有下列情形之一的：(1)致使依法可能判处或者已经判处 10 年以上有期徒刑、无期徒刑、死刑的犯罪嫌疑人、被告人、罪犯脱逃的；(2)致使犯罪嫌疑人、被告人、罪犯脱逃 3 人次以上的；(3)犯罪嫌疑人、被告人、罪犯脱逃以后，打击报复报案人、控告人、举报人、被害人、证人和司法工作人员等，或者继续犯罪的；(4)其他致使在押的犯罪嫌疑人、被告人、罪犯脱逃，造成严重后果的情形。本罪的主体是特殊主体，即司法工作人员。根据 2000 年 9 月 14 日最高人民法院《关于未被公安机关正式录用的人员、狱医能否构成失职致使在押人员脱逃罪主体问题的批复》，对于未被公安机关正式录用，受委托履行监管职责的人员，由于严重不负责任，致使在押人员脱逃，造成严重后果的，应当依照刑法第 400 条第 2 款的规定定罪处罚。不负监管职责的狱医，不构成失职致使在押人员脱逃罪的主体。但是受委派承担了监管职责的狱医，由于严重不负责任，致使在押人员脱逃，造成严重后果的，应当依照刑法第 400 条第 2 款的规定定罪处罚。根据 2001 年 3 月 2 日最高人民检察院《关于工人等非监管机关在编监管人员私放在押人员行为和失职致使在押人员脱逃行为适用法律问题的解释》，工人等非监管机关在编监管人员在被监管机关聘用受委托履行监管职责的过程中私放在押人员的，应当依照刑法第 400 条第 1 款的规定，以私放在押人员罪追究刑事责任；由于严重不负责任，致使在押人员脱逃，造成严重后果的，应当依照刑法第 400 条第 2 款的规定，以失职致使在押人员脱逃罪追究刑事责任。本罪与私放在押人员罪的主要区别是：本罪客观上是玩忽职守不履行或者不正确履行职责，后者是滥用职权；本罪要求造成严重后果，后者不要求造成严重后果。本罪主观方面为过失，后者为故意。根据刑法第 400 条第 2 款的规定，犯本罪的，处 3 年以下有期徒刑或者拘役；造成特别严重后果的，处 3 年以上 10 年以下有期徒刑。

七、徇私舞弊减刑、假释、暂予监外执行罪

徇私舞弊减刑、假释、暂予监外执行罪，是指司法工作人员徇私舞弊，对不符合减刑、假释、暂予监外执行条件的罪犯予以减刑、假释、暂予监外执行的行为。本罪的客体是司法机关的刑罚执行活动。本罪的客观方面表现为行为人对不符合减刑、假释、暂予监外执行条件的罪犯，予以减刑、假释或者暂予监外执行。这里的不符合减刑、假释、暂予监外执行条件，应当根据法律规定予以确认。徇私舞弊表现为为徇私情，行为人采取虚构事实、隐瞒真相、伪造条件等手段，将不符合法定条件的罪犯予以减刑、假释或者暂予监外执行。徇私舞弊行为，根据最高人民检察院 2006 年 7 月 26 日《关于渎职侵权犯罪案件立案标准的规定》，是指具有下列情形之一的：(1)刑罚执行机关的工作人员对不符合减刑、假释、暂予监外执行条件的罪犯，捏造事实，伪造材料，违法报请减刑、假释、暂予监外执行的；(2)审判人员对不

符合减刑、假释、暂予监外执行条件的罪犯，徇私舞弊，违法裁定减刑、假释或者违法决定暂予监外执行的；(3)监狱管理机关、公安机关的工作人员对不符合暂予监外执行条件的罪犯，徇私舞弊，违法批准暂予监外执行的；(4)不具有报请、裁定、决定或者批准减刑、假释、暂予监外执行权的司法工作人员利用职务上的便利，伪造有关材料，导致不符合减刑、假释、暂予监外执行条件的罪犯被减刑、假释、暂予监外执行的；(5)其他徇私舞弊减刑、假释、暂予监外执行应予追究刑事责任的情形。本罪的主体是特殊主体，即司法工作人员。本罪的主观方面是故意，且须出于徇私的动机。徇私舞弊减刑、假释、暂予监外执行罪，是指司法工作人员徇私舞弊，对不符合减刑、假释、暂予监外执行的罪犯，予以减刑、假释或者暂予监外执行的行为。根据刑法第401条的规定，犯本罪的，处3年以下有期徒刑或者拘役；情节严重的，处3年以上7年以下有期徒刑。

第四节 特定机关工作人员实施的渎职罪

【引 例】

张某系某中医院注册执业医师，工作之余在家中私设一诊所，张某通过考试已经取得了医生执业资格证书，但未取得医疗机构执业许可证。2007年8月的一天，患者何某高烧不退，给张某打电话要求医治，张某遂到何某家中为其输液，输上液后张某离开。几个小时后何某出现抽搐现象，经医院抢救无效死亡，第二天何某家属向某市卫生局举报张某私设诊所。市卫生局指派卫生监督所干部王某、杜某查处此案，两人依据《医疗机构管理条例》对张某作出罚款5万元，吊销医师执业证书的行政处罚决定。后何某家属得到张某12万元赔偿金，未到公安机关报案。①

一、枉法仲裁罪

枉法仲裁罪，是指依法承担仲裁职责的人员，在仲裁活动中故意违反事实和法律作枉法裁决，情节严重的行为。② 本罪的犯罪客体是多重客体，枉法仲裁行为不但扰乱了仲裁秩序，降低了仲裁机构的威信，损害了仲裁活动的中立性、纯洁性和

① 蔡秋勉、陶亚芳:《仅予行政处罚而不移交刑案:如何定性?》，载《检察日报》2010年4月20日实务版。

② 本罪系2006年6月29日《刑法修正案(六)》第20条所增设，作为刑法第399条之一。

不可收买性，还滥用了当事人的委托，损害了国民对仲裁活动公正性的信赖，往往还损害了当事人或者利害关系人的财产权益。本罪的客观方面表现为行为人在各种仲裁活动中索取、接受贿赂，徇私情、徇私利并且违背事实和法律作枉法仲裁的行为，以迫使他人实施无义务实施的事项或者妨害他人行使应当行使的权利。至于是否发生行为人预期的迫使他人实施无义务实施的事项或者妨害他人行使应当行使的权利的结果，则在所不问。枉法仲裁可能发生的领域不仅是《仲裁法》规定的民商事活动中，而且还包括依据《体育法》、《反兴奋剂条例》、《著作权法》、《劳动法》、《公务员法》、《企业劳动争议处理条例》等法律规定从事的仲裁活动中。本罪属于情节犯，需要情节严重才构成犯罪，由于刑法没有对何谓"情节严重"作出明确规定，也没有司法解释，需要司法机关在实践中把握。本罪是特殊主体，即只有具备仲裁员身份并且在具体案件中承担仲裁责任的人才能构成枉法仲裁罪。根据我国有关法律、行政法规和部门规章的规定承担仲裁职责的人员，不仅包括《仲裁法》中规定的承担仲裁职责的人员，还包括其他依法承担仲裁职责的人员。我国《体育法》、《反兴奋剂条例》、《著作权法》、《劳动法》、《公务员法》、《企业劳动争议处理条例》等法律法规中都有关于仲裁机构和仲裁人员的规定，依据这些法律法规从事仲裁活动承担仲裁职责的人员无疑可以成为本罪的犯罪主体。不具备仲裁员身份没有在具体案件中承担仲裁责任的个人，如果对特定案件的仲裁人实施了教唆、帮助行为，则可以构成枉法仲裁罪的教唆犯和帮助犯。本罪的主观方面是故意。根据刑法第 399 条之一(《刑法修正案(六)》第 20 条)的规定，犯本罪的，处 3 年以下有期徒刑；情节特别严重的，处 3 年以上 7 年以下有期徒刑。

二、徇私舞弊不移交刑事案件罪

(一)概念和构成要件

徇私舞弊不移交刑事案件罪，是指工商行政管理、税务、监察等行政执法人员，徇私舞弊，对依法应当移交司法机关追究刑事责任的案件不移交，情节严重的行为。

1. 本罪的客体为行政执法机关和司法机关正常活动的正当性，包括行政执法活动的妥当性和司法活动的公正性。

2. 本罪的客观方面表现为行为人徇私舞弊，对依法应当移交司法机关追究刑事责任的不移交。依法应当移交，是指根据法律规定已经构成犯罪需要移交司法机关追究刑事责任。不移交，是指不向司法机关移送案件。本罪的行为方式是不作为，即不履行移交义务。本罪要求情节严重，根据最高人民检察院 2006 年 7 月 26 日《关于渎职侵权犯罪案件立案标准的规定》，是指具有下列情形之一的：(1)对依法可能判处 3 年以上有期徒刑、无期徒刑、死刑的犯罪案件不移交的；(2)不移交刑事案件涉及 3 人次以上的；(3)司法机关提出意见后，无正当理由仍然不予移交

的;(4)以罚代刑,放纵犯罪嫌疑人,致使犯罪嫌疑人继续进行违法犯罪活动的;(5)行政执法部门主管领导阻止移交的;(6)隐瞒、毁灭证据,伪造材料,改变刑事案件性质的;(7)直接负责的主管人员和其他直接责任人员为牟取本单位私利而不移交刑事案件,情节严重的;(8)其他情节严重的情形。引例中,王某、杜某的行为就不构成徇私舞弊不移交刑事案件罪。这是因为:(1)事发时张某不构成非法行医罪。根据刑法第336条第1款的规定,未取得医生执业资格的人非法行医,情节严重的……可见,构成非法行医罪的主体是"未取得医生执业资格的人"。最高人民检察院、公安部2008年6月25日公布的《关于刑事案件立案追诉标准的规定(一)》中第57条"非法行医案"将"未取得医生执业资格的人"扩大解释为包括"个人未取得《医疗机构执业许可证》开办医疗机构的",而本案发生在2007年8月份,张某具有医生执业资格,所以按罪刑法定原则张某当时不构成非法行医罪。(2)最高人民检察院渎职侵权检察厅编写的《渎职侵权犯罪案件立案标准适用指南》关于徇私舞弊不移交刑事案件罪与非罪的界限中认为:"行政执法人员不移交刑事案件,如果不是由于徇私舞弊,只是由于政策不清,法律观念淡薄,或者业务能力不强等原因造成,也不能认定构成徇私舞弊不移交刑事案件罪。"在本案中,两人既没有徇私的犯罪动机,也没有舞弊的客观行为,而是已经依照《医疗管理机构条例》、《执业医师法》的规定,对张某作出罚款5万元,吊销医师执业证书的行政处罚。

3. 本罪的主体是特殊主体,即行政执法人员。这里的行政执法人员是指依法行使行政执法权的国家机关工作人员。根据《立法解释》,这里的行政执法人员,不仅包括国家机关中的行政执法人员,而且包括在依照法律、法规规定行使国家行政管理职权的组织中的行政执法人员,或者在受国家机关委托代表国家机关行使职权的组织中行使职权的行政执法人员,或者虽未列入国家机关人员编制但在国家机关中行使职权的行政执法人员。如工商、税务、海关、质量监督等行政机关的执法人员。①

4. 本罪主观方面为故意,即明知案件应当移交司法机关追究刑事责任而故意不移交。如果是过失或者法律水平低而不知应当移交司法机关的,不成立本罪。判断行为人是否明知是刑事案件,应当根据行政执法的职责范围、案件的具体事实情况以及行为人的工作经验、业务水平等综合进行评定。

(二)本罪的认定

认定本罪,应注意区别其与徇私枉法罪的界限。本罪与徇私枉法罪中"明知是有罪的人而故意包庇不使他受追诉"的行为有相似之处,两者的区别在于:(1)犯罪主体不同。本罪的主体是行政执法人员,后者的主体是司法机关工作人员。(2)行

① 需特别注意公安机关的工作人员的性质,如他们是负有刑事侦查职责的人,则是司法工作人员;如他们是负责行政法的实施的人,则是行政执法人员。前者不能成为本罪主体,后者才可以成为本罪主体。

为方式不同。本罪的行为方式限于不移交应当移交的刑事案件给司法机关,而后者的行为方式没有特别限制。(3)犯罪成立的情节要求不同。本罪要求情节严重才构成犯罪,而后者的成立不要求情节严重。

(三)刑事责任

根据刑法第402条的规定,犯本罪的,处3年以下有期徒刑或者拘役;造成严重后果的,处3年以上7年以下有期徒刑。

三、滥用管理公司、证券职权罪

滥用管理公司、证券职权罪,是指工商行政管理、证券管理等国家有关主管部门的工作人员徇私舞弊,滥用职权,对不符合法律规定条件的公司设立、登记申请或者股票、债券发行、上市申请予以批准或者登记,致使公共财产、国家和人民利益遭受重大损失的行为,以及上级部门、当地政府强令登记机关及其工作人员实施上述行为的行为。本罪的客观方面表现为行为人滥用管理公司、证券职权罪的行为,对不符合法律规定条件的公司设立、登记申请或者股票、债券发行、上市申请,予以批准或者登记。这里的不符合法律规定条件,是指违反公司法和有关法规关于公司设立、登记申请或者股票、债券发行、上市申请的必备条件。对不符合上述条件,依法不应批准、登记而予以批准、登记,这是一种滥用职权的行为。此外,上级部门直接负责的主管人员强令登记机关及其工作人员实施上述行为的,也构成本罪。本罪是结果犯,要求致使公共财产、国家和人民利益遭受重大损失。这里的致使公共财产、国家和人民利益遭受重大损失,根据最高人民检察院2006年7月26日《关于渎职侵权犯罪案件立案标准的规定》,是指具有下列情形之一的:(1)造成直接经济损失50万元以上的;(2)工商行政管理部门的工作人员对不符合法律规定条件的公司设立、登记申请,违法予以批准、登记,严重扰乱市场秩序的;(3)金融证券管理机构的工作人员对不符合法律规定条件的股票、债券发行、上市申请,违法予以批准,严重损害公众利益,或者严重扰乱金融秩序的;(4)工商行政管理部门、金融证券管理机构的工作人员对不符合法律规定条件的公司设立、登记申请或者股票、债券发行、上市申请违法予以批准或者登记,致使犯罪行为得逞的;(5)上级部门、当地政府直接负责的主管人员强令登记机关及其工作人员,对不符合法律规定条件的公司设立、登记申请或者股票、债券发行、上市申请予以批准或者登记,致使公共财产、国家或者人民利益遭受重大损失的;(6)其他致使公共财产、国家和人民利益遭受重大损失的情形。本罪的主体是特殊主体,即国家主管部门的国家机关工作人员。这里的国家主管部门的国家机关工作人员,是指工商行政管理、人民银行、证券管理等国家有关主管部门中对公司设立、登记申请或者股票、债券发行、上市申请具有批准或者登记职权的国家机关工作人员。根据刑法规定,上级部门直接负

责的主管人员也可以成为本罪的主体。本罪的主观方面是故意，且须出于徇私的动机。根据刑法第403条的规定，犯本罪的，处5年以下有期徒刑或者拘役。

四、徇私舞弊不征、少征税款罪

徇私舞弊不征、少征税款罪，是指税务机关工作人员徇私舞弊，不征、少征应征税款，致使国家税收遭受重大损失的行为。本罪的客观方面表现为行为人徇私舞弊不征、少征税款。这里的应征税款，是指国家有关税收的法律、法规根据纳税主体、征税对象、税率等指标而确定的，税收机关必须征收的纳税款额。是否属于应征税款，应当根据税法的具体规定进行判断。不征，是指对依据税法应当征收的税款不予以征收。少征，是指对依据税法应当征收的税款虽然征收，但未达到或者少于法定或者税收机关确定的征收数额。本罪是结果犯，要求致使国家税收遭受重大损失。这里的致使国家税收遭受重大损失，根据最高人民检察院2006年7月26日《关于渎职侵权犯罪案件立案标准的规定》，是指具有下列情形之一的：(1)徇私舞弊不征、少征应征税款，致使国家税收损失累计达10万元以上的；(2)上级主管部门工作人员指使税务机关工作人员徇私舞弊不征、少征应征税款，致使国家税收损失累计达10万元以上的；(3)徇私舞弊不征、少征应征税款不满10万元，但具有索取或者收受贿赂或者其他恶劣情节的；(4)其他致使国家税收遭受重大损失的情形。本罪的主体是税务机关的工作人员。这里的税务机关的工作人员，是指在税务机关从事税收征收管理工作的国家机关工作人员。本罪的主观方面是故意，且须出于徇私的动机。

在认定本罪时应注意，如果行为人与偷税等犯罪人相互勾结不征或少征税收，致使国家税款遭受重大损失的，属于一行为触犯数罪名，应从一重罪处断，不一定以偷税等罪的共犯论处。

根据刑法第404条的规定，犯本罪的，处5年以下有期徒刑或者拘役；造成特别重大损失的，处5年以上有期徒刑。

五、徇私舞弊发售发票、抵扣税款、出口退税罪

徇私舞弊发售发票、抵扣税款、出口退税罪，是指税务机关工作人员违反法律、行政法规的规定，在办理发售发票、抵扣税款、出口退税工作中徇私舞弊，致使国家利益遭受重大损失的行为。本罪的客观方面表现为行为人在办理发售发票、抵扣税款、出口退税工作中，徇私舞弊，发售发票、抵扣税款、出口税款的行为。本罪是结果犯，要求致使国家利益遭受重大损失。这里的致使国家利益遭受重大损失，根据最高人民检察院2006年7月26日《关于渎职侵权犯罪案件立案标准的规定》，是指具有下列情形之一的：(1)徇私舞弊，致使国家税收损失累计达10万元以上

的;(2)徇私舞弊,致使国家税收损失累计不满 10 万元,但发售增值税专用发票 25 份以上或者其他发票 50 份以上或者增值税专用发票与其他发票合计 50 份以上,或者具有索取、收受贿赂或者其他恶劣情节的;(3)其他致使国家利益遭受重大损失的情形。本罪的主体是税务机关的工作人员。本罪的主观方面是故意。实施本罪行为同时符合徇私舞弊不征、少征税款罪的,属于法规竞合,以本罪论处。根据刑法第 405 条第 1 款之规定,犯本罪的,处 5 年以下有期徒刑或者拘役;致使国家利益遭受特别重大损失的,处 5 年以上有期徒刑。

六、违法提供出口退税凭证罪

违法提供出口退税凭证罪,是指海关、外汇管理等国家机关工作人员违反国家规定,在提供出口货物报关单、出口收汇核销单等出口退税凭证的工作中徇私舞弊,致使国家利益遭受重大损失的行为。本罪的客观方面表现为行为人违反国家规定,在提供出口货物报关单、出口收汇核销单等出口退税凭证工作中徇私舞弊,致使国家利益遭受重大损失的行为。这里的出口退税凭证,是指可以用于出口退税的有关单据。例如,出口退税报关单、出口收汇核销单等。这里的致使国家利益遭受重大损失,根据最高人民检察院 2006 年 7 月 26 日《关于渎职侵权犯罪案件立案标准的规定》,是指具有下列情形之一的:(1)徇私舞弊,致使国家税收损失累计达 10 万元以上的;(2)徇私舞弊,致使国家税收损失累计不满 10 万元,但具有索取、收受贿赂或者其他恶劣情节的;(3)其他致使国家利益遭受重大损失的情形。本罪的主体是除税务机关工作人员以外的其他国家机关工作人员,例如海关、外贸主管部门的工作人员。本罪的主观方面是故意,且须出于徇私的动机。根据刑法第 405 条第 2 款的规定,犯本罪的,依照前款规定处罚,即处 5 年以下有期徒刑或者拘役;致使国家利益遭受特别重大损失的,处 5 年以上有期徒刑。

七、违法发放林木采伐许可证罪

违法发放林木采伐许可证罪,是指林业主管部门的工作人员违反森林法的规定,超过批准的年采伐限额发放林木采伐许可证或者违反规定滥发林木采伐许可证,情节严重,致使森林遭受严重破坏的行为。这里的违反森林法的规定,是指违反森林法关于发放林木采伐许可证的规定。本罪行为表现为两种情形:一是超过批准的年采伐限额发放采伐许可证。二是违反规定滥发林木采伐许可证。本罪是情节犯,要求情节严重,致使森林遭受严重破坏,根据 2000 年 11 月 17 日最高人民法院《关于审理破坏森林资源刑事案件具体应用法律若干问题的解释》,是指具有下列情形之一的:(1)发放林木采伐许可证允许采伐数量累计超过批准的年采伐限额,导致林木被采伐数量在 10 立方米以上的;(2)滥发林木采伐许可证,导致林木

被滥伐20立方米以上的;(3)滥用林木采伐许可证,导致珍贵树木被滥伐的;(4)批准采伐国家禁止采伐的林木,情节恶劣的;(5)其他情节严重的情形。根据最高人民检察院2006年7月26日《关于渎职侵权犯罪案件立案标准的规定》,是指具有下列情形之一的:(1)发放林木采伐许可证允许采伐数量累计超过批准的年采伐限额,导致林木被超限额采伐10立方米以上的;(2)滥发林木采伐许可证,导致林木被滥伐20立方米以上,或者导致幼树被滥伐1000株以上的;(3)滥发林木采伐许可证,导致防护林、特种用途林被滥伐5立方米以上,或者幼树被滥伐200株以上的;(4)滥发林木采伐许可证,导致珍贵树木或者国家重点保护的其他树木被滥伐的;(5)滥发林木采伐许可证,导致国家禁止采伐的林木被采伐的;(6)其他情节严重,致使森林遭受严重破坏的情形。林业主管部门工作人员之外的国家机关工作人员,违反森林法的规定,滥用职权或者玩忽职守,致使林木被滥伐40立方米以上或者幼树被滥伐2000株以上,或者致使防护林、特种用途林被滥伐10立方米以上或者幼树被滥伐400株以上,或者致使珍贵树木被采伐、毁坏4立方米或者4株以上,或者致使国家重点保护的其他植物被采伐、毁坏后果严重的,或者致使国家严禁采伐的林木被采伐、毁坏情节恶劣的,按照刑法第397条的规定以滥用职权罪或者玩忽职守罪追究刑事责任。本罪的主体是林业主管部门的工作人员,主要是指林业主管部门负有发放林木采伐许可证职责的工作人员。本罪的主观方面是故意。根据刑法第407条的规定,犯本罪的,处3年以下有期徒刑。

八、环境监管失职罪

环境监管失职罪,是指负有环境保护监督管理职责的国家机关工作人员严重不负责任,不履行或者不认真履行环境保护监管职责导致发生重大环境污染事故,致使公私财产遭受重大损失或者造成人身伤亡的严重后果的行为。这里的重大环境污染事故是指造成大气、水源、海洋、土地等环境质量标准严重不符合国家规定标准,造成公私财产重大损失或者人身伤亡的严重事件。本罪是结果犯,要求致使公私财产遭受重大损失或者造成人身伤亡的严重后果。这里的公私财产遭受重大损失,根据2006年7月21日最高人民法院《关于审理环境污染刑事案件具体应用法律若干问题的解释》,是指下列情形之一:(1)致使公私财产损失30万元以上的;(2)致使基本农田、防护林地、特种用途林地5亩以上,其他农用地10亩以上,其他土地20亩以上基本功能丧失或者遭受永久性破坏的;(3)致使森林或者其他林木死亡50立方米以上,或者幼树死亡2500株以上的。这里的“人身伤亡的严重后果”,是指下列情形之一的:(1)致使1人以上死亡、3人以上重伤、10人以上轻伤,或者1人以上重伤并且5人以上轻伤的;(2)致使传染病发生、流行或者人员中毒达到《国家突发公共卫生事件应急预案》中突发公共卫生事件分级Ⅲ级情形,严重危害人体健康的;(3)其他致使“人身伤亡的严重后果”或者“严重危害人体健康”的情形。根据最高人民检察院 2006 年 7 月 26 日《关于渎职侵权犯罪案件立案标准的规定》,是指具有下列情形之一的:(1)造成死亡 1 人以上,或者重伤 3 人以上,或者重伤 2 人、轻伤 4 人以上,或者重伤 1 人、轻伤 7 人以上,或者轻伤 10 人以上的;(2)导致 30 人以上严重中毒的;(3)造成个人财产直接经济损失 15 万元以上,或者直接经济损失不满 15 万元,但间接经济损失 75 万元以上的;(4)造成公共财产、法人或者其他组织财产直接经济损失 30 万元以上,或者直接经济损失不满 30 万元,但间接经济损失 150 万元以上的;(5)虽未达到 3、4 两项数额标准,但 3、4 两项合计直接经济损失 30 万元以上,或者合计直接经济损失不满 30 万元,但合计间接经济损失 150 万元以上的;(6)造成基本农田或者防护林地、特种用途林地 10 亩以上,或者基本农田以外的耕地 50 亩以上,或者其他土地 70 亩以上被严重毁坏的;(7)造成生活饮用水地表水源和地下水源严重污染的;(8)其他致使公私财产遭受重大损失或者造成人身伤亡严重后果的情形。本罪的主体是负有环境保护监督管理职责的国家机关工作人员。这里的负有环境保护监督管理职责的国家机关工作人员,是指在国务院环境保护行政主管部门、县级以上地方人民政府环境保护行政主管部门从事环境保护监督管理的工作人员,以及在国家海洋行政主管部门、港务监督、渔政渔港监督、军队环境保护部门和各级公安、交通、铁道、民航管理部门中,依照有关法律的规定对环境污染防治实施监督管理的人员。本罪的主观方面是过失。根据刑法第 408 条之规定,犯本罪的,处 3 年以下有期徒刑或者拘役。

九、传染病防治失职罪

传染病防治失职罪,是指从事传染病防治的政府卫生行政部门的工作人员严重不负责任,不履行或者不认真履行传染病防治监管职责,导致传染病传播或者流行,情节严重的行为。本罪的客观方面表现为行为人在传染病防治工作中,严重不负责任,未能履行传染病防治职责,导致传染病传播或者流行,情节严重的行为。这里的传染病传播或者流行,是指传染病防治法中规定的甲类、乙类或者丙类传染病疫情在一定范围内广泛散布或者蔓延。这里的情节严重,根据最高人民检察院 2006 年 7 月 26 日《关于渎职侵权犯罪案件立案标准的规定》,是指具有下列情形之一的:(1)导致甲类传染病传播的;(2)导致乙类、丙类传染病流行的;(3)因传染病传播或者流行,造成人员重伤或者死亡的;(4)因传染病传播或者流行,严重影响正常的生产、生活秩序的;(5)在国家对突发传染病疫情等灾害采取预防、控制措施后,对发生突发传染病疫情等灾害的地区或者突发传染病病人、病原携带者、疑似突发传染病病人,未按照预防、控制突发传染病疫情等灾害工作规范的要求做好防疫、检疫、隔离、防护、救治等工作,或者采取的预防、控制措施不当,造成传染范围扩大或者疫情、灾情加重的;(6)在国家对突发传染病疫情等灾害采取预防、控制措施后,隐瞒、缓报、谎报或者授意、指使、强令他人隐瞒、缓报、谎报疫情、灾情,造成

传染范围扩大或者疫情、灾情加重的；(7)在国家对突发传染病疫情等灾害采取预防、控制措施后，拒不执行突发传染病疫情等灾害应急处理指挥机构的决定、命令，造成传染范围扩大或者疫情、灾情加重的；(8)其他情节严重的情形。根据2003年5月14日最高人民法院、最高人民检察院《关于办理妨害预防、控制突发传染病疫情等灾害的刑事案件的具体应用法律若干问题的解释》第16条第2款的规定，在国家对突发性传染病疫情等灾害采取预防、控制措施后，具有下列情形之一的，属于情节严重：(1)对发生突发性传染病疫情等灾害地区或者突发性传染病病人、病原携带者、疑似突发性传染病病人，未按照预防、控制突发性传染病疫情等灾害工作规范要求做好防疫、检疫、隔离、防护、救治等工作，或者采取的预防、控制措施不当，造成传染病范围扩大或者疫情、灾情加重的；(2)隐瞒、谎报或者授意、指使、强令他人隐瞒、缓报、谎报疫情、灾情，造成传染病范围扩大或者疫情、灾情加重的；(3)拒不执行突发传染病疫情等灾害应急处理指挥机构的决定、命令，造成传染范围扩大或者疫情、灾情加重的；(4)具有其他严重情节的。本罪的主体是从事传染病防治的政府卫生行政部门的工作人员。这里的从事传染病防治的政府卫生行政部门的工作人员，是指在各级政府卫生行政部门中对传染病的防治工作负有统一监督管理职责的人员。根据2003年5月14日最高人民法院、最高人民检察院《关于办理妨害预防、控制突发传染病疫情等灾害的刑事案件的具体应用法律若干问题的解释》第16条的规定，在预防、控制突发传染病疫情等灾害期间，从事传染病防治的政府卫生行政部门的工作人员，或者在受政府卫生行政部门委托代表政府卫生行政部门行使职权的组织中从事公务的人员，或者虽未列入政府卫生行政部门人员编制但在政府卫生行政部门从事公务的人员，在代表政府卫生行政部门行使职权时，严重不负责任，导致传染病传播或者流行，情节严重的，依照刑法第409条的规定，以传染病防治失职罪定罪处罚。本罪的主观方面是过失。根据刑法第409条的规定，犯本罪的，处3年以下有期徒刑或者拘役。

十、放纵走私罪

(一)概念和构成要件

放纵走私罪，是指海关工作人员徇私舞弊，放纵走私，情节严重的行为。这里的放纵走私，是指对应当查缉的走私货物、物品不予查缉，或者对应当追究法律责任的走私人员不予追究。本罪是情节犯，要求情节严重。这里的情节严重，根据最高人民检察院2006年7月26日《关于渎职侵权犯罪案件立案标准的规定》，是指具有下列情形之一的：(1)放纵走私犯罪的；(2)因放纵走私致使国家应收税额损失累计达10万元以上的；(3)放纵走私行为3次以上的；(4)放纵走私行为，具有索取或者收受贿赂情节的；(5)其他情节严重的情形。本罪的主体是海关工作人员，根据2002年7月8日最高人民法院、最高人民检察院、海关总署《关于办理走私刑事案件适用法律若干问题的意见》第16条的规定，依照刑法第411条的规定，负有特定监管义务的海关工作人员徇私舞弊，利用职权，放任、纵容走私犯罪行为，情节严重的，构成放纵走私罪。放纵走私行为，一般是消极的不作为。如果海关工作人员与走私分子通谋，在放纵走私过程中以积极的行为配合走私分子逃避海关监管或者在放纵走私之后分得赃款的，应以共同走私犯罪追究刑事责任。海关工作人员收受贿赂又放纵走私的，应以受贿罪和放纵走私罪数罪并罚。本罪的主观方面是故意，且须出于徇私的动机。

(二)本罪与相关犯罪的界限

1. 本罪与走私共犯的界限。如果海关工作人员事前与走私犯罪分子共谋走私，而在海关监管工作中放纵走私的，属于一行为触犯数罪名的想象竞合犯，应从一重罪论处，即对行为人应以走私共犯论处；行为人与走私犯罪分子没有共同犯罪的故意，只是利用职权放纵走私的，应按放纵走私罪论处。

2. 本罪与徇私舞弊不移交刑事案件罪的界限。两者一般情况下不难区别，但当海关工作人员在办理走私案件的过程中，发现行为构成走私罪，应当移交司法机关追究刑事责任而不移交时，该如何定性？本书认为，此种情形属一行为触犯数罪名的想象竞合犯，原则上应从一重罪论处。即当行为人明知走私行为构成犯罪，而加以放纵，不作任何处理的，应以放纵走私罪论处；但当行为人明知走私行为构成犯罪，却不移交司法机关，只对其依据海关法进行处理的，应以徇私舞弊不移交刑事案件罪论处。①

(三)刑事责任

根据刑法第411条的规定，犯本罪的，处5年以下有期徒刑或者拘役；情节特别严重的，处5年以上有期徒刑。这里的情节特别严重，是指放纵重大走私犯罪的；放纵走私人数、次数特别多的；因放纵走私致使国家应收税额损失特别重大的；造成特别严重后果的等。

十一、商检徇私舞弊罪

商检徇私舞弊罪，是指出入境检验检疫机关、检验检疫机构工作人员徇私舞弊，伪造检验结果的行为。本罪的客观方面表现为行为人徇私舞弊，伪造检验结果。这里的伪造检验结果是指对商品检验的单证、印章、标志、封识、质量认证标志

① 放纵的本意是放任不管，既然已对走私行为作出了一定的处理，就不能称之为“放纵”了。因而以徇私舞弊不移交刑事案件罪论处是合理的。

和商品的质量、数量、规格、重量、包装以及安全、卫生指标等内容作不真实的记载。根据最高人民检察院 2006 年 7 月 26 日《关于渎职侵权犯罪案件立案标准的规定》，是指具有下列情形之一的：(1)采取伪造、变造的手段对报检的商品的单证、印章、标志、封识、质量认证标志等作虚假的证明或者出具不真实的证明结论的；(2)将送检的合格商品检验为不合格，或者将不合格商品检验为合格的；(3)对明知是不合格的商品，不检验而出具合格检验结果的；(4)其他伪造检验结果应予追究刑事责任的情形。本罪的主体是国家商检部门、商检机构的工作人员。这里的国家商检部门、商检机构的工作人员，是指在国务院设立的进出口商品检验部门中，从事进出口商品检验工作的人员以及在国家商检部门设在各地的进出口商品检验机构中管理所辖地区的进出口商品检验工作的人员。本罪的主观方面是故意，且须出于徇私的动机。根据刑法第 412 条第 1 款的规定，犯本罪的，处 5 年以下有期徒刑或者拘役；造成严重后果的，处 5 年以上 10 年以下有期徒刑。这里的造成严重后果，是指致使不合格的商品进口或者出口，给国家利益造成严重损失，例如进口的商品因不合格给国家造成严重经济损失；或者因出口的商品不合格，外方向我方索赔，致使赔偿数额巨大的等。

十二、商检失职罪

商检失职罪，是指出入境检验检疫机关、检验检疫机构工作人员严重不负责任，对应当检验的物品不检验，或者延误检验出证、错误出证，致使国家利益遭受重大损失的行为。本罪的客观方面表现为行为人严重不负责任，对应当检验的物品不检验，或者延误检验出证、错误出证。由此可见，商检失职行为分为以下三种情形：(1)对应当检验的物品不检验，即对国家商检部门根据对外贸易发展的需要，制定、调整并公布，列入“商检机构实施检验的进出口商品种类表”的进出口商品和其他法律、行政法律规定须经商检机构检验的进出口商品而不检验。(2)延误检验出证，即在对外贸易合同约定的索赔期限内没有检验完毕。(3)错误出证，即检验结果与事实不相符合的出证。本罪是结果犯，要求致使国家利益遭受重大损失。这里的致使国家利益遭受重大损失，根据最高人民检察院 2006 年 7 月 26 日《关于渎职侵权犯罪案件立案标准的规定》，是指具有下列情形之一的：(1)致使不合格的食品、药品、医疗器械等商品出入境，严重危害生命健康的；(2)造成个人财产直接经济损失 15 万元以上，或者直接经济损失不满 15 万元，但间接经济损失 75 万元以上的；(3)造成公共财产、法人或者其他组织财产直接经济损失 30 万元以上，或者直接经济损失不满 30 万元，但间接经济损失 150 万元以上的；(4)未经检验，出具合格检验结果，致使国家禁止进口的固体废物、液态废物和气态废物等进入境内的；(5)不检验或者延误检验出证、错误出证，引起国际经济贸易纠纷，严重影响国家对外经贸关系，或者严重损害国家声誉的；(6)其他致使国家利益遭受重大损失的情形。本罪的主体是国家商检部门、商检机构的工作人员。本罪的主观方面是过失。

根据刑法第 412 条第 2 款的规定，犯本罪的，处 3 年以下有期徒刑或者拘役。

十三、动植物检疫徇私舞弊罪

动植物检疫徇私舞弊罪，是指出入境检验检疫机关、检验检疫机构工作人员徇私舞弊，伪造检疫结果的行为。本罪的客观方面表现为行为人徇私舞弊，伪造检疫结果。这里的伪造检疫结果是指采取伪造、变造的手段对检疫的单证、印章、标志、封识等作虚假的证明或者出示不真实的结论。根据最高人民检察院 2006 年 7 月 26 日《关于渎职侵权犯罪案件立案标准的规定》，是指具有下列情形之一的：(1)采取伪造、变造的手段对检疫的单证、印章、标志、封识等作虚假的证明或者出具不真实的结论的；(2)将送检的合格动植物检疫为不合格，或者将不合格动植物检疫为合格的；(3)对明知是不合格的动植物，不检疫而出具合格检疫结果的；(4)其他伪造检疫结果应予追究刑事责任的情形。本罪的主体是动植物检疫机关的检疫人员。这里的动植物检疫机关的检疫人员，是指国务院设立的动植物检疫机关中，从事进出境动植物检疫工作的人员以及国家动植物检疫机关在对外开放的口岸和进出境动植物检疫业务集中的地点设立的口岸动植物检疫机关中，具体实施进出境动植物检疫工作的人员。本罪的主观方面是故意，且须出于徇私的动机。根据刑法第 413 条第 1 款的规定，犯本罪的，处 5 年以下有期徒刑或者拘役；造成严重后果的，处 5 年以上 10 年以下有期徒刑。这里的造成严重后果，是指致使带有传染病、寄生虫病和植物危险性病、虫、杂草传入或者传出国境，引起重大疫情或者使国家蒙受重大损失等。

十四、动植物检疫失职罪

动植物检疫失职罪，是指出入境检验检疫机关、检验检疫机构工作人员严重不负责任，对应当检疫的检疫物不检疫，或者延误检疫出证、错误出证，致使国家利益遭受重大损失的行为。本罪的客观方面表现为行为人严重不负责任，对应当检疫的检疫物不检疫，或者延误检疫出证的行为。主要包括以下三种情形：(1)对应当检疫的检疫物不检疫，即对国家有关进出境动植物检疫的法律和行政法规规定应当检疫的物品不进行检疫。(2)延误检疫出证，即对报检的动植物、动植物产品或其他检疫物没有在规定的时间内签发检疫单证，耽误了检疫结论的出示。(3)错误出证，即检疫的结果与事实相违背，错误地签发检疫单证。本罪是结果犯，要求致使国家利益遭受重大损失的，才构成犯罪。这里的致使国家利益遭受重大损失，根据最高人民检察院 2006 年 7 月 26 日《关于渎职侵权犯罪案件立案标准的规定》，是指具有下列情形之一的：(1)导致疫情发生，造成人员重伤或者死亡的；(2)导致重大疫情发生、传播或者流行的；(3)造成个人财产直接经济损失 15 万元以上，或

者直接经济损失不满15万元,但间接经济损失75万元以上的;(4)造成公共财产或者法人、其他组织财产直接经济损失30万元以上,或者直接经济损失不满30万元,但间接经济损失150万元以上的;(5)不检疫或者延误检疫出证、错误出证,引起国际经济贸易纠纷,严重影响国家对外经贸关系,或者严重损害国家声誉的;(6)其他致使国家利益遭受重大损失的情形。本罪的主体是动植物检疫机关的检疫人员。本罪的主观方面是过失。根据刑法第413条第2款的规定,犯本罪的,处3年以下有期徒刑或者拘役。

十五、放纵制售伪劣商品犯罪行为罪

(一)概念和构成要件

放纵制售伪劣商品犯罪行为罪,是指对生产、销售伪劣商品犯罪行为负有追究责任的国家机关工作人员徇私舞弊,不履行法律规定的追究职责,情节严重的行为。

1. 本罪的客体是国家对生产、销售伪劣商品犯罪行为追究法律责任的正常活动。

2. 本罪的客观方面表现为行为人徇私舞弊,不履行法律规定的追究职责,即为徇私情,对法律赋予的应当对有生产、销售伪劣商品犯罪行为的公司、企业、事业单位或者个人进行追究和处罚的职责不予履行的行为。本罪是情节犯,要求情节严重。这里的情节严重,根据2001年4月5日最高人民法院、最高人民检察院《关于办理生产、销售伪劣商品刑事案件具体应用法律若干问题的解释》的规定,情节严重是指具有下列情形之一的:(1)放纵生产、销售假药或者有毒、有害食品犯罪行为的;(2)放纵依法可能判处2年有期徒刑以上刑罚的生产、销售伪劣商品犯罪行为的;(3)对3个以上有生产、销售伪劣商品犯罪行为的单位或者个人不履行追究职责的;(4)致使国家和人民利益遭受重大损失或者造成恶劣影响的。另外,根据最高人民检察院2006年7月26日《关于渎职侵权犯罪案件立案标准的规定》,是指具有下列情形之一的:(1)放纵生产、销售假药或者有毒、有害食品犯罪行为的;(2)放纵生产、销售伪劣农药、兽药、化肥、种子犯罪行为的;(3)放纵依法可能判处3年有期徒刑以上刑罚的生产、销售伪劣商品犯罪行为的;(4)对生产、销售伪劣商品犯罪行为不履行追究职责,致使生产、销售伪劣商品犯罪行为得以继续的;(5)3次以上不履行追究职责,或者对3个以上有生产、销售伪劣商品犯罪行为的单位或者个人不履行追究职责的;(6)其他情节严重的情形。

3. 本罪的主体,通说认为是负有追究制售伪劣商品犯罪行为法律责任的国家机关工作人员,如工商管理、质量监督、司法机关等部门的工作人员。[①] 本书认为,

① 参见高铭暄、马克昌主编:《刑法学》(第三版),北京大学出版社、高等教育出版社2007年版,第759页。

本罪中的放纵行为不等于刑法第 399 条中徇私枉法行为。徇私枉法罪中的包庇或枉法裁判行为表现为作为,而本罪中的放纵行为是单纯的不作为,是放弃职守的行为,因而司法工作人员也可以成为本罪的主体。

4. 本罪的主观方面是故意,且须出于徇私的动机,即行为人明知有生产、销售伪劣商品的犯罪行为而徇私舞弊,放弃职守。

(二)本罪的认定

注意本罪与徇私舞弊不移交销售案件罪的界限。当本罪的行为表现为徇私舞弊不移交刑事案件时,属于想象竞合犯情形,应从一重罪论处。

(三)刑事责任

根据刑法第 414 条的规定,犯本罪的,处 5 年以下有期徒刑或者拘役。

十六、办理偷越国(边)境人员出入境证件罪

办理偷越国(边)境人员出入境证件罪,是指负责办理护照、签证以及其他出入境证件的国家机关工作人员,对明知是企图偷越国(边)境的人员,予以办理出入境证件的行为。本罪的客观方面表现为行为人对企图偷越国(边)境的人员,予以办理出入境证件。办理出入境证件是指为偷越国(边)境的人员发放有效的出入境证件的行为。根据最高人民检察院 2006 年 7 月 26 日《关于渎职侵权犯罪案件立案标准的规定》,负责办理护照、签证以及其他出入境证件的国家机关工作人员涉嫌在办理护照、签证以及其他出入境证件的过程中,对明知是企图偷越国(边)境的人员而予以办理出入境证件的,应予立案。本罪的主体是负责办理护照、签证以及其他出入境证件的国家机关工作人员。这里的负责办理护照、签证以及其他出入境证件的国家机关工作人员,是指在外交部或者外交部授权的地方外事部门、港务监督局或者港务监督局授权的港务监督部门以及公安部或者外交部授权的地方公安机关中从事办理护照、签证以及其他出入境证件工作的人员。此外,如果行为人与组织、运送他人偷越国(边)境的犯罪者相勾结,为其提供偷越国(边)境人员出入境证件的,构成组织、运送他人偷越国(边)境罪的共犯,不以本罪论处。本罪的主观方面是故意。根据刑法第 415 条的规定,犯本罪的,处 3 年以下有期徒刑或者拘役;情节严重的,处 3 年以上 7 年以下有期徒刑。

十七、放行偷越国(边)境人员罪

放行偷越国(边)境人员罪,是指边防、海关等国家机关工作人员,对明知是偷越国(边)境的人员予以放行的行为。本罪的客观方面表现为行为人对明知是偷越

国(边)境的人员,予以放行,即明知是采取持伪造、变造的护照,偷渡等手段偷越国(边)境的人员,而故意予以放行。根据最高人民检察院 2006 年 7 月 26 日《关于渎职侵权犯罪案件立案标准的规定》,边防、海关等国家机关工作人员涉嫌在履行职务过程中,对明知是偷越国(边)境的人员而予以放行的,应予立案。本罪的主体是边防、海关等国家机关工作人员。本罪的主观方面是故意。根据刑法第 415 条的规定,犯本罪的,处 3 年以下有期徒刑或者拘役;情节严重的,处 3 年以上 7 年以下有期徒刑。

十八、不解救被拐卖、绑架妇女、儿童罪

不解救被拐卖、绑架妇女、儿童罪,是指对被拐卖、绑架的妇女、儿童负有解救职责的公安、司法等国家机关工作人员接到被拐卖、绑架的妇女、儿童及其家属的解救要求或者接到其他人的举报,而对被拐卖、绑架的妇女、儿童不进行解救,造成严重后果的行为。本罪的客体是国家机关对被拐卖、绑架妇女、儿童的解救职责。本罪是不作为犯,客观方面表现为行为人在接到被拐卖、绑架的妇女、儿童及其家属的解救要求或者接到其他人的举报,而对被拐卖的妇女、儿童不进行解救的行为。本罪是结果犯,要求造成严重后果。这里的造成严重后果,根据最高人民检察院 2006 年 7 月 26 日《关于渎职侵权犯罪案件立案标准的规定》,是指具有下列情形之一的:(1)导致被拐卖、绑架的妇女、儿童或者其家属重伤、死亡或者精神失常的;(2)导致被拐卖、绑架的妇女、儿童被转移、隐匿、转卖,不能及时进行解救的;(3)对被拐卖、绑架的妇女、儿童不进行解救 3 人次以上的;(4)对被拐卖、绑架的妇女、儿童不进行解救,造成恶劣社会影响的;(5)其他造成严重后果的情形。其中的绑架是指刑法第 240 条第 1 款第 5 项所规定的作为拐卖妇女、儿童情形之一的绑架,而非指刑法第 239 条绑架罪中的绑架。被拐卖的妇女、儿童,不仅包括被拐卖但还没有出卖的妇女、儿童,还包括拐卖过程中以及拐卖后被收买的妇女、儿童。本罪的主体是对被拐卖、绑架的妇女、儿童负有解救职责的国家机关工作人员。这里的对被拐卖、绑架的妇女、儿童负有解救职责的国家机关工作人员,是指负有解救被拐卖、绑架的妇女、儿童职责的国家机关工作人员,主要是指公安机关的工作人员。如果负有解救职责的国家机关工作人员与拐卖妇女、儿童的犯罪分子同谋,为其拐卖妇女、儿童提供各种便利条件的,应认为拐卖妇女、儿童罪的共犯,而不应认定为本罪。本罪的主观方面是故意,即明知妇女、儿童被拐卖、绑架而不解救。根据刑法第 416 条第 1 款的规定,犯本罪的,处 5 年以下有期徒刑或者拘役。

十九、阻碍解救被拐卖、绑架妇女、儿童罪

阻碍解救被拐卖、绑架妇女、儿童罪,是指对被拐卖、绑架的妇女、儿童负有解

救职责的公安、司法等国家机关工作人员利用职务阻碍解救被拐卖、绑架的妇女、儿童的行为。这里的阻碍解救是指阻止和干扰解救工作的进行。因此,阻碍解救具有以下两种情形:一是阻止,即利用主管、分管解救工作的职务之便,不让进行解救或者给解救活动设置障碍。二是干扰,即将自己因职务关系掌握的解救计划、行动方案故意泄露给他人,使解救受阻。根据最高人民检察院 2006 年 7 月 26 日《关于渎职侵权犯罪案件立案标准的规定》,是指具有下列情形之一的:(1)利用职权,禁止、阻止或者妨碍有关部门、人员解救被拐卖、绑架的妇女、儿童的;(2)利用职务上的便利,向拐卖、绑架者或者收买者通风报信,妨碍解救工作正常进行的;(3)其他利用职务阻碍解救被拐卖、绑架的妇女、儿童应予追究刑事责任的情形。但是,对于构成拐卖妇女、儿童罪的共犯的,应以拐卖妇女、儿童罪的共犯论处。本罪的主体是负有解救职责的国家机关工作人员。本罪的主观方面是故意。根据刑法第 416 条第 2 款的规定,犯本罪的,处 2 年以上 7 年以下有期徒刑;情节较轻的,处 2 年以下有期徒刑或者拘役。

二十、帮助犯罪分子逃避处罚罪

(一)概念和构成要件

帮助犯罪分子逃避处罚罪,是指有查禁犯罪活动职责的司法及公安、国家安全、海关、税务等国家机关工作人员,向犯罪分子通风报信、提供便利,帮助犯罪分子逃避处罚的行为。其构成要件如下:

1. 本罪的客体是负有查禁犯罪活动职责的国家机关工作人员职务行为的正当性。

2. 本罪的客观方面表现为行为人向犯罪分子通风报信、提供便利,帮助犯罪分子逃避处罚。这里的通风报信,是指直接向犯罪分子或者通过其亲友向犯罪分子泄露、告知或通报有关部门查禁犯罪活动的部署、措施、计划以及时间、地点等情况。提供便利是指为犯罪分子提供隐藏处所、交通工具、通讯设备、钱物等便利条件。采用上述两种手段,帮助犯罪分子逃避处罚。根据最高人民检察院 2006 年 7 月 26 日《关于渎职侵权犯罪案件立案标准的规定》,是指具有下列情形之一的:(1)向犯罪分子泄漏有关部门查禁犯罪活动的部署、人员、措施、时间、地点等情况的;(2)向犯罪分子提供钱物、交通工具、通讯设备、隐藏处所等便利条件的;(3)向犯罪分子泄漏案情的;(4)帮助、示意犯罪分子隐匿、毁灭、伪造证据,或者串供、翻供的;(5)其他帮助犯罪分子逃避处罚应予追究刑事责任的情形。

3. 本罪的主体是有查禁犯罪活动职责的国家机关工作人员。这里的有查禁犯罪活动职责的国家机关工作人员,是指国家安全机关、公安机关、检察机关中负有查禁犯罪活动职责的司法工作人员。根据 1998 年 5 月 8 日最高人民法院、最高人民检察院、公安部、国家工商行政管理局《关于依法查处盗窃、抢劫机动车案件的

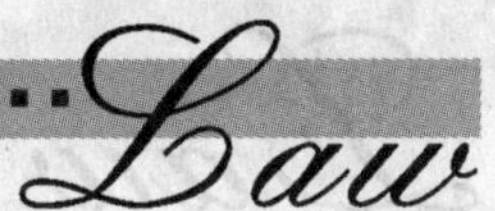

规定》第10条的规定，公安人员对盗窃、抢劫的机动车辆，非法提供机动车牌证或者为其取得机动车牌证提供便利，帮助犯罪分子逃避处罚的，依照《刑法》第417条规定处罚。

4. 本罪的主观方面是故意，且具有帮助犯罪分子逃避处罚的目的。

(二)本罪的认定

本罪与窝藏罪的界限。两者在犯罪对象、客观行为方面有相似之处。两者的区别在于：(1)客观行为内容不完全相同。本罪是向犯罪分子通风报信或者提供便利的行为；而窝藏罪是向犯罪分子提供隐藏处所、财物，帮助其逃匿。此外，本罪与徇私枉法罪在犯罪主体和客观行为方面也不同，应注意区别。(2)犯罪主体不同。本罪的主体是负有查禁犯罪活动职责的国家机关工作人员，而窝藏罪的主体是一般主体。

(三)刑事责任

根据刑法第417条的规定，犯本罪的，处3年以下有期徒刑或者拘役；情节严重的，处3年以上10年以下有期徒刑。

司法考试真题链接

1. 下列哪种行为可以构成玩忽职守罪？(2007年试卷二第20题)

A. 在安全事故发生后，负有报告职责的人员不报或者谎报情况，贻误事故抢救，情节严重的

B. 国有公司工作人员严重不负责任，造成国有公司破产，致使国家利益遭受重大损失的

C. 负有环境保护监督管理职责的国家机关工作人员严重不负责任，导致发生重大环境污染事故，造成人身伤亡的严重后果的

D. 负有管理职责的国家机关工作人员发现他人非法从事天然气开采、加工等违法活动而不予查封、取缔，致使国家和人民利益遭受重大损失的

2. 派出所所长陈某在“追逃”专项斗争中，为得到表彰，在网上通缉了7名仅违反治安管理处罚条例并且已受过治安处罚的人员。虽然陈某通知本派出所人员不要“抓获”这7名人员，但仍有5名人员被外地公安机关“抓获”后关押。关于陈某行为的性质，下列哪些说法是错误的？(2002年试卷二第44题)

A. 陈某的行为构成滥用职权罪　　B. 陈某的行为构成玩忽职守罪

C. 陈某的行为构成非法拘禁罪　　D. 陈某的行为不构成犯罪

3. 某中级人民法院的主审法官甲收受故意杀人案被告人乙的家属现金1万

元后，伪造乙防卫过当、自首的证据，欺骗该法院审判委员会，导致原本可能被判死刑的乙最终仅被判处3年有期徒刑。对甲应当以何罪论处？（2008年延期考试试卷二第20题）

A. 徇私枉法罪　B. 滥用职权罪　C. 受贿罪　D. 伪证罪

4. 税务稽查员甲发现A公司欠税80万元，便私下与A公司有关人员联系，要求对方汇10万元到自己存折上以了结此事。A公司将10万元汇到甲的存折上后，甲利用职务上的便利为A公司免交80万元税款办理了手续。对甲的行为应如何处理？（2002年试卷二第10题、2000年试卷二第31题）

A. 认定为徇私舞弊不征、少征税款罪，从重处罚

B. 认定为受贿罪，从重处罚

C. 认定为徇私舞弊不征、少征税款罪与受贿罪的竞合，从一重处罚

D. 认定为徇私舞弊不征、少征税款罪与受贿罪，实行并罚

5. 某国税稽查局对某电缆厂的偷税案件进行查处。该厂厂长甲送给国税稽查局局长乙3万元，要求给予关照。乙收钱后，将某电缆厂已涉嫌构成偷税罪的案件仅以罚款了事。次年8月，上级主管部门清理税务违法案件。为避免电缆厂偷税案件移交司法机关处理，乙私自更改数据，隐瞒事实，使该案未移交司法机关。对乙应以何罪论处？（2004年试卷二第61题）

A. 受贿罪　B. 滥用职权罪

C. 帮助犯罪分子逃避处罚罪　D. 徇私舞弊不移交刑事案件罪

6. 关于徇私枉法罪，下列哪些选项是正确的？（2009年试卷二第65题）

A. 甲（警察）与犯罪嫌疑人陈某曾是好友，在对陈某采取监视居住期间，故意对其放任不管，导致陈某逃匿，司法机关无法对其追诉。甲成立徇私枉法罪

B. 乙（法官）为报复被告人赵某对自己的出言不逊，故意在刑事附带民事判决中加大赵某对被害人的赔偿数额，致使赵某多付10万元。乙不成立徇私枉法罪

C. 丙（鉴定人）在收取犯罪嫌疑人盛某的钱财后，将被害人的伤情由重伤改为轻伤，导致盛某轻判。丙不成立徇私枉法罪

D. 丁（法官）为打击被告人程某，将对程某不起诉的理由从“证据不足，指控犯罪不能成立”擅自改为“可以免除刑罚”。丁成立徇私枉法罪

第十章　军人违反职责罪

【引例一】

1988年3月，某部二连战士梁某结识了台湾国民党特务唐某(当时梁不知道唐是特务)。从3月到9月期间，唐以老乡、朋友的名义请梁某吃喝，向梁询问了部队的有关秘密情况，梁都告诉了唐，并答应给唐弄几本军事科普丛书和政治教材。

【引例二】

某部战士王某为了谋取钱财，决定将军事情报卖钱。1998年7月13日晚，王伙同两名地方不法分子进入军营，潜入该营营长的房间，窃取各种军事秘密文件、材料4份。7月15日。两名地方不法分子欲将机密文件卖给外国某特务机构时被查获。

【引例三】

某部门机关参谋刘某通过电话与居住在美国的林某交谈时，刘某谈及其所在部队的有关情况，林某表示对此感兴趣，要求刘某详细提供其所在部队情况。刘某为达到让林帮助其出国的目的，遂以学习文件为由向该部参谋王某索要军队机密级文件一份，私自携带该文件到地方一复印门市部进行复印后归还。而后，刘又到地方一传真服务店使用电话传真机，将该文件复印件传真给美国的林某，传真结束后，刘用移动电话与林通话，证实对方已收到该文件，于是返回家中，将该文件复印件烧毁。

第一节　军人违反职责罪概述

一、军人违反职责罪的概念和特征

根据刑法第420条的规定，军人违反职责罪，是指军人违反职责，危害国家军事利益，依照法律应当受到刑罚处罚的行为。

军人违反职责罪具有以下特征：

1. 本类犯罪的同类客体是国家的军事利益。所谓国家的军事利益，是指国家在国防建设、作战行动、军队物质保障、军事机密、军事科学研究等方面的利益。国家的军事利益高于其他的利益,因为它直接关系到国家的安全与利益,所以,应受到特殊的保护。危害国家军事利益,这是本类罪区别于刑法分则其他各类犯罪的本质特征。而对国家军事利益危害程度的大小,乃是区别军人违反职责的犯罪行为与违法行为的标志之一。

2. 本类犯罪的客观方面,表现为行为人实施了违反军人职责,危害国家军事利益,依法应受刑法处罚的行为。军人职责可以分为一般职责和具体职责。前者是指每个军人都负有的职责,主要规定在中国人民解放军《内务条令》第三章中。后者是指军队中各种不同军人在执行各种不同任务中所负有的职责,规定在中央军委、解放军各总部和各军兵种发布的各种条例和条令中。军人的一般职责和具体职责是一般和特别的关系。

军人违反职责罪的行为方式,多数表现为作为,如逃离部队罪,盗窃、抢夺武器装备、军用物资罪。也有由不作为构成,如拒传军令罪、遗弃伤病军人罪。还有少数既可以由作为构成,也可以由不作为构成,如战时违抗命令罪、违令作战消极罪。

在研究军人人工智能违反职责罪的客观方面时,要特别注意犯罪的时间、地点作为选择要件时,对于一些犯罪的定罪量刑具有重要的影响。有一部分军职罪,是以"战时"、"在战场上"、"战时临阵"、"在履行公务期间"、"战时在军事行为区"、"战时在救护治疗职位上"等,为其犯罪构成要件。另外一些军职罪,虽不以特定的时间、情况为必要条件,但刑法规定了在这些特定的时间、情况下犯罪的,处刑严于平时,即"战时从重处罚",成为影响量刑的重要情节。例如擅离、玩忽军事职守罪等,在战时犯罪比平时犯罪处刑上要重得多。

3. 本类犯罪的主体是特殊主体,即军职人员。具体包括两类:其一,现役军人,即中国人民解放军和中国人民武装警察部队的现役军官、警官、文职干部、士兵及具有军籍的学员。现役军人的资格从被兵役机关批准入伍之日开始,至被部队批准退出现役、离休、退休或除名、开除军籍之日为止。关于保留军籍下在服刑的军人,及正在被劳动教养的军人,能否作为类罪的主体,有肯定说与否定说之争,我们倾向于前者。如果在服役期间犯了违反军人职责罪,而在退役、复员、转业、离退休后才被发现,只要未过追诉时效,仍应根据本章的规定论处。反之,如果在服兵役之前实施了其他犯罪,在服役期间被发现,且未超过追诉时效的,应依刑法分则其他条文规定的犯罪论处,不发生构成军职罪的问题。其二,根据刑法第450条的规定,执行军事任务的预备役人员和其他人员,也可以成为本类罪的主体。执行军事任务的预备役人员,是指被征召参加作战、支前、军事训练或者参加执行其他军事任务如战场救护的预备役人员。执行军事任务的其他人员,是指执行作战、支前、战场救护等军事任务的军内职员和工人等。其他公民,不能成为本类犯罪的主体,但可以作为本类犯罪的共犯。

4. 本类犯罪的主观方面,除武器装备肇事罪、遗失军事机密罪、玩忽职守等是出于过失,大多数犯罪则是出于故意。某些犯罪还以特定目的为构成要件,如自伤罪,必须以逃避军事义务为目的。

本章实质上仍属于特别法。根据法律适用原则,如果军人的行为既触犯了本

章的条文，又触犯了刑法分则其他章的条文时，应根据特别法条优于普通法条的原则，适用本章的有关规定。但凡不属于军人违反职责的犯罪，如军人杀人、放火、盗窃、强奸妇女等犯罪，都应适用刑法分则其他章的有关条文。

二、军人违反职责罪的分类

刑法分则第十章规定的军人违反职责罪，共有32个条文。其中，总则性条文4条，规定了军人违反职责罪的概念、戴罪立功、军人的概念、战时的概念。分则性条文共28条，计有31个罪名。

关于本类犯罪的分类，通常有三种划分法：

其一是按犯罪的时间来划分，可以划分为平时和战时都能构成的军职罪、只有在战时才能构成的军职罪。其二是按犯罪所侵犯的客体来划分，据此可以划分为违反作战利益的犯罪，违反部队管理秩序的犯罪，危害军事秘密的犯罪，危害部队物资保障的犯罪，侵犯部属、伤病军人、平民、战俘利益的犯罪。其三是按犯罪的行为特征来划分，据此可以划分为危害作战方面的犯罪，破坏作战装备、物资方面的犯罪，以及侵犯军人、平民、战俘和其他权利方面的犯罪等三种类型。上述三种划分法均有其道理。

为了论述上的便利和节约篇幅，本章将军人违反职责罪分为"重点犯罪"和"其他犯罪"两部分。前者选择了战时违抗命令罪，军人叛逃罪，故意泄露国家军事秘密罪，过失泄露国家军事秘密罪，盗窃、抢夺武器装备、军用物资罪以及非法出卖、转让武器装备罪，共6种犯罪。后者包括25种犯罪，即隐瞒、谎报军情罪，拒传、假传军令罪，投降罪，战时临阵脱逃罪，擅离、玩忽军事职守罪，阻碍执行军事职务罪，指使部属违反职责罪，违令作战消极罪，拒不救援友邻部队罪，非法获取军事秘密罪，为境外窃取、刺探、收买、非法提供军事秘密罪，战时造谣惑众罪，战时自伤罪，逃离部队罪，武器装备肇事罪，擅自出卖、转让军队房地产罪，虐待部属罪，遗弃伤病军人罪，战时拒不救治危重伤病军人罪，战时残害居民、掠夺居民财物罪，私放俘虏罪，虐待俘虏罪，等等。

第二节　本章重点犯罪

一、战时违抗命令罪

(一)战时违抗命令罪的概念和特征

战时违抗命令罪，是指军人在战时对上级命令、指示故意违抗，拒不执行，对作战造成危害的行为。

本罪的特征是：

1. 本罪侵犯的客体是作战指挥秩序。下级服从上级是作战指挥秩序的具体体现，也是战斗胜利的重要纪律保障。违抗作战命令，严重扰乱了作战指挥秩序，因此应当受到刑罚处罚。

2. 客观方面表现为行为人实施了在战时故意违抗命令，并对作战造成危害的行为。所谓战时违抗命令，是指在战时以违背、抗拒的方式，故意不执行上级命令的行为，如拒不执行命令，拖延或迟缓执行命令，故意实施与命令不同的内容的行为等。其行为的表现形式可以是作为，也可以是不作为。这里所谓的"命令"，不仅指战斗命令，还应包括与战斗有关的一系列命令，如战时军需物资调遣命令、救助伤员命令等。所谓对作战造成危害，是由于行为人违抗命令而扰乱了战斗部署，贻误战机，使部队遭受较大损失等情况。本罪是结果犯。如果行为人只是拒不执行上级命令，尚未对作战造成危害结果的，不构成本罪。如果行为人根据当时具体情况拒不执行命令，或灵活变通执行命令，不仅没有对作战造成损失，反而对作战有利，那么对行为人不仅不能处罚，而且还应给予肯定和奖励。

3. 本罪的主体是特殊主体，即现役军人及执行军事任务的预备役人员，或认为是接受命令和指示的部属人员。

4. 主观方面是故意。动机则多种多样，如贪生怕死、畏惧战斗、对上级领导不满等。过失行为不成立本罪。

(二)违抗命令罪的刑事责任

根据刑法第421条的规定，犯本罪的处3年以上10年以下有期徒刑；致使战斗、战役遭受重大损失的，处10年以上有期徒刑、无期徒刑或者死刑。

二、军人叛逃罪

(一)军人叛逃罪的概念及特征

军人叛逃罪，是指军人在履行公务期间，擅离岗位，叛逃境外或者在境外叛逃，危害国家军事利益的行为。

本罪的特征是：

1. 本罪侵犯的客体是国家的军事利益，以及军人永不叛国的义务。

2. 客观方面表现为行为人在履行公务期间，擅离岗位，叛逃向境外非敌对国家、地区，危害国家军事利益的行为。所谓履行公务，是指接受组织的委托和指派履行公共事务的活动。所谓擅离岗位，是指不经请示和允许，擅自离开履行职责的位置的行为。所谓叛逃，是指逃往国外、境外不归，或者利用公务出境之机滞留国外、境外不归，以及逃往外国和有关地区驻华使领馆等行为。

3. 本罪的主体是正在履行公务的军人。如果不是在履行公务期间逃越国(边)境的,不成立本罪。

4. 主观方面是故意。动机多种多样,如贪图享乐、逃避惩罚等。动机不影响定罪。

(二)认定军人叛逃罪应注意区别的界限

1. 注意区别本罪与投敌叛变罪的界限。两罪的主要区别是:(1)侵害的客体不同。本罪侵犯的同类客体是国家和军事利益,直接客体是出境军人和军人出境和管理活动。后者侵犯的客体是国家安全。(2)客观方面不同。本罪必须是逃往境外的非敌对国家、组织,后者则是投向敌国、境内外的敌对组织。(3)主体不同。本罪必须是正在履行公务的军人,后者包括非军人。(4)主观方面不同。本罪必须明知逃往的国家、地区是非敌对的,后者必须知明知逃往的是敌国或境内外的敌对组织,并且行为人主观上具有危害国家安全的目的。

2. 注意区别本罪与自动投降的界限。两罪在主体和主观方面相同。主要区别是:(1)投向对象的性质不同,后者必须明知投向的是敌对国家、地区。(2)犯罪地点不同,后者限定于战场上,本罪则无此限制。

3. 注意区别本罪与逃离部队罪的界限。主要区别有:(1)侵犯的客体不同。本罪侵犯的客体是国家军事利益和军人永不叛国的义务,后者侵犯的客体则是国家的兵役制度。(2)客观方面不同。本罪表现为叛逃境外或者境外叛逃,后者则表现为违反兵役法规,擅自逃离部队。(3)主观方面不同。本罪行为人的主观意图是叛离祖国,后者则是逃避继续服兵役的义务。

(三)军人叛逃罪的刑事责任

根据刑法第430条的规定,犯本罪的处5年以下有期徒刑或者拘役;情节严重的,处5年以上有期徒刑;驾驶航空器、舰船叛逃的,或者有其他严重情节的,处10年以上有期徒刑、无期徒刑或者死刑。所谓情节严重,一般指率众叛逃,中级以上指挥人员叛逃,以及因其叛逃影响重要军事任务完成等情况。所谓其他特别严重情节,是指胁迫他人叛逃,策动多人叛逃,携带重要或大量军事秘密叛逃,携带航空器、舰船以外的重要武器装备叛逃等情况。

三、泄露国家军事秘密罪

(一)泄露国家军事秘密罪的概念和特征

泄露国家军事秘密罪,是指违反保守国家秘密法规,故意或者过失泄露国家军事秘密,情节严重的行为。

本罪的特征是：

1. 本罪侵犯的客体是国家军事保密的管理制度。侵犯的对象是军事秘密。

2. 客观方面表现为行为人实施了违反保守国家秘密法规，泄露国家军事秘密，情节严重的行为。本罪的成立，在客观方面，必须同时具备这三个条件。所谓违反保守国家秘密法规，是指违反国家有关保守军事秘密的法规，如《中华人民共和国保守秘密法》、《中国人民解放军保守国家军事机密条例》、《国防尖端技术保密规定》等法规。所谓泄露国家军事秘密，是指故意或过失地将军事机密透露出去。泄露的方式，包括用口头、书面、实物、计算机软盘和光盘以及其他方式。至于以何种方式泄露出去，不影响本罪的成立。所谓国家军事秘密，是指一定时间内限于一定范围的人员知悉的事关国防和军队安全与利益的军事情况和信息，并分为绝密、机密、秘密三级。所谓情节严重，是指泄露重要或大量军事秘密的，机要、保密人员和其他担负重要职责的人员泄露秘密的，因泄露而造成严重后果的，出于个人的恶劣动机或者为达到非法目的而泄密的，等等。

3. 本罪的主体是特殊主体即现役军人。

4. 主观方面多为故意，但过失同样可以构成本罪。故意犯罪的动机，有的是为了贪图钱财，有的是为了显示自己消息灵通等。故意泄露军事秘密的，在量刑上应当从重。

引例一中，被告人梁某身为军人，本应保守军事秘密，但由于个人主义严重，贪图私利，无视军纪国法，违反保密法规，把军事秘密多次泄露给“老乡”唐某。把国家军事秘密告诉不应该知道的人。梁某的行为已经构成故意泄露军事秘密罪。

(二)认定泄露军事秘密罪应注意的界限

1. 认定本罪与泄露国家秘密罪的界限。两罪间存在着法条竞合关系。其区别是：(1)犯罪对象不同。本罪的犯罪对象是军事秘密，后者则是国家秘密。(2)主体不同。本罪的主体是现役军人，后罪则是国家机关工作人员。如果军人的一行为同时触犯上述两个法条时，应根据特别法条优先适用的原则，认定为按本罪处罚。

2. 认定本罪与间谍罪的界限。两罪的主要区别是：(1)侵犯的客体不同。间谍罪侵犯的客体是我国的政权和根本制度，本罪侵犯的客体是国家保守军事秘密的管理制度。(2)犯罪的客观行为不同。间谍罪表现为参加间谍组织或者接受间谍组织及其代理人的任务的行为。如果是为间谍组织窃取、刺探、提供情报，其窃取、刺探、提供的情报也不仅仅限于国家的军事秘密，还包括国家军事秘密以外的有关政治、经济、文化等各方面的国家秘密和情报。本罪则是违反保守国家秘密法规，故意或过失泄露军事秘密的行为。(3)犯罪的主体不同。间谍罪的主体一般是外国人，也可以是中国公民；本罪的主体只能是现役军人。(4)主观方面不同。间谍罪具有危害国家安全的目的，本罪不具有危害国家安全的目的。

(三)泄露国家军事秘密罪的刑事责任

根据刑法第 432 条的规定,犯本罪的处 5 年以下有期徒刑或者拘役;情节特别严重的,处 5 年以上 10 年以下有期徒刑;战时犯本罪的,处 5 年以上 10 以下有期徒刑;战时犯本罪且情节特别严重的,处 10 年以上有期徒刑或者无期徒刑。

四、盗窃、抢夺武器装备、军用物资罪

(一)盗窃、抢夺武器装备、军用物资罪的概念及特征

盗窃、抢夺武器装备、军用物资罪,是指军人以非法占有为目的,秘密窃取或者公然夺取部队的武器装备、军用物资的行为。

本罪的特征是:

1. 本罪侵犯的客体是部队武器装备、军用物资的所有权和国家军事利益。

2. 客观方面表现为行为人实施了秘密窃取或者公然夺取武器装备或者军用物资的行为。犯罪对象为武器装备或者军用物资,这是本罪同其他侵犯财产罪相区别的重要标志。其他客观方面的表现均同于盗窃罪。

3. 本罪的主体是特殊主体即现役军人。但非军人可以构成本罪的共犯。

4. 主观方面是故意,行为人同时具有非法占有武器装备或军用物资的意图。

(二)认定盗窃、抢夺武器装备、军用物资罪应注意的界限

1. 注意区别本罪与盗窃、抢夺枪支、弹药、爆炸物罪的界限。其区别是:(1)侵犯的客体不同。本罪侵犯的客体是国家军事利益和军队武器、军用物资的所有权,后罪侵犯的客体则是公共安全。(2)主体不同。本罪的主体是特殊主体——现役军人,后罪的主体是一般主体。(3)本罪的对象是武器装备、军用物资,对象的范围宽泛,其中也包括枪支、弹药、爆炸物;后罪仅是枪支、弹药、爆炸物,多数属于军用武器装备的范畴,但也有部分是民用的。

2. 注意区别本罪与盗窃罪的界限。两罪在主客观方面相似。其区别是:(1)对象不同。本罪的对象是军用物资、武器装备,后罪是公私财物。(2)主体不同。本罪的主体是现役军人,后罪的主体是一般主体。

(三)盗窃武器装备、军用物资罪的刑事责任

根据刑法第 438 条的规定,犯本罪的处 5 年以下有期徒刑或者拘役;情节严重的,处 5 年以上 10 年以下有期徒刑;情节特别严重的,处 10 年以上有期徒刑、无期徒刑或者死刑。

五、非法出卖、转让武器装备罪

(一)非法出卖、转让武器装备罪的概念及特征

非法出卖、转让武器装备罪,是指军人违反武器装备管理规定,非法出卖、转让武器装备的行为。

本罪的特征是:

1. 本罪侵犯的客体是部队武器装备的所有权和国家军事利益。侵犯的对象是武器装备。

2. 客观方面表现为行为人实施了违反武器装备管理规定,非法将用于军事目的的武器装备出卖或者转让给他人。所谓武器装备管理规定,是指《中国人民解放军武器装备管理条例》等规定。所谓非法,是指违反军队有关武器装备管理的法规、规章,未经有关机关批准。所谓出卖,是卖出。所谓转让,是指送给他人或者换取其他物品。如果将抢劫、抢夺、盗窃等所得的武器装备出卖、转让的,应当按其行为所构成的犯罪从重论处,而不应以本罪论处。

3. 本罪的主体为特殊主体即现役军人,主要是武器装备的合法管理、使用、维护、保养人员。

4. 主观方面是故意。行为人多具有牟利的目的。

(二)认定非法出卖、转让武器装备罪应注意的界限

1. 本罪是故意犯罪。对不知是军队的武器而出卖、转让的,不构成本罪。

2. 本罪出卖、转让的武器必须是在编尚未列入非编的武器装备。对于不在编、已列入非编或报废的武器装备进行出卖、转让的,不构成本罪。

3. 注意区分本罪中以非法出卖枪支、弹药、爆炸物为表现形式的情况与非法买卖枪支、弹药、爆炸物罪的界限。两罪在主客观方面相似。其区别是主体的不同。本罪的主体是现役军人,后者则是一般主体。

(三)非法出卖、转让武器装备罪的刑事责任

根据刑法第439条的规定,犯本罪的处3年以上10年以下有期徒刑;出卖、转让大量武器装备或者其他特别严重情节的,处10年以上有期徒刑、无期徒刑或者死刑。所谓其他严重情节,是指因非法出卖、转让军队的武器装备而引发的重大恶性刑事案件和给公共安全造成重大危害的,非法出卖、转让重要武器装备的,非法出卖、转让武器装备给犯罪团伙或境外的机构、组织、人员尤其是敌对势力的,等等。

第三节　本章其他犯罪

一、隐瞒、谎报军情罪

隐瞒、谎报军情罪，是指军人在战时应报告而故意隐瞒、谎报军情，对作战造成危害的行为。本罪侵犯的客体是武装力量的作战指挥秩序和国家的军事利益。客观方面表现为隐瞒军情及报告虚假的、不真实的军情，并对作战造成危害的行为。本罪是结果犯罪。本罪的主体是现役军人以及执行军事任务的预备役人员，及其他人员中负有报告军情职责的人员。主观方面是故意，动机如何不影响本罪的成立。

根据刑法第 422 条的规定，犯本罪的处 3 年以上 10 年以下有期徒刑；致使战斗、战役遭受重大损失的，处 10 年以上有期徒刑、无期徒刑或者死刑。

二、拒传、假传军令罪

拒传、假传军令罪，是指军人在战时明知是军事命令而拒绝传递，或者故意传达、发布伪造的或者篡改的军事命令，对作战造成危害的行为。本罪侵犯的客体是武装力量的作战指挥秩序和国家的军事利益。客观方面表现为拒传、假传军令，并对作战造成危害。本罪的主体是负有传达军令义务的现役军人。主观方面为故意，即明知军令而拒不传达，或故意作虚假传达。

根据刑法第 422 条的规定，犯本罪的处 3 年以上 10 以下有期徒刑；致使战斗、战役遭受重大损失的，处 10 年以上有期徒刑、无期徒刑或者死刑。

三、投降罪

投降罪，是指在战场上贪生怕死，自动放下武器投降敌人的行为。本罪侵犯的客体是军人的作战义务和国家的军事利益。客观方面表现为行为人在战场上贪生怕死，放弃抵抗，自动放下武器投降敌人的行为。本罪的主体是具有使用武器打击敌人资格的参加作战的军人。那些在战场上因负伤而丧失了战斗能力并成为敌人俘虏的军人，不能成为本罪的主体。主观方面是故意。其动机多是畏惧战斗、贪生怕死。

根据刑法第 432 条的规定，犯本罪的处 3 年以上 10 以下有期徒刑；情节严重的，处 10 年以上有期徒刑或者无期徒刑；投降后为敌人效劳的，处 10 年以上有期徒刑、无期徒刑或者死刑。

四、战时临阵脱逃罪

战时临阵脱逃罪，是指军人在战时脱离战斗岗位，逃避战斗的行为。本罪侵犯的客体是军人的作战义务和国家的军事利益。客观方面表现为行为人在战时即战场上或战斗状态下临阵脱逃、逃避履行军事义务的行为。本罪的主体是参战的军人。主观方面为故意，并具有贪生怕死、畏惧战斗的动机。

根据刑法第 424 条的规定，犯本罪的处 3 年以下有期徒刑；情节严重的，处 3 年以上 10 年以下有期徒刑；致使战斗、战役遭受重大损失的，处 10 年以上有期徒刑、无期徒刑或者死刑。

五、擅离、玩忽军事职守罪

擅离、玩忽军事职守罪，是指指挥人员和值班、值勤人员擅离职守或者玩忽职守，因而造成严重后果的行为。本罪侵犯的客体是军人的岗位责任制度。客观方面表现为擅离职守或者玩忽职守并造成了严重后果的行为。本罪的主体是现役军人中的指挥人员、正在值班和值勤的人员。主观方面出于过失。

根据刑法第 425 条的规定，犯本罪的处 3 年以下有期徒刑或者拘役；造成特别严重后果的，处 3 年以上 7 年以下有期徒刑；战时犯本罪的，处 5 年以上有期徒刑。

六、阻碍执行军事职务罪

阻碍执行军事职务罪，是指军人以暴力、威胁方法，阻碍指挥人员或者值班、值勤人员执行职务的行为。本罪侵犯的客体是军人的职务活动。客观方面表现为行为人实施了以暴力、威胁方法阻碍指挥人员或者值班、值勤人员执行职务的行为。本罪的主体是现役军人。主观方面只能是故意。

根据刑法第 426 条的规定，犯本罪的处 5 年以下有期徒刑或者拘役；情节严重的，处 5 年以上有期徒刑；致人重伤、死亡的，或者有其他特别严重情节的，处无期徒刑或者死刑；战时犯本罪的，从重处罚。

七、指使部属违反职责罪

指使部属违反职责罪，是指军人中的指挥人员滥用职权，指使部属进行违反职责的活动，并造成严重后果的行为。本罪侵犯的客体是军职人员岗位职责的管理秩序和部队的声誉。客观方面表现为行为人滥用职权，故意指使部属进行违反职责的活动，并造成了严重后果。本罪的主体是部队中具有一定指挥、调动、命令一

定数量军队或下属人员的军职干部，一般指军官。普通士兵不能成为本罪的主体。主观方面是故意。

根据刑法第 427 条的规定，犯本罪的处 5 年以下有期徒刑或者拘役；情节特别严重的，处 5 年以上 10 年以下有期徒刑。

八、违令作战消极罪

违令作战消极罪，是指军事指挥人员违抗命令，临阵畏缩，作战消极，并造成严重后果的行为。本罪侵犯的客体是军人的作战义务和部队的作战秩序。客观方面表现为违抗命令，临阵畏缩，作战消极，并造成严重后果的行为。本罪的主体是部队中的指挥人员，普通士兵不能成为本罪的主体。主观方面为故意。

根据刑法第 428 条的规定，犯本罪的处 5 年以下有期徒刑；致使战斗、战役遭受重大损失，或者有其他特别严重情节的，处 5 年以上有期徒刑。

九、拒不救援友邻部队罪

拒不救援友邻部队罪，是指指挥人员在战场上明知友邻部队处境危急请求救援，能救援而不救援，致使友邻部队遭受重大损失的行为。本罪侵犯的客体是军人的作战义务和部队的作战秩序。客观方面表现为在战场上明知友邻部队处境危急，请求救援，能救援而不救援，致使友邻部队遭受重大损失的行为。本罪的主体是参战部队的指挥人员。主观方面是故意。

根据刑法第 429 条的规定，犯本罪的处 5 年以下有期徒刑。

十、非法获取军事秘密罪

非法获取军事秘密罪，是指军人以窃取、刺探、收买方法，非法获取军事秘密的行为。本罪侵犯的客体是国家的军事保密制度。客观方面表现为行为人实施了以窃取、刺探、收买的方法，非法获取军事秘密的行为。本罪的犯罪事实对象是军事秘密。本罪的主体是军人。主观方面是故意。

引例二中，王某是现役军人，具备本罪的主体要件，并且基于图财的动机，明知窃取国家军事秘密会损害国家的军事利益，还积极地去实施窃取行为。据此，王某的行为符合非法获取军事秘密罪的特征。本案是由军、地人员共同实施的，应以共同犯罪论处。

根据刑法第 431 条第 1 款的规定，犯本罪的处 5 年以上有期徒刑；情节严重的，处 5 年以上 10 年以下的有期徒刑；情节特别严重的，处 10 年以上有期徒刑。

十一、为境外窃取、刺探、收买、非法提供军事秘密罪

为境外窃取、刺探、收买、非法提供军事秘密罪，是指军人为境外的机构、组织、人员窃取、刺探、收买、非法提供军事秘密的行为。

引例三中，刘某明知为境外的机构、组织、人员窃取、刺探、收买、非法提供军事秘密的行为会对军事秘密的安全和国防安全造成危害，却希望或者放任这种危害结果的发生，具有犯罪的故意。窃取、刺探、收买、非法提供是本罪的四种表现形式，行为人实施其中之一，即可以成立本罪。"窃取"是指秘密获取；"刺探"是指四处打听、观察、探知等；"收买"是指以财物交换；"非法提供"是指在对外交往与合作中违反《中华人民共和国保守国家秘密法》第4条和《保守国家秘密法施行办法》第22条的规定，事先未经依法批准，擅自将军事秘密提供给境外的机构、组织、人员的。刘某以学习文件为由向该部参谋王某索要军队机密级文件一份，私自携带该文件到地方一复印店门市进行复印，又将该复印件传真给美国的林某。刘某的行为符合为境外窃取、刺探、收买、非法提供军事秘密罪的客观表现。客体是军事秘密的安全保护制度和国防安全，犯罪对象是军事秘密。所谓"军事秘密"，是指在一定时间内，只限一定范围人员知悉的关系国防和军队安全利益的事项，其具体内容由保密条例规定。军事秘密是国家秘密的重要组成部分，按其重要程度可分为绝密、机密和秘密三级。军事秘密的泄漏和扩散将会严重危害国防和军队的安全和利益。刘某的上述行为无疑侵害了我军军事秘密的保护制度和国防安全。因此，刘某的行为构成本罪。

根据刑法第431条第2款的规定，犯本罪的处10年以上有期徒刑、无期徒刑或者死刑。

十二、战时造谣惑众罪

战时造谣惑众罪，是指在战时造谣惑众、动摇军心的行为。本罪侵犯的客体是战时部队的管理秩序和作战能力。客观方面表现为行为人实施了在战时造谣惑众、动摇军心的行为。至于军心是否实际上已被动摇，对成立本罪没有实质意义。本罪的主体是参加作战的军职人员。主观方面是故意。

根据刑法第433条的规定，犯本罪的处3年以下有期徒刑；情节严重的，处3年以上10年以下有期徒刑；勾结敌人造谣惑众，动摇军心的，处十年以上有期徒刑或者无期徒刑；勾结敌人造谣惑众、动摇军心，情节特别严重的，可以判处死刑。

十三、战时自伤罪

战时自伤罪，是指军人在战时自行伤害身体或授意他人伤害自己身体，以逃避军事义务的行为。本罪侵犯的客体是战时军队的管理秩序和军人作战的义务。客观方面表现为行为人实施了在战时自行伤害身体或授意他人伤害自己身体，以逃避军事义务的行为。本罪的主体是参战的现役军人。但不参战的军人可以成为本罪的共犯。主观方面为故意。动机是贪生怕死，畏惧战斗，目的是逃避履行军事义务。

根据刑法第 434 条的规定，犯本罪的处 3 年以下有期徒刑；情节严重的，处 3 年以上 7 年以下有期徒刑。

十四、逃离部队罪

逃离部队罪，是指军人违反兵役法规，逃离部队，情节严重的行为。本罪侵犯的客体是国家的兵役制度。客观方面表现为行为人实施了违反兵役法规，逃离部队，情节严重的行为。本罪的主体是现役军人。但非现役军人可以成为本罪的共犯。主观方面为故意。目的是逃避继续服兵役。动机不影响本罪的成立。

根据刑法第 435 条的规定，犯本罪的处 3 年以下有期徒刑或者拘役；战时犯本罪的，处 3 年以上 7 年以下有期徒刑。

十五、武器装备肇事罪

武器装备肇事罪，是指军人违反武器装备使用规定，情节严重，因而发生责任事故，致人重伤、死亡或者造成其他严重后果的行为。本罪侵犯的客体是军队的武器装备管理和使用制度。客观方面表现为行为人实施了违反武器装备使用规定，情节严重，因而发生责任事故，致人重伤、死亡或者造成其他严重后果的行为。主体是现役军人。主观方面是过失。行为人对违反武器装备使用规定也可能是明知故犯，但对自己行为引起的责任事故，致人重伤、死亡或者造成其他严重后果则属过失。

根据刑法第 436 条的规定，犯本罪的处 3 年以下有期徒刑或者拘役；后果特别严重的，处 3 年以上 7 年以下有期徒刑。

十六、擅自改变武器装备编配用途罪

擅自改变武器装备编配用途罪，是指违反武器装备管理规定，擅自改变武器装备的编配用途，造成严重后果的行为。本罪侵犯的客体是部队的武器装备管理制度。客观方面表现为行为人实施了违反国家武器装备管理规定，擅自改变武器装备和编配用途，造成严重后果的行为。本罪的主体是武器装备和管理人员，既包括主管人员，也包括保管人员。军中文职人员一般不构成此罪。主观方面表现为故意违反武器装备管理规定，过失造成严重后果。

根据刑法第 437 条的规定，犯本罪的处 3 年以下有期徒刑或者拘役；造成特别严重后果的，处 3 年以上 7 年以下有期徒刑。

十七、遗弃武器装备罪

遗弃武器装备罪，是指军人违抗命令，遗弃武器装备的行为。本罪侵犯的客体是部队的武器装备管理制度。客观方面表现为行为人违抗命令，擅自遗弃武器装备的行为。本罪的主体是现役军人。但对武器装备不具备使用权、保管权、指挥权的人，不能成为本罪的主体。主观方面是故意。过失不构成本罪。

根据刑法第 440 条的规定，犯本罪的处 5 年以下有期徒刑或者拘役；遗弃重要或者大量武器装备的，或者有其他严重情节的，处 5 年以上有期徒刑。

十八、遗失武器装备罪

遗失武器装备罪，是指军人遗失武器装备，不及时报告或者有其他严重情节的行为。本罪侵犯的客体是部队的武器装备管理制度。客观方面表现为行为人遗失武器装备，不及时报告或者具有其他严重情节的行为。本罪的主体是现役军人，而且一般是武器装备的合法使用者、持有者或保管者。主观方面只能由过失构成。

根据刑法第 441 条的规定，犯本罪的处 3 年以下有期徒刑或者拘役。

十九、擅自出卖、转让军队房地产罪

擅自出卖、转让军队房地产罪，是指军人违反规定，擅自出卖、转让军队房地产，情节严重的行为。本罪侵犯的客体是军队房地产的管理秩序。客观方面表现为行为人违反军队房地产管理规定，擅自将军队房地产出卖、转让给他人，情节严重的行为。本罪的主体是出卖、转让军队房地产的直接责任人员，即部队房地产管理人员。主观方面是故意。

根据刑法第 442 条的规定，犯本罪的，对直接责任人员处 3 年以下有期徒刑或拘役；情节特别严重的，处 3 处以上 10 年以下有期徒刑。

二十、虐待部属罪

虐待部属罪，是指军人滥用职权，虐待部属，情节恶劣，致人重伤或者造成其他严重后果的行为。本罪侵犯的客体是军队的管理秩序和军人的人身权利。客观方面表现为行为人实施了滥用职权，虐待部属，情节恶劣，因而致人重伤或者造成其他严重后果的行为。本罪的主体是部队指挥人员或者处于领导岗位的在职人员，即副班长以上的士官和军官。一般而言，虐待者与被虐待者之间应具有直接领导与被领导的上下级隶属关系。主观方面是故意。

根据刑法第443条的规定，犯本罪的处5年以下有期徒刑或者拘役；致人死亡的，处5年以上有期徒刑。

二十一、遗弃伤病军人罪

遗弃伤病军人罪，是指军人在战场上故意遗弃伤病军人，情节恶劣的行为。本罪侵犯的客体是部队的作战利益，以及战时伤病军人的被救护权利，即在战场上的伤病军人获得救护、输送的权利。客观方面表现为行为人在战场上不履行职责，对有条件抢救、输送的伤病军人不予抢救、输送，或对已抢救下来的伤病军人无故遗弃，情节恶劣的行为。本罪的主体是在战场上对抢救、输送伤病军人负有责任的军人。主观方面只能是故意。

根据刑法第444条的规定，对犯本罪的直接责任人员，处5年以下有期徒刑。

二十二、战时拒不救治伤病军人罪

战时拒不救治伤病军人罪，是指战时在救护治疗职位上的军职人员，有条件救治而拒不救治危重伤病军人的行为。本罪侵犯的客体是军队对救护治疗秩序的管理和伤病军人的生命健康权利。客观方面表现为战时在救护治疗职位上的军职人员，有条件救治而拒不救治危重伤病军人的行为。本罪是行为犯。本罪的主体必须是负有救护治疗职责的军人。主观方面是故意。

根据刑法第445条的规定，犯本罪的，处5年以下有期徒刑或者拘役；造成伤病军人重残、死亡或者有其他严重情节的，处5年以上10以下有期徒刑。

二十三、战时残害、掠夺战区无辜居民罪

战时残害、掠夺战区无辜居民罪，是指战时在军事行动地区，残害无辜居民或者掠夺无辜居民财物的行为。本罪侵犯的客体是我国武装力量的声誉和战时军事

行动地区无辜居民的人身、财产权利。客观方面表现为行为人实施了战时在军事行动区,残害无辜居民或者掠夺无辜居民财物的行为。所谓军事行动地区,既包括我军作战地区,也包括我军宣布的戒严地区。本罪的主体是在军事行动地区参与军事行动的现役军人。主观方面为故意。

根据刑法第 446 条的规定,犯本罪的处 5 年以下有期徒刑;情节严重的,处 5 年以上 10 年以下有期徒刑;情节特别严重的,处 10 以上有期徒刑、无期徒刑或者死刑。

二十四、私放俘虏罪

私放俘虏罪,是指违反军事纪律,未经批准,私自放走俘虏的行为。本罪侵犯的客体是部队关于俘虏的管理制度。客观方面表现为违反军事纪律,未经批准,擅自将俘虏放走的行为。本罪的主体是具有看守、管理、调动俘虏等职责的军人。主观方面是故意。

根据刑法第 447 条的规定,犯本罪的处 5 年以下有期徒刑;私放重要俘虏、私放俘虏多人或者有其他严重情节的,处 5 年以上有期徒刑。

二十五、虐待俘虏罪

虐待俘虏罪,是指对被我国俘获的敌方人员不给予人道待遇,对其进行虐待,情节恶劣的行为。本罪侵犯的客体是俘虏的人身权利和我军对俘虏的管理制度。客观方面表现为实施了不给予俘虏人道待遇,对其进行精神折磨、肉体摧残和生活上的不人道的虐待,且情节恶劣的行为。本罪的主体是军人,以及预备役人员,民兵组织中管理、看押俘虏的人员。主观方面是故意。

根据刑法第 448 条的规定,犯本罪的处 3 年以下有期徒刑。

司法考试真题链接

可能构成战时自伤罪的情况是( )。(2004 年司法考试真题)

A. 预备役人员张某在战时为逃避征召,自伤身体

B. 战士王某战时奉命守卫仓库,站岗时因困倦睡着,导致仓库失窃,为了掩盖过错,他用匕首自伤身体,谎称遭到抢劫

C. 战士李某为尽早脱离战场,在敌人火力猛烈向我方阵地射击时,故意将手臂伸于掩体之外,被敌人子弹击中,无法继续作战

D. 战士陈某为了立功当英雄,战时自伤身体,谎称在与偷袭的敌人交火时受伤

图书在版编目(CIP)数据

刑法分论/陈立,李兰英主编.—2版.—厦门:厦门大学出版社,2011
(高等学校法学精品教材系列/朱崇实主编)
ISBN 978-7-5615-2794-8

Ⅰ.①刑… Ⅱ.①陈…②李… Ⅲ.①刑法-分则-中国-高等学校-教材 Ⅳ.①D924.3

中国版本图书馆CIP数据核字(2011)第005420号

厦门大学出版社出版发行
(地址:厦门市软件园二期望海路39号 邮编:361008)
http://www.xmupress.com
xmup @ public.xm.fj.cn
厦门金凯龙印刷有限公司印刷
2011年1月第2版 2011年1月第1次印刷
开本:787×1092 1/16 印张:34.25 插页:2
字数:693千字 印数:1～3000册
定价:45.00元